漢籍合璧 總編纂 鄭傑文

漢籍合璧精華編 主編 王承略 聶濟冬

國家出版基金項目
NATIONAL PUBLICATION FOUNDATION

孟子集成

〔元〕吴真子 撰

辛智慧 劉 端 校點

上

漢籍合璧精華編

學術顧問（按齒序排列）：

　　程抱一（法國）　袁行霈　項　楚　安平秋　池田知久（日本）
　　柯馬丁（美國）

編纂委員會（按姓氏筆畫排列）：

主　任：　詹福瑞

委　員：　王承略　王培源　王國良　呂　健　杜澤遜　李　浩　吴振武
　　　　　　何朝暉　林慶彰　尚永亮　郝潤華　陳引馳　陳廣宏　孫　曉
　　　　　　張西平　張伯偉　黄仕忠　朝戈金　單承彬　傅道彬　鄭傑文
　　　　　　蔣茂凝　劉　石　劉心明　劉玉才　劉躍進　閆純德　閻國棟
　　　　　　韓高年　聶濟冬　顧　青

總 編 纂：
　　鄭傑文

主　　編：
　　王承略　聶濟冬

本書編纂：
　　辛智慧　李　兵　林　相　段潔文

本書審稿專家：
　　唐子恒

國家重點文化工程"全球漢籍合璧工程"成果

前　言

　　中華優秀傳統文化是中華民族寶貴的精神財富。古籍是中華優秀傳統文化的載體,凝聚了古人的智慧,承載了中華民族在人類發展史上的貢獻。古籍整理,是一種傳承、發展中華優秀傳統文化精髓的基礎研究,是一項事關賡續中華文脈、弘揚民族精神、建設文化强國、助力民族復興的重要工作。古籍整理研究雖面對古籍,但要立足當下,把握時代脈搏,將傳統與現實緊密結合,激活古籍的生命力,推動中華文明創造性轉化和創新性發展。

　　山東大學向來以文史見長,在古籍整理研究方面成就斐然。從 2010 年開始,承擔了國家社科基金重大委托項目"子海整理與研究",遴選先秦至清代的子部書籍中的精華部分進行影印複製和整理研究,已取得了豐碩的成果。自2018 年始,山東大學在已有的古籍整理成功經驗的基礎上,又承擔了國家重點文化工程——"全球漢籍合璧工程",主要是對海外存藏的珍本古籍複製影印和整理研究,旨在爲海内外從事古代文、史、哲、藝術、科技專業研究的學者提供新的資料和可信、可靠的研究文本。"漢籍合璧工程"共有四個組成部分,即"目録編、珍本編""精華編""研究編"和數據庫。其中,"精華編"是對海外存藏、國内缺藏且有學術價值的珍本古籍進行規範的整理研究。在課題設計上,進行了充分的調查分析和清晰定位,防止低水準重複。從選題、整理、編輯各環節中,始終堅持精品意識,嚴格把握學術品質。"漢籍合璧精華編"的整理研究團隊由近 150 人組成,集合了海内外 30 多所高校和研究機構的古文獻研究者,整理研究力量較爲强大。我們力求整理成果具有資料性、學術性、研究性、高品質的學術特色,以期能爲海内外學者和文史愛好者提供堅實的、方便閲讀的整理文本。

　　"漢籍合璧精華編"採用五次校審、遞進推動的管理模式。一、整理者提交文稿後,初審全稿。編纂團隊根據書稿的完成情況,判斷書稿的整體整理質量，做出退改或進入下一步編輯程序的判斷。二、通校全稿。進入編輯程序的書稿，編纂團隊調整格式，規範文字，初步挑出校點中顯見的不妥之處。三、匿名評審。聘請資深專家通審全稿，全面進行學術把關，盡力消滅硬傷，寫出詳盡的審稿意見。四、修改文稿。專家審稿意見及時反饋給整理者，整理者根據審稿意見修改，完成新文稿。五、終審文稿。待新文稿返回後，主編作最後的質量把關。五步程序完成後，將文稿交付出版社。出版社同樣進行嚴格的審稿、出版程序。

五次校審的目的是爲了保證學術質量，提高整理水準，減少訛誤和硬傷。但校書如掃塵埃落葉，“漢籍合璧精華編”儘管經多道程序嚴加把關，仍難免有錯，懇請方家不吝指教。“漢籍合璧精華編”編纂團隊將及時總結經驗，吸取教訓，把工作做得更好，以實現課題設計的初衷。

目　録

校 點 説 明

一

吴真子，號克齋①，宋末元初人，具體生平不詳。

《四書集成》一書，是目前所知吴真子的唯一作品。其中《大學集成》《中庸集成》已佚；而《論語集成》（20 卷）尚存完本兩部，分藏於中國國家圖書館和日本尊經閣文庫；《孟子集成》（14 卷）則僅存完本一部，藏於日本國立公文書館，孤懸海外，尤爲寶貴，本次整理，即是對此一版本的首次點校出版。

此書傳入日本的時間甚早，《論語集成》卷中鈐有"金澤學校"印②，可見至少在明初已被貯藏③。《孟子集成》14 卷，分裝 7 册，每册正文首頁鈐有"淺草文庫""日本政府圖書""大學校圖書之印"朱印，末頁鈐有"日本政府圖書""文化甲子"朱印，以及"昌平坂學問所"墨印。其中以"昌平坂學問所"墨印最早，該學問所淵源於 1630 年日本漢學家林羅山開設的家塾，1797 年改家塾爲幕府官學，始有學問所之名。從墨印可知此書乃林羅山一族的舊藏。其他諸枚朱印均爲 19 世紀所鈐，因該學問所前後名稱及所屬單位屢有變化所致④。

關於此書的纂作時間，元末汪克寬曾有提示：

> 真氏［德秀］有《集義》，祝氏［洙］有《附録》，蔡氏［模］、趙氏［順孫］有《集疏》《纂疏》，相繼成篇。而吴氏《集成》最晚出。⑤

① 據筆者目力所及，吴氏之號，首見於明正統十年序刊本《四書輯釋章圖通義大成》書前"重訂四書輯釋引用姓氏"中。該書日本國立公文書館有藏，可在綫全文瀏覽。

② 嚴紹璗：《日藏漢籍善本書録·論語諸儒集成二十卷》，中華書局，2007 年，第 205 頁。

③ 金澤文庫在上杉憲實(1410—1466)管理期間，曾一度改名金澤學校。參見嚴紹璗：《漢籍在日本的流布研究》，江蘇古籍出版社，1992 年，第 264 頁。

④ 參見林申清編著：《日本藏書印鑒》，北京圖書館出版社，2000 年，第 143、147、148、155 頁。

⑤ 汪克寬：《重訂四書集釋序》，《四書輯釋章圖通義大成》，明正統十年(1445)序刊本。

　　考《孟子集成》采録有趙順孫《四書纂疏》一書,可見以上描述是可信的。
而《四書纂疏》大致刊定於南宋寶祐四年(1256)之後的幾年内①,則吳氏此書
纂作年份的上限自然應在此一年份之後。另考《孟子集成》内文,在集解《孟
子·梁惠王下》"文王之治岐也"一句時,引有趙順孫"宋朝屬鳳翔府"之語,查
元刻本、通志堂本《纂疏》,此處"宋朝"二字均爲"本朝";另在集解《告子上》"學
問之道無他,求其放心而已矣"一句時,引有黄榦"周、程倡明聖學"一語,查元
刻本《講義》,此處作"我本朝周、程先生,倡明聖學"②,可見吳真子删除了"我
本朝"等字。這些改動,似可確定《集成》當刊刻於元代。不過在《集成》全書
中,尚可見"匡"(改作"康""正",或缺末筆)、恒(改作"常",或缺末筆)、貞(改作
"正")、桓(改作"威",或缺末筆)、慎(改作"謹")、惇(改爲"厚")、擴(改作"廣")
等字避宋帝諱的情況③。由於《集成》是輯録八種宋人著作而成,故此類避諱
或爲原書所有,《集成》僅是沿襲未改,據此可以推斷此書入元刊刻的時間當不
會太晚,或即在元代初年。此外,就該書的字體版式而言,也有明顯的元代刻
書特徵,所以中日圖書館在著録時亦均指爲元刻本。

　　此書在中國國家圖書館另存一元刻殘本,僅有六卷,包括《論語·雍也第
六》《述而第七》和《孟子·萬章》上下、《告子》上下④。該本版式與日藏本不
同,每卷首題"四書集成論語卷之(幾)""四書集成孟子卷之(幾)"等,第二行題
四書原篇章名,如"雍也第六""告子章句上凡二十章"等,而無日藏本卷題"諸儒
集成之書"及下列所輯録八書之作者、書名的一行文字。正文的排版,也是所
輯諸書前後接排,而非日藏本一書完畢,另起行重排一書的格式。在内容上,
除日藏本所輯録的八書外,另多收《紀聞》一種,綴於諸書之末。此一殘本曾經
王重民先生過目並著録,推斷《紀聞》或爲作者吳真子自記所聞,經研究生李露
露取與胡炳文《四書通》中的引文比對,已確知其爲饒魯《論孟紀聞》(又名《石

---

　　①　趙順孫撰,陳静點校:《四書纂疏》,"點校説明",北京大學出版社,2014年,第8頁。

　　②　黄榦:《孟子講義》卷二五,《中華再造善本》所收元延祐二年重修《勉齋先生黄文肅公文
集》本,北京圖書出版社,2005年,第10頁。

　　③　匡改康或正,乃避宋太祖趙匡胤諱;恒改常,乃避宋真宗趙恒諱;貞改正,乃避宋仁宗趙
禎諱;桓改威,乃避宋欽宗趙桓諱;慎改謹,乃避南宋孝宗趙眘諱;惇改厚,乃避南宋光宗趙惇諱;
擴改廣,乃避南宋寧宗趙擴諱。相關情況可參見陳垣《史諱舉例·第七十八·宋諱例》。

　　④　國家圖書館現已將該本公布於其網站上,可在綫查看。

洞紀聞》,現已佚)。王重民先生另據避諱字,判定其爲元初刻本①,據筆者查考,該本已將日藏本"威""常"等避諱改字徑予改回,可推斷其刊刻時間當晚於日藏本。

綜合以上判斷,可以大致確定,包含《孟子集成》在内的《四書集成》,大約刊刻於元代初年。或即由於宋元之交的戰亂與動蕩,作者吳真子除名號之外的更多個人信息已湮没無聞,至今無從查考。

二

吳真子《四書集成》一書,乃輯録八部著作而成。其中《論語集成》,輯録的是朱熹《四書集注》《論孟集義》《朱子語録》《四書或問》、張栻《論語説》、黄榦《論語通釋》、蔡模《四書集疏》、趙順孫《四書纂疏》②。而《孟子集成》所輯録者,祗是將張栻的《論語説》替換爲他的《孟子説》,黄榦的《論語通釋》替換爲他的《孟子講義》,其他與《論語集成》全同。八種書之中,朱子《集注》以及張栻、黄榦、趙順孫的著作,被吳真子全文收入《集成》中,而朱子《集義》《語録》《或問》及蔡模《集疏》,則僅爲節選。

該書首列四書原文及朱子集注,然後從下七書中摘取相關文字附録於下,依照朱子著作在前,他人著作在後爲序。可以看出,這一編纂,是以彙集朱子學派的四書闡釋爲目的,既有朱子個人分見於不同著作的論述,也有朱子同道或後學的疏解,總之是以纂朱疏朱爲職志。這一著作方式興起於朱熹身後,一般被稱作"纂疏體"。

原本朱子一生,於四書反覆沉潛,用功最密。相關著作不但留有多部,且均不斷修改,彼此之間更寓有詳略互參、先後循階之深意。雖然其結穴成果是《四書章句集注》,但在朱子生前,已自言這些著作當互相參取:

看《大學》,且逐章理會。須先讀本文,念得,次將《章句》來解本文,又將《或問》來參《章句》。(《朱子語類·大學一》)

諸朋友若先看《集義》,恐未易分别得,又費工夫。不如看《集注》,又恐太易了。這事難説。不奈何,且須看《集注》教熟了,可更看《集義》。(《朱子

① 王重民:《中國善本書提要》,上海古籍出版社,1983年,第41頁。
② 嚴紹璗:《日藏漢籍善本書録·論語諸儒集成二十卷》,第205頁。

語類·論語一》)

朱子身後,他的這些學術苦心,在其門下高弟那裏,更成爲常舉以教人的法則,如陳淳就稱:

> 文公《四書》,一生精力在是。……《大學》約其旨於《章句》,已的確真切,而詳其義於《或問》,又明實敷暢。觀《章句》中太簡而或未喻,則易枯,必於《或問》詳之;觀《或問》中太博而或未貫,則易泛,必於《章句》約之。①

而另一高弟黄榦,則親自編撰《論語通釋》一書,聚合《集注》《集義》《或問》三書,而間下己釋,從而開啓了這一“纂疏體”的先河。由此而下,一直至明初編撰《四書五經大全》,此一體裁興盛一時,著作紛呈,遍及五經四書,顧炎武曾對其中的四書部分,有一簡要勾勒:

> 自朱子作《大學、中庸章句》《或問》《論語、孟子集注》之后,黄氏榦,字直卿,號勉齋先生。有《論語通釋》。而采《語錄》附于朱子《章句》之下,則始自真氏,德秀,字希元,號西山先生。名曰《集義》,止《大學》一書。祝氏洙,字宗道。乃仿而足之,爲《四書附錄》。後有蔡氏模,字仲覺,號覺軒先生。《四書集疏》,趙氏順孫,號格庵先生。《四書纂疏》,吴氏真子,號克齋先生。《四書集成》。昔之論者病其泛溢,于是陳氏櫟,字壽翁,號定宇先生。作《四書發明》,胡氏炳文,字仲虎,號雲峰先生。作《四書通》。而定宇之門人倪氏士毅,字仲宏,號道川先生。合二書爲一,頗有刪正,名曰《四書輯釋》。有汪克寬序,至正丙戌。自永樂中命儒臣纂修《四書大全》,頒之學官,而諸書皆廢。(《日知錄》卷一八《四書五經大全》)

由顧炎武的這一梳理,以及上揭吴真子《四書集成》的刊刻時間,可以推定,吴真子此一著作,大約是宋儒之結穴、元人之發端。他之所以對之前的著作,不憚叠牀架屋,再起爐竈,必有自信所見之處。而元人之所以在其之後依舊操觚染翰,不釋鉛槧,除了著述慣性之外,亦當必有其不滿之處。這其間的種種情形,尚可略作交代。

三

顧炎武上文提及的宋人著作,就《孟子》部分而言,其中真德秀《集編》(顧

---

① 陳淳:《北溪大全集》卷三三《答楊行之》,《景印文淵閣四庫全書》第 1168 册,臺灣商務印書館,1986 年,第 766 頁。

誤作《集義》)中的《孟子》並未編定,而是建寧府學正劉承依真氏遺書補編而成,所輯録的著作除《集注》之外,大體爲朱子《或問》《語録》《文集》①。祝洙仿真氏而編纂的《四書附録》已無完帙,故其具體輯録了哪些著作,已難得其詳。此二書亦未爲吳真子所采録。而黄榦、蔡模、趙順孫的著作,則均被吳真子所録,尤其是後二書的采書範圍亦略有擴大:蔡模《孟子集疏》在朱子《集注》之上,“參《或問》以見同異,采《集義》以備缺憾,《文集》則以剖決而無隱,《語録》則以講辨而益精,以至兩世[指蔡氏兩代]之所見聞,門人之所敷繹,有足以發越朱子言外之意,及推廣其餘説者,會而通之,間以評論附焉”②;趙順孫《孟子纂疏》“於《論語》《孟子》則一本《集注》,而采《或問》《集義》《詳説》《語録》所載分注焉”③。吳真子輯録及此二書,這當是其書能夠後來居上的必要前提。

降及元代,吳真子《四書集成》暢行一時,常與趙順孫的《四書纂疏》共同被元人乃至明人當作研習四書的必備參考書。如上揭顧炎武提及的幾部元明人著作,即或取資,或争勝,均與《集成》有莫大關係。如元初人汪炎昶表彰陳櫟《四書發明》時,稱當時有《纂疏》《集成》,“皆爲四書羽翼”④。鄧文原給胡炳文《四書通》作序,稱該書“悉取《纂疏》《集成》之戾於朱夫子者,删而去之,有所發揮者,則附己説於後”⑤,可見亦是在二書基礎上折中取捨而成。元人汪克寬爲倪士毅《四書輯釋》作序,也同樣提及這一情形:

> 同郡定宇陳先生、雲峰胡先生睹《集成》之書行於東南,輾轉承誤,莫知所擇,乃各摭其精純,刊别繁複,缺略者足以己意,陳先生著《四書發明》,胡先生著《四書通考》,皆足以磨刮向者之弊。……[倪士毅]乃薈萃二家之説,字求其訓,句探其旨,鳩傌精要,考訂訛舛,名曰《四書集[輯]釋》。⑥

---

① 　真志道《學庸集編序》引真德秀語,稱該書“從《或問》《輯略》《語録》中出”(陳静點校:《四書集編》,福建人民出版社,2021 年,第 3 頁)。其中《輯略》,當指《中庸輯略》,乃朱子删略石𡼖《中庸集解》而成,所輯者爲周子、二程子、張子、吕大臨、謝良佐、游酢、楊時、侯仲良、尹焞之説。劉承依真氏體例補編《論語》《孟子》部分,其所涉資料當亦在真氏言及的範圍之内。

② 　蔡杭:《孟子集疏後序》,林慶彰等點校:《經義考新校》,上海古籍出版社,2010 年,第 4230 頁。

③ 　納蘭容若:《趙氏四書纂疏序》,清康熙年間通志堂刊本。

④ 　見林慶彰等點校:《經義考新校》,第 4548 頁。

⑤ 　見林慶彰等點校:《經義考新校》,第 4543 頁。

⑥ 　汪克寬:《重訂四書集釋序》,《四書輯釋章圖通義大成》,明正統十年(1445)序刊本。

待到明初修纂《四書大全》，依舊以吳氏《集成》和倪氏《輯釋》爲其藍本①。而楊士奇亦曰："而今讀《集注》者，獨資《集成》及此書[指《輯釋》]爲多，他蓋不能悉得也。"②吳氏《集成》一書，在元明時代的流行和影響可見一斑。

元人既然僅以吳書爲材料淵藪而另纂新書，則其對吳書亦當必有其不滿之處。概括而言，約略有兩端，一是認爲該書采擇泛濫，不夠詳明，如稱"《集成》博而雜"③，"若吳氏之《集成》則泛濫甚矣"④，"吳氏《集成》最晚出，蓋欲博采而統一之，但辨論之際未爲明備，去取之間頗欠精審，覽者病焉。"⑤二是認爲該書所采疏解文字，有與朱子違戾者，這在元人一以朱子定是非的氛圍中，誠爲礙目，必删之而後快，如"今新安雲峰胡先生之爲《四書通》也，悉取《纂疏》《集成》之戾於朱夫子者，删而去之"⑥，而《四書大全》雖以《集成》《輯釋》爲藍本，但也對其中與朱子"背戾者不取"⑦。

元明人的這些批評，自有其立場與合理處，但同時也有尊己卑人爲個人撰述尋找合理性的動機，如四庫館臣即云：

夫吳真子據真氏、祝氏⑧、蔡氏、趙氏之書纂爲《四書集成》，自以爲善矣，而胡炳文、陳櫟重訂之。胡氏、陳氏自以爲善矣，而倪士毅又重訂之。倪氏自以爲善矣，而[劉]剡又重訂之。自剡以後，重訂者又不知凡幾，蓋隸首不能算其數也。而大旨皆曰前人未善，吾不得已而作焉，實則轉相剿襲，改換其面貌，更易其名目而已。輯一四書講章，是何名山不朽之業，而紛紛竊據如此？是亦不可以已乎？⑨

這亦當是後人批評元人在經學方面株守宋儒而無所創造的根本原因。

總之，吳真子《四書集成》一書，在彙集朱子及其後學對四書的詮解、方便學人研讀方面，具有承前啓後的貢獻，是元明以來學人研求四書學的基本資

①　胡廣等編：《四書大全·凡例一》，《景印文淵閣四庫全書》第205册，第6頁。
②　見林慶彰等點校：《經義考新校》，第4569頁。
③　楊士奇語，參見林慶彰點校：《經義考新校》，第4569頁。
④　倪士毅：《重訂四書輯釋凡例》，《四書輯釋章圖通義大成》，明正統十年序刊本。
⑤　汪克寬：《重訂四書集成序》，《四書輯釋章圖通義大成》，明正統十年序刊本。
⑥　鄧文原：《四書通序》，林慶彰等點校：《經義考新校》，第4543頁。
⑦　胡廣等編：《四書大全·凡例一》，《景印文淵閣四庫全書》第205册，第6頁。
⑧　此處略有誤，吳氏之書並未采輯真德秀、祝洙之著，館臣或未見《集成》原書。
⑨　魏小虎匯訂：《四庫全書總目匯訂》經部三十七《四書通義》，上海古籍出版社，2016年，第1129頁。

料,不應受到忽視。其在明代以後未曾刊刻,當既與後人多有叠床架屋的同類著作有關,又是《四書大全》挾朝廷功令廣被王土所致。該書最大特點可以概括爲“博而雜”。“博”是其突出的優點,也是該書不斷受到後人重視和利用的原因,而“雜”則是其遭受詬病的根本缺點。對今人而言,由於我們不再有以朱子一人之是非爲是非的科考壓力,且另有《四書輯釋》《四書大全》等書可作參考,故對於《集成》的“雜”,已不需要太過着意。反而是它的“博”,使得收録的資料非常豐富,且出處詳明,具有了其他著作不能比擬的價值。若當作研討資料使用,對細緻把握朱子《集注》的甘苦用心,乃至理解四書原文和宋明理學均當甚爲有用。如若再配合漢魏注本一起使用,則可對漢宋《語》《孟》詮解的旨趣、偏向有相當程度的理解。此外,由於成書刊刻較早,且與趙順孫將疏解文字作爲夾注散入正文不同,該書將所援據的八種著作均標明出處,逐一排列在四書正文之後,對當下而言,更有方便校勘輯佚的價值。如蔡模《孟子集疏》、張栻《孟子説》現存最早的全本均爲清通志堂本,顯然《集成》所援據的版本更早更珍貴。再如其所引據的《朱子語録》現僅存殘卷,《集成》也爲此書的輯佚和相關問題的研究提供了可能。

四

日藏《孟子集成》一書,由於是目前所見該書僅存的完帙,視作人間孤本亦不爲過。故本次整理,祇能分別從其所彙輯的八種著作入手,加以校勘。但其中《朱子語録》一書,則僅臺北故宫博物院藏一宋刻殘本(存 7 卷)及一明抄殘本(存 11 卷),不過現存《朱子語類》與《朱子語録》雖不嚴格屬於同一著作,但却是同一著作不同階段的編次版本①,相關文字多可參伍不失,故本次即取《朱子語類》作校勘用書。而其他七種著作,則或有宋版,或有精善版本存在,均得到利用。此外,校勘中尚用及《晦庵先生朱文公文集》一書。以下一併將參校諸書的版本情况及校語中出現時的簡稱做出交代:

《四書章句集注》,宋嘉定十年當塗郡齋刻,嘉熙四年、淳祐八年、十二年遞

---

① 朱子過世之後,弟子編次師言主要有兩大系統,一爲以人(記録者)相從者,名《語録》,出現時間相對較早;一爲以類(按專題分類)相從者,名《語類》,出現時間略晚。這兩種編次方式均有多個版本,大抵愈晚出者愈詳備。相關情况可參看鄭明等點校:《朱子語類》,“校點説明”,朱傑人等編:《朱子全書》第 14 册,上海古籍出版社,2010 年。

修本（《論語》《孟子》）及宋淳祐十二年當塗郡齋刻本（《大學》《中庸》），現已收入《中華再造善本》。（簡稱"宋當塗郡齋本《四書集注》"）

《論孟精義》，清禦兒呂氏寶誥堂刻本，乃現存最早刻本，已收入《四庫提要著録叢書》。（簡稱"清呂氏刻本《論孟精義》"）①

《四書或問》，清呂留良父子天蓋樓刻本，乃較爲精善的版本，現已收入《四庫提要著録叢書》。（簡稱"清呂氏刻本《四書或問》"）

張栻《孟子説》，又名《孟子解》《癸巳孟子説》等，清《通志堂經解》本題作《南軒先生孟子説》，爲現存最早刻本。（簡稱"通志堂本《孟子説》"）

黄榦《孟子講義》，元刻延祐二年重修《勉齋先生黄文肅公文集》本，現已收入《中華再造善本》。（簡稱"元刻本《孟子講義》"）

蔡模《孟子集疏》，清《通志堂經解》本，爲現存最早足刻本。（簡稱"通志堂本《孟子集疏》"）

趙順孫《四書纂疏》，元刻本，明末季振宜舊藏，後歸皕宋樓，現藏於日本静嘉堂文庫，乃現存最早刻本。（簡稱"元刻本《四書纂疏》"）

《朱子語類》，明成化九年陳煒刻本，爲現存最早的《語類》刻本，已收入《四庫提要著録叢書》。（簡稱"明陳煒刻本《朱子語類》"）

《晦庵先生朱文公文集》，宋咸淳元年建安書院刻、宋元明遞修本，乃現存最爲重要的版本之一，已收入《四庫提要著録叢書》。（簡稱"閩本《朱文公文集》"）

全書整理工作過程中，研究生劉明玉、疏盛楠、李露露、陸易凡、邱嘯林、蘇靖舒、朱世堯、葛旭瑩、侯穎格參與了大量細緻具體的初步整理、底本覆核等工作，負任蒙勞，辛苦實多。校點稿也曾作爲筆者 2022 年春"《孟子》研讀"課程的教材使用，共學諸子亦時有惠正。而合璧工程延請的審稿專家唐子恒先生，更爲悉心審讀全稿一過，糾謬補缺，多匡不逮，最大限度保證了原書中觸處皆是的古今字、異體字、俗體字、簡體字、訛混字的規範與正確，以及標點的恰當無誤。在此對唐先生及同學們的幫助，一併致以衷心的感謝。古人云校書猶如掃葉，尚祈讀者有以教之。

---

① 　需要説明的是，該書經朱子反復修訂，曾有"要義""精義""集義"等多種名稱及版本，今所見者唯存"精義"。但《孟子集成》所收《集義》文字，多有不見於今傳本《論孟精義》者。

校 點 凡 例

一、日本國立公文書館所藏元刻《孟子集成》，是該書目前海內外僅存的完本，本次校點即據此本爲底本。

二、另校以宋當塗郡齋本《四書集注》、清禦兒呂氏寶誥堂刻本《論孟精義》、清呂留良父子天蓋樓刻本《四書或問》、清通志堂經解本《南軒先生孟子說》、元刻勉齋先生黃文肅公文集本《孟子講義》、清通志堂經解本《孟子集疏》、元刻日本静嘉堂文庫藏本《四書纂疏》、明成化九年陳煒刻本《朱子語類》、宋咸淳元年建安書院刻宋元明遞修本《晦庵先生朱文公文集》。

三、《孟子集成》乃彙輯比次八種著作而成，同一稱謂在不同著作中常有不同寫法，原輯録者未做統一，如瞽瞍、瞽叟，倪寬、兒寬等，即並見於篇。本次整理亦未作統一，以存其真。

四、元人刻書，喜用古體字、異體字、俗體字、簡體字，本書亦不例外。凡此之類，如晦（晦）、筭（算）、旹（旨）、徃（往）、躰（體）、斈（學）、莘（舉）、竟（覺）、継（繼）等，一律改爲通行規範繁體字，不出校。

五、避諱改字，出現在引古書及古人姓名中者，予以改回；出現在其他情況中者，則保留原貌；均在首見時出校説明。避諱闕筆字，則一律補足筆畫，並在首見時出校。

六、刻工混用字，如未末、已己巳、戊戌戍等，以及偶爾混用的提手旁（扌）與木字旁，皆徑改不出校。但辨辯、豪毫、子仔、左佐、原源等可互通者，則不作更動。

七、原書中標識引用書名等的墨圍陰刻大字，統一改爲括於黑括號（【】）内黑體字。標識《語録》記録者姓氏等的陰刻大字，統一改爲宋體加粗。標識引用人姓名等的圍圈，統一改爲圓括號。此類格式，全書偶有失照不統一處，徑爲統一，不出校。

　　八、原書中表示間隔之"○"，或偶有脱略處，則依前後體例，爲酌情補足，不出校。

孟　子

朱子集注序説 文集　語録　或問　（附）蔡氏集疏　趙氏纂疏

《史記·列傳》曰：“孟軻，

趙氏曰：“孟子，魯公族孟孫之後。”《漢書》注云：“字子車。”一説：“字子輿。”○趙氏，名岐，東漢京兆人。

騶人也，

騶，亦作鄒，本邾國也。

【纂疏】趙氏曰：“按，鄒在漢魯國騶縣。”

受業子思之門人。

子思，孔子之孫，名伋。○《索隱》云“王劭以‘人’爲衍字”，而趙氏注及《孔叢子》等書亦皆云“孟子親受業於子思”，未知是否。

【文集】曰：“《孔叢子》雖僞書，然與趙岐未知其孰先後也，姑存之。”

【纂疏】輔氏曰：“子思之門人，無有顯名於後者，而孟子真得子思之傳，則疑親受業於子思者爲是。而《集注》兩存其説，蓋自古聖賢固有聞而知之者，不必待耳傳面命而後得也。又以《中庸》一書觀之，所以傳授心法，開示蘊奥，如此其至，則當時門弟子中，豈無見而知之者哉？孟子從而受之，愈益光明，亦宜有之也。[①]”

道既通，

趙氏曰：“孟子通五經，尤長於《詩》《書》。”程子曰：“孟子曰‘可以仕則仕，

[①]　“光明亦”，原破損不清，此據元刻本《四書纂疏》。

可以止則止，可以久則久，可以速則速。'孔子，聖之時者也。'故知《易》者莫如孟子。又曰：'王者之迹熄而《詩》亡，《詩》亡然後《春秋》作。'又曰：'《春秋》無義戰。'又曰：'《春秋》，天子之事'，故知《春秋》者莫如孟子。"尹氏曰："以此而言，則趙氏謂孟子長於《詩》《書》而已，豈知孟子者哉？"

【纂疏】輔氏曰："趙氏但引《詩》《書》而云爾，非能有見於孟子之道也。至於程子'知《易》''知《春秋》'之說，則皆以其言而得之，非真有見於孟子之心與道者不能也。五經雖異，其理則一，其時又去孔子未遠，孟子必皆一一理會得透徹，又何有長短於其間哉？"

游事齊宣王，宣王不能用。 適梁，梁惠王不果所言，則見以爲迂遠而闊於事情。

按《史記》："梁惠王之三十五年乙酉，孟子始至梁。其後二十三年，當齊湣王之十年丁未，齊人伐燕，而孟子在齊。"故《古史》謂"孟子先事齊宣王，後乃見梁惠王、襄王、齊湣王"。獨《孟子》以伐燕爲宣王時事，與《史記》《荀子》等書皆不合。而《通鑑》以伐燕之歲爲宣王十九年，則是孟子先游梁而後至齊見宣王矣。然《考異》亦無他據，又未知孰是也。

【集疏】覺軒蔡氏曰："按《通鑑綱目》，周顯王三十三年書孟軻至魏，①慎靓王二年書魏君罃卒，孟軻去魏適齊。朱子蓋不從《史記》本傳也。"

【纂疏】輔氏曰："詳考朱子之說，則當以《史記》《古史》爲正，伐燕實湣王時事，恐是後世傳寫，誤以'湣'作'宣'耳。"

當是之時，秦用商鞅，楚、魏用吳起，齊用孫子、田忌。 天下方務於合從連衡，以攻伐爲賢。 而孟軻乃述唐、虞、三代之德，

【纂疏】輔氏曰："此是太史公所見，略與韓子論其所傳相似。"

是以所如者不合。 退而與萬章之徒序《詩》《書》，述仲尼之意，作《孟子》七篇。"

趙氏曰："凡二百六十一章，三萬四千六百八十五字。"韓子曰："孟軻之書，非軻自著。軻既没，其徒萬章、公孫丑相與記軻所言焉耳。"愚按，二説不同，《史記》近是。○韓子，名愈，唐鄧州人。

【文集】曰："問：《序說》謂'《史記》近是'，而於《滕文公》首章注曰'門人不

---

① "三十三"，原作"二十三"，據通志堂本《孟子集疏》改。

能盡記其辭’，又第四章注曰‘記者之誤’，如何？曰：前說是，後兩處失之。熟讀七篇，觀其筆勢如鎔鑄而成，非綴緝可就也。《論語》便是記錄綴緝所爲，非一筆文字矣。”

韓子曰：“堯以是傳之舜，舜以是傳之禹，禹以是傳之湯，湯以是傳之文、武、周公，文、武、周公傳之孔子，孔子傳之孟軻，軻之死不得其傳焉。　荀與揚也，擇焉而不精，語焉而不詳。”

程子曰：“韓子此語，非是蹈襲前人，又非鑿空撰得出，必有所見。若無所見，①不知言所傳者何事。”○荀子，名況，楚蘭陵人。揚子名雄，漢蜀郡人。

【文集】曰：“此非深知所傳者何事，則未易言也。堯舜之所以爲堯舜，以其盡此心之體而已。禹、湯、文、武、周公、孔子傳之，以至於孟子，其間相望有或數百年者，非得口傳耳授密相付屬也。特此心之體，隱乎百姓日用之間，賢者識其大，不賢者識其小，而體其全且盡者，則爲得其傳耳。”

又曰：“孟氏醇乎醇者也。　荀與揚，大醇而小疵。”

程子曰：“韓子論孟子甚善。非見得孟子意，亦道不到。其論荀、揚則非也。荀子極偏駁，只一句性惡，大本已失。揚子雖少過，然亦不識性，更識甚道。②”

【文集】曰：“韓子謂荀、揚大醇小疵，非是就他論性處説，只是泛説。其與田駢、慎到、③申不害、韓非之徒觀之，則荀、揚爲大醇耳。韓子只是説那一邊，然以這邊觀之則湊不着，故覺得爲非。若是會説底，説那一邊，亦自湊着這一邊。”

【語錄】曰：“程子説荀、揚等語，是就分金秤上説下來。”

又曰：“孔子之道大而能博，門弟子不能徧觀而盡識也，故學焉而皆得其性之所近。　其後離散，分處諸侯之國，又各以其所能授弟子，源遠而末益分。　惟孟軻師子思，而子思之學出於曾子。　自孔子没，獨孟軻氏之傳得其宗。　故求觀聖人之道者，必自孟子始。”

---

① “若無所見”，原脱，據宋當塗郡齋本《四書集注》補。

② “更識”，宋當塗郡齋本《四書集注》作“更説”。

③ “慎”，原作“謹”，乃避南宋孝宗趙昚諱，今改回。

程子曰:"孔子言'參也魯',然顏子没後,終得聖人之道者,曾子也。觀其啓手足時之言,可以見矣。所傳者子思、孟子,皆其學也。"

【文集】曰:"問:大是就渾淪處説,博是就該貫處説否? 曰:韓子亦未必有此意,但如此看亦自好。 問:學焉而皆得其性之所近? 曰:政事者,就政事上學得;文學者,就文學上學得;德行、言語者,就德行、言語上學得。"

【集疏】覺軒蔡氏曰:"聞程子又曰'曾子傳聖人學,其德後來不可測,安知其不至聖人? 如言"吾得正而斃",且看他氣象極好,被他所見處大。'又曰'傳經爲難,如聖人之後纔百年,傳之已差。聖人之後,若非子思、孟子,則幾乎息矣。'"

【纂疏】輔氏曰:"韓子但言孔門諸子唯曾子之學獨傳,而有子思、孟軻,然不言其所以獨傳之故。故程子又從而發明之,以爲曾子只緣資質魯鈍,故用功於内者,深篤確實。觀其啓手足之言,所謂'一息尚存,此志不容少懈'者,此聖道之所以終傳,而有子思、孟子之學也。"

又曰:"揚子雲曰:'古者楊、墨塞路,孟子辭而闢之,廓如也。'夫楊、墨行,正道廢。 孟子雖賢聖,不得位。 空言無施,雖切何補? 然賴其言,而今之學者尚知宗孔氏,崇仁義,貴王賤霸而已。其大經大法,皆亡滅而不救,壞爛而不收,所謂存十一於千百,安在其能廓如也? 然向無孟氏,則皆服左衽而言侏離矣。 故愈嘗推尊孟氏,以爲功不在禹下者,爲此也。"

或問於程子曰:"孟子還可謂聖人否?"程子曰:"未敢便道他是聖人,然學已到至處。"

愚按,"至"字,恐當作"聖"字。

【纂疏】輔氏曰:"'學已到聖處',以其知言也;'未敢便道他是聖人',以其行言也。孟子論'大而化之之謂聖,聖而不可知之之謂神',與夫聖智巧力之譬,精密切當,非想像臆度之所能及,是其學已到聖處也。然其英氣未化,有圭角見處,故未敢便道他是聖人,此其權度審矣。"

程子又曰:"孟子有功於聖門,不可勝言。 仲尼只說一箇仁義,孟子開口便説仁義。 仲尼只說一箇志,孟子便說許多養氣出來。 只此二字，其功甚多。”

【纂疏】輔氏曰：“或疑‘二字’當作‘二事’，言仁義、養氣自是‘二事’，言‘二字’則包不盡矣。曰：不然。‘孟子有功於聖門，不可勝言’者，蓋總言仁義、養氣二事。若‘只此二字，其功甚多’，則又專指養氣言也。蓋夫子只説一箇立人之道，曰仁義而已。孟子則開口便説仁義，如對梁惠王與宋牼可見。養氣二字，則又發夫子之所未發，使夫氣質剛柔之不齊者，皆無有巽懦怯弱之態，勇猛奮發於道義，而各得以充滿夫仁義之量，其功多矣。”

又曰：“孟子有大功於世，以其言性善也。”

【纂疏】輔氏曰：“孟子言性善，使天下之人資質之美者聞之，必求其所以善而復其本，資質之不善者聞之，則亦庶乎知所以自反而不流於惡，此其所以有大功於世也。”

又曰：“孟子性善、養氣之論，皆前聖所未發。”

【集疏】覺軒蔡氏曰：“聞程子又曰：‘堯與舜更無優劣，乃至湯武便別。孟子言性之、反之，自古無人如此説，只孟子分別出來。便知得堯舜是生而知之，湯武是學而能之。’”

【纂疏】輔氏曰：“孟子之學已到聖處，見得透徹，所以發明得出。”

又曰：“學者全要識時。　若不識時，不足以言學。　顏子陋巷自樂，以有孔子在焉。　若孟子之時，世既無人，安可不以道自任。”

【纂疏】輔氏曰：“時固不可不識。《記》言‘堯授舜，舜授禹，湯放桀，武王伐紂，時也’，此識時者也，與程子所論顏、孟之意同。若不識時，則以數聖賢之道爲不同矣。孟子謂孔子爲聖之時，又論禹、稷、顏回、曾子、子思同道，且曰‘易地則皆然’，孟子可謂識時矣，則其以道自任者，宜也。”

又曰：“孟子有些英氣。　才有英氣，便有圭角，英氣甚害事。　如顏子便渾厚不同，顏子去聖人只豪髮間。　孟子大賢，亞聖之次也。”

或曰：“英氣見於甚處？”曰：“但以孔子之言比之，便可見。　且如冰與水精非不光，比之玉，自是有温潤含蓄氣象，無許多光耀也。”

【集疏】覺軒蔡氏曰：“聞程子又曰：‘仲尼，元氣也；顏子，春生也；孟子并秋殺盡見。仲尼無所不包；顏子示不違如愚之學於後世，有自然之和氣，不言而化者也；孟子則露其材，蓋亦時然而已。仲尼，天地也；顏子，和風慶雲也;孟子,泰山巖巖之氣象也。觀其言皆可見之矣。仲尼無迹,顏子微有迹,孟子其迹著。孔子儘是明快人,顏子儘豈弟,孟子儘雄辯。'"

【纂疏】輔氏曰:"英氣是剛明秀發之氣,此自是好底氣質,然在學者分上則不必論此。學要變化氣質,渾然純是義理,如張子所謂'德勝於氣,性命於德',方始是成就處。雖是好氣質,若銷化未盡,猶有圭角,則有時而發,故於義理甚害事也。若顏子之質雖甚剛明,然其學力到後,便自渾厚不同,其去聖人只隔一膜,故可爲聖人之亞。而孟子地位又爲其次也。"○又曰:"冰與水精及玉之比,固自精切,然卻只以言語論之,何也? 言,心聲也,德之符也,有德者必有言。若就言上看得分明,則其德無餘蘊矣。玉有溫潤含蓄氣象,所以爲寶;人有溫潤含蓄氣象,所以爲聖。其理一也。"

楊氏曰:"《孟子》一書,只是要正人心,教人存心養性,收其放心。 至論仁、義、禮、智,則以惻隱、羞惡、辭遜、是非之心爲之端。 論邪説之害,則曰'生於其心,害於其政'。 論事君,則曰'格君心之非''一正君而國定'。 千變萬化,只説從心上來。 人能正心,則事無足爲者矣。《大學》之脩身、齊家、治國、平天下,其本只是正心、誠意而已。 心得其正,然後知性之善。 故孟子遇人便道性善。

【或問】心得其正,然後知性之善,語若倒置,何邪? 曰:"此語亦非無理,但文意不全,如有病者。蓋知性之善然後能正其心,心得其正,然後有以真知性之爲善而不疑耳。"

【纂疏】輔氏曰:"楊氏發明孟子'千變萬化,只説從心上來',甚説得孟子意,而又可以使學者知爲學之要。至論'人能正心,則事無足爲者',則其語亦失之太快。觀《大學》正心之後,於脩身、齊家、治國、平天下,更有工夫在。後又説'《大學》之脩身、齊家、治國、平天下,其本只是正心、誠意而已',卻自説得好。'心得其正,然後知性之善',此説尤精。心者,性之郛郭,心不得其正,則性亦不得其正矣。必使忿懥、恐懼、好樂、憂患一循其自然之則,而不失其正,然後吾之性本然純粹至善可見矣。①"

---

① "粹至善可見矣"六字,原破損不清,據元刻本《四書纂疏》補。

歐陽永叔却言，‘聖人之教人，性非所先’，可謂誤矣。　永叔，名脩。廬
陵人。①

　　【纂疏】輔氏曰：“歐陽子未及識孔孟之所謂性，而但見老釋氏清净寂滅之
　　云，故曰‘聖人之教人，性非所先’耳。”

人性上不可添一物，堯舜所以爲萬世法，亦是率性而已。　所謂率
性，循天理是也。　外邊用計用數，假饒立得功業，只是人欲之私。
與聖賢作處，天地懸隔。”

　　【纂疏】輔氏曰：“此説判斷二帝三王及漢唐以後爲治之道所以不同，明白
　　詳盡，真可以繼孟子之傳矣。”

────────────

　　①　本段“歐陽永叔”至下文“立得功業”之前，原破損半頁，多處文字缺失，此據元刻本《四書
纂疏》及宋當塗郡齋本《四書集注》補，不再一一出校。

孟子卷第一

【諸儒集成之書】

　　朱子集注　朱子集義　朱子語録　朱子或問　南軒張氏注　黃氏講義
蔡氏集疏　趙氏纂疏

梁惠王章句上凡七章

孟子見梁惠王。

　　梁惠王，魏侯罃也。都大梁，僭稱王，謚曰惠。《史記》："惠王三十五年，卑
禮厚幣以招賢者，而孟軻至梁。"

　　【或問】問："孟子不見諸侯，此其見梁惠王，何也?"曰："不見諸侯者，不先
往見也。見梁惠王者，答其禮也。蓋先王之禮，未仕者不得見於諸侯。戰
國之時，士鮮自重，而孟子猶守先王之禮，故其所居之國而不仕焉，則必其
君先就見也，然後往見之。若異國之君不得越境而來，則必以禮貌先焉，
然後往答其禮耳。故《史記》以爲梁惠王'卑禮厚幣以招賢者，而孟子至
梁'，得其事之實矣。"

　　【纂疏】趙氏曰："按，魏初都安邑，在漢河東郡安邑縣。至惠王徙大梁，在
漢陳留郡浚儀縣。"

王曰："叟不遠千里而來，亦將有以利吾國乎?"

　　叟，長老之稱。王所謂利，蓋富國强兵之類。

　　【語録】總論三章之旨　問："公孫丑言孟子不見諸侯，何故千里來見梁惠
王?"曰："以《史記》考之，是梁惠王招之而至。其曰千里而來者，亦是慰勞

之辭爾。孟子出處，必不錯了。如一日在諸侯國內，①雖不爲臣，亦有時去見他。若言諸侯來召，則他便不去。②蓋孟子以賓師自處，諸侯有謀則就之。如孟子一日將見王，王不合，使人來道：'我本就見，緣有疾，不可以風，不知可以來見否?'孟子纔聞此語，便不肯去。"（周謨）

【纂疏】西山真氏曰："孟子初見惠王，惠王首以利國爲問。蓋自春秋至于戰國，先王之道不明，人心陷溺，惟知有利而已。"

孟子對曰："王何必曰利？ 亦有仁義而已矣。

仁者，心之德、愛之理。義者，心之制、事之宜也。此二句乃一章之大指，下文乃詳言之。後多仿此。

【語錄】仁兼義言者，是言體。專言者，是兼體用而言。（甘節）○仁固爲體，義固爲用，然仁義各有體用，各有動靜，更細驗之。（葉賀孫）○仁言"心之德"，便見得可包四者。義言"心之制"，却只是說義而已。（輔廣）○所謂"事之宜"，方是指那事物當然之理，未說到處置合宜處也。（沈僩）○問："德與理俱以體言，制與宜俱以用言否?"曰："'心之德'是渾淪說，'愛之理'方說到親切處。'心之制'却是說義之體，程子所謂'處物爲義'是也。揚雄言'義以宜之'，韓愈言'行而宜之之謂義'。若只以義爲宜，則義有在外意思。須如程子言'處物爲義'，則處物者在心，而非外也。'事之宜'雖若在外，然所以制其義，則在心也。"（葉賀孫）○**祝氏錄**　○又曰："仁對義，爲體用。仁，又自有仁之體用。義，又自有義之體用。'心之制'，是就義之全體處說。'事之宜'，是就千條萬緒各有所宜處說。'事之宜'，亦非是在外之事說。凡事之來，其中皆有個宜處，便是義。因舉程子曰：'在物爲理，處物爲義。'非此句則後來人恐未免有義外之見。"○又云："義之在心如利刃，然物來觸之便成兩片。"○問："'心之制'是裁制?"曰："是。"問："莫是以制其心?"曰："制如利斧，事來劈將去。可底從這一邊去，不可底從那一邊去。"○又曰："我纔見個事來，便知這個事合恁地處，此便是'事之宜'也。義如刀相似，其鋒可以割制他物，纔到面前，便判將去。若鋒與刀，初未嘗相離也。"

---

① "一"，明陳燁刻本《朱子語類》卷五五《孟子五・滕文公下》作"平"。

② "若言諸侯來召，則他便不去"，明陳燁刻本《朱子語類》卷五五《孟子五・滕文公下》作"若諸侯來召，則便不去"。

【纂疏】陳氏曰："義就心上論,則是心之裁制決斷處。'宜'字乃裁斷後事,裁斷當理,然後得宜。凡事到面前,便須有剖判,是可是否。若可否都不能剖判,便是此心頑鈍無義了。"○西山真氏曰:"《孟子》七篇以仁義爲首。程子有曰:'孔子言仁未嘗兼義,獨於《易》曰:"立人之道,曰仁與義。"而孟子言仁必以義配。'可謂有功於聖門矣。"

王曰:'何以利吾國?'大夫曰:'何以利吾家?'士庶人曰:'何以利吾身?'上下交征利而國危矣。 萬乘之國弒其君者,必千乘之家;千乘之國弒其君者,必百乘之家。 萬取千焉,千取百焉,不爲不多矣。 苟爲後義而先利,不奪不饜。 乘,去聲。饜,於艷反。

此言求利之害,以明上文何必曰利之意也。征,取也。上取乎下,下取乎上,故曰交征。國危,謂將有弒奪之禍。乘,車數也。萬乘之國者,天子畿內地方千里,出車萬乘。千乘之家者,天子之公卿采地方百里,出車千乘也。千乘之國,諸侯之國。百乘之家,諸侯之大夫也。弒,下殺上也。饜,足也。言臣之於君,每十分而取其一分,亦已多矣。若又以義爲後、以利爲先,則不弒其君而盡奪之,其心未肯以爲足也。

【張氏注】取,程子云:"齊語謂某處取某遠近。"

【纂疏】輔氏曰:"《集注》發明'不奪不饜',最説得人心求利之意出。蓋尚義則循理而有制,徇利則橫流而無節,故雖弒其君而盡奪之,而其心猶有所不足也。"○西山真氏曰:"理明則尊卑上下之分定,不然則凡有血氣者,皆思自足其欲,非盡攘上之所有不止也,於是篡弒之事興,其害有不勝計者。吁,可畏哉!"○趙氏曰:"古者方里爲井,四井爲邑,四邑爲丘,四丘爲甸,甸六十四井,五百十二家。通出甲士三人,步卒七十二人,牛十二頭,兵車一乘,故《周禮》甸讀爲乘。天子畿方千里,提封百萬井,除山川、溝壑、城池、邑居、園囿、街路之屬,定出賦六十四萬井,兵車萬乘,故稱萬乘之國。天子之公卿,采地在畿內,《周禮》所謂都鄙也,雖上公不過百里,出賦六萬四千井,兵車千乘,故稱千乘之家。諸侯之國,則畿外五等之封也,大國亦不過百里,出賦六萬四千井,兵車千乘,故稱千乘之國。諸侯之大夫,采地其大者,亦出賦六千四百井,兵車百乘,故稱百乘之家。"

未有仁而遺其親者也，未有義而後其君者也。

此言仁義未嘗不利，以明上文亦有仁義而已之意也。遺，猶棄也。後，不急也。言仁者必愛其親，義者必急其君。故人君躬行仁義而無求利之心，則其下化之，自親戴於己也。

【纂疏】輔氏曰：“愛親者，仁之實也，故仁者必愛其親。敬君者，義之實也，故義者必急其君。急，謂不後也。蓋於義言之，則莫急於君也。”○又曰：“仁義，人心之固有。人君躬行仁義以感之，而無求利之心以誘之，則人心之固有者，亦皆興起而自然尊君親上，有不待外求而勉强爲之者也。”

王亦曰仁義而已矣，何必曰利？”

重言之，以結上文兩節之意。○此章言仁義根於人心之固有，天理之公也。利心生於物我之相形，人欲之私也。循天理，則不求利而自無不利；徇人欲，則求利未得而害已隨之。所謂毫釐之差，千里之繆。此孟子之書所以造端正始之深意，①學者所宜精察而明辨也。○太史公曰：“余讀孟子書至梁惠王問何以利吾國，未嘗不廢書而嘆也。曰：嗟乎！利誠亂之始也。夫子罕言利，常防其源也。故曰‘放於利而行，多怨’。自天子以至於庶人，好利之弊，何以異哉？”○程子曰：“君子未嘗不欲利，但專以利爲心則有害。惟仁義則不求利而未嘗不利也。當是之時，天下之人惟利是求，而不復知有仁義。故孟子言仁義而不言利，所以拔本塞源而救其弊，此聖賢之心也。”○司馬氏，名遷，西漢龍門人，爲太史令，自號太史公。

【集義】明道先生曰：“仲尼言仁，未嘗兼義，獨於《易》曰：‘立人之道，曰仁與義。’而孟子言仁必以義配。蓋仁者體也，義者用也，知義之爲用而不外焉者，可與語道矣。世之所論於義者多外之，不然則混而無別，非知仁義之説者也。”○伊川先生曰：“利者，衆人之所同欲也。專欲益己，其害大矣。欲之甚，則昏蔽而忘義理；求之極，則侵奪而致怨仇。夫子曰：‘放於利而行，多怨。’孟子謂先利則不奪不饜，誠哉是言也。”○范氏曰：“利之説有二：有利物之利，有利己之利。所謂利物之利者，《周易·乾卦》四德‘元亨利貞’②。《文言》曰‘利者，義之和也。’君子法天行四德，利物足以和

---

① “正”，宋當塗郡齋本《四書集注》作“託”。

② “貞”，原作“正”，乃避宋仁宗趙禎諱，今改回，下同。

義。利物者,天之大德,春生夏長秋收冬藏,雷以動之,風以鼓之,雨以潤之,日以烜之,所以始終成萬物,無非是利,而天未嘗有之。聖人法天,兼利天下,故《泰卦》曰:'后以財成天地之道,輔相天地之宜,以左右民。'《繫辭》曰:'備物致用,立成器以爲天下利,莫大乎聖人。'聖人作事,無非欲利天下。耒耜臼杵,舟楫弧矢,服牛乘馬,引重致遠,皆所以利天下。聖人唯言利物之利,不言利己之利。所謂利己之利者,不過富國强兵,豐財用、實府庫而已。利於己,必有害於人;益於己,必有損於人。聖人知其如此,是故君子罕言利。"又曰:"君子喻於義,小人喻於利。"○楊氏曰:"君子以義爲利,不以利爲利,使民不後其君親,則國治矣,利孰大焉? 故曰:'亦有仁義而已,何必曰利。'"○尹氏曰:"梁惠王以利國爲言,而孟子對以仁義者,苟以利爲事,則不奪不饜矣。知仁而不遺其親,知義而不後其君,則爲利也博矣。"

【語録】凡事不可先有利心,纔說着利,必害於義。聖人做處說處只向義邊來,然義未嘗不利,但不可先說道利,不可先有求利之心。○先生云:"三山黄登云:'天下一切人都被這些子壞了。纔把害對利,便事事上只見得利害,更不問義理。須知道利乃對義,纔明得義利,便自無乖争之事。'"(潘時舉)○義利之辨,初時尚相對在。若少間主義功深後,那利如何着得? 如小小竊盜,不勞而却矣。(曾祖道)○孟子於義利間辨得毫釐不差。見一事來,便劈做兩片,便辨箇是與不是,這便是集義處。(潘時舉)○伊洛發明未接物主敬爲善一段工夫,須要精進乃佳。不爾,幾無所據以審夫義利之分也。(《答李次張》)○祝氏録

【或問】人之所以爲性者五,而獨舉仁義,何也? 曰:"天地之所以生物者,不過乎陰陽五行,而五行實一陰陽也。故人之所以爲性者,雖有仁義禮智信之殊,然曰仁義,則其大端已舉矣。蓋以陰陽五行而言,則木火皆陽,金水皆陰,而土無不在;以性而言,則禮者仁之餘,智者義之歸,而信亦無不在也。"曰:"其或主於愛,或主於宜,而所施亦有君親之不同,何也?"曰:"仁者,人也。其發則專主於愛,而愛莫切於愛親,故人仁則必不遺其親矣。義者,宜也。其發則事皆得其宜,而所宜者莫大於尊君,故人義則必不後其君矣。"曰:"然則其必爲體用而不可混者,何也?"曰:"仁存諸心,性之所以爲體也;義制夫事,性之所以爲用也。是豈可以混而無別哉? 然又

有一説焉,以其性而言之,則皆體也;以其情而言之,則皆用也;以陰陽言之,則義體而仁用也;以存心制事言之,則仁體而義用也。錯綜交羅,惟其所當,而莫不各有條理焉。”曰:“子謂仁義未嘗不利,則是所謂仁義者,乃所以爲求利之資乎?”曰:“不然也。仁義,天理之自然也,居仁由義,循天理而不得不然者也。然仁義得於此,則君臣父子之間,以至於天下之事,自無一物不得其所者,而初非有求利之心也。《易》所謂‘利者義之和’,正謂此爾。”曰:“然則孟子何不以是爲言也?”曰:“仁義固無不利矣,然以是爲言,則人之爲仁義也,不免有求利之心焉;一有求利之心,則利不可得而其害至矣,此孟子所以拔本塞源而救其弊也。且夫利者義之和,固聖人之言矣。然或不明其意,顧有以爲義無利則不和,故必以利濟義,然後合於人情者,雖其未聞大道,又有陷溺其心,而失聖言之本旨,然亦可見利之難言矣。程子所謂‘欲之甚,則昏蔽而忘義理;求之極,則侵奪而致仇怨’,學者所宜日深省也。”曰:“然則太史公之嘆,其果知孟子之學耶?”曰:“未必知也,以其言之偶得其要,是以謹而著之耳。”

【張氏注】梁惠王與孟子相見之初,而遽發“何以利吾國”之問。蓋自王者之迹熄,而霸説盛行一時,謀國者不復知義理之爲貴,專圖所以爲利者。惠王習夫言利之俗,徒見强弱之相凌,巧智之相乘,知謀國有利而已,是以此問發於見賢之初也。孟子告之以“王何必曰利,亦有仁義而已矣”,先正其心而引之以當道也,於是言利之爲害。蓋王欲利吾國,則大夫欲利其家,士庶人欲利其身矣。上下交鶩於利,而國其有不危者乎? 故萬乘之國弑君者,必千乘之家;千乘之國弑君者,必百乘之家。惟其以利爲先而不顧於義,則其勢必至於不奪則不饜。利之所在,豈復知有君親之爲重哉? 然則欲利反所以害之也。若在上者躬仁義以爲本,則在下者亦將惟仁義之趨。仁莫大於愛親,義莫先於尊君。人知仁義之趨,則其有遺其親而後其君者乎? 此其益於人之國可謂大矣。蓋行仁義,非欲其利之,而仁義之行,固無不利者也。其所以反復警告者,深切著明,王道之本,實在於此,故重言之曰:“亦有仁義而已矣,何必曰利?”

【集疏】蔡氏曰:“仁與禮相通,義與智相通。仁流行則便自有節在其中,義流行則便自有識在其中,故止曰仁義。”又云:“仁、禮,陽也,仁未著而禮已著,未著者陽之體,故主仁。義、智,陰也,義有形而智無形,有形者陰之體,故主義。"○覺軒蔡氏曰:《集注》謂'循天理,則不求利而自無不利',此發明孟子未有仁而遺其親,未有義而後其君之意也。'徇人欲,則求利未得而害已隨之',此發明孟子苟爲後義而先利,不奪不饜之意也。朱子又曰:'聖賢之言,所以要辨別教分明,但只要向義邊一直去,更不通思量第二着。①若行義時,便說道有利,則此心已傾邪向那邊去。固是未有仁而遺其親,未有義而後其君,纔於爲仁爲義時,便要說不遺不後,則是先有心於爲利。聖賢直要人止向一路做去,②不要做這一邊,又思量那一邊。'此又推孟子之意而極言之也。蓋天理人欲,差毫髮,繆千里,至可畏也。學者須知孟子不遺其親、不後其君之説,不過推仁義中有自然之利耳,非謂方爲仁時,便計不遺其親之利,方爲義時,便計不後其君之利也。蓋纔先萌利心,則必害於義,所以孟子申言亦有'仁義而已矣,何必曰利'。學者細玩'而已矣,何必'之辭,見得孟子語意嚴厲,斬釘截鐵,斷斷然只説仁義,更不向利上去。後世若董仲舒'正其義不謀其利,明其道不計其功',意者其亦得其傳者歟? 學者開卷便當精察明辨於義利之間,則庶乎用心不差,而可以得入道之門矣。"

【纂疏】輔氏曰:"《注》云'仁義根於人心之固有'者,天以是理賦予於人,而人則具是理於其心者也。曰根者,如草木之根於地也。曰固有者,又見其非可移彼以植此,氣聚乎此,則理命乎此,未有此氣而先有此理也。人人具足,物物圓成,故曰'天理之公也'。"○利心,人本無之,只緣有己有物,彼此相形,便生出箇較短量長、爭多競少之意來。遂欲己長人短,人少己多,偏詖反側,惟己是徇,故曰"人欲之私也"。○"循天道"者,無所爲而爲,故不求利。然成己成物,各得其宜,故自無不利。○"徇人欲"者,有所爲而爲,故雖求利而未必得,然妨人害物,招尤取禍,故害常隨之。○太史公之説似疏而實密,似闊而實切,似淡泊而實有意味。嗟嘆而言,誠有以深發於人心,學者最宜深玩。其曰"自天子至於庶人,好利之弊,何以異哉"者,正説得孟子"上下交征""不奪不饜"之意也。○又曰:"利者,民生所不可無者也,故乾之四德曰利,《書》之三德曰利,此所謂君子未嘗不欲

---

① "二",原漫漶不清,此據明陳燁刻本《朱子語類》卷五一《孟子一·梁惠王上》。
② "止",原漫漶不清,此據明陳燁刻本《朱子語類》卷五一《孟子一·梁惠王上》。

利也。但專欲求利，則不顧義理；專欲利己，則必害於人。惟能循仁義而行，則體順有常而自無不利。①"

○**孟子見梁惠王。　王立於沼上，顧鴻雁麋鹿，曰："賢者亦樂此乎？"** 樂，音洛，篇內同。

沼，池也。鴻，雁之大者。麋，鹿之大者。

孟子對曰："賢者而後樂此，不賢者雖有此，不樂也。

此一章之大指。

《詩》云：'經始靈臺，經之營之，庶民攻之，不日成之。　經始勿亟，庶民子來。　王在靈囿，麀鹿攸伏。　麀鹿濯濯，白鳥鶴鶴。　王在靈沼，於牣魚躍。'文王以民力爲臺爲沼，而民歡樂之，謂其臺曰靈臺，謂其沼曰靈沼，樂其有麋鹿魚鱉。　古之人與民偕樂，故能樂也。 亟，音棘。麀，音憂。鶴，《詩》作翯，戶角反。於，音烏。

此引《詩》而釋之，以明賢者而後樂此之意。《詩》，《大雅·靈臺》之篇。經，量度也。靈臺，文王臺名也。營，謀爲也。攻，治也。不日，不終日也。亟，速也，言文王戒以勿亟也。子來，如子來趨父事也。靈囿、靈沼，臺下有囿，囿中有沼也。麀，牝鹿也。伏，安其所，不驚動也。濯濯，肥澤貌。鶴鶴，潔白貌。於，嘆美辭。牣，滿也。孟子言文王雖用民力，而民反歡樂之，既加以美名而又樂其所有。蓋由文王能愛其民，故民樂其樂，而文王亦得以享其樂也。

【語錄】"靈臺"，國之有臺，所以望氛祲，察灾祥，時觀游，節勞佚也。謂之靈者，言其倏然而成，如神靈之所爲也。○"不日"者，庶民來作之，不終日而成。○"勿亟"者，文王心恐煩民，戒令勿亟。○"子來"者，如子趨父事，不召自來也。○"靈囿"，臺下有囿，所以域養禽獸。○并見《詩傳》

【張氏注】攻，作治之也。牣，滿也。

【纂疏】趙氏曰："按《左傳》云：'秦獲晉侯以歸，乃舍諸靈臺。'杜預云：'在京兆鄠縣，周之故臺也。'鹿，牡曰麠，牝曰麀。攸，所也。鹿至易驚動，不

---

① "自"，原作"旬"，據元刻本《四書纂疏》改。

驚動而攸伏者，無害獸之心，鹿信之而弗疑也。”

《湯誓》曰：‘時日害喪？　予及女皆亡。’民欲與之偕亡，雖有臺池鳥獸，豈能獨樂哉？” 害，音曷。喪，去聲。女，音汝。

此引《書》而釋之，以明不賢者雖有此不樂之意也。《湯誓》，《商書》篇名。時，是也。日，指夏桀。害，何也。桀嘗自言：“吾有天下如天之有日，日亡吾乃亡耳。”民怨其虐，故因其自言而目之曰：“此日何時亡乎？若亡則我寧與之俱亡。”蓋欲其亡之甚也。孟子引此，以明君獨樂而不恤其民，則民怨之而不能保其樂也。

【集義】橫渠先生曰：“不賢者民將去之，故不保其樂也。”

【語錄】曰：“此非教君以求利，而苟幸其言之易行，但其理自如此耳。”○王德脩説孟子沼上對梁之辭遜。（李閎祖）○又見雪宮章　　○祝氏錄

【或問】二章之説。曰：“張子‘不保其樂’之説尚矣。其曰聖賢言極婉順，未嘗咈人情者，亦施於此章則可。彼或出於人情之不正，又安可以不咈乎？”

【張氏注】梁惠王顧鴻雁麋鹿而謂孟子，孟子若告之曰“賢者何樂乎此”，則非惟告人之道不當爾，而於理亦有未完也。對曰：“賢者而後樂此，不賢者雖有此，不樂也。”辭氣不迫，而理則完矣。蓋王之所謂樂者，人欲之私，期以自逸者也。孟子之所謂“賢者而後樂此”者，天理之公，與民偕樂者也。《文王》之詩曰：“經始靈臺，經之營之，庶民攻之，不日成之。”言文王始欲爲此臺，方經營規度，而庶民皆來效其力，不日而有成。以文王之無欲，爲庶民主，民既安樂矣，而文王爲臺，則民亦豈不樂夫君之樂哉？“經始勿亟，庶民子來”，曰“勿亟”者，以見文王之心，惟恐其勞民也；曰“子來”者，以言民之樂爲如子之趨其父事也。文王則勿亟，庶民則子來，君民之相與如此。“王在靈囿，麀鹿攸伏”，又曰“麀鹿濯濯，白鳥鶴鶴。王在靈沼，於牣魚躍”，重言物之樂其生，以見文王之仁被於庶物，而民亦樂夫文王之囿如此其蕃且美也。曰：“古之人與民偕樂，故能樂也。”此賢者而後樂此者也。《湯誓》曰：“時日害喪？予及女皆亡。”民曰：“曷時日而喪乎？予欲與女皆亡也。”其厭苦之甚至於此。曰：“民欲與之皆亡，雖有臺池鳥獸，豈能獨樂哉？”此不賢者雖有此不樂者也。嗟乎！民一也，得其心，則子來而樂君之樂；失其心，則害喪而亡君之亡。究其本，則由夫順理與徇

欲之分而已。人君若常懷以不敢自樂爲心，①則足以遏人欲矣；常懷與民偕樂之心，則足以擴天理矣。可不念哉！

【纂疏】趙氏曰："《集注》引桀言，出《尚書大傳》。"

○梁惠王曰："寡人之於國也，盡心焉耳矣。 河内凶，則移其民於河東，移其粟於河内；河東凶亦然。 察鄰國之政，無如寡人之用心者。 鄰國之民不加少，寡人之民不加多，何也？"

寡人，諸侯自稱，言寡德之人也。河内、河東皆魏地。凶，歲不熟也。移民以就食，移粟以給其老稚之不能移者。

孟子對曰："王好戰，請以戰喻。 填然鼓之，兵刃既接，棄甲曳兵而走，或百步而後止，或五十步而後止。 以五十步笑百步，則何如？"曰："不可。 直不百步耳，是亦走也。"曰："王如知此，則無望民之多於鄰國也。 好，去聲。填，音田。

填，鼓音也。兵以鼓進，以金退。直，猶但也。言此以譬鄰國不恤其民，惠王能行小惠，然皆不能行王道以養其民，不可以此而笑彼也。楊氏曰："移民移粟，荒政之所不廢也，然不能行先王之道，而徒以是爲盡心焉，則末矣。"

【纂疏】輔氏曰："《周禮》以荒政十有二，聚萬民雖無所謂移粟之事，然大荒大札，則令邦國移民以辟災就賤。蓋在後世，歲或歉於此而豐於彼，則移民移粟，固有所不廢。若夫先王之道，所以制民之產，豐年固使之仰事俯育而無憾，又積三十年之耕，而有九年之食，則雖有旱乾水溢，而民無菜色。其視區區移民移粟之事，顧何足以爲盡心，而望民之多於鄰國哉？"

○趙氏曰："填然，鼓音之塞滿也。"

不違農時，穀不可勝食也；數罟不入洿池，魚鱉不可勝食也；斧斤以時入山林，材木不可勝用也。 穀與魚鱉不可勝食，材木不可勝用，是使民養生喪死無憾也。 養生喪死無憾，王道之始也。 勝，音升。數，音促。罟，音古。洿，音烏。

---

① "爲"，通志堂本《孟子説》作"之"。

農時，謂春耕夏耘秋收之時。凡有興作，不違此時，至冬乃役之也。不可勝食，言多也。數，密也。罟，網也。洿，窊下之地，水所聚也。古者網罟必用四寸之目，魚不滿尺，市不得鬻，人不得食。山林川澤，與民共之，而有屬禁。草木零落，然後斧斤入焉。此皆爲治之初，法制未備，且因天地自然之利，而撙節愛養之事也。然飲食宮室所以養生，祭祀棺槨所以送死，皆民所急而不可無者，今皆有以資之，則人無所恨矣。王道以得民心爲本，故以此爲王道之始。

【纂疏】輔氏曰："爲治之初，法制所以未大備者，一則民生淳厖，未用多爲之防；二則天下之事，要非一聖人之所能盡也。'天地自然之利'，謂五穀、魚鼈、材木之類。'撙節愛養之事'，謂不違農時、不用數罟、斧斤以時入山林之類。"○又曰："養生送死，乃人世之始終。於是二者皆有以濟之，則人世之始終一無所憾，而民心得矣。此其所以爲王道之始也。"○趙氏曰："洿者，濁水不流之小坎也。"

五畝之宅，樹之以桑，五十者可以衣帛矣；雞豚狗彘之畜，無失其時，七十者可以食肉矣；百畝之田，勿奪其時，數口之家可以無飢矣；謹庠序之教，申之以孝悌之義，頒白者不負戴於道路矣。 七十者衣帛食肉，黎民不飢不寒，然而不王者，未之有也。 衣，去聲。畜，敕六反。數，去聲。王，去聲。凡有天下者人稱之曰王，則平聲；據其身臨天下而言曰王，則去聲。後皆仿此。

五畝之宅，一夫所受，二畝半在田，二畝半在邑。田中不得有木，恐妨五穀，故於牆下植桑以供蠶事。五十始衰，非帛不暖，未五十者不得衣也。畜，養也。時，謂孕字之時，如孟春犧牲毋用牝之類也。七十非肉不飽，未七十者不得食也。百畝之田，亦一夫所受。至此則經界正，井地均，無不受田之家矣。庠序，皆學名也。申，重也，丁寧反覆之意。善事父母爲孝，善事兄長爲悌。頒，與班同，老人頭半白黑者也。負，任在背。戴，任在首。夫民衣食不足，則不暇治禮義，而飽暖無教，則又近於禽獸。故既富而教以孝悌，則人知愛親敬長而代其勞，不使之負戴於道路矣。衣帛食肉但言七十，舉重以見輕也。黎，黑也。黎民，黑髮之人，猶秦言黔首也。少壯之人，雖不得衣帛食肉，然亦不至於飢寒也。此言盡法制品節之詳，極財成輔相之道，以左右民，是王道之成也。

【語録】曰：“閭有序而鄉有庠，序以明教，庠則行禮而視化焉。”○見《文集》

【纂疏】輔氏曰：“《注》云‘盡法制品節之詳，極財成輔相之道’，則民情之變故已備，見聖人之制作已大成。‘以左右民’，則不惟制民之產，使之有以養其生，而又爲之學校之教，使之得以全其性，如帝堯所謂‘匡之直之，①輔之翼之，使自得之’，是爲王道之大成也。”○趙氏曰：“古以百步爲畝，今以二百四十步爲畝，古之百畝當今之四十一畝也。經界，謂治地分田，經畫其溝塗封植之界也。井地，即井田也。田有定分，故無不受之家。古者一夫一婦受私田百畝，公田十畝，是爲八百八十畝，餘二十畝，八家分之，得二畝半以爲廬舍，城邑之居亦各得二畝半。春令民畢出在野，冬則畢入於邑。在野曰廬，在邑曰里，廬各在其田中，而里聚居也。”

狗彘食人食而不知檢，塗有餓莩而不知發。人死，則曰：‘非我也，歲也。’是何異於刺人而殺之，曰：‘非我也，兵也。’王無罪歲，斯天下之民至焉。”莩，平表反。刺，七亦反。

檢，制也。莩，餓死人也。發，發倉廩以賑貸也。歲，謂歲之豐凶也。惠王不能制民之產，又使狗彘得以食人之食，則與先王制度品節之意異矣。至於民飢而死猶不知發，則其所移特民間之粟而已。乃以民不加多歸罪於歲凶，是知刃之殺人，而不知操刃者之殺人也。不罪歲，則必能自反而益修其政，天下之民至焉，則不但多於鄰國而已。○程子曰：“孟子之論王道，不過如此，可謂實矣。”又曰：“孔子之時，周室雖微，天下猶知尊周之爲義，故《春秋》以尊周爲本。至孟子時，七國爭雄，天下不復知有周，而生民之塗炭已極。當是時，諸侯能行王道，則可以王矣。此孟子所以勸齊、梁之君也。蓋王者，天下之義主也。聖賢亦何心哉？視天命之改與未改耳。”

【集義】伊川先生曰：“孟子論王道便實，徒善不足以爲政，徒法不能以自行，便先從養生上說將去。既庶既富，然後以飽食暖衣爲不可，故教之也。”

総論一章之旨　問：“移民、移粟之政，《周官》廩人之職未嘗廢。孟子非之者，豈以惠王不知仁政之本耶？”曰：“此無異議。但當熟玩孟子所說王政之始終，其措置施行之方略次第耳。”（《答張敬之》）○問：“觀程子之論，則孔子猶說着周，至孟子則都不說了。”曰：“然。當時六國如此強盛，各自攬得箇

---

① “匡”，原作“正”，乃避宋太祖趙匡胤諱，今改回。

身已如此，天子勢均力敵，如何地做？不知孟子奈何得下，奈何不下？想得也須減却一兩箇，方做得。看來當時六國若不是秦始皇出來從頭打叠一番，做其合殺。”問：“王者雖曰不殺一不辜，行一不義，事勢到不得已處，也只得如此做。”曰：“然。如湯東征西怨，南征北怨，滅國者五十，便是如此。只是也不叫做殺不辜、行不義。我這裏方行仁義之師，救民於水火之中，你却抗拒不服，如何不伐得？聖人做處如此，到得後來，都不如此了。”○祝氏録　○問：“程子説天命之改，莫是大勢已去否？”曰：“然。”○見《文集》

朱子辨李泰伯《常語》 曰：“謂周顯王未聞有惡行，特微弱耳，而孟子不使齊、梁事之，以是咎孟子。愚謂周以失道寖微滅，孔子作《春秋》，雖云尊周，然貶天子以達王事，二百四十二年之間，亦屢書矣。至於顯王之時，天下不知有周室，蓋人心離而天命改久矣。是時有王者作，亦不待滅周而後天下定于一也。聖人心與天同，而無所適莫，豈其拳拳於已廢之衰周，而使斯人坐蒙其禍無已哉？皋陶曰：‘天聰明，自我民聰明；天明畏，自我民明威。達于上下，敬哉有士。’知此則知天矣。聖人之心，豈異是耶？”○又曰：“李氏謂天下可無《孟子》，不可無六經；可無王道，不可無天子。愚謂有《孟子》而後六經之用明，有王道而後天子之位定。有六經而無《孟子》，則楊、墨之仁義所以流也；有天子而無王道，則桀紂之殘賊所以禍也。故嘗譬之，六經如千斛之舟，而《孟子》如運舟之人。天子猶長民之吏，而王道猶吏師之法。今曰六經可以無《孟子》，天子可以無王道，則是舟無人，吏無法，將焉用之矣？李氏自以爲悼學者之迷惑而爲是言，曾不知己之迷惑也亦甚矣。”○蔡氏録

【或問】曰：“必五十而後衣帛，七十而後食肉，①何也？”曰：“此先王品節之意，所以教民尊長敬老而節用勤生也。若其意則豈不欲少者之皆衣帛而肉食哉？顧其財有不贍，則老者或反不得其所當得耳。賈誼有言：‘古之治天下者，至纖至悉，故其蓄積足恃。’亦此意也。”曰：“‘謹庠序以申孝悌之義’，徐氏之説奈何？其曰‘老者衣帛食肉而少者不予，則民固已知尊長養老之義矣。蓋方其養之，而教固已行其間，然猶以爲未也，故又爲之庠序以申之，而致其詳焉。’”“蓋孟子之意未必然，然其爲説亦密矣。”

---

① “七十”，原漫漶不清，此據元刻本《四書纂疏》。

【張氏注】梁惠王自以其移粟移民爲盡心於國，而怪其民不加於鄰國。不知其操術既同，雖曰盡心而爲之，亦何以相遠哉？故孟子爲設五十步笑百步之喻，欲使之變革當時之爲，而取法於先王之政也。因其好戰而以戰爲喻，亦告人之一術也。考孟子所陳，不過欲民養生喪死無憾而已，老者衣帛食肉，黎民不飢不寒而已。蓋王者以得民爲本，而得民之道實在於此故也。不違農時，數罟不入洿池，與魚鼈不可勝食，材木不可勝用，而則有以供其養生喪死之須，而使之無憾。曰王道之始者，使民養生喪死無憾，而後王政可以次第而行。如下所陳，蓋其大綱也。制民之居，各以五畝，教之樹畜，以養其老，而五十者得以衣帛，七十者得以食肉。制民之田，一夫授之百畝，不奪其時，而數口之家可以無飢。衣帛食肉必曰五十、七十者，蓋民之欲無窮，而桑蠶畜養之利有限，苟不爲之制，則爭逐其欲，而老者或不得以衣帛食肉矣。又使知老者之當養，其老幼之有別，教亦行乎其中矣。於是立之庠序，以謹其教。庠序之教，孝悌爲先。“申”云者，申其義以告之也。夫自鄉黨之間而各立之學，以教民孝悌，薰陶漸漬之深，其君子固有以自得其良心，而其小人亦知畏義而遠罪。至於班白者不負戴於道路，則足以見孝悌之教行於細民，雖負戴者亦知有親，而王道成矣。又終之曰：“老者衣帛食肉，黎民不飢不寒，然而不王者，未之有也。”夫老者則衣帛食肉，黎民則不飢不寒，皆得其所如此，此天下所以歸往，而王道所由成也。“狗彘食人食而不知檢”，謂糜穀粟奉養之物而不知收檢也。“塗有餓莩而不知發”，謂視民之死而不知發廩以救也。操術若此，而以人死歸罪於歲，是與刺而殺之者何以異？望人之歸己，不亦難乎？故又曰：“王無罪歲，斯天下之民至焉。”欲使之深自反也。

【集疏】覺軒蔡氏曰：“按，常平蓋古法。孟子言‘狗彘食人食而不知檢，塗有餓莩而不知發’，今文作‘檢’，班氏《食貨志》作‘斂’，是也。夫豐歲不斂，飢歲不發，豈所謂常平乎？《周官·司稼》所謂‘視年之上下出斂法’，正謂此耳。”○又曰：“‘五畝之宅’一條，孟子凡三言之，一則以告梁惠王，一則以告齊宣王，一則直以爲文王之善養老。竊意孟子得時行道，必以此爲先務，惜乎當時以爲迂闊而不見用，卒使先王善政不復見于後世，可勝嘆哉。”

【纂疏】輔氏曰：“天下無理外之事，亦無事外之理。理貫於事，事統於理。唯物格知至，則理事一如，但言其事，而理自無違矣，如孟子之論王道是也。”○又曰："'王者，天下之義主'云者，在天下之義，當以爲主也。春秋之時，周室雖微而天下猶知尊周之爲義，則是於義猶以爲主也，故孔子以尊周爲本。至七國時，天下已不復知有周，則是人心之義不以爲主矣。故孟子勸齊、梁之君以行王道而王，孔孟'亦何心哉？視天命之改與未改耳'，然天命之改與未改，亦視人心之向背而已。人心猶知尊周之爲義，則是天命之未改也，人心不復知有周，則是天命之已改矣。又況生民之塗炭已極，仁者固不當坐視而莫之救，此則所謂'仁之至，義之盡'也。"○潛室陳氏曰："此是孔孟灼見天心，以天自處。周有一日天命，便當爲周文王、孔子是也。一日天命去周，便當爲周武王、孟子是也。"

○梁惠王曰："寡人願安承教。"

承上章，言願安意以承教。①

【纂疏】輔氏曰："既着個'梁惠王曰'字，則已是分爲兩章。雖分爲兩章，然其實只是一時説話，'以梃與刃''以刃與政有以異乎'，皆所以重明殺人非兵與不可罪歲之意。"

孟子對曰："殺人以梃與刃，有以異乎？"曰："無以異也。"梃，徒頂反。

梃，杖也。

"以刃與政，有以異乎？"曰："無以異也。"

孟子又問而王答也。

曰："庖有肥肉，厩有肥馬，民有飢色，野有餓莩，此率獸而食人也。

厚斂於民以養禽獸，而使民飢以死，則無異於驅獸以食人矣。

獸相食，且人惡之。爲民父母，行政，不免於率獸而食人，惡在其爲民父母也？"惡之"之"惡"，去聲。"惡在"之"惡"，平聲。

君者，民之父母也。惡在，猶言何在也。

仲尼曰：'始作俑者，其無後乎！'爲其象人而用之也。如之何其使斯民飢而死也？"俑，音勇。爲，去聲。

_____

① "承教"，宋當塗郡齋本《四書集注》作"受教"。

俑，從葬木偶人也。古之葬者，束草爲人以爲從衛，謂之芻靈，略似人形而已。中古易之以俑，則有面目機發而太似人矣。故孔子惡其不仁，而言其必無後也。孟子言此作俑者，但用象人以葬，孔子猶惡之，况實使民飢而死乎？○李氏曰：“爲人君者，固未嘗有率獸食人之心，然徇一己之欲而不恤其民，則其流必至於此。故以爲民父母告之。夫父母之於子，爲之就利避害，未嘗頃刻而忘于懷，何至視之不如犬馬乎？”○李氏，名郁，字光祖。

【張氏注】惠王聞孟子之言至深切也，於是有願安承教之問。蓋孟子復因前所言而重以曉之。夫知以梃與刃殺人之無以異，則刃與政之殺人獨有異乎？此因前所謂何以異於刺人而殺之意也。知獸相食，人且惡之，則率獸食人者，又豈不甚可畏乎？此因前所謂狗彘食人食、塗有餓莩之意也。其自奉養之侈，知肥其庖廚之肉與馬，而民之死弗恤也。夫豈亦不知其民之可貴，有甚於禽獸哉？惟其崇欲之故，是以冥然安行於率獸食人之事，而莫之察爾。古者塗車芻靈，有形而不備也，至爲木偶，則象人而用之，亦云不仁矣。故夫子因殉喪之禍，而嘆作俑之無後，以其不可長世也。象人而用之者猶不可，而况於使斯民飢而死者乎？則其亡國敗家也，何日之有？孟子之言，豈獨爲惠王之藥石，後之有國者，其亦深反復於斯焉。

【集疏】覺軒蔡氏曰：“梁王願安承教，是其猶有好善慕德之良心也。及聞孟子率獸食人之説，非不嚴屬激切，卒亦悠悠無所施爲，可見天資之不高也。”

【纂疏】輔氏曰：“李氏發明得最好，雖大無道之君，亦孰有率獸食人之心？然徇一己之私欲而不恤其民，則其流必至於此，人心之所以爲危也。故孟子以爲民父母告之，爲人上者，必能體父母於其子頃刻不忘之心，則庶幾其能盡保民之道矣。”○趙氏曰：“以木人送葬，設機而能踊跳，故名之曰俑。”

○梁惠王曰：“晉國，天下莫强焉，叟之所知也。　及寡人之身，東敗於齊，長子死焉；西喪地於秦七百里；南辱於楚。　寡人恥之，願比死者一洒之，如之何則可？”長，上聲。喪，去聲。比，必二反。洒，與洗同。

魏本晉大夫魏斯，與韓氏、趙氏共分晉地，號曰三晉。故惠王猶自謂晉國。惠王三十年，齊擊魏，破其軍，虜太子申。十七年，秦取魏少梁，後魏又數獻地於秦。又與楚將昭陽戰，敗，亡其七邑。比，猶爲也，言欲爲死者雪其恥也。

【纂疏】輔氏曰："惠王之志，疑若剛勇而有爲者，然細考之史，則其敗於三國，皆非義舉也，徒以争城争地，不失之貪，則失之繆。事既如此，猶不知所以自反，乃於見賢之際，歷叙其喪敗，而欲與死者一洗之。此正如匹夫賤人勢出無聊，不勝其忿，而求一快者所爲耳，豈有君人之度，而知所謂大勇之理哉。"○趙氏曰："按，魏斯者，所謂文侯也。與趙籍、韓虔俱爲晋大夫，三分其地，號曰三晋。惠王，文侯之孫，故猶自謂晋國。"

孟子對曰："地方百里而可以王。

百里，小國也，然能行仁政，則天下之民歸之矣。

王如施仁政於民，省刑罰，薄税斂，深耕易耨。 壯者以暇日修其孝悌忠信，入以事其父兄，出以事其長上，可使制梃以撻秦、楚之堅甲利兵矣。 省，所梗反。斂、易，皆去聲。耨，奴豆反。長，上聲。

省刑罰，薄税斂，此二者仁政之大目也。易，治也。耨，耘也。盡己之謂忠，以實之謂信。君行仁政，則民得盡力於農畝，而又有暇日以脩禮義，是以尊君親上而樂於效死也。

【語録】"孟子告梁王省刑薄斂，修孝悌忠信，便可制梃，撻秦楚堅甲利兵。夫魏地迫近於秦，無時不受兵，割地求成無虚日，孟子之言似若容易否？"曰："自是響應如此。當時之人焦熬已甚，率歡欣鼓舞之民而征之，自是見效速。後來公子無忌率五國師，直搗至函谷關可見。"（廖德明）○又辨李氏《常語》曰："孟子教諸侯行仁義，以救百姓倒懸之急，因言其效，以爲苟能行此，則天下必將歸之。至於仁孚義達，而天下之人各得其本心之所同然者，則雖三代之治，何以加此。"○蔡氏録

【張氏注】易耨，芸苗令簡易也。

【纂疏】輔氏曰："仁政在於養民而已。省刑罰，則民不至無所錯其手足，而得以安其生。薄税斂，則民不至有所闕於衣食，而得以保其生。故孟子言仁政首及此二者。下面數句，則又其效驗也。深耕易耨，則薄税斂之所致也。重税厚斂，則民不聊生，民不聊生，則其於農事亦苟且鹵莽而已。壯者以暇日脩其孝悌忠信，入以事父兄，出以事長上，則省刑罰之所致也。嚴刑峻罰，則民不樂生，民不樂生，則其於人道亦何暇脩爲之哉？"

彼奪其民時，使不得耕耨以養其父母，父母凍餓，兄弟妻子離散。

養，去聲。

彼，謂敵國也。

彼陷溺其民，王往而征之，夫誰與王敵？　夫，音扶。

陷，陷於阱。溺，溺於水。暴虐之意。征，正也。以彼暴虐其民，而率吾尊君親上之民往正其罪。彼民方怨其上而樂歸於我，則誰與我爲敵哉？

故曰：‘仁者無敵。’王請勿疑！”

“仁者無敵”，蓋古語也。百里可王，以此而已。恐王疑其迂闊，故勉使勿疑也。○孔氏曰：“惠王之志在於報怨，孟子之論在於救民，所謂唯天吏則可以伐之，蓋孟子之本意。”○孔氏，名文仲，字經父，臨江人。

【集義】楊氏曰：“一視而同仁，夫誰與爲敵？”○尹氏曰：“仁者無敵，豈力不足哉？惑而不爲焉耳。”

【張氏注】惠王畏秦、楚之強，[①]而憤其軍師之敗，欲比死者一洒之，是乃不勝其忿欲之私耳。孟子所以告之者，乃爲國之常道。曰“地方百里而可以王”，孟子豈徒爲是言哉？其所施爲皆有實事，而知其必然也。下所陳亦其大綱爾。省刑罰、薄稅斂、深耕易耨，使之安於田里，惟其有以仰事俯育，故可使民壯者以暇日脩其孝悌忠信。古者鄉有庠，黨有塾，皆講明所以脩孝悌忠信之教也。民知孝悌忠信之爲貴，則入有以事其父兄，則出有以事其長上矣。愛敬之心篤，則於其君之事，將如子弟之於父兄，有不期然而然者矣。民心一，則天下孰禦焉？故曰“可使制梃以撻秦楚之堅甲利兵矣”。蓋民心一也。有以得乎吾國之民，則他國之民亦將歸心焉。彼方陷溺其民，吾往而征之，其誰與爲敵？故曰“仁者無敵”。無敵云者，言天下皆歸心而無我敵者。又曰“王請勿疑”，夫王政之所以不行者，以時君謀利計功之念深，每每致疑而莫肯力行故也。使其以先王之治爲必可法，以聖賢之言爲必可信而力行之，則孰禦焉？

【講義】曰：“自功利之説勝，而王道始不行於後世。夫功利之所以勝者，以其有立至之效；王道之不行，以其迂闊而不切事情也。孟子生於戰國之世，告齊、梁之君非王道不言，而言王若易然，何也？王者之道，本乎人心，

---

① “畏”，原作“謂”，據通志堂本《孟子説》改。

循乎天理，人均具此心，心均具此理，即是理而行之，三綱既正，九疇既叙，則人皆知尊其君，親其上，初豈有甚高難行之事？謂王道爲迂闊，而惟功利之從，則曰兵可强也，國可富也，縱橫變詐，崎嶇險側，咈人心，逆天理，君臣父子之間且不能以相保，而何以固吾國乎？然則立至之效，乃速亡之兆也。湯武以仁義而王，戰國以功利而亡，此萬世之龜鑑也。然天下皆知尊湯武，而不免於蹈戰國之覆轍者，則其識見之卑，趨向之謬，而自不覺也。若昔聖賢無位以行其道，於是推明古先帝王之事業而載之方策，大綱小紀，本數末度，炳然日星之易見也。今乃指爲迂闊而莫之講，故自成、康沒而民生不見先王之治，由此其故也。鄙夫庸人，竊國之寵，而卒以誤國，誠可嘆也。孟子之言，可不深思而熟玩哉？"

【纂疏】輔氏曰："《注》引孔氏之言，蓋怨有當報者，亦有不當報者。若惠王之事，則所謂不當報者也。不當報而報，則是忿懥者之所爲耳，忿懥者之所爲，則其心熏灼焚燒，愈撲愈熾，不至於大敗極壞而不已。若所謂志於救民，則至誠惻怛，成己以成物，一日有一日之功。其曰'爲天吏則可以伐之'，則其所以自治者嚴矣。"

○**孟子見梁襄王。**

襄王，惠王子，名赫。

出，語人曰："望之不似人君，就之而不見所畏焉。 卒然問曰：'天下惡乎定？'吾對曰：'定于一。'語，去聲。卒，七没反。惡，平聲。

語，告也。不似人君，不見所畏，言其無威儀也。卒然，急遽之貌。蓋容貌詞氣，乃德之符。其外如此，則其中之所存者可知。王問列國分爭，天下當何所定。孟子對以必合于一，然後定也。

【纂疏】輔氏曰："容貌詞氣，形於外者，德則存於中者，形於外者則存於中者之符也。襄王望之不似人君，則容貌無可敬之儀也；就之而不見可畏，則容貌無可畏之威也；卒然而問，則其詞氣又急遽而無序也。其形於外者如此，則其中之輕脱荒肆可知矣。"

'孰能一之？'

王問也。

對曰：‘不嗜殺人者能一之。’

嗜，甘也。

‘孰能與之？’

王復問也。與，猶歸也。

對曰：‘天下莫不與也。 王知夫苗乎？ 七八月之間旱，則苗槁矣。天油然作雲，沛然下雨，則苗浡然興之矣。 其如是，孰能禦之？今夫天下之人牧，未有不嗜殺人者也。 如有不嗜殺人者，則天下之民皆引領而望之矣。 誠如是也，民歸之，由水之就下，沛然誰能禦之？’”夫，音扶。浡，音勃。由，當作猶，古字借用，後多仿此。

周七八月，夏五六月也。油然，雲盛貌。沛然，雨盛貌。浡然，興起貌。禦，禁止也。人牧，謂牧民之君也。領，頸也，蓋好生惡死，人心所同，故人君不嗜殺人，則天下悦而歸之。○蘇氏曰：“孟子之言，非苟爲大而已。然不深原其意而詳究其實，未有不以爲迂者矣。予觀孟子以來，自漢高祖及光武及唐太宗及我太祖皇帝，能一天下者四君，皆以不嗜殺人致之，其餘殺人愈多而天下愈亂。秦、晋及隋，力能合之而好殺不已，故或合而復分，或遂以亡國。孟子之言，豈偶然而已哉？”○蘇氏，名軾，字子瞻。

【或問】問：“孟子以梁襄王不似人君，不見所畏而譏之，然則必以勢位自高，而厲威嚴以待物邪？”曰：“不然也。夫有諸中者必形諸外，有人君之德則必有人君之容，有人君之容，則不必作威，而自有可畏之威矣。”曰：“言之急遽，亦何譏邪？”曰：“《艮》之六五‘以中正’而‘言有序’，而吕氏亦曰：‘志定者，其言重以舒；不定者，其言輕以疾。’然則言貌固皆内德之符，不惟可以觀人，學者雖以自省可也。”曰：“孔子居是邦，不非其大夫，而孟子誦言其君之失如此，何邪？”曰：“聖賢之分，固不同矣。且孔子仕於諸侯，而孟子爲之賓師，其地又不同也。抑七篇之中，無復與襄王言者，豈孟子自是而不復久於梁邪？”

【張氏注】“望之不似人君”，無可敬之儀也；“就之而不見所畏”，無可畏之威也。卒然而問，則又發言之無序也。觀其威儀，聽其發言，君子之於人也，其大略亦可得矣。孟子對以“定于一”者，謂其有以一之，則天下斯定矣。襄王問“孰能一之”，又對以“不嗜殺人者能一之”。蓋不嗜殺人者，本其良心之能愛者也。夫人皆有是心,戰國之君何獨至於嗜殺而不之恤哉?惟其淪胥陷溺以至此極也。於是時而有存不嗜殺之志者,則天下之歸孰禦焉?譬之苗槁之時,天油然作雲,沛然下雨,則苗浡然而興,言其應之速也如此。又譬之水之就下,言其從之易也如此。蓋存不嗜殺人之心,推而達之,則其心氣之所感動,政教之所薰蒸,億兆雖衆,舉在吾仁愛之中,則其心孰不一於此?故在我者親之,而無不悅附者矣;在我者離之,而無不渙散矣;在我者忍之,而在彼亦忍於我矣。然則不嗜殺人之心,人主其可不兢兢業業以養其原乎?

【集疏】覺軒蔡氏曰:"好生而不嗜殺者,天地生物之心也。必得天地此心,然後可以爲天之子,爲民之父母。蘇氏謂能一天下者四君,以其有此心;秦、晋及隋失國者,以其失此心。真萬世人牧之龜鑑也。"

【纂疏】輔氏曰:"嗜,如人口之嗜美味也。"○又曰:"不嗜殺之對,以見理勢之當然,非有爲而爲之者也。蓋人君之心誠能不嗜殺人,則舉天下皆在吾仁愛之中,又孰有渙散乖離而不一歸於我哉?固非以不嗜殺人爲一天下之具也。"○又曰:"蘇氏所謂'孟子之言,豈偶然而已哉'者,亦直據理而言之耳。然惟知學者知其爲實語也,不然須深原其意而詳究其實,然後知之。此亦窮理之一端。"

○齊宣王問曰:"齊桓、^①晋文之事可得聞乎?"

齊宣王,姓田氏,名辟彊,諸侯僭稱王也。齊桓公、^②名小白。晋文公,名重耳。皆霸諸侯者。

【纂疏】趙氏曰:"按,田氏本陳公子完之後,初以陳爲氏,後改姓田,至田和始篡齊而有之。辟彊,和之曾孫,是爲宣王。"

孟子對曰:"仲尼之徒無道桓、文之事者,是以後世無傳焉,臣未之聞也。 無以,則王乎?"

道,言也。董子曰:"仲尼之門,五尺童子羞稱五霸,爲其先詐力而後仁義也。"亦此意也。以、已通用。無已,必欲言之而不止也。王,謂王天下之

---

① "桓",原缺末筆,乃避宋欽宗趙桓諱,今改回,下同。
② "桓",原作"威",乃避宋欽宗趙桓諱,今改回,下同。

道。○董子，名仲舒，西漢廣川人。

【集義】明道先生曰：“得天下之正，①極人倫之至者，堯舜之道也。用其私心，依仁義之偏者，霸者之事也。王道如砥，本乎人情，出乎禮義，若履大路而行，無復回曲。霸者崎嶇反側於曲徑之中，而卒不可與入堯舜之道。故誠心而王則王矣，假之而霸則霸矣。二者其道不同，在審其初而已。”○伊川先生曰：“孔子之時，諸侯甚强大，然皆周所封建也。周之典禮雖甚廢壞，然未泯絶也。故齊、晋之霸，非挾尊王之義，則不能自立。至孟子時則異矣，天下之大國七，非周所命者四，先王之政絶而澤竭矣。夫王者，天下之義主也。民以爲王，則謂之天王、天子；民不以爲王，則獨夫而已矣。故孟子勉齊、梁以王者，與孔子之所以告諸侯不同。君子之救世，時行而已矣。”○范氏曰：“按《論語》孔子曰：‘桓公九合諸侯，不以兵車，管仲之力也。微管仲，吾其被髮左衽矣。’孔子美齊桓、管仲之功如此。孟子言仲尼之門，無道桓、文之事者。聖人於人，苟有一善，無所不取。齊桓、管仲有功於天下，故孔子稱之。若其道，則聖人之所不取也。”○楊氏曰：“齊宣王見孟子於雪宮，曰：‘賢者亦有此樂乎？’而孟子對以晏子之言，則霸者之事，非無傳也。孟子務引其君以當道，則桓、文之事，特詭遇而已。大匠不爲拙工改廢繩墨，故曰：‘無已，則王乎？’”

【或問】董子、程子、范、楊氏之言備矣，然推其意，猶有可言者。古之聖人，致誠心以順天理，而天下自服，王者之道也。齊桓、晋文則假仁義以濟私欲而已。

【纂疏】輔氏曰：“孟子之説略，董子之説詳，故引以爲説。夫仲尼門人，所學者，《大學》之序；所行者，先難後獲之仁。其心思念慮未嘗到功利上，自然無有道桓、文之事者。”○西山真氏曰：“孟子之後，其能深闢五霸者，惟仲舒爲然。”

曰：“德何如則可以王矣？”曰：“保民而王，莫之能禦也。”

保，愛護也。

【纂疏】輔氏曰：“保，如保赤子之保，有終始周旋之意。言其愛護斯民，始終無間斷，周旋無遺闕。”○西山真氏曰：“保云者，愛護育養之意。王道不

---

① “下”，清吕氏刻本《論孟精義·梁惠王上》作“理”。

外乎保民，而保民又不外乎此心。”

曰：“若寡人者，可以保民乎哉？”曰：“可。”曰：“何由知吾可也？”曰：“臣聞之胡齕曰，王坐於堂上，有牽牛而過堂下者，王見之，曰：‘牛何之？’對曰：‘將以釁鍾。’王曰：‘舍之！吾不忍其觳觫，若無罪而就死地。’對曰：‘然則廢釁鍾與？’曰：‘何可廢也？以羊易之。’不識有諸？”齕，音核。舍，上聲。觳，音斛。觫，音速。與，平聲。

　　胡齕，齊臣也。釁鍾，新鑄鍾成，而殺牲取血以塗其釁郤也。觳觫，恐懼貌。孟子述所聞胡齕之語而問王，不知果有此事否？

　　【纂疏】趙氏曰：“古者器成而釁以血，所以禳却不祥也。《周禮》云：‘上春釁寶鎮及寶器。’”

曰：“有之。”曰：“是心足以王矣。百姓皆以王爲愛也，臣固知王之不忍也。”

　　王見牛之觳觫而不忍殺，即所謂惻隱之心，仁之端也。廣而充之，①則可以保四海矣。故孟子指而言之，欲王察識於此而廣充之也。愛，猶吝也。

王曰：“然。誠有百姓者。齊國雖褊小，吾何愛一牛？即不忍其觳觫，若無罪而就死地，故以羊易之也。”

　　言以羊易牛，其迹似吝，實有如百姓所譏者，然我之心不如是也。

　　【纂疏】輔氏曰：“使宣王而有學問之功，知體察之要，則因孟子之言反求而識其不忍之實矣，亦何暇更辯百姓之言？今宣王乃汲汲於百姓之譏是辯，而但略及其所以不忍者以自解，則是前日都不知講學也。”

曰：“王無異於百姓之以王爲愛也。以小易大，彼惡知之？王若隱其無罪而就死地，則牛羊何擇焉？”王笑曰：“是誠何心哉？我非愛其財而易之以羊也，宜乎百姓之謂我愛也。”惡，平聲。

　　異，怪也。隱，痛也。擇，猶分也。言牛羊皆無罪而死，何所分別而以羊易牛乎？孟子故設此難，欲王反求而得其本心。王不能然，故卒無以自解於百姓之言。

　　【纂疏】輔氏曰：“宣王既無講學之功，不知反求之理，而徒自辯解於百姓

---

①　“廣而充之”“廣充”，即“擴而充之”“擴充”，乃避南宋寧宗趙擴諱，下同。

之言。故孟子又設此以問難之，蓋欲王反求而得其本心不忍之實。而王猶不能然也，而但以百姓之言爲宜，是卒無以自解於百姓之言也。"

曰："無傷也，是乃仁術也，見牛未見羊也。君子之於禽獸也，見其生，不忍見其死；聞其聲，不忍食其肉。是以君子遠庖厨也。"

遠，去聲。

無傷，言雖有百姓之言，不爲害也。術，謂法之巧者。蓋殺牛既所不忍，釁鍾又不可廢，於此無以處之，則此心雖發而終不得施矣。然見牛則此心已發而不可遏，未見羊則其理未形而無所妨，故以羊易牛，則二者得以兩全而無害，此所以爲仁之術也。聲，謂將死而哀鳴也。蓋人之於禽獸，同生而異類，故用之以禮，而不忍之心施於見聞之所及。其所以必遠庖厨者，亦以預養是心，而廣爲仁之術也。

【集義】橫渠先生曰："城郭之利，未足以保民。爲天下者，當如父母之視其愛子愛孫也。如此而後爲王者之道，故曰'保民而王'。"○楊氏曰："孟子之道，①其要在心術。如'是心足以王矣'，此言極好。心術明且正，何所施而不可？學者須是就心上做功夫。"

【語録】問"仁術"。曰："術未必便是全不好。②且如仁術，見牛之觳觫，是仁到這裏處置不得，③若無術以處之，是自家這仁心抑遏不得流行。故以羊易之，這是用術處。有此術，方得自家仁心流行。"（潘植）○祝氏録
○曰："術字本非不好底字，只緣後人把做變詐看了，便道是不好。却不知天下事有難處處，須着有箇巧底道理始得。當齊宣王見牛之時，惻隱之心已發乎中，又見釁鍾事大，似住不得，只得以不見者而易之。乃是他既周旋得那事，又不抑遏了這箇不忍之心，則此心乃得流行。若當此之時無個措置，便抑遏了這個不忍之心，遂不得而流行矣，此乃所謂術也。"○趙氏録

【或問】"齊王不忍一牛之死，其事微矣，而孟子遽以是心爲足以王者，何也？"曰："不忍者心之發，而仁者天地生物之心，而人之所得以爲心者也。是心之存，則其於親也，必知所以親之；於民也，必知所以仁之；於物也，必

---

① "之"，通志堂本《孟子集疏》作"言王"。
② "必"，原漫漶不清，此據明陳煒刻本《朱子語類》卷五一《孟子一·梁惠王上》。
③ "仁到"，明陳煒刻本《朱子語類》卷五一《孟子一·梁惠王上》作"仁心到"。

知所以愛之矣。然人或蔽於物欲之私，而失其本心之正，故其所發有不然者，然其根於天地之性者，則終不可得而亡也。故間而值其不蔽之時，則必隨事而發見焉。若齊王之興兵結怨，而急於戰伐之功，則其所蔽爲不淺矣。然其不忍一牛之死，則不可不謂之惻隱之發，而仁之端也。古之聖王所以博施濟衆而仁覆天下，亦即是心以推之而已，豈自外至哉？王既不能自知，而反以桓、文爲問，則孟子安得不指此而開示之耶？然戰國之時，舉世役於功利而不知仁義之固有，齊之百姓，又未見王之所以及民之功，是以疑其貪一牛之利。非孟子得其本心之正，而有以通天下之志，盡人物之情，亦孰知此爲本心之發，而足以王於天下哉？"曰："然則孟子既告之矣，而王猶不能自得其説，何也？"曰："固也是其蔽之極深，是以暫明而遽昧也。"曰："君子之遠庖廚，何也？"曰："禽獸之生，雖與人異，然原其禀氣賦形之所自，而察其悦生惡死之大情，則亦未始不與人同也。故君子嘗見其生，則不忍見其死，嘗聞其聲，則不忍食其肉。蓋本心之發，自有不能已者，非有所爲而爲之也。"曰："然則曷爲不若浮屠之止殺而撤肉也？"曰："人物并生於天地之間，本同一理，而禀氣有異焉。禀其清明純粹則爲人，禀其昏濁偏駁則爲物，故人之與人，自爲同類，而物莫得以班焉，乃天理人心之自然，非有所造作而故爲是等差也。故君子之於民則仁之，雖其有罪，猶不得已，然後斷以義而殺之。於物則愛之而已，食之以時，用之以禮，不身翦，不暴殄，而既足以盡於吾心矣。其愛之者仁也，其殺之者義也。人物異等，仁義不偏，此先王之道所以爲正，非異端之比也。彼浮屠之於物，則固仁之過矣，而於其親乃反恝然無情也。其錯亂顛倒乃如此，而又何足法哉？"曰："器成而釁之，禮也。今以小不忍而易以次牲可乎？"曰："釁鍾，禮之小者，失之未足以病夫大體。而不忍之心，仁之端也，由是充之，則仁有不可勝用者。其大小輕重之際，蓋有分矣。孟子所以急於此而緩於彼，豈無意哉？"曰："所謂見牛未見羊者，豈必見之而後有是心邪？"曰："心體渾然，無内外、動静、始終之間。未見之時，此心固自若也，但未感而無自以發耳。然齊王之不忍，施於見聞之所及，又正合乎愛物淺深之宜。若仁民之心，則豈爲其不見之故，而忍以無罪殺之哉？且觀齊王聞孟子之言，而心復有戚戚焉，則此心之未嘗亡，而感之無不應者，又可見矣。"

【集疏】蔡氏曰："仁術，猶心術也。《樂記》注：'術，所由也。'又曰：'術，猶道也。’此言‘仁術’，恐是仁心所發之路。”

【纂疏】輔氏曰：“宣王既無以自解於百姓之言，故孟子告以雖有百姓之言而不爲害，以解其心之所惑。然後告以其羊易牛者，是乃爲仁之術，而亦吾心本然之善，而宣王實不知也。”○又曰：“《注》云‘術，謂法之巧者’，巧亦非穿鑿以爲巧，蓋隨物賦形，逶迤曲折，而得以遂吾此心之用爾。”○又曰：“殺牛既所不忍，釁鍾又不可廢，此乃事理膠轕之會，而人之所難處者也。苟或無以處之，則此心雖發而終不得施矣。此心雖發而終不得施，則是天命有時而不流行也，是以君子有貴於學問之工夫。①見牛則此心已發，此心已發則不可遏其流行之體。未見羊則其理未形，其理未形則無所妨。理則心之所具者也，理既未形，而彼雖用之，則在我者不覺，故無所妨。此即下文所謂‘君子之於禽獸，其不忍之心施於見聞之所及者’是也。見聞不及，則於我無妨矣。無妨，謂理事無礙也。於此之時而能以羊易牛，則二者得以兩全而無害，所謂仁義并行而不相悖，是乃爲仁之術也，所謂法之巧者也。宣王雖未嘗知學問，然其所爲能適其宜若此者，蓋其良心之發，偶無物欲之蔽，而又習聞釁鍾之禮不可廢，是以能暗合於義理也。”○又曰：“‘人於禽獸同生異類’，唯其生同而類異，故其待禽獸與待人不同。所謂‘用之以禮’，則如《記》所言‘國君無故不殺牛，大夫無故不殺羊，士無故不殺犬豕’，與‘天子無故歲三田’之類皆是。所謂‘不忍之心施於見聞之所及’，則如宣王見牛之觳觫而不忍殺，乃以羊易之，孟子所謂‘見其生不忍見其死，聞其聲不忍食其肉，是以君子遠庖廚’之類皆是。然二者，人固多由之而不自覺也。”○又曰：“唯其不忍之心止施於見聞之所及，故古之君子知學問者必遠其庖廚，乃所以預養是不忍之心，不使之見其生、聞其聲，以推廣其爲仁之術，不必屑屑然以其所不見而易其所見也。孟子言此，以見宣王之初心本無不善，以羊易牛然後仁義之心得以兩全而無害也。”○西山真氏曰：“處事不可無法，雖有此心而無法以處之，則亦徒善而已。”

王說曰：“《詩》云：‘他人有心，予忖度之。’夫子之謂也。夫我乃行之，反而求之，不得吾心。夫子言之，於我心有戚戚焉。此

①　“工”，元刻本《四書纂疏》作“功”。

心之所以合於王者，何也？"説，音悦。忖，七本反。度，待洛反。"夫我"之"夫"，音扶。

《詩》，《小雅·巧言》之篇。戚戚，心動貌。王因孟子之言，而前日之心復萌，乃知此心不從外得，然猶未知所以反其本而推之也。

【纂疏】輔氏曰："戚戚，心動而有所慘傷也。孟子所言，曲盡其理，故宣王前日之心復動于中，而委蛇曲折之意莫不盡見，而亦莫非吾心本然之善，非從外而得也。向非孟子據理之極，知言之要，深得夫開導誘掖之術，而抽其端緒以告之，則亦何能使宣王前日不忍之心復萌也哉？宣王此心雖發動，而其端尚微，其體未充，而又未知所以用力推廣之方也。故孟子此下復以用力、用明、用恩之説以曉切也。"

曰："有復於王者曰'吾力足以舉百鈞，而不足以舉一羽；明足以察秋毫之末，而不見輿薪'，則王許之乎？"曰："否。""今恩足以及禽獸，而功不至於百姓者，獨何與？　然則一羽之不舉，爲不用力焉；輿薪之不見，爲不用明焉；百姓之不見保，爲不用恩焉。　故王之不王，不爲也，非不能也。"與，平聲。"爲不"之"爲"，去聲。

復，白也。鈞，三十斤。百鈞，至重難舉也。羽，鳥羽。一羽，至輕易舉也。秋毫之末，毛至秋而末鋭，小而難見也。輿薪，以車載薪，大而易見也。許，猶可也。"今恩"以下，又孟子之言也。蓋天地之性，人爲貴，故人之與人，又爲同類而相親。是以惻隱之發，則於民切而於物緩；推廣仁術，則仁民易而愛物難。今王此心能及物矣，則其保民而王，非不能也，但自不肯爲耳。

【纂疏】輔氏曰："《注》云：'人之與人，同類相親。'此與上文所謂'人與禽獸同生而異類'，故待之不同之説，皆是從分金秤子上説將來。夫天地之性人爲貴，而人之與人，又爲同類而相親，故惻隱之發，於民切，於物緩，皆自然而然，雖至愚之人，亦莫不然。學者須是臨事體察，看教分曉，不可模糊率略，聽其自然，事過便休。若夫推廣仁術，則仁民易而愛物難。所以難、所以易者，且以凡人言之。推廣此心，愛及同類者，其勢便、其事易。至於物，則有不得已而資以爲用者，使之皆被吾之愛而無傷，則其勢遠、其事難。自君人者言之，發政施仁，使民得以遂其生者，其勢便、其事易。①

———————

① "事"，原破損不清，此據元刻本《四書纂疏》。

極輔相財成之道，使庶類繁殖，鳥獸魚鱉咸若者，其勢遠、其事難。今王此心既發於見牛之際，而又有以處之，而使是心得以流行矣。則是於其勢遠而事難者，既能有以及之，則以是心而施於勢近而事易，與之同類而相親，所謂保民而王者，則豈有不能者哉？但自不肯爲耳。”○西山真氏曰：“孟子爲一羽、輿薪之譬，以明愛物之難，而仁民之易。宣王既能爲其所難，乃不能爲其所易，何哉？”○趙氏曰：“按，五權之法：二十四銖爲兩，十六兩爲斤，三十斤爲鈞，四鈞爲石。”

曰：“不爲者與不能者之形何以異？”曰：“挾太山以超北海，語人曰‘我不能’，是誠不能也。　爲長者折枝，語人曰‘我不能’，是不爲也，非不能也。　故王之不王，非挾太山以超北海之類也；王之不王，是折枝之類也。　語，去聲。“爲長”之“爲”，去聲。長，上聲。折，之舌反。

形，狀也。挾，以腋持物也。超，躍而過也。爲長者折枝，以長者之命，折草木之枝，言不難也。是心固有，不待外求，擴而充之，在我而已，何難之有？

【纂疏】輔氏曰：“是心乃我之固有，擴而充之，①在我而已。如有耳目而自視自聽，有手足而自執自行，固不難也。”

老吾老，以及人之老；幼吾幼，以及人之幼。　天下可運於掌。《詩》云：‘刑于寡妻，至于兄弟，以御于家邦。’言舉斯心加諸彼而已。　故推恩足以保四海，不推恩無以保妻子。　古之人所以大過人者，無他焉，善推其所爲而已矣。　今恩足以及禽獸，而功不至於百姓者，獨何與？　與，平聲。

老，以老事之也。吾老，謂我之父兄。人之老，謂人之父兄。幼，以幼畜之也。吾幼，謂我之子弟。人之幼，謂人之子弟。運於掌，言易也。《詩》，《大雅·思齊》之篇。刑，法也。寡妻，寡德之妻，謙辭也。御，治也。不能推恩，則衆叛親離，故無以保妻子。蓋骨肉之親本同一氣，又非但若人之同類而已。故古人必由親親推之，然後及於仁民，又推其餘，然後及於愛物，皆由近以及遠，自易以及難。今王反之，則必有故矣，故復推本而再問之。

---

　①　“擴”，元刻本《四書纂疏》避諱作“廣”。

【張氏注】御，臨也。

【纂疏】輔氏曰：“《注》云‘骨肉之親本同一氣’，此與天之生物一本同意。蓋人之骨肉，本同一氣而生。‘又非但若人之同類而已’，故於心爲至親至切。而行仁必自孝弟始，然後可以推而及民與物也。勢有近遠，當‘由近以及遠’；事有難易，當‘自易以及難’。老吾老，幼吾幼，以及人之老幼；刑寡妻，至兄弟，以御于家邦。此蓋自然之序，而人所不能自已者。若或反此，則必有其故矣。是不可不致其克復之功，使之循序而進。不然則倒行而逆施之，如無源之水、無根之木，不旋踵而乾涸枯瘁矣。”○西山真氏曰：“由親以及民，由民以及物，此古人之善推也。能及物而不能及民，此宣王之不善推也。”

權，然後知輕重；度，然後知長短。 物皆然，心爲甚。 王請度之！

“度之”之“度”，待洛反。

權，稱錘也。度，丈尺也。度之，謂稱量之也。言物之輕重長短，人所難齊，必以權度度之而後可見。若心之應物，則其輕重長短之難齊，而不可不度以本然之權度，又有甚於物者。今王恩及禽獸，而功不至於百姓，是其愛物之心重且長，而仁民之心輕且短，失其當然之序而不自知也。故上文既發其端，而於此請王度之也。

【語錄】“物易見，心無形。度物之輕重長短易，度心之輕重長短難。度物差了，只是一事差；①心差了時，萬事差，所以‘心爲甚’。”又曰：“以理度心。”又曰：“以本然之權度度心。”又曰：“愛物宜輕，仁民宜重，此是權度。以此去度。”（甘節）○問本然之權度。曰：“本然之權度，亦只是此心。此心本然，萬理皆具。②應物之時，須是子細看合如何，便是本然之權度也。如齊王見牛而不忍之心見，此是合權度處。及至興甲兵，危士臣，結怨於諸侯，又却忍爲之，便是不合權度，失其本心。”

【或問】老吾老，以及人之老；幼吾幼，以及人之幼，而天下可運於掌，何也？ 曰：“天地之間，人物之衆，其理本一，而分未嘗不殊也。以其理一，故推己可以及人；以其分殊，故立愛必自親始。爲天下者，誠能推其心而不

---

① “差”，原脱，據明陳煒刻本《朱子語類》卷五一《孟子一·梁惠王上》補。

② “理”，原漫漶不清，此據明陳煒刻本《朱子語類》卷五一《孟子一·梁惠王上》。

失其序,則雖天下之大,而親疏遠邇,無一物不得所焉,其治豈不易哉?”
曰:“心有輕重長短,而又曰‘當以心爲權度稱量’之語,若有病然。”曰:“輕
重長短之當然,固本心之正理。其爲權度而稱量之者,亦以此心之用而反
求之耳。”

【張氏注】五霸以利率天下,充塞仁義之正塗,甚矣其爲天下後世害也。
桓、文,五霸之盛,而其爲害則又甚焉。蓋後之人見其一時之功效,慕而趨
之,其心先蠱,仁義之説爲難入也。齊宣王問孟子以桓、文之事,亦其心平
日之所慕向者。①孟子曰“無以,則王乎”,新其舊習,使之灑然知有王道之
可貴也。宣王驟聞斯言,意必有甚高難行之事,故曰:“德何如,則可以王
矣?”孟子蔽之以一言曰:“保民而王。”嗟乎!斯言也,固足以盡王道矣。
“保”云者,若保赤子之保也。宣王自視歉然,懼力不足也,而不知保民之
道雖甚大,而其端則不遠,患不能體察擴充之耳。故孟子引見牛之事以
告,使知不忍之心己實有之,反而推之也。夫宣王坐堂上,牽牛過堂下,而
不忍之心於此蓋不出於計較作爲,而其端因物發見也。曰“是心足以王
矣”,言不忍之心王所固有,是足以王者也,於是反復明其當時之心而啓告
之,且謂百姓但見王之隱於牛而不隱於羊,故以爲以小易大,然無傷也。
“是乃仁術也”,猶言仁之道理也。見牛未見羊,愛心形於所見,是乃仁術
也。君子之於禽獸,見其生不忍見其死,聞其聲不忍食其肉,故遠庖厨,是
亦此意爾。王聞斯言,有得於其心而説,謂己雖行之,及反而求之,則有不
能以自得者。及孟子伸其端緒以告,則戚戚然有動于中,當時不忍之意宛
然而形也。故問此心之合於王道者何故。蓋親親而仁民,仁民而愛物,此
天理之大同,由一本而其施有序也。豈有於一牛則能不忍,而不能以保民
者?蓋方見牛而不忍者,無以蔽之,而其愛物之端發見也;而不能加恩於
民者,有以蔽之,而仁民之理不著也。然即夫愛物之端,可以知夫仁民之
理素具,能反而循其不忍之實,則其所謂仁民者固可得也。故以不能舉一
羽、見輿薪爲喻,以謂非其力與明之不足於此,乃不用之故耳。恩足以及
禽獸,而功不至於百姓者,亦以其不用其恩故爾。其不用者,乃不爲而非
不能也。“老吾老,以及人之老;幼吾幼,以及人之幼”,所謂由一本以推之

---

① “向”,原作“用”,據通志堂本《孟子説》改。

者也。"治天下可運於掌"者，言其易也。文王之刑于寡妻，至于兄弟，以御于家邦，亦舉斯心加諸彼而已，蓋無非是心之所存也。聖人雖無事乎推，然其自身以及家，自家以及國，亦固有序矣。"推恩足以保四海"者，愛無所不被也。"不推恩無以保妻子"，息其所爲愛之理也。故古人之所以大過人者，無他焉，在於善推所爲而已矣，如老吾老，幼吾幼，以及人之老幼是已。孟子之意，非使之以其愛物者及人，蓋使之因其愛物以循其不忍之實，而反其所謂一本者。親親而仁民，仁民而愛物也，此所謂王道也。①又重言曰："今恩足以及禽獸，而功不至於百姓者，獨何與？"欲其深究其然也。"權而後知其輕重，度而後知其長短，物莫不然，而心爲甚"者，言理之輕重長短存於心者，尤貴於度而知也。盍試思夫"恩足以及禽獸，而功不至於百姓者，獨何與"，則可見其非不能也，亦不爲而已矣。反復啓告，所謂引其君以當道者與？

【纂疏】輔氏曰："《注》云'失其當然之序'，此指宣王之心偏詖處言之也。必先見得其輕重長短如此分明了，然後究其所以然之故，則吾心之蔽始可去，而本然之理始可復。此孟子所以引物資權度之説，而使王自稱量其心也。"○趙氏曰："稱上謂之衡，稱錘謂之權。分、寸、尺、丈、引，各以十累起，謂之五度。"

抑王興甲兵，危士臣，構怨於諸侯，然後快於心與？"　與，平聲。

抑，發語辭。士，戰士也。構，結也。孟子以王愛民之心所以輕且短者，必其以是三者爲快也，然三事實非人心之所快，有甚於殺觳觫之牛者，故指以問王，欲其以此而度之也。

【纂疏】輔氏曰："孟子雖引物資權度之説，而請王稱量其心，然又恐不知所以稱量之要，故舉興甲兵、危士臣、結怨於諸侯三事，使王度之。蓋宣王愛民之心所以輕且短者，實以是三者之爲快蔽之也。夫此三事，乃人心之所不忍，有甚於殺觳觫之牛者，王若以是爲快，則宜乎愛民之心輕且短也。"

王曰："否。　吾何快於是？　將以求吾所大欲也。"

不快於此者，心之正也。而必爲此者，欲誘之也。欲之所誘者獨在於是，是以其心尚明於他而獨暗於此，此其愛民之心所以輕短，而功不至於百姓也。

---

① "所"，原破損不清，此據通志堂本《孟子説》。

【纂疏】輔氏曰：“辟土地，朝秦楚，莅中國，撫四夷，是其本志也。興甲兵，危士臣，結怨於諸侯，則末流之禍耳。有是志，則有是禍矣。指其末流之禍，則以爲不快於此者，心之明也。而卒溺於初志之失，而不知反者，欲誘之也。其心尚明於他者，謂不忍一牛之觳觫也。而獨暗於此者，謂功不至於百姓也。”

曰：“王之所大欲可得聞與？”王笑而不言。　曰：“爲肥甘不足於口與？　輕煖不足於體與？　抑爲采色不足視於目與？　聲音不足聽於耳與？　便嬖不足使令於前與？　王之諸臣皆足以供之，而王豈爲是哉？”曰：“否。　吾不爲是也。”曰：“然則王之所大欲可知已。　欲辟土地，朝秦楚，莅中國而撫四夷也。　以若所爲，求若所欲，猶緣木而求魚也。”與，平聲。“爲肥”“抑爲”“豈爲”“不爲”之“爲”，皆去聲。便、令，皆平聲。辟，與闢同。朝，音潮。

便嬖，近習嬖幸之人也。已，語助辭。辟，開廣也。朝，致其來朝也。秦、楚，皆大國。莅，臨也。若，如此也。所爲，指興兵結怨之事。緣木求魚，言必不可得。

【纂疏】趙氏曰：“按，秦跨有《禹貢》雍、梁二州之地，楚盡有荆州，西接漢中，北至汝南，故皆爲大國。”

王曰：“若是其甚與？”曰：“殆有甚焉。　緣木求魚，雖不得魚，無後災。　以若所爲，求若所欲，盡心力而爲之，後必有災。”曰：“可得聞與？”曰：“鄒人與楚人戰，則王以爲孰勝？”曰：“楚人勝。”曰：“然則小固不可以敵大，寡固不可以敵衆，弱固不可以敵强。海内之地方千里者九，齊集有其一。　以一服八，何以異於鄒敵楚哉？　蓋亦反其本矣。”“甚與”“聞與”之“與”，平聲。

殆、蓋，皆發語辭。鄒，小國。楚，大國。齊集有其一，言集合齊地，其方千里，是有天下九分之一也。以一服八，必不能勝，所謂後災也。反本，説見下文。

今王發政施仁，使天下仕者皆欲立於王之朝，耕者皆欲耕於王之野，商賈皆欲藏於王之市，行旅皆欲出於王之塗，天下之欲疾其君者皆欲赴愬於王。　其若是，孰能禦之？”朝，音潮。賈，音古。愬，與訴同。

行貨曰商,居貨曰賈。發政施仁,所以王天下之本也。近者悅,遠者來,則大小强弱非所論矣。蓋力求所欲,則所欲者反不可得;能反其本,則所欲者不求而至,與首章意同。

【張氏注】孟子復發端以問,謂王之欲在於辟土地,朝秦楚,莅中國而撫四夷,求遂其所欲,而獨區區於興甲兵,危士臣,構怨於諸侯,非特無是理,且將召後災。蓋以兵力爲勝負,則當推小大、强弱、衆寡之計,以吾之一而當天下之八,其不敗亡者幾希。然於此有道焉,小大、强弱、衆寡蓋不必論,盍亦反其本而已。其本安在?特在於發政施仁而已。發政施仁,則吾國之仕者無不得效其才,而天下之士皆願立於吾朝;吾國之耕者各得其時,而天下之農皆願耕於吾野;商賈之在吾國者無苛征之患,而天下之商皆願藏於吾市;行旅之經吾國者無乏困之憂,而天下之行旅皆願出於吾之塗;他國之困於虐政者,聞吾之風,皆願赴愬於我,而孰能禦之?夫行王政者,其心非欲傾他國以自利也,惟其以生民之困苦爲己任,行吾之所當爲,而天下歸心焉耳。夫欲辟土地,朝秦楚,莅中國而撫四夷,自世俗之務功名者言之,則以爲有志。而自聖賢觀之,苟不本乎公理,則特亦出於忮求矜伐之私耳。宣王惟汲汲於濟其私,故顛沛錯亂,非惟不能克濟,而禍患從之。蹈乎欲者,固危殆之道也。若由孟子所言,以發政施仁爲事,則是公理之所存,可大之業,自爾馴致,此天理人欲之分也。或者疑孟子勸時君行王政,爲失孔子尊周之義,程子蓋嘗論之矣,曰:"孔子之時,諸侯甚强大,然皆周之所封建也。周之典禮雖甚廢壞,然未泯絶,故齊、晋之霸,非挾尊王之義,則不能以自立。至孟子時則異矣,天下之大國七,非周所命者四,先王之政絶而澤竭矣。夫王者,天下之義主也。民以爲王,則謂之天王、天子;民不以爲王,則獨夫而已矣。二周之君,雖無大惡見絶於天下,然獨夫也。故孟子勉齊、梁以王者,與孔子之時不同。君子之救世,時行而已矣。"愚以爲孔子之作《春秋》,文王事殷之意也;孟子勸時君行王政,湯武順天之心也。學者所宜深思而明辨之。

【纂疏】輔氏曰:"力求所欲,則徇欲也,有爲而爲之也。計獲求得,用力雖勞,而所欲者反不如所期。能反其本,則循理者也,[①]無所爲而爲之也。

---

① "理",原漫漶不清,此據元刻本《四書纂疏》。

先難後獲，先事後得，而可大之業自爾循至，此天理人欲之分也。”

王曰：“吾惛，不能進於是矣。　願夫子輔吾志，明以教我。　我雖不敏，請嘗試之。”曰：“無恒産而有恒心者，[①]惟士爲能。　若民，則無恒産，因無恒心。　苟無恒心，放辟邪侈，無不爲已。　及陷於罪，然後從而刑之，是罔民也。　焉有仁人在位，罔民而可爲也？　惛，與昏同。恒，胡登反。辟，與僻同。焉，於虔反。

　　恒，常也。産，生業也。常産，可常生之業也。常心，人所常有之善心也。士嘗學問，知義理，故雖無常産而有常心，民則不能然矣。罔，猶羅網，欺其不見而取之也。

　　【纂疏】輔氏曰：“‘恒産’，常生之業，則下文所言‘五畝之宅，百畝之田’是也。‘恒心’，常有之善心，則下文所言‘善與禮義’是也。善，又禮義之總名也。緣民無常産，所以無常心，故不知禮義而陷於放辟邪侈也。若遂從而刑之，是誠無異於以羅網罔民，欺其不見而取之也。”

是故明君制民之産，必使仰足以事父母，俯足以畜妻子，樂歲終身飽，凶年免於死亡。　然後驅而之善，故民之從之也輕。　畜，許六反，下同。

　　輕，猶易也。此言民有常産而有常心也。

今也制民之産，仰不足以事父母，俯不足以畜妻子，樂歲終身苦，凶年不免於死亡。　此惟救死而恐不贍，奚暇治禮義哉？　治，平聲。凡治字爲理物之義者，平聲；爲已理之義者，去聲。後皆仿此。

　　贍，足也。此所謂無常産而無常心者也。

王欲行之，則盍反其本矣。

　　盍，何不也。使民有常産者，又發政施仁之本也。説具下文。

　　【纂疏】輔氏曰：“‘盍亦反其本’者，言其當反本也。‘則盍反其本’者，責其何不反本也。其辭固有輕重矣。”

五畝之宅，樹以之桑，五十者可以衣帛矣。　雞豚狗彘之畜，無失其時，七十者可以食肉矣。　百畝之田，勿奪其時，八口之家可以無飢

---

①　二“恒”字，原缺末筆，乃避宋真宗趙恒諱，今改回，下同。

矣。 謹庠序之教，申之以孝悌之義，頒白者不負戴於道路矣。 老者衣帛食肉，黎民不飢不寒，然而不王者，未之有也。"音見前章。

此言制民之產之法也。趙氏曰："八口之家，次上農夫也。此王政之本，常生之道，故孟子爲齊梁之君各陳之也。"楊氏曰："爲天下者，舉斯心加諸彼而已。然雖有仁心仁聞，而民不被其澤者，不行先王之道故也。故以制民之產告之。"○此章言人君當黜霸功，行王道。而王道之要，不過推其不忍之心，以行不忍之政而已。齊王非無此心，而奪於功利之私，不能擴充以行仁政。雖以孟子反覆曉告，精切如此，而蔽固已深，終不能悟，是可嘆也。

【語録】東萊吕氏曰："治道有本末先後，而言之亦須有序。孟子先以見牛啓發齊宣王良心切至，語意浹洽，乃條五畝百畝之説。若未孚信，遽及施行古先制度，則或逆疑其迂，吾説格而不得入矣。"朱子復之曰："論治固有序，然體用亦非判然各爲一事，無今日言此而明日言彼之理。如孟子論愛牛、制産，本末雖殊，然亦罄其説於立談之間。大抵聖賢之言，隨機應物，初無理事精粗之別。其所以格君心者，自是其精神力量有感動人處，非爲恐彼疑吾説之迂，而姑論無事之理以嘗試之也。若必如此，則便是世俗較計利害之私，何處更有聖賢氣象邪？"（見蔡氏録）

【張氏注】孟子既詳告而申言之矣，而宣王方且謂惛不能進，意欲孟子扶持其志，以其可行者告之，欲嘗試焉。此其見之未明，而信之未篤也。孟子復爲指陳事實，使之可舉而行之。蓋王者之政，大要使民有恒心而已，民皆有恒心則禮義興，行王政四達而不悖矣。然而"無恒産而有恒心者，惟士爲能"，蓋士服先王之教，故徇義而忘利，身可閑而守不渝。至於庶民，則又焉可以是而責之乎？一有飢寒之迫，則利欲動而恒心亡矣。恒心既亡，則將何所不至？無足怪也。以至陷於罪戾，則又從而刑之，是豈民之罪哉？吾無以養之，使之顛越至此，是與設網罟以陷之者何以異？故曰罔民也。仁人其忍爲此乎？故必制民之産，使有以仰事，使有以俯育，樂歲固飽矣，而凶年亦無死亡之憂，然後教之以禮義，故人之從之也輕。"輕"云者，身無他慮，惟上命之從也。不然救死之不暇，雖曰强之，其將能乎？王欲行仁政之所爲，則當反其本而已，本者何也？下所陳農桑之事是也。其事與告梁惠王者同，蓋爲國之本也，豈特當時所宜然哉，實萬世之常法也。嗟乎！是書綱領，首篇之義，亦略可見矣。抑嘗考孟子所以告當時者，如對鴻雁麋鹿之問，則曰“賢者而後樂此”；對好樂之問，則曰“王之好樂甚，則齊國其庶幾乎”；對好色好貨之問，則曰“大王好色，公劉好貨”，徐引之以當道，何其辭氣不迫也。至於梁惠王發何以利吾國之問，即應之曰“王何必曰利”；齊宣發齊桓、晋文之問，即應之曰“仲尼之徒，無道桓、文之事者”；公孫丑論管仲、晏子之功，則曰“管仲，曾西之所不爲，而子爲我願之乎”；宋牼將言交兵之不利，則曰“先生之號則不可”，未嘗不反復其説而闢之，又何其嚴也。自後世觀之，後數説比之前數者，宜若未至甚害，而攻之反甚切，何歟？蓋前數者一病爲一事耳，故紬繹其性之端以示之，使之曉然知反躬之要，則天理可明，而人欲可遏矣。至於霸者功利之説，易以惑人，人或趨之，則大體一差，無往而非病，雖有嘉言善道，亦何由入？戰國之諸侯，其失正在乎此，故闢之不可以不嚴。聖賢之大旨，亦可見矣。

【講義】曰：“儒術之不見用於世，功利之説常易以求售，曰‘兵可彊，國可富也’。然挾區區之小數，而不知爲國之大體。相傾相詐，相戕相賊，而吾國之民固已不得其生矣。①儒術則不然，自五畝之宅、百畝之田，使民養生喪死而無憾，然後教之以孝悌忠信。不惟吾之民皆知尊君親上，而天下之人亦皆引領而望之矣。夫元后者，民之父母也。父母之於子，必先有以養之，而又有以教之，然後爲之子者，得以全其父母之身。今也爲民父母，聽其自生自死，自愚自智，而莫之問也，又倡爲功利之説以斨喪之，豈爲民父母之道哉？故孟子論王道必曰仁政，論仁政必曰井地，斷斷乎其不可易也。孟子之言既不用於齊、梁之君，後世皆知讀其書而不能用其道，故歷數千年而帝王之盛卒不復見，可嘆也哉。”

【纂疏】輔氏曰：“《注》引趙氏説，八口乃上次農夫，言此者，舉其次多者耳。所謂王政之本，常生之道，故以告齊梁之君者。其説亦得其要。”○又曰：“楊氏之説，本末具舉，首尾該盡，亦深得孟子之意。”○又曰：“《集注》所斷章指數語，尤包括得意盡。而深嘆孟子之精切，與宣王之不悟，熟讀而詳玩之，尤使人慨然於世變之衰，而聖賢之道不得行也。”

---

① “固已不得其生矣”，元刻本《孟子講義》作“固亦不得安其生矣”。

孟子卷第二①

【諸儒集成之書】

　　朱子集注　朱子集義　朱子語録　朱子或問　南軒張氏注　黃氏講義
蔡氏集疏　趙氏纂疏

梁惠王章句下凡十六章

莊暴見孟子，曰："暴見於王，王語暴以好樂，暴未有以對也。　曰
'好樂'，何如?"孟子曰："王之好樂甚，則齊國其庶幾乎!""見於"
之"見"，音現，下"見於"同。語，去聲，下同。好，去聲，篇內并同。

　　莊暴，齊臣也。庶幾，近辭也，言近於治。

他日，見於王曰："王嘗語莊子以好樂，有諸?"王變乎色，曰："寡
人非能好先王之樂也，直好世俗之樂耳。"

　　變色者，慚其好之不正也。

曰："王之好樂甚，則齊其庶幾乎!　今之樂猶古之樂也。"

　　今樂，世俗之樂。古樂，先王之樂。

曰："可得聞與?"曰："獨樂樂，與人樂樂，孰樂?"曰："不若與
人。"曰："與少樂樂，與衆樂樂，孰樂?"曰："不若與衆。""聞與"之
"與"，平聲。樂樂，下字音洛。孰樂，亦音洛。

　　獨樂不若與人，與少樂不若與衆，亦人之常情也。

"臣請爲王言樂。　爲，去聲。

---

　　①　"第"，原作"之"，本書其他卷均題作"第"，據改，以求統一。

此以下，皆孟子之言也。

今王鼓樂於此，百姓聞王鍾鼓之聲、管籥之音，舉疾首蹙頞而相告曰：‘吾王之好鼓樂，夫何使我至於此極也？父子不相見，兄弟妻子離散。’今王田獵於此，百姓聞王車馬之音，見羽旄之美，舉疾首蹙頞而相告曰：‘吾王之好田獵，夫何使我至於此極也？父子不相見，兄弟妻子離散。’此無他，不與民同樂也。蹙，子六反。頞，音遏。夫，音扶。“同樂”之“樂”，音洛。

鍾鼓管籥，皆樂器也。舉，皆也。疾首，頭痛也。蹙，聚也。頞，額也。人憂戚則蹙其額。極，窮也。羽旄，旌屬。不與民同樂，謂獨樂其身而不恤其民，使之窮困也。

【張氏注】管，笙也。籥，如笛而六孔或三孔。

【纂疏】趙氏曰：“管，笙也。籥，簫也。”○又曰：“《春秋傳》‘范宣子假羽旄於齊’‘晋人假羽旄於鄭’，杜預曰：‘以析羽爲旌，爲王者斿車之所建也。’又按《周禮·司常》‘九旗之數，有全羽、析羽’，釋云：‘全羽、析羽，直有羽而無帛也。’”

今王鼓樂於此，百姓聞王鍾鼓之聲、管籥之音，舉欣欣然有喜色而相告曰：‘吾王庶幾無疾病與？何以能鼓樂也？’今王田獵於此，百姓聞王車馬之音，見羽旄之美，舉欣欣然有喜色而相告曰：‘吾王庶幾無疾病與？何以能田獵也？’此無他，與民同樂也。“病與”之“與”，平聲。“同樂”之“樂”，音洛。

與民同樂者，推好樂之心以行仁政，使民各得其所也。

今王與百姓同樂，則王矣。”

好樂而能與百姓同之，則天下之民歸之矣。所謂齊其庶幾者如此。○范氏曰：“戰國之時，民窮財盡，人君獨以南面之樂自奉其身。孟子切於救民，故因齊王之好樂，開導其善心，深勸其與民同樂，而謂今樂猶古樂。其實今樂古樂，何可同也？但與民同樂之意，則無古今之異耳。若必欲以禮樂治天下，當如孔子之言，必用《韶舞》，必放鄭聲。蓋孔子之言，爲邦之正道；孟子之言，救時之急務，所以不同。”楊氏曰：“樂以和爲主，使人聞鍾鼓管弦之音而疾首蹙頞，則雖奏以《咸》《英》《韶》《濩》，無補於治也，故孟子告齊王以此，①姑正其本而已。”

【或問】范、楊之説不同，何也？ 曰：“非不同也。范氏以孟子之言爲救時之急務，而楊氏亦以爲姑正其本，則其意同。皆以爲使孟子得政於齊，則夫所謂世俗之樂者，必將以漸而去之矣。但二説皆有所未竟，故使人不能無疑。然從范氏之説，不過爲失孟子之微意，而未害乎爲邦之正道。從楊氏之説，則是古樂終不必復，今樂終不必廢，而於孟子之意，爲邦之道，將兩失之，此不可以不審也。”

【張氏注】莊暴以齊宣王好樂之問問於孟子，孟子舉暴之語以告於王，因而擴之以公理，可謂善啓告者矣。曰“今之樂猶古之樂也”，意以爲得其所以與民同樂者，則今古之樂無以異也。問“獨樂樂，與人樂樂”，而王應曰“不若與人”。又問“與少樂樂，與衆樂樂”，而王應曰“不若與衆”，是王是非之心未嘗亡也。則因此而推原所以爲樂者，若“鼓樂于此”“田獵于此”，而使百姓疾首蹙頞以相告，是君不恤乎民，而民亦視之如疾也，然則何樂之有？ 若聞“鍾鼓之聲”“管籥、車馬之音”，“見羽旄之美”，而欣欣然有喜色以相告，樂王之無疾病，是君以民爲一體，而民亦以君爲心矣，然則其樂爲何如哉？ 由是觀之，則與民同其樂者，固樂之本也。誠能存是心，廣而充之，則人將被其澤，歸往之惟恐後，而有不王者乎？ 或曰：“如孟子之説，與民同樂，則世俗之樂，好之果無傷乎？”曰：“好世俗之樂者私欲，而與民同樂者公心也。能廣充是心，則必能行先王之政，以追先王之治，世俗之樂且將消靡而胥變矣。孟子不遽詆其所好，而獨廣之以公理，可謂善啓告者也。”

【纂疏】輔氏曰：“范氏辨孔子、孟子之説，可謂平正明白無餘藴矣。而楊氏論‘樂以和爲主’，及與民同樂爲樂之‘本’，又可以足范氏之説。”

○齊宣王問曰：“文王之囿方七十里，有諸？”孟子對曰：“於傳有之。”囿，音又。傳，直戀反。

囿者，蕃育鳥獸之所。古者四時之田，皆於農隙以講武事，然不欲馳騖於稼穡場圃之中，故度閑曠之地以爲囿。然文王七十里之囿，其亦三分天下

---

① “王”，原破損不清，此據宋當塗郡齋本《四書集注》。

有其二之後也與？傳，謂古書。

【纂疏】輔氏曰：“大宰九職，以園圃毓草木，藪牧養蕃鳥獸。今乃以囿爲蕃育鳥獸之所，何也？觀此章所言及文王靈囿所有，與衛獻公之射鴻于囿，《春秋》之書‘築鹿囿’，則可知矣。況《説文》又有‘養獸曰囿’之訓乎。”○又曰：“文王由方百里起，不應有七十里之囿，故疑其在三分天下有其二之後。”○又曰：“‘傳謂古書’，孟子時有之，今不復存矣。然孟子所謂‘於傳有之’者，亦言據古書有此説耳，然亦未必其然否也。”

曰：“若是其大乎？”曰：“民猶以爲小也。”曰：“寡人之囿方四十里，民猶以爲大，何也？”曰：“文王之囿方七十里，芻蕘者往焉，雉兔者往焉，與民同之。民以爲小，不亦宜乎？芻，音初。蕘，音饒。

芻，草也。蕘，薪也。

【張氏注】芻蕘者，取薪之人。雉兔者，獵人。

臣始至於境，問國之大禁，然後敢入。臣聞郊關之内有囿方四十里，殺其麋鹿者如殺人之罪，則是方四十里爲阱於國中。民以爲大，不亦宜乎？”阱，才性反。

禮，入國而問禁。國外百里爲郊，郊外有關。阱，坎地以陷獸者，言陷民於死也。

總論一章之旨 孟子所謂“傳有之”者，想他須有據。但孟子此説，其意只在諷齊宣王爾。若文王之囿果然縱一切人往，則雖七十里之大，不過幾時亦爲赤地矣，又焉得有林木鳥獸之長茂乎？周之盛時，雖天下山林，猶有厲禁，豈有君之苑囿反縱芻獵恣往而不禁之乎？亦無是理矣。漢武帝規上林苑，只有二三十里，當時諸臣已皆以爲言，豈有文王之囿反如是之大。（輔廣）

【張氏注】齊宣王以文王之囿爲問，意者宣王欲盛其苑囿禽獸之觀，[1]而其奸邪便嬖之臣道諛於旁，以逢其欲，假借文王之事以爲言。自古奸邪便嬖之逢其君，未有不出於此，夫文王豈崇七十里之囿哉？蓋七十里之間，文王四時蒐田之所及，而民以爲文王之囿也。何以知其然？以所謂芻蕘者

---

[1]　“者”，原漫漶不清，此據通志堂本《孟子説》。

得往，雉兔者得往，而知其然也。與民同之，則民以爲小，不亦宜乎？今齊國之囿，乃宣王之所自私，以肆其娛樂之所耳，故有大禁焉。四十里之間，殺其麋鹿者如殺人之罪，愛麋鹿有甚於人者，蓋蔽於耳目之欲，而不知人命之重也。然則其爲囿也，與設阱以待人者何以異？民見王自以爲樂而不吾恤也，又見王設爲厲禁，賤己而貴物，己方且憂畏之不暇，寧不以爲廣乎？予讀“臣始至於境，問國之大禁而後敢入”，又以見聖賢舉措之精密也。蓋居是邦，則當循是邦之法，入境而問焉，理之所當然也，聖賢未嘗不然。其文理密察，旨意深遠，學者不可以爲細事忽之而不精思也。

【纂疏】趙氏曰：“五十里爲近郊，百里爲遠郊。關者，蓋郊之門。”

○齊宣王問曰：“交鄰國有道乎？”孟子對曰：“有。 惟仁者爲能以大事小，是故湯事葛，文王事昆夷；惟智者爲能以小事大，故大王事獯鬻，句踐事吳。 獯，音熏。鬻，音育。句，音鈎。

仁人之心，寬洪惻怛，而無較計大小强弱之私。故小國雖或不恭，而吾所以字之之心自不能已。智者明義理、識時勢，故大國雖見侵陵，而吾所以事之之禮尤不敢廢。湯事見後篇。文王事見《詩·大雅》。大王事見後章。所謂狄人，即獯鬻也。句踐，越王名。事見《吳國語》①《史記》。

【語録】問：“仁者爲能以大事小，是仁者之心寬洪惻怛，便是小國不恭，亦撓他不動。智者爲能以小事大，蓋知者見得利害甚明，故衹得事大。”曰：“不特是見得利害明，道理自合恁地。小之事大，弱之事强，皆是道理合恁地。”○趙氏録

【集疏】覺軒蔡氏曰：“按《詩·大雅·緜》篇：‘肆不殄厥愠，亦不隕厥問。柞棫拔矣，行道兑矣。昆夷駾矣，維其喙矣。’又按《國語》《史記》載，越王棲於會稽之上，使大夫種行成於吳，曰：‘寡君之師徒，不足以辱君矣，願以金玉子女賂君之辱。’夫差欲與之成，子胥諫。越人飾美女八人，納之太宰嚭曰：‘子苟赦越國之罪，又有美於此者進之。’嚭曰：‘古之伐國者，服之而已。今已服矣，又何求焉？’夫差與之成而去之。句踐後與范蠡深謀十年，而竟滅吳。”

---

① “吳國語”，即《國語·吳語》之省稱，宋當塗郡齋本《四書集注》作“國語”。

【纂疏】輔氏曰：“‘寬洪惻怛’，足以盡仁人之心。寬洪者，仁之量也。惻怛者，仁之意也。仁與物無對，一視同仁，自不見大小強弱之異也，①豈復較計之私哉？故小國雖或不恭，而吾之所以字之之心自不能已，尤更説得仁字體用分曉，蓋仁心本無間斷也。‘明義理，識時勢’，足以盡智者之用。明義理，謂明得吾心義理之原。識時勢，謂識得在外時勢之輕重。唯其知得，方能敬以循之，是以大國或見侵陵，則在我事之之禮自不敢廢，若元不知，則更論甚敢與不敢？所謂不敢廢，方始是知之極致也。”○又曰：“《集注》只言‘義理’‘時勢’而已，若言利害，便流於私欲，只要就利避害，更不顧義理當如何矣。”○潛室陳氏曰：“仁者無計較之私，忘其執大而執小。智者有量度之明，自知不能敵大。”○趙氏曰：“獯鬻者，匈奴之别號。”

以大事小者，樂天者也；以小事大者，畏天者也。　樂天者保天下，畏天者保其國。　樂，音洛。

天者，理而已矣。大之事小，②小之事大，皆理之當然也。自然合理，故曰樂天。不敢違理，故曰畏天。包含徧覆，無不周徧，保天下之氣象也。制節謹度，不敢縱逸，保一國之規模也。

【集義】伊川先生曰：“凡人有所計較者，皆私意也。仁者欲人之善而矜人之惡，不計較小大強弱而事之，故能保天下。犯而不較，亦樂天順理者也。”○吕氏曰：“畏天者，以人畏天，天人未合；樂天者，天人已合，天道在己。”

【或問】“樂天畏天之説，其詳復有可得而聞者乎？”曰：“予聞之亡友何叔京曰：③‘仁者以天下爲度，一視而同仁，惟欲使人各得其所，不復計彼此強弱之勢，故以大事小而不以爲難。如葛與昆夷之無道，湯、文殷勤而厚恤之，及終不可化，而禍及於人，然後不得已而征伐之，仁之至也。智者達於事變，而知理之當然，故以小事大而不敢忽，然而必自強於政治，期於有以自立，如獯鬻與吳之方強，大王、句踐外卑躬而事之，④内則治其國家，和其民人，終焉或興王業，或刷其恥，此智之明也。使湯、文保養夷、葛，惡

---

① “異”，原作“意”，據元刻本《四書纂疏》改。
② “事”，宋當塗郡齋本《四書集注》作“字”。
③ “亡友”二字，通志堂本《孟子集疏》無。
④ “躬”，通志堂本《孟子集疏》作“弱”。

極而不能去，是不仁而縱亂也。使大王、句踐惟敵人之畏，而終不能自強，是無恥而苟安也。又何取於仁智哉？”

【纂疏】輔氏曰：“‘天者，理而已矣’，即程子所謂‘天專言之，則道也’。以道理言，則大者自當事小，此天之所以覆地也；小者自當事大，此坤之所以承乾也。自然合理，仁之事也，與天爲一，故曰樂天。不敢違理，智之事也，與天爲二，故曰畏天。”○又曰：“‘保天下’‘保一國’，言仁智者之氣象規模有此效也，非謂仁者智者之心欲其如此也。”

《詩》云：‘畏天之威，于時保之。’”

《周頌·我將》之篇。時，是也。

總論一章之旨　問：“樂天、畏天不同。以仁者而居小國，固不免爲智者之事；使智者而居大國，則未必能爲仁者之舉。何者？智者分别曲直，未必能容忍而不與之較，如仁者之爲也。”曰：“得之。”（《答潘謙之》）○仁者與天爲一，智者聽天所命。① 與天爲一者，嘉人之善，矜人之惡，無所擇於利害，故能以大事小。聽天所命者，循理而行，順時而動，不敢用其私心，故能以小事大。然此亦各因一事而言，惟仁者能如此，智者能如此耳。非專以事大事小爲仁智之分，樂天畏天之別也。仁者固能事小，然豈不能事大？智者固能事大，然豈不能事小？但其事之之情，則有樂天畏天之異耳。保天下，保一國，以其德之厚薄、量之大小而言，亦無一定之拘。“畏天之威，于時保之”，皆智者畏天而保其國之事也。所云忘私克己，乃畏天之事。樂天則無私之可忘，無己之可克矣。度勢量力，乃計利害之私，智者知天理之當然，而敬以循之，所以爲畏天也。（《答或人》）○祝、趙二氏錄同

王曰：“大哉言矣！ 寡人有疾，寡人好勇。”

言以好勇，故不能事大而恤小也。

【纂疏】輔氏曰：“齊王唯其好勇，故但欲辟土地，朝秦楚，爭地爭城，以刳其人民而已。故不能知事大之禮，又不能行恤小之仁。”

對曰：“王請無好小勇。 夫撫劍疾視曰：‘彼惡敢當我哉！’此匹夫之勇，敵一人者也。 王請大之！ “夫撫”之“夫”，音扶。惡，平聲。

---

① “聽”，元刻本《四書纂疏》作“順”。

疾視，怒目而視也。小勇，血氣所爲。大勇，義理所發。

【纂疏】趙氏曰："血氣所爲之勇，如溝澮之水，暴集隨涸，故謂之小。義理所發之勇，如天開地闢，自不能已，故謂之大。"

《詩》云：'王赫斯怒，爰整其旅，以遏徂莒，以篤周祜，以對于天下。'此文王之勇也。　文王一怒而安天下之民。

《詩》，《大雅·皇矣》篇。赫，赫然怒貌。爰，於也。旅，衆也。遏，《詩》作按，止也。徂，往也。莒，《詩》作"旅"。徂旅，謂密人侵阮徂共之衆也。篤，厚也。祜，福也。對，答也，以答天下仰望之心也。此文王之大勇也。

【纂疏】趙氏曰："按，密國在今寧州，阮國在今涇州。共，阮地今有共池。侵阮阻共，蓋侵阮直至共之地也。"

《書》曰：'天降下民，作之君，作之師。　惟曰其助上帝，寵之四方。　有罪無罪，惟我在，天下曷敢有越厥志？'一人衡行於天下，武王恥之。　此武王之勇也。　而武王亦一怒而安天下之民。　衡，與橫同。

《書》，《周書·泰誓》之篇也。然所引與今《書》文小異，今且依此解之。寵之四方，寵異之於四方也，有罪者我得而誅之，無罪者我得而安之。我既在此，則天下何敢有過越其心志而作亂者乎？衡行，謂作亂也。孟子釋《書》意如此，①而言武王亦大勇也。

【纂疏】輔氏曰："'寵異'，謂天寵異武王於天下也。亶聰明，是以天德寵異之也。作元后，是以天德寵異之也。"○又曰："心志，謂天下之心志也。人之作亂，皆過越其心志之故耳。若守其心志，無所過越，則何至有作亂之事乎？②此武王以天下之重自任也。"

今王亦一怒而安天下之民，民惟恐王之不好勇也。"

王若能如文武之爲，則天下之民望其一怒以除暴亂，而拯己於水火之中，惟恐王之不好勇耳。○此章言人君能懲小忿，則能恤小事大，以交鄰國；能養大勇，則能除暴救民，以安天下。張敬夫曰："小勇者，血氣之怒也。大勇者，理義之怒也。血氣之怒不可有，理義之怒不可無。知此，則可以見性情之正，而識天理人欲之分矣。"

---

① "孟子釋"，原破損不清，此據宋當塗郡齋本《四書集注》。

② "之"，原破損不清，此據元刻本《四書纂疏》。

【張氏注】齊宣王亦厭夫兵戈之相尋矣,是以有交鄰國之問。孟子則爲陳交鄰國之道有二端焉。若湯、文之心,蓋不忍坐視其民之困窮,不憚屈己以感之,庶幾有以拯其民也。若大王之於獯鬻,句踐之於吳,則其勢力誠不能以相及;若强而與之抗,則國將隨之,是以從而事之也。仁者愛人,故能以大事小;知者知幾,故能以小事大。樂天者,安天理者也;畏天者,欽天命者也。其仁如天,則天下孰不歸之? 故樂天者保天下,而畏天者亦有以保其國焉。仁知之分,故有間也。雖然,所謂畏天者,亦豈但事大國而無所爲耶? 蓋未嘗委於命而已也。故修德行政以光啓王業者,大王也;養民訓兵以卒殄寇讎者,句踐也。宣王知孟子之言爲大,内顧不能勝其忿戾之私,故以好勇爲言。孟子因而擴之,所以明天理而遏人欲也。夫勇有大小,血氣之勇,勇之小也;義理之勇,勇之大也。以血氣爲勇,則其勇不出於血氣之内,勢力可勝也,利害可絀也。義理之勇,不以血氣,勢力無所加,利害無所絀也。故曰“王請無好小勇”,欲其擴於義理也。夫聖人非無怒也,其動不以血氣而以理,可怒在彼而理在此,聖人何加毫末乎? 以文武之事觀之,則可見矣。詩人之咏文王,有曰:“王赫斯怒,爰整其旅,以遏徂莒,以篤周祜,以對于天下。”謂文王見密人之爲民害,則赫怒整旅,以遏止其所行之衆,①而篤周家之福,以答天下望周之心。是文王之怒,以天下而不以己也。故曰:“文王一怒而安天下之民。”《逸書》之稱武王有曰:“天降下民,作之君,作之師,惟曰其助上帝,寵綏四方。有罪無罪,惟我在,天下曷敢有越厥志。”謂君師之任,當助上帝以寵綏斯民,四方之有罪無罪,其責在吾之身,天下孰敢有越此志者乎? 一人逆理而動,則武王以爲己之恥,是武王以天下自任也,故曰:“武王亦一怒而安天下之民。”孟子既陳文武之事,則申告之曰:“今王亦一怒而安天下之民,民惟恐王之不好勇。”方戰國之際,斯民之憔悴於虐政,亦既極矣,顧乃於此獨不一怒,而區區於尋干戈,較强弱,不亦悖乎? 使王慨然以天下爲公,不徇血氣之小,行交鄰之道,而篤救民之志,則王政將以序而舉,不期於求天下,而天下歸戴之不暇矣。噫! 血氣之怒,人主不可有也;而義理之怒,人主不可無也。憎苦言之逆耳,而至於殺諫臣;忿小夷之不實,而至於弊中國;惡侈欲之不

---

① “止”,原漫漶不清,此據通志堂本《孟子説》。

廣，而至於竭天下之膏血。是皆血氣之使也，其不至於亡國也幾希，此怒豈宜有乎？若夫漢高帝怒項籍之放弒其主，而楚漢之勢遂分。光武怒王莽之絶滅其宗，而炎正之微遂復。周平王惟不怒犬戎、驪山之事也，故東周卒以不振。晉元帝惟不怒胡羯、青衣之恥也，故神州卒以淪亡。然則此怒又豈可無乎？知彼之不可有，而此之不可無，則可以見性情之正，而識天理人欲之分。

【纂疏】輔氏曰：“章旨之説，語簡意盡。君人者，必能懲小忿，然後能養大勇。所謂人能有所不爲，然後可以有爲也。”○又曰：“張氏之説，發明先儒所未到。怒乃人情之所不能無者，情則性之動也，但所發有理義血氣之不同。發於義理，則爲性情之正。發於血氣，則爲人欲而不正耳。理義血氣，是乃天理人欲之分也。”

○齊宣王見孟子於雪宫。　王曰：“賢者亦有此樂乎？”孟子對曰：“有。　人不得，則非其上矣。　樂，音洛，下同。

雪宫，離宫名。言人君能與民同樂，則人皆有此樂；不然，則下之不得此樂者，必有非其君上之心。明人君當與民同樂，不可使人有不得者，非但當與賢者共之而已也。

【纂疏】輔氏曰：“離宫。離，猶别也。别在其所居宫室之外，故曰離宫。‘君能與民同樂，則人皆有此樂’，此釋‘有’之一字。‘下之不得此樂者，必有非君上之心’①，此釋‘人不得則非其上矣’一句。②”

不得而非其上者，非也；爲民上而不與民同樂者，亦非也。

下不安分，上不恤民，皆非理也。

【纂疏】輔氏曰：“下不得而非其上者，不知命也，故謂之不安分。爲民上而不與民同樂者，不知義也，故謂之不恤民。皆不知理者也。”

樂民之樂者，民亦樂其樂；憂民之憂者，民亦憂其憂。　樂以天下，憂以天下，然而不王者，未之有也。

樂民之樂而民樂其樂，則樂以天下矣；憂民之憂而民憂其憂，則憂以天下矣。

---

① “上”，原破損不清，此據元刻本《四書纂疏》。
② “一句”，原破損不清，此據元刻本《四書纂疏》。

【纂疏】輔氏曰："君以民之樂爲樂，則民亦以君之樂爲樂，如是，則樂不以一己而以天下。君以民之憂爲憂，而民亦以君之憂爲憂，如是，則憂不以一己而以天下。憂樂皆不以己而以天下，則君以民爲體，①民以君爲心。天下雖大，兆民雖多，然其歡忻愉愉，痒痾疾痛，舉切於吾之身矣。君能體仁如此，則天下之民其將何往？雖欲不王，不可得也。"○西山真氏曰："因己之樂而圖民之憂，是之謂與民同樂。因民之憂而不敢恣己之樂，是之謂與民同憂。君之憂樂與民同，而民不與君同其憂樂者鮮矣。故爲人君者，不以己之樂爲樂，而以天下之樂爲樂；不以己之憂爲憂，而以天下之憂爲憂。如此而天下不歸者，未之有也。"

昔者齊景公問於晏子曰：'吾欲觀於轉附、朝儛，遵海而南，放于琅邪。吾何脩而可以比於先王觀也？' 朝，音潮。放，上聲。

晏子，齊臣，名嬰。轉附、朝儛，皆山名也。遵，循也。放，至也。琅邪，齊東南境上邑名。觀，游也。

【張氏注】轉附、朝儛，皆山。或云：朝，水名。

晏子對曰：'善哉問也！ 天子適諸侯曰巡狩，巡狩者，巡所守也；諸侯朝於天子曰述職，述職者，述所職也。 無非事者。 春省耕而補不足，秋省斂而助不給。 夏諺曰："吾王不游，吾何以休？ 吾王不豫，吾何以助？ 一游一豫，爲諸侯度。" 狩，舒救反。省，悉井反。

述，陳也。省，視也。斂，收穫也。給，亦足也。夏諺，夏時之俗語也。豫，樂也。巡所守，巡行諸侯所守之土也。述所職，陳其所受之職也。皆無有無事而空行者，而又春秋循行郊野，察民之所不足而補助之。故夏諺以爲王者一游一豫，皆有恩惠以及民，而諸侯皆取法焉，不敢無事慢游以病其民也。

【纂疏】趙氏曰："巡所守者，自上察下也。述所職者，自下達上也。王十二歲一巡守，諸侯六年一朝。"

今也不然：師行而糧食，飢者弗食，勞者弗息。 睊睊胥讒，民乃作慝。 方命虐民，飲食若流。 流連荒亡，爲諸侯憂。 睊，古縣反。

---

① "體"，原作"化"，據元刻本《四書纂疏》改。

今,謂晏子時也。師,衆也。二千五百人爲師,《春秋傳》曰:"君行師從。"糧,謂糗糒之屬。睊睊,側目貌。胥,相也。讒,謗也。慝,怨惡也,言民不勝其勞而起謗怨也。方,逆也。命,王命也。若流,如水之流,無窮極也。流連荒亡,解見下文。諸侯,謂附庸之國,縣邑之長。

【張氏注】睊睊,側目相視。胥,相交也。

【纂疏】輔氏曰:"王者之命諸侯,豈固欲其如此哉?不過使之愛養斯民而已。①逆王命,則虐必及其民矣。"○又曰:"此晏子主言齊事,而云爲諸侯憂,故知爲附庸之君,縣邑之長也。"

從流下而忘反謂之流,從流上而忘反謂之連,從獸無厭謂之荒,樂酒無厭謂之亡。 厭,平聲。

此釋上文之義也。從流下,謂放舟隨水而下。從流上,謂挽舟逆水而上。從獸,田獵也。荒,廢也。樂酒,以飲酒爲樂也。亡,猶失也,言廢時失事也。

【纂疏】輔氏曰:"舊說以亡爲喪亡。然此四弊相等,不應樂酒之弊,獨極言其喪國。且下文但言'荒亡之行'耳,亦未可便以爲喪亡之亡也。故《集注》創爲此說,當矣。"

先王無流連之樂,荒亡之行。惟君所行也。' "之行"之"行",去聲。

言先王之法,今時之弊,二者惟在君所行耳。

景公說,大戒於國,出舍於郊。於是始興發補不足。召太師曰:'爲我作君臣相說之樂!'蓋《徵招》《角招》是也。其詩曰:'畜君何尤?'畜君者,好君也。" 說,音悅。爲,去聲。樂,如字。徵,陟里反。招,與韶同。畜,敕六反。

戒,告命也。出舍,自責以省民也。興發,發倉廩也。太師,樂官也。君臣,己與晏子也。樂有五聲,三曰角,爲民;四曰徵,爲事。《招》,舜樂也。其詩,《徵招》《角招》之詩也。尤,過也,言晏子能畜止其君之欲,宜爲君之所尤,然其心則何過哉?孟子釋之,以爲臣能畜止其君之欲,乃是愛其君者也。○尹氏曰:"君之與民,貴賤雖不同,然其心未始有異也,孟子之言可謂深切矣。齊王不能推而用之,惜哉!"○尹氏,名焞,字彦明。

---

① "之",原作"民",據元刻本《四書纂疏》改。

【集義】楊氏曰："角爲民，徵爲事。巡所守，述所職，省耕斂，皆民事也。故齊景公作君臣相說之樂，曰《徵招》《角招》也。"

【語録】曰："楊氏之言巧矣，未知其說之爲然也。"○王德脩曰："孟子沼上之對其辭遜，雪宫之對其辭誇。"先生曰："分得好。"（李閎祖）

【張氏注】齊宣王問孟子"賢者亦有此樂乎"，與梁惠王所謂"賢者亦樂此乎"，意有異否？曰：有異焉。大抵惠王之質，又下於宣王者，方其顧鴻雁麋鹿，蓋有矜誇之意，而宣王則疑賢者之不肯有此樂也，爲愈矣。孟子之對，則各因其材而篤焉。其對惠王也，告之以獨樂之不得其樂，明言夏桀之事，所以警其驕惰也。①其對宣王也，則陳義以擴其心志，所以引而進之也。然大意皆主於不當自樂其身，當與民同樂而已。"有人不得，則非其上矣"，謂人固有不得其樂而非其上者。不得其樂而非其上，固非也。然而自人主言之，則不當怪其非己，而以自反爲貴。蓋爲民上而不與民同樂，亦非也。樂民之樂者，以民之樂爲己之樂也；憂民之憂者，以民之憂爲己之憂也。惟吾樂民之樂，故民亦樂吾之樂；惟吾憂民之憂，故民亦憂吾之憂。憂樂不以己而以天下，是天理之公也。於是又舉景公、晏子之事，蓋道其國之故典以告之也。景公見先王亦有游觀之事，欲比而爲之，是以問其故。晏子言古者，天子有巡狩之典，諸侯有述職之禮，無非爲民事之故也。巡狩、述職之外，則又有春秋省耕、省斂矣。天子則於畿内，諸侯則于國中，省耕而補不足，省斂而助不給，蓋亦無非民事也。民則曰："吾王不游，吾何以休？吾王不豫，吾何以助？"謂吾王之出省耕、省斂，而吾得以蒙休息而賴其助焉，則固樂夫吾王之出也。然則一游一豫之間，亦足爲諸侯之法矣。今也不然，其出也直以肆其欲而已。師行，以其衆行也。以其衆行而無糧食，飢者既不得食，而勞者又不得息焉，曾不之恤也。民既困苦，則睊睊然交相爲讒以作慝而已。"方命"，謂逆天之命也。天之立君，以爲民也，"虐民"，是所以爲方命也。"飲食若流"，縱極其飲食之欲也。"從流下而忘反謂之流，從流上而忘反謂之連"，言其從流上下，樂游而忘歸也。"從獸無厭謂之荒，樂酒無厭謂之亡"，言其逐欲而不倦也。先王之游，豈有是哉？景公聞晏子斯言而說之，則易其游觀之意，而爲恤民之舉，

----

① "警"，原漫漶不清，此據通志堂本《孟子説》。

出舍於郊,興發以補其不足者,命太師作《徵招》《角招》之樂,以見君臣相說之意。以晏子之言爲愛君,而有感於其中也。宣王能有取於晏子之言,則庶幾知所以取於先王矣。或曰:"孟子不道桓、文而羞管、晏,今乃引晏子之言,何如?"蓋不道桓、文而羞管、晏者,其大法也,其言與事有可取者,亦不可没也,樂與人爲善之心也。

【纂疏】"'出舍於郊',則是欲行上文所謂循行郊野,察民之不足而補助之法,故下文即言興發倉廩以補不足也。"○又曰:"《韶》樂蓋極於和樂,故取其名以見和樂之意。"○又曰:"尹氏之言平淡有味,熟讀而詳玩之,自有感發於人心,而孟子之意亦無餘蘊矣。"○西山真氏曰:"《易》之大小《畜》,皆以止爲義。凡止君之欲者,乃所以爲愛君也。縱君之欲者,其得爲愛君乎? 忠臣之心,惟恐其君之有欲。奸臣之心,惟恐其君之無欲。"○趙氏曰:"樂有五聲,宮、商、角、徵、羽是也。角主木,木聲清濁中,其數多少中,故爲民。徵主火,火聲稍輕,其數稍少,故爲事。事謂人之所營事務也。徵、角皆以《招》名之,以舜作歌以康庶事,鼓琴歌《南風》以阜民財之意。"

○齊宣王問曰:"人皆謂我毁明堂,毁諸? 已乎?"

趙氏曰:"明堂,太山明堂。周天子東巡守朝諸侯之處,漢時遺址尚在。人欲毁之者,蓋以天子不復巡守,諸侯又不當居之也。王問當毁之乎? 且止乎?"

【朱子《明堂説》】曰:"論明堂之制者非一,竊意當有九室。如井田之制,東之中爲青陽太廟,東之南爲青陽右个,東之北爲青陽左个;南之中爲明堂太廟,南之東即東之南爲明堂左个,南之西即西之南爲明堂右个;西之中爲總章太廟,西之南即南之西爲總章左个,西之北即北之西爲總章右个;北之中爲玄堂太廟,北之東即東之北爲玄堂右个,北之西即西之北爲玄堂左个。中是爲太廟太室。凡四方之太廟異方所,其左个、右个,則青陽之左个,乃玄堂之右个,乃總章之左个也;總章之右个,乃玄堂之左个,明堂之左个,乃青陽之右个也。但隨其時之方位開門耳。太廟太室,則每季十八日,天子居焉。古人制事,多用井田遺意,此恐然也。"

【或問】說者謂明堂,齊王僭禮之所,信乎? 曰:"不然也。《漢書》猶言泰山東北阯,古有明堂處,則趙氏之説不誣矣。"

【纂疏】輔氏曰:"《漢書·郊祀志》:武帝元封元年,'封泰山,泰山東北阯,古時有明堂處'云。"○又曰:"欲毀明堂,正與子貢欲去告朔餼羊之意同,以其無用,故欲毀去之也。"

孟子對曰:"夫明堂者,王者之堂也。 王欲行王政,則勿毀之矣。"

夫,音扶。

明堂,王者所居,以出政令之所也。能行王政,則亦可以王矣,何必毀哉?

總論二章之旨 問:"范氏曰:'若行王政,雖明堂可以勿毀,何況於雪宮。'竊謂若如范氏之説,是明堂反不若雪宮之當存也。"曰:"明堂非諸侯所宜有,故范説如此。"

王曰:"王政可得聞與?"[①]**對曰:"昔者文王之治岐也,耕者九一,仕者世禄,關市譏而不征,澤梁無禁,罪人不孥。 老而無妻曰鰥,老而無夫曰寡,老而無子曰獨,幼而無父曰孤。 此四者,天下之窮民而無告者。 文王發政施仁,必先斯四者。《詩》云:'哿矣富人,哀此煢獨。'"**與,平聲。孥,音奴。鰥,姑頑反。哿,工可反。煢,音瓊。

岐,周之舊國也。九一者,井田之制也。方一里爲一井,其田九百畝。中畫井字,界爲九區。一區之中,爲田百畝。中百畝爲公田,外八百畝爲私田。八家各受私田百畝,而同養公田,是九分而稅其一也。世禄者,先王之世,仕者之子孫皆教之,教之而成材則官之,如不足用,亦使之不失其禄。蓋其先世嘗有功德於民,故報之如此,忠厚之至也。關,謂道路之關。市,謂都邑之市。譏,察也。征,稅也。關市之吏,察異服異言之人,而不征商賈之稅也。澤,謂瀦水。梁,謂魚梁。與民同利,不設禁也。孥,妻子也。惡惡止其身,不及妻子也。先王養民之政,導其妻子,使之養其老而恤其幼,不幸而有鰥寡孤獨之人,無父母妻子之養,則尤宜憐恤,故必以爲先也。《詩》,《小雅·正月》之篇。哿,可也。煢,困悴貌。

【纂疏】輔氏曰:"治岐之政,耕者九一,是助法也。及《周禮》則易而爲徹。聖人之於法度,非有所不得已則不應變易之。易助爲徹,雖不可知,要必出於不得已。若非斯民浸失先公後私之意,則必田畯之官漸有急於公而

---

① "聞",原漫漶不清,此據宋當塗郡齋本《四書集注》。

緩於私之失，故變其法。雖一夫受田百畝，而與同溝共井之人通力合作，計畝均收，大率民得其九，公取其一，故謂之徹。其以一分饒與民，則又變狹而之寬，因以寓厚民之意也。”○又曰：“‘關市譏而不征’，《周禮》則關市有征。周公之意，是必將以抑商賈而歸之農也。及其弊也，則有爲暴之譏焉。以此見變法易令之職，①非易事也。‘澤梁不禁’，至《周禮》則山澤皆有屬禁，亦禁其暴殄天物者，而使取之以其時而已。”○又曰：“先王以民爲體，雖無尺寸之膚不養，然於心腹腠理易於傷犯處，尤當有以愛護之。此又體仁之至，而王政之本也。”○潛室陳氏曰：“文王治岐，關市不征，澤梁無禁，因民所利而利之，乃王道之始。成周門關市廛皆有限守，山林川澤悉有屬禁，經制大備，乃王道之成。”○趙氏曰：“按，岐山在漢右扶風美陽縣西北，唐屬岐州岐山縣，宋朝屬鳳翔府，②蓋箭括嶺也。岐山之南有周原，蓋周之舊國。”

王曰：“善哉言乎！”曰：“王如善之，則何爲不行？”王曰：“寡人有疾，寡人好貨。”對曰：“昔者公劉好貨。《詩》云：‘乃積乃倉，乃裹餱糧。　于橐于囊，思戢用光。　弓矢斯張，干戈戚揚。　爰方啓行。’故居者有積倉，行者有裹糧也。　然後可以爰方啓行。　王如好貨，與百姓同之，於王何有？”餱，音侯。橐，音托。戢，《詩》作輯，音集。

王自以爲好貨，故取民無制，而不能行此王政。公劉，后稷之曾孫也。《詩》，《大雅·公劉》之篇。積，露積也。餱，乾糧也。無底曰橐，有底曰囊，皆所以盛餱糧也。戢，安集也。言思安集其民人，以光大其國家也。戚，斧也。揚，鉞也。爰，於也。啓行，言往遷于豳也。何有，言不難也。孟子言公劉之民富足如此，是公劉好貨，而能推己之心以及民也。今王好貨，亦能如此，則其於王天下也，何難之有？

【張氏注】于橐于囊，謂裹餱糧於橐囊也。餱糧，乾飯也。思戢用光，思安民以光其業也。戚揚，戚，斧也；揚，鉞也。

【纂疏】西山真氏曰：“人君豈能不事儲峙之富？惟能推此心，使民亦有餱糧之積可也。”○趙氏曰：“按，后稷生不窋，不窋生鞠陶，鞠陶生公劉，是后

---

① “職”，原作“識”，據元刻本《四書纂疏》改。
② “宋”，元刻本《四書纂疏》作“本”。

稷之曾孫。”○又曰：“鉞大而斧小。太公《六韜》云：‘大柯斧，一名天鉞。’是鉞大於斧也。”○“按，舜封后稷于邰，不窋失其官守，而自竄於戎狄之間，公劉始立國於豳之谷。豳，今邠州三水縣。”

王曰：“寡人有疾，寡人好色。”對曰：“昔者大王好色，愛厥妃。《詩》云：‘古公亶甫，來朝走馬。　率西水滸，至于岐下。　爰及姜女，聿來胥宇。’當是時也，內無怨女，外無曠夫。　王如好色，與百姓同之，於王何有？”大，音泰。

王又言此者，好色則心志蠱惑，用度奢侈，而不能行王政也。大王，公劉九世孫。《詩》，《大雅·緜》之篇也。古公，大王之本號，後乃追尊爲大王也。亶父，大王名也。來朝走馬，避狄人之難也。率，循也。滸，水厓也。岐下，岐山之下也。姜女，大王之妃也。胥，相也。宇，居也。曠，空也。無怨曠者，是大王好色而能推己之心，以及民也。○楊氏曰：“孟子與人君言，皆所以擴充其善心而格其非心，不止就事論事。若使爲人臣者，論事每如此，豈不能堯舜其君乎？”愚謂此篇自首章至此，大意皆同。蓋鐘鼓、苑囿、游觀之樂，與夫好勇、好貨、好色之心，皆天理之所有，而人情之所不能無者。然天理人欲，同行異情。循理而公於天下者，聖賢之所以盡其性也；縱欲而私於一己者，衆人之所以滅其天也。二者之間，不能以髮，而其是非得失之歸，相去遠矣。故孟子因時君之問，而剖析於幾微之際，皆所以遏人欲而存天理。其法似疏而實密，其事似易而實難。學者以身體之，則有以識其非曲學阿世之言，而知所以克己復禮之端矣。

【語錄】問：“好色、好貨，亦是委曲誘掖之意否？”曰：“却不是告以好色、好貨，乃是告以公劉、大王之事。此兩事看來却似易，待去做時，多少難！”（葉賀孫）○問：“孟子答梁惠王問利，直掃除之，此處又却如此引導之，何也？”曰：“此處亦自分義利，特人不察耳。”（鄭可學）○又與學者書曰：“近略整頓孟子說，見得此老直是把得定，但常放到極險處方與一斡轉。斡轉後，便見天理人欲直是判然。非有命世之才，見道極分明，不能如此。然亦只此便是英氣害事者，便是才高無可依據處，學者不可以不知也。”○蔡氏錄

【或問】曰：“齊王之小勇，正所以害夫達德，故孟子請其無好此勇而大之，非欲其反此小勇而大之也。好貨好色，人情所不免，但齊王專於私己而不思及民，故孟子欲其與民同之，非欲因其邪心而利導之也。”

【張氏注】人皆謂宣王毀明堂者，惡其害己而去其籍之意。而孟子所以使之勿毀者，乃不廢覷羊之義。蓋使王者作，則制度典章猶可因是而求故爾。於是以行王政告之。周家王政，自文王始。治岐之法，即經理天下之法也。“耕者九一”，八家各耕百畝，而同養公田，助而不稅也。“仕者世祿”，賦之采地也。“關市譏而不征”，察非常，禁奇邪而已，不征其地也。“澤梁無禁”，與人共之也。“罪人不孥”，不及其妻子也。凡此皆王政之綱目也。而發政施仁，必先於鰥寡孤獨，蓋是四者，人情之所易以忽，而文王每篤之，不使其獨無告也。此可見公平均一，不遺匹夫匹婦。仁人之心，王政之本也。宣王聞斯言之坦易明白也，故有“善哉言乎”之嘆。夫天下之患，莫大於善善而不能用，故曰：“王如善之，則何爲不行？”而宣王自謂有好貨、好色之疾，孟子因其自謂有疾，如良醫之治病，隨以藥之。夫好貨與好色，人欲之流，不可爲也。今王自謂疾在於好貨，而告之以公劉好貨；王自謂疾在於好色，而告之以大王好色。是則有深意矣。夫公劉果好貨乎哉？公劉將遷國于豳，使居者有積倉，行者有裹糧，弓矢斧鉞備而後啓行，是其所謂好貨者，欲己與百姓俱無不足之患而已。①大王果好色乎哉？大王與其妃來相宇于岐下，方是時也，内外無有怨曠焉，是其所謂好色者，欲己與百姓皆安於室家之常而已。夫其爲貨與色者如此，蓋天理之公且當者也。故再言“與百姓同之，於王何有”。夫與百姓同之，則何有於己哉？人之於貨與色也，惟其有於己也，是故崇欲而莫知紀極。夫其所自爲者，不過於六尺之軀而已，豈不殆哉？苟惟推與百姓同之之心，則擴然大公，循乎故常，天理著而人欲滅矣。此所謂引之以當道者哉。

【纂疏】輔氏曰：“孟子對時君之言，其所以充其善而格其非者，乃陳善閉邪之事。若夫就事論事，則是後世不知學者之所爲，淺暗拘滯，徒以激其君而使之拒吾説耳。若夫孟子之事，則亦勉强做不得，須是學到孟子地位，能如他知言養氣，然後自然有此等功用也。楊氏所謂‘豈不能堯舜其君’②，則亦據理而言之耳。其君之聽與不聽，用與不用，則不可得而必也。”○又曰：“鐘鼓、苑囿、游觀之樂，與夫好勇、好貨、好色之心，以常情論

---

① “欲”，原漫漶不清，此據通志堂本《孟子説》。
② “楊氏”，元刻本《四書纂疏》作“至”。

之,則雖若不可爲,故齊王言之,則以爲慊,而又自以爲疾,恐不足行王道。然以實理言之,則是固天理人情之所不能無者,但有理與欲、公與私之異耳。故《集注》舉胡氏知言之説,所謂'天理人欲,同行而異情'者,而辨析之。夫聖賢之與衆人,其於好貨、好色其行雖同,而其情則異。循理而公天下者,聖賢之所以盡其性,此即公劉、大王與民共欲之事也。縱欲而私於一己者,衆人之所以滅其天理,此即齊王自以爲疾之事也。二者同異不過豪髮之間,而其終之是非得失,則其相去遂有盡性、滅天、興王、絶世之相反如此。《集注》言此,不但贊其理之密,正欲使學者因其言以反諸身,至誠體察於所謂豪髮之際,然後力求所以循夫理而克其欲耳。"○又曰:"《注》云'法似疏而密''事似易而難',蓋不直禁其好貨、好色,則似若疏且易矣。然必使之爲公劉、大王之事,推己之心以及夫民,循理而不縱欲,公天下而不私一己,則其實又甚密而且難矣。法,指孟子之説。事,指公劉、大王之事。非孟子據理之極,知言之要,何能辨析其精微如此哉?"○又曰:"讀之者,徒既其文而不究其實,則亦不知夫其意之所在。故《集注》又欲學者體之以心,驗之以身,真有以見夫豪氂之辨,同行異情之實,與夫天理人欲界限之不可相入。然後識孟子真非曲學阿世之説,而己之所以克去私意復歸於禮之端緒,亦可得而默諭矣。"○西山真氏曰:"人君豈能無妃匹之奉? 惟能推此心,使民亦有配偶之安可也。"○趙氏曰:"按,公劉生慶節,慶節生皇僕,皇僕生差弗,差弗生毀隃,毀隃生公非,公非生高圉,高圉生亞圉,亞圉生公叔祖,公叔祖生大王,是公劉之九世孫。古公,猶言先公也。蓋未追王前之本號古公,當殷末時,猶尚質,故亶父以名言。"○又曰:"古公避狄之難,其來以早朝之時,疾走其馬,循西方水涯漆沮之側,東行而至於岐山之下。"

○孟子謂齊宣王曰:"王之臣有託其妻子於其友,而之楚游者。 比其反也,則凍餒其妻子,則如之何?"王曰:"棄之。"比,必二反。

託,寄也。比,及也。棄,絶也。

曰:"士師不能治士,則如之何?"王曰:"已之。"

士師,獄官也,其屬有鄉士、遂士之官,士師皆當治之。已,罷去也。

曰:"四境之內不治,則如之何?"王顧左右而言他。 治,去聲。

孟子將問此而先設上二事以發之，及此而王不能答也。其憚於自責，恥於下問如此，不足與有爲可知矣。○趙氏曰："言君臣上下各勤其任，無墮其職，乃安其身。"

【張氏注】爲一國之牧，則當任一國之責，有一夫不獲其所，皆吾之罪也。能存是心，而後有以君國子民矣。夫受友之託其孥而凍餒之，是負其託也；爲士師而不能治士，是曠其官也。友之負託，士之曠官，則王既知之矣。而王獨不自念吾受一國之託，乃使四境之内不治，誰之責歟？王顧左右而言他，蓋有所愧於中也。王雖愧於中，然有護疾忌醫之意，故但顧左右而言他。使王於此而能沛然達其所愧，反躬自責，訪孟子所以治四境之道而行之，則豈不庶矣乎？

【纂疏】輔氏曰："常人之情，知人則明，自知則暗。孟子將以四境之内不治問王，故先設此二事以開其明，而使之自知其職有不舉也。王顧左右而言他，則亦自知其曠職爲可愧矣。然知之非艱，行之爲艱，使齊王沛然達其所愧，反躬自責，訪孟子所以治四境之道而力行之，則齊國其庶幾矣。今乃不然，顧左右以釋其愧，言他事以亂其辭，有護疾忌醫之心，無責己求言之志，則其不足與有爲可知矣。"○《注》云"各勤其任"，指心而言；"無墮其職"，指事而言。君臣上下内盡其心，外盡其事，則其身乃安。

○孟子見齊宣王，曰："所謂故國者，非謂有喬木之謂也，有世臣之謂也。 王無親臣矣，昔者所進，今日不知其亡也。"

世臣，累世勳舊之臣，與國同休戚者也。親臣，君所親信之臣，與君同休戚者也。此言喬木、世臣，皆故國所宜有。然所以爲故國者，則在此而不在彼也。昨日所進用之人，今日有亡去而不知者，則無親臣矣，况世臣乎？

【纂疏】輔氏曰："世臣，謂如畢公弼亮四世之類是也。服勤王家，至歷累世，則自然與國同休戚矣。親臣，謂腹心之臣，如漢之蕭何，唐之房、杜是也。君臣一體，自然與之同休戚矣。"○又曰："齊之爲國舊矣，故曰故國。喬木乃年深高大之木，亦故國之所宜有。但所以爲故國者，則以其有世臣，而非以其有喬木也。故國不可無世臣，人君不可無親臣。今齊王之臣，昨日所進而用之者，今日亡去而不知。則雖親臣亦無之矣，况世臣乎？舊説皆以親臣便爲世臣，故其辭膠轕不分曉。《集注》始分爲兩人，然後其意明白。”

王曰：“吾何以識其不才而舍之？”舍，上聲。

　　王意以爲此亡去者，皆不才之人，我初不知而誤用之，故今不以其去爲意耳。因問何以先識其不才而舍之邪。

　　【纂疏】輔氏曰：“若不先言齊王之意，則問此一句似無來歷也。蓋宣王於此，始悟其始之所進者擇之不精，故問何以辨之於初也。宣王資質亦明快易曉者。”

曰：“國君進賢，如不得已。將使卑踰尊，疏踰戚，可不愼與？與，平聲。

　　如不得已，言謹之至也。蓋尊尊親親，禮之常也。然或尊者、親者未必賢，則必進疏遠之賢而用之。是使卑者踰尊，疏者踰戚，非禮之常，故不可不謹也。

　　【纂疏】輔氏曰：“先儒皆以‘如不得已’一句連下文說。言不得已，則將使卑踰尊，疏踰戚，故不可不謹。雖若可通，然如此則是國君用人，唯於不得已之際，方致其謹。且下文但言因國人之言自察其賢否而用舍之，亦未嘗言其不得已之意。故《集注》直以‘如不得已’一句連上文說。言‘如不得已’是‘至謹’之意。人君於進賢之際，皆不可不謹，故於下段結之云‘所謂進賢如不得已者如此’。至於尊者、親者未必賢，則又將進其疏遠之賢者而用之，至使卑者踰尊、疏者踰戚，則又非禮之常，尤不可不謹也。”

左右皆曰賢，未可也；諸大夫皆曰賢，未可也；國人皆曰賢，然後察之，見賢焉，然後用之。左右皆曰不可，勿聽；諸大夫皆曰不可，勿聽；國人皆曰不可，然後察之，見不可焉，然後去之。去，上聲。

　　左右近臣，其言固未可信。諸大夫之言，爲可信矣，[①]然猶恐其蔽於私也。至於國人，則其論公矣，然猶必察之者，蓋人有同俗而爲衆所悦者，亦有特立而爲俗所憎者，故必自察之，而親見其賢否之實，然後從而用舍之。則於賢者知之深，任之重，而不才者不得以幸進矣。所謂進賢如不得已者如此。

　　【纂疏】輔氏曰：“左右近臣，未必盡賢，故其言未可以爲信。諸大夫則職

---

① “爲”，宋當塗郡齋本《四書集注》作“宜”。

位尊矣，不容有不賢者，然猶恐其或有蔽於私也。①至於舉國之人皆以爲然，則其論公矣，然世又有同俗而爲衆所悦者，特立而爲俗所憎者，故又必自察之。所謂察之，則必因言以察其心，考迹以察其用，如孔子之視所以、觀所由、察所安，然後能親見其賢否之實，從而用舍之。則於賢者，非徒知之，知之必深而無所疑；非徒任之，任之必重而不可易。至於不才，亦不容於幸進矣。”

左右皆曰可殺，勿聽；諸大夫皆曰可殺，勿聽；國人皆曰可殺，然後察之，見可殺焉，然後殺之。　故曰：國人殺之也。

此言非獨以此進退人才，至於用刑，亦以此道。蓋所謂天命天討，皆非人君之所得私也。

【集義】楊氏曰：“孟子論用人、去人、殺人，雖不聽左右諸大夫之毁譽，亦不聽國人之言。因國人之公是非，吾從而察之，必有見焉然後行。若初無所見，姑信己爲之，亦必終爲人所惑，不能固執矣。”

【纂疏】輔氏曰：“命有德，討有罪，二事相反而實相連，故因論進退人才而併及於用刑。舜之於四凶，孔子之於少正卯，皆天理人情之至，所謂天討也。”

如此，然後可以爲民父母。”

傳曰：“民之所好好之，民之所惡惡之，此謂民之父母。”

【張氏注】所謂世臣者，以其德業有肖於前人也。古者不世官，惟其賢可用，則君舉而用之耳，有世臣則國勢重。②蓋民望之所歸，吾心之所倚毗，而其世篤忠貞，與國同休戚，又有非他人比者，如伊陟、吕伋、召虎之徒是也。自周衰，用不以賢而以世，即見譏於《春秋》。而世家子孫亦復不務自脩，鮮克由禮，甚至於竊國柄，爲亂階，豈復有古之所謂世臣也哉？“王無親臣矣”，親，言腹心之臣，謂世臣也。“昔者所進，今日不知其亡也”，既無親臣，則取之於疏遠，而昔之驟所進者，又皆不得其人，至于今日，亦不知其亡也。“吾何以識其不才而舍之”者，謂何以辨之於初也。孟子於是爲陳黜陟進退人才之道。用人先當求之於世家，如不得已，則取之於卑且疏

---

① “私”，原破損不清，此據元刻本《四書纂疏》。
② “臣”，原作“官”，據通志堂本《孟子説》改。

者。夫使卑踰尊，疏踰戚，蓋非常之舉也。故曰："國君進賢，如不得已，必使卑踰尊，疏踰戚，可不慎與？"下所言，謹之之道也。左右之言勿聽，諸大夫之言勿聽，必考於國人之公論。雖然，諸大夫之言而勿聽，此非置疑猜於其間也，①謂大夫雖以爲賢，又必合以國人之公論然後可耳。合諸公論矣，則又審之於己，明見其所以爲賢也，所以爲不可也，然後用之則無貳，而去之則無疑。既言進退人才之道矣，而復及於可殺者，何邪？蓋如舜之於四凶，孔子之於少正卯，天討之施，有不可已者也。"曰國人殺之也"，言非己殺之，因國人之公心耳。然則其用是人也，亦非吾用之，國人用之也；其去是人也，亦非吾去之，國人去之也。蓋"天聰明自我民聰明，天明畏自我民明威"，國人之公心即天理之所存，苟有一毫私意加於其間，則失大同之義，而非天之理矣。夫人主之職莫大於保民，而保民之道莫先於用人，故曰："如此，然後可以爲民父母。"

○齊宣王問曰："湯放桀，武王伐紂，有諸？"孟子對曰："於傳有之。"傳，直戀反。

放，置也。《書》云："成湯放桀于南巢。"

【纂疏】蔡氏曰："南巢，地名。廬江六縣有居巢城，桀奔于此，因以放之也。"

曰："臣弑其君，可乎？"

桀、紂，天子；湯、武，諸侯。

曰："賊仁者謂之賊，賊義者謂之殘，殘賊之人謂之一夫。聞誅一夫紂矣，未聞弑君也。"

賊，害也。殘，傷也。害仁者，凶暴淫虐，滅絕天理，故謂之賊。害義者，顛倒錯亂，傷敗彝倫，故謂之殘。一夫，言衆叛親離，不復以爲君也。《書》曰："獨夫紂。"蓋四海歸之，則爲天子；天下叛之，則爲獨夫。所以深警齊王，垂戒後世也。○王勉曰："斯言也，惟在下者有湯武之仁，而在上者有桀紂之暴則可。不然，是未免於篡弑之罪也。"○勉，建陽人。

【語錄】問："賊仁是絕滅天理，賊義是傷敗彝倫否？"曰："傷敗彝倫只是小

小傷敗常理，如'不以禮食''不親迎'之類。若是那'紾兄之臂''踰東家牆'底，①便是絶滅天理。丹書'怠勝敬者滅'②，即'賊仁者謂之賊'之意；'欲勝義者凶'，即'賊義者謂之殘'之意。賊義是就一事上説，賊仁是就心上説。其實賊義便是賊那仁底，但分而言之即如此。（黄義剛）○賊仁便是將三綱五常，天叙之典，天秩之禮，③一齊壞了。義，隨事制宜，賊義，只是於此一事不是，更有他事在。（王力行）○因舉"賊仁者謂之賊，賊義者謂之殘"問在坐，或對曰："賊仁，是害心之理；賊義，是於所行處傷其理。"先生曰："如此説，便是告子義在外了。義在内，又在外。義是度事之宜，是心度之。然此處何以别？蓋賊仁之罪重，賊義之罪輕。仁義都是心之天理，仁是根本。賊仁，則大倫大法虧滅了，便是殺人底人一般。義就一節一事上言，一事不合宜便傷義，似手足上傷損一般，所傷者小，猶可補。"（徐寓）○祝、趙二氏録同

【張氏注】孟子之對，無乃太勁矣乎。蓋明言理之所在，以警宣王之心也。夫仁義者，人道之常也。賊夫仁義，是絶滅人道也。故賊夫惻隱之端，至於暴虐肆行而莫之顧也；賊夫羞惡之端，至於放辟邪侈而莫之止也。夫仁義之在天下，彼豈能賊之哉？實自殘賊于厥躬耳。爲君若此，則上爲斷棄天命，下爲不有民物，謂之一夫，不亦宜乎？嗚呼，孟子斯言，昭示萬世，爲人上者聞之，知天命之可畏，仁義之爲重，名位之不可以恃也，其亦兢兢以自强乎。

【纂疏】輔氏曰："賊之爲害深，殘之爲害淺。凶暴淫虐，皆發於中者而言，顛倒錯繆，指見於事者而言。然發於中者必見於外，見於事者實生於心。滅絶天理，則是殄閟其根本。傷敗彝倫，則是損害其枝葉。此賊仁賊義之害，又有輕重之不同也。"○又曰："'衆叛親離，不復以爲君'，此賊仁賊義，衆惡皆備之證驗也。"○又曰："此事自人君言之，則理所當然。自臣下言之，則不得已之大變。故《集注》舉王氏數語，所以著萬世爲人臣者之戒。"

---

① "牆"，原脱，據明陳煒刻本《朱子語類》卷五一《孟子一·梁惠王下》補。
② "丹"，原漫漶不清，此據明陳煒刻本《朱子語類》卷五一《孟子一·梁惠王下》。
③ "禮"，明陳煒刻本《朱子語類》卷五一《孟子一·梁惠王下》作"理"。

○孟子見齊宣王，曰：“爲巨室，則必使工師求大木。 工師得大木，則王喜，以爲能勝其任也。 匠人斲而小之，則王怒，以爲不勝其任矣。 夫人幼而學之，壯而欲行之。 王曰‘姑舍女所學而從我’，則何如？ 勝，平聲。夫，音扶。舍，上聲。女，音汝，下同。

巨室，大宮也。工師，匠人之長。匠人，衆工人也。姑，且也。言賢人所學者大，而王欲小之也。

【纂疏】輔氏曰：“匠人爲衆工人，則工師乃衆工人之師，故知其爲長也。”

今有璞玉於此，雖萬鎰，必使玉人彫琢之。 至於治國家，則曰‘姑舍女所學而從我’，則何以異於教玉人彫琢玉哉？” 鎰，音溢。

璞，玉之在石中者。鎰，二十兩也。玉人，玉工也。不敢自治而付之能者，愛之甚也。治國家則徇私欲而不任賢，是愛國家不如愛玉也。○范氏曰：“古之賢者，常患人君不能行其所學，而世之庸君，亦常患賢者不能從其所好。是以君臣相遇，自古以爲難。孔孟終身而不遇，蓋以此耳。”

總論二節之旨 問：“後譬只得申解前譬。”曰：“兩譬又似不相似，不知如何做得恁地嵯峨。”（楊至）

【張氏注】古人之學，本於格物、致知、誠意、正心，而治國、平天下之道在於此，成己成物，無二致也。故其所欲行者，即其平日之所學者，其本末先後皆有彝章而不可少紊。自非人君信之之篤，任之之專，則寧終身不用而已矣，不肯舍己以徇人也。若君人者欲其舍所學以從己，則寧得賢者而用之哉？夫斲大木而小之，則以爲不勝任。今君子所學者先王之道，乃使舍之以從己，是豈非斲而小之之比乎？委玉人彫琢，而亦聽其所爲耳。倚之以治國家，不聽其所爲，而惟欲其己之從，是何異委玉於人而教之以彫琢乎？然則君人者亦可以察此矣。

【纂疏】輔氏曰：“人唯愛玉，唯恐損之，故不敢自治而必付之能者。至於治國家，乃不任賢者，而徇私欲以爲之，則雖曰治之，乃所以害之，是愛國家反不如愛玉也。”○又曰：“德義則當責成於己，遇否則當聽命於天。”○趙氏曰：“《國語》云：‘二十四兩爲鎰。’《禮》云：‘朝一鎰米。’注亦謂二十四兩。趙岐始誤注爲二十兩。”

○**齊人伐燕，勝之。**

> 按《史記》，燕王噲讓國於其相子之，而國大亂，齊因伐之。燕士卒不戰，城門不閉，遂大勝燕。
>
> 【集義】范氏曰："子噲不得與人燕，子之不得受燕於子噲，君不君，臣不臣，此燕之所以破也。"

宣王問曰："或謂寡人勿取，或謂寡人取之。以萬乘之國伐萬乘之國，五旬而舉之，人力不至於此。不取，必有天殃。取之，何如？" 乘，去聲，下同。

> 以伐燕爲宣王事，與《史記》諸書不同，已見《序說》。
>
> 【語錄】齊人伐燕，《孟子》以爲齊宣王，《史記》以爲湣王。溫公平生不喜《孟子》，及《通鑑》，却不取《史記》而獨取《孟子》，皆不可曉。《荀子》亦云"湣王伐燕"，然則非宣王明矣。問："《孟子》必不誤？"曰："想得湣王後來做得不好，門人爲孟子諱，故改爲宣王耳。"問："湣王若此之暴，豈能慚於孟子？"曰："既做得不是，說得他是，他亦豈不愧也？溫公《通鑑》中自移了十年。據《史記》，湣王十年伐燕，今溫公信《孟子》，改爲宣王，遂硬移進十年。溫公硬拗如此。①"又云："《史記》，魏惠王三十六年，惠王死，襄王立。襄王死，哀王立。今《汲冢竹書》不如此，以爲魏惠王先未稱王時，爲侯三十六年，乃稱王。遂爲後元年，又十六年而惠王卒。即無哀王。惠王三十六年了，便是襄王。《史記》誤以後元年爲哀王立，故又多了此一哀王。汲冢是魏安釐王冢，《竹書》記其本國事，必不會錯。溫公取《竹書》，不信《史記》，此一段却是。"（沈僴）○祝氏錄
>
> 【纂疏】輔氏曰："伐燕實湣王事，《序說》辨之已明。今此作宣王者，後世傳寫之訛也。"

孟子對曰："取之而燕民悅，則取之。古之人有行之者，武王是也。取之而燕民不悅，則勿取。古之人有行之者，文王是也。

> 商紂之世，文王三分天下有其二，以服事商，至武王十有三年，乃伐紂而有天下。○張子曰："此事間不容髮。一日之間，天命未絕，則是君臣。當日命絕，則爲獨夫。然命之絕否，何以知之？人情而已。諸侯不期而會者八

---

① "硬"，原漫漶不清，此據明陳煒刻本《朱子語類》卷五一《孟子一·梁惠王下》。

百，武王安得而止之哉？"

【集義】橫渠先生曰："取之而燕民悦則取，不悦則勿取，屬文王、武王而言者，後人指成功而言之之辭也。文王未嘗有心以取天下，惟以紂不改爲恨，稍改則率天下而事之矣。至武王時，不道則已甚矣。"

【語録】問："'取之而燕民不悦，則勿取。古之人有行之者，文王是也。'竊疑文王大聖人，於君臣之義，尊卑之等，豈不洞見，而容有革商之念哉？"曰："此等處難説。孔子謂'可與立，未可與權'，到那時事勢，自是要住不得。後來人把文王説得恁恁地，却做一箇道行看着，不做聲、不做氣，如此形容文王，都没情理。以《詩》《書》考之，全不是如此。如《詩》自從大王至王季説來，如云'至于大王，實始剪商'，如《下武》之詩、《有聲》之詩，都説文王出做事。且如伐崇一節，是做甚麼？①這又不是一項小小侵掠，乃是大征伐。'詢爾仇方，同爾兄弟，以爾鈎援，與爾臨衝，以伐崇墉'，此見大段動衆。岐山之下與崇相去自是多少里？因甚如此？這般處要做文王無意出做事，都不得。又如説'侵自阮疆，陟我高岡。無矢我陵，我陵我阿。無飲我泉，我泉我池'。這看見都自據有其土地，這自大段施張了。或云：'紂命文王得專征伐紂，不得已命之，文王不得已受之。'橫渠云：'不以聲色爲政，不以革命有中國。默順帝則，而天下歸焉，其惟文王乎？'若如此説，恰以内無純臣之義，外亦不屬於商，這也未必如此，只是事勢自是不可已。只當商之季，七顛八倒，上下崩頹，忽於岐山下突出許多人，也是誰當得？文王之事，惟孟子識之。故七篇之中所以告列國之君，莫非勉之以王道。"（葉賀孫）○又曰："此亦是爲齊王欲取燕，故引之於文武之道，非謂文王欲取商，以商人不悦即止，武王見商人悦而歸己，而遂往取之也。如言仲尼不有天下，益、伊尹、周公不有天下，豈益、周公、伊尹、仲尼皆有有天下之願，而以無天子薦之，與天意未有所廢而不得乎？直是論其理如此耳。凡此類，皆須研究體味，見得聖人之心脱落自在，無絲毫惹絆處，方見義理之精微，於日用中自然得力，所謂知至而意誠也。"（《答范伯崇》）○**祝氏録**

【或問】問："文武之事，與齊之取燕若不同者，而孟子引之，何耶？"曰："張

---

① "麼"，原破損不清，此據明陳燁刻本《朱子語類》卷五一《孟子一·梁惠王下》。

子詳矣。第深考之，則於文武之心、孟子之意，其庶幾乎！”

【纂疏】輔氏曰：“文王、武王，豈有一豪利天下之心哉？亦順天命而不敢違焉耳。而張子之説爲尤嚴，所謂間不容髮之際，非理明義精，德至聖人者，孰能處之而無愧哉？才有一豪利心則失之矣。然其命之絶否，則亦不過察於人情，則又與孟子之言，實相表裏也。”

以萬乘之國伐萬乘之國，簞食壺漿，以迎王師。豈有他哉？避水火也。如水益深，如火益熱，亦運而已矣。” 簞，音丹。食，音似。①

簞，竹器。食，飯也。運，轉也，言齊若更爲暴虐，則民將轉而望救於他人矣。○趙氏曰：“征伐之道，當順民心。民心悦，而天意得矣。”

【張氏注】燕王噲昏亂，以位讓子之。子之南面行王事三年，國大亂，百姓恫怨。太子年起兵攻子之，不克，結難數月，死者數萬人，百姓離志。宣王舉師攻之，是以若此其易也。宣王見其勝之之易，則遂有取之之意，故以問孟子。孟子之意，欲其以燕民之悦與不悦，而驗天命之從違也，故舉文武之事以告之。夫文武豈有利天下之心哉？順天命而不違焉耳。人心之所在，天命之所存也。燕國之亂若此，民蓋厭之，故以萬乘之國伐萬乘之國，而簞食壺漿以迎王師。宣王伐之而救其民，則可矣。若不察於人心天命之所存，起利燕之意而欲取之，則是以亂易亂，其厭苦將又甚矣，幾何其不復運轉而他之乎？故曰：“如水益深，如火益熱，亦運而已矣。”

【纂疏】輔氏曰：“趙氏發明得人心天意爲一之理亦明切。”○趙氏曰：“圓曰簞，方曰笥，飯器也，以竹爲之。”

○齊人伐燕，取之，諸侯將謀救燕。宣王曰：“諸侯多謀伐寡人者，何以待之？”孟子對曰：“臣聞七十里爲政於天下者，湯是也，未聞以千里畏人者也。

千里畏人，指齊王也。

《書》曰：‘湯一征，自葛始。’天下信之。東面而征，西夷怨；南面而征，北狄怨。曰：‘奚爲後我？’民望之，若大旱之望雲霓也。

① “似”，宋當塗郡齋本《四書集注》作“嗣”。

歸市者不止，耕者不變。誅其君而弔其民，若時雨降，民大悅。
《書》曰：'徯我后，后來其蘇。'霓，五稽反。徯，胡禮反。

> 兩引《書》，皆《商書·仲虺》之誥文也。與今《書》文亦小異。一征，初征
> 也。天下信之，信其志在救民，不爲暴也。奚爲後我，言湯何爲不先來征
> 我之國也。霓，虹也。雲合則雨，虹見則止。變，動也。徯，待也。后，君
> 也。蘇，復生也。他國之民，皆以湯爲我君，而待其來，使己得蘇息也。此
> 言湯之所以七十里而爲政於天下也。
>
> 【集疏】蔡氏曰："湯師之未加者則怨，望其來，曰'何獨後予'。湯師之所
> 往伐者則曰：'待我后久矣，后來我其復生乎。'他國之民，皆以湯爲我君，
> 而望其來者如此。"
>
> 【纂疏】趙氏曰："按《爾雅》云：'雲出，天之正氣。霓出，地之正氣。雄謂
> 之虹，雌謂之霓。'則雲，陽物也，陰陽和而既雨，則雲散而霓見矣。"

今燕虐其民，王往而征之。民以爲將拯己於水火之中也，簞食壺
漿以迎王師。若殺其父兄，係累其子弟，毀其宗廟，遷其重器，如
之何其可也？天下固畏齊之強也。今又倍地而不行仁政，是動天
下之兵也。累，力追反。

> 拯，救也。係累，繫縛也。重器，寶器也。畏，忌也。倍地，并燕而增一倍
> 之地也。齊之取燕，若能如湯之征葛，則燕人悅之，而齊可以爲政於天下
> 矣。①今乃不行仁政而肆爲殘虐，則無以慰燕民之望，而服諸侯之心，是以
> 不免乎以千里而畏人也。

王速出令，反其旄倪，止其重器，謀於燕衆，置君而後去之，則猶
可及止也。"旄，與耄同。倪，五稽反。

> 反，還也。旄，老人也。倪，小兒也。謂所虜略之老小也。猶，尚也。及
> 止，及其未發而止之也。○范氏曰："孟子事齊梁之君，論道德則必稱堯
> 舜，論征伐則必稱湯武。蓋治民不法堯舜，則是爲暴；行師不法湯武，則是
> 爲亂。豈可謂吾君不能，而舍所學以徇之哉？"
>
> 【張氏注】齊宣王既取燕，而諸侯謀伐之。宣王有利燕之心，則諸侯有利

---

① "而齊可"，原破損不清，此據宋當塗郡齋本《四書集注》。

齊之意矣。宣王聞諸侯之將伐己也，則又懼焉。孟子謂成湯以七十里而
爲政於天下，今宣王以千里而反畏人，欲其察夫義利之分也。湯之征葛
也，非利其土地也，非利其人民也，非利其貨賄也，爲其殺黍餉之童子而征
之耳，故天下信成湯之心。其十一征，考之經雖不詳見，然其征始於葛，以
至於韋、顧、昆吾、夏桀，則其著者也。"東征而西夷怨，南征而北狄怨"者，
言遠至於要荒之外，亦無不望其澤之亟加於己也。孟子言民之望湯，則曰
"若大旱之望雲霓"；言湯之慰民望，則曰"若時雨降"。足見民之望湯，精
誠切至，而湯之撫民，浹洽慰滿如此。夫用兵以伐國，而歸市者不止於塗，
耕者不變於野，如其常日，然則其順民心而無秋毫之驚擾可知矣。①蓋其
用之也，誅其君之罪，弔其民之久罹於虐而已，非有他也。曰"徯我后，后
來其蘇"，湯未有天下，而民固已后之，亦猶《汝墳》之詩稱文王爲父母也。
今宣王之伐燕也，民望其庶幾拯己於水火之中，而乃殺其父兄，係累其子
弟，毀其宗廟，遷其重器，則是快己之私，圖彼之利，以亂易亂而已。天下
素畏齊之强，今見其地倍於曩時，而仁政不行焉，則將共疾其利，爭起而圖
之，固無足怪，適足以自召天下之兵也。然於此猶有弭禍之策焉：反其旄
倪，止其重器，謀於燕衆，置君而後去之，此弭禍之策已。雖固已失之於
初，然使是心一回，則人情猶可復，天怒猶可解，四方諸侯亦將畏其義而不
敢圖矣。此特如反手之間，而宣王人欲方熾，不能自克，故諸侯疾之，燕人
叛之。比及一世，而燕昭王復先世之讎，湣王卒死於難，齊祀不絕如綫，是
其取燕卒所以動天下之兵也，豈不信哉？

【纂疏】輔氏曰："范氏發明孟子此意甚好。蓋莫非道也，而堯舜之道則正
道也；莫非師也，而湯武之師則天討也。《集注》又益以'豈可謂吾君不能，
而舍所學以徇之哉'一句，尤爲有功於學者。此萬世臣子事君之大法也。"

○鄒與魯鬨。穆公問曰："吾有司死者三十三人，而民莫之死也。
誅之，則不可勝誅；不誅，則疾視其長上之死而不救，如之何則可
也？"鬨，胡弄反。勝，平聲。長，上聲，下同。

鬨，鬥聲也。穆公，鄒君也。不可勝誅，言人衆不可盡誅也。長上，謂有司

---

① "擾"，原作"憂"，據通志堂本《孟子說》改。

也。民怨其上，故疾視其死而不救也。

孟子對曰：“凶年饑歲，君之民老弱轉乎溝壑，壯者散而之四方者，幾千人矣，而君之倉廩實，府庫充，有司莫以告，是上慢而殘下也。 曾子曰：‘戒之戒之！ 出乎爾者，反乎爾者也。’夫民今而後得反之也。 君無尤焉。 幾，上聲。夫，音扶。

轉，飢餓輾轉而死也。充，滿也。上，謂君及有司也。尤，過也。

君行仁政，斯民親其上、死其長矣。”

君不仁而求富，是以有司知重斂而不知恤民。故君行仁政，則有司皆愛其民，而民亦愛之矣。○范氏曰：“《書》曰：‘民惟邦本，本固邦寧。’有倉廩府庫，所以爲民也。豐年則斂之，凶年則散之，恤其飢寒，救其疾苦。是以民親愛其上，有危難則赴救之，如子弟之衛父兄，手足之捍頭目也。穆公不能反己，猶欲歸罪於民，豈不誤哉？”

【張氏注】鄒穆公疾民視其長上之死而不救，孟子謂不可獨以此罪民，蓋我實有以致之也。凶年饑歲，斯民轉徙流離，而君之粟積於倉，財積於庫，有司莫以告而發之，是上驕慢以殘其下而不恤也。夫在上者不以民爲心，則民亦豈以在上者爲心哉？善乎曾子之言也，“出乎爾者，反乎爾者也”，蓋有出所以有反也。天下未有無其反者，人特不察耳，是以君子敬其所出也。曰“夫民今而後得反之也”，可謂深切矣。蓋有司視民之死而不救，則民視有司之死而亦莫之救矣，此其所以爲得反之者也。然則於此其可不深自省察，而以行仁政爲急乎？君行仁政而以民爲心，民之疾痛癢痾無不切於己，則民亦將以君爲心，而親其上、死其長矣，此感應之理也。然則曾子“戒之戒之”之語，非特爲人上者不可斯須忘也，檢身者亦當深體之耳。

【纂疏】輔氏曰：“范氏説得君民相與之義甚明，且曰：‘穆公不能反己，而猶欲歸罪於民，豈不誤哉’，辭意深厚，最宜詳玩。”

○滕文公問曰：“滕，小國也，間於齊楚。 事齊乎？ 事楚乎？” 間，去聲。

滕，國名。

【纂疏】趙氏曰：“按，滕國在漢沛郡公丘縣東南。”

孟子對曰：“是謀非吾所能及也。　無已，則有一焉：鑿斯池也，築斯城也，與民守之，效死而民弗去，則是可爲也。”

無已，見前篇。一，謂一說也。效，猶致也。國君死社稷，故致死以守國，至於民亦爲之死守而不去，則非有以深得其心者不能也。○此章言有國者當守義而愛民，不可僥倖而苟免。

【纂疏】輔氏曰：“築城鑿池，致死以守者，守義也。使民亦爲之死守而不去，則非愛民者不能也。若夫間於二國，而徒欲擇强者而事之，以覬一日之安，則是僥倖而苟免也。”

○滕文公問曰：“齊人將築薛，吾甚恐。　如之何則可？”

薛，國名，近滕。齊取其地而城之，故文公以其逼己而恐也。

【纂疏】趙氏曰：“按，薛國即漢魯國。薛縣與滕相密邇。”

孟子對曰：“昔者大王居邠，狄人侵之，去之岐山之下居焉。　非擇而取之，不得已也。　邠，與豳同。

邠，地名。言大王非以岐下爲善，擇取而居之也。詳見下章。

苟爲善，後世子孫必有王者矣。　君子創業垂統，爲可繼也。　若夫成功，則天也。　君如彼何哉？　强爲善而已矣。”夫，音扶。强，上聲。

創，造。統，緒也。言能爲善，則如大王雖失其地，而其後世遂有天下，乃天理也。然君子造基業於前，而垂統緒於後，但能不失其正，令後世可繼續而行耳。若夫成功，則豈可必乎？彼，齊也。君之力既無如之何，則但强於爲善，使其可繼而俟命於天耳。○此章言人君但當竭力於其所當爲，不可徼幸於其所難必。

【語録】曰：“孟子言‘若夫成功，則天也。君如彼何哉？强爲善而已矣。’初無望報之心也。苟爲善，後世子孫必有王者矣，乃爲大王避狄而言。《易·大傳》曰：‘積善之家，必有餘慶。’《書》曰：‘作善降之百祥。’亦豈望報乎？”

【或問】孟子以太王之事告滕，何也？曰：“李氏有言，孟子數語文公以太王之事，蓋以其國小人弱，不過能爲善以待子孫，其次則效死而已，固不以湯、文之事望之也。然當時諸侯賢而有禮，能篤信孟子之言而力行之，未有能過之者。惜其國小人弱，非有湯、文之德，不能以興起爾。故曰：'雖有智慧，不如乘勢；雖有鎡基，不如待時。'斯言得之矣。"

【纂疏】輔氏曰："'勉强於其所當爲'者，强爲善之事也。'僥倖於其所難必'者，期後世之必興也。"

○滕文公問曰："滕，小國也。 竭力以事大國，則不得免焉。 如之何則可？"孟子對曰："昔者大王居邠，狄人侵之。 事之以皮幣，不得免焉；事之以犬馬，不得免焉；事之以珠玉，不得免焉。 乃屬其耆老而告之曰：'狄人之所欲者，吾土地也。 吾聞之也：君子不以其所以養人者害人。 二三子何患乎無君？ 我將去之。'去邠，踰梁山，邑于岐山之下居焉。 邠人曰：'仁人也，不可失也。'從之者如歸市。 屬，音燭。

皮，謂虎、豹、麋、鹿之皮也。幣，帛也。屬，會集也。土地本生物以養人，今爭地而殺人，是以其所以養人者害人也。邑，作邑也。歸市，人衆而爭先也。

【集義】伊川先生曰："衆人必當就禮法，自大賢以上，則看他如何，不可拘也。且守社稷者，國君之職，①大王則委而去之；守宗廟者，天子之職，堯舜則以天下與人。如三聖賢無害，他人則不可。"

【語録】曰："大賢以上，不可以禮法拘者，若權而得中，是亦禮法而已矣。但常人未至於此，則不可輕效聖賢所爲，寧不盡乎禮法之變，而不可失其常也。"

或曰：'世守也，非身之所能爲也。 效死勿去。'

又言或謂土地乃先人所受而世守之者，非己所能專，但當效死守之，不可舍去。此國君死社稷之常法。傳所謂"國滅，君死之，正也"，正謂此也。

君請擇於斯二者。"

能如大王則避之，不能則謹守常法。蓋遷國以圖存者，權也；守正而俟死者，義也。審己量力，擇而處之可也。○楊氏曰："孟子之於文公，始告之

---

① "職"，原破損不清，此據通志堂本《孟子集疏》。

以效死而已,禮之正也。至其甚恐,則以大王之事告之,非得已也。然無大王之德而去,則民或不從而遂至於亡,則又不若效死之爲愈。故又請擇於斯二者。"又曰:"孟子所論,自世俗觀之,則可謂無謀矣。然理之可爲者,不過如此。舍此則必爲儀、秦之爲矣。凡事求可,功求成。取必於智謀之末,而不循天理之正者,非聖賢之道也。"

【語録】問:"《集注》云:'蓋遷國以圖存者,權也;效死勿去者,義也。'義當改作經字。"先生曰:"思之誠是。蓋義便近權,或可如此,或可如彼,皆義也。經則一定而不易,既對字,須着用經字。"(《答潘恭叔》)

總論三章之旨　問:"孟子答滕文公三段,皆是無可奈何,只得勉之爲善之辭。想見滕國至弱,都主張不起,故如此也。"先生曰:"只得如此,是吾'得正而斃焉'之意。蓋滕是必亡無可疑者,況王政不是一日行得底事。他又界在齊、楚之間,二國視之,如泰山之壓雞卵耳。若教他粗成次第,此二國亦必不見容也。昔湯與文王之興,皆在空閑之地,無人來覷他,故日漸盛大。若滕,則實是難保也。"(潘時舉)

【張氏注】滕文公以國小而迫於大邦爲慮,凡三問孟子,①孟子告之,亦可謂曲盡也。始則以間於齊、楚,而欲擇其强者以事之,孟子謂是謀非吾所能及,意以爲與其望二國之矜己以求安,則不若思所以自强而立國。蓋在人者不可必,而在己者有可爲。鑿池築城,與民效死以守之,是在我所當爲之事,爲吾所當爲而已。雖然,固國以得民爲本。鑿池築城,固所當爲,若民心不附,雖有金城湯池,誰與守乎? 孟子之意,又在於效死而民弗去耳。夫使民至於效死而不忍去,非得之有素,不能然也。齊人有築薛之舉,文公復有問焉,孟子陳大王之事以開廣之。夫國君死社稷,常法也,大王居邠而即岐,何也? 蓋大王之去,非委其社稷也,乃所以創業垂統也。謂邠迫近北狄,備禦之不暇,欲以立國而貽厥孫謀,懼其難也,故徙而東焉。其東徙也,至于岐山而就君之,非擇而取之也,蓋不得不徙也。苟爲善,後世子孫必有王者,可謂爲善者循天理而不以己私也。爲善者,初不期於後世之有王者,而必有王者,理則然也。故曰:"君子創業垂統,爲可繼也。若夫成功,則天也。"開久大之規,爲其可繼者而已,而不必其成功

---

① "凡三",原破損不清,此據通志堂本《孟子説》。

也。若有期於成功之意，則欲速而見利，私意所生，無復可繼之實矣。上世聖人有制耒耜者，有作書契者，有易宫室棺椁者，①其事疑若一聖人可盡爲，必待歷數聖然後備者。聖人因時立政，可繼之規固爾也。後世之事業，往往如浮花過目，隨即掃空，無可玩味，急近功而不爲可繼耳。又從而勉之曰："君如彼何哉？强爲善而已矣。"言在彼百不可得而禁，而在己者可得而勉也。文公他日又有問焉，孟子已陳其義於前日矣，又併舉二説以告之。蓋舍是則皆區區智謀之末，而非天理之正，君子弗道矣。夫事以皮幣，事以犬馬，事以珠玉，本期以保民也，而狄人侵陵不已，是欲吾土地也。曰"君子不以其所以養人者害人"，謂土地本以養人，今爲土地之故，而使民被其戕賊，②吾所不忍也。其言何其忠厚而不迫耶？大王之遷，本以全民，而不敢必民之歸而强民以徙也，特曰"二三子何患乎無君"，此天地之心，真保民之主也。民心自不庸釋乎大王，而曰"仁人也，不可失也"。非特斯言有以感動之，蓋民之戴其仁有素矣，故曰"從之者如歸市"。人之歸市也，各以其所欲，惟恐後也，以見其誠心樂趨，無一毫强勉之意。雖然，大王之事，非德盛而達權者不足以與之，其次則死社稷之義，乃常道耳。世守，謂受之先王也，非己之所能爲也，受之先王當爲先王守之，死而後已耳。孟子之説，不越是三端，若外此圖全，未見其可也。

【纂疏】輔氏曰："遷國以圖存者，大王是也。守正而俟死者，國君死社稷是也。在文公唯有此二法，故併舉以告之。然權非大賢以上不能爲，經則人皆當勉也，故使文公審己量力，擇而取其一焉。夫大王之事，非文公所能爲，然則孟子之意，固欲文公勉守其常法耳。"○又曰："楊氏二條説盡事理，而後條尤有補於世教。"

○魯平公將出。 嬖人臧倉者請曰："他日君出，則必命有司所之。今乘輿已駕矣，有司未知所之。 敢請。"公曰："將見孟子。"曰："何哉，君所爲輕身以先於匹夫者？ 以爲賢乎？ 禮義由賢者出，而孟子之後喪踰前喪。 君無見焉！"公曰："諾。"乘，去聲。

---

① "椁"，原漫漶不清，此據通志堂本《孟子説》。
② "戕"，原漫漶不清，此據通志堂本《孟子説》。

乘輿，君車也。駕，駕馬也。孟子前喪父，後喪母。踰，過也，言其厚母薄
父也。諾，應辭也。

樂正子入見，曰："君奚爲不見孟軻也？"曰："或告寡人曰，'孟子
之後喪踰前喪'，是以不往見也。"曰："何哉，君所謂踰者？　前以
士，後以大夫；前以三鼎，而後以五鼎與？"曰："否。　謂棺椁衣衾
之美也。"曰："非所謂踰也，貧富不同也。"　"入見"之"見"，音現。與，
平聲。

樂正子，孟子弟子也，仕於魯。三鼎，士祭禮。五鼎，大夫祭禮。

【纂疏】趙氏曰："士爵卑而賤，大夫爵尊而貴。《中庸》曰：'子爲士，祭以
士。子爲大夫，祭以大夫。'此祭鼎所以有三與五之異。"

樂正子見孟子，曰："克告於君，君爲來見也。　嬖人有臧倉者沮
君，君是以不果來也。"曰："行或使之，止或尼之。　行止，非人所
能也。　吾之不遇魯侯，天也。　臧氏之子焉能使予不遇哉？"　爲，去
聲。沮，慈呂反。尼，女乙反。焉，於虔反。

克，樂正子名。沮、尼，皆止之之意也。言人之行，必有人使之者。其止，
必有人尼之者。然其所以行、所以止，則固有天命，而非此人所能使，亦非
此人所能尼也。然則我之不遇，①豈臧倉之所能爲哉？○此章言聖賢之
出處，關時運之盛衰，乃天命之所爲，非人力之可及。

【集義】范氏曰："魯侯或行或止，己之遇與不遇，皆係於天，豈由臧氏子
哉？然在孟子則可以言天，在魯侯不可以言天。賢人在己者有義，在天者
有命。脩其在己者，而聽其在天者，故用之則行，舍之則藏，皆天也。"

【語錄】魯平公極是箇衰弱底人，不知孟子要去見他是如何。孟子平生大
機會，只可惜齊宣王一節這箇不相遇，其他也應是無可成之理。（葉賀孫）

【張氏注】臧倉知平公之所以欲見孟子者，爲其有禮義也，則指摘其禮義
之愆，②使平公之意自解。小人之情狀蓋如此。臧倉所以必沮平公者，蓋
知孟子之言信用，則己將不得以安于君側故也。原平公之始將見孟子，非
見善之明也，特以樂正子之言而起敬耳。使其見之果明，則信之必篤，何

---

①　"然"，原漫漶不清，此據宋當塗郡齋本《四書集注》。

②　"摘"，原漫漶不清，此據通志堂本《孟子説》。

至因臧倉一言而遽止乎？樂正子則從而辨之，謂喪禮稱家之有無，君子不以天下儉其親之義也。前後貧富之不同，則棺椁衣衾之美，何怪其有異乎？然平公之心既已蔽矣，亦莫如之何也。孟子所以答樂正子者，辭氣不迫，而理亦無不盡者矣。"行或使之，止或尼之"，謂魯侯之欲行，以樂正子之使之也，而其中止者，以臧倉之尼之也。雖或使之、或尼之，然其行止實非人之所能爲，予之不遇者，蓋天而已。使天而欲平治天下，則豈臧倉所得而沮之乎？蓋莫之爲而爲者，天也，衆人違之，君子順之，聖人純焉。[1]故孟子謂："吾之不遇魯侯，天也。"而孔子謂："天之未喪斯文也，匡人其如予何？[2]"玩其辭意，亦可見聖賢之分矣。

【纂疏】輔氏曰："凡人之行止，須有人使之、尼之，故人多歸咎其使尼之人。然在君子觀之，則其人之所以行、所以止者，固自有天命存焉，實非是人之所能使、所能尼也。況孟子之出處，實關時運之盛衰，然則其所以不遇魯侯者，又豈臧倉所能爲哉？"○又曰："章旨之說，深得聖賢出處之道。樂正子亦未免以世俗之心窺孟子，故孟子以此發之。"

---

[1]　"純"，原漫漶不清，此據通志堂本《孟子説》。
[2]　"匡"，原缺末筆，乃避宋太祖趙匡胤諱，今改回，下同。

孟子卷第三

【諸儒集成之書】
　　朱子集注　朱子集義　朱子語録　朱子或問　南軒張氏注　黃氏講義
蔡氏集疏　趙氏纂疏

公孫丑章句上凡九章

公孫丑問曰："夫子當路於齊，管仲、晏子之功，可復許乎？"復，扶又反。

　　公孫丑，孟子弟子，齊人也。當路，居要地也。管仲，齊大夫，名夷吾，相桓
公，霸諸侯。許，猶期也。孟子未嘗得政，丑蓋設辭以問也。

　　【纂疏】輔氏曰："此必是丑初見孟子時事，觀其語意，尚恐孟子不敢以管、
晏之功自期，是全未知孟子也。"○西山真氏曰："齊宣王既慕桓、文，而公
孫丑復慕管、晏，蓋霸者功利之説深入人心，爲日已久，故不惟時君慕之，
而學者亦慕之也。"

孟子曰："子誠齊人也，知管仲、晏子而已矣。

　　齊人但知其國有二子而已，不復知有聖賢之事。

　　【纂疏】輔氏曰："世衰道微，聖學不明，人不知有學問，則亦不復知有聖賢
之事業，雖有英才美質，不過溺於時俗之見聞而已，此齊人之所以但知其
國之有二子也。"

或問乎曾西曰：'吾子與子路孰賢？'曾西蹴然曰：'吾先子之所畏
也。'曰：'然則吾子與管仲孰賢？'曾西艴然不悦曰：'爾何曾比予於
管仲？　管仲得君，如彼其專也；行乎國政，如彼其久也；功烈，①如

---

　　①　"如彼其久也功烈"七字，原脱，據宋當塗郡齋本《四書集注》補。

彼其卑也。　爾何曾比予於是？’”蹴，子六反。艴，音拂，又音勃。曾，並音增。

孟子引曾西與或人問答如此。曾西，曾子之孫。蹴，不安貌。先子，曾子也。艴，怒色也。曾之言則也。烈，猶光也。桓公獨任管仲四十餘年，是專且久也。管仲不知王道而行霸術，故言功烈之卑也。楊氏曰：“孔子言子路之才，曰‘千乘之國，可使治其賦也’，使其見於施爲，如是而已，其於九合諸侯，一正天下，固有所不逮也。然則曾西推尊子路如此，而羞比管仲者何哉？譬之御者，子路則範我馳驅而不獲者也；管仲之功，詭遇而獲禽耳。曾西，仲尼之徒也，故不道管仲之事。”

【語錄】問：“聖人分明是大管仲之功，而孟子硬以爲卑，如何？”曰：“孟子是不肯做他底，是見他做得那規模來低。”（黃義剛）①○一段詳見《論語·憲問》篇“吾其被髮左衽”章。

【張氏注】艴然，不悅之色。

【纂疏】輔氏曰：“楊氏斷置得極分明，子路之才，視管仲誠爲不及，然子路之所學，則聖人之道，其於管仲之事，蓋有所不屑爲者。或曰：‘楊氏本說但云：子路譬之御者，則範我馳驅者；若管仲，蓋詭遇耳。此則是以御而譬其所爲，未說到功上。②今《集注》增益之曰：子路則範我馳驅而不獲者也，管仲之功則詭遇而獲禽耳。則是併與功都說了。然按《孟子》，範我馳驅是一人，不獲又是一人；詭遇是一人，獲禽又是一人。今若只作一人說，則似以子路爲御之善而射未善。然射御又非一人所能兼者，恐不若只從其本說之爲得也。’曰：‘非是之謂也。《集注》之意，蓋謂子路是範我馳驅而不遇王者，故不獲耳；管仲則詭遇以逢桓公之爲，故得禽多耳。’”○西山真氏曰：“晏子於齊，固無功烈之足言，若管仲者，孔子蓋嘗以‘如其仁’稱之。孟子，學孔子者也，何其言之異邪？孔子之稱，稱其攘夷狄而尊中夏也；孟子所譏，譏其舍王道而用霸術也。所指固不同矣。然孔子雖稱其功，而‘器小’之譏，‘不知禮’之議，固未嘗略，況世變日下，使孟子而不復議其舍王用霸之罪，則人將靡然趨於霸矣。波流滔滔，孰從而返之邪？以此防民，商鞅、申不害之流，猶以詐力强國而甘處於霸之下者。”

---

① “剛”，原作“明”，據明陳煒刻本《朱子語類》卷四四《論語二十六·憲問篇》改。

② “未”，原作“夫”，據元刻本《四書纂疏》改。

曰："管仲，曾西之所不爲也，而子爲我願之乎？"_略"子爲"之"爲"，去聲。

曰，孟子言也。願，望也。

曰："管仲以其君霸，晏子以其君顯，管仲、晏子猶不足爲與？"與，平聲。

顯，顯名也。

曰："以齊王，由反手也。"王，去聲。由、猶通。

反手，言易也。

【語録】問："'以齊王，猶反手'，不知置周王於何地？"曰："此雖言，可以意會，如湯武之事是也。春秋定、哀間，①周室猶得，至孟子時，②天命人心已離矣。"（金去僞）○祝氏録

【張氏注】夫以子路一匹夫，事業曾未著於當時，③而曾西聞其名則蹴然而懼，④以爲己何敢與之班。⑤管仲爲齊卿相，⑥九合諸侯，一正天下，功業如此其著，而曾西聞其名，則艴然不悦，以爲何乃比己如是，果何意哉？⑦此學者所宜精思力體，⑧以究其所以然也。一言以蔽之，亦在於義利之分而已。子路在聖門，雖未班乎顔、閔之列，然觀其進德之勇，克己之嚴，蓋有諸己而充實者，其用力於斯道也久矣。雖其事業不著於時，而其規模固王者之道也。至於管、晏朝夕之所以處己處人者，莫非圖功而計利目，故得君之專、行政之久，而其事業有限，蓋不出於功利之中，君子不貴也。然則其意味相去，豈不如碔砆之於美玉乎？學者無慕乎管仲之功，而深求乎子路之心，則聖人之門可循而進矣。雖然，子路嘗以管仲爲未仁，夫子之言乃若取之，何哉？子路兼人，其進也甚勇，其於管仲，蓋了然明見其失，以爲不足道者也。而夫子之意，則謂觀人之法，雖見其失，而其可取者亦不可廢也，故舉其事功而取之，所以涵養子路之恕心也。若孟子之答公孫丑，則正其本而言之，使丑知其方也。聖賢答問，抑揚自有深意。

---

① "哀"，原作"襄"，據明陳煒刻本《朱子語類》卷五二《孟子二・公孫丑上》改。
② "至"，原脱，據明陳煒刻本《朱子語類》卷五二《孟子二・公孫丑上》補。
③ "於"，原漫漶不清，此據通志堂本《孟子説》。
④ "聞""蹵"，原漫漶不清，此據通志堂本《孟子説》。
⑤ "之"，原漫漶不清，此據通志堂本《孟子説》。
⑥ "爲齊"，原漫漶不清，此據通志堂本《孟子説》。
⑦ "意"，原漫漶不清，此據通志堂本《孟子説》。
⑧ "宜"，原漫漶不清，此據通志堂本《孟子説》。

【纂疏】輔氏曰："反手,譬如人自以手反覆,此易爲耳。"

曰："若是,則弟子之惑滋甚。 且以文王之德,百年而後崩,猶未洽於天下;武王、周公繼之,然後大行。 今言王若易然,則文王不足法與?"易,去聲,下同。與,平聲。

　　滋,益也。文王九十七而崩,言百年,舉成數也。文王三分天下,纔有其二;武王克商,乃有天下。周公相成王,制禮作樂,然後教化大行。

曰："文王何可當也? 由湯至于武丁,賢聖之君六七作。 天下歸殷久矣,久則難變也。 武丁朝諸侯,有天下,猶運之掌也。 紂之去武丁未久也,其故家遺俗,流風善政,猶有存者;又有微子、微仲、王子比干、箕子、膠鬲皆賢人也,相與輔相之,故久而後失之也。 尺地莫非其有也,一民莫非其臣也,而文王猶方百里起,是以難也。 朝,音潮。鬲,音隔,又音歷。"輔相"之"相",去聲。"猶方"之"猶",與由通。

　　當,猶敵也。商自成湯至于武丁,中間太甲、太戊、祖乙、盤庚皆賢聖之君。作,起也。自武丁至紂凡七世。故家,舊臣之家也。

齊人有言曰:'雖有智慧,不如乘勢;雖有鎡基,不如待時。'今時則易然也。鎡,音兹。

　　鎡基,田器也。時,謂耕種之時。

【纂疏】趙氏曰:"鎡基,蓋耒耜之屬,或云大鋤也。"

夏后、殷、周之盛,地未有過千里者也,而齊有其地矣。 雞鳴狗吠相聞,而達乎四境,而齊有其民矣。 地不改辟矣,民不改聚矣,行仁政而王,莫之能禦也。 辟,與闢同。

　　此言其勢之易也。三代盛時,王畿不過千里,今齊已有之,異於文王之百里。又雞犬之聲相聞,自國都以至于四境,言民居稠密也。

且王者之不作,未有疏於此時者也;民之憔悴於虐政,未有甚於此時者也。 飢者易爲食,渴者易爲飲。

　　此言其時之易也。自文武至此七百餘年,異於商之賢聖繼作。民苦虐政之甚,異於紂之猶有善政。易爲飲食,言飢渴之甚,不待甘美也。

孔子曰:'德之流行,速於置郵而傳命。'郵,音尤。

　　置,驛也。郵,馹也。所以傳命也。孟子引孔子之言如此。

當今之時，萬乘之國行仁政，民之悅之，猶解倒懸也。故事半古之
人，功必倍之，惟此時爲然。"乘，去聲。

倒懸，諭困苦也。所施之事，半於古人，而功倍於古人，由時勢易而德行
速也。

【張氏注】公孫丑聞以齊王猶反手之論，則益疑而未信，故引文武之事以
譬之。孟子謂"文王何可當也"，謂文王之德之盛爲不可及也。"由湯至於
武丁，賢聖之君六七作"，其間如太甲、沃丁、祖乙、盤庚，皆賢君也，而太
戊、武丁則幾於聖矣。聖賢之君相望如此，其志氣之所感發，德澤之所漸
被爲如何？紂去武丁之没實百十有一載，而孟子以爲未遠者，蓋武丁之澤
其流長故耳。故家遺俗之所傳，流風善政之所以爲，未泯没，而又有賢臣
以輔之，故雖以紂之無道，亦在位又三十四祀而後周代之，所謂"久而後失
之"者也。然以紂有天下之大，而周卒以百里興，亦可見文王之莫可當矣。
此論其理勢之然，非謂文王而有取商之心也。"齊人有言"，蓋里諺也。理
有可取，雖里諺之微，聖賢所取之也。夫不可爲者，勢與時也。夏后、殷、
周之盛，王畿不過千里，今齊既有其地矣。雞鳴狗吠相聞，而達乎四境，則
齊亦有其民矣。地不必求辟也，民不必求聚也，惟當行仁政而已，則其王
也孰禦焉？蓋自幽王之後，王政不復見於天下。王者之不作，斯民之憔
悴，皆未有甚於斯時矣。其愁苦也深，則其思治也切，如飢渴者易爲飲食
也，則引孔子之言以爲證，"德之流行，速於置郵而傳命"，言其感通之速
也。"猶解倒懸"云者，若言其困之極而望之切也。事半於古之人，而功則
倍，勢與時則然耳。

【纂疏】趙氏曰："以德行之速，乘時勢之易，此真有所不難也。"

○公孫丑問曰："夫子加齊之卿相，得行道焉，雖由此霸王不異矣。
如此，則動心否乎？"孟子曰："否。我四十不動心。"相，去聲。

此承上章，又設問孟子，若得位而行道，則雖由此而成霸王之業，亦不足
怪。任大責重如此，亦有所恐懼疑惑而動其心乎？四十強仕，君子道明德
立之時。孔子四十而不惑，亦不動心之謂。

【語録】言雖由此而爲霸爲王，不是差異。○公孫丑問孟子"動心否乎"，
非謂孟子以卿相富貴動其心，謂霸王事大，恐孟子擔當不過，有所疑懼而

動其心也。不知霸王當甚閑事？（李閎祖）○**趙氏録**　○孟子不動心，非如楊雄之説。（廖德明）○此章當從程子"能無畏難而動其心乎"之説，則一章之指，首尾貫通矣。丑非疑孟子以得位爲樂而動其心，故孟子所答之意亦不爲此，詳味可見矣。（《答徐彦章》）○問："不動心，恐只是三十而立，未到不惑處。"曰："這便是不惑、知言處。可見孟子是義精理明，天下之物不足以動其心，不是把捉得定。"（黄榦）○**祝氏録**

【或問】問孟子之不動心。曰："盡心知性，無所疑惑，動皆合義，無畏怯，雖當盛位，行大道，亦沛然行其所無事而已，何心動之有？《易》所謂'不疑其所行'者，蓋如此。而孔子之'不惑'，亦其事也。"

【纂疏】輔氏曰："上章乃公孫丑設辭以問孟子，若當要路於齊國，管、晏二子之功，可復以自許否乎？孟子既言二子之功不足爲，而以齊王猶反手之説告之矣，故丑復設辭以問孟子，若遂得位以行道，則雖由此而成霸王之業，是亦宜然，而不是怪矣。其併以王霸爲言者，丑方聞孟子之説，而未能無疑，習於世俗之論而不肯遽捨也。"○又曰："《注》云'任大責重'。任大，謂加齊之卿相；責重，謂人望以霸王之業。凡人氣禀弱小而不知持養者，遇事便疑惑恐懼以動其心，況任大責重如此，其心豈有不動者哉？想公孫丑正未免此，故以爲問。蓋疑孟子擔當不去，有所疑懼而動心也。"○又曰："《曲禮》'四十曰强而仕'，非道明德立，則何以仕哉？孔子之不惑，則道明之謂也。孟子之不動心，則德立之謂也。唯其不惑，然後能不動心也。大抵人年四十，亦是個大節指，所以使之出仕。而夫子亦嘗曰：年四十而見惡焉，其終也已。"○陵陽李氏問："明則不疑，立則不懼，然未有不明而能立者。故知言、養氣雖二事並進，而其序必以知言爲先。孔子不惑，則自不動矣。"萬氏曰："《集注》乃是借彼以明此，猶言孔子之不惑亦如此而已。今曰孔子不惑亦不疑之謂，不疑則自不動矣。以不動爲聖人之不惑，以不惑而後能不動，似非所以言聖人，恐於《集注》之意不能無小差也。《集注》不惑章又云：'於事理之當然者皆無所疑，則知之明而無所事守矣。'既曰無所事守，則不動心乃其餘事，斯又足以見其道明德立，非有次第也。"黄氏曰："李説是也，萬之疑過矣。"

曰："若是，則夫子過孟賁遠矣。"曰："是不難，告子先我不動心。"賁，音奔。

孟賁，勇士。告子，名不害。孟賁血氣之勇，丑蓋借之以贊孟子不動心之難。孟子言告子未爲知道，乃能先我不動心，則此亦未足爲難也。

【語錄】告子不動心，是硬把定。（李閎祖）○告子之不動心是粗法，或强制而能不動，不可知；或臨大事而能不動，亦未可知。非若孟子酬酢萬變而不動也。（金去僞）○祝氏錄

【張氏注】公孫丑以爲孟子志在行道，若一日得齊之卿相而道德行焉，①宜其有以動乎中也。丑蓋未知夫君子中天下而立，定四海之民，所性不存焉者也。“我四十不動心”，蓋省察之精，而知其至此時而然也。丑以爲甚難也，故謂“過孟賁遠矣”。孟子告之爲“是亦不難，告子先我而能不動心”者，蓋不動心未足以盡聖賢之藴也。雖然，不動心則同，而所以不動者則異。孟子以集義爲本，告子則以義爲外。故在孟子則心體周流，人欲不萌，而物各止其所者也；在告子則心制其欲，專固凝滯而能不動者也。其所以異者，學者可不深究與？

【纂疏】輔氏曰：“孟賁血氣之勇，雖非孟子等倫，然時人莫不以賁爲難能，故丑借以贊孟子不動心之難耳。”○又曰：“告子外義，未爲知道，然未四十時已能不動心，其不動心又先於孟子。以此觀之，則不動心未足爲難可知也。”○趙氏曰：“孟賁，齊人，能生拔牛角。秦武好多力之士，賁往歸之。”

曰：“不動心有道乎？”曰：“有。

程子曰：“心有主，則能不動矣。”

【纂疏】輔氏曰：“程子之說，本云不動心有道，如數子皆中有所主，便心不動。所謂數子者，即併下文黝、舍言之。黝、舍二子，其粗厲又非告子比，然其心一以必勝爲主，一以不懼爲主，故其心亦皆不動。以此觀之，則程子正意可見。不然，則如黝、舍二子事，皆有窒礙，說不合也。”

北宫黝之養勇也，不膚撓，不目逃，思以一豪挫於人，若撻之於市朝。　不受於褐寬博，亦不受於萬乘之君。　視刺萬乘之君，若刺褐夫。　無嚴諸侯。　惡聲至，必反之。

北宫，姓。黝，名。膚撓，肌膚被刺而撓屈也。目逃，目被刺而轉睛逃避也。挫，猶辱也。褐，毛布。寬博，寬大之衣，賤者之服也。不受者，不受

───────────

① “德”，通志堂本《孟子説》作“得”。

其挫也。刺,殺也。嚴,畏憚也。言無可畏憚之諸侯也。黝蓋刺客之流,以必勝爲主,而不動心者也。

【張氏注】褐寬博,匹夫被褐者。

【纂疏】輔氏曰:“《注》云‘黝蓋刺客之流’,以其言所謂‘視刺萬乘之君若刺褐夫’而知之也。‘以必勝爲主而不動心者’,亦以其言而知之也。其心以必勝夫人爲主,故無有尊貴,視之一如匹夫,不受其挫,反報之。”○趙氏曰:“以毳織布曰褐。”

孟施舍之所養勇也,曰:‘視不勝猶勝也。 量敵而後進,慮勝而後會,是畏三軍者也。 舍豈能爲必勝哉? 能無懼而已矣。’舍,去聲,下同。

孟,姓。施,發語聲。舍,名也。會,合戰也。舍自言其戰雖不勝,亦無所懼。若量敵慮勝而後進戰,則是無勇而畏三軍矣。舍蓋力戰之士,以無懼爲主,而不動心者也。

【語録】問:“孟施舍量敵慮勝,似有懼也,乃曰‘能無懼’,如何?”曰:“量敵慮勝,是畏三軍者。此孟施舍譏別人,舍自云我則能無懼而已。”(金去僞)○蔡氏録 ○問:“施,發語聲,何也?”曰:“此是古注説,後面只稱‘舍’字可見。”問:“有何例可按?”曰:“如孟之反、舟之僑、尹公之他之類。”(廖德明)○祝、趙氏録同

【纂疏】輔氏曰:“《注》云‘舍蓋力戰之士’,亦以其言而知之也。惟其心以無懼爲主,故不問其徒之衆寡、我之勝否,遇敵則戰也。”

孟施舍似曾子,北宮黝似子夏。 夫二子之勇,未知其孰賢,然而孟施舍守約也。 夫,音扶。

黝務敵人,舍專守己。子夏篤信聖人,曾子反求諸己。故二子之與曾子、子夏,雖非等倫,然論其氣象,則各有所似。賢,猶勝也。約,要也。言論二子之勇,則未知誰勝;論其所守,則舍比於黝爲得其要也。

【語録】孟子言此二子之勇,未知其孰勝,但孟施舍所守得其要也。蓋不論其勇之孰勝,但論其守之孰約。且二子之似曾子、子夏,直以其守氣養勇之分量淺深爲有所似耳,豈以其德哉?(《答呂伯恭》)○蔡氏録 ○問:“如何是孟施舍守約處?”曰:“北宮黝便勝人,孟施舍却只是能無懼而已矣。如曰‘視不勝,猶勝也’,此是孟施舍自言其勇如此。”(金去僞)○問:“‘子夏篤信聖人,曾子反求諸己’,曾子反求諸己,固自可見處,子夏篤信

聖人，何以言之？”曰：“此因孟子説處文義推究，亦無事實可指。但將其平日所言詳味之，有篤信聖人氣象。”○又曰：“子夏篤信聖人，但看他言語，如博學、篤志、切問、近思之類，便見得他有箇緊要底意思。”（李閎祖）○**祝氏録　○趙氏録在内**

【纂疏】輔氏曰：“《注》云‘黝務敵人’，謂黝專以必勝於人爲主也。‘舍專守己’，謂舍專以我無所懼爲主也。”○又曰：“黝務敵人，則不屈於外；舍專守己，則無懼於我。是舍之比黝，所守爲得其要也。”○昭武李氏曰：“《集注》以子夏爲篤信聖人，至曾子，則以爲明理。篤信者，特堅守不變之謂，於反身處未有以知其盡也。若反身而盡，則理無不明，行無不慊矣。”○黄氏曰：“子夏未盡反身，蓋對曾子而言也。子夏之學，看着聖人篤信而進取之。曾子之學，只是點檢自身。”○又曰：“北宫黝之勇，只要與人鬥，故子夏之學似之。孟施舍之勇，只是要心能不懼，故曾子之學似之。”

昔者曾子謂子襄曰：‘子好勇乎？　吾嘗聞大勇於夫子矣：自反而不縮，雖褐寬博，吾不惴焉；自反而縮，雖千萬人，吾往矣。’ 好，去聲。惴，之瑞反。

此言曾子之勇也。子襄，曾子弟子也。夫子，孔子也。縮，直也。《檀弓》曰：“古者冠縮縫，今也衡縫。”又曰：“棺束縮二衡三。”惴，恐懼之也。往，往而敵之也。

【語録】縮，直也。《儀禮》《禮記》多有此字，每與衡字作對，下文直養之説，蓋本於此。乃一章大指所繫，不可失也。”（《答徐彦章》）○**祝氏録**

[總論三節之旨] 北宫黝、孟施舍只是不畏死而不動心，告子是不認義理而不動心，曾子是自反而縮而不動心。（廖德明）○**蔡氏録**

【纂疏】趙氏曰：“凡物縮之則直，衡之則横。古尚質，故冠之吉凶相似，而有横縫之異。”○又曰：“古者以皮束棺，蓋不用鐵故也。爲直者二，爲横者三。”

孟施舍之守氣，又不如曾子之守約也。”

言孟施舍雖似曾子，然其所守乃一身之氣，又不如曾子之反身循理，所守尤得其要也。孟子之不動心，其原蓋出於此。下文詳之。

【集義】明道先生曰：“北宫黝要之以必爲，孟施舍推之以不懼。北宫黝或未能無懼，故黝不如施舍之守約也。子夏信道篤，曾子見理明，故二子各有所似。”又曰：“勇一也，有勇於氣，有勇於義。”○伊川先生曰：“北宮黝之養勇也，必爲而已，未若舍之能無懼也，無懼則能守約也。子夏之學雖博，然不若曾子之守禮爲約。故以黝似子夏，舍似曾子也。”又曰：“子夏之勇本不可知，却因北宮黝而見。”

【語録】今人把“守氣不如守約”做題目，此不成題目。氣是實物，約是半虛半實字，對不等。守約，只是所守之約，言北宮黝之守氣，不似孟施舍守氣之約；孟施舍之守氣，又不似曾子之守約也。孟施舍就氣上做工夫，曾子就理上做工夫。①（陳淳）○**祝氏録**

| 總論二節之旨 | 孟施舍與北宮黝皆只是勇夫，比曾子不同。如北宮黝、孟施舍、孟賁，只是就勇上言。如子襄、曾子、告子是就義理上言。（金去僞）○公孫丑問不動心章，孟子説“曾子謂子襄”一段，已自盡了。只爲公孫丑問得無了期，故後面有許多説話。（張自修②）○此一段爲被他轉換問，所以答得亦周匝。然止就前段看語脉氣象，雖無後截，亦自可見。前一截已自具得後面許多意思足。（葉賀孫）○**祝氏録**

【或問】孟施舍之於曾子，北宮黝之於子夏，奈何？曰：“二人勇力之士耳。孟子特以其氣象之所似而明之，非以其道爲同乎二子也。程子之言得之矣。”曰：“孟子既以孟施舍爲守約矣，又曰‘舍之守氣，不如曾子之守約’，何也？”曰：“守約云者，言其所守之得其要耳，非以約爲一物而可守。蓋黝、舍皆守氣以養勇，然以黝比舍，則舍之守爲得其要；至以舍而比於曾子，則曾子之守尤爲得其要也。”

【張氏注】公孫丑問不動心有道否，孟子先舉北宮黝、孟施舍之事，言此二子者，所以不動心之道也。北宮黝，期於必爲者也。膚撓者，有所動於體也。目逃者，有所逃於目也。不膚撓，不目逃，蓋思以一毫挫於人，若撻之於市朝也。其所不欲受於匹夫者，亦不受於萬乘之君。視譏刺萬乘之君，若刺匹夫，無諸侯威嚴之可敬。以惡聲至，則以惡聲反之，是皆必爲而無

---

① “就”，原作“做”，據明陳煒刻本《朱子語類》卷五二《孟子二·公孫丑上》改。

② “張自修”，疑當作“孫自修”。此段文字明陳煒刻本《朱子語類》卷五二《孟子二·公孫丑上》署名爲“自修”，該書首《朱子語録姓氏》稱：“孫自修，字敬父，宣城人。”而朱子弟子中亦無有名“張自修”者。

所屈者,然但爲守其外,①而猶未及乎守氣也。若孟施舍推之以無懼則愈矣,"視不勝猶勝",則不以勝負累其中也。謂量敵而進,慮勝而動,是猶以三軍爲畏者,吾則不能爲必勝,能無懼而已。此約其在我,守氣者也。"孟施舍似曾子,北宫黝似子夏",言其氣象有似乎二子也。曾子,明理自克者也。孟施舍不競於外,故有似焉。子夏,篤志力行者,北宫黝之堅强不屈,故有似焉。二子未知其勇之所成就,彼此之孰賢,然孟施舍比之北宫黝,則爲守約也。於是舉曾子之所謂勇。曾子謂聞大勇於夫子矣,自反而不縮,則雖被褐之匹夫,吾亦不得而惴之;自反而縮,則雖千萬人之敵,亦可往。蓋直則爲壯故也。縮,訓直。《檀弓》曰:"古之冠縮縫",不徇乎外,惟自反而求夫理義之所安,其所守者約而已。約,謂義也。然則又豈孟施舍守氣者之所可及乎?夫子路問强,夫子告之以和而不流,中立而不倚,而以强矯爲質。申棖有欲,則不以剛許之。聖人所謂勇者,所謂剛者,蓋如此也。

【纂疏】輔氏曰:"論舍之氣象,雖大略有似於曾子,然舍之所守,不過是一身之血氣,固未嘗反之於心,以自顧其直與不直也。其視曾子之自反,而以縮不縮爲勇怯,則其所守之要,非舍之所能知、所可比也。反身,謂自反。循理謂直。"○又曰:"引曾子謂子襄之言,以明不動心之由在於自反而縮,以見己之所以不動心亦是如此,其意至此已足矣。下文則是緣公孫丑反復問難,故又説得如此詳盡。"

曰:"敢問夫子之不動心,與告子之不動心,可得聞與?""告子曰:'不得於言,勿求於心;不得於心,勿求於氣。'不得於心,勿求於氣,可;不得於言,勿求於心,不可。 夫志,氣之帥也;氣,體之充也。 夫志至焉,氣次焉。 故曰:'持其志,無暴其氣。'""聞與"之"與",平聲。"夫志"之"夫",音扶。

此一節,公孫丑之問。孟子誦告子之言,又斷以己意而告之也。告子謂於言有所不達,則當舍置其言,而不必反求其理於心;於心有所不安,則當力制其心,而不必更求其助於氣。此所以固守其心而不動之速也。孟子既誦其言而斷之曰,彼謂不得於心而勿求諸氣者,急於本而緩其末,猶之可

---

① "其",原漫漶不清,此據通志堂本《孟子説》。

也；謂不得於言而不求諸心，則既失於外，而遂遺其内，其不可也必矣。然凡曰可者，亦僅可而有所未盡之詞耳。若論其極，則志固心之所之，而爲氣之將帥；然氣亦人之所以充滿於身，而爲志之卒徒者也。故志固爲至極，而氣即次之。人固當敬守其志，然亦不可不致養其氣，蓋其内外本末，交相培養。此則孟子之心所以未嘗必其不動，而自然不動之大略也。

【語録】“不得於言，勿求於心”，是心與言不相干。“不得於心，勿求於氣”，是心與氣不相貫也。孟子引告子之言以告丑也。告子之意，以爲言語之失，當直求之於言，而不足以動吾之心。念慮之失，當直求之於心，而不必更求之於氣。蓋其天資剛勁有過人者，力能堅忍固執，以守其一偏之見，所以學雖不正，而能先孟子不動心也。觀其論性數章，理屈詞窮，則屢變其説以取勝，終不能從容反覆審思明辨，因其所言之失而反之於心，以求至當之歸。①此其不得於言而不求諸心之驗也。○告子只去守個心得定，都不管外面，是亦得，②不是亦得。孟子之意，謂是心有所失則見於言，如肝病見於目相似。（湯泳）○**蔡氏録**　○“不得於心，勿求於氣”者，不失其本，則猶可也。不得於言，而不求於心以考其所失，則中頑然而無所知覺，無以擇乎義之所安，故斷之以不可。○**趙氏録**　○問：“氣，體之充。”曰：“都是這一點母子上生出。如人之五臟，皆是從這上生出來。”（林夔孫）

總論三節之旨 “不得於心，勿求於氣，可；不得於言，勿求於心，不可。”孟子既引告子之言，而論其得失如此。夫心之不正，未必皆氣使之，故勿求於氣，未爲甚失。至言之不當，未有不出於心者，而曰勿求於心，則有所不可矣。程子曰：“人必有仁義之心，然後有仁義之氣晬然達於外，所以‘不得於心，勿求於氣，可’也。”又曰：“告子不得於言，勿求於心，蓋不知義在内也。”皆此意也。然以下文觀之，氣亦能反動其心，則勿求於氣之説，未爲盡善。但心動氣之時多，氣動心之時少，故孟子取其彼善於此而已。凡曰可者，皆僅可而未盡之詞也。至於言，則雖發乎口，而實出於心，内有蔽

---

①　“至”，原破損不清，此據閩本《朱文公文集》卷三二《答張敬夫問目》。

②　“外面，是亦得”，明陳煒刻本《朱子語類》卷五二《孟子二·公孫丑上》作“外面事，外面是亦得”。

陷離窮之病,則外有詖淫邪遁之失。不得於言,而每求諸心,則其察理日益精矣。孟子所以知言、養氣,以爲不動心之本者,用此道也。而告子反之,是徒見其言之發於外,而不知其出於中,亦義外之意也,其害理深矣,故孟子斷然以爲不可。於此可見告子之不動心所以異於孟子,而亦豈能終不動者哉。(《與張敬夫》)○祝氏録

【張氏注】告子所謂"不得於言"者,言有所不得也。謂言不中禮,不必求於心,此特擇言未精耳,務擇其言而已。若不得於言而求之於心,則是自累其心也。不得於心者,心有所不得也。心失其平,不必求於氣,此特持心未固耳,務持其心而已。若舍心而求於言,則將見舍本事末而無以制矣,此告子所以不動心之道也。孟子則以謂"不得於心,勿求於氣",斯言可也;至於"不得於言,勿求於心",則不可耳。蓋其不得於言,是其心有所未得者也。心之識之也未親,則言之有不得固宜,此正當反求於心也。若强欲擇言而不務求於心,是以義爲外,而不知内外之本一矣。以是而曰不動心,是乃徒制其心,而未嘗明見夫理之所安者,然則此不有弊乎?

【纂疏】輔氏曰:"《集注》'達'字,與'辭達而已矣'之'達'同。言而不能通達,乃其所以失也。'舍置其言',謂置其前言而別更爲説也。若言有所不達,而反求其理於心,則是因言之失而自累其心也。'安'字與'於汝安乎'之'安'同。心而齟杌不安,則是失其心之正也。'力制其心',謂硬把定其心也。若心有所不安,而更求其助於氣,則是舍其本而從事於表也。此四句乃告子不動心之法。蓋告子只就心上整理,堅持其心,言與氣皆以爲末節而不理會。平居唯恐動著他心,故雖義理亦皆以爲在外,而不敢認爲己有,程子所謂'不知義在内'者是也。此其所以未四十而能先孟子不動心也。"○又曰:"'不得於心,勿求於氣,可。'氣固有時而能動其心,然心之不正,則未必皆氣使之。大抵心是本,氣是末,故程子亦曰:'人必有仁義之心,然後有仁義之氣睟然達於外。'此'不得於心,勿求諸氣',所以爲'急於本而緩其末,猶之可也',猶言尚爲可也。"○又曰:"'不得於言,勿求於心,不可。'言,心聲也。雖發於口,而實出於心。言有不順,理不通達,即是心有不順,理不通達處也。不得於言,須就心上理會,心正而明,則言無不達矣。告子反之,是因其言之或失於外,而遂遺其所以然者於内而不求也,是則豈可哉?故曰'其不可也必矣'。"○潛室陳氏曰:"言上有病,便是他

心上有病，當反求諸心可也。告子乃言不求於心，此是它不知言處。孟子與告子正相反，故於詖淫邪遁之辭，而知其所受病之處。蓋詖淫邪遁，言之病也；蔽陷離窮，心之病也。因其言之病，知其心之病，孟子所以爲知言。”○又曰：“以下文氣志貴於交相養之説觀之，則勿求於氣之説，尚未爲盡善。”○又曰：“心有知而氣無知，雖云氣一則能動志，然大抵是氣隨心動。故以志爲氣之將帥，氣從志所使，猶卒徒之聽命於將帥也。不言心而言志者，志者心之動而有所之處，志即心也，但志則就其動處言，故尤切耳。下文又言‘是氣也而反動其心’，亦可見矣。心無形而氣有質，雖云心爲本，氣爲末，然人之所以充滿其身而不至餒之者，實賴氣爲志之卒徒也。志而無氣，則志無所使，亦由將帥而無卒徒，則亦虛名而已。”○又曰：“志與氣雖有緩急，而實不爭多，則兩下皆不可不理會。故《注》云‘人當敬守其志，而又不可不致養其氣。’守即持也，敬則主一而無適也。欲持守其志，非敬不可。故程子謂‘帥氣者在志，養志者在直内’‘切要之道，無如敬以直内’也。養即無暴也。凡氣發得暴者，皆失其養故也。必言致者，見養氣之難，須是以集義爲本，而又無正忘助長之病，方得其養也。”○又曰：“言與心雖有内外，心與氣雖有本末，而内外本末，貴乎交相培養。孟子雖不及言上工夫，然朱子嘗謂言上亦不可無工夫。故程子有言：‘發禁躁妄，内斯静專。’工夫兩下皆要到，然後言順氣平，而其心自然不動。孟子養氣後面更有許多説話在，然其不動心之大略，則具見於此。其視告子外義而不顧，言悖而氣硬，守定其心而不動者，殆不可同年而語矣。”

“既曰‘志至焉，氣次焉’，又曰‘持其志無暴其氣’者，何也？”曰：“志壹則動氣，氣壹則動志也。今夫蹶者趨者，是氣也，而反動其心。”夫，音扶。

公孫丑見孟子言志至而氣次，故問如此則專持其志可矣，又言無暴其氣何也？壹，專一也。蹶，顛躓也。趨，走也。孟子言志之所向專一，則氣固從之；然氣之所在專一，則志亦反爲之動。如人顛躓趨走，則氣專在是而反動其心焉。所以既持其志，而又必無暴其氣也。程子曰：“志動氣者什九，氣動志者什一。”

【集義】明道先生曰：“持其志，無暴亂其氣，兩事也。”○伊川先生曰：“持其志，無暴其氣，内外交相養也。”

【語録】問“志至焉，氣次焉”。曰：“只是一箇緩急底意思。志雖爲至，然氣亦次之。蓋爲告子將氣説得太低了，故説此綸。志最緊要，氣亦不可緩，故曰‘志至焉，氣次焉’‘持其志，毋暴其氣’，是兩邊做工夫。志即是心之所向。而今欲做一件事，這便是志。持其志，便是養心，不是持志外別有箇養心。”問：“志與氣如何分別？”曰：“且以喜怒言之，有一件事，這裏便合當審處，是當喜，是當怒？ 若當喜也須喜，當怒也須怒，這便是持其志。若喜得過分，一向喜，怒得過分，一向怒，則氣便粗暴了，便是‘暴其氣’，志却反爲所動。‘今夫蹶者趨者是氣也’，他心本不曾動，只是忽然喫一跌，氣打一暴，①則其心便動了。”（葉賀孫）○**蔡氏録**　○“志至氣次”，只是先後。志至此，氣亦隨之而動。公孫丑只就志理會，理會得志，氣自隨之，不必更問氣也。 故又問曰：“持其志，無暴其氣，何也？”孟子下文專説氣去，②蹶趨之氣，亦能動心。”（廖德明）○問：“蹶趨反動其心。若是志養得堅定，莫須蹶趨亦不能動得否？”曰：“蹶趨自是動其心。人之奔走，如何心不動得？”曰：“蹶趨多遇於猝然不可支吾之際，所以易動得心。”曰：“是。”○又曰：“今人奔走而來，偶喫一跌，其氣必逆而心不定，是氣之能動其心。如人於忙急之中，理會其事，亦是氣未定也。”○**趙氏録**　○持其志，便收斂。只持其志，便内外肅然。又曰：“持其志，是心之方漲處便持着。”（葉賀孫）○《遺書》曰：‘志一動則動氣，氣一動則動志。’《外書》曰：‘志專一則動氣，氣專一則動志。’二説孰是？”曰：“此必一日之語，學者同聽之，而所記各有淺深，類多如此。‘志一動則動氣，氣一動則動志’，此言未説‘動氣動志’，而先言‘志動氣動’，反添入一動字了，故不若後説所記得其本旨。蓋曰志專一，則固可以動氣；而氣專一，亦可以動其志也。”（周謨）○程子有言“志一氣一，專一之意。若志專在邪僻，豈不動氣？ 氣專在喜怒，豈不動志？”當依此説。（《答林擇之》）○内有私意而至於遷怒者，志動氣也；有爲怒氣所動而遷者，氣動志也。（楊道夫）○問：“胡文定云‘舜先天而天弗違，志壹則動氣也；孔子後天而奉天時，氣壹則動志也。’如何？”曰：“先天而天弗違者，舜先作韶樂而鳳凰來儀；後天而奉天時者，孔子因獲麟

---

① “氣打一暴”，明陳燁刻本《朱子語類》卷五二《孟子二·公孫丑上》作“氣才一暴”。
② “專説氣去”，明陳燁刻本《朱子語類》卷五二《孟子二·公孫丑上》作“專説氣”。

而作《春秋》。志壹動氣，氣壹動志，皆借孟子之言，形容天地感格之意。"（周謨）○問："'持其志，無暴其氣'處，古人在車聞鸞和，行則有佩玉，凡此皆所以無暴其氣。今人既無此，不知如何而爲無暴？"曰："凡人多動作，多語笑，做力所不及底事，皆是暴其氣。且如只行得五十里，却硬要行百里；只舉得五十斤重，却硬要舉百斤，凡此類皆能動其氣。今學者要須事事節約，莫教過當，此便是養氣之道也。"（潘時舉）○"持其志，無暴其氣"，内外交相養。蓋既要持志，又須無暴其氣。持志養氣二者，工夫不可偏廢。以"氣壹則動志，志一則動氣"觀之，則見交相爲養之理矣。（程端蒙）○氣若併在一處，自然引動著志，古人所以動息有養也。（黃升卿）○祝氏録

【或問】持志養氣之爲交養，何也？曰："持志，所以直其内也，無暴其氣，所以防於外也。兩者各致其功而無所偏廢焉，則志正而氣自完，氣完而志益正，其於存養之功，自將無一息之不存矣。"曰："程子所謂'志動氣者什九，氣動志者什一'，何也？"曰："此言其多少之分也。而孟子所以猶有取於'勿求於氣'之云者，而不盡善之於此亦可見矣。"

【張氏注】程子曰："心之所存爲志"，蓋志無迹而氣有形。"志者氣之帥"，所以帥其氣者也。志在於此，則氣隨之矣。"氣者體之充"，所以充其體者也，存其氣則有其體矣。"志至焉"，言志之所至，氣次之而至。然氣志貴於相交，"持其志，無暴其氣"者，所以交相養也；持其志所以御氣，而"無暴其氣"者，又所以寧其志也。公孫丑聞此言也，則疑之，謂"既曰志至焉，氣次焉"，宜若只持其志足矣，而又以"無暴其氣"爲言，何也？孟子謂志一則動氣，而氣一亦有時而動志，是以貴於交相養也。壹與一同，一動志則氣亦隨之而動矣。然一動氣亦能以動志，觀蹶者趨者則可見也。夫蹶趨者，氣也，而心爲之臬兀而不安，是氣亦能動志也。然志動氣爲多，而氣動志爲寡。故程子曰："志動氣者什九，氣動志者什一。"雖然，自常人不知用力者言之，終日之間，志動氣而氣復動志，無窮已也。蓋志爲物所奪而氣以動，氣動而志復爲之不寧，志不寧而氣益決驟矣。君子主敬以爲本，當其志之所存，主持而不失，故其氣不亂；而又察其氣之所行，安馴而無暴，故其志不搖。中正和平，通蕩充裕，而德業日新焉。此交相養之道，學者不可以不思也。

【纂疏】輔氏曰："此見丑之有志於學也。使其無志于學，則聞孟子之言，

亦漫聽之而已，必不能如是問之反覆也。”○又曰：“《集注》‘壹，專一也’，此本程子説。但初説以爲壹與一字同。一動氣則動志，一動志則動氣，此爲養氣者言也。若成德者志已堅定，則氣不能動志。末後雖分得好，但説一動氣則便動志，一動志則便動氣，亦太説得輕了。至第二説，以爲志專一則動氣，氣專一則動志。若志專在淫僻，則豈不動氣？氣專在喜怒，亦豈不動志？故蹶者趨者反動其心，此却説得好。”○又曰：“《注》云‘志之所向專一，則氣固從之。’然氣之所在專一，則志亦反爲之動。蓋志者心之所之，故可言向；氣則做出來底便是，不可以向言，只得下在字。如蹶者趨者要如此者是心，及其蹶趨，則是氣也，此其察理精矣。”○又曰：“什九、什一，所以極言其多與少耳。所以如此説者，只是要以志爲主，工夫須多在志上方可。故程子又有説曰：‘志動氣者多，氣動志者少。’雖氣亦能動志，然亦在持其志而已。”

“敢問夫子惡乎長？”曰：“我知言，我善養吾浩然之氣。” 惡，平聲。

公孫丑復問孟子之不動心，所以異於告子如此者，有何所長而能然，而孟子又詳告之以其故也。知言者，盡心知性，於凡天下之言，無不有以究極其理，而識其是非得失之所以然也。浩然，盛大流行之貌。氣，即所謂體之充者。本自浩然，失養故餒，惟孟子爲善養之以復其初也。蓋惟知言，則有以明夫道義，而於天下之事無所疑；養氣，則有以配夫道義，而於天下之事無所懼。此其所以當大任而不動心也。告子之學，與此正相反，其不動心，殆亦冥然無覺，悍然不顧而已爾。

【集義】明道先生曰：“孟子知言，便是知道。”○伊川先生曰：“浩然之氣，須見是一箇物。如顔子言‘如有所立卓爾’，孟子言‘躍如’也。卓如、躍如，分明見得，方可養。”○謝氏曰：“知言是智，養氣是仁。”

【語録】公孫丑既知告子之失，而未知孟子之所以得，敢問焉，而孟子告之。“我知言”者，能識群言之是非也。浩然，盛大流行之貌。蓋天地之氣，而吾之所得以充其體者也。孟子能知人言之是非，告子乃自以其言爲外，而不復考其得失。孟子言養其氣，①而告子乃以爲末而不求，其得失可見矣。（程端蒙）○知言則有以明夫道義，而於天下之事無所懼。（吕

---

① “其”，原脱，據明陳煒刻本《朱子語類》卷五二《孟子二·公孫丑上》補。

熹)○知言便是窮理,不先窮理見得是非,如何養得氣?須是道理一一審處得是,其氣方充大。○孟子論浩然之氣一段,緊要全在"知言"上。所以《大學》許多工夫,全在格物、致知。(沈僴)○知言養氣,雖是兩事,其實相關。正如致知、格物、正心、誠意之類。若知言,便見得是非邪正,義理昭然,此浩然之氣自生。(金去偽)○孟子説養氣,先説知言。知得言語之是非得失,斷然無疑,方能養此氣也。(萬人傑)○問:"知言在養氣之先,如何?"曰:"知是知得此理。告子便不理會,故以義爲外。"(廖德明)○**祝氏録**　○浩然之氣,乃指其本來體段而言。《集注》謂"體之充"者,泛言之耳,然亦非外此而別有浩然之氣也。(見《文集》)○**趙氏録**　○又曰:"向來以告子不得於言,謂是自己之言,非他人之言,然與知言之義不同。此是告子聞他人之言,不得其義理。又如讀古人之書,有不得其言之義,[①]皆以爲無害事,但心不動足矣。不知言便不知義,所以外義也。如詖、淫、邪、遁,亦只是他人言,故曰生於其心,'其'字便是謂他人也。又言聖門以言語次於德行,[②]言語亦大難,若非燭理洞徹,胸次坦然,即酬酢應對,蹉失多矣。"(廖德明)○**蔡氏録**

【或問】知言、養氣之説如何?曰:"孟子之不動心,知言以開其前,故無所疑;養氣以培其後,故無所攝。如智勇之將,勝敗之形,得失之算,已判然於胸中,而熊虎貔貅百萬之衆,又皆望其旌麾,聽其金鼓,故爲之赴湯蹈火,有死無二,是以千里轉戰,所向無前。其視告子之不動心,正猶勇夫悍卒,初無制勝得敵之謀,又無蚍蜉蟻子之援,徒持其所養勇,而挺身以赴敵也。其不爲人所擒者,特幸而已。夫告子之學,他雖無所考證,然以孟子此章之言反復求之,則亦有曉然可見而無疑者。蓋其先引告子之言以張本於前,後言己之所長以著明於後。今以其同者而比之,則告子所不得之言,即孟子所知之言;告子所勿求之氣,即孟子所養之氣也。以其異者而反之,則凡告子之所以失,即孟子之所以得;孟子之所以得,即告子之所以失也。是其彼此之相形,前後之相應,固有不待安排而不可移易者。"

【集疏】覺軒蔡氏曰:"不得於言,《集注》與《語録》不同,豈後語未及修

---

①　"有",原漫漶不清,此據明陳煒刻本《朱子語類》卷五二《孟子二·公孫丑上》。
②　"次",原漫漶不清,此據明陳煒刻本《朱子語類》卷五二《孟子二·公孫丑上》。

改邪？”

【纂疏】輔氏曰：“盡心，知至也；知性，物格也。物格知至，則凡天下之事過于吾前者，其理皆軒豁呈露，無所遁情。況言，心聲也，一接乎耳，則豈不能究極其理，而識其是非得失之所以然邪？言有是非得失，而所以然者則心也。心有蔽陷離窮之病，則言有詖淫邪遁之失矣。”○又曰：“‘盛大’言其體，‘流行’言其用。才怯小則便非氣之本體，才鬱塞則便非氣之本用。氣即天地之氣，而人之所以充滿其身者，其本然之體用自是浩然，由失其養，故餒乏而不充乎體。唯孟子善養之，故復其初而成浩然也。”○又曰：“《注》中‘疑’‘懼’二字，以應此章第一節‘疑惑’‘恐懼’字也。道，體也。義，用也。言道義以該體用也，知言則於道義究極無餘。一事來則以一理應之，夫復何疑之有。養氣則於道義貼襯得起，勇猛果決而不留行，夫復何懼之有？”○又曰：“孟子能知人言之是非，告子乃自以其言爲外而不復考；孟子善養其氣，而告子乃以氣爲末而不知求，此所謂正相反也。其不動心者，不過是硬把定其心，冥冥然都無知覺，於一切事皆漠然與之，捍格而不顧耳，亦豈能終不動哉？然其所以能不動者，亦幸而已。”

“敢問何謂浩然之氣？”曰：“難言也。

孟子先言知言，而丑先問氣者，承上文方論志氣而言也。難言者，蓋其心所獨得，而無形聲之驗，有未易以言語形容者。故程子曰：“觀此一言，則孟子之實有是氣可知矣。”

【語錄】孟子先說知言，後說養氣，而公孫丑先問氣者，向來只爲他承上文方論志氣而言也。今看來不然，乃是公孫丑會問處，留得知言在後面問者，蓋知言是末後合尖上事。如《大學》說正心、脩身，只合殺在致知、在格物一句，蓋是用工夫起頭處。（呂燾）○問：“浩然之氣，即是人所受於天地之正氣否？”先生曰：“然。”又問：“與血氣如何？”曰：“只是一氣。義理附于其中，則爲浩然之氣；若不由義理而發，則只爲血氣。然人所禀氣，亦自不同：有禀得盛者，則爲人強壯，隨分亦有立作，使之做事，亦隨分做得出。若禀得衰者，則委靡巽懦，都不解有所立作。唯是養成浩然之氣，則却與天地爲一，更無限量。”（輔廣）○問養氣。曰：“酬酢應接，舉皆合義，則俯仰並無愧怍，故其氣自然盛大流行。”（呂燾）○氣只是一箇氣，但從義理中出來者，即浩然之氣；從血肉身上出來者，乃血氣之氣耳。（李閎祖）○並

祝氏録

【纂疏】趙氏曰："《注》云'難言者',蓋其心所獨得,謂非人所與知。有形有聲,則有可指之驗。惟無形聲之可驗,則言語誠有未易形容者矣。"

其爲氣也,至大至剛,以直養而無害,則塞于天地之間。

至大初無限量,至剛不可屈撓。蓋天地之正氣,而人得以生者,其體段本如是也。惟其自反而縮,則得其所養,而又無所作爲以害之,則其本體不虧而充塞無間矣。程子曰:"天人一也,更不分別。浩然之氣,乃吾氣也。養而無害,則塞乎天地;一爲私意所蔽,則欿然而餒,知其小也。"謝氏曰:"浩然之氣,須於心得其正時識取。"又曰:"浩然是無虧欠時。"

【語録】伊川於"至大至剛以直"處點句,先生却於"剛"字下點句。先生曰:"若於'直'字斷句,則'養'字全無骨肋。只是'自反而縮'①,是以直養而無害也。"○"至大至剛",氣之本體;"以直養而無害"是用功處;"塞乎天地"乃其效也。○又曰:"氣雖有清濁厚薄之不齊,然論其本,則未嘗異也。②所謂'至大至剛'者,乃氣之本體如此。"○充塞是通滿之意。○又曰:"有一豪不滿不足之意,則非塞矣。"○**趙氏録**　○又曰:"浩然之氣,有剛果意思,③如長江大河,浩然而來也。富貴、貧賤、威武不能移屈之類,皆低不可以語此。公孫丑本意,只是設問孟子能擔當得此樣大事否,故孟子所答,只説許多剛勇,故説出浩然之氣。只就問答本文看之,便見子細。"(周謨)○浩然之氣,塞乎天地,只是氣魄大,如所謂"氣蓋世"。(陳文蔚)○**祝氏録**　○又云:"天地之氣,雖至堅如金石,無所不透,故人之氣亦然,蓋其本相如此。"又云:"浩然之氣,只是氣大敢做。而今一樣人,畏避退縮,事事不敢做,只是氣小。有一樣人,未必識道理,然事事敢做,是他氣大。如項羽力拔山氣蓋世,便是這樣氣。"○又曰:"人須是有蓋世之氣方得。"又云:"如古人臨之以死生禍福而不變,敢去罵賊,敢去徇國,是他養得這氣大了,不怕他。又也是識道理,故能如此。"○閩人李復,字履中,及識橫渠先生。紹聖間,爲西邊使者,博記能文。今信州有《潏水集》者,即其文也。其間有論孟子養氣,謂:"動必由理,故仰不愧於天,俯不怍於

---

① "只是",原破損不清,此據明陳煒刻本《朱子語類》卷五二《孟子二·公孫丑上》。

② "異",原作"畧",據明陳煒刻本《朱子語類》卷五二《孟子二·公孫丑上》改。

③ "有",原脱,據明陳煒刻本《朱子語類》卷五二《孟子二·公孫丑上》補。

人，無憂無懼，其氣豈不充乎？[1]舍是則明有人非，幽有鬼責，自慊於中，氣為之喪矣。"此語雖疏，然却得其大旨。近出諸儒之論，多似過高而失之，甚者流於老莊而不知，不若此説之為得也。○蔡氏録　○以直養而無害，即上文自反而縮之意。人能集義，則無不宜，而氣浩然矣。（《答林德久》）○問："'塞乎天地之間'，是元氣體段合下如此。或又言：'只是不疑其行，無往不利。'何也？"曰："只為有此體段，所以無往不利，不然須有礙處。"（沈僩）

總論二節之旨 若以"直"字為句，當云"至大至剛至直"。又此章前後相應，皆是此意。先言"自反而縮"，後言"配義與道"。所謂"以直養而無害"，乃"自反而縮"之意。（萬人傑）○又云："是集義所生，義亦只是直意。"（黄㽦）○問："他書不説養氣，只孟子言之，何故？"曰："這源流便在那個'心廣體胖''内省不疚，夫何憂何懼'處來。大抵只是一氣，又不是別將個甚底去養他。但集義便是養氣，知言便是知得這義。人能仰不愧、俯不怍時，看這氣自是浩然塞乎天地之間。"（黄榦）○蔡氏録

總論三節之旨 曰："浩然之氣，不須多言，這只是箇有氣魄、無氣魄而已。人若有氣魄，方做得事成，於世間禍福得喪利害方敵得去，不被他恐動。若無氣魄，便做人衰颯懦怯，於世間禍福利害易得恐動。只是如此。他本只是答公孫丑'不動心'，纏來纏去，説出許多'養氣''知言''集義'，其實只是一箇'不動心'。人若能不動心，何事不可為？然其所謂不動心，不在他求，只在自家知言集義，則此氣自然發生於中。不是只行一兩事合義，便謂可以掩襲於外而得之也。孔子曰：'不得中行而與之，必也狂狷乎。'看來這道理，須是剛硬，立得脚住，方能有所。只觀孔子晚年方得箇曾子，曾子得子思，子思得孟子，看來此諸聖賢都是如此剛果決烈，方能傳得這箇道理。若慈善柔弱底，終不濟事。如曾子之為人，《語》《孟》中諸語可見。子思亦是如此。如云：'摽使者出諸大門之外。'又云：'以德，則子事我者也，奚可以與我友。'孟子亦是如此，所以皆做得成。學聖人之道者，須是有膽志。其決烈勇猛，於世間禍福、利害、得喪不足以動其心，方能立

---

[1] "不"，原破損不清，此據閩本《朱文公文集》卷七一《偶讀漫記》。

得脚住。若不如此,都靠不得。況當世衰道微之時,尤用硬着脊梁,無所屈撓方得。然其工夫只在自反常直,仰不愧天,俯不怍人,則自然如此,不在他求也。"又曰:"如今人多將顏子做箇柔善底人看,殊不知顏子乃是大勇,只是他剛果得來細密,不發露。如箇有大氣力底人,都不使出,只是無人抵得他。孟子則攘臂扼腕,①盡發於外。論其氣象,則孟子粗似顏子,顏子較小如孔子。孔子則渾然無迹,顏子微有迹,孟子其迹盡見。然學者則須自粗以入細,須先剛硬,有所卓立,然後漸漸加功,如顏子、孔子也。"
(沈僴)○**祝氏録**

【**或問**】"趙氏以'至大至剛以直'爲句,而程子從之,子之不從,何也?"曰:"程子之前,固有以'至大至剛'四字爲句者矣,則此讀疑亦有所自來,不獨出於近世之俗師也。今以直字屬之上句,則與剛字語意重複,徒爲贅剩而無他發明。若以直字屬之下句,則與上文自反而縮之意首尾相應,脉絡貫通矣。"

【**纂疏**】輔氏曰:"'至大初無限量'者,謂充塞宇宙而無有邊表之處,窮盡之時也。'至剛不可屈撓'者,謂堅勁果決,雖金石亦透過,舉天下萬物不能沮抑之也。此乃天地之正氣,而人得以生者,人固是禀天地之正氣以生,然其間亦不能無盛衰之異,此但言其盛者耳。其體段本如是者,孟子以至大至剛指言氣之本相也。初無限量,便是盛大;不可屈撓,便是流行。即所謂浩然之氣也。不言用者,舉體則足以該之矣。人雖是禀得此氣以生,然須是所爲凡事合義,自反而直,仰無所愧,俯無所怍,則乃爲得其所養,而又無所作爲,如正忘助長以爲之害,則是氣之體始爲無所虧欠,而充塞乎天地之中,更無有爲之間隔者矣。"○又曰:"浩然之氣,本是天地之正氣,然天人一理,故孟子更不分別,直以爲己之氣也。養而無害,則全得其本體而塞乎天地。若不務集義,而所爲一有私意遮隔了,則便不流行,而欿然餒乏,不足以充乎身,而失其盛大之體也。"○又曰:"謝氏謂心得其正,如《大學》所謂'正心',無四者之累,則心始得其正矣。心得其正,則氣之盛大流行者自可見。故人當於此際體認取盛大流行,則其氣方始無所虧欠也。"

---

① "腕",原破損不清,此據明陳煒刻本《朱子語類》卷五二《孟子二·公孫丑上》。

其爲氣也，配義與道；無是，餒也。

配者，合而有助之意。義者，人心之裁制。道者，天理之自然。餒，飢乏而氣不充體也。言人能養成此氣，則其氣合乎義道而爲之助，使其行之勇決，無所疑憚；若無此氣，則其一時所爲雖未必不出於道義，然其體有所不充，則亦不免於疑懼，而不足以有爲矣。

【語録】先生因舉延平李先生之言曰：“配，是襯貼起來。”却説得配字親切。又曰：“道義在人，須是將浩然之氣襯貼起，則道義自然張王。所謂‘配合而助之’者，乃是襯貼起來也。”先生作而言曰：“此説若與《孟子》不合者，天厭之！天厭之！”（襲蓋卿）○祝氏録　○問：“配字，從前只訓作合。今以助意釋之，有據否？”曰：“非謂配便是助，但養得那氣充不餒，方合得那道義，所以説有助之意。”○又曰：“義者，人心節制之用；道者，人事當然之理。”○問：“‘合而有助之意’，如何？”曰：“若無氣以配之，則道義無助。”○又曰：“謂養成浩然之氣以配道義，方襯貼得起。不然，雖有道義，其氣懾怯，安能有爲？”○曰：“將這氣去助道義，方能行得去。若平時不養得，此氣自衰颯了。合當做底事，也畏縮不敢去做。如朝廷欲去這小人，我道理直了，有甚怕他，不敢動著？知他是小人不敢去他，只是我這氣自如此，①便是合下無工夫。”○趙氏録　○“配義與道”，配從而合之也。氣須是隨那道義。如云地配天，地須在天後，隨而合之。婦配夫亦然。畢竟道義是形而上者，②氣是形而下者。若道義別而言，則道是體，義是用。體是舉他體統而言，義是就此一事所處而言。如父當慈，子當孝，君當仁，臣當敬，此義也。所以慈孝，所以仁敬，則道也。故孟子後面只説集義。（程端蒙）○問：“氣之所配者廣矣，何故只説義與道？”曰：“道是體，義是用。程子曰：‘在物爲理，處物爲義。’道則是物我公共自然之理，義則吾心之能斷制者，所用以處此理者也。”（輔廣）○又曰：“道義是公共無形影底物事，氣是自家身上底。道義是無情底物，自家若無這氣，則道義自道義，氣自氣，如何能助得他。”又曰：“只是有氣魄，便做得出。”（林夔孫）○問：“‘配義’之‘配’，何謂‘合而有助’之意？”曰：“此語已精。如有正將，又立

---

① “只是我這氣自如此”，明陳煒刻本《朱子語類》卷五二《孟子二·公孫丑上》作“只是有這氣自衰了，其氣如此”。

② “畢”，原作“必”，據明陳煒刻本《朱子語類》卷五二《孟子二·公孫丑上》改。

個副將以配他，乃所以助他。天下莫强於理義。當然是義，義總名是
道。①以道義爲主，有此浩然之氣去助他，方勇敢果決以進。如這事合當
恁地做，是義也。自家勇敢果決去做，便是有此浩然之氣去助他。有人分
明知得合當恁地做，又恁縮不敢去做，便是餒了，無此浩然之氣。"（陳
植②）○問："'無是，餒也'，是指義，是指氣？"曰："這是說氣。"（王力行）
○"無是，餒也。"有一樣人，非不知道義，③但爲氣怯，更襯貼道義不起。
（李閎祖）○祝氏録

│總論二節之旨│兩個"其爲氣也"，前個是說氣之體段如此，後箇是說這氣
可將如此用。（沈僩）○孟子兩言"其爲氣也"云云，即當以氣字爲主，而以
下文天地、道義等字爲客，方是文意。（《答吕子約》）○問："配者，助也，是
氣助道義而行。又曰'集義所生'，是氣又自集義而後生。莫是氣與道義
兩相爲用否？"曰："是兩相助底意。初下工夫時，便自集義，然後生那浩然
之氣。氣已養成，又却助道義而行。"（陳淳）○祝氏録

【或問】問："何以言氣之配義與道也？"曰："道，體也；義，用也。二者皆理
也，形而上者也；氣也者，器也，形而下者也。以本體言之，則有是理然後
有是氣，而理之所以行，又必因氣以爲質也。以人言之，則必明道集義，然
後能生浩然之氣，而義與道也，又因是氣而後得以行焉。蓋三者雖有上下
體用之殊，然其渾合而無間也乃如此。苟爲不知所以養焉而有以害之，則
理自理，氣自氣，其浩然而充者，且爲慊然之餒矣。或略知道義之爲貴，而
欲恃之而有爲，亦且散漫蕭索而不能以自振矣。"

【纂疏】輔氏曰："《注》云'配者，合而有助之意'，此意本於李先生曰：'配
是襯貼起來。'朱子謂：'襯貼二字，說配字極親切。'蓋道義是虛底物，本自
孤單，得這氣襯貼起來，便自張大，無所不達。今人做事亦有合於道義者，
若無此氣，則只是一箇衰底人。李先生又曰：'氣與道義一衮出來。'朱子
謂：'一衮出來，說得道理好。'孟子分明說配義與道，不是兩物相補貼，只
是一衮發出來，故朱子用此意，而又就配字說出此句，蓋已極於精切矣。"

---

① "義"，明陳煒刻本《朱子語類》卷五二《孟子二·公孫丑上》無此字。
② "陳植"，疑當作"陳淳"，本節文字見明陳煒刻本《朱子語類》卷五二《孟子二·公孫丑上》
陳淳所録。
③ "道義"，明陳煒刻本《朱子語類》卷五二《孟子二·公孫丑上》作"道理"。

○又曰："餒,如人之不食而飢餒,便覺得其體虛之而不充也。"○又曰："氣合乎道義而爲之助,便是一衮出來之意。"

是集義所生者,非義襲而取之也。　行有不慊於心,則餒矣。　我故曰:告子未嘗知義,以其外之也。 　慊,口簟反,①又口劫反。

集義,猶言積善,蓋欲事事皆合於義也。襲,掩取也,如齊侯襲莒之襲。言氣雖可以配乎道義,而其養之之始,乃由事皆合義,自反常直,是以無所愧怍,而此氣自然發生於中。非由只行一事偶合於義,便可掩襲於外而得之也。慊,快也,足也。言所行一有不合於義,而自反不直,則不足於心而其體有所不充矣。然則義豈在外哉?告子不知此理,乃曰仁內義外,而不復以義爲事,則必不能集義以生浩然之氣矣。上文不得於言勿求於心,即外義之意,詳見《告子上》篇。

【語録】孟子許多論氣,只在"集義所生者"一句上。(沈僩)○孟子做義上工夫,多大小大,養氣只是一箇集義。○問集義之説。曰:"資稟粹明者,自然而行,無非是義,如舜由仁義行是也。其他須是見得有義有不義,義便去行,不義便不去行。'集義'云者,謂今日行一義,明日又行一義。積累既多,自覺胸中慊足,無不滿之意,則浩然之氣自然而生。"○又曰:"只是件件要合宜,自然積得多。"○又曰:"只是無一事不求箇是而已矣。"○又曰:"此氣乃集義而生,事皆合義,則胸中浩然,俯仰無所愧怍矣。"(見《文集》)○曰:"事事都要合道理。纔有些子不合道理,心下便不足。纔事事合道理,便仰不愧、俯不怍。"○問"集義所生者"一句。曰:"'是集義'者,言是此心中分別這是義了,方做出來,便配合得道義而行之,非是自外面襲得來也。"(黄卓)此上三句本是説氣,下兩句"是"字與"非"字爲對,"襲"字與"生"字爲對。其意蓋曰:此氣乃集義而自生於中,非行義而襲取之於外云爾,非謂義本是外襲也。(《答項平父》)○"生"字與"取"字對説,②生是自裏面生出,取是自外面取來。(葉賀孫)○"集義,故能生浩然之氣。"問:"何不言仁?"曰:"浩然之氣只是仰不愧、俯不怍,無一毫不快於心,自生浩然之氣。只合説得義,義便事事合宜。"(廖德明)○集義須是積

---

①　"反",原脱,據宋當塗郡齋本《四書集注》補。
②　"生字",原作"生正",據明陳煒刻本《朱子語類》卷五二《孟子二·公孫丑上》改。

習持養，則氣自然生，非謂一事合宜，便可掩取其氣以歸於己也。（李閎祖）○曰：“襲如用兵之襲，有襲奪之意，如掩人不備而攻襲之。又如縱做一件好事，自以爲義，便將來作用，長多少精神，遂謂浩然之氣可攫拏而來，此謂‘義襲而取之’。然無生底道理，只是些客氣耳，不久則消。”○又曰：“襲如劫寨相似，非順理而行，有積習工夫者也。”○“行有不慊於心，則餒”，便見義在内。（余大雅）○其曰“是集義所生者”，言此氣是積累行義之功而自生於内也。其曰“非義襲而取之也”，言此氣非是所行之義潛往掩襲而取之也。其曰“行有不慊於心則餒矣”者，言心有不慊，即是不合於義，而此氣不生也。是豈可得而掩取哉？告子乃不知此，而以義爲外，則其不動心也，直强制之而頑然不動耳，非有此氣而自然不動也。故又曰：“我故曰，告子未嘗知義，以其外之也。”（《答項平父》）○祝氏録　○曰：“告子之病，蓋不知心之慊處即是義之所安，其不慊處即是不合於義，故直以義爲外而不求。”（見《文集》）○問：“《集注》云‘即外義之意’，蓋告子外之而不求，非欲求之於外也。”曰：“告子直是將義屏除去，只就心上理會。”因舉陸子静云：“‘讀書講求義理，正是告子義外工夫。’某以爲不然。如子静不讀書，不求義理，只静坐澄心，却似告子外義。”○蔡氏録

總論二節之旨　問：“集義是要講究書中道理。”曰：“此又是窮理，不是集義。集義是行底工夫，只是事事都要合義。窮理則在知言之前，窮理是做知言工夫，能窮理，然後能知言。”（陳淳）○所謂“集義所生者”，須是平時有集義工夫始得。到行這道義時，氣自去助他。集義是平時積累工夫，“配義與道”，是卒然臨事，氣配道義行將去。[①]此兩項，各有頓放處。（徐寓）○方集義以生此氣，則須要勉强；及到配義與道，則道義之行愈覺剛果，更無疑滯，尚何恐懼之有。（周謨）

總論三節之旨　問“浩然之氣”與“集義所生”。曰：“浩然要事事合宜。一事餒，便行不得。”（鄭可學）○先生問：“那處是一章要緊處？”或舉“持其志，無暴其氣”對。先生曰：“不如此。”又舉“集義所生”對。先生曰：“然。”因言：“欲養浩然之氣，則在於直；要得直，則在於集義。集義者，事事要得合義也。合義，則仰不愧、俯不怍。”（葉賀孫）○以直養是自反而縮，集義

---

① “氣”，原脱，此據明陳煒刻本《朱子語類》卷五二《孟子二·公孫丑上》補。

是直養。然此工夫須積漸。集義，自能生此浩然之氣，不是行一二件合義底事，能搏取浩然之氣也。集義是歲月之功，襲取是一朝一夕之事，從而掩取，終非己有也。（廖德明）○祝氏録

【張氏注】孟子謂“我善養吾浩然之氣”，而先曰“我知言”，蓋不知言則詖邪淫遁可以亂之，而失養氣之理故也。公孫丑問浩然之氣，則應之曰“難言也”。詳味此語，固可以見孟子之所自得者至矣。夫人與天地萬物同體，其氣本相與流通而無間，惟人之私有以害之，故自局於形體之間，而失其流通之理。雖其自局之，而其所爲流通者亦未嘗不在也，故貴於養之。養之而無害，則浩然塞乎天地之間矣。其充塞也，非自外來，氣體固若此也。所謂“至大至剛以直”者，以此三者形容氣體也。大則無與對，剛則不可陷，①直則無所屈。此三者闕一，則於氣體爲未盡。②曰“至大至剛”，又曰“以直”者，文勢然也。養之而無有害之者，則充塞於天地之間也。在《坤》爻六二所謂“直方大”，即此所謂“至大至剛以直”也。塞乎天地之間，則《易》所謂“不疑其所行之地”也。又曰“配義與道”，配之爲言合也。自氣而言，固可云合。道，體也；義，用也。自不知養者言之，一身之氣與道義焉得而合？若養成此氣，則其用無非義，而其體則道也。蓋浩然之氣貫乎體用，通乎隱顯而無間故也。“無是，餒也”，言無使是之餒也。其不可使之餒者，以其“集義所生”故也。“集義”者，積衆義也。蓋得於義則慊，慊則氣所以生也。積之之久，則一息之不替，一事之必體，衆義輻湊，心廣體胖，俯仰無怍，而浩然之氣充塞矣。其生也，非自外也，集義所以生也，故曰“非義襲而取之也”。非氣爲一物，義在外襲取爲我有也，我固有之也，故所行有一毫不足於吾心，則缺然而餒，餒則息其生理矣。然則告子以義爲外，是不知義之存乎人心也，則其養氣豈不有害乎？

【纂疏】輔氏曰：“集，謂積集於此，不一而足。”○又曰：“氣雖可以配道義，使之張大，無所不達，然其養之之始，則在乎集義以生之。若我之所爲，事事合義，自反而常直，則仰無所愧，俯無所怍，而浩然之氣自然發生於中也。所謂自然發生於中一句，甚要切，說得生字分明。蓋孟子之意，但謂

---

① “剛”，原漫漶不清，此據通志堂本《孟子說》。
② “未盡”，原漫漶不清，此據通志堂本《孟子說》。

集義乃是氣之所由生，非是要人切切然集夫義以養其氣。若切切然要集義以養氣，則便有行道以襲取之意。"○又曰："慊是心有所衒之義，而此所謂慊者，則衒其快與足也。"○又曰："氣是集衆義而生，故不可不積。若所行一有不合於義，則自反便不直。自反既不直，便自不足於心；才有不足於心，則氣之體便有所不充矣。"○又曰："所行一有不合於義，則自反便不直，心之理便不足，氣之體便不充，則義之不在外也明矣。今告子乃曰'仁，内也，非外也；義，外也，非内也'，直是將義屏除去，更不復以爲事，只就心上理會，則是全然不知此理矣，浩然之氣將何自而能生哉！"○又曰："告子謂言有所不得於義，則當舍置其所言而别更爲説。若言有所不得而反求於心，則是因言之失而自累其心，平居唯恐動着他心，故雖義亦以爲在外，而不敢認爲己有，此即外義之意。"

必有事焉而勿正，心勿忘，勿助長也。　無若宋人然。　宋人有閔其苗之不長而揠之者，芒芒然歸，謂其人曰：'今日病矣，予助苗長矣。'其子趨而往視之，苗則槁矣。　天下之不助苗長者寡矣。　以爲無益而舍之者，不耘苗者也。　助之長者，揠苗者也。　非徒無益，而又害之。"長，上聲。揠，烏八反。舍，上聲。

必有事焉而勿正，趙氏、程子以七字爲句，近世或并下文心字讀之者亦通。必有事焉，有所事也，如"有事於顓臾"之"有事"。正，預期也。《春秋傳》曰"戰不正勝"是也。如作正心，義亦同。此與《大學》之所謂正心者，語意自不同也。此言養氣者，必以集義爲事，而勿預期其效。其或未充，則但當勿忘其所有事，而不可作爲以助其長，乃集義養氣之節度也。閔，憂也。揠，拔也。芒芒，無知之貌。其人，家人也。病，疲倦也。舍之不耘者，忘其所有事。揠而助之長者，正之不得，而妄有作爲者也。然不耘則失養而已，揠則反以害之。無是二者，則氣得其養而無所害矣。如告子不能集義，而欲强制其心，則必不能免於正助之病。其於所謂浩然者，蓋不惟不善養，而又反害之矣。

【集義】伊川先生曰："配義與道，道是體，義是用，配者合也。氣儘是有形體，故言合。氣者，是積義所生者，即言配義，①如以金爲器，既成則目爲

---

① "即"，清吕氏刻本《論孟精義·公孫丑章句上》作"却"。

金器可也。”又曰：“是集義所生，非義襲而取之也。集義是精義所生，①如集大成。若累土爲山，須是積土乃成山，非是山已成形，乃名爲義。”有問：“敬義只一理否？”曰：“敬只是持己之道，義便知有是非，不知集義，却是都無事。”又曰：“敬只是涵養，必有事焉，須當集義。”

【語録】“必有事焉”，須是把做事去做。如主敬，也須把做事去主；如求放心，也須把做事去求；如窮理，也須是把做事去窮。（沈僩）○“必有事焉而勿正”，這裏是天命流行處。（周謨）○“勿正心”，勿期其浩然也。“勿忘”者，勿忘其下工夫也。“助長”者，無不畏之心，而强爲不畏之形。（甘節）○**祝氏録**　○有所事，只是集義也。○“有事”，非是用力之地，乃言須當用力也○正者，等待期望之意。（見《文集》）○正則有所待，蓋必之意。古人言正字，皆謂必也。○“正”字與孟子説“正心”之“正”一般。○集義是養氣之丹頭，必有事是集義之大法，言必有事者，是養氣之法度也。○問必有事焉者，言養氣必以集義爲事；勿正者，勿待也；勿忘者，勿忘其以集義爲事也；助長者，是待之不得而拔之使長也。言人能集義以養其浩然之氣，故事物之來，自有以應之，不可萌一毫期待之心。少間待之不得，則必出於私意有所作爲，而逆其天理，是助長也。（黄卓）○**趙氏録**　○孟子“必有事焉”“勿忘”，是論集義工夫，“勿正”與“勿助長”是論氣之本體上添一件物事不得。（黄㽦）○正，是期待之意。如一邊集義，一邊在此等待那氣生。今日等不見，明日又等不見，等來等去，便却去助長。勿忘勿助，只論養氣。（林恪）○“必有事焉而勿正，心勿忘，勿助長”，孟子意是説做功夫處，程子却引來鳶飛魚躍處自然道理。若知得鳶飛魚躍，便了得此語。又如“必有事焉”，程子謂有事於敬，此處那有敬意？亦是借來做自己説。孟子所謂有事，只是集義；勿正，是勿望氣之生。義集則氣自生，我只集義，不要等待氣之生。若等待，便辛苦，便去助氣使他長了。氣未至於浩然，便作起。今張、王謂己剛毅無所屈撓，便要發揮去做事，便是助長。（陳淳）○**祝氏録**　○又曰：“‘養氣’一章在不動心，不動心在勇，勇在氣，氣在集義。勿忘、勿助長，又是那集義底節度。若告子，則更不理會言之得失，事之是非，氣之有平不平，只是硬制壓那心使不動，恰如説打硬修行

---

① “精”，清吕氏刻本《論孟精義·公孫丑章句上》作“積”。

一般。"○趙氏録

總論孟程之旨 曰："'必有事焉而勿正,心勿忘,勿助長',是養氣中一節目,不要等待,不要催促。程子曰:'勿忘、勿助長之間,正當處也。當處二字並去聲。'此語更宜玩味。又云'孟子只是就養氣正説',程子説得又高。須是看孟子,又看程子説,便見得孟子只説'勿忘,勿助長'。程子之言,於其中自有箇自然底氣象。'必有事焉',只消此一句,這事都了。下面而'勿正,心勿忘,勿助長',恰似剩語,却被這三句撑挂夾持得不活轉,不自在。只是'必有事焉'一句,這事都了。只是纔唤醒,這事物便在這裏,點着便動。①只此便是天命流行處,便是'天命之謂性,率性之謂道',便是仁義之心,便是'惟皇上帝降衷于下民'。謝氏所謂'活潑潑地',只是這些子,更不待想像尋求,分明在這裏,觸着便應。"又問:"此氣是當初稟得天地底來,便自浩然,是後來集義方生?"曰:"本自浩然,被人自少時壞了,今當集義,方能生。"曰:"有人不知集義,合下來便恁地剛勇,如何?"曰:"此只是粗氣。便是北宮黝、孟施舍之勇底,亦終有餒時。此章須從頭節節看來看去,首尾貫通,見得活方是。不可只略獵涉,説得去便了。"○蔡氏録

【或問】曰:"氣所以配乎道義者也,而又曰集義所生,何耶?"曰:"是則程子金器土山之喻至矣,而吾所謂有理然後有氣,故必明道集義,然後能生浩然之氣者,亦詳且明矣。"曰:"孟子深闢義外之説矣,而其言曰集義,又似有取乎彼,而集之於此者,何也?"曰:"義者,心之所以制事,而合宜之謂也。事物之來,無不以是裁之,而必合其宜焉,是則所謂集義者也。豈曰取於彼而集於此哉?"曰:"有事勿正,勿忘勿助,何謂也?"曰:"'必有事焉',言必當有所事乎此也,如'有事於顓臾''有事於上帝'之類。'勿正'者,言不可預期其效也,《春秋傳》曰'師出不正反,戰不正勝',言其不可期也。'心勿忘'者,言不可忘其所有事也。'勿助長'者,不可强其所未充也。大抵今人之學,或以預爲之期,而不爲其事,其或能有所爲者,則亦必期其功。期而不至,則或以爲無益而忘之,或不勝其欲,速而助之,此衆人之通患也。故孟子言養者,惟當集義以爲事,而不可期於襲取之功;不可

---

①　"點",原漫漶不清,此據通志堂本《孟子集疏》。

以集義爲無益而忘之，又不可以其氣未充而助之也。”“然則助長之害，甚於舍之，何也?”曰：“舍之之害，特不察乎義之所在，無以慊足其心而已。助之長，則知其不慊，而又作僞以張之也。較是二者，其爲罪之輕重可見矣。”曰：“以上下文意推之，孟子之所謂有事者，集義而已。至於程子之論，則每以有事乎敬爲言，何哉?”曰：“孟子之學，以義爲養氣之本；程子之學，以敬爲入德之門，此其言之所以異也。然義非敬則不能以自集，故孟子雖言集義，而必先之以持志。敬非義不能以自行，故程子雖言持敬，而於其門人有事於敬之問，亦未嘗不以集義爲言也。”曰：“上文兼言志氣，而以持志爲主，此乃專言養氣，而不及持志，何耶?”曰：“養氣以集義爲功，而集義以居敬爲本。此言集義，則固非持志不能矣。程子曰：‘志爲之主，乃能生浩然之氣。’至於浩氣已成，則又何者爲志氣之別，正謂此也。”

【張氏注】此言養氣之法。有事者，有所事云也。而勿正者，無期之之意也。心勿忘者，勿忘其所事也。勿助長者，待其自充，不可强使之充也。此爲循天理之當然，而不以人爲加之。雖然，欲不忘則近於助長，欲不助長則或忘之，是二者之間，守之爲難也。此言以必有事爲主，孟子之所謂有事者，其集義乎? 然學者多知忘之爲害，而未知助長之爲害尤甚也。故引宋人揠苗爲喻，閔其苗之不長，猶憂其氣之不充者也。揠之以助其長，猶作其氣而使之充也。芒芒然曰“今日病矣”，言雖勞如此，無益而反有害也。“天下之不助苗長者寡矣”，謂天下之學者，往往墮於助長之病也。以集義爲無益而忘之者，不耘苗者也。不耘苗則苗日瘠矣，不集義則氣日餒矣。强作其氣而使之充者，揠苗者也。拔苗反以傷其本，助長反以害其氣，蓋私意橫生，害乎天理，則其枵然愈遠矣。若夫善養氣者，則集義而已，無必其成之意也。惟其正不舍而亦不迫切，故氣得其養，而浩然者可以馴致焉。猶夫善養苗者，耘耔浸灌，不失其時，雨露之滋，天時之至，其長也，蓋有不期然而然者。是皆循天理之固然，行其所無事而已，其道豈不要哉! 或曰：“二程先生多以必有事焉爲有事乎敬，而孟子則主於集義，有異乎?”曰：“無以異也。孟子所謂持志者，即敬之道也。非持其志，其能以集義乎? 敬與義，蓋相須而成者也。故《坤》六二之‘直方大’，君子體之，亦本於‘敬以直内，義以方外’也。此孔、孟之意，程子蓋得之矣，學者所宜深思焉。”

【纂疏】黄氏曰:"有事,猶言有所作爲。"○輔氏曰:"勿正心,謂勿以其心預期之也。若《大學》之所謂正心,則謂無忿、懼、樂、患四者之累,而心體自得其正耳,其語意固不同也。"○又曰:"必有事焉者,謂必以集義爲事也。勿預期其效者,謂勿正也。勿忘,謂雖以集義爲事,或心生而未熟,或集義而未多,氣雖生而未至於充盛,則但當勿忘其所集義之事也。勿助長,謂不可用意作爲以助氣之長也。夫養氣固在於集義,然其所以集義之節度,則又當如是也。"○又曰:"舍之而不耘者,是忘其集義之事者也。助之長者,是預期之而不得,乃妄意作爲以助氣之長者也。然忘其集義之事,則氣失其養,不能發生而已。至於妄有作爲以助氣之長,則氣反被害,將如苗之槁死而後已也。苟集義而不忘其所事,則氣得其養;勿正而不妄作爲,則氣無所害。如此,則日引月長,而充塞天地之體,沛然流行之用,將不期然而然矣。夫其所謂揠則反以害之者,正指告子而言也。蓋告子不能集義,而欲强制其心,則必不能免於正助之病。其於所謂浩然者,蓋不惟不善養,而又反害之矣。"○趙氏曰:"告子之事,雖不可詳考,然即其以義爲外而强制其心,與人辯論,則自執己私,屢變其説,展轉求勝,即其狹陋蔽固,有害於盛大流行之體,亦已多矣。"

"何謂知言?"曰:"詖辭知其所蔽,淫辭知其所陷,邪辭知其所離,遁辭知其所窮,生於其心,害於其政;發於其政,害於其事。聖人復起,必從吾言矣。"詖,彼寄反。復,扶又反。

此公孫丑復問而孟子答之也。[1]詖,偏陂也。淫,放蕩也。邪,邪僻也。遁,逃避也。四者相因,言之病也。蔽,遮隔也。陷,沉溺也。離,叛去也。窮,困屈也。四者亦相因,則心之失也。人之有言,皆本於心。其心明乎正理而無蔽,[2]然後其言平正通達而無病;苟爲不然,則必有是四者之病矣。即其言之病,而知其心之失,又知其害於政事之決然而不可易者如此。非心通於道,而無疑於天下之理,其孰能之?彼告子者,不得於言而不肯求之於心,至爲義外之説,則自不免於四者之病,其何以知天下之言而無所疑哉?程子曰:"心通乎道,然後能辨是非,如持權衡以較輕重,孟

---

① "此",原脱,據宋當塗郡齋本《四書集注》補。
② "其心",原脱,據宋當塗郡齋本《四書集注》補。

子所謂知言是也。"又曰:"孟子知言,正如人在堂上,方能辨堂下人曲直。若猶未免雜於堂下衆人之中,則不能辨決矣。"

【集義】横渠先生曰:"詖辭,謂險側不平,規模太窄太險則入於隘,知其蔽在於一方也。淫辭,謂太過太侈,規模太寬太廣則入於奢,知其病在於陷溺也。邪辭,非若小人邪僻罪惡,衹言其稍偏,即知其離於道。遁辭,謂失其守者,其辭屈,己無所執守,人窮之東遂東,人窮之西遂西,自信不篤故也。"○吕氏曰:"蔽者見小而不見大,故其辭詖。如申韓只見刑名,便謂可以治國,此目不見大道,如坐井視天,井蛙不可以語東海之樂。陷者務多不務約,故其辭淫。如司馬遷之類,汎濫雜博,不知統要,蓋陷在衆多之中,不能自出,如人陷入大水,杳無津涯,罔知所濟。離者,見左而不見右,如楊子爲我,墨子兼愛,夷清惠和,皆只是一偏,不能兼濟,蓋將道分離開,故其辭邪。窮者知所避而不知歸,故其辭遁。如莊周、浮屠,務欲脱去形迹,殊無歸著,故其言惟欲之逃避所惡而不知所向,如人逃難不得其所,益以窮矣。"

【語録】孟子説"知言"處,只有詖、淫、邪、遁四者。知言是幾多工夫?何故只説此四字?蓋天下之理不過是與非而已。既知得箇非,便識箇是矣。(沈僩)○詖、淫、邪、遁,蔽、陷、離、窮,四者相因。心有所蔽,只見一邊,不見一邊,如楊氏"爲我",墨氏"兼愛",各只見一邊,故其辭詖而不平。蔽則陷,陷,深入之義也,故其辭放蕩而過。陷則離,離是開去愈遠也,故其辭邪。離則窮,窮是説不去也,故其辭遁。遁,如夷之之言是也。(李閎祖)○祝氏録　○詖是偏詖,只是見得一邊。此理本平正,他只説一邊,那一邊看不見,便是爲物蔽了。字凡從皮,皆是一邊意,如跛是脚一長一短,坡是山一邊斜。○淫者,説得周遮浩瀚。○陷,是身陷在那裏,如陷溺於水,只見水不見岸了。○趙氏録　○詖辭,初間只是偏了。所以偏者,止緣他蔽了一邊,如被有物隔了,只見一邊。初間是如此,後來只管陷入裏面去,漸漸只管説得闊了,支蔓淫溢,纔恁地陷入深了。於是一向背却正路,遂與正路相離了。既離去了正路,他那物事不成物事,畢竟用不得,其説必至於窮。爲是他説窮了,又爲一説以自遁,如佛家之説。(葉賀孫)○問:"楊、墨似詖,莊、列似淫,儀、秦似邪,佛似遁。"曰:"不必如此分別,有則四者俱有,其序自如此。"(廖德明)○詖是偏陂,説得一邊長,一邊短。其辭如此,則知其心有所蔽。淫是説有所蔽,説得漸虚張,其辭如此,則知其心有所陷。邪是既陷後,一向邪僻離判將去。遁是既離後走脚底話,如墨者夷之,他説"愛無差等",却又説"施由親始";楊朱不肯拔一毛以利天下,又遁説天下非拔一毛所能利,若人人不拔一毛,則天下利矣;如佛氏他本無父母,却説《父母經》,這是他遁了。○問:"横渠曰:'詖辭徇難,近於並耕爲我;淫辭放侈,近於兼愛齊物;邪辭離正,近於隘與不恭;遁辭無守,近於揣摩説難。'吕氏以申、韓爲詖,馬遷之類爲淫,楊、墨、夷、惠爲邪,莊周、浮屠爲遁。今《集注》則以四者爲相因而無所分屬,是異端必兼此四者而有之矣。"曰:"横渠論釋氏,其言流遁失守,窮大則淫,推行則詖,致曲則邪。此語其他分析之説,然未詳其相因之序而錯言之,亦未盡善也。"(吴必大)○孟子"知言"一段,程子所謂"如在堂上,便能辨堂下人曲直"。只言高如衆人了,便見得衆人。與人一般低立堂下,如何辨得人長短?(黄士毅)○**祝氏録**　○問:"所謂'在堂上'者,莫只是喻那心通於道者否?"曰:"此只是言見識高似他,方能辨他是非得失;若見識與他一般,如何解辨得他。"○**趙氏録**

總論三節之旨　孟子之學,蓋以窮理集義爲始,不動心爲效。蓋唯窮理爲能知言,唯集義爲能養其浩然之氣。理明而無所疑,氣充而無所懼,故能當大任而不動心。考於本章,次第可見矣。(《與郭冲卿》)

總論二章之旨　問:"孟子知言處,'生於其心,害於其政',先政而後事;闢楊、墨處,説'作於其心,害於其事',先事而後政。"先生曰:"先事而後政,見自微而至著;先政而後事,是自大本而至節目。"(吴雉)○**祝氏録**

【或問】張子、吕氏四辭之别如何?曰:"詖而不安,則必爲淫辭以張其説;淫而過實,則必有邪辭以離於遁;邪必有窮,故必爲遁辭以自解免。凡曰異端,無不具此。"

【講義】曰:"孟子嘗言養心矣,又嘗言養其性矣。性即理也,心具此理者也。有以養之,則人欲不能爲天理之害。操存寡欲,養之之方也,而又有所謂養氣者,何哉? 陰陽五行,氣也,所以然者,理也。精粗本一原,顯微本無間也。陽一噓而萬物生,陰一翕而萬物成。寒暑之往來,風雷之鼓舞,無非是氣之用也。負陰抱陽以生,則吾之氣固與天地相爲流通矣,是則所謂浩然而至大至剛者也。有以養之，則富貴不能淫，貧賤不能移，威武不能屈。堯舜之事業，孔孟之道德，孰非是氣之所爲乎？苟失其養，則委靡巽懦，卑陋凡猥，錐刀之得，則躍躍以喜，毫末之失，則戚戚以悲。聞公卿大人之名，則側肩帖耳，若不可及；語賢人君子之道，則望洋而嘆之，恍然以驚。爲媚竈，爲墻間，爲妾婦，此豈氣之本然哉？養不養之間，君子小人之所由分也。孟子發明養氣之論，有功於後世大矣。然其所以養氣者，必先於集義。所以集義者，必先於知言。惟知言，則是非邪正曉然於胸中，動容周旋無適而不合於義。夫是以仰不愧，俯不怍，有以全乎浩然剛大之體矣。養性也，養心也，養氣也，蓋一理而已。然養氣之論，何獨至於孟子而後發邪？夫子固嘗言之矣：‘內省不疚，夫何憂何懼’，此養氣之論所自來也。”

【集疏】蔡氏曰：“知言是知事，知則善惡正邪皆當知之。此之所知，獨詖淫邪遁之辭，何也？蓋孟子之時，楊、墨之言盈天下，正人心，息邪説，莫此爲急。故曰：‘楊、墨之道不息，孔子之道不著。’此其意也。”

【纂疏】輔氏曰：“放蕩，謂無檢，説得漸次夸張泛濫去。[①]”○又曰：“邪僻，謂不正，説得一向喝邪乖僻去。”○又曰：“逃避，謂走閃，説得皆成回互走作去。”○又曰：“《注》云‘四者相因，言之病’。偏陂則必放蕩，放蕩則必邪僻，邪僻則必逃避，四者相因，皆言之病也。言形於外，故以病言。”○又曰：“叛去，謂其心與正理違判，愈去愈遠。”○困屈，謂其心於理有不通而困躓鬱屈。○《注》云：“四者相因，心之失”。遮隔則必沈溺，沈溺則必叛去，叛去則必困屈，四者亦相因，則心之失也。心存於中，故以失言。○又曰：“言之四病與心之四失表裏又相因也。言，心聲也。故《集注》曰：‘人之有言皆本於心。’蔽則心之初失也，其心明乎正理而無蔽，則陷離窮之三失皆無之矣。”○潛室陳氏曰：“辭之偏詖者，由其心之蔽於理。辭之淫放者，由其心之陷於欲。辭之邪僻者，由其心之離於道。辭之逃遁者，由其心之窮屈於義理也。”○輔氏曰：“孟子之所以能知言也，因其言之病而知其心之失，是即其用而知其體也。又知其害於政事之決然而不可易者如此，是據其始而知其終也。非心與理一，其於天下之事如燭照數計略無所

---

① “次”，原漫漶不清，此據元刻本《四書纂疏》。

疑者，何能如是哉。不然，則知其用者或不知其體，見其始者或不見其終者有矣。”○又曰：“告子之學，離本末，隳内外，而不足以知夫道之實也。既不能知天下之言而無所疑，則所謂不動心，殆亦實然不覺、悍然不顧而已矣。”○又曰：“程子曰‘心通乎道’，謂心與理一，則其於天下是非得失，真如持權衡於此，而輕重分毫之不差，蓋不待求而知、思而得也。至於見識不超出於衆人之上，則亦安能辨衆人之曲直邪？非親到孟子地位，則何能以是言之哉！”

“**宰我、子貢善爲説辭，冉牛、閔子、顏淵善言德行。 孔子兼之，曰：‘我於辭命則不能也。’然則夫子既聖矣乎？**”行，去聲。

此一節，林氏以爲皆公孫丑之問，是也。説辭，言語也。德行，得於心而見於行事者也。三子善言德行者，身有之，故言之親切而有味也。公孫丑言數子各有所長，而孔子兼之，然猶自謂不能於辭命。令孟子乃自謂我能知言，又善養氣，則是兼言語德行而有之，然則豈不既聖矣乎？ 此夫子，指孟子也。○程子曰：“孔子自謂不能於辭命者，欲使學者務本而已。”○林氏，名之奇，三山人。

【語録】問：“善爲説辭，則於德行或有所未至；善言德行，則所言皆其自己分上事也。”曰：“此説得之。”（《答程允夫》）○祝氏録

【纂疏】輔氏曰：“林氏之説當矣。先儒皆有所不及者，蓋惑於兩‘夫子’字而然。今以此‘夫子’字爲指孟子而言，下段‘夫子’字爲指孔子而言，然後明白無疑也。”○又曰：“三子‘善言德行’者，大凡非得於心、體於身，而貌言之，其支離蔓衍，離真失正者，固不足論政。使偶合於理，則以輕虛浮淺，既無沉着痛快之意，又無含蓄有餘之味，不堪咀嚼，不堪涵泳必矣。惟冉、閔、顏三子者，心得之，身體之，所以言之親切而有味，可以涵泳而咀嚼，兹其所以爲善也。”○又曰：“知言則在我在人一也。知其如此，則於言語辭命，何患其不能哉？至於氣，則必將見於行事。況此章本爲當大事不動心而言，則夫養氣豈非德行乎。”○又曰：“辭命在聖人，豈有不能？ 所以如此説者，正欲教學者務本耳。與《論語》所謂‘文莫吾猶人也，躬行君子，則吾未之有得’同意。”

曰：“**惡！ 是何言也？ 昔者子貢問於孔子曰：‘夫子聖矣乎？’孔子曰：‘聖則吾不能，我學不厭而教不倦也。’子貢曰：‘學不厭，智**

也；教不倦，仁也。　仁且智，夫子既聖矣乎！①’夫聖，孔子不
居。　是何言也？”惡，平聲。“夫聖”之“夫”，音扶。②

　　惡，驚嘆辭也。昔者以下，孟子不敢當丑之言，而引孔子、子貢問答之辭以
告之也。此夫子，指孔子也。學不厭者，知之所以自明；③教不倦者，仁之
所以及物。再言“是何言也”，以深拒之。

　　【語録】成己，仁也，是體；成物，知也，是用。學不厭，知也，是體；教不倦，
仁也，是用。（李閎祖）○祝氏録

“昔者竊聞之：子夏、子游、④子張皆有聖人之一體，冉牛、閔子、
顏淵則具體而微。　敢問所安。”

　　此一節，林氏亦以爲皆公孫丑之問，是也。一體，猶一肢也。具體而微，謂
有其全體，但未廣大耳。安，處也。公孫丑復問孟子既不敢比孔子，則於
此數子欲何所處也。

　　【或問】六子之不同。曰：“聖人之道，大而能博，門弟子不能徧觀而盡識
也，故學焉而各得其性之所近，如游、夏得其文學，子張得其威儀，皆一體
也。惟冉牛、閔子、顏淵氣質不偏，理義完具，故其默而識之，不言而信者，
獨能具有聖人之全體。但猶役於思勉，滯於形迹，未若聖人之大而化之，
無復限量之可言，故以爲具體而微爾。”

　　【張氏注】孟子知道故知言，不知言，則詖淫邪遁足以亂之矣。夫爲詖淫
邪遁之説者，蓋本亦高明之士，惟其所見之差，是以流而不自知。詖淫邪
遁，此四者足以盡異端之失矣。詖者，險辭也；淫者，放辭也；邪者，偏戾之
辭也；遁者，展轉而不知其極也。今試徵異端之説，可以推類而見。若告
子杞柳桮棬，其詖辭也與？若楊氏“爲我”、墨氏“兼愛”，其邪辭也與？至
於淫遁之説，則列禦寇、莊周之書具矣。夫其所爲詖者，以其有所蔽而不
通也；其所以爲淫者，以其有所陷溺而蕩也；邪者，以其支離而偏也；遁者，
以其有所窮而展轉他出也。知其所以然者，以吾不蔽不陷、不離不窮故
也。孟子方論知言，而曰“生於其心，害於其政；發於其政，害於其事。”蓋

---

①　“矣乎”，宋當塗郡齋本《四書集注》作“矣”。
②　“扶”，原破損不清，此據宋當塗郡齋本《四書集注》。
③　“知”，宋當塗郡齋本《四書集注》作“智”。
④　“游”，原作“由”，據宋當塗郡齋本《四書集注》改。

中之所存，莫撿乎外。見乎外者，是乃在中者也。誠淫邪遁生於心，①則施於政者必有害，害於政則害於事矣。論知言而及此，成己成物無二故也。"善爲説辭"者，得所以爲辭之道也；"善言德行"者，其見於言者乃其躬行者也。其氣味有間矣，孔子兼之。而孟子自謂"於辭命則不能"，示學者以務本之意也。丑聞"我於辭命則不能"之言，以爲孟子其聖矣。孟子悚然，謂孔子猶謂聖吾不能，而況於己乎？"學不厭""教不倦"，是乃聖人所爲至誠無息者也。夫子雖不居聖，而玩其辭義所以聖者，亦可得而推矣。故子貢曰："學不厭，智也；教不倦，仁也。仁且智，夫子既聖矣。"子貢之稱仁智，與《中庸》②"成己，仁也；成物，智也"之辭，蓋相表裏，互明仁智之體用也。公西華亦嘗聞斯言矣，而曰："正唯弟子不能學也"，不若子貢之言有功用也。"子夏、子游、子張皆有聖人之一體，冉牛、閔子、顏淵則具體而微"，此言聖人未易可幾也。子游、子夏、子張皆聖門之高弟，然其所得則各不同。子游之藝，子夏之文，子張之高明，皆其所得於一體者也。若冉、閔、顏淵，則備聖人之德，特未能盡充耳，故曰"具體而微"。顏子在三子之中，蓋進乎欲化未化之間者，其微也，抑毫髮之間耳。

【纂疏】輔氏曰："孟子謂人之有是四體，則一體猶一肢。具體，謂得其全體者宜也。夫游、夏以文學名，子張以高明稱，是固各得聖人之一體矣。至於冉、閔、顏子之德行，則具有聖人之全體，但養之未至，充之未全，故未極於廣大耳。使其極於廣大，則是固聖人天地之德也。然此論亦未得爲精細。蓋冉、閔、顏子雖皆以德行稱，③然恐冉、閔二子之所至，終未及於顏子也。至顏子之亞聖，則與聖人相去特一間耳。④"

曰："姑舍是。" 舍，上聲。

孟子言且置是者，不欲以數子所至者自處也。

總論二節之旨 孟子説知言、養氣，止是到"聖人復起，必從吾言矣"住。

公孫丑疑孟子説得知言、養氣忒擔當得大，故引"我於辭命則不能"以詰孟

---

① "遁"，原漫漶不清，此據通志堂本《孟子説》。
② "與"，原作"其"，據通志堂本《孟子説》改。
③ "雖"，原漫漶不清，此據元刻本《四書纂疏》。
④ "一"，原漫漶不清，此據元刻本《四書纂疏》。

子。孟子對以"惡,是何言也"。公孫丑又問"昔者子游、子夏、子張,皆得聖人之一體",公孫丑意欲以孟子比聖人,故孟子推尊聖人,以爲己不敢當,遂云"姑舍是"。(金去僞)○祝氏録

【纂疏】陵陽李氏問:"如《集注》之説,則孟子猶有不足於顔子歟?"天台潘氏曰:"孟子之志,願學孔子,是誠有不足於顔子者。蓋非不足於顔子,以顔子不幸短命,而未至於聖人之域耳。前輩云:'纔遜第一等事與別人做,便是自暴自棄。'蓋古人之志大率如此。然立志之後,要須力行以釂其志,不可徒有此志也。"○趙氏曰:"學未至於聖人,孟子之心終未慊也。觀下文'乃所願,學孔子',則可見矣。"

曰:"伯夷、伊尹何如?"曰:"不同道。 非其君不事,非其民不使;治則進,亂則退,伯夷也。 何事非君,何使非民;治亦進,亂亦進,伊尹也。 可以仕則仕,可以止則止,可以久則久,可以速則速,孔子也。 皆古聖人也,吾未能有行焉;乃所願,則學孔子也。"治,平聲。

伯夷,孤竹君之長子。兄弟遜國,避紂隱居,聞文王之德而歸之。及武王伐紂,去而餓死。伊尹,有莘之處士,湯聘而用之,使之就桀,桀不能用,復歸於湯,如是者五,乃相湯而伐桀也。三聖人事,詳見此篇之末及《萬章下》篇。

"伯夷、伊尹於孔子,若是班乎?"曰:"否。 自有生民以來,未有孔子也。"

班,齊等之貌。公孫丑問,而孟子答之以不同也。

【纂疏】輔氏曰:"自生民以來未有孔子,則伯夷、伊尹者,不得與之齊等矣。"

曰:"然則有同與?"曰:"有。 得百里之地而君之,皆能以朝諸侯、有天下。 行一不義、殺一不辜而得天下,皆不爲也。 是則同。"與,平聲。朝,音潮。

有,言有同也。以百里而王天下,德之盛也。行一不義、殺一不辜而得天下,有所不爲,心之正也。聖人之所以爲聖人,其本根節目之大者惟在於此。於此不同,則亦不足以爲聖人矣。

【語録】問：“浩然之氣，後面説伯夷、伊尹、孔子是則同處。”曰：“後面自是散説出去，不須更回引前頭。這裏地位極高，浩然之氣又不足言，不須更説氣了。有百里之地，則足以有天下；然行一不義，殺一不辜，則有所不爲，此是甚麽樣氣象！大段是極至處了。雖使可以得天下，定定不肯將一豪之私來壞了這全體。古之聖人，其大根脚同處皆在此。如伊尹，非其義也，非其道也，一介不以與人，一介不以取諸人，繫馬千駟，禄之天下，弗視弗顧，與此所論一般。聖人同處，大概皆在於此。此而不同，則不足以言聖人矣。”（沈僩）○祝氏録　○又曰：“根本節目不容不同。得百里之地而朝諸侯，有天下，此是甚次第人？行一不義，殺一不辜而得天下，有所不爲，直是守得定也。”○蔡氏録

【或問】曰：“伯夷、伊尹之行一不義，殺一不辜而得天下，有所不爲。何以言之也？”曰：“以其讓國而逃，諫伐而餓，非其道義，一介不以取予於人觀之，則可見矣。”

【集疏】覺軒蔡氏曰：“‘行一不義，殺一不辜而得天下，皆不爲也，是則同。’此見孟子心通乎聖，而群聖人之心所以不約而同者，惟在於此，故《集注》以爲‘根本節目之大者’。學者讀此，便當戒懼謹獨，定守此心，雖小小利害，亦不可放過。”

【纂疏】輔氏曰：“‘得百里之地而君之，皆能以朝諸侯、有天下’，非德之盛，何以及此？此即所謂本根之大者也。‘行一不義，殺一不辜而得天下，不爲’，非心得其正而不爲外物所動者，何以及此？此即所謂節目之大者也。本根之大不立，固無以爲節目之正；節目之大不正，則所謂本根者，又豈能至於若是之盛哉？”

曰：“敢問其所以異？”曰：“宰我、子貢、有若，智足以知聖人。污不至阿其所好。　污，音蛙。好，去聲。

污，下也。三子智足以知夫子之道。假使污下，必不阿私所好而空譽之，明其言之可信也。

【語録】污是污下不平處，或當時方言，未可知，當屬下文讀。（金去僞）○祝、趙氏録同

【張氏注】污，私也。

【纂疏】輔氏曰：“智足以知聖人，則其智識高明矣。阿私所好而空譽之，

則其識趣污下矣。高明與污下正相反，高明則必不至污下矣。反覆極言
之，以明三子之言必可信耳。"

宰我曰：'以予觀於夫子，賢於堯舜遠矣。'

程子曰："語聖則不異，事功則有異。夫子賢於堯舜，語事功也。蓋堯舜治
天下，夫子又推其道以垂教萬世。堯舜之道，非得孔子，則後世亦何所
據哉？"

【纂疏】輔氏曰："'語聖則不異'，以其德言也。'事功則有異'，就其所爲
事與成功而言也。'堯舜治天下，夫子又推其道以垂教萬世'，此言事功久
近之不同也。'堯舜之道，非得孔子，則後世亦何所據哉？'此言事功始終
成就之不同也。"○潛室陳氏曰："衣於斯，食於斯，寢且處於斯，終身由而
不自知。夫子之功所以與天長地久，雖堯舜不能與也。"○又曰："當時若
無孔子，今人連堯舜也不識。"

子貢曰：'見其禮而知其政，聞其樂而知其德。 由百世之後，等百世之王，莫之能違也。 自生民以來，未有夫子也。'

言大凡見人之禮，則可以知其政；聞人之樂，則可以知其德。是以我從百
世之後，差等百世之王，無有能遁其情者，而見其皆莫若夫子之盛也。

【纂疏】輔氏曰："禮者，政之本也。見人之禮則知其政者，溯其末而知其
本也。樂者，禮之發也。聞人之樂而知其德者，因其發而知其蘊也。'大
凡'者，泛言其理實如是也。"○又曰："惟其理之如是，故我從百世之後，以
是等差百世之王，其政之優劣，德之高下，莫不盡見，無有一人能遁其情，
而見其皆莫若夫子也。"

有若曰：'豈惟民哉？ 麒麟之於走獸，鳳凰之於飛鳥，太山之於丘垤，河海之於行潦，類也。 聖人之於民，亦類也。 出於其類，拔乎其萃，自生民以來，未有盛於孔子也。'" 垤，大結反。潦，音老。

麒麟，毛蟲之長。鳳凰，羽蟲之長。垤，蟻封也。行潦，道上無源之水也。
出，高出也。拔，時起也。萃，聚也。言自古聖人，固皆異於眾人，然未有
如孔子之尤盛者也。○程子曰："孟子此章，擴前聖所未發，學者所宜潛心
而玩索也。"

【集義】伊川先生曰："三子之論聖人，皆非善稱聖人者。如顏子便不如此

道,但言'仰之彌高,鑽之彌堅'而已。後來惟曾子善形容聖人氣象,曰:'子溫而厲,威而不猛,恭而安。'又《鄉黨》一篇,形容得動容注措甚好,使學者宛如見聖人。"

【張氏注】丑既問諸子之淺深,於是問孟子以所安何如。孟子應之曰"姑舍是",不敢自方於前賢,其氣象溫厚如此。復舉伯夷、伊尹以問,孟子謂其道之不同,蓋"非其君不事,非其民不使,治則進,亂則退,伯夷也;何事非君,何使非民,治亦進,亂亦進,伊尹也。"夫三子所爲若是,蓋其氣稟之所明者在是,終身從事乎此,而有以極其至也。至於孔子,則天也,"可以仕則仕,可以止則止,可以久則久,可以速則速",此非謂度其可而爲之也,蓋無不當其可也。伯夷、伊尹,就其所至而成聖者,故皆以古聖人稱之。然吾於伯夷、伊尹雖未能及,而所願學則孔子耳。蓋二子雖聖於清,聖於任,然其所循而入者,終未免乎有毫釐之偏,從而學焉,則其偏將愈甚。譬猶射者必志於正鵠,舍正鵠而他求,則其差將不可勝言矣。公孫丑疑伯夷、伊尹之於孔子若是其不可班,孟子對以不獨伯夷、伊尹之不可班,生民以來,未有若孔子也。丑於是問其所同,而復問其所異。若丑者,亦可謂善問矣。使二子得君百里之時,必將本王道,行王政,民之歸之也孰禦?故皆可以朝諸侯、一天下。然二子,正義明道者也,寧不得天下,行一不義、殺一不辜,所不忍爲也,是與夫子同者也。至其所以異,孟子獨舉宰我、有若、子貢之所以稱夫子者,將使丑深思而自得之也。"智足以知聖人",蓋其所見,有以窺聖人之蘊,智之事也。三子者,非私阿其所好者也,而宰我則以夫子賢於堯舜,子貢則以夫子見禮知政,聞樂知德,其所損益,由百世之後,等百世之王,將莫之能違。有若則以爲聖人出乎人之類,自生民以來,未有盛者。夫三子者,知足以知聖人,而非阿其所好,則其爲是言也,豈苟然乎哉?其必有所謂矣。今試以賢於堯舜論之。堯、舜、孔子,俱生知之聖也,語聖則有輕重優劣於其間。然孔子立教垂範而傳之後世,其事業爲無窮也。或乃謂夫子萬世南面而廟祀,以此爲非堯舜可及。嗟乎,此又何加損益於夫子哉!

【集疏】覺軒蔡氏曰:"按,三子之贊夫子,宰我以事功言,子貢以禮樂言,有若以出類拔萃言。子貢之言體用該舉,尤爲詳盡。更以宮牆日月,猶天不可階升之喻參玩之,益知夫子之所以爲盛,曠古今所未有,而子貢之所以爲善言聖人也。”

【纂疏】輔氏曰："學者須是潛心玩索,庶幾有得於心。若泛然讀過,則亦何能有益哉?"○趙氏曰："牝曰麒,牡曰麟,麇身,牛尾,一角,不踐生草。雄曰鳳,雌曰凰,狀如鶴,五色而文。"○又曰："三子所論,皆以事功言,但宰我之所言者帝也,子貢之所言者王也,有若之所言者聖也,此其爲不同耳。"

○孟子曰:"以力假仁者霸,霸必有大國。 以德行仁者王,王不待大。 湯以七十里,文王以百里。

力,謂土地甲兵之力。假仁者,本無是心,而借其事以爲功者也。霸,若齊桓、①晋文是也。以德行仁,則自吾之得於己者推之,無適而非仁也。

【語録】"以德行仁者王",所謂德者,非止謂有捄民於水火之誠心。這德字又説得來闊,是自己身上事都做得來,是無一不備了,所以行出去便是仁。(沈僩)○又曰:"且如成湯'不邇聲色,不殖貨財;德懋懋官,功懋懋賞;用人惟己,改過不吝;克寬克仁,彰信兆民'。是先有前面底,方能'彰信兆民''救民於水火之中'。若無前面底,②雖欲救民於水火之中,不可得也。武王'亶聰明,作元后',是亶聰明,方能作元后,'救民於水火之中'。若無這亶聰明,雖欲救民,其道何由?"(吕燾)○行仁便自仁中行出,皆仁之德。若假仁,便是恃其甲兵之强,財賦之多,足以欺人,是假仁之名以欺其衆,非有仁之實也。(黄卓)○祝氏録　○又云"王不待大",言不待大國而可以王,如湯以七十里,文王以百里。霸者,則須有如是資力,方可以服人。問霸字之義。曰:"霸,即伯也。《漢書》引'哉生魄'作'哉生霸',古者霸、伯、魄三字通用。③"○蔡氏録

【纂疏】輔氏曰:"力,如今人之言事力也,蓋生於己之所有。而霸者之所有,其大者則土地甲兵也。假仁者,謂己本無是仁心,徒以其土地甲兵之力,而借大仁之一二事,以圖强霸之功,如齊桓、晋文也。五霸獨以桓、文言者,舉其盛者也。夫假仁者固不足道,然有土地甲兵之力,而不借仁以

---

① "齊桓",原作"齊威",乃避宋欽宗趙桓諱,今改回,下同。

② "底",原漫漶不清,此據明陳煒刻本《朱子語類》卷五三《孟子三·公孫丑上之下》。

③ "魄",原漫漶不清,此據明陳煒刻本《朱子語類》卷五三《孟子三·公孫丑上之下》。

行之,則雖霸者之功,亦無由可致矣。"○又曰:"德謂得於己而不失者也,仁則性之所固有也。自吾之得於己者推而行之,則唯吾之所爲,生殺予奪,闔闢斂散,自然無所往而非仁矣。"

以力服人者,非心服也,力不贍也;以德服人者,中心悦而誠服也,如七十子之服孔子也。《詩》云:'自西自東,自南自北,無思不服。'此之謂也。"

贍,足也。《詩》,《大雅·文王有聲》之篇。王霸之心,誠僞不同,故人所以應之者,其不同亦如此。○鄒氏曰:"以力服人者,有意於服人,而人不敢不服;以德服人者,無意於服人,而人不能不服。從古以來,論王霸者多矣,未有若此章之深切而著明也。"○鄒氏,名浩,字志完,毗陵人。

【或問】王霸之别。曰:"以力假仁者,不知仁之在己而假之也;以德行仁,則其仁在我而惟所行矣。以執轅濤塗侵曹伐衞之事,而視夫東征西怨、虞芮質成者,則人心之服與不服可見。若七十子之從孔子,至於流離飢餓而不去,此又非有名位勢力以驅之也。孟子真可謂長於譬喻也。"

【張氏注】王霸之分,德與力也。"以力假仁者",以其勢力假仁之事以行之,如齊桓責包茅於楚,會王世子於首止,衣裳之會不以兵車之類是也。惟其大國也,故其力得以脅諸國而從之,不然,其能以强人乎?若夫"以德行仁",則是以德而行其仁政,至誠惻怛,本於其心而形於事爲,如木之有本,水之有源也。①曰"王不待大",蓋言無所資於力也,觀湯與文王則可以見。或以七十里,或以百里,則其力可知矣,然則天下歸之者,豈非以德乎?蓋以力服人者,特以力不贍之故,不得已而服之,而其中心固莫之服也。至於以德服人,雖無意於人之服,而人將中心悦而誠服之,如七十子之服孔子,浹洽充滿,盎然服從,無一毫勉强之意。《詩》云:"自西自東,自南自北,無思不服。"言感無不通也。回視區區勢力欲以服人者,不亦陋乎?

【纂疏】輔氏曰:"以力假仁者,僞也,假而行之,終非己者,非僞而何?以德行仁者,誠也,所謂'誠者,成己者也'。己以僞感,人以僞應,己以誠感,人以誠應,如形聲影響之相隨,蓋不容於有異也。"○又曰:"鄒氏以有意無

---

①　"源",原漫漶不清,此據通志堂本《孟子説》。

意釋力與德字,最爲簡要。然其所謂無意者,非如木石之無意者,無期必之私意耳。若夫正心脩身之道,則自有不可已者。至謂自古論王霸,未有如是之深切著明者,亦爲得之。其視董子美玉砥砆之諭,荀子隆禮尊賢、重法愛民,與夫曰粹曰駁諸説,皆爲優矣。”

○孟子曰:“仁則榮,不仁則辱。 今惡辱而居不仁,是猶惡濕而居下也。 惡,去聲,下同。

好榮惡辱,人之常情。然徒惡之而不去其得之之道,不能免也。

【語録】仁則榮,不仁則辱,此亦只是爲下等人言。若是上等人,他豈以榮辱之故而後行仁哉。(沈僩)○伊川《易傳·比卦·象辭》有云:“以聖人之心言之,固至誠求天下之比以安民也;以後王之私言之,不求下民之附,則危亡至矣。”蓋且得他畏危亡之禍,而求所以比附其民,猶勝於全不顧者,正謂此也。○**蔡氏録**

【纂疏】輔氏曰:“本天理者常安榮,徇人欲者常危辱,固天理之自然也。好榮而惡辱,亦人情之同然也。然心爲之宰,則以其情而順其理。好榮而居仁,惡辱而不居不仁者是也。心苟不宰,則肆其情而咈其理,好榮而不居仁,惡辱而居不仁者是也。夫惡辱而居不仁,其爲得失是非甚易見也,而情性之不治者,每陷焉而不自知,故以惡濕而居下者曉之。夫惡濕而居下,此又易見之甚,而人未有不知避者,故以是曉之,而欲其省覺也。夫惡辱者,義之端也。居不仁者,不仁不智者之所爲也。不仁則不足以安其守,不智則不足以決其行,故徒知惡辱,而終不能免辱也。”

如惡之,莫如貴德而尊士,賢者在位,能者在職。 國家閒暇,及是時明其政刑。 雖大國,必畏之矣。 閒,音閑。

此因其惡辱之情,而進之以強仁之事也。貴德,猶尚德也。士,則指其人而言之。賢,有德者,使之在位,則足以正君而善俗。能,有才者,使之在職,則足以修政而立事。國家閒暇,可以有爲之時也。詳味“及”字,則惟日不足之意可見矣。

【纂疏】輔氏曰:“《注》云‘強仁’者,勇者之仁,勉強於行仁者也。所謂安仁利仁之事,亦自此而造耳。”○又曰:“《春秋傳》曰‘及,猶汲汲也’‘及,我欲之’,詳味此意,則惟日不足之意可見矣。”

《詩》云：'迨天之未陰雨，徹彼桑土，綢繆牖户。 今此下民，惑敢侮予？'孔子曰：'爲此詩者，其知道乎。 能治其國家，誰敢侮之？' _{徹，直列反。土，音杜。綢，音稠。繆，武彪反。}

《詩》，《豳風·鴟鴞》之篇，周公之所作也。迨，及也。徹，取也。桑土，桑根之皮也。綢繆，纏綿補葺也。牖户，巢之通氣出入處也。予，鳥自謂也。言我之備患詳密如此，今此在下之人，或敢有侮予者乎？周公以鳥之爲巢如此，比君之爲國，亦當思患而預防之。孔子讀而贊之，以爲知道也。

【語錄】曰："託爲鳥言：我及天未陰雨之時，而往取桑根，以纏綿巢之隙穴，使之堅固，以備陰雨之患，則此下土之民，誰敢有侮予者。"（見《詩傳》）

【張氏注】徹，取也。綢繆，纏綿也。

【纂疏】輔氏曰："《鴟鴞》之詩，則周公所作，所謂安仁者之事，而非强仁者之所能也。故孔子讀之以爲知道，知道則仁矣。詳味《集注》思患預防之義，則仁之理亦自可識，非是心之存者能之乎？"○西山真氏曰："孟子引《鴟鴞》之詩，以爲彼羽毛微類，而能於未雨之時，豫爲之備若此。今國家閒暇，不能修明政刑，顧乃翫細娛而忘大患，可乎？ 昔人有言：燕雀處堂，母子相安，自以爲樂也，突如棟焚，而母子怡然不知禍之將及，是燕雀之智不及鴟鴞遠矣。爲國者必能憂勤兢畏以圖安，而不爲般樂怠傲以自禍，庶幾免於燕雀之譏乎！"

今國家閒暇，及是時般樂怠傲，是自求禍也。 _{般，音盤。樂，音洛。敖，音傲。}

言其縱欲偷安，亦惟日不足也。

【纂疏】輔氏曰："縱欲則無緣得當乎理，偷安則是私心之所爲，其爲不仁甚矣。"

禍福無不自己求之者。

結上文之意。

《詩》云：'永言配命，自求多福。'《太甲》曰：'天作孽，猶可違；自作孽，不可活。'此之謂也。" _{孽，魚列反。}

《詩》，《大雅·文王》之篇。永，長也。言，猶念也。配，合也。命，天命也。此言福之自己求者。《太甲》，《商書》篇名。孽，禍也。違，避也。活，生也，《書》作逭，逭猶緩也。此言禍之自己求者。

【或問】“國家閒暇，及是時明其政刑，何也？”曰：“國家閒暇，人心無事，日力有餘，可以從容審諦而有所爲之時也。然人情安肆，則亦易以怠惰，是以因循苟且，常失其可爲之時，以至於蠱弊積而禍敗生，則倉惶迫遽，雖欲爲之而有所不及矣。故惡夫不仁之辱者，必及此可爲之時而爲之，則可以無因循之失而有積累之功。顧乃不然，而欲及此之時，肆其荒樂，惟恐日之不足，其甚者，雖明知禍患之來近在朝夕，①而不暇顧也，若高緯、楊廣之流是矣，其國有不亡哉！”曰：“夫子引《鴟鴞》之詩而嘆其知道，何也？”曰：“孔子誦周公之詩而有感於其言也。然聖人之所謂知道者如此，而近世陋儒乃有謂釋氏之徒知道而不可以治世者，異乎孔子之言矣。夫知道矣，而不可以治世，則彼所謂道者，果何物哉？”

【張氏注】仁者非有意於榮，仁者固榮也。在身則心和而氣平，德性尊而暴慢遠；在家則父子親而兄弟睦，夫婦義而長幼序。推之於國則國治，施之於天下而天下平，烏往而不榮也？若夫不仁之人，咈理而徇欲，一身將不能以自保，而況於其他乎？夫人之理，孰不惟辱之惡，而乃自處於不仁，則以私欲蔽之，而昧夫榮辱之幾故也。如惡之，則當勉於爲仁而已，如下所云是也。孟子言之，必以貴德尊士爲先者，蓋人主有貴德尊士之心，則以先王之道爲可信，儒者之説爲可行，然後賢者可得而進，善言可得而入矣。故推貴德而尊士，而後賢者在位，能者在職。賢者以位言，能者以職言，任賢使能之意也。然所謂能者，蓋以忠信而有才者耳。不忠信之人，雖有小才，猶豺狼之不可邇也，而尚可賦以職乎？賢者在位，能者在職，則可以因國家閒暇之時，明其政刑也。賢能用而政刑明，則其於天下孰禦焉？故曰：“雖大國必畏之矣。”於是舉周公“迨天之未陰雨”之詩以爲證。天未陰雨，而徹桑土，密牖户，是猶於國家安泰之日而經理備豫者也。蓋消息盈虛之相盪，安危治亂之相承，理之常然，非知道者，孰能審微於未形，而御變於將來哉？故孔子曰：“爲此詩者，其知道乎！”能治其國家，誰敢侮之？今乃於國家閒暇之時，般樂怠傲，則人孰不啓侮之心哉？故曰：“是自求禍也。”以是觀之，則夫禍福雖命於天，而致之豈不自於人乎？《詩》所謂“永言配命，自求多福”，言武王之德有以配上帝之命，永言其配

命，則有以見其自求多福也。《書》所謂"天作孽，猶可違；自作孽，不可活"，言天之降災猶可避，己自致災其可避乎？此又申言禍福自己之意。然而一言以蔽之，本乎仁與不仁之分而已。

【講義】曰："人稟五行之秀氣以生，所稟之理則爲仁、義、禮、智、信，此天之所以予我，而人之所以爲人也。天生五才，缺一不可。在《易》之《乾》則曰元、亨、利、貞，在人之德則曰仁、義、禮、智，而不及乎信者，何也？仁、義、禮、智莫非實理之所爲，猶土之居中而旺於四季也。故四端不言信，而信在其中矣。仁、義、禮、智四者並立，聖人於《易》獨曰'立人之道，曰仁與義'，七篇之書，亦多以仁義對言，而又不及乎禮智者，何也？仁屬乎陽，禮則陽之極；義屬乎陰，智則陰之極。猶夏者春之極，而冬者秋之極也。故專言仁義，而禮與智在其中矣。至於孔門師生之問答，又皆以求仁爲先，而不及乎義，孟子此章，亦特以仁爲言者，又何也？蓋仁者，天地生物之心，而人之所得以爲心者也。四序之運，莫非生意之流行，此心之妙，亦孰非仁道之流行乎？君仁臣忠，父慈子孝，兄友弟恭，夫義婦從，與夫交朋友之信，不仁而能若是乎？苟盡此心，則安富尊榮，亦理之必然也。世教不明，人心邪僻，父子兄弟之間，猶不能以相保，況敢望其仁民愛物乎？舉天地之間，莫非私意之流行，相傾相詐，相戕相賊，無一物得遂其生者。至於天下之人牧，未有不嗜殺人，則私意橫生，天理滅矣。不知人心既失，國其有不殆者乎？此孟子於戰國之際，深明榮辱得失之辯，其憂世之心切矣。[1]"

【集疏】覺軒蔡氏曰："及時而明其政刑，自求多福也，仁則榮者如此。及時而般樂怠敖，自作孽也，不仁則辱者如此。"

○孟子曰："**尊賢使能，俊傑在位，則天下之士皆悅而願立於其朝矣。** 朝，音潮。

俊傑，才德之異於衆者。

市廛而不征，法而不廛，則天下之商皆悅而願藏於其市矣。

廛，市宅也。張子曰："或賦其市地之廛，而不征其貨；或治之以市官之法，而不賦其廛。蓋逐末者多則廛以抑之，少則不必廛也。"

---

① "憂"，原破損不清，此據元刻本《孟子講義》。

【語録】“市廛而不征”，謂使居市之廛者，各出廛賦若干，如今人賃鋪面相似，更不征税其所貨之物。“法而不廛”，則但治之以市官之法而已，雖廛賦亦不取之也。問：“古之爲市者，以其所有易其所無者，有司者治之。且此是《周禮》市官之法否？”曰：“然。如漢之獄市之類，皆是古之遺制。蓋自有一箇所在以爲市，其中自有許多事。”○**趙氏録**　○“市廛而不征”。問：“此市在何處？”曰：“此都邑之市。人君國都如井田樣，畫爲九區：面朝背市，左祖右社，中間一區，則君之宮室。宮室前一區爲外朝，凡朝會藏庫之屬皆在焉。後一區爲市，市四面有門，每日市門開，則商賈百物皆入焉。賦其廛者，謂收其市地錢，如今民間之鋪面錢。蓋逐末者多，則賦其廛以抑之；少則不廛，而但治以市官之法，所以招徠之也。市官之法，如《周禮》司市平物價、治争訟、譏察異言異服之類。市中惟民乃得入，凡公卿大夫有爵位者及士者皆不得入，入則有罰，如‘國君過市，則刑人赦；夫人過市，則罰一幕；①世子過市，則罰一帟；命夫、命婦過市，則罰一蓋帷’之類。左右各三區，皆民所居。而外朝一區，左則宗廟，右則社稷在焉。此國君都邑規模之大概也。”（沈僩）○祝、趙氏録同

【纂疏】輔氏曰：“賦廛之説，雖張子以意度言之，然論孟子所論‘征商自此賤丈夫始’之説，則知先王之政必是如此。”

關譏而不征，則天下之旅皆悦而願出於其路矣。

解見前篇。

耕者助而不税，則天下之農皆悦而願耕於其野矣。

但使出力以助耕公田，而不税其私田也。

【纂疏】輔氏曰：“助而不税，則是用助法而不用貢法。周之徹法，通用二者。”

廛無夫里之布，則天下之民皆悦而願爲之氓矣。　氓，音盲。

《周禮》：“宅不毛者有里布，民無職事者，出夫家之征。”鄭氏謂：“宅不種桑麻者，罰之使出一里二十五家之布；民無常業者，罰之使出一夫百畝之税，一家力役之征也。”今戰國時，一切取之。市宅之民，已賦其廛，又令出此

---

①　“一”，原作“之”，據明陳燁刻本《朱子語類》卷五三《孟子三·公孫丑上之下》改。下“一帟”“一蓋帷”同改。

夫里之布,非先王之法也。氓,民也。

【語録】曰:"問一里二十五家之布。"曰:"亦不可考。"又問:"民無常業者罰之,如何罰得恁地重?"曰:"後世之法與此正相反。農民賦税丁錢却重,而游手浮浪之民,泰然都不管他。"○**趙氏録**

【纂疏】輔氏曰:"先王之政,宅不種桑麻與閑民無職事者,上之人皆有法以抑之。此所以當其盛時,民皆着業,而無游手與甚貧困者。所謂窮民,不過鰥寡孤獨四者而已。"○又曰:"戰國之時,一切取之民,此則是末流之害,縱人欲而滅天理者之所爲也。斯民何其不幸哉!"

信能行此五者,則鄰國之民仰之若父母矣。 率其子弟,攻其父母,自生民以來,未有能濟者也。 如此,則無敵於天下。 無敵於天下者,天吏也,然而不王者,未之有也。"

吕氏曰:"奉行天命,謂之天吏。廢興存亡,惟天所命,不敢不從,若湯武是也。"○此章言能行王政,則寇戎爲父子;不行王政,則赤子爲仇讎。

【張氏注】程子曰:①"'市廛而不征',市宅之地,已有廛税,更不征其物。'法而不廛',税有常法,不以廛故而厚其税。'廛無夫里之布',廛自有税,無此二布。"此章言欲救當時之弊,在乎力行以反當時之失而已。當時諸侯之所以失人心者,以其不用賢能,又以其廢先王之法,爲暴斂之事也。若知其然,而力行以反之,則天下斯歸之矣。古之君,於賢則尊之,於能則使之,故俊傑在位,而天下之士聞風而莫不願立於其朝。古之民,其居業於市者,既有廛税,則不復征其物,而其爲税也,則有常法,不以其居廛而厚也,故商賈願藏於其市。其爲關也,禁異服,察異言,本以譏察而已,非爲征也,②故行旅願出於其塗。其於田也,③八家皆私百畝,同養公田,不履畝而税也,故農願耕於其野。居廛者既有税矣,則夫布與里布不復重征之,故民願爲之氓。戰國之際,一切反是,而五者皆有不願之意焉,是可懼也。有能於此革當世之失,而取法先王之事,則其歸也孰禦?然其要在夫力行之而已。故曰"信能行此五者,則鄰國之民,仰之若父母矣"。夫天下

---

① "程",原作"時",據通志堂本《孟子説》改。
② "征",原作"政",據通志堂本《孟子説》改。
③ "也",原漫漶不清,此據通志堂本《孟子説》。

之心一也,吾國之人戴我如父母,則鄰國之人聞之,亦將父母我矣。彼雖
欲率其民以攻我,而其心既如吾之子弟,豈有子弟而肯攻其父母乎?"天
吏"云者,奉天命以行事者也。民之所歸,即天所與也。有以得民心,斯爲
得天心矣。其曰"無敵於天下"者,天下皆爲吾子弟也,而尚何敵之有?豈
不深切著明矣哉!

【纂疏】輔氏曰:"'奉行天命',則謂之天之吏。'廢興存亡,惟天所命,不
敢不從'者,如栽培傾覆、推亡固存者是也。'若湯武'者,湯武以征伐得天
下,其迹著故也。要之聖人得位者,皆能爲之,故曰'無敵於天下者,天吏
也。'"○又曰:"《集注》斷章,所以極言行王政與不行者之得失,使後之人
君知所警勵也。"

○孟子曰:"人皆有不忍人之心。

天地以生物爲心,而所生之物,因各得夫天地生物之心以爲心,所以人皆
有不忍人之心也。

【語錄】天地以生物爲心。天包着地,別無所作爲,只是生物而已。亘古
亘今,生生不窮。人物則得此生物之心以爲心,所以箇箇肖他。本不須説
以生物爲心,緣做個語句難,故着個以生物爲心。(沈僴)○祝氏録　○天
地以生物爲心,譬如飯甑蒸飯,從裏面蒸上,到上面又下來,只管在裏面
袞,便蒸得熟。天地即是包得許多氣在這裏無出處,袞一番便生一番物。
他別無可勾當,只得生物,不似得人,便有許多應接。所謂爲心者,如云天
命,豈是諄諄然命之?所謂爲心,亦豈切切然做似磨子相似,只是會磨出
這物事。○又曰:"天地生物自是温暖和煦,這箇便是仁,所以人物得之,
無不有慈愛惻怛之心。"○又曰:"無天地生物之心,則没這身。纔有這血
氣之身,便具天地生物之心矣。"○趙氏録

【纂疏】西山真氏曰:"天地造物,無他作爲,惟以生物爲事。觀夫春夏秋冬,
往古來今,生意同流,何嘗一息間斷。天地之心,於此可見。萬物之生,既從
天地生意中出,故物物皆具此理,何況人爲最靈,宜乎皆有不忍人之心也。"

先王有不忍人之心,斯有不忍人之政矣。 以不忍人之心,行不忍
人之政,治天下可運之掌上。

言衆人雖有不忍人之心,然物欲害之,存焉者寡,故不能察識而推之政事

之間。惟聖人全體此心，隨感而應，故其所行無非不忍人之政也。

【纂疏】輔氏曰：“孟子言先王如此，則便見得衆人不能如此。《集注》又發明衆人之所以不能然之故，與夫先王之所以能然之由，使學者得以致知而力行也。夫人皆有是不忍人之心，惟學然後能知之。‘衆人’是指不知學者，故言物欲害之，存焉者寡，所以不能察其端緒，而推廣之於政事之間。‘先王’則指‘聖人’也，聖人更不言察識推廣之事，但言全體此心，隨感而應，故其所行無非不忍人之政也，此亦可見聖人之忠恕。夫以不忍人之心，行不忍人之政，則體用兼備，而天下雖大，皆在吾性分之中，治之固爲近且易耳。”○西山真氏曰：“人有是心，而私欲間斷，故不能達之於用。惟聖人全體本心，私欲不雜，故有此仁心，便有此仁政，自然流出，更無壅遏。天下雖大，運以此心而有餘矣。”

所以謂人皆有不忍人之心者，今人乍見孺子將入於井，皆有怵惕惻隱之心。 非所以内交於孺子之父母也，非所以要譽於鄉黨朋友也，非惡其聲而然也。 怵，音黜。内，讀爲納。要，平聲。惡，去聲，下同。

乍，猶忽也。怵惕，驚動貌。惻，傷之切也。隱，痛之深也。此即所謂不忍人之心也。内，結也。要，求。聲，名也。言乍見之時，便有此心，隨見而發，非由此三者而然也。程子曰：“滿腔子是惻隱之心。”謝氏曰：“人須是識其真心，方乍見孺子入井之時，其心怵惕，乃真心也。非思而得，非勉而中，天理之自然也。内交、要譽、惡其聲而然，即人欲之私矣。”

【語録】惻是初頭子，隱是痛。○方其乍見孺子入井時，也着手脚不得。縱有許多私意，也未暇思量到。更遲霎時，則了不得也。○如孺子入井，如何不推得其他底出來，[①]只推得惻隱之心出來？蓋理各有路。如做得穿窬底事，如何令人不羞惡。偶遇一人衣冠而揖我，[②]我便亦揖他，如何不恭敬。事有是非，必辨別其是非。看是甚麼去感得他一般出來。（甘節）○又曰：“赤子入井時，怵惕惻隱之心只這些子，仁見得時，却好看。”○又曰：“怵惕惻隱存於人心，自恁惻惻然來，大段發出。”○問：“惡其聲。《集注》云：‘聲，名也。’是惡其被不救人之名否？”曰：“然。”（萬人傑）○祝

---

① “其”，原漫漶不清，此據明陳燁刻本《朱子語類》卷五三《孟子三·公孫丑上之下》。
② “我”，原脱，據明陳燁刻本《朱子語類》卷五三《孟子三·公孫丑上之下》補。

氏録　〇曰："腔子猶言軀殼耳。滿腔子,只是言充塞周徧,本來如此。"〇又曰："此是就人身上指出理充塞處,最爲親切。若於此見得,即萬物一體,更無内外之別。若見不得,却去腔子外尋,即莽莽蕩蕩,無交涉矣。"(並見《文集》)〇腔子只是此心内虛處。〇又曰："滿腔子,是只在這軀殼裏。腔子,乃洛中俗語。"〇又曰："只是滿這軀殼,都是惻隱之心。纔築著,便是這箇物事出來,大感則大應,小感則小應。恰似大段痛傷固是痛,只如針子略挑血出,也便痛。故日用所當應接,更無些少間隔。癢痾疾痛,莫不相關。纔是有些少不通處,便是被些私意隔了。"〇又曰："腔子,身裏也,言滿身裏皆惻隱之心。在腔子裏,亦只云心在身裏。"問:"心所發處不一,便說惻隱,如何?①"曰:"惻隱之心,渾身皆是,無處不發,如見赤子有惻隱之心,見一蟻子亦豈無此心?"〇趙氏録

【纂疏】輔氏曰:"怵然惕然,皆是其心驚懼而念起之意。緣其卒乍而見,故其心有所驚懼而動也。②'惻,傷之切'者,謂傷之切於己也。'隱,痛之深'者,謂痛之發於理也。始也怵惕,中也隱痛,自淺而深也。此皆所以名狀不忍人之心,亦可謂善於形容者矣。"〇又曰:"謝氏要人識得此箇真心,學者先識得此心,然後有進步處。'非思而得,非勉而中',所以言天理自然之妙。'内交、要譽、惡其聲而然',所以言人欲造作之私。"〇陵陽李氏謂:"腔子指人身言之,天地之間,充塞上下,渾然生物之意,無有空處,人得此以爲心,則亦四體百骸充塞徧滿,無非此惻隱之心,觸處即是,無有欠闕也。"黄氏曰:"極是。"〇西山真氏曰:"孺子未有所知,而將入于井,乍見之者,無間賢愚,皆有惻怛傷痛之心。方其此心驟發之時,非欲以此納交,非欲以此干譽,又非以避不仁之名也。倉猝之間,無安排,無矯飾,而天機自動,此所謂真心也。"

由是觀之,無惻隱之心,非人也;無羞惡之心,非人也;無辭讓之心,非人也;無是非之心,非人也。 惡,去聲,下同。

羞,恥己之不善也。惡,憎人之不善也。辭,解使去己也。讓,推以與人也。是,知其善而以爲是也。非,知其惡而以爲非也。人之所以爲心,不

---

①　"如何",原作"如此",據明陳煒刻本《朱子語類》卷五三《孟子三・公孫丑上之下》改。

②　"動",原漫漶不清,此據元刻本《四書纂疏》。

外乎是四者，故因論惻隱而悉數之。言人若無此，則不得謂之人，所以明其必有也。

【語錄】問：“滿腔子是惻隱之心。”曰：“此身軀殼謂之腔子，而今人滿身知痛處可見。”（董銖）○滿腔子是惻隱之心。不特是惻隱之心，滿腔子是羞惡之心，滿腔子是辭遜之心，滿腔子是是非之心，彌滿充塞，都無空缺處。（沈僴）○先生問：“上蔡見明道先生，舉史文成誦，明道謂其玩物喪志。上蔡汗流浹背，面發赤色。明道云：‘此便是惻隱之心。’公且道上蔡聞得過失，恁地慚皇，自是羞惡之心，如何却說道見得惻隱之心？”久之，曰：“惟是有惻隱之心，方會動；若無惻隱之心，却不會動。惟是先動，方始有羞惡，方始有恭敬，方始有是非，動處便是惻隱。若不會動，却不成人。若不從動處發出，所謂羞惡者非羞惡，所謂恭敬者非恭敬，所謂是非者非是非。天地生生之理，這些動意未嘗止息，看如何梏亡，亦未嘗盡消滅，自是有時而動，學者只怕間斷了。”（葉賀孫）○是非、辭遜、羞惡，雖是與惻隱並説，但此三者皆是自惻隱中發出來。因有那惻隱後，方有此三者，惻隱比三者又較大得些子。（黃義剛）○**祝氏録**

【集疏】蔡氏曰：“惻者，傷其失仁於外也。隱者，痛其失仁而不忍於中也。羞者，以其非義而恥之於内也。惡者，以其非義而憎之於外也。辭者，以其非禮而不受於己也。讓者，以其非禮而還之於人也。是者，以其善之未分而是之也。非者，以其惡之未分而非之也。”

【纂疏】黃氏曰：“暴虐狠鷙，傷人害物，則無復惻隱之心矣；頑鈍嗜利，寡廉鮮恥，則無復羞惡之心矣；驕淫矜誇，傲狠凌物，則無復辭讓之心矣；背善趨惡，舍正習邪，則無復是非之心矣。如此則雖具人之形以生，亦何以異於禽獸哉？”○輔氏曰：“人之所以爲心，雖不外是四者，然仁則又貫乎三者之中，故此因論惻隱而悉數之也。至於言人若無此心，則非人也者，所以明其必有，而使人知反求之於己也。”○西山真氏曰：“孟子始言惻隱之心，至此則兼羞惡、辭遜、是非而言者，蓋仁爲衆善之長，有惻隱則三者從之矣。惻隱不存，則三者亦何有哉？”○又曰：“賦形爲人，孰無此心，苟無此心，則非人矣。然所謂無者，豈其固然哉？私欲蔽塞而失其本真耳。”

惻隱之心，仁之端也；羞惡之心，義之端也；辭讓之心，禮之端也；是非之心，智之端也。

惻隱、羞惡、辭讓、是非，情也。仁、義、禮、智，性也。心，統性情者也。端，緒也。因其情之發，而性之本然可得而見，猶有物在中而緒見於外也。

【語録】天之生物，各付一性。性非有物，只是一箇道理之在我者耳。故性之爲體，①只是仁、義、禮、智、信五者。天下道理，不出於五者之中。所謂信者，是箇真實無妄底道理。如仁、義、禮、智，皆真實無妄者也，故信不須説。只仁、義、禮、智四字，於中各有分別，不可不辨。蓋仁是温和慈愛底道理，義是廉恥羞惡底道理，禮是恭敬尊節底道理，智是分別是非底道理。凡此四者，具於人心，乃性之本體。方其未發，漠然無形象之可見，及其發而爲用，則仁者爲惻隱，義者爲羞惡，禮者爲恭敬，智者爲是非，隨事發見，各有苗脉，不相殽亂，所謂情也。故孟子曰："惻隱之心，仁之端也；羞惡之心，義之端也；恭敬之心，禮之端也；是非之心，智之端也。"謂之端者，猶有物在中而不可見，必因其端緒發見於外，然後可得而尋也。蓋一心之中，仁義禮智各有界限，而具性情體用，又各自有分別。須是見得分明，然後就此四者之中，又自見得仁義兩字是個大限界。如天地造化，四序流行，而其實不過於一陰一陽而已。仁字是箇生底意思，通貫周流於四者之中，仁固仁之本體，義則仁之斷制，禮則仁之節文，智則仁之分別也。正如春之生氣，貫徹四時，春則生之生也，夏則生之長也，秋則生之收也，冬則生之藏也。（《玉山講義》）○問："孟子説仁、義、禮、智，義在第二。《太極圖》以義配利，則在第三。"曰："仁、義、禮、智，猶言東西南北；元、亨、利、貞，猶言東南西北。一箇是對説，一箇是從一邊説起。"（林夔孫）○問："仁、義、禮、智，何爲以智爲後？"曰："孟子只循環説。智本來是藏仁、禮、義，惟是知恁地了，方恁地，是仁、禮、義都藏在智裏面。如元、亨、利、貞，貞是智，貞却藏元、亨、利意思；如春、夏、秋、冬，冬是智，冬却藏春生、夏長、秋成意思在裏面。"（葉賀孫）○問："仁如五行之木，若不是先有箇木，便亦生下面四箇不得。"曰："若無木便無火，無火便無金，無金便無水。"（楊道夫）○問："性中只有四端，信是如何？"曰："且如惻隱羞惡，實是惻隱羞惡，信便在其中。"（曾祖道）○問："孟子以四端屬諸心，二程以四端屬諸情，何也？"曰："心，包性情者也。自其動者言之，雖謂之情亦可。"（萬人

---

① "性"，原漫漶不清，此據閩本《朱文公文集》卷七四《玉山講義》。

傑）○又曰："天地只是一氣，便自分陰陽。緣有陰陽二氣相感，化生萬物，故事物未嘗無對。天便對地，生便對死，語默動静皆然，以其種如此故也。所以四端只舉仁義，亦如陰陽。故曰：'立天之道，曰陰與陽；立人之道，曰仁與義。'"（周明作）○又曰："四端八箇字，每字是一意：惻，是方惻然有此念起；隱，是惻然之後隱痛，比惻爲深；羞者，羞己之惡；①惡者，惡人之惡；辭者，辭己之物；讓者，讓與他人；是、非，自是兩樣分明。但仁是總名。若說仁義，便如陰陽；若說四端，便如四時；若分四端八字，便如八節。"○問："元、亨、利、貞，自有次第，仁、義、禮、智因發而感，則無次第？"曰："發時無次第，生時自有次第。"（李方子）○**蔡氏録**　○問："'四端'之端，《集注》以爲端緒。向見蔡季通說'端'乃是尾，如何？"曰："以體用言之，有體而後有用，故端亦可謂之尾。若以始終言之，則四端是始發處，故亦可以端緒言之。二者各有所指，②自不相礙也。"（輔廣）○惻隱、羞惡、辭遜、是非，皆是情。惻隱是仁之發，謂惻隱是仁，却不得，所以說道是仁之端，便是那端緒了。（黄義剛）○**祝氏録**　○性爲體，情爲用，而心則貫之。○曰："性是理之總名，仁、義、禮、智皆性中一理之名。惻隱、羞惡、是非、辭遜是情之所發之名，其端所發其微，皆從此心出來。性不是別有一個物在心裏，此心具此性情。"○又曰："性情與心固是一理，然命之以心，却似包著這性情在裏面。"○又曰："性是静，情是動，心則兼動静而言。或指體，或指用，隨人所看。"○又曰："統，猶兼也。"○又曰："性者，心之理；情者，心之用。心者，性情之主。"○又曰："性對情言，心對性情言。合如此，是性。動處，是情。主宰，是心。大抵心與性似一而二，似二而一，此處最當體認。"○又曰："性情皆出於心，故心能統之。統如統兵之統，言有以主之也。"○又曰："統是主宰，如統百萬軍。心是渾然底物，性是有此理，情是動處。"○又曰："心，主宰之謂也。動静皆主宰，非是静時無所用，及至動時方有主宰也。言主宰，則混然體統自在其中。心統攝性情，③非儱侗與性情爲一物而不分別也。"○又曰："心之全體，湛然虛明，萬理具足，無一豪私欲之間，其流行該徧，貫乎動静，而妙用又無不在焉。故以其未發而全體者言之，

---

①　"惡"，明陳焯刻本《朱子語類》卷五三《孟子三・公孫丑上之下》作"非"。
②　"二者"，明陳焯刻本《朱子語類》卷五三《孟子三・公孫丑上之下》作"二説"。
③　"心"，原脱，據明陳焯刻本《朱子語類》卷五三《孟子三・公孫丑上之下》補。

則性也；以其已發而妙用者言之，則情也。然心統性情，只就渾淪一物之中指其已發未發而爲言爾，非是性是一箇地頭，情又是一箇地頭，如此懸隔也。"○又曰："仁、義、禮、智，是心統性；惻隱、羞惡、辭遜、是非，是心統情。"○趙氏録

【集疏】蔡氏曰："性不可見，以其初發之端緒，而見其性之本然。"○又曰："每端兩字，有内外人己之分，惟是非一端，則兩字皆在内而照乎外。蓋仁義禮皆在内而外接乎物，惟智則獨在内而外照乎物也。"○又云："性者，天命之謂。人生而静，性之理也。其理之妙，蓋不容言。孟子道性善，必於初動之端求之，則其必然之妙，可得而言。然性之動也，順則無端可見，觸則有端可指，惻隱、羞惡、辭讓、是非，皆以接于外者，見其失仁義禮智之常，①觸之而出也。即是而反，驗其有如是之端，②則知其本然之善明矣。"○覺軒蔡氏曰："心統性情，自性而言，則此端爲尾；自情而言，則此端爲始。③此其所以不相礙也歟？"

【纂疏】黄氏曰："統字兼兩義，有訓總字者，有訓主字者。非性情之外别有心，只是總性情而謂之心。心雖便是性情，然又能爲性情之主宰，故兼此兩義而謂之統也。"○北溪陳氏曰："惻隱、羞惡等以情言，仁義等以性言，必又言心在其中者，所以統性情而爲之主也。"○又曰："四端之説，是就外面可見底以驗其中之所有。惟是裏面有是四者之體，故四者端緒自然發見於外。"○又曰："四者端緒，日用間常常發見，只是人看理不明，故茫然不知得。"○輔氏曰："緒，謂頭緒也。因惻隱、羞惡、辭遜、是非之情發，而仁義禮智本然之性可得而見。譬猶有物在中，而其頭緒見於外也。"○潛室陳氏曰："端者，端倪也，物之緒也。譬之繭絲，外有一條緒，便知得内有一團絲。若其無絲在内，則緒何由而見於外？"

人之有是四端也，猶其有四體也。　有是四端而自謂不能者，自賊者也；謂其君不能者，賊其君者也。

四體，四支，人之所必有者也。自謂不能者，物欲蔽之耳。

【纂疏】輔氏曰："'人所必有'，應上明其必有之説。'物欲蔽之'，應上物

---

① "者見"，原破損不清，此據通志堂本《孟子集疏》。
② "有如是"，原破損不清，此據通志堂本《孟子集疏》。
③ "此"，原脱，據通志堂本《孟子集疏》補。

欲害之之説。"

凡有四端於我者，知皆擴而充之矣，若火之始然，泉之始達。苟能充之，足以保四海；苟不充之，不足以事父母。" 擴，音廓。

擴，推廣之意。充，滿也。四端在我，隨處發見。知皆即此推廣，而充滿其本然之量，則其日新又新，將有不能自己者矣。能由此而遂充之，則四海雖遠，亦吾度内，無難保者；不能充之，則雖事之至近而不能矣。〇此章所論人之性情，心之體用，本然全具，而各有條理如此。學者於此，反求默識而廣充之，則天之所以與我者，可以無不盡矣。程子曰："人皆有是心，惟君子爲能廣而充之，①不能然者，皆自棄也。然其充與不充，亦在我而已矣。"又曰："四端不言信者，既有誠心爲四端，則信在其中矣。"愚按，四端之信，猶五行之土。無定位，無成名，無專氣。而水、火、金、木，無不待是以生者。故土於四行無不在，於四時則寄王焉，其理亦猶是也。

【集義】明道先生曰："仁、義、禮、智、信，於性上要言此五事。惻隱則屬愛，乃情也，非性也。因其惻隱之心，知其有仁。唯四者有端，而信無端，又有不信，更無無信。"〇伊川先生曰："孟子曰'惻隱之心，仁也'，後人遂以愛爲仁。惻隱固是愛也，愛自是情，自是性，豈可專以愛爲仁？孟子曰惻隱爲仁，蓋爲前已言'惻隱之心，仁之端也'。既曰仁之端，則不可便謂之仁。退之言博愛之謂仁，非也。仁者固博愛，然便以博愛爲仁則不可。"

【語録】孟子説得最好。人之一心，在外者又要收入來，在内者又要推出去。《孟子》一部書皆是此意。大抵一收一放，一闔一闢，道理森然。此四者皆我所固有，其初發時毫毛如也，及推廣將去，充滿其量，其廣大無窮。（輔廣）〇曰："擴是脹開，充是放滿。"〇此心之量，本足以包括天地，兼利萬物。只是人自不能充滿其量，所以推不去。或能推之於一家，而不能推之於一國；或能推之於一國，而不足以及天下，此皆是未足以盡其本然之量。須是充滿其量，自然足以保四海。（沈僴）〇又曰："日新又新，常常如此，無間斷也。"〇上只説"知皆擴而充之"，只説知得了，要推廣以充滿此心之量；下云"苟能充之，足以保四海"，是能充滿此心之量。上帶"知皆

---

① "惟"，原脱，據宋當塗郡齋本《四書集注》補。

擴”字説，下就能充滿説。推擴而後能充，能充則不必説擴也。①（葉賀孫）
○知，方且是知得如此。至説到“苟能充之，足以保四海”，即掉了“擴”字，
只説“充”字。蓋“知”字與“始然”“始達”字相應；“充”字與“保四海”相應。
纔知得，便自不能已。若火始然，便不可遏；泉纔達，便涓涓流而不絕。
（潘時舉）○問“推”字與“充”字。曰：“推，是從這裏推將去，如‘老吾老，以
及人之老；幼吾幼，以及人之幼’，到得此，②充則填得來滿了。如注水相
似，推是注下水去，充則注得這一器滿了。蓋仁義之性，本自充塞天地。
若自家不能擴充，則無緣得這殼子滿。”（沈僩）○信是誠實。此四者，實有
是仁，實有是義，與禮、智皆然。○曰：“如五行之有土，非土則不足以載四
者。又如土於四時，各寄王十八日，或謂王於戊巳，然季夏乃土之本宮，故
尤王於夏末。《月令》載‘中央土’者，以此故也。”○祝、趙氏録同

【或問】孟子專論不忍人之心，而後乃及乎四端，何也？曰：“不忍之心，即
惻隱之謂也。蓋性之爲德，無所不具，總之則惟仁、義、禮、智，而一以包三
者，仁也；情之所發，無所不通，總之則惟是四端，而一以貫三者，惻隱也。”

【張氏注】人受天地之中以生，仁、義、禮、智皆具於其性，而其所謂仁者，
乃愛之理之所存也。惟其有是理，故其發見爲不忍人之心。皆有是心，然
爲私欲所蔽，則不能推而達之，而失其性之所有者。“先王有不忍人之心，
斯有不忍人之政”者，則以其私欲既亡，天理純備，③故能盡其用於事事物
物之間也。以是心而行是政，先王之所以王天下者，不越於此而已。雖
然，何以知人皆有是心？以其乍見孺子而知之也。必曰乍見者，方是時，
非安排作爲之所可及，而其端發見也。“怵惕惻隱”者，悚動于中，惻然有
隱者。方是時，非以内交，非以要譽，非以惡其聲，而怵惕惻隱形焉，是其
心不忍之實也。此非其所素有者耶？若内交、要譽、惡其聲之類一毫萌
焉，則爲私欲蔽其本心矣。以惻隱之心人之所固有，則夫羞惡之心、辭讓
之心、是非之心，亦其所固有也。仁、義、禮、智具於性，而其端緒之著見，則
爲惻隱、羞惡、辭讓、是非之心。人之良心，具是四者，萬善皆管焉。外此則
非性之所有，妄而已矣。人之爲人，孰不具是性？若無是四端，則亦非人

---

① “能”，原脱，據明陳煒刻本《朱子語類》卷五三《孟子三·公孫丑上之下》補。
② “此”，原脱，據明陳煒刻本《朱子語類》卷五三《孟子三·公孫丑上之下》補。
③ “純”，原漫漶不清，此據通志堂本《孟子説》。

之道矣。然分而論之，其別有四端，猶四體然，其位各置，不容相奪，①而其體用互爲相須，合而言之，則人皆可兼并也。故原其未發，則仁之體立，而義、禮、智即是而存焉；循其既發，則惻隱之心形，而其羞惡、辭讓、是非亦由是而著焉。故孟子首舉不忍人之心，而後復詳於四端也。人有之而自謂不能，是自賊其良心者也；謂其君不能，是賊其君之良心者也。言不忍人之心，而遂及於不忍人之政；言四端之在人，不可自謂不能，而遂及於不可謂其君之不能。蓋成己成物一致也。又曰："凡有四端於我者，知皆擴而充之矣。"謂既知之，皆有是四者，皆當擴而充之，若火之始然，泉之始達，蓋無窮也。充夫惻隱之端而至於仁，不可勝用；充夫羞惡之端而至於義，不可勝用；充夫辭讓之端而至於禮，無所不備；充夫是非之端而至於智，無所不備。然皆理之具於性者，而非外爲之也。雖然，四端管乎萬善，而仁則貫乎四端，而克己者又所以爲仁之要也。學者欲皆擴而充之，請以克己爲先。

【集疏】黄氏曰："仁、義、禮、智，心之體也；惻隱、羞惡、辭遜、是非，心之用也。人稟五行之氣以生，有是氣則必有是理。仁、義、禮、智者，木、火、金、水之理也；有是體，則必有是用。惻隱、羞惡、辭遜、是非者，仁、義、禮、智之用也。莫不有是氣，則莫不有是理；莫不有是體，則莫不有是用。此天之所以予我，而人之所以爲人者也。天下之人，飢食而渴飲，趨利而避害，則知之矣，至於天之予我，而人之所以爲人者，乃反不知焉，何哉？孟子憫斯人之愚而莫之覺也，既啓以孺子入井之端，又告之以火然泉達之始，知是理而充之，則足以保四海，不充之則不足以事父母。充不充之間，而功用之遼絶乃如此，其教人之意亦切矣。"○西山真氏曰："人能體天地之心以爲心，因其善端之發，保養扶持，去其所以害之者，②若火之然，因而噓之，若泉始達，因而導之，則一念之惻隱可以澤百世，一念之羞惡可以正萬民。堯舜之仁，湯武之義，所以與天地同其大者，以其能充之也。桀紂豈無仁義之心，其所以與禽獸不異者，以其遏絶之也。故曰：'苟能充之，足以保四海；苟不能充之，不足以事父母。'嗚呼！孟子之言，痛切至此，其可

---

① "容"，原作"答"，據通志堂本《孟子說》改。
② "害"，原漫漶不清，此據通志堂本《孟子集疏》。

不深思所警哉！學者一念之萌，則察其所發，果天理邪，抑人欲也？如其
發於天理，則充而長之，發於人欲，則窒而絶之。夫如是，然後不失其所以
爲人之理。若夫顛倒於利害之途，昏迷於嗜欲之境，善端泯絶，正理消亡，
則孟子之所謂非人也，可不懼哉！”

【纂疏】輔氏曰：“《集注》‘反求默識’者，格物致知，窮理之事也。‘廣充
之’者，誠意正心，力行之事也。既能窮理，又能力行，則天之所以予我仁
義禮智之性，可以各各充滿其量而無遺憾矣。前言日新又新，將有不能自
已，所以言其推廣之意於其始也。此言天之所與我者，可以無不盡矣，所
以言充滿於其後之意也。”○又曰：“程子之説，乃爲仁由己之意，熟玩之，
自有以啓人進德之誠。”○潛室陳氏曰：“信者，實有此者也。四端不得信，
則不成四端。”○又曰：“五行無土位，位在四象之中；五常無信位，位在四
端之中。”○趙氏曰：“‘足以保四海’，極其遠而言之也；‘不足以保妻子’，
極其近而言之也。”

○孟子曰：“矢人豈不仁於函人哉？　矢人唯恐不傷人，函人唯恐傷
人。　巫匠亦然，故術不可不慎也。　函，音含。

函，甲也。惻隱之心人皆有之，是矢人之心，本非不如函人之仁也。巫者
爲人祈祝，利人之生。匠者作爲棺椁，利人之死。

【纂疏】趙氏曰：“函之爲義，取其能包裹人身。”

孔子曰：① ‘里仁爲美。　擇不處仁，焉得智？’夫仁，天之尊爵
也，人之安宅也。　莫之禦而不仁，是不智也。　焉，於虔反。夫，音扶。

里有仁厚之俗者，猶以爲美。人擇所以自處而不於仁，安得爲智乎？此孔
子之言也。仁、義、禮、智，皆天所與之良貴。而仁者，天地生物之心，得之
最先，而兼統四者，所謂元者善之長也，故曰尊爵。在人則爲本心全體之
德，有天理自然之安，無人欲陷溺之危。人當常在其中，而不可須臾離者
也，故曰安宅。此又孟子釋孔子之意，以爲仁道之大如此，而自不爲之，豈
非不智之甚乎？

【語録】問：“‘仁者，天地生物之心，得之最先，而兼統四者，所謂元者善之

① “孔子”，原作“子”，據宋當塗郡齋本《四書集注》改。

長也。’如何見得之最先？”曰：“人先得那生底道理，所謂心，生道也。有是心，斯具是形以生也。”（輔廣）○祝氏録　○又曰：“元、亨、利、貞皆是善，而元則爲善之長，亨、利、貞皆是那裏來。仁、義、禮、智亦皆善也，而仁則爲萬善之首，義、禮、智皆從這裏出。”○趙氏録

【纂疏】輔氏曰：“五性皆是天之賦與於人者，故曰良貴，謂天所予我，自然之貴也。貴字正對爵字而言。”○又曰：“五性皆人心之德，而仁則周貫乎四者之中，故爲本心全體之德。天理有則而不流，故有自然之安；人欲横流而無止，故有陷溺之危。克盡人欲，純是天理，方始是仁，此所以有安而無危也。人當常處其中，而不可須臾離，即所謂‘依於仁’‘造次必於是，顛沛必於是’之意。此聖門學者必以求仁爲先務也。”○又曰：“仁者，天理之本然，無人欲之阽危，人當常居其中，而不可有須臾之離，故曰安宅。”○又曰：“‘莫之禦而不仁’，則是自不爲之耳。”○西山眞氏曰：“仁者我所自有，苟欲爲之，誰能止者，乃甘心於不仁，豈非不智乎？故仁智二者常相須焉，不仁斯不智矣，不智斯不仁矣。”

不仁不智、無禮無義，人役也。　人役而恥爲役，由弓人而恥爲弓，矢人而恥爲矢也。　由，與猶通。

以不仁故不智，不智故不知禮義之所在。

【纂疏】輔氏曰：“不仁則頑然不覺，不智則懵然無知，故不仁則不智。而下句只言不智者，蒙上句，故不必言也。既頑然不覺，又懵然無知，則自然不知禮義之所在。”

如恥之，莫如爲仁。

此亦因人愧恥之心，而引之使志於仁也。不言智、禮、義者，仁該全體。能爲仁，則三者在其中矣。

仁者如射，射者正己而後發。　發而不中，不怨勝己者，反求諸己而已矣。”　中，去聲。

爲仁由己，而由人乎哉？

【張氏注】矢人與函人，巫與匠，俱人也，而其所欲之異者，以其操術然也。故夫人自處於不仁，爲忌忮，爲殘忍，至於嗜殺人而不顧。夫豈獨異於人哉？惟其所處，每在乎人欲之中，安習滋長，以至於此。其性本同，而其習

有霄壤之異，可不畏歟？孔子曰："里仁爲美，擇不處仁，焉得智？"謂居里以親仁爲美，而吾所以自處者，不能擇而處仁，是不智也。孟子從而發明之曰："夫仁，天之尊爵也，人之安宅也。"尊爵，言其至善，爲可尊貴也；安宅，言其所止爲甚安固也。擇術而自處於不仁，其不智甚矣。不仁不智，則悖理而害於事，無禮無義矣。若是者，爲人役者也。蓋既失其所謂尊爵安宅者，則斯自取於辱矣。人之爲人役也，雖有恥之之心，然其擇術自取於此，而何可免乎？若有恥之之心，則當易其操術爲仁可也。爲仁者亦反求之己而已，故以射爲喻。今夫射者正己，毫釐之未正，則其發也有尋丈之差，故必先正其己。正己矣，而其發猶有未中焉，不怨他人也，益求吾所未至而已。爲仁者何以異於是？此章雖爲當時諸侯而發，而實自天子至於庶人，皆當深體之也。

○**孟子曰："子路，人告之以有過則喜。**

喜其得聞而改之，其勇於自修如此。周子曰："仲由喜聞過，令名無窮焉。今人有過，不喜人規，如諱疾而忌醫，寧滅其身而無悟也。噫！"程子曰："子路，人告之以有過則喜，亦可謂百世之師矣。"○周子，名惇頤，舂陵人，號濂溪先生。

【纂疏】輔氏曰："人受天地之中以生，本自無過，所以有過者，非出於氣稟之偏，則由乎物欲之誘。人能知而改之，則可以復於本然之善；不知則其過愈深，將陷溺焉，而失其所以爲人矣，是豈可不懼哉？人有告我以過，我因得而改之，以復於善，則又豈可不以爲喜乎？然非子路之勇於自脩，則亦不能然也。自脩兩字，雖出《大學》，而《集注》於此下此二字極有意。"○又曰："周子是反説，程子是順説。'亦可謂百世之師'者，一以言喜得聞其過而改之，則必能全天之所以予我者，而階之以爲聖爲賢，故可以爲百世之師；一以見能勇於自脩如此者，實難其人，故可以爲百世之師。"

禹聞善言則拜。

《書》曰："禹拜昌言。"蓋不待有過，而能屈己以受天下之善也。

【纂疏】輔氏曰："子路，賢者也，故不能無過，但勇於自脩，是以喜於得聞而改之。禹則聖人也，其心純是天理本然之善，故不待其有過，但一聞善言，則至誠屈己，拜而受之。"

大舜有大焉，善與人同。 舍己從人，樂取於人以爲善。 _{舍，上聲。樂，}
音洛。

言舜之所爲，又有大於禹與子路者。善與人同，公天下之善而不爲私也。
己未善，則無所係吝而舍以從人；人有善，則不待勉強而取之於己。此善
與人同之目也。

【或問】善與人同。曰："善者，天下之公理，本無在己在人之別。人有身，
不能無私於己，故有物我之分焉。惟舜之心無一豪有我之私，是以能公天
下之善以爲善，而不知其孰爲在己，孰爲在人，所謂善與人同也。舍己從
人，言其不先立己而虛心以聽乎天下之公，蓋不知善之在己也。樂取於人
以爲善，言其見人之善，則至誠樂取而行之於身，蓋不知善之在人也。此
二者，善與人同之目也。然謂之舍己者，特言其忘私順理而已，非謂己有
不善而舍之也。謂之樂取者，又以見其心與理一，安而行之，非有強勉之
意也。此二句本一事，特交互言之，以見聖人之心表裏無間如此耳。"

【纂疏】輔氏曰："舜、禹雖皆是聖人，然禹則學而知者，舜則生而知者，故
亦不無大小之別。禹聞善言則拜，聞之者禹也，言之者人也。以我之聞，
聞彼之善，拜以受之，猶有人己之分也。至於舜，則善與人同耳。善與人
同者，蓋善乃天下之公，非人己所得而私者，故曰公天下之善而不爲私
也。"○又曰："此兩句乃是善與人同之條目。凡人之情，己有不善，則必有
係吝，而不能舍以從人；人之有善，則雖欲勉強而不能取之於己，是皆不能
以善爲天下公共底道理，而各自以爲私。故唯大舜善與人同，公天下之善
而不爲私，故己或未善，則無一豪係吝之私，而脫然舍以從人；人之有善，
則不用一豪勉強之意，而樂然取之於己。如是則通天下唯善之同，而初無
在己在人之異也。"

自耕、稼、陶、漁以至爲帝，無非取於人者。

舜之側微，耕于歷山，陶于河濱，漁于雷澤。

【纂疏】趙氏曰："按，歷山在河東。"○濟陰定陶西南，有陶丘亭。○雷，夏
兗州。澤，在濟陰。

取諸人以爲善，是與人爲善者也。 故君子莫大乎與人爲善。"

與，猶許也，助也。取彼之善而爲之於我，則彼益勸於爲善矣，是我助其爲
善也。能使天下之人皆勸於爲善，君子之善孰大於此。○此章言聖賢樂

善之誠,初無彼此之間。故其在人者有以裕於己,在己者有以及於人。

【集義】橫渠先生曰:"君子爲天下達善達不善,無物我之私,循理者共悅之,不循理者共改之而已。共改之者,過雖在人,如在己,不忘自訟焉;共悅之者,善雖在己,蓋取諸人而爲,必以與人焉。善以天下,不善以天下,是之謂達善達不善。"○謝氏曰:"子路揀難割處便舍了,故孟子將來與舜禹齊舉揚。"

總論一章之旨 "三者本意,似只是取人,但有淺深。而與人爲善,乃是孟子再疊一意以發明之否?"曰:"然。"(楊道夫)○禹聞善言則拜,猶著意做。舜與人同,是自然氣象。聖人之拜,固出於誠意,然拜是容貌間未見得行不行。若舜,則真見於行事處:己未善,則舍己之未善而從人之善;人有善,則取人之善而爲己之善。人樂於見取,便是許助它爲善也。(陳淳)

【或問】張子之說如何? 曰:"雖非本文正意,而其言有可玩者。"

【張氏注】"季路,人告之有過則喜",蓋人之質不能無偏,偏則爲過。偏而不知省,省而不知改焉,則其偏也滋甚,而過亦不可勝言矣。故君子貴於強矯,貴於勿憚改。然而猶患在己有所蔽而不能以盡察,故樂聞他人之箴己過,在己而得他人指之,是助吾之所未及也。雖然,此非能克其驕吝者不能。驕則自以爲善,而惡人之議己;吝則安其故常,而不能以從人之善。季路用力於克己,不忮不求,其功深矣。"人告之以有過則喜",無驕吝之私,循理而事天者也。至於"禹聞善言則拜",則其道弘矣。禹,聖人也,纖毫之過,殆將不萌于中。其於人之善言也,蓋其胸中之所素有,而固樂夫從天下之善也,故聞善言則拜,非樂天者能之乎? 至於舜,則所謂甚盛無以加矣。論大舜之所以大,獨曰"善與人同"而已。所謂"善與人同"者,舍己從人,樂取諸人以爲善也。夫善者,天下之公,非有我之所得私也。必曰舍己者,善有己則不能以大同乎物故爾。樂取諸人以爲善,蓋通天下惟善之同,而無在己在人之異也。"自耕、稼、陶、漁以至爲帝,無非取於人者",在人賢者識其大者,不賢者識其小者,莫不有是道焉。聖人則能取諸人而盡諸己耳,故又從而明之曰:"取諸人以爲善,是與人爲善也。"取諸人者,是與人同爲善也,此舜之所以爲大而無以加,與天爲一者也。

【纂疏】輔氏曰:"舜之取人以爲善,初未嘗有助人爲善之意也。孟子推說其事,故以爲取諸人以爲善,乃是助人之爲善也。因吾取人之善以爲善,而使天下之人皆勸於爲善，則是聖人成己成物之事。故《集注》曰：‘君子之善，孰大於此。’”○又曰：“《集注》斷章聖賢云者，①兼子路、禹、舜之事而言之也。三人者，雖有淺深之不同，然其樂善之誠，皆無彼此之間。使子路而有彼此之間，則於人告其有過之時，未必不以爲訐訏而惡之矣，②尚何喜之有哉？惟有樂善之誠，無彼此之間，故在人之善，有以裕於己，無非取於人者是也；在己之善，有以及於人，是與人爲善者是也。”

○孟子曰：“伯夷，非其君不事，非其友不友。 不立於惡人之朝，不與惡人言。 立於惡人之朝，與惡人言，如以朝衣朝冠坐於塗炭。 推惡惡之心，思與鄉人立，其冠不正，望望然去之，若將浼焉。 是故諸侯雖有善其辭命而至者，不受也。 不受也者，是亦不屑就已。朝，音潮。惡惡，上去聲，下如字。浼，莫罪反。

塗，泥也。鄉人，鄉里之常人也。望望，去而不顧之貌。浼，污也。屑，趙氏曰：“潔也。”《說文》曰：“動作切切也。”不屑就，言不以就之爲潔，而切切於是也。已，語助辭。

【纂疏】輔氏曰：“如《集注》解屑字，方說得夷、惠之意出。先儒多解屑爲輕者，不盡其義也。《詩》所謂‘不屑髢也’者，亦是此意。”

柳下惠，不羞污君，不卑小官。 進不隱賢，必以其道。 遺佚而不怨，阨窮而不憫。 故曰：‘爾爲爾，我爲我，雖袒裼裸裎於我側，爾焉能浼我哉？’故由由然與之偕而不自失焉，援而止之而止。 援而止之而止者，是亦不屑去已。”佚，音逸。袒，音但。裼，音錫。裸，魯果反。裎，音程。“焉能”之“焉”，於虔反。

柳下惠，魯大夫展禽，居柳下而諡惠也。不隱賢，不枉道也。遺佚，放棄也。阨，困也。憫，憂也。“爾爲爾”至“焉能浼我哉”，惠之言也。袒裼，露臂也。裸裎，露身也。由由，自得之貌。③偕，並處也。不自失，不失其正

---

① “云”，原漫漶不清，此據元刻本《四書纂疏》。
② “惡”，原漫漶不清，此據元刻本《四書纂疏》。
③ “自得”，原破損不清，此據宋當塗郡齋本《四書集注》。

也。援而止之而止者,言欲去而可留也。①

【語録】問:"《集注》謂'不隱賢,不枉道也',疑與下文'必以其道'意相重。②"曰:"兩句相承,只作一句讀,文勢然也。③"(《答潘子善》)○"不隱賢",謂不隱避其賢。如己當廉却以利自污,己當勇却以怯自處之類,乃是隱賢,是枉道也。(萬人傑)○又問:"所以不解作不蔽賢,謂其下文云'必以其道',若作蔽賢説,則下文不同矣。"曰:"然。"(萬人傑)○又曰:"'進不隱賢',便是'必以其道'。人有所見,不肯盡發出,④尚有所藏,便是枉道。"○又問:"尋常看此二句,只云進雖不敢自隱其賢,凡有所蘊,皆樂於發用,然而却不妄進,二句做兩意看。"曰:"恁地也得。"(楊至)

| 總論二節之旨 | 伯夷不屑就已。《注》云:"屑,潔也。"潔,猶美也。苟以其辭命禮意之美而就之,是切切於是也。然伯夷雖有善其辭命而至者,亦不屑就,而況不道而無禮者,固速去之矣。世之所謂清者,不就惡人耳,若善辭命而來者,固有時而就之。惟伯夷不然,此其所以爲聖之清也。柳下惠不屑之意亦然。○不屑就,不屑去。《説文》説"屑"字云:"動作切切也。"只是不汲汲於就,不汲汲於去。屑字却是重。(黄士毅)

孟子曰:"伯夷隘,柳下惠不恭。隘與不恭,君子不由也。"

隘,狹窄也。不恭,簡慢也。夷、惠之行,固皆造乎至極之地,然既有所偏,則不能無弊,故不可由也。

【集義】尹氏曰:"孟子謂伯夷聖之清,柳下惠聖之和,而又曰隘與不恭者,何也? 孟子非謂夷、惠爲聖人也,得聖人之極清極和者耳。夷、惠之清和,聖人清和也。而其流之弊,必至於隘與不恭,故孟子立教,拔其本而塞其源。"

【語録】曰:"問不恭,是處已如此? 是待人如此?"曰:"是待人如此。蓋其玩世,視他人如無也。"○夷隘,惠不恭,不必言效之而不至者,其弊乃如此。只二子所爲,已有弊矣。(沈僴)○或問:"隘與不恭,明道云:'此非是

① "者言欲",原破損不清,此據宋當塗郡齋本《四書集注》。
② "與下文",原破損不清,此據閩本《朱文公文集》卷六○《答潘子善》。
③ "文勢然也",原破損不清,此據閩本《朱文公文集》卷六○《答潘子善》。
④ "盡",原脱,據明陳燁刻本《朱子語類》卷五三《孟子三·公孫丑上之下》補。

瑕疵夷、惠之語，言其弊必至於此。'今觀伯夷果似隘者，柳下惠果似不恭者，豈得謂其弊必至於此哉？"曰："伯夷既清，必有隘處；下惠既和，必有不恭處。道理自是如此。孟子恐後人以隘處爲清，以不恭處爲和，故曰'隘與不恭，君子不由也。'"（金去僞）○祝、趙氏録同

格格　總論一節之旨　柳下惠不恭，是他玩世，不把人做人看，如祖裼裸裎於我側是已。邵堯夫正是這意思。《皇極經世》書成，封做一卷，題云："文字上呈堯夫。"

格格　總論二章之旨　或問："如伯夷之清而不念舊惡，柳下惠之和而不以三公易其介，此其所以爲聖之清、聖之和也。但其流弊，則有隘與不恭之失。"曰："這也是諸先生恐傷觸二子，所以説流弊。今以聖人觀二子，則二子多有欠闕處。纔有欠闕處，便有弊。所以孟子直説他隘與不恭，不曾説末流如此。如不念舊惡、不以三公易其介，固是清和好處。然十分只救得一分，救不得那九分清和之偏處了。"○夷清、惠和，皆得一偏，他人學之，便有隘、不恭處。使懦夫學和愈不恭，鄙夫學清愈隘也。①"可爲百世師"②，謂能使薄者寬，鄙者敦，③懦者立。"君子不由"，不由其隘與不恭。（周謨）○祝氏録

【張氏注】伯夷不已其清，柳下惠不已其和。伯夷惡惡之心，是仁者之能惡也。非其君則不事，非其友則不友，不立於惡人之朝，不與惡人言。方是時，諸侯雖有善其辭命而至者，以其人不可與處則不受，蓋惟恐其有害於己之道也，故曰"不屑就"，謂不輕就也。柳下惠不以事污君爲羞，不以居下位爲卑，其進也，不自隱其賢而必以其道；其退也，則遺佚阨窮而無所怨憫，由由然與之偕而不自失。由由者，和而不流之意。"援而止之則止"，其心庶幾乎道之可行、時之可爲也，故曰"不屑去"，謂不輕去也。然而伯夷非不就也，特不輕就耳；下惠非不去也，特不輕去耳。伯夷聞文王作興，則曰"盍歸乎來"，下惠爲士師，蓋嘗三黜，是則伯夷果長往而不來者乎？下惠果苟容而居位者乎？此其就清和之中處之而盡其道。然而於是

---

① "愈隘也"，原作"愈隘可也"，據明陳煒刻本《朱子語類》卷五八《孟子八·萬章下》改。
② "爲"，原作"謂"，據明陳煒刻本《朱子語類》卷五八《孟子八·萬章下》改。
③ "薄者寬，鄙者敦"，明陳煒刻本《朱子語類》卷五八《孟子八·萬章下》作"薄者敦，鄙者寬"。

二端終有所未化，故其意味有所偏重，而未免乎流弊也。故夫思與鄉人處，其衣冠不正，望望然去之，若將浼焉，此其流弊得無有入於隘者乎？曰"爾爲爾，我爲我，雖袒裼裸裎於我側，而不以爲浼"，此其流弊得無有入於不恭者乎？其端蓋毫釐之間，從而由之，則其弊有甚。故其所爲隘與不恭者，君子所不由，而所願則學孔子者也。

【纂疏】輔氏曰："由清和而至於聖，則是造乎至極之地也。然其初不能無偏，故其終不免有弊。'君子不由'者，謂於理有不可由也。詳味二子之行，則所謂窄狹與簡慢者見矣。"○潛室陳氏曰："夷、惠皆絕德而不合中庸，故好處直是可學，弊處却不當學。"

孟子卷第四

　　公孫丑章句下凡十四章。自第二章以下，記孟子出處、行實爲詳

孟子曰："天時不如地利，地利不如人和。

　　天時，謂時日、支干、孤虚、王相之屬也。地利，險阻、城池之固也。人和，
謂得民心之和也。

　　【語録】曰"孤虚"，以方位言，如俗言向某方利、某方不利之類。王相，指
日時。（沈僩）

　　【集疏】覺軒蔡氏曰："時，四時也。日，日辰也。《史記注》六甲孤虚法：
'甲子旬戌亥爲孤，辰巳爲虚；甲戌旬申酉爲孤，寅卯爲虚；甲申旬午未爲
孤，子丑爲虚；甲午旬辰巳爲孤，戌亥爲虚；甲辰旬寅卯爲孤，申酉爲虚；甲
寅旬子丑爲孤，午未爲虚。'劉歆《七略》有《風后孤虚》二十卷。王相，如東
方木王相於卯之類。"

　　【纂疏】輔氏曰："時，十二時也。日，十日也。支，十二支也。干，十干也。
孤虚，星也。王相，五氣之盛衰也。其法具於兵書，所由來者遠矣。"○趙
氏曰："孤虚之法，以一畫爲孤，無畫爲虚，二畫爲實，以六十甲子日定東西
南北四方，然後知其孤虚實而向背之，即知吉凶矣。"

**三里之城，七里之郭，環而攻之而不勝。　夫環而攻之，必有得天時
者矣；然而不勝者，是天時不如地利也。**　夫，音扶。

三里、七里，城郭之小者。郭，外城。環，圍也。言四面攻圍，曠日持久，必有值天時之善者。

城非不高也，池非不深也，兵革非不堅利也，米粟非不多也；委而去之，是地利不如人和也。

革，甲也。粟，穀也。委，棄也。言不得民心，民不爲守也。

【纂疏】趙氏曰：“古者之甲，以革爲之，故函人爲攻皮之工。後世始用金，曰鎧。”

故曰：域民不以封疆之界，固國不以山谿之險，威天下不以兵革之利。得道者多助，失道者寡助。寡助之至，親戚畔之；多助之至，天下順之。

域，界限也。

以天下之所順，攻親戚之所畔；故君子有不戰，戰必勝矣。”

言不戰則已，戰則必勝。○尹氏曰：“言得天下者，凡以得民心而已。”

【張氏注】所謂“天時”者，用兵乘機，得其時也。“地利”者，得其形勢也。“人和”者，上下一心而協同也。“域民不以封疆之界，①固國不以山谿之險，威天下不以兵革之利”，然則果何所恃哉？以吾得道而多助故耳。“得道”者，順乎理而已。舉措順理，則人心悦服矣。先王之所以致人和者在此，而極夫多助之效，至於“天下順之”，其王也孰禦？一失道則違咈人心，心之所睽，雖親亦疏也，不亦孤且殆哉！是雖有高城深池，誰與爲守？然則有天下者，其可不以得人心爲急乎？雖然，孟子謂域民不以封疆，固國不以山溪，威天下不以兵革，而先王封疆之制，甚詳於《周官》，設險守國與夫弧矢之利，並著於《易經》，何耶？蓋先王吉凶與民同患，其爲治也，體用兼備，②本末具舉。道得於己，固有以一天下之心；而法制詳密，又有以周天下之慮。此其治所以常久而安固也。若孟子之言，則舉其本而明之，有其本而後法制不爲虛器也。

【集疏】覺軒蔡氏曰：“杜牧云：‘唐自元和以後，三十年間，凡四伐趙寇，以十萬之衆圍之，攻其南不拔，攻其北不拔，攻其東不拔，攻其西不拔。其四

---

① “疆”，原作“強”，據通志堂本《孟子説》改。下“不以封疆”“封疆之制”之“疆”亦同改。

② “備”，原作“講”，據通志堂本《孟子説》改。

度圍之,通有十歲。十歲之內,東西南北,豈無刑德向背、王相吉辰哉? 其不拔者,以其城高池深、糧多人一也。又武王伐紂,師次于汜水共頭山,風雨疾雷,鼓旗毀折。時逆太歲,龜灼言凶,太公乃焚龜折蓍,率衆先涉,遂滅紂。宋高祖圍慕容超於廣固,將攻城,諸將諫曰:"今日往亡,兵家所忌。"高祖曰:"我往彼亡,吉孰大焉!"乃命悉登,遂克廣固。後魏武帝討慕容麟,甲子晦日進軍,太史令龜崇奏曰:"昔紂以甲子日亡。"帝曰:"周武王豈不以甲子日勝乎?"崇無以對,遂戰破之。'"

【纂疏】輔氏曰:"《注》云'不戰則已,戰則必勝',此帝王常勝之道,而夫子所謂'我戰必克'者,皆爲是也。"

○**孟子將朝王,王使人來曰:"寡人如就見者也,有寒疾,不可以風。 朝將視朝,不識可使寡人得見乎?"對曰:"不幸而有疾,不能造朝。"** 章內"朝",並音潮。唯"朝將"之"朝",如字。造,七到反,下同。

王,齊王也。孟子本將朝王,王不知而託疾以召孟子,故孟子亦以疾辭也。

【語録】問:"莫是以齊王不合託疾否?"曰:"未論齊王託疾,看孟子之意,只説他不合來召。蓋在他國時,諸侯無越境之理,只得以幣來聘,故賢者受其幣而往見之,所謂答禮行義是也。如見梁惠王,是惠王先來聘之,既至其國,或爲賓師,有事則王自來見,或自往見王,但召之則不可。召之則有自尊之意,故不往見也。答陳代:'如不待其招而往,何哉?'此以往他國而言。答萬章:'天子不召師,而況諸侯乎!'此以在其國而言。"

【或問】孟子本欲朝王矣,王召之則辭而不往,何也? 曰:"孟子於齊,實處賓師之位,而未嘗受禄,蓋非齊王之所得臣位。其相見之節,王就而見孟子則可,孟子自往而見王則不可。王而召之,則既失禮矣,而其託疾者又不誠也,則若之何而可往哉?"

【纂疏】輔氏曰:"'孟子本將朝王'者,禮也。'王不知而託疾以召孟子',故孟子亦以疾辭者,義也。於此可見孟子之心至公無私,因事制宜,如權衡然,物有輕重,則權亦從而前卻也。"

明日出弔於東郭氏。 公孫丑曰:"昔者辭以病,今日弔,或者不可乎?"曰:"昔者疾,今日愈,如之何不弔?"

東郭氏，齊大夫家也。昔者，昨日也。或者，疑辭。辭疾而出弔，與孔子不見孺悲取瑟而歌同意。

【纂疏】輔氏曰："孔子以疾辭孺悲而不出見，然又取瑟而歌，使之知其非疾，所以警教孺悲也。孟子以疾辭齊王而不往朝，然又出弔東郭，而使之知其非疾者，亦所以警教齊王也。此皆聖賢至誠應物，而得乎時中之義也。"

王使人問疾，醫來。孟仲子對曰："昔者有王命，有采薪之憂，不能造朝。今病小愈，趨造於朝，我不識能至否乎？"使數人要於路，曰："請必無歸，而造於朝。"要，平聲。

孟仲子，趙氏以爲孟子之從昆弟，學於孟子者也。采薪之憂，言病不能采薪，謙辭也。仲子權辭以對，又使人要孟子令勿歸而造朝，以實己言。

【纂疏】輔氏曰："仲子雖學於孟子，然未免於世俗之習，懾於勢之尊，而不知在己之有義，眰於義之多，而不察其意之不誠，故作此態，是亦世俗之常情也。"

不得已而之景丑氏宿焉。景子曰："内則父子，外則君臣，人之大倫也。父子主恩，君臣主敬，丑見王之敬子也，未見所以敬王也。"曰："惡，是何言也！齊人無以仁義與王言者，豈以仁義爲不美也？其心曰'是何足與言仁義也'云爾，則不敬莫大乎是。我非堯舜之道，不敢以陳於王前，故齊人莫如我敬王也。"惡，平聲，下同。

景丑氏，齊大夫家也。景子，景丑也。惡，嘆辭也。景丑所言，敬之小者也；孟子所言，敬之大者也。

【纂疏】輔氏曰："景丑之説，擎跽曲拳，奔走承順之敬，世俗人所知，故曰敬之小。孟子所言，陳善閉邪，責難於君之敬，①聖賢之所行，故曰敬之大也。"○西山真氏曰："景子但知聞命奔走爲敬其君，②不知以堯舜之道告其君者，乃敬之大者也。僕隸之臣，唯唯承命，外若敬其君，然心實薄之，曰'是何足與言仁義'，此不敬之大者也。齊人之敬君以貌，孟子之敬君以心。"

---

① "之"，原破損不清，此據元刻本《四書纂疏》。
② "知"，原破損不清，此據元刻本《四書纂疏》。

景子曰："否，非此之謂也。　禮曰：'父召，無諾；君命召，不俟駕。'固將朝也，聞王命而遂不果，宜與夫禮若不相似然。"夫，音扶，下同。

禮曰："父命呼，唯而不諾。"又曰："君命召，在宮不俟屨，在外不俟車。"言孟子本欲朝王，而聞命中止，似與此禮之意不同也。

曰："豈謂是與？　曾子曰：'晋楚之富，不可及也。　彼以其富，我以吾仁；彼以其爵，我以吾義。　吾何慊乎哉？'夫豈不義而曾子言之？　是或一道也。　天下有達尊三：爵一，齒一，德一。　朝廷莫如爵，鄉黨莫如齒，輔世長民莫如德。　惡得有其一，以慢其二哉？
與，平聲。慊，口簟反。長，上聲。

慊，恨也，少也。或作嗛，字書以爲口銜物也。然則慊亦但爲心有所銜之義，其爲快、爲足、爲恨、爲少，則因其事而所銜有不同耳。孟子言我之意，非如景子之所言者。因引曾子之言，而云夫此豈是不義，而曾子肯以爲言，是或別有一種道理也。達，通也。蓋通天下之所尊，有此三者。曾子之說，蓋以德言之也。今齊王但有爵耳，安得以此慢於齒德乎？

【語録】曰："'夫豈不義而曾子言之'，義勢似'使管子而愚人也，[1]則可'。若是義理不是，則曾子豈肯恁地說。"○《讀疑孟辨》曰："孟子固將朝王矣，而王以疾要之，則孟子辭不往。其意若曰：'自我而朝王，則貴貴也。貴貴，義也，而何不可之有？以王召我，則非尊賢之禮矣。如是而往，於我何所當哉？'"又曰："孟子達尊之義，蓋謂達者，通也。三者不相值，則各伸其尊而無所屈；一或相值，則通視其重之所在而致隆焉。故朝廷之上，以伊尹、周公之忠聖耆老，而祇奉嗣王、左右孺子，不敢以其齒德加焉。至論輔世長民之任，則太甲、成王固拜手稽首於伊尹、周公之前矣。其迭爲屈伸以致崇極之義，不異於孟子之言也。故曰：通視其重之所在而致隆焉，唯可與權者知之矣。"又曰："爵也，齒也，蓋有偶然而得之者，是以其尊施於朝廷者則不及於鄉黨，施於鄉黨者則不及於朝廷，而人之敬之也，亦或以貌而不以心。惟德也者，得於心，充於身，刑於家，推於鄉黨，而達於朝廷者也。曾子曰：'彼以其富，我以吾仁；彼以其爵，我以吾義。'子思曰：'事之云乎？豈曰友之云乎？'孟子曰：'惡得有其一，以慢其二。'師弟子之間，

---

① "管子"，原作"曾子"，據明陳煒刻本《朱子語類·卷五十四·孟子四·公孫丑下》改。

氣類相合如此。"〇蔡氏録

【纂疏】輔氏曰："道雖一本，而其用則有萬不同。時異事殊，則聖人處之各自成一樣。禮經之説，固是正理，然曾子之説，又也別是一般道理也。"〇又曰："自'天下有達尊三'以下，則是孟子自説。而《集注》所謂'曾子之説，蓋以德言'者，特指'吾仁''吾義'云耳。"

故將大有爲之君，必有所不召之臣。　欲有謀焉，則就之。　其尊德樂道，不如是不足與有爲也。　樂，音洛。

大有爲之君，大有作爲，非常之君也。〇程子曰："古之人所以必待人君致敬盡禮而後往者，非欲自爲尊大也，爲是故耳。"

【纂疏】輔氏曰："以爲欲自尊大者，世俗之見也；不足與有爲者，君子之心也。'君子之所爲，衆人固不識者'，正謂此也。"

故湯之於伊尹，學焉而後臣之，故不勞而王；桓公之於管仲，學焉而後臣之，故不勞而霸。

先從受學，師之也。後以爲臣，任之也。

今天下地醜德齊，莫能相尚。　無他，好臣其所教，而不好臣其所受教。　好，去聲。

醜，類也。尚，過也。所教，謂聽從於己，可役使者也。所受教，謂己之所從學者也。

湯之於伊尹，桓公之於管仲，則不敢召。　管仲且猶不可召，而況不爲管仲者乎？"

不爲管仲，孟子自謂也。范氏曰："孟子之於齊，處賓師之位，非當仕有官職者，故其言如此。"〇此章見賓師不以趨走承順爲恭，而以責難陳善爲敬；人君不以崇高富貴爲重，而以貴德尊士爲賢。則上下交而德業成矣。

【張氏注】聖賢之舉措，皆有精義存焉，衆人未易識也。故"燔肉不至，不税冕而行，其不知者則以爲爲肉，其知者則以爲爲無禮"，而皆非孔子之意。孟子之不朝王而出弔，其不知者幾何其不以爲要君？其知者則亦以爲太甚矣。自公孫丑、孟仲子以門人近屬，朝夕相親，而猶不克知也，則又何怪於景丑氏乎？乃若孟子之所處，蓋精微矣。且孟子將朝王，是固欲朝王也，及王使人來告，謂欲就見，而以疾不果，則遂不往，何哉？蓋王本不欲見孟子，而固爲之辭以要之，此私意之所生也。孟子方欲消其邪志，引以當道，其可徇其私意之所爲乎？於是以疾辭而不往。方欲朝王，聞王之言若此而不往，惟義所適也。明日出弔於東郭氏，正欲王知其以疾辭，而深惟其故，此亦孔子取瑟而歌之意也。公孫丑不知，以爲太甚也，孟子告之曰：“昔者疾，今日愈，如之何不弔？”其辭氣亦從容不迫矣。若其深意，則欲丑自思而得之。王亦未識孟子之意，則使人問疾，醫來而孟子有出。孟仲子懼王以爲傲也，則詭辭而對曰：“孟子之出，固將朝矣。”孟仲子此言之發，蓋不知孟子之心，而徇私情之細也。使孟仲子而知孟子之心，則告之曰“昨日疾，今日愈，而出弔矣”，則豈不正大矣乎？而爲是紛紛也。孟仲子既爲是言，則要於路以告，欲孟子遂朝王，以實夫對使人之辭。①孟子不得已而宿於景丑氏。蓋仲子既以是對，則其宿於景丑氏也，意者不得已明日而往見於王乎？景子問孟子之所以處者，則以爲不敬於王也。孟子爲言敬王之義，以爲若以僕僕然惟命之共而謂之敬，則僕妾服役之事耳。敬君者，尊君而不敢慢也。若心知仁義爲貴，而謂其君不足以言仁義，其爲慢而誣之孰甚焉。孟子知人皆可以爲堯舜，故望宣王以堯舜之事，非堯舜之道，則不敢陳也。然則其敬王孰大於此？或曰：“孟子謂‘齊人莫如我敬王也’，不亦處己大不讓乎？”蓋不直則道不見，云然者，所以明敬王之義也。景子引孔子不俟駕之事以告，謂己以爲不敬者，爲是故也。孟子則曰“豈謂是歟”，謂不俟駕之意，非若景子之說也。孟子蓋嘗言之矣：孔子當仕有官職，而以其官召之，故不俟駕也。於是舉曾子之言，曾子非以仁義與彼較輕重也，蓋世衰道微，競於勢利，君以此驕士，而亦不知自重，趨慕服役之不暇，不知仁義在躬，何所慕乎外？故曰“吾何慊乎哉”。有所慊，則有所望於人，則爲富貴之所屈，若無所求，豈不綽綽然有餘裕哉？故曰：“夫豈不義而曾子言之，是或一道也。”“天下有達尊三”，言天下之所通尊也。朝廷上爵，則貴賤有等，而乖争陵犯息矣；鄉黨有齒，則長幼以序，而暴慢屏矣。夫爵，施於朝廷者也；齒，用於鄉黨者也。至於德，又通上下所當尊者。德之所以爲可尊，以其輔世長民所賴故也。“大有爲之君，必有不召之臣”，不召云者，非惟不敢召，亦不可召也。其尊德樂道之心，不如

---

① “對”，原漫漶不清，此據通志堂本《孟子説》。

是，則信任不篤，豈能輔之以有爲乎？“學焉而後臣”者，以學爲先，而未敢遽臣之也。惟其學焉，則同德協志，謀無二慮，而事無不成矣。“好臣其所教，而不好臣其所受教”，此爲國之大患。蓋長傲自居，德日喪而不自知也。湯於伊尹，①桓公於管仲，王霸之分固不相侔，然其爲“學焉而後臣之”則一也。孟子此章，於公孫丑、孟仲子則告之不詳。二子，學者也，欲其深省而自識焉。至於景子，則陳義委曲，著明如此。景子，大夫也，庶幾其明此義而有以啓悟於宣王之心，孟子於宣王庶幾有望焉。雖然，孟子初不可召，而後復爲卿於齊，何也？蓋使宣王而能若湯之於伊尹、桓公之於管仲，則孟子得以行其道，是其所望也，而莫之能焉。爲卿而留於齊，猶望其感悟於終也。聖賢伸縮變化，皆有深旨，學者所宜盡心焉。

【纂疏】輔氏曰：“不爲管仲，孟子到此不得已而直言之。不如是，則公孫丑之徒，終不足以知此義也。”○又曰：“天地交而萬物遂，上下交而後德業成，此自然之理也。世衰道微，君不能止於仁，而惟知恃勢以驕夫臣；臣不能止於敬，而惟知自屈以陷夫君。上下之情扞格而不接，德之與業，渙散而無成，天下日趨於大亂極敗，而世俗猶以孟子爲迂闊於事，亦可悲矣。”

○陳臻問曰：“前日於齊，王餽兼金一百而不受；於宋，餽七十鎰而受；於薛，餽五十鎰而受。前日之不受是，則今日之受非也；今日之受是，則前日之不受非也。夫子必居一於此矣。”

陳臻，孟子弟子。兼金，好金也，其價兼倍於常者。一百，百鎰也。

孟子曰：“皆是也。

皆適於義也。

【纂疏】輔氏曰：“以事言，則或受或不受，固不一也。以義言，則受者義所當受也，不受者義所不當受也，故曰皆適義也。陳臻只就事上校量，孟子則以義爲斷制也。”

當在宋也，予將有遠行。行者必以贐，辭曰：‘餽贐。’予何爲不受？　贐，徐刃反。

贐，送行者之禮也。

---

① “湯”，原漫漶不清，此據通志堂本《孟子説》。

當在薛也，予有戒心。 辭曰：'聞戒。'故爲兵餽之，予何爲不受？ "爲兵"之"爲"，去聲。

時人有欲害孟子者，孟子設兵以戒備之。薛君以金餽孟子，爲兵備。辭曰："聞子之有戒心也"。

若於齊，則未有處也。 無處而餽之，是貨之也，焉有君子而可以貨取乎？" 焉，於虔反。

無遠行、戒心之事，是未有所處也。取，猶致也。○尹氏曰："言君子之辭受取予，唯當於理而已。"

【張氏注】凡人之所以遲回於辭受之際者，以爲外物所動故也。蓋於其所不當受而受，其動於物固也；若於所當受而不受，是亦爲物所動而已矣。何則？以其蔽於理而見物之大也。若夫聖賢，從容不迫，惟義之安，而外物何有乎？故以舜受堯之天下而不爲泰，亦曰義當然爾。若於義也無居，則雖簞食豆羹不可取也。簞食豆羹之與天下，其大小固有間矣。物則有大小，而義之所在則一也。惟孟子此章言辭受之義，可謂明矣。在前日則不受，在今日則受，義之所在而已。予將有遠行，而辭曰"餽贐"；予有戒心，而辭曰"聞戒"，故爲兵餽之。是其餽也有名，而受之也有義矣。若於齊，則未有處也。未有處者，於義無所居也。於義無所居，徒然受之，可乎？夫義存則爲義也，義之不存，則是貨之而已，君子豈可以貨而取之乎？取之云者，猶曰以此得之云爾。孟子此章，學者玩之，非特可以知辭受之義，而亦可以知所以與矣。

【纂疏】輔氏曰："理，體也；義，用也。當於理，則是適於義也。"○問："孟子但有辭、有受、有取，初無予之事，而尹氏併言辭受取予者，何也？"曰："學者玩此章，非特可以知辭受之義，而亦可以知所予矣。"

○**孟子之平陸。 謂其大夫曰："子之持戟之士，一日而三失伍，則去之否乎？"曰："不待三。"** 去，上聲。

平陸，齊下邑也。大夫，邑宰也。戟，有枝兵也。士，戰士也。伍，行列也。去之，殺之也。

"然則子之失伍也亦多矣。 凶年饑歲，子之民，老羸轉於溝壑，壯者散而之四方者，幾千人矣。"曰："此非距心之所得爲也。"幾，上聲。

> 子之失伍，言其失職，猶士之失伍也。距心，大夫名。對言此乃王之大政使然，非我所得專爲也。

曰："今有受人之牛羊而爲之牧之者，則必爲之求牧與芻矣。 求牧與芻而不得，則反諸其人乎？ 抑亦立而視其死與？"曰："此則距心之罪也。"爲，去聲。"死與"之"與"，平聲。

> 牧之，養之也。牧，牧地也。芻，草也。孟子言若不得自專，何不致其事而去。

他日，見於王曰："王之爲都者，臣知五人焉。 知其罪者，惟孔距心。"爲王誦之。 王曰："此則寡人之罪也。"見，音現。"爲王"之"爲"，去聲。

> 爲都，治邑也。邑有先君之廟曰都。孔，大夫姓也。爲王誦其語，欲以諷曉王也。○陳氏曰："孟子一言而齊之君臣舉知其罪，固足以興邦矣。然而齊卒不得爲善國者，豈非'説而不繹，從而不改'故邪？"○陳氏，名暘，字晉臣，三山人。

【語録】《左傳》："邑有先君之廟曰都。"嘗謂都處便自有廟，如周時太王廟在岐，文王廟在豐是也。如武王祭太王則於岐，祭文王則於豐。"王朝步自周，至于豐"，是自岐至豐以告文王廟也。又如晋獻公使申生祭于曲沃，武公雖自曲沃入晋，而其先君之廟則仍在曲沃而不徙也。又如魯祖文王，鄭祖厲王，則諸侯祖天子矣。三桓祖桓公，①則大夫祖諸侯矣。故《禮運》曰："諸侯不得祖天子，大夫不得祖諸侯。公廟之設私家，非禮也，自三桓始也。"是三桓各立桓公廟於其邑也。又曰："'王之爲都'，又恐是《周禮》所謂'都鄙'之'都'。《周禮》曰：'四縣爲都。'"（輔廣）○祝氏録

【張氏注】人君有民，與其臣共司牧之，是當以保民爲己任耳。戰國之君臣，莫知其任也，故孟子以此問於距心焉。夫持戟之士，率其伍以戰，若有失亡，則以不職而去之矣。今分任牧民之責，而不存心於民，平時不爲備預安集之計，凶年饑歲，使之轉死流散，坐視而不能救其所失，②比之失伍者，不已多乎？距心以爲，己，大夫也，有不得專，以爲此君與大臣之責耳。

---

① 二"桓"字，原作"威"，乃避宋欽宗趙桓諱，今改回，下同。

② "救"，原漫漶不清，此據通志堂本《孟子説》。

孟子以求牧與芻爲譬，謂既已受其民，固當思所以救之者，告於君與大臣而行之，則爲不負其任。若告之而不聽，則又豈可虛居其位乎？今居其位，坐視民之死而莫能救，其義何居？距心聞斯言也，有動于中而知其罪。孟子既有以感發距心矣，而又舉距心之所以感發者以告於王，而王亦有動焉。然宣王雖有感於是言，而發政施仁之實則莫之聞也，故范氏以爲此所謂"説而不繹，從而不改"①，雖孔子亦末如之何也。

【纂疏】輔氏曰："孟子一言而齊之君臣舉知其罪者，理明辭達，長於譬喻，而能感發於人故也。然齊之君臣雖知其罪，而終不能改繹者，志小氣輕。志小則易定，蓋元不曾有大底規模；氣輕則多率，多率則凡事説過便休，都無那自訟自責之意。如此則何緣會改？"

○孟子謂蚳鼃曰："子之辭靈丘而請士師，似也，爲其可以言也。今既數月矣，未可以言與？"蚳，音遲。鼃，烏花反。爲，去聲。與，平聲。

蚳鼃，齊大夫也。靈丘，齊下邑。似也，言所爲近似有理。可以言，謂士師近王，得以諫刑罰之不中者。

蚳鼃諫於王而不用，致爲臣而去。

致，猶還也。

齊人曰："所以爲蚳鼃，則善矣；所以自爲，則吾不知也。"爲，去聲。

譏孟子道不行而不能去也。

公都子以告。

公都子，孟子弟子也。

曰："吾聞之也：有官守者，不得其職則去；有言責者，不得其言則去。我無官守，我無言責也，則吾進退，豈不綽綽然有餘裕哉？"

官守，以官爲守者。言責，以言爲責者。綽綽，寬貌。裕，寬意也。孟子居賓師之位，未嘗受禄，故其進退之際，寬裕如此。尹氏曰："進退久速，當於理而已。"

【張氏注】所居之時雖同，而所處之地有異，則其進退語默各有攸當，不可得而齊也。蚳鼃之在靈丘，其職未可以言也，而請士師，庶幾乎欲有補於

---

① "以"，原作"亦"，據通志堂本《孟子説》改。

君也。士師掌國之刑罰而立于朝，王有闕德，朝有闕政，士師所當言也。故孟子以數月爲淹久，而欲其言，蚳䵷於是諫於王，言不用而去之，庶幾得爲臣之義矣。齊人以爲孟子所以爲蚳䵷者固善，而孟子久於齊，曷不諫乎？若諫而不聽，則曷不遂去之乎？蓋齊人未知義之所在也。人有官守者，其守在官，不得其職則當去；有言責者，其責在言，不得其言，可不去乎？若孟子則異乎此矣。居賓師之地，無官守言責之拘，故得以從容不迫，陳善閉邪，以俟其改。故曰"則吾進退，豈不綽綽然有餘裕哉"，言可以徐處乎進退之宜也。然卒致爲臣而歸，何哉？蓋其誠意備至，啓告曲盡，而王終莫之悟也，則有不得已者焉。而三宿出晝，猶庶幾王之改之，亦可謂從容矣。蓋進退久速，無非義之所在也。

【纂疏】輔氏曰："在《易·晉》之初六曰：'罔孚，裕無咎。'程子曰：'夫子恐後人不達寬裕之意，居四者廢職失守以爲裕，故特云初六裕則無咎者，始進未受命當職任故也。若有官守，不信於上而失其職，一日不可居也。'由是觀之，凡始進未受命者，苟上未見信，猶可以寬裕自守，況孟子處賓師之位，又未嘗受禄乎？宜其進退寬裕如此也。一有官守言責，則當自盡其職，不可如此矣。蚳䵷是有言責者，孔距心是有官守者。蚳䵷聞孟子之言，雖不自以爲罪，然遂諫於王而不用，致爲臣而去。孔距心雖知其爲罪，却只説過了便休。䵷之資質賢於距心多矣。學者須當學蚳䵷，則改過勇而進德當日新也。"○又曰："《注》引尹氏之説，與上章'君子之辭受取予，唯當於理而已'同意，言孟子之辭受、取予、進退、久速雖有不同，然非有所愛憎適莫於其間也，一當乎天理而已矣。玩味其言，可發深省。嘗謂聖賢之曉人，常寬裕委曲，而無迫切之意。人見其如此也，則曰聖賢之術也，而不知聖賢初無心也，理當然耳，故其所爲無迹。後世妄意聖人之所爲，而挾術以諫君，故其迹露，如魏徵望獻陵之事可見。雖能濟一時之事，然懷是心以事君，則不恭甚矣。"

○孟子爲卿於齊，出弔於滕，王使蓋大夫王驩爲輔行。 王驩朝暮見，反齊滕之路，未嘗與之言行事也。　蓋，古盍反。見，音現。

　蓋，齊下邑也。王驩，王嬖臣也。輔行，副使也。反，往而還也。行事，使事也。

【纂疏】輔氏曰：“使事，謂弔祭之禮，邦交之儀。凡禮文制數皆是也。”

公孫丑曰：“齊卿之位，不爲小矣；齊滕之路，不爲近矣。 反之而未嘗與言行事，何也？”曰：“夫既或治之，予何言哉？”夫，音扶。

　　王驩蓋攝卿以行，故曰齊卿。夫既或治之，言有司已治之矣，孟子之待小人，不惡而嚴如此。

【語録】曰：“賓師如何？”曰：“當時有所謂客卿者是也。大概尊禮之而不居職任事，但召之則不往，又却爲使出弔於滕。”（錢木之）○又見《離婁下》。

【張氏注】王驩，齊之嬖人也，出弔於滕，乃邦交之常事。孟子雖爲卿，而實賓師也，則夫禮文制數，固可付之於有司。是王驩雖曰輔行，然齊王之意，特欲藉孟子以爲重，有司之事不敢以煩，而王驩則行之者也。孟子往反齊、滕之路，亦不與言行事。公孫丑固知孟子於驩難與言也，獨疑行事之間，豈無當言者？蓋未知孟子深得夫遠小人、不惡而嚴之道耳。禮文制數既有司之事，孟子者，特統其大綱於上，而驩則共其事於下。若驩於事上之禮有失，邦交之儀有曠，則孟子固有以處之矣。觀驩於孟子，蓋亦知所敬畏者，故朝暮見而不敢以失禮。驩之爲人，亦克勝其職者，故曰：“夫既或治之，予何言哉？”使其不克治，則孟子不免有言也。其有言也，將以正其事之失也。彼既或治之，未見有可正之事，則亦烏用有言也。玩此辭，不亦正大而謹嚴乎？君子待小人之道，於斯可見之矣。

【纂疏】輔氏曰：“‘夫既或治之’，正答公孫丑未嘗與之言行事一句也。孟子言所謂使事，有司既已治之而得其宜矣，自不須更與王驩言也。只此句便見孟子之待小人不惡而嚴之意。使有司不能治其事，於禮儀制數有曠闕不齊整處，而孟子固不與驩言而正之，則非所謂不惡矣。今有司既已能治辦其事，而猶與之言，則便有徇之之意，而不可謂之嚴矣。然自常情觀之，則孟子之不與驩言，[1]不以爲惡之而不欲與之言，則以爲易之而不足與之言矣。夫惡之而不欲與之言，則隘；易之而不足與之言，則忽。隘與忽，孟子無是心也。但言有司既已能治辦其事而不與之言，則亦是順理之事，而其中自有不惡而嚴之意耳。故愚嘗謂君子之待小人，有正己而無屈意，有容德而無過禮。惡惡之心雖不能無，然亦不爲已甚之疾也。”

---

[1]　“孟子”，原漫漶不清，此據元刻本《四書纂疏》。

○孟子自齊葬於魯，反於齊，止於嬴。 充虞請曰：“前日不知虞之不肖，使虞敦匠事。 嚴，虞不敢請。 今願竊有請也，木若以美然。”

> 孟子仕於齊，喪母，歸葬於魯。嬴，齊南邑。充虞，孟子弟子，嘗董治作棺之事者也。嚴，急也。木，棺木也。以、已通。以美，太美也。

曰：“古者棺椁無度，中古棺七寸，椁稱之，自天子達於庶人。 非直爲觀美也，然後盡於人心。 稱，去聲。

> 度，厚薄尺寸也。中古，周公制禮時也。椁稱之，與棺相稱也，欲其堅厚久遠，非特爲人觀視之美而已。

> 【纂疏】輔氏曰：“古者棺椁無度者，想只是過於厚。觀十三卦喪葬取之《大過》可見。至周公制禮時，始爲七寸之制也。棺七寸，則椁亦七寸也。”
> ○又曰：“人子之喪親，所以爲之棺椁者，蓋欲其堅厚，以歷久遠而已，非是欲爲人觀視之美也。蓋必如此，然後於人心爲盡耳。‘盡於人心’，此一句須當自體之。若後世之厚葬，却只是欲爲人觀美之故也。”

不得，不可以爲悦；無財，不可以爲悦。 得之爲有財，古之人皆用之，吾何爲獨不然？

> 不得，謂法制所不當得。得之爲有財，言得之而又爲有財也。或曰：“爲，當作而。”

> 【纂疏】輔氏曰：“先儒多以‘七寸之棺，自天子達於庶人’，與下文‘得之爲有財’兩句礙，故解云‘所以不得者，①正爲無財之故耳’。《集注》不從者，此蓋孟子因而泛説葬禮，如重累之數，牆翣之飾，既有定制，則不可得以爲悦，非獨指棺椁言之也。兼孟子自做兩句分説下來，‘得之爲有財’又是總説，必竟是兩意。或者又以‘爲，當作而’，則尤分曉。爲作而，是字誤也。”

且比化者，無使土親膚，於人心獨無恔乎？ 比，必二反。恔，音效。

> 比，猶爲也。化者，死者也。恔，快也。言爲死者不使土近其肌膚，於人子之心，豈不快然無所恨乎？

> 【纂疏】輔氏曰：“謂厚其棺椁者，正爲死者不欲使土近其肌膚耳。惟如此，則人子之心始以爲快而無所慊恨也。有所恨，則是有所不快處，則是其心有不盡也。”

---

① “不”，原漫漶不清，此據元刻本《四書纂疏》。

吾聞之君子：不以天下儉其親。"

送終之禮，所當得爲而不自盡，是爲天下愛惜此物，而薄於吾親也。

【或問】"不以天下儉其親"，曰："以，猶爲也。不爲天下惜棺椁之費，而儉於其親也。王氏《中説》記太原府君之門曰'一布被二十年不易，曰無爲費天下也'，文意正與此同。"

【張氏注】緣人之情不忍於其親，故於其終而藏也，必爲之深長之思焉。先王制禮，本乎人心者也，故重累之數，牆翣之飾，凡涉乎禮文度數者，莫不有貴賤等威之不侔。至於棺椁之厚薄，則自天子至於庶人無二制。蓋其所爲親身者莫切乎此，雖但有貴賤，而人子之心所以愛其親則同也，是豈爲觀美哉？其中心所以自盡者如此，有不得自盡，則中心有所不悦焉。蓋欲使比及其化，而土不至於親膚，而後庶幾無所恨也。故不得則不可以爲悦，而無財則不可以爲悦。其不得者，特以無財之故耳。力可爲之而不爲，是以天下儉其親也。孝子之心，其忍於是乎？雖然，墨子之薄葬，固賊夫良心，而後世厚葬之過，其失均也。蓋曰盡於人心則不可以有加也，過是而有加焉，則亦非天理矣。

【纂疏】呂氏曰："《注》云'所當得爲而不自盡'，則便是倒行逆施，不順理底。'於所厚者薄，則無所不薄矣'，墨子之葬以薄爲道者，即是此意。"

○沈同以其私問曰："燕可伐與？"孟子曰："可。 子噲不得與人燕，子之不得受燕於子噲。 有仕於此，而子悦之，不告於王而私與之吾子之禄爵。 夫士也，亦無王命而私受之於子，則可乎？ 何以異於是？""伐與"之"與"，平聲；下"伐與""殺與"同。夫，音扶。

沈同，齊臣。以私問，非王命也。子噲、子之，事見前篇。諸侯土地人民，受之天子，傳之先君，私以與人，則與者受者皆有罪也。仕，爲官也。士，即從仕之人也。

【語録】《孟子》"答沈同伐燕"一章，誠爲未盡，"何以異於是"上下，更合説須是弔民伐罪、不行殘虐之主，方可以伐之，如此乃善。又孟子居齊許久，伐燕之事必親見之，齊王乃無一語謀於孟子，而孟子亦無一語諫之，何也？想得孟子亦必以伐之爲是，但不意齊師之暴虐耳。不然，齊有一大事如

此,而齊王不相謀,孟子豈可更居齊耶?(沈個)○**祝氏録**

【張氏注】孟子論堯舜授受之際,一以天言之。蓋非堯得授舜以天下也,亦非舜得受堯之天下也,天與之而已。聖人與天合德,故先天而天弗違,後天而奉天時,非有一豪人爲與於其間也。子噲蓋聞堯舜之事,而不勝愛子之之私,故假此事而以國授焉。是其授也,子噲之私意,非天意也。而子之受之也,亦固利其國耳,又豈天意乎哉?故孟子答沈同之問,以爲子噲不得與人燕,子之不得受燕於子噲,又從而引喻以告之。如沈同之禄爵,王命之也,沈同不告王而以禄爵與人,其受之也,亦無王命而私受之,其不可也明矣。繼先王之世以有國,而以私意相授受,其可乎?此燕所爲有可伐之罪也。

【纂疏】輔氏曰:"沈同問燕可伐否耳,固不問以齊伐燕爲如何也。若是以王命來問,孟子必當詳告之,不但曰'可'而已也。"○又曰:"《注》云'與者受者皆有罪',謂不由其道,妄取妄予,如子噲、子之之徒者。由其道,則三聖之授受,乃先天而天弗違之事,不可以罪言矣。"

齊人伐燕。 或問曰:"勸齊伐燕,有諸?"曰:"未也。 沈同問'燕可伐與',吾應之曰'可',彼然而伐之也。 彼如曰:'孰可以伐之?'則將應之曰:'爲天吏,則可以伐之。'今有殺人者,或問之曰:'人可殺與?'則將應之曰:'可。'彼如曰:'孰可以殺之?'則將應之曰:'爲士師,則可以殺之。'今以燕伐燕,何爲勸之哉?"**

天吏,解見上篇。言齊無道,與燕無異,如以燕伐燕也。《史記》亦謂孟子勸齊伐燕,蓋傳聞此説之誤。○楊氏曰:"燕固可伐矣,故孟子曰可。使齊王能誅其君,弔其民,何不可之有?乃殺其父兄,虜其子弟,而後燕人畔之。乃以是歸咎孟子之言,則誤矣。"

【集義】范氏曰:"孟子所言燕王噲不當以國與人,燕相子之不當受人之國。君不君,臣不臣,此燕之所以破也。"

【語録】《史記》云:"孟軻謂齊王曰:'今伐燕,此文武之時,不可失也。'"此亦當時傳之誤,而史氏輕信之耳。其曰"文武之時",則前篇所謂燕民悦則取之,燕民不悦則勿取之爾,豈直以文武之事許齊王哉。○又《讀疑孟辨》曰:"聖賢之心,如明鑑止水,來者照之,然亦照其面我者而已矣,固不能探其背而逆照之也。沈同之問,以私而不及公,問燕而不及齊。惟以私而問燕,故燕之可伐,孟子之所宜知也。惟不以公而問齊,故齊之不可伐,孟子之所不宜對也。溫公疑孟子坐視齊伐燕而不諫,余隱之以爲孟子恐不免貽禍,故不諫。溫公之疑固未當,而隱之又大失之。觀孟子言'取之而燕民悦,則取之;取之而燕民不悦,則勿取',然則燕之可取不可取,決於民之悦否而已。使齊能誅君弔民,拯之於水火之中,則烏乎而不可取哉?"○蔡氏録　○又曰:"孟子言伐燕處有四,而燕父子君臣如此,固有可伐之理。然孟子不曾教齊不伐,亦不曾教齊必伐,但惟天吏則可以伐之。"(金去僞)
○祝氏録

【或問】或謂:"孟子於沈同之問,曷爲不盡其辭以告之也?"曰:"沈同固非能伐燕者,且其以私來問,又不言齊之將伐燕也,則直以可伐之理告之足矣。若遂探其情而預設辭以待之,則是猜防險詖之私爾,豈所謂聖賢之心哉?且齊雖無道,若能拯燕之遺民於水火之中,而無殺戮繫累之暴,則其伐之也,亦何爲而不可哉?"

【張氏注】所謂天吏者,其德直以當天心,故天命之以討有罪,湯武是也。故天吏之得討罪,與士師之得殺人同。命士師者,君也,而命天吏者,天也。何從而知天命之? 人之所歸,天之所命也。燕雖有可伐之罪,然齊不得而伐之者,齊非天吏故也。何以知齊之非天吏乎? 以齊君之所爲與夫人心而知之也。有人於此,其罪雖可殺,然行道之人不得而殺之也,惟士師當其任,則得以殺之也。蓋亦非士師得專之也,君所命也。天吏之討有罪,亦天所命云爾。沈同以其私問"燕可伐與",孟子對之曰"可",言燕有可伐之罪也。使沈同而問"齊可伐燕與",則孟子固將言齊未可以伐之理也。問答抑揚次弟,固當爾也。

○**燕人畔。　王曰:"吾甚慙於孟子。"**

齊破燕後二年,燕人共立太子平爲王。

陳賈曰:"王無患焉。　王自以爲與周公孰仁且智?"王曰:"惡!　是何言也?"曰:"周公使管叔監殷,管叔以殷畔。　知而使之,是不仁也;不知而使之,是不智也。　仁智,周公未之盡也,而況於王乎?賈請見而解之。"惡、監,皆平聲。

陳賈，齊大夫也。管叔，名鮮，武王弟，周公兄也。武王勝商殺紂，立紂子武庚，而使管叔與弟蔡叔、霍叔監其國。武王崩，成王幼，周公攝政。管叔與武庚畔，周公討而誅之也。

【纂疏】蔡氏曰："周公攝政，管叔於周公爲兄，尤所覬覦，故流言公將不利於孺子。周公避位居東。後成王悟，迎周公歸。叔懼，遂與武庚叛。成王命周公征討而誅戮之。"

見孟子，問曰："周公何人也？"曰："古聖人也。"曰："使管叔監殷，管叔以殷畔也，有諸？"曰："然。"曰："周公知其將畔而使之與？"曰："不知也。""然則聖人且有過與？"曰："周公，弟也；管叔，兄也。 周公之過，不亦宜乎？ 與，平聲。

言周公乃管叔之弟，管叔乃周公之兄，然則周公不知管叔之將畔而使之，其過有所不免矣。或曰："周公之處管叔，不如舜之處象，何也？"游氏曰："象之惡已著，而其志不過富貴而已，故舜得以是而全之；若管叔之惡則未著，而其志其才皆非象比也，周公詎忍逆探其兄之惡而棄之邪？周公愛兄，宜無不盡者。管叔之事，聖人之不幸也。舜誠信而喜象，周公誠信而任管叔，此天理人倫之至，其用心一也。"

【語錄】曰："周公當初也看那兄弟不過，本是怕武庚叛，故遣管、蔡、霍叔去監他，爲其至親可恃，不知他反去與那武庚同作一黨。不知如何紂出得個兒子也恁地狡猾，想見他日夜炒那管叔，謂：'周公是弟，今欲篡爲天子；汝是兄，今却只恁地。'管叔被他炒得心熱，他性又急，所以便發出這件事來。"○蔡氏録

【纂疏】輔氏曰："《集注》採程子、游氏兩説，合而成之，可謂曲盡人情矣。舜與周公，皆是處聖人之不幸，使其易地而處，則皆然也。此乃是以天理處人倫之極至處。"○又曰："周公以親之故，不忍料其兄之惡而使之，故不免有過。是以孟子亦以爲'周公之過，不亦宜乎'，不説周公爲無過也。"

且古之君子，過則改之；今之君子，①過則順之。 古之君子，其過也，如日月之食，民皆見之；及其更也，民皆仰之。 今之君子，豈徒順之，又從爲之辭。"更，平聲。

順，猶遂也。更，改也。辭，辯也。更之則無損於明，故民仰之。順而爲之

_____

① "之"，原作"則"，據宋當塗郡齋《四書集注》改。

辭,則其過愈深矣。責賈不能免其君以遷善改過,而教之以遂非,又過也。
○林氏曰:"齊王慚於孟子,蓋羞惡之心,有不能自已者。使其臣有能因是心而將順之,則義不可勝用矣。而陳賈鄙夫,方且爲之曲爲辯説,而沮其遷善改過之心,長其飾非拒諫之惡,故孟子深責之。然此書記事,散出而無先後之次,故其説必參考而後通。若以第二篇十章、十一章,置於前章之後、此章之前,則孟子之意,不待論説而自明矣。"

【集義】伊川先生曰:"'象憂亦憂,象喜亦喜',蓋天理人情於是爲至。舜之於象,周公之於管叔,其用心一也。夫管叔未嘗有惡也,使周公逆知其將畔,果何心哉?惟其管叔之畔,非周公所能知也,則其過有所不免矣。故孟子曰:'周公之過,不亦宜乎?'"

【語録】問:"周公誅管叔,自公義言之,其心固正大直截;自私恩言之,其情終有不自滿處。所以孟子謂'周公之過,不亦宜乎'者,以此。"曰:"周公豈得已爲此哉!莫到恁地較好。致堂胡氏曰:'象得罪於舜,故封之。管蔡流言,將危周公,以間王室,得罪於天下,故誅之。非周公誅之,天下之所當誅也,周公豈得而私之哉?後世如有王者,不幸而有害兄之弟如象,則當如舜封之是也,不幸而有亂天下之兄如管、蔡,則當如周公誅之是也。舜處其常,周公處其變,此聖人所以同歸於道也。'"(陳淳)○蔡氏録

【張氏注】甚矣,小人之爲人害也!燕人畔,而齊王以爲甚慚於孟子,使其即是心而知悔,其庶矣乎。而陳賈遽曰"王無患焉",遂引周公之事,以爲周公且有過,而況於我,其辭婉而巧,使王聞是言,將頓忘其慚悔之心,而復起其驕怠之意。甚矣,小人之爲人害也!聽言者可不察與?周公之事,孟子答之,可謂辭簡而理盡矣。賈曰:"周公知其將畔而使之與?"則應之曰:"不知也。"賈曰:"然則聖人且有過與?"則應之曰:"周公,弟也;管叔,兄也。周公之過,不亦宜乎?"斯兩言也,而周公之心若揭日月矣。蓋周公之心,帝舜"象憂亦憂,象喜亦喜"之心也。仁人之於兄弟也,親愛之而已矣,若逆料其將畔而遂廢之,則誠何心哉?以其可立而立之,蓋兄弟親愛之至情,而天理之大公也。又曰:"周公之過,不亦宜乎?"親愛之而不知其將叛,其過也宜矣。孟子既答賈周公問矣,而知賈之意蓋爲齊王文其過設也,則又爲言古人改過之道。古之君子,有過則改之,改之則其過亡矣。以日月之食爲喻,言其不自蔽也。今人見其過而不更也,非徒順之,而又

從爲之辭。爲之辭，則是護蔽文飾，於過之中又生過焉，私意橫流，有不可拯者矣。若陳賈者，爲其君爲辭者也，其蠹君心也，不亦宜乎。嗟乎！是豈特在上之君子當深復乎此，士之持身，改過爲大，若夫因循怠忽，一有順之之意，當深察而力克之，況可爲之辭乎？

【纂疏】輔氏曰："林氏説得齊王之心發處，與陳賈之意邪處，孟子責陳賈之言深切處，皆甚分明，有以啓發萬世之爲君臣者。有能因是心而將順之者，則如孟子因齊王見牛不忍之心，而引之使保民者是也。"

○**孟子致爲臣而歸。**

孟子久於齊而道不行，故去。

王就見孟子，曰："前日願見而不可得，得侍同朝，甚喜。今又棄寡人而歸，不識可以繼此而得見乎？"對曰："不敢請耳，固所願也。"他日，王謂時子曰："我欲中國而授孟子室，養弟子以萬鍾，使諸大夫國人皆有所矜式。子盍爲我言之？" 朝，音潮。爲，去聲。

時子，齊臣也。中國，當國之中也。萬鍾，穀祿之數也。鍾，量名，受六斛四斗。矜，敬也。式，法也。盍，何不也。

【纂疏】趙氏曰："四豆爲區，區受斗六升。四區爲釜，釜受六斗四升。十釜爲鍾，受六斛四斗。"

時子因陳子而以告孟子，陳子以時子之言告孟子。

陳子，即陳臻也。

孟子曰："然。夫時子惡知其不可也？如使予欲富，辭十萬而受萬，是爲欲富乎？" 夫，音扶。惡，平聲。

孟子既以道不行而去，則其義不可以復留。而時子不知，則又有難顯言者。故但言設使我欲富，則我前日爲卿，嘗辭十萬之祿。今乃受此萬鍾之饋，是我雖欲富，亦不爲此也。

【纂疏】輔氏曰："《注》云'孟子有難顯言者'，顯言之則訐揚齊王之失，而有戾於我'固所願'之言。①"○又曰："時子不知我之去乃爲道之不行，而

① "言"，原作"仁"，據元刻本《四書纂疏》改。

於義不可不去耳。今乃以是誘我，設使我誠欲其富，則前月方辭十萬之
祿，今日乃受萬鍾之饋，則豈欲富者乎？齊王、時子之事，是皆就人欲計較
中來。若孟子之意，則道合則從，不合則去，惡用是多端也哉？"

**季孫曰：'異哉子叔疑！使己爲政，不用，則亦已矣，又使其子弟
爲卿。人亦孰不欲富貴？而獨於富貴之中，有私龍斷焉。'**龍，
音壟。

此孟子引季孫之語也。季孫、子叔疑，不知何時人。龍斷，岡壟之斷而高
也，義見下文。蓋子叔疑者嘗不用，而使其子弟爲卿。季孫譏其既不得於
此，而又欲求得於彼，如下文賤丈夫登龍斷者之所爲也。孟子引此以明道
既不行，復受其祿，則無以異於此矣。

【纂疏】輔氏曰："舉季孫所譏子叔疑之事，以見我不敢效此之意。辭祿而
受饋，雖多寡之不同，畢竟是既不得於此，而又求得於彼也。"

**古之爲市者，以其所有易其所無者，有司者治之耳。有賤丈夫焉，
必求龍斷而登之，以左右望而罔市利。人皆以爲賤，故從而征之。
征商，自此賤丈夫始矣。"**

孟子釋龍斷之説如此。治之，謂治其爭訟。左右望者，欲得此而又取彼
也。罔，謂罔羅取之也。從而征之，謂人惡其專利，故就征其税，後世緣此
遂征商人也。○程子曰："齊王所以處孟子者，不爲不可，①孟子亦非不肯
爲國人矜式者。但齊王實非欲尊孟子，乃欲以利誘之，故孟子拒而不受。"

【張氏注】孟子爲卿於齊，庶幾乎道之行也。道不得行，則致爲臣而歸。
於其歸也，王猶有眷眷之意，而欲繼此以見焉。見王有善意也，則曰："不
敢請耳，固所願也。"其進退伸縮何常，一於義而已。既而王與時子謀，欲
養弟子以萬鍾，是王之意徒欲禄夫孟子，而非爲道也，此豈孟子之心哉？
故曰："如使予欲富，辭十萬而受萬，是爲欲富乎？"謂使我而欲富，則曷辭
乎齊卿？惟予之心非欲富也，而所以待我者，則乖本旨矣。門人猶未解
此，或以爲異且疑者。孟子告之之意，以爲不用己則已矣，而又欲養子弟
以卿之禄，則是王之處己也以利，而非爲道之故，吾之受之，亦利之而已。
苟以利，則何以異於龍斷之夫乎？人孰不欲富貴，此言人情之常也，謂賢

---

① "不爲"，宋當塗郡齋本《四書集注》作"未爲"。

獨不欲，則豈人情哉？聖賢固欲道之行也，而動必以義，義所不安，則處貧賤而終身可也，其可以利誘乎？嗟乎！義利之幾，君子之所深謹，而去就之所由分也。後世爲人臣者不明斯義，故爲之君者謂利禄之果可以得士，而士之所以求於我者亦不過乎此，於是而有輕士自驕之心，正猶征商之法，因龍斷之夫而立耳。夫惟君子守義而不苟就，所以明爲人臣之義也。

【纂疏】輔氏曰："文王關譏不征，是三代之初皆如是也。"○又曰："程子恐讀書者不察，誤認孟子之意，故辨明之。"

○**孟子去齊，宿於晝。**　晝，如字。或曰："當作畫，音獲。"下同。

晝，齊西南近邑也。

有欲爲王留行者，坐而言。　不應，隱几而卧。　爲，去聲，下同。隱，於靳反。

隱，憑也。客坐而言，孟子不應而卧也。

客不悦曰："弟子齊宿而後敢言，夫子卧而不聽，請勿復敢見矣。"曰："坐。　我明語子。　昔者魯繆公無人乎子思之側，則不能安子思。　泄柳、申詳，無人乎繆公之側，則不能安其身。　齊，側皆反。復，扶又反。語，去聲。

齊宿，齊戒越宿也。繆公尊禮子思，常使人候伺道達誠意於其側，①乃能安而留之也。泄柳，魯人。申詳，子張之子也。繆公尊之不如子思，然二子義不苟容，非有賢者在其君之左右維持調護之，則亦不能安其身矣。

【或問】泄柳、申詳無人乎繆公之側，則不能安其身。二子之賢，其心固如是乎？曰："非謂二子之心爲然也，語其勢則然耳。若二子之心如此，則與世之垢面污行而事君側便嬖之人者，何以異乎？"

【纂疏】輔氏曰："《注》云'繆公尊禮子思，常使道達誠意，乃能安而留之'者，好賢之心切，唯恐有不當其意，故其計必出於此也。"○又曰："或問云云，此李先生説也。謂若謂二人必欲常有人譽己於君，則乃能自安，則是奸道也，豈足爲賢？況泄柳嘗閉門以避繆公，豈既仕而若此乎？蓋二子直道以事君，義不苟合，非有賢者爲之主，則必不見容，非欲人之譽己者是也。'泄柳、申詳無人乎繆公之側，則不能安其身'，恐繆公不察己之誠也。

①　"達"，原破損不清，此據宋當塗郡齋《四書集注》。

'繆公無人乎子思之側，則不能安子思'，恐子思弗察己之誠也。臣而惟恐君之弗察其誠，則其合也難，其行道也不易；使其君唯恐己之弗察其誠，則其合也易，①其行道也不難。繆公之待二子，固不若子思矣。然子思之與二子，事皆其所自取，如形影之相似也。德若子思，則自有此應。若只及得泄柳、申詳，則又只得如此耳。下是則苟容以徇君者也。"

子爲長者慮。 而不及子思，子絕長者乎？ 長者絕子乎？" 長，上聲。

長者，孟子自稱也。言齊王不使子來，而子自欲爲王留我，是所以爲我謀者，不及繆公留子思之事，而先絕我也。我之卧而不應，豈爲先絕子乎？

【張氏注】"魯繆公無人乎子思之側，則不能安子思"，魯繆公尊信子思，惟恐其不安於魯，不敢謂己能留子思，而每與賢者共安之。是則進退屈伸，在子思而已。若夫"泄柳、申詳，無人乎繆公之側，則不能安其身"，蓋繆公尊信之有所未篤，必待於知己者左右之於公所。則進退屈伸，不幾於在人乎？ 然則泄柳、申詳之於子思，其相去蓋有間矣。孟子之去齊，既宿於晝矣，而有欲爲王留行者，是留行之意，非出於王之悔悟，而獨出於或者之私情。孟子不應，隱几而卧，使之默喻其非，而猶未之悟也，則引子思與泄柳、申詳之事以告之。其意以爲必待他人之言而留，則君心信之不篤，②亦無由而可伸道矣。孟子與子思之所以自處者，其道一也。

【纂疏】輔氏曰："孟子之自處不在子思之下，故意或人之爲我謀，不及繆公留子思之事也。蓋有欲爲王留行者，雖有愛賢之意而不知待賢之禮，故孟子告之如此。"

○**孟子去齊。 尹士語人曰："不識王之不可以爲湯武，則是不明也；識其不可，然且至，則是干澤也。 千里而見王，不遇故去，三宿而後出晝，是何濡滯也？ 士則兹不悅。"** 語，去聲。

尹士，齊人也。干，求也。澤，恩澤也。濡滯，遲留也。

高子以告。

高子，亦齊人。孟子弟子也。

---

① "易"，原作"乎"，據元刻本《四書纂疏》改。
② "則君"，原漫漶不清，此據通志堂本《孟子説》。

曰："夫尹士惡知予哉？　千里而見王，是予所欲也；不遇故去，豈
予所欲哉？　予不得已也。　夫，音扶，下同。惡，平聲。

　　見王，欲以行道也。今道不行，故不得已而去，非本欲如此也。

予三宿而出晝，於予心猶以爲速。　王庶幾改之。　王如改諸，則必
反予。

　　所改必指一事而言，然今不可考矣。

　　【纂疏】輔氏曰："度孟子之於齊王，必有爲之兆者，王不能用，故去之。然
　　孟子不言其事，故不可考。其所以不言者，或是當時人自知之也。"

夫出晝而王不予追也，予然後浩然有歸志。　予雖然，豈舍王哉？
王由足用爲善。　王如用予，則豈徒齊民安，天下之民舉安。　王庶
幾改之，予日望之。

　　浩然，如水之流不可止也。○楊氏曰："齊王天資朴實，如好勇、好貨、好
　　色、好世俗之樂，皆以直告而不隱於孟子，故足以爲善。若乃其心不然，而
　　謬爲大言以欺人，是人終不可與入堯舜之道矣，何善之能爲？"

　　【纂疏】輔氏曰："齊宣王負質大略，與齊桓公、漢高祖相似。樸實不欺，又
　　與孟子問答不忍之心時，亦有所發明，故孟子拳拳然以爲足用爲善。然終
　　是志不足以帥氣，道不足以勝習，故孟子不得已而去之。"

予豈若是小丈夫然哉？　諫於其君而不受，則怒，悻悻然見於其面。
去則窮日之力而後宿哉？"　悻，形頂反。見，音現。

　　悻悻，怒意也。窮，盡也。

尹士聞之曰："士誠小人也。"

　　此章見聖賢行道濟時，汲汲之本心；愛君澤民，惓惓之餘意。李氏曰："於
　　此見君子憂則違之之情，而荷蕢者所以爲果也。"

　　【集義】范氏曰："忠臣雖在畎畝，猶不忘君；雖處窮閻漏屋，亦當思濟天下
　　之民。是以孟子千里而見王，不肯枉道以事之，不遇故去，三宿而後出晝，
　　其心猶未舍王，望其庶幾改之。賢者進退有義，去就有道，主於忠愛，不敢
　　忘君。人臣知此，則可以用天下之賢矣。"○楊氏曰："《考槃》之詩曰：'永
　　矢弗過。'說者曰'誓不過君之朝'，非也。矢，陳也。亦曰永言不得過耳。
　　孟子曰：'王庶幾改之，予日望之。'君子之心蓋如此。《考槃》之詩，雖其時

君使賢者退而窮處爲可罪，夫苟一日有悔過遷善之心，復以用我，我必復立其朝，何終不過之有？”

【語錄】曰：“孟子與荷蕢，皆是‘憂則違之’，但荷蕢果於去，不若孟子之‘遲遲吾行’。蓋得時行道者，聖人之本心；不遇而去者，聖人之不得已。此與孔子去魯之心同。蓋聖賢憂世濟時之誠心，非若荷蕢之果於去也。”

【或問】孟子見齊王而有去志矣，而其去也，則又曰“王猶足用爲善”，何也？曰：“齊王無湯武之姿，此孟子所以有去志也。然比當時之諸侯，則猶有可取者，而況孟子居齊之久，又當有所啓發而增益於前者，且其君臣之義亦略定矣，所以將去而不能無眷眷之情也。”

【張氏注】詳味孟子答高子之語，可謂溫厚而不迫矣。曰：“千里而見王，是予所欲也。不遇故去，豈予所欲哉？①予不得已也。”何其溫厚而不迫與。試紬繹而思之，孟子千里而欲見王之心，其果何爲哉？蓋孟子既當以道自任，則其出也有不可以已者，聞齊王之或可以告語也，則不憚千里而見之，故曰“是予所欲也”。而卒不遇以去也，豈有所望哉？蓋不得已焉者。三宿出晝，而心猶以爲速，庶幾乎王之改，則道之猶可行也。及夫出晝而王莫追也，則浩然有歸志，而猶曰：“吾雖然，豈舍王哉？”蓋齊王在當時庶幾可與爲善者，故曰“王猶足用爲善”。歷考宣王之爲人，猶爲不敢以飾詐者，故其未能領孟子之意也，則曰“吾惛不能進”。於是問以好樂，則變乎色，曰：“寡人非能好先王之樂也，直好世俗之樂耳。”好貨、好色、好勇，自以爲疾言之而不諱，其質雖鈍而不敏，然與夫飾非矯情以自欺者異耳。故孟子有望焉，以爲“王如用予，則豈徒齊民安，將天下之民舉安”。蓋其安天下之道已素定于胸中，施設次第固有條理，而其本則在於格君心，故拳拳有望於王之改之也。王一改悟，而孟子之道可行，齊民可安。齊民安而天下之民將舉安矣，其序固爾也。又曰“予日望之”，孟子非不知道之行否有命，而拳拳不已者，“吉凶與民同患”之心也，學者所宜反復詳味之。若夫諫而不用則怒，悻悻然見於其面，去則窮日之力，則是私意之所發。其諫也，固無未言之憾，而其去也，又豈復有忠厚之氣？②此真小丈

---

① “欲哉”，原破損不清，此據通志堂本《孟子説》。
② “氣”，原破損不清，此據通志堂本《孟子説》。

夫哉。

【集疏】覺軒蔡氏曰：“此章聖賢之本心餘意，先師盡之矣。然更以夫子俎豆之對，明日遂行之意並玩之，則聖賢氣象亦可見矣。”

【纂疏】輔氏曰：“《集注》‘本心，謂其初本欲如此已；餘意，則後來不得已之意耳。’詳玩此兩句，便可見聖賢之心。‘千里見王’‘王如用予，豈特齊民安，天下之民舉安’，此其‘行道濟時汲汲之本心’；‘三宿出晝’‘王庶幾改之，予日望之’，此其‘愛君澤民惓惓之餘意’。”

○孟子去齊。　充虞路問曰：“夫子若有不豫色然。　前日虞聞諸夫子曰：‘君子不怨天，不尤人。’”

路問，於路中問也。豫，悦也。尤，過也。此二句實孔子之言，蓋孟子嘗稱之以教人耳。

曰：“彼一時，此一時也。

彼，前日。此，今日。

五百年必有王者興，其間必有名世者。

自堯舜至湯，自湯至文武，皆五百餘年而聖人出。名世，謂其人德業聞望，可名於一世者，爲之輔佐，若皋陶、稷、契、伊尹、萊朱、太公望、散宜生之屬。

由周而來，七百有餘歲矣。　以其數則過矣，以其時考之則可矣。

周，謂文武之間。數，謂五百年之期。時，謂亂極思治可以有爲之日。於是而不得一有所爲，此孟子所以不能無不豫也。

夫天未欲平治天下也，如欲平治天下，[①]當今之世，舍我其誰也？吾何爲不豫哉？[②]”夫，音扶。舍，上聲。

言當此之時，而使我不遇於齊，[③]是天未欲平治天下也。然天意未可知，而其具又在我。我何爲不豫哉？然則孟子雖若有不豫然者，而實未嘗不豫也。蓋聖賢憂世之志，樂天之誠，有並行而不悖者，於此見矣。

---

① “欲平”，原破損不清，此據宋當塗郡齋本《四書集注》。
② “豫”，原破損不清，此據宋當塗郡齋本《四書集注》。
③ “齊”，原破損不清，此據宋當塗郡齋本《四書集注》。

【或問】孟子既曰"憂天下之憂"矣，又曰"何爲不豫"，何也？曰："或問文中子曰：'聖人有憂乎？'曰：'天下皆憂，吾獨得不憂。'聖人有疑乎？'曰：'天下皆疑，吾獨得不疑。'或人退，文中子曰：'樂天知命吾何憂？窮理盡性吾何疑？'若孟子不忘天下之憂，而亦不害其樂天知命之樂，其幾是乎？"

【張氏注】充虞蓋亦察孟子顏色之間，若有不豫之意，而淺心所量，遂有不怨天、不尤人之問也。而不知孟子之心，蓋疑王道之久曠，憂生民之不被其澤，是以若有不豫色然也。曰"彼一時，此一時也"，蓋疑辭也。謂彼亦一時，此亦一時，何彼時王者之數興，其尤闊者不過五百年，而名世間出者亦有之矣，而及今七百有餘歲，王政不行焉，言不應若是其久曠也。而此孟子所以疑、所以憂而未釋也。若夫在孟子之進退去就，則何疑何憂之有哉？天未欲平治天下，故我之道未可行；使天而欲平治天下，則舍我孰與爲之者？則何不豫之有？由前所言，在君子不得不疑，不得不憂；由後所言，在君子夫何憂、夫何疑？故王通謂："樂天知命吾何憂？窮理盡性吾何疑？"又曰："天下皆憂，吾獨得不憂；天下皆疑，吾獨得不疑。"蓋近此意，而心迹之論則非也。雖然，孔子所謂"天之未喪斯文也，匡人其如予何"，與孟子"夫天未欲平治天下"之語，反復玩味之，則亦可見聖賢之分也。

【集疏】覺軒蔡氏曰："憂世之志，樂天之誠，有並行而不悖者，先師真得聖賢之心矣。然更以夫子'如有用我者，吾其爲東周乎'，與'當今之世，舍我其誰'並玩之，則聖賢氣象，抑又可見矣。"

【纂疏】輔氏曰："自'五百年'至'則可矣'觀之，則孟子不能無不豫然也。自'夫天未欲平治'以下觀之，則孟子實未嘗不豫也。"○又曰："不能無不豫者，憂世之心也，所謂與民同患之仁也。實未嘗不豫者，樂天之誠也，所謂與天爲一之誠也。憂樂，自常情觀之則相反，自聖賢言之，[1]則並行而不悖也。即此章之事，則可見矣。[2]"

○孟子去齊，居休。　公孫丑問曰：[3] "仕而不受禄，古之道乎？"

休，地名。

---

[1]　"自"，原破損不清，此據元刻本《四書纂疏》。

[2]　"則可"，原破損不清，此據元刻本《四書纂疏》。

[3]　"問"，原破損不清，此據宋當塗郡齋本《四書集注》。

曰："非也。　於崇，吾得見王。　退而有去志，不欲變，故不受也。

崇，亦地名。孟子始見齊王，必有所不合，故有去志。變，謂變其去志。

繼而有師命，不可以請。　久於齊，非我志也。"

師命，師旅之命也。國既被兵，難請去也。○孔氏曰："仕而受禄，禮也；不受齊禄，義也。義之所在，禮有時而變，公孫丑欲以一端裁之，不亦誤乎？"

【語録】曰："或謂師友之師，非師旅之師。"曰："欲授孟子室，乃孟子辭去時。所謂'於崇，吾得見王'，則初見齊王時事。以此考之，師旅爲當。"

○趙氏録

【張氏注】孟子謂"千里見王，是予所欲"，及其去也，則三宿出晝，猶以爲速。今答公孫丑之問，則謂初見王則"退而有去志"，故不受其禄，繼而有師旅之命，而不敢以遽去。"久於齊，非我志也"，何哉？蓋孟子雖庶幾宣王之可與有爲，吾道之可以行，而其可去之幾，未嘗不先覺，兹聖賢之所以爲至也。以公孫丑之辭考之，則是孟子雖嘗爲卿於齊，而未嘗食卿之禄，特其繼廩繼粟則受之耳。一見而有去志，[1]則察王之情，必有不能受者。然其庶幾"足用爲善"，則又以其質亦有可取也。不然，孟子在當時即引去矣，何待夫久哉？"不欲變"云者，存欲去之意而不欲變也。不欲變，[2]故不受其禄，少留以觀其感悟與否也。"久於齊，非我志也"，然則心欲去而迹則留，聖賢有是哉？蓋謂初志雖欲去，而猶有望焉，故爲之淹久。不然，孟子豈徒爲苟留也哉？此篇載孟子於齊，始終、去就、久速之義甚備，學者所宜深究其然也。

【纂疏】輔氏曰："士受禄，禮之常也。孟子之不受齊禄，禮之變也。君子以義起禮，故義之所在，禮有時而變也。蓋禮則一定，義則權其禮之可否者也。可則行，否則變，如此然後得乎時措之宜也。公孫丑之學，未能造此，故欲以一端裁之，此其所以誤也。"

---

[1]　"一"，原脱，據通志堂本《孟子説》補。
[2]　"也不欲變"四字，通志堂本《孟子説》無。

孟子卷第五

滕文公章句上凡五章

滕文公爲世子，將之楚，過宋而見孟子。

　　世子，太子也。

孟子道性善，言必稱堯舜。

　　道，言也。性者，人所禀於天以生之理也，渾然至善，未嘗有惡。人與堯舜初無少異，但衆人汩於私欲而失之，堯舜則無私欲之蔽，而能充其性耳。①故孟子與世子言，每道性善，而必稱堯舜以實之，欲其知仁義不假外求，聖人可學而至，而不懈於用力也。門人不能悉記其辭，而撮其大旨如此。程子曰："性即理也。天下之理，原其所自未有不善，喜怒哀樂未發，何嘗不善？發而中節，即無往而不善；發不中節，然後爲不善。故凡言善惡，皆先善而後惡；言吉凶，皆先吉而後凶；言是非，皆先是而後非。"

　　【語録】曰："天之生此人，無不與之以仁、義、禮、智之理，亦何嘗有不善？但欲生此物必須有氣，然後此物有以聚而成質。而氣之爲物，有清濁、昏明之不同，禀其清明之氣，而無物欲之累，則爲聖；禀其氣清明而未純全，則未免微有物欲之累，而能克以正之，則爲賢；禀其昏濁之氣，又爲物欲之

---

　　①　"能"，原破損不清，此據宋當塗郡齋本《四書集注》。

所蔽而不能去，則爲愚，爲不肖，是皆氣禀物欲之所爲，而性之善未嘗不同也。堯舜之生，所受之性亦如是耳，但以其氣禀清明，自無物欲之蔽，故爲堯舜，初非有所增益於性分之外也。故學者知性善，則知堯舜之聖非是强爲，識得堯舜做處，則便識得性善底規模樣子，而凡吾日用之間所以去人欲、復天理者，皆吾分内當然之事，其勢至順而無難。此孟子所以首爲文公言之，而又稱堯舜以實之。"（以上係《玉山講義》）○問："惟堯舜爲能無物欲之蔽而充其性，人蓋有恬於嗜欲，而不能充其性者，①何故？"曰："不蔽於彼則蔽於此，不蔽於此則蔽於彼。畢竟須有蔽處，物欲亦有多少般。如白日須是雲遮方不見，若無雲，豈應不見？然此等處緊要在性字上，今且合思量如何是性？②在我爲何物？反求吾心，有蔽無蔽能充不能充？必論堯如何？舜又如何？"○又曰："性善，故人皆可以爲堯舜，必稱堯舜，所以驗性善之實。"○**趙氏録**　○問："孟子言性善，《繫辭》却言'一陰一陽之謂道，繼之者善也，成之者性也'，何也？"曰："在天地言之，則善在先，性在後；在人言之，則性在先，善在後。《易》以天道之流行言，孟子以人形之發見言，惟天道流行如此，所以人性發見亦如此。孟子言性善是就發處説，故曰：'乃若其情，則可以爲善，乃所謂善也。'孟子只就見孺子入井皆有怵惕、惻隱之心處，指以示人，便知性本善也。"○又曰："《易》言繼善，是指未生之前；孟子言性善，是指已生之後。雖曰已生，然其本體初不相離也。"○**蔡氏録**　○問："孔子言性與天道不可得而聞，而孟子教人乃開口便説性善是如何？③"先生曰："孟子亦只是大概説性善，至於性之所以善處，也少得説，④須是如《繫辭》'一陰一陽之謂道'云云處，方是説性與天道耳。"（潘時舉）○孔子説得細膩，説不曾了；⑤孟子説得粗，説得疏略。孟子不曾推原原頭，不曾説上面一截，只是説成之若性也。（黄義剛）○孟子比孔子時説得高，然孟子道性善言必稱堯舜，見孟子説得實。（李方子）○孔子只説忠信篤敬，孟子便發出性善，直是漏泄。（廖德明）○孟子説性善，其

---

① "性"，原漫漶不清，此據明陳煒刻本《朱子語類》卷五五《孟子五·滕文公篇》。

② "且"，原破損不清，此據明陳煒刻本《朱子語類》卷五五《孟子五·滕文公篇》。

③ "便"，原破損不清，此據明陳煒刻本《朱子語類》卷二八《論語十·公冶長上》。

④ "説"，原破損不清，此據明陳煒刻本《朱子語類》卷二八《論語十·公冶長上》。

⑤ "不曾"，原破損不清，此據明陳煒刻本《朱子語類》卷四《性理一》。

發於外也，必善無惡，惡非性也，性不惡矣。（甘節）○問："孟子說本性善，不說氣稟。"曰："是孟子不曾思量到這裏，但說本性善，失却這一節。"（林夔孫）○心有善惡，性無不善。若論氣質之性，則有不善。（同上）○問："孟子道性善，言必稱堯舜，人未能便至於堯舜，而孟子言必稱之，何也？"曰："道性善與稱堯舜一句正相表裏，蓋人之所以不至於堯舜者，是他力量不至，固無可奈何。然人須當以堯舜爲法，人到得堯舜地位，方做得一個人，無所欠闕，然也只是本分事，這便是止於至善。"（楊道夫）○伊川"性即理也"一句，直自孔子後，惟是伊川說得盡。這一句便是千萬世說性之根基，理是個公共底物事，不解會不善，人做不是，自是失了性，①却不是壞了著修。（葉賀孫）○**祝氏錄**　○曰："天理固本無對，然既有人欲，即天理便不得不與人欲爲消長。善亦本無對，然既有惡，即善便不得不與惡爲盛衰。譬如普天之下，莫非王土，率土之濱，莫非王臣，此本豈有對哉？至於晋有五胡，唐有三鎮，則華夷逆順，不得不相與爲對矣。但其初則有善而無惡，有大命而無人欲耳。"（見《文集》）○曰："性只是此理。"○又曰："性是天生成許多道理。"○又曰："性是許多理，散在處爲性。"○又曰："在心唤做性，在事唤做理。"○又曰："性即理也，四字顛撲不破，實自己上發得出來。"○又曰："性即理也，當然之理無有不善者。"○問："凡言善惡，必先善而後惡，何也？"曰："先有理而後有氣也。"○曰："《孟子》七篇，論性處只此一處，已說得盡，須是日日讀一過，只是要熟。"○**趙氏錄**

$\boxed{\text{總論二節之旨}}$ 問："性善之性，與'堯舜性之'之性如何？"曰："性善之性實，性之之性虛。性之只是合下稟得，目下便得來受用。"又曰："'反之'，是先失着了，②反之而後得。'身之'，是把來身上做起。"（甘節）

【纂疏】輔氏曰："《注》云：'門人不能悉記其辭，而撮其大旨如此。'然朱子既斷《孟子》之書以爲孟子自著，則似此處皆當改，此是後來不曾改得。"○西山真氏曰："性即理也，乃自昔聖賢之所未言，萬世言性之標準。"

世子自楚反，復見孟子。　孟子曰："世子疑吾言乎？　夫道一而已矣。"　復，扶又反。夫，音扶。

---

① "自"，原破損不清，此據明陳煒刻本《朱子語類》卷九三《孔孟周程張子》。
② "是"，原作"而"，據明陳煒刻本《朱子語類》卷六〇《孟子十·盡心上》改。

時人不知性之本善，而以聖賢爲不可企及。故世子於孟子之言不能無疑，而復來求見，蓋恐別有卑近易行之説也。孟子知之，故但告之如此，以明古今聖愚本同一性，前言已盡，無復有他説也。

【語録】曰：“當戰國之時，聖學不明，天下之人但知功利之可求，而不知己性之本善、聖賢之可學，聞是説者非惟不信，往往亦不復致疑於其間。若文公則雖未能盡信而已能有所疑矣，是其可與進善之萌芽也。故孟子於其去而復來，迎而謂之曰：‘世子疑吾言乎？’而又告之曰：‘夫道一而已矣。’蓋古今聖愚同此一性，則天下固不容有二道，但在篤信力行，則天下之理雖有至難，猶必可至，況善乃人之所本有而爲之不難乎？”（《玉山講義》）

【纂疏】○輔氏曰：“二説自不相礙。《集注》則言世子所以致疑者，其意如此。《講義》則言世子比當時之人，則尚能致疑於其間。二説相須，其義始備。性本一理，則道無二致故也。”

成覸謂齊景公曰：‘彼丈夫也，我丈夫也，吾何畏彼哉？’顔淵曰：‘舜何人也？　予何人也？　有爲者亦若是。’公明儀曰：‘文王，我師也，周公豈欺我哉？’覸，古見反。

成覸，人姓名。彼，謂聖賢也。有爲者亦若是，言人能有爲，①則皆如舜也。公明，姓；儀，名。魯賢人也。“文王，我師也”，蓋周公之言。公明儀亦以文王爲必可師，故誦周公之言而嘆其不我欺。②孟子既告世子以道無二致，而復引此三言以明之，③欲世子篤信力行以師聖賢，不當復求他説也。

┌─────────┐
│總論二章之旨│ 孟子道性善，稱堯舜，此是第一義。若得此看得透、信得
└─────────┘
及，直下便是聖賢，更無一豪人欲之私做得病痛。若信不及，孟子又説個第二節功夫，又只引成覸、顔淵、公明儀三段説話，教人如此發憤勇猛向前，日用之間不得存留一豪人欲之私在這裏，此外更無別法。若於此有箇奮迅興起處，方有箇地可下功夫，不然只是畫脂鏤冰，④無真實得力處。（《答梁文叔》）⑤

---

① “言”，原脱，據宋當塗郡齋本《四書集注》補。
② “我”，原破損不清，此據宋當塗郡齋本《四書集注》。
③ “之”，原破損不清，此據宋當塗郡齋本《四書集注》。
④ “冰”，原破損不清，此據閩本《朱文公文集》卷四四《答梁文叔》。
⑤ “文叔”，原破損不清，此據閩本《朱文公文集》卷四四《答梁文叔》。

今滕，絶長補短，將五十里也，猶可以爲善國。《書》曰：'若藥不瞑眩，厥疾不瘳。'"瞑，莫甸反。眩，音縣。

絶，猶截也。《書》，《商書·説命》篇。瞑眩，憒亂。言滕國雖小，猶足爲治理，但恐安於卑近，不能自克，則不足以去惡而爲善也。○愚按，孟子之言性善，始見於此，而詳具於《告子》之篇。然默識而旁通之，則七篇之中，無非此理。其所以擴前聖之未發，而有功於聖人之門，程子之言信矣。

【語録】滕國小，絶長補短，止五十里，不過如今之一鄉，然孟子與之説，猶可以爲善國而已，終不成以所告齊梁之君者告之也。兼又不多時，便爲宋所滅了。（輔廣）○又曰："人要爲聖賢，須是猛起，如服瞑眩之藥，麻了一上，及其定叠，病自退了。"○又曰："如服瞑眩之藥，以除深痼之疾，直是不可悠悠。"（見《文集》）

辨楊氏胡氏論性 曰："胡季隨主其家學，説性不可以善言，本然之性是上面一個，其尊無對；善是下面底，纔説善時便與那惡對，非本然之性矣。孟子道性善，非是説性之善，只是贊嘆之辭，説好箇性，如佛言善哉善哉。此胡文定公之説。某嘗辨之，本然之性固渾然至善，[①]無惡可對，此天之賦予我者然也。然行之在人，則有善有惡。行得善者，即本然之性，豈可謂善者，非本然之性？若如其言，有本然之性，又有善惡相對之性，則是有兩性矣。方其得於天者，此性也，及其行得善者，亦此性也。只是纔有箇行得善底，便有箇不善底，所以善惡須著對説，不是元有個惡在那裏，等他來與之爲對，只是行得錯底便流入惡耳。自致堂、五峰，其説益差，遂成有兩性，然文定之説又得於龜山，龜山得之東林總老，總極聰明。龜山嘗問：'孟子道性善是否？'總曰：'是。'又問：'性豈可以善惡言？'總曰：'本然之性，不與惡對。'此語流傳自他，然總之言本亦未有病。蓋本然之性是本無惡，及至文定遂以性善爲贊嘆之辭，到得致堂、五峰，遂分成兩截，説善底不是性。若善底非本然之性，却那處得這善來？既以善爲贊嘆之辭，便是性本善。若非性善，何贊嘆之有？二蘇論性亦是如此，嘗言孟子道性善，猶云火之能熟物也；荀卿言性惡，猶云火之能焚物也。龜山反其説而辨之

---

① "本"，原破損不清，此據明陳燁刻本《朱子語類》卷一○一《程子門人·胡康侯》。

曰：'火之所以能熟物也，以其能焚故耳。若火不能焚物，何從熟？'蘇氏論性：'自堯舜至孔子，不得已而命之曰一，①寄之曰中，未嘗分善惡言也。自孟子道性善，而一與中始支矣。'更不看道理，只説我行得底便是。諸胡之説亦然。"○**蔡氏録**

總論一章之旨　問："性善一章，《集注》已詳盡，但中間所載三子之事，成覵則若參校彼已，顏子則知聖人學之必可至，公明儀則篤信好學者也。三者雖有淺深，要之皆是尚志。"曰：②"也略有箇淺深，恁地看文字，且須看他大意。"又曰："大抵看文字，不恁地子細分別出來，又却鶻突。到恁地細碎分別得出來後，不曾看得大節目處，又只是在落草處尋。"又問："這段緊節目，其初在'道性善'，其中在'夫道一而已矣'，其終在'若藥不瞑眩，厥疾弗瘳'。"先生曰："然。"（楊道夫）

【**或問**】孟子道性善而言必稱堯舜者，何也？曰："性善者以理言之，稱堯舜者質其事以實之，所以互相發也。③知堯舜之可爲，則其於性善也，信之益篤而守之益固矣。"曰："夫子之言性與天道，子貢猶有不得而聞者；而孟子之言性善，乃以語夫未嘗學問之人，得無陵節之甚耶？"曰："性命之理，若究其所以然而論之，則誠有不易言者。若其大體之已然，則學者固不可以不知也。蓋必知如此，然後知天理人欲，有主賓之分；趣善從惡，有順逆之殊。董子所謂'天性知自貴於物，然後知仁義；知仁義，然後重禮節；重禮節，然後安處善；安處善，然後樂循理。'程子所謂'知性善以忠信爲本，此先立其大者'，皆謂此也。"曰："世子疑孟子之言，而孟子不之拒，何也？"曰："孟子之言，非當時之所常聞也，故聞者非徒不知信也，而亦莫之疑也。④世子復來，則豈其思之未得而不舍於心與？故孟子之言，雖若怪之，實則喜其能思而將有以進乎此也。"或曰："孟子之言性善，非與惡對之善也，特贊美之辭耳，信乎？"曰："此亦異乎吾所聞矣。夫孟子性善之論至矣，而荀、楊、韓氏或以爲惡，或以爲混，或以爲有三品，最後釋氏者出，然

---

①　"曰一"，原作"且"，據明陳煒刻本《朱子語類》卷一〇一《程子門人·胡康侯》改。
②　"曰"，原作"者"，據明陳煒刻本《朱子語類》卷五五《孟子五·滕文公篇》改。
③　"也"下，清呂氏刻本《四書或問》有"其言也，蓋曰知性善則有以知堯舜之必可爲矣"一句。
④　"也"下，清呂氏刻本《四書或問》有"是其漠然如飄風之過耳，亦不可復冀其思繹而信從矣"一句。

後復有無善無惡之論焉。儒者雖習聞乎孟子之說，然或未知性之所以爲性，於是悦於彼說之高，而反羞吾說爲不及，則牽孟子之說以附焉，而造爲是說以文之。蓋推性於善惡之前，而置孟子於異同之外，自以爲得性之真，而有功於孟氏之門矣，而不知其實陷於釋氏之餘，直以精神魂魄至粗之質，而論仁、義、禮、智至微之理也。且又不究秉彝之實德，而指爲贊美之空言；不察至善之本然，而別立無對之虛位。推而言之，至以天理人欲爲同體，特因其發之中節與否，而後有善惡之名焉，則亦勞力費辭，而無復仿佛孟子之遺意矣。惜乎！吾不得從事於其門以質其說，庶乎其有相長之益也。”

【張氏注】性善之論，蓋本於此，以文義考之，實門人記録，以爲“孟子道性善，言必稱堯舜”也。孟子所以道性善者，蓋性難言也。淵源純粹，可得而名言者，善而已。所謂善者，蓋以其仁、義、禮、智之所存，由是而發，無人欲之私亂之，則無非惻隱、羞惡、辭讓、是非之心矣。人之有不善，皆其血氣之所爲，非性故也。以其皆有是性，故皆可以爲堯舜。堯舜者，能盡其性而已。滕世子聞是言，自楚反，復見孟子，蓋雖有動乎中而未免乎疑也。孟子則告之曰：“夫道一而已矣。”言天下無二道也。因舉成覸與夫顏淵、公明儀之語，使之知古今之無間、聖愚之本同，人人可以勉而進之。滕國雖小，猶可以爲善國，亦在夫爲之而已。孟子所謂瞑眩之藥者，欲使之舍其舊習，遠法堯舜也。人唯自棄，以堯舜爲不可及，是以安其故常，終身不克進，獨不知己之性即堯舜之性，而其不能如堯舜者，非不能也，不爲耳。故顏子以謂：“舜何人也？予何人也？有爲者亦若是。”此誠萬世之準則也。

【講義】曰：“滕之爲國，方五十里，國之至小者也。間於齊楚，勢之至危者也。以至小之國，處至危之勢，干戈相尋，翦焉傾覆，可立而待也。文公思所以自全之策，不謀之申商、管晏之徒，顧乃即孟子而問焉。孟子亦當告之以國若何而富、兵若何而强，庶乎其可瘳也。一則曰性善，二則曰堯舜，何其迂闊不切事情耶？”曰：“性者，人之所得於天之理也，堯舜者，盡此性者也。苟盡此性，堯舜可爲也，況於區區之富强乎？①人無賢愚均具此性，

---

① 前一“區”，原破損不清，此據元刻本《孟子講義》。

堯舜之聖人皆可爲，獨文公而疑之哉！孟子歷引成覸、顔淵、公明儀之言，所以釋文公之疑，卒之以'若藥不瞑眩，厥疾不瘳'，所以屬文公之志也。道之不明久矣，舉天下之人汨没於利欲之中，貪夫徇財，烈士徇名，夸者死權，品庶馮生，天之所以與我，而堯舜可爲者，懵然莫覺也。誠能深思孟子之言，而屬之以自強之志，則將有以超然獨立乎萬物之表，而天下之至貴無以復加矣。"

【纂疏】蔡氏曰："《方言》曰：'飲藥而毒，海岱之間謂之瞑眩。'"○輔氏曰："此可見孟子之謂性與道，非外事與物而言之也。"○又曰："性善是義理之綱領，識得性盡，則凡出處語默，言論風旨，凡孟子所説許多義理，皆自此流出，無有一事是在外者。但人不識其性善，故言不及。惟程子學以至到，故知得孟子此説真能擴前聖所未發，而有功於聖人之門也。"○西山真氏曰："七篇之中，無非此意者，如言仁義、言四端。蓋其大者，至於因齊王之愛牛，而勸之以行王政，亦因其性善而引之當道也，以此推之，他可識矣。"①

○滕定公薨。　世子謂然友曰："昔者孟子嘗與我言於宋，於心終不忘。　今也不幸至於大故，吾欲使子問於孟子，然後行事。"

定公，文公父也。然友，世子之傅也。大故，大喪也。事，謂喪禮。

然友之鄒，問於孟子。　孟子曰："不亦善乎！　親喪固所自盡也。曾子曰：'生，事之以禮；死，葬之以禮，祭之以禮。　可謂孝矣。'諸侯之禮，吾未之學也；雖然，吾嘗聞之矣。　三年之喪，齊疏之服，飦粥之食，自天子達於庶人，三代共之。"齊，音資。疏，所居反。飦，諸延反。

當時諸侯莫能行古喪禮，而文公獨能以此爲問，故孟子善之。又言父母之喪，固人子之心所自盡者。蓋悲哀之情，②痛疾之意，非自外至，宜乎文公於此有所不能自已也。③但所引曾子之言，本孔子告樊遲者，豈曾子嘗誦

---

① "識"，原漫漶不清，此據元刻本《四書纂疏》。
② "悲哀"，原破損不清，此據宋當塗郡齋本《四書集注》。
③ "已"，原破損不清，此據宋當塗郡齋本《四書集注》。

之以告其門人歟？三年之喪者，子生三年，然後免於父母之懷，故父母之喪必以三年也。齊，衣下縫也，不緝曰斬衰，緝之曰齊衰。疏，粗也，粗布也。飦，糜也。喪禮，三日始食粥。既葬，乃疏食。此古今貴賤通行之禮也。

【語錄】孟子答滕文公喪禮，不說到細碎上，只說"齊衰之服、飦粥之食，自天子達於庶人"，這二項便是大原大本。（葉賀孫）

總論二章之旨 孟子當時也，自理會那古制不甚得，如曰"諸侯之禮，吾未之學，然而軻也嘗聞其略也"，這便是不曾知得那子細。（黃義剛）○又曰："此亦是講學之有闕，蓋他心量不及聖人之大，故於天下事有包括不盡處。"（輔廣）○孟子說制度，先舉其綱而已，如田之十一，喪之自天子達之類。（楊方）○祝氏錄

【集疏】覺軒蔡氏曰："按《記·中庸》篇曰：'三年之喪，達乎天子；父母之喪，無貴賤一也。'"

【纂疏】趙氏曰："'自天子達於庶人'，是無貴賤之別。'三代共之'，是無古今之異。"

然友反命，定爲三年之喪，父兄百官皆不欲，曰："吾宗國魯先君莫之行，吾先君亦莫之行也，至於子之身而反之，不可。且《志》曰：'喪祭從先祖。'曰吾有所受之也。"

父兄，同姓老臣也。滕與魯俱文王之後，而魯祖周公爲長，兄弟宗之，故滕謂魯爲宗國也。然謂二國不行三年之喪者，乃其後世之失，非周公之法本然也。《志》，《記》也，引《志》之言而釋其意，以爲所以如此，蓋爲上世以來有所傳受，雖或不同，不可改也。然《志》所言，本謂先王之世，舊俗所傳，禮文小異而可以通行者耳，不謂後世失禮之甚者也。①

【語錄】古宗國，②如周公兄弟之爲諸侯者，則皆以魯國爲宗，故《孟子》載滕之父兄百官語曰："吾宗國魯先君莫之行。"③至戰國時，滕猶稱魯爲宗國也。（輔廣）○祝氏錄

---

① "後世"，原脫，據宋當塗郡齋本《四書集注》補。
② "國"，明陳煒刻本《朱子語類》卷五五《孟子五·滕文公篇》作"法"。
③ "先君莫"，原破損不清，此據文意校補。

謂然友曰：“吾他日未嘗學問，好馳馬試劍；今也父兄百官不我足也，恐其不能盡於大事，子爲我問孟子。”然友復之鄒問孟子。　孟子曰：“然。　不可以他求者也。　孔子曰：‘君薨，聽於冢宰。　歠粥，面深墨。　即位而哭，百官有司莫敢不哀，先之也。’上有好者，下必有甚焉者矣。‘君子之德，風也；小人之德，草也。　草尚之風必偃。’是在世子。”好、爲，皆去聲。復，扶又反。歠，川悦反。

不我足，謂不以我滿足其意也。然者，然其不我足之言。不可他求者，言當責之於己。冢宰，六卿之長也。歠，飲也。深墨，甚黑色也。即，就也。尚，加也，《論語》作上，古字通也。偃，伏也。孟子言但在世子自盡其哀而已。

【纂疏】輔氏曰：“《注》云‘當責之於己’，是應前面‘固所自盡’之説；‘在世子自盡其哀’，是應上句‘不可他求’之意。”

然友反命。　世子曰：“然，是誠在我。”五月居廬，未有命戒。　百官族人，可謂曰知。　及至葬，四方來觀之，顏色之戚，哭泣之哀，弔者大悦。

諸侯五月而葬。未葬，居倚廬於中門之外。居喪不言，故未有命令教戒也。可謂曰知，疑有闕誤。或曰：“皆謂世子之知禮也。”○林氏曰：“孟子之時，喪禮既壞，然三年之喪，惻隱之心，痛疾之意，出於人心之所固有者，初未嘗亡也。惟其溺於流俗之弊，是以喪其良心而不自知耳。文公見孟子而聞性善、堯舜之説，則固有以啓發其良心矣，是以至此而哀痛之誠心發焉。及其父兄百官皆不欲行，則亦反躬自責，悼其前行之不足以取信，而不敢有非其父兄百官之心。雖其資質有過人者，而學問之力亦不可誣也。及其斷然行之，而遠近見聞無不悦服，則以人心之所同然者，自我發之，而彼之心悦誠服，亦有所不期然而然者。人性之善，豈不信哉？”

【或問】三年之喪。曰：“人子之心無窮也，聖人以爲子生三年，而後免於父母之懷也，故爲之立中制節，使賢者不得過，不肖者不得不及也。”“齊疏之服，饘粥之食，何也？”曰：“服美不安，而食旨不甘也。”“其爲大本大經，何也？”曰：“自盡其心者，喪禮之大本也。三年齊疏、飦粥，喪禮之大經也。孟子生於戰國紛爭之際，不得見先王之全經矣，然其學得孔氏之正傳，而於文武之道則既識其大者。故其考論制度，雖若疏闊，有如張子之所病者，而於大本大經之際，則毫釐之間有不可得而亂者。以是爲主，而酌乎人情世變以文之，①則禮雖先王未之有者，亦可以義起矣。後世議禮者，不明乎此，故常以其度數節文之小不備，而不敢爲，卒以就乎大不備而後已，此劉向所以深嘆之也。然無孟子之學而强欲爲之，如叔孫通、曹褒之流，是又不免乎私意之鑿而已矣。”

【張氏注】三年之喪，自天子達。漢文帝之欲薄其喪，固爲有礙於公理，而景帝好愛不篤，遂廢先王之法，滅人子之性。流及後世，以萬乘之尊，居兆民之上而率天下以薄，不亦悲夫！然考滕世子問孟子之辭，則三年之喪其廢也久矣，其在周之末世乎？故曰：“吾宗國魯先君莫之行，吾先君亦莫之行也。”又曰：“喪祭從先祖，吾有所受之也。”然則其廢也久矣，世之治亂，此豈非其根柢耶？至景帝始顯，然從易月之制而不疑，蓋亦傳習之久，不以爲大變也。嗟夫！三年之喪，人子之至情，而聖人制之以天理者也。故孟子答世子之問，皆切其良心以告之。世子聞孟子之言於宋，而於心終不忘。蓋禮義本人心之所同然，孟子之言，有以感其所同然者也。至於遭大變故，於心有所不安，而遣然友以問焉，世子之資亦有可取矣。孟子告之曰：“親喪固所自盡也。”夫人子之於親喪，其至情深痛，孰爲不然者？其哭泣衰麻之節，祭祀之禮，凡以自盡而已。苟惟知所以自盡，則蓋有不待勉而行者矣。“生，事之以禮；死，葬之所禮，祭之以禮。”而後謂之孝。所謂禮者，蓋不可以不勉也。“三年之喪，齊衰之服，飦粥之食，自天子達于庶人”②，此所謂禮也。然友反命，而父兄百官不欲，夫父兄百官亦豈獨非人子哉？唯夫狃於故常、安於逸欲，而亡其天性至此，故以爲吾先君莫之行，而不可以反。噫！天下之事，唯當其理而已矣。前人偶未及此而後人幸而知之，乃遂以爲前之所未及者爲不可及，則是其失將相尋於無窮而後已耳。不知後之人一旦能改以從是，則非惟其事有此而正，③而亦得以蓋其既往之失，是前人所望於後人之意也。“喪祭從先祖”④，謂先王之時喪祭

---

① “世”，原漫漶不清，此據清吕氏刻本《孟子或問》。
② “達”，通志堂本《孟子説》作“至”。
③ “正”，原漫漶不清，此據通志堂本《孟子説》。
④ “祭”，原破損不清，此據通志堂本《孟子説》。

而言也。①先王之時，②喪祭皆有定制，懼後世有所更張，而荒墜也，③則曰：“喪祭從先祖。”且魯之先祖周公，魯公也；滕之先祖武王之庶弟，叔繡也。在當時，所行皆先王三年之喪也，若用喪祭從先祖之説，則盍不及其舊乎？後人既已廢其先祖之舊，④而來者方循已廢之失，乃曰：“吾從先祖而已。”何其不之思乎？大抵人心安於放肆，故以反古復禮爲難，而不知克其私意。求之吾心，夫何遠之有？世子雖有好善之心，而見理未明，自信不篤，故猶惑於父兄百官之浮議，而復遣然友以問焉，其病亦在於“他日未嘗學問”之故也。孟子以謂不可以他求者，蓋以爲父兄百官之不欲，亦在我有以率之而已矣。於是引孔子之言以告之，“君薨，聽於冢宰，歠粥，面深墨，即位而哭，百官有司莫敢不哀”者，吾有以先之故爾，此草上之風必偃也。又曰：“是在世子。”斯言欲世子立志爲本，而無事乎外也。世子聞斯言也，而曰：“是誠在我。”此志已立，而人莫能移矣。世子之志立，而喪紀明，其感化已有可見者，故五月居廬，未有命戒，百官族人皆以爲可而謂之爲知。夫百官族人何前日以爲非，而今日以爲知？蓋均是人也，吾有是心，而彼亦有是心也；吾有以先之，則彼將從而感動矣。非特百官族人，四方之來觀者，見其顔色之戚、哭泣之哀，而莫不大悦，蓋天下之心一而已。嗟夫！自漢景以來，易月之制，案爲國論而不可改，堯舜、三王之事，則棄之不遵，而文景之繆則襲之無疑。⑤以晋武帝之慨然欲復其舊，而沮其議者，當時所謂名儒杜預輩也。而魏孝文、周武帝乃能申其事情，而其品節居多可憾，此爲國之大經，人倫之大節，孰謂更歷世英明之主而獨不能乎？良由父兄、百官，用“至於子之身而反之，不可”之論，與夫“喪祭從先祖”之説，有以沮之也。嗟乎！盍不深復於孟氏“是在世子”之言乎，其亦無能以此啓告者乎！

【纂疏】輔氏曰：“‘可謂曰知’，若或者之説，則可字當作皆字，若作可字則不成文理。”○又曰：“林氏之説辭，《集注》翦截增益以成之，然辭順義精，

---

① “喪祭”，原破損不清，此據通志堂本《孟子説》。
② “先王”，原破損不清，此據通志堂本《孟子説》。
③ “荒”，原破損不清，此據通志堂本《孟子説》。
④ “舊”，通志堂本《孟子説》作“禮”。
⑤ “襲”，原破損不清，此據通志堂本《孟子説》。

説得人心事理坦然明白，學者苟能熟玩而深繹之，則必有所發於己，而知性善之旨矣。至論文公‘反躬自責，悼其前行之不足取信，而不敢有非其父兄百官之心’，以爲學問之力，則尤有益於學者。大凡學者必須知此理然後有進，而識古人爲己之學之意矣。”

○滕文公問爲國。

文公以禮聘孟子，故孟子至滕而文公問之。

【纂疏】輔氏曰：“前則云使然友問，後則云使畢戰問，此但言滕文公問，則知是文公親問孟子也。蓋文公既即位，固不可越國往見孟子，則必是以禮聘孟子至滕，而文公問之也。”

孟子曰：“民事不可緩也。《詩》云：‘晝爾于茅，宵爾索綯。 亟其乘屋，其始播百穀。’綯，音陶。亟，紀力反。

民事，謂農事。《詩》，《豳風·七月》之篇。于，往取也。綯，絞也。亟，急也。乘，升也。播，布也。言農事至重，人君不可以爲緩而忽之，故引《詩》言治屋之急如此者，蓋以來春將復始播百穀，而不暇爲此也。

【語錄】曰：晝往取茅，夜而絞索，亟升其屋而治之，不待督責而自相警戒，不敢休息如此。（見《詩傳》）○趙氏録

【纂疏】輔氏曰：“《詩》言民之趨於農功，自然如此其亟。孟子引之以證其‘民事不可緩’之説。①然熟玩之，便見得民事真不可緩之意。②人君者，若能真知民事之不可緩，則於爲國也思過半矣。”○趙氏曰：“綯，繩之絞也，所用蓋野廬之屋者。”

民之爲道也，有恒産者有恒心，無恒産者無恒心。 苟無恒心，放辟邪侈，無不爲已。 及陷乎罪，然後從而刑之，是罔民也。 焉有仁人在位，③罔民而可爲也？ 音義並見前篇。是故賢君必恭儉禮下，取於民有制。

恭則能以禮接下，儉則能取民以制。

---

① “亟孟子”，原漫漶不清，此據元刻本《四書纂疏》。
② “意”，元刻本《四書纂疏》作“説”。
③ “在位”，原脱，此據宋當塗郡齋本《四書集注》。

【纂疏】趙氏曰："人君纔恭敬則自然能以禮接下，纔節儉則自然能取民以制。禮下，所以開世禄及學校之事也。取民以制，所以開制民常産及貢、助、徹之法也。"

陽虎曰：'爲富不仁矣，爲仁不富矣。'

陽虎，陽貨，魯季氏家臣也。天理人欲，不容並立。虎之言此，恐爲仁之害於富也，孟子引之，恐爲富之害於仁也。君子小人每相反而已矣。

【纂疏】輔氏曰："天理、人欲固不容於並立，然先儒多以爲孟子取陽貨之言，是不以人廢言之公心。惟《集注》以爲所言雖同而所取各異，'君子小人每相反而已'者，其説尤爲的當。"

夏后氏五十而貢，殷人七十而助，周人百畝而徹，其實皆什一也。徹者，徹也；助者，藉也。　徹，敕列反。藉，子夜反。①

此以下乃言制民常産與其取之之制也。夏時一夫受田五十畝，而每夫計其五畝之入以爲貢。商人始爲井田之制，以六百三十畝之地畫爲九區，區七十畝，中爲公田，其外八家各授一區，但借其力以助耕公田，而不復税其私田。周時一夫授田百畝。鄉遂用貢法，十夫有溝；都鄙用助法，八家同井。耕則同力而作，收則計畝而分，故謂之徹。其實皆什一者，貢法固以十分之一爲常數，惟助法乃是九一，而商制不可考，周制則公田百畝，中以二十畝爲廬舍，一夫所耕公田實計十畝，通私田百畝爲十一分而取其一，蓋又輕於十一矣。竊料商制亦當似此，而以十四畝爲廬舍，一夫實耕公田七畝，是亦不過什一也。徹，通也，均也。藉，借也。

【語録】曰："貢、助異法。貢則直計其五畝之入，自賦於官；助則須計公田之中，八家各助七畝，只得五十六畝，其十四畝須依古法折除，一家各得一畝。若千步爲廬舍，方成八家，各助耕公田七畝也。"○嘗疑孟子所謂"夏后氏五十而貢，殷人七十而助，周人百畝而徹"，恐不解如此。先王疆理天下之初，②做許多畎溝澮汕之類，大段是費人力了。若是自五十而增爲七十，自七十而增爲百畝，則田間許多疆理都合更改，也恐無是理也。孟子當時未必親見，只是傳聞如此，恐亦難盡信也。（輔廣）○問："周制都鄙用

① "夜"，原破損不清，此據宋當塗郡齋本《四書集注》。
② "疆"，原作"彊"，據明陳煒刻本《朱子語類》卷五五《孟子五·滕文公篇》改。

助法，八家同井；①鄉遂用貢法，十夫有溝。鄉遂所以不爲井者，何故？"先生曰："都鄙以四起數，五六家始出一人，故甸出甲士三人，步卒七十二人。鄉遂以五起數，家出一人爲兵，以守衞王畿，役次必簡，故《周禮》惟挽匲則用之，此役之最輕者。近郊之民，王之內地也。輂輦之事，職無虛月，追胥之比，②無時無之，其受廛爲民者，固與畿外之民異也。七尺之征，六十之舍，王非姑息於邇民也。遠郊之民，王之外地也。其溝洫之治，各有司存。野役之起，不及其羨，其受廛爲氓者，固與內地之民異也。六尺之征，六十五之舍，王非茶毒於遠民也。園廛二十而一，若輕於近郊也。而草木之毓，夫家之聚，不可以擾，擾則不能以寧居，是故二十而稅一。漆林二十而五，若重於遠郊也。而器用之末作，商賈之資利不可以爲，則必至忘本，是故二十而五。蓋近郊遠郊，勞逸所繫。"○問："《集注》云：'鄉遂用貢法，都鄙用助法。'謂鄉遂、都鄙初無二制，不知何以考之也？"曰："此亦不可詳知，但因洛陽議論中通徹而耕之説推之耳，或但耕則通力而耕，收則各得其畝，亦未可知也。鄉遂、都鄙田制不同，《周禮》分明，如近年新説，只教畫在紙上，亦畫不成，如何行得？且若如此，則有田之家，一處受田，一處應役，彼此交互，難相統一，官司實難稽考，民間易生弊病，公私煩擾，不可勝言，聖人立法必不如此也。"○祝、趙氏録同

【張氏注】 張横渠曰："徹是透徹之徹，透徹而耕，則功力均，且相驅率，③無一家得惰者。及已收穫，則計畝數衮分之，以衮分之數助什一之數。"楊龜山曰："徹者，徹也，蓋兼貢、助而通用也。故孟子曰：'請野九一而助，國中什一使自賦。'方里而井，井九百畝，八家皆私百畝，其中爲公田，所謂九一而助也。國中什一使自賦，則用貢法矣，此周人所以爲徹也。鄭氏謂周制畿內用貢法，邦國用助法，有得於此歟？"

【纂疏】 潛室陳氏曰："夏商若同是井田，則皆八家同爲一井，但田分多寡耳。夏之井則爲五十畝者九，其中五十畝爲公田；商之井則爲七十畝者九，其中七十畝爲公田，此以周井田法約之。但孟子言唯助爲有公田，貢則什取其一，即是夏之貢不井，但於五十畝之中抽十之一以供貢；商之助

---

① "八"，原作"公"，據明陳煒刻本《朱子語類》卷八六《周禮·禮三》改。
② "追"，原作"近"，據明陳煒刻本《朱子語類》卷八六《周禮·禮三》改。
③ "且"，原作"耳"，據通志堂本《孟子説》改。

則井，卻於七十畝之外，別取公田之什一以輸官。"○北溪陳氏曰："周制國中鄉遂之地用貢法，田不井授，但爲溝洫，一夫受田百畝，與同溝之人通力合作，計畝均收，①大率什而賦其一。野外都鄙之地用助法，田以井授，中百畝爲公田，八家各私外百畝，同養公田。"○潛室陳氏曰："鄉遂用貢法，《遂人》是也；都鄙用助法，《匠人》是也。按《遂人》云'百夫有洫，十夫有溝'，溝即不見得包溝洫在内，若是在内，當云百夫十夫之間矣。《匠人》溝洫卻在内，故皆以間言。方十里者，以開方法計之，爲九百夫；方百里者，以開方法計之，爲九萬夫。《遂人》《匠人》兩處各是一法。朱子總其説，謂貢法十夫有溝，助法八家同井，其言簡而盡矣。但不知其必分二法者何故？竊意鄉遂之地在近郊遠郊之間，六軍之所從出，必是平原廣野，可畫爲萬夫之田，有溝有洫，又有途路，方員可以如圖。蓋萬夫之地，所占不多，以井田一同法約之，止有九分之一，故以徑法攤算，逐一見其子數。若都鄙之地謂之甸稍縣都，乃公卿大夫之采地。包山林陵麓在内，難用溝洫法整齊分畫，故逐處畫爲井田，雖有溝洫，不能如圖，故但言在其間。其地綿亘，一同之地爲萬夫者九，故以徑法紐算，但止言其母數。"○輔氏曰："其曰助法，乃是九一者，是以文王治岐，耕者九一，及下文'請野九一而助'，知其然也。而商制實無可考，其曰'竊料商制亦當如周制'，則一夫實耕公田七畝，通私田七十畝，亦爲十一分而取其一也，與九一之制亦不合。然十一而取其一，則亦與什一之制不争多，故曰：'其實皆什一也。'"○又曰："耕則通力而共作，收謂徹法，則計畝而均分也。"

龍子曰：'治地莫善於助，莫不善於貢。　貢者，校數歲之中以爲常。　樂歲，粒米狼戾，多取之而不爲虐，則寡取之；凶年，糞其田而不足，則必取盈焉。　爲民父母，使民盻盻然，將終歲勤動，不得以養其父母，又稱貸而益之，使老稚轉乎溝壑，惡在其爲民父母也？'樂，音洛。盻，五禮反，從目從兮。或音普莧反者，非。養，去聲。惡，平聲。

龍子，古賢人。狼戾，猶狼藉，言多也。糞，擁也。盈，滿也。盻，恨視也。勤動，勞苦也。稱，舉也。貸，借也。取物於人而出息以償之也。益之，以足取盈之數也。稚，幼子也。

---

① "計"，原破損不清，此據元刻本《四書纂疏》。

【纂疏】趙氏曰："豐樂之歲，其粒米狼藉饒多，雖多取之而不爲暴虐，則以寡取之。凶荒之年，①糞其田尚不足，②則以取滿其常數焉，是則校數歲之中以爲常之意也。"

夫世禄，滕固行之矣。 夫，音扶。

孟子嘗言文王治岐，耕者九一，仕者世禄，二者王政之本也。今世禄滕已行之，惟助法未行，故取於民者無制耳。蓋世禄者，授之土田，使之食其公田之入，實與助法相爲表裏，所以使君子野人各有定業，而上下相安者也，故下文遂言助法。

【語録】世禄是食公田之人。問："鄉長、③比長之屬有禄否？"曰："恐未必有。"（廖德明）○祝氏録

《詩》云：'雨我公田，遂及我私。'惟助爲有公田。 由此觀之，雖周亦助也。 雨，于付反。

《詩》，《小雅·大田》之篇。雨，降雨也，言願天雨於公田，而遂及私田，先公而後私也。當時助法盡廢，典籍不存，惟有此詩可見周亦用助，故引之也。

【語録】○又曰："言農夫之心先公後私，故望此雨而曰：'天其雨我公田，而遂及我之私田乎。'"（見《詩傳》）

〔總論二章之旨〕 又如説井田也，不曾見《周禮》，只據《詩》裏説"雨我公田，遂及我私田"，"由此觀之，雖周亦助也"。這是不曾識《周禮》，只用詩意帶將去。後面都説"鄉田同井，出入相友，守望相助，疾病相扶持"，"井九百畝，其中爲公田，八家皆私百畝，同養公田"。説井田只説得這幾句，是多少好，這也是大本大原處，却不理會細碎。○祝氏録

設爲庠序學校以教之。 庠者，養也；校者，教也；序者，射也。夏曰校，殷曰序，周曰庠，學則三代共之，皆所以明人倫也。 人倫明於上，小民親於下。

庠以養老爲義，校以教民爲義，序以習射爲義，皆鄉學也。學，國學也。共

---

① "凶"，原破損不清，此據元刻本《四書纂疏》。
② "其田尚不足"，原漫漶不清，此據元刻本《四書纂疏》。
③ "鄉"，原作"都"，據明陳煒刻本《朱子語類》卷五五《孟子五·滕文公》改。

之，無異名也。倫，序也。父子有親，君臣有義，夫婦有別，長幼有序，朋友有信，此人之大倫也。庠序學校，皆以明此而已。

【語錄】曰："問鄉學如何？"曰："皆於農隙而學。"曰："孰與教之？"曰："鄉大夫有德行而致其仕者教之。"○趙氏錄

【或問】曰："先王之學教民，其效如此，後世學校固未嘗廢而獨未覩其效，何耶？"曰："先王之學，以明人倫爲本，故自其咏歌弦誦之間，洒掃應對之際，所以漸摩誘掖勸勵作成之者，無非有以養其愛親敬長之心，而教之以脩己治人之術。是以當是之時，百姓親睦，風俗淳厚，而聖賢出焉。後世學校雖存，而無復此意，所以教之者，不過趨時干祿之技，而其所以勸勉程督之者，又適所以作其躁競無恥之心，雖有長材美質可與入於聖賢之域者，亦往往反爲俗學頹風驅誘破壞，而不得有所成就，尚何望其能致化民成俗之效，如先王之時哉？先世君子，蓋有憂之，故程夫子兄弟皆常建言，欲以漸變流俗之謬，而復於先王之意，顧皆屈於俗儒之陋說，而不得有所施行也。後之君子，有能深考其說而申明之，其亦庶幾矣乎！"

【纂疏】輔氏曰："養、老、序、射，皆學校教人之事，特三代欲異其名，故取義不同耳。然此三者皆鄉學也，故異名。至於國學，則但同謂之學而已，言學，則庠、校、序皆舉之矣。鄉學雖有異名，國學雖無異名，然其明人倫以教之之事則同也。"

有王者起，必來取法，是爲王者師也。

滕國褊小，雖行仁政，未必能興王業。然爲王者師，則雖不有天下，而其澤亦足以及天下矣。聖賢至公無我之心，於此可見。

【語錄】孟子見滕文公說許多井田，也是一場疏脫。云"有王者起，必來取法"，孟子也只是說得在這里，滕也只是做不得。（葉賀孫）○孟子語滕文公，又卻只說"有王者起，必來取法，是爲王者師"，不曾說便可以王。是亦要國大方做得，小底亦不奈何。今且說將百里教你行王政，你做得從何處起，便是古時聖賢易做，後世聖賢難做。（黃義剛）○祝氏錄

【纂疏】○輔氏曰："《集注》所謂聖賢，則總五帝三王及輔佐之賢，與夫孔子、孟子而言之也。恭儉，德也。禮下、取民有制，政事也。貢、助、徹，法度也。學校，教也，所以成終也。內外兩盡，政教具舉，本末始終有序，爲國之道備矣。國雖褊小，勢不能致王業之興，然有王者作，必來取法爲王

者師,則德澤亦足以及於天下矣。於此可見聖賢至公無我之心,而或者猶疑孟子不當勸齊王行王道者,何哉? 齊梁地廣民衆,其不王者不爲耳,故孟子勸以行王政。滕國壤地褊小,雖行仁政,未必能興王業也,故教以强爲善,以爲王者師,以此見孟子之道能大能小,無不可爲之事也。"

《詩》云:'周雖舊邦,其命維新。'文王之謂也。 子力行之,亦以新子之國。"

《詩》,《大雅·文王》之篇。言周雖后稷以來舊爲諸侯,其受天命而有天下,則自文王始也。子,指文公,諸侯未逾年之稱也。

【張氏注】滕文公問爲國,孟子首告之以"民事不可緩也",斯一言真有國之寶,幾於一言而可以興邦也。周公《七月》之詩,其所爲諄諄懇懇如此者,凡以民事之不可緩故爾。所謂"晝爾於茅,宵爾索綯,亟其乘屋,其始播百穀"之語,蓋言農隙之時,汲汲然治其屋廬,以來歲將復始播百穀,①而不暇於此之故也。下所言與告梁惠王者同,蓋其理之深切者也。"賢君恭儉禮下,取於民有制"者,蓋恭儉則自奉養以節,禮下則不敢以勢陵民,而又取民以制。什一之法,所謂制也,過乎此則爲桀之道,而不及乎此則爲貉之道。"爲富不仁,爲仁不富"者,蓋欲爲富,則惟富之徇,雖有害於人,不顧恤也,故必不仁。爲仁則以愛人存心,其肯以富己爲事乎? 天理、人欲之不兩立也。言之可取,雖陽虎亦不廢,雖不以言取人,而亦不以人廢言,聖賢之公心也。夏、商、周之法,或以五十,或以七十,或以百畝,而皆以什一,蓋五十畝者以五畝爲貢,七十畝者以七畝爲助,百畝者以十畝爲徹,是皆什一也。徹之爲言徹耕而通計之也。助之爲言借民之力助公上以耕也。夏后氏之貢,雖亦取其什之一而未免有弊者,蓋校數歲之中而立之常制故也。惟助法爲精密,使民出其力以治上之公田,上之人收公田之入而已,其多寡視歲之登凶,與民同其豐歉也。然而夏后之時,其弊未至如龍子之言也。春秋戰國之際,用夏之貢法,而暴君污吏虐賦於民,故使民至於終歲勤動,而無以養其父母。見民之無以自養也,則又稱貸之,是名以爲惠,而實取其倍稱之息以自益,使老弱轉死溝壑而後已。蓋先王之制,本以仁民,而後之所爲祇以爲富也。成周之法,蓋壞於春秋戰國之

---

① "穀",原作"富",據通志堂本《孟子説》改。

際，然略有存者，如世禄是也，而井田之制則壞也久矣。助法，周人亦兼用之於野，故引"雨我公田，遂及我私"之詩，惟助爲有公田，以見周之亦有助也。夫上與民同其豐歉，而民樂共其上之事，故民之情欲先雨乎公田，以及乎吾之私，可見民之親愛其上矣。助法之行，固有以養民之良心也。民既有以自養，則庠序學校之教可行焉。三代之學，曰校，曰庠，曰序，名雖不同而所以爲學則一。庠言其養，養其材也；校言其教，教以道也；序言其射，射考德也。其所以學者何也？明人倫也。人之大倫，天之所叙，而人性所有也。人惟不能明其理，故不盡其分，以至於傷恩害義而淪胥其常性，聖人有憂焉。爲之學以教之，使之明夫君臣之有義，父子之有親，夫婦之有別，長幼之有序，求以盡其分而無失其性，故人倫明於上，而小民亦篤於孝，愛親其君上而不可解，此三代風化之所爲美也。後有王者起，不取法於是，而何求乎？蓋三代之治，實萬世王者之師也，此《中庸》所謂"王天下有三重焉"之意也。"周雖舊邦，其命維新"，言周邦雖舊，而天命之眷顧則新，蓋德之流行有以格於天心也。然則滕國雖小，所以新之者，豈不在文公乎？惟力行王政斯可矣。

使畢戰問井地。　孟子曰："子之君將行仁政，選擇而使子，子必勉之。　夫仁政必自經界始。　經界不正，井地不鈞，穀禄不平，是故暴君污吏必慢其經界。　經界既正，分田制禄可坐而定也。　夫，音扶。

畢戰，滕臣。文公因孟子之言，而使畢戰主爲井地之事，故又使之來問其詳也。井地，即井田也。經界，謂治地分田，經畫其溝塗封植之界也。此法不修則田無定分，而豪强得以兼併，故井地有不均，賦無定法，而貪暴得以多取，故穀禄有不平。此欲行仁政者之所以必從此始，而暴君污吏則必欲慢而廢之也。有以正之，則分田制禄可不勞而定矣。

【張氏注】經其土地而界之。

【纂疏】輔氏曰："因其使畢戰來問，故知使畢戰主爲其事，而因使之來問其詳也。度孟子之來滕國，不久便去，故使畢戰往問之。若孟子尚留滕國，則文公亦必親與之商略矣。"○又曰："治地，謂開闢其方里爲井之地也。分田，謂分爲九百畝之田也。田側有溝，溝上有塗。①封植，則封其所

---

① "溝"，原作"塹"，據元刻本《四書纂疏》改。

植之木以爲界止也。"〇又曰:"經畫界止之法不修,則田無定制。不定爲一夫授田百畝之制,而民之豪强者,惟其所取,得以兼併其他人之所有。我之所占者既多,則人之所得者或少,故於井地有不均。賦無定法,則不特取公田十一之賦,而暴君貪吏惟其所取,得以裒斂其私田之所入。此或得禄之多,此或得禄之少,故於穀禄有不平。"〇輔氏曰:"若有仁君欲行仁政,使彼此均平,田無多少之差,則必從經界之事做起。而暴君污吏貪得務多,只知有我,不知有民,只知爲己,不知爲人者,則必欲慢而廢之也。凡事須是敬,則能立,才有慢心,事便日趍於弊壞也。"〇趙氏曰:"井地,則言其始以地而畫井耳。井田,則因其田既已成井而言之也。"

夫滕,壤地褊小,將爲君子焉,將爲野人焉。 無君子莫治野人,無野人莫養君子。 夫,音扶。養,去聲。

言滕地雖小,然其間亦必有爲君子而仕者,亦必有爲野人而耕者,是以分田制禄之法不可偏廢也。

【纂疏】輔氏曰:"國無大小,雖小國亦有仕於朝爲君子者,亦必有耕於野而爲野人者。無君子則孰治小人,無野人則孰養君子。言此以見分田制禄之法不可偏廢,而有國者之於經畫誠不可以慢也。"

請野九一而助,國中什一使自賦。

此分田制禄之常法,所以治野人使養君子也。野,郊外都鄙之地也。九一而助,爲公田而行助法也。國中,郊門之内,鄉遂之地也。田不井授,但爲溝洫,使什而自賦其一,蓋用貢法也。周所謂徹法者,蓋如此。以此推之,當時非惟助法不行,其貢亦不止什一矣。

【語録】曰:"野謂甸稍縣都,行九一法。國中什一,以在王城,豐凶易察。"〇國中行鄉遂之法,如五家爲比,五比爲閭,四閭爲族,四族爲黨,五黨爲州。又如五人爲伍,五伍爲兩,四兩爲卒,五卒爲旅,五旅爲師,五師爲軍。皆五五相連屬,所以行不得那九一之法,故只得什一使自賦。如鄉遂却行井牧之法,次第是一家出一人兵。①且如五家爲比,比便有一箇長了。井牧之法,次第是三十家方出得士十人,徒十人。井田之法,孟子說"夏五十而貢,殷七十而助,周百畝而徹",先是五十,後是七十,又是一百,如此便

① "次"上,原衍"鄉遂之法",據明陳煒刻本《朱子語類》卷五五《孟子五·滕文公篇》删。

是打碎一番，想聖人處事必不如是勞擾。○此等亦難卒曉，須是《周禮》爲本，而參取孟子、班固、何休諸說訂之，庶幾可見髣髴，然恐終不能有定論，但不可不盡其異同耳。(《答張仁叔》)○祝、趙氏録同

【纂疏】輔氏曰："郊外都鄙用助法，則收其公田之所入，以爲君子之禄食。國中鄉遂用貢法，則使耕者什而自賦其一，以充國家之所用。其遠近之所以不同者，詳已見前段。此周之所謂徹法也，前所謂徹者，通也、均也者，所以釋徹字之義，此則正言其法是如此。"○又曰："《集注》以其請野九一而助，則知助法之不行。又云‘國中什一使自賦’，則當時之貢法，亦有强取其賦於什一之外者矣。"

卿以下必有圭田，圭田五十畝。

此世禄常制之外，又有圭田，所以厚君子也。圭，潔也，所以奉祭祀也。不言世禄者，滕已行之，但此未備耳。

餘夫二十五畝。

程子曰："一夫上父母，下妻子，以五口、八口爲率，受田百畝。如有弟，是餘夫也，年十六，別受田二十五畝，俟其壯而有室，然後更受百畝之田。"愚按，此百畝常制之外，又有餘夫之田，以厚野人也。

【語録】問："圭田、餘夫之田，是在公田、私田之外否？"曰："卿受田六十邑，乃當二百四十井。此外又有圭田五十畝，餘夫二十五畝，乃是十六歲以前所受在一夫百畝之外也。孟子亦是言其大概，未必見《周禮》也。"(潘時舉)○祝氏録　問："卿士大夫之有圭田，必有耕之者，豈亦有耕屬可耕乎？恐圭田只是給公田之在民者，如井百畝，而百畝爲公田之類。"曰："其制未及詳考，大抵古者田禄，皆是助法之公田充，而八家因爲之屬，如‘有田一成，有衆一旅’是也。圭田恐亦如此，故《王制》云：‘圭田無征。’"○趙氏録

死徙無出鄉，鄉田同井，出入相友，守望相助，疾病相扶持，則百姓親睦。

死，謂葬也。徙，謂徙其居也。同井者，八家也。友，猶伴也。守望，防寇盜也。

【纂疏】輔氏曰："鄉謂‘萬二千五百人爲鄉’之鄉。‘死徙無出鄉’者，死而葬者，徙而居者，皆不可出其鄉也。‘鄉田同井’者，同鄉之人則八家同爲

一井，一井之中其出入則自相爲伴，防禦寇盗則自相爲助，疾病則自相扶持，此張子所謂井田救灾恤患之事也。如此則朝夕同處，自然親睦也。此又言助法之善也。”

方里而井，井九百畝，其中爲公田。 **八家皆私百畝，同養公田。** **公事畢，然後敢治私事，所以別野人也。** 養，去聲。別，彼列反。

此詳言井田形體之制，乃周之助法也。公田以爲君子之禄，而私田野人之所受，先公後私，所以別君子、野人之分也。不言君子，據野人而言，省文耳。上言野及國中二法，此獨詳於治野者，國中貢法當世已行，但取之過於什一爾。

【語録】什一之法，傳於今者大略如此，其詳不可得而知矣。以孟子考之，野九一而助，國中什一所自賦，其輕重又不同，而考之《周禮》，則行助法處有公田，而行貢法處無公田也。○又問：“周制百畝之田，十六而受，①六十而除。②若人物繁庶而田有限，不知何以處之？”曰：“人多田少，以今料之，誠有此患。但程、張二先生以爲田無不足之言，此必有説，未暇考之。”

○蔡氏録

【纂疏】輔氏曰：“上既言助法之善，故此下遂言周之助法也。方里而井，井九百畝，其中爲公田，便是井田形體之制也。”

此其大略也。 **若夫潤澤之，則在君與子矣。”** 夫，音扶。

井地之法，諸侯皆去其籍，此特其大略而已。潤澤，謂因時制宜，使合於人情，宜於土俗，而不失乎先王之意也。○吕氏曰：“子張子慨然有意三代之治，論治人先務，未始不以經界爲急，講求法制，粲然備具。要之可以行於今，如有用我者，舉而措之耳。嘗曰：‘仁政必自經界始，貧富不均，教養無法，雖欲言治，皆苟而已。世之病難行者，未始不以亟奪富人之田爲辭。然兹法之行，悦之者衆，苟處之有術，期以數年，不刑一人而可復。所病者，特上之未行耳。’乃言曰：‘縱不能行之天下，猶可驗之一鄉。’方與學者議古之法，買田一方，畫爲數井。上不失公家之賦役，退以其私正經界，分宅里，立斂法，廣儲蓄，興學校，成禮俗，救菑恤患，厚本抑末，足以推先王

---

①　“受”，原作“收”，據通志堂本《孟子集疏》改。
②　“除”，原作“餘”，據通志堂本《孟子集疏》改。

之遺法,明當今之可行,有志未就而卒。"○愚案,喪禮、經界兩章,見孟子之學識其大者。是以雖當禮法廢壞之後,制度節文不可復考,而能因略以致詳,推舊而爲新,不屑屑於既往之迹,而能合乎先王之意,真可謂命世亞聖之才矣。

【集義】橫渠先生曰:"'野九一而助',郊之外,助也;'國中什一使自賦',郊門之內,通謂之國中,田不井授,故使十而自賦其一也。"

【或問】所言井地之法,以《周禮》諸説考之,亦有未悉合者,何也？曰:"吾於前章,固已論之矣。大抵孟子之言,雖曰推本三代之遺制,然常舉其大而不必盡於其細也,師其意而不必泥於其文也。蓋其疏通簡易,自成一家,乃經綸之活法,而豈拘儒曲士、牽制文義者之所能知哉!"曰:"三代授田之多少不同,何也？"曰:"張子嘗言之矣,陳氏、徐氏亦有説焉,然皆若有可疑者。蓋田制既定,則其溝涂畛域亦必有一定而不可易者,今以易代更制,每有增加,則其勞民動衆,廢壞已成之業,使民不得服先疇之田畝,其煩擾亦已甚矣。不知孟子之言,其所以若此者果何耶？陳氏曰:'夏時洪水方平,可耕之地少,至商而浸廣,及周而大備也。'徐氏曰:'古者民質用約,故田少而用足。後世彌文而用廣,故受田之際,①亦隨時而加焉。'"曰:"貢法,大禹之遺制,而其不善若此,何也？"曰:"蘇氏、林氏嘗言之矣。蘇氏曰:'作法必始於粗,終於精,古之不爲,此非不知也,勢未及也。方其未有貢也,以貢爲善矣;及其既貢,而後知其有不善也。'林氏曰:'禹貢之法,九州之賦,有錯出於他等者,不以爲歲之常數。又因游豫,則視其豐凶而補助之。周制鄉遂用貢法,亦有司稼之官巡野觀稼,視年之上下,以出斂法,則其弊未至。如龍子之言,乃當時諸侯用貢法之弊耳。'"

【張氏注】至哉,井田之爲法也!聖人既竭心思焉,繼之以不忍人之政,②而仁覆天下者,莫大於井田矣乎。③井田之法,以經土地爲本。經云者,經理之,使其分界明辨也。經界正則井地可均,井地均則穀禄可平。自公卿以至於士,各有常禄;自匹夫匹婦,各有常産;而鰥寡孤獨,亦各有所養。自五人爲伍而伍之,而兵可寓也;自五家爲比而比之,而民可睦也。鄉庠

---

①　"際",清呂氏刻本《四書或問》作"制"。
②　"人",原作"仁",據通志堂本《孟子説》改。
③　"莫",通志堂本《孟子説》作"其有"。

黨塾，春誦夏弦而教化可行焉，賢能可興焉。爲治有要，如綱舉而萬目張者，其惟井田矣乎？暴君污吏，其用之也無度，故其取之也無極，乃始慢其經界。蓋以經界之法明，則無以肆其虐取之計，不得不遂廢之也。當孟子之時，其廢也蓋久矣，滕文公慨然有意於治，而使畢戰問及乎此，宜孟子樂聞而深勉之也。孟子欲以正經界爲先，蓋井田，王政之本，而經界又井田之本也。一國之間，有君子焉，有小人焉，其大要在於分田、制禄二事而已。田得其分則小民安其業，禄得其制則君子賴其養，上下相須而各宜焉，治之所由興也。惟夫爲君子者，虐取而無制，爲小人者，畔散而不屬，此井田之法所以壞，而周之所爲末世也。於是稽先王之制而酌之，使之坦然而易行。"請野九一而助，國中什一使自賦"，野，謂郊外，九一而助，私其九而助其一也；國中，謂近郭之地，使自賦，使私其九而賦其一也。二者皆什一也。民受田百畝，卿大夫各賦圭田五十畝，民之有餘夫者，又授之二十五畝，此其謂公平均一、輕重有倫者也，民有常産則有常心。死徙不出其鄉，鄉田同井，其出入相友也，守望相助也，疾病相扶持也，其所爲親睦若此者，蓋先王井田之制，有以養其良心故也。方里爲一井，井九百畝，八家受八百畝，其中百畝則爲公田，八家各私其所受之百畝而同養公田，先治公田而後及其私，蓋其尊君愛上之心亦由是而生焉。曰"此所以別野人也"，言此爲治野人之事也。孟子既言其大略矣，而曰："若夫潤澤之，則在君與子矣。"蓋立制定法，大綱既舉，而其纖悉條理，要使精密無餘憾，而後可行也。或曰："人皆知商鞅相秦孝公廢井田、開阡陌，今以孟子之言考之，則井田之廢也久矣。"蓋孟子之時，井田之法雖廢而井田之名猶在，暴君污吏雖去其籍，而猶不敢易其名也。使其名存，有王者起，紬繹而求之，庶可復也。至商鞅乃始蕩然一泯其迹而開阡陌，並與名亡之矣。是鞅之罪，可勝誅哉！雖然，秦以虐亡，而漢繼之，以高祖之英傑，使有王佐之臣導之以正學，當是時，考論王政，而求復焉，則其迹猶可尋也。一失不返，寥寥千有餘載，先王之制，幾與《韶》《濩》《大武》之音寂而不傳，天下之法日趨於弊，間有善治，終不滿人意，是以先覺之士往往以復古爲心，然論者以爲其廢也久，則其復也難，非惟人情事理有所不可，[1]而幅員之廣，山川

---

[1]　"可"，通志堂本《孟子説》作"協"。

險夷之不侔,概以一法,且將多所不可行,然則是終不可復歟? 是斯民終無復見三代之盛歟? 嗟乎! 勢有今古,①而理之所在不可易也。有聖君賢相起焉,本先王所以仁民者,竭其心思,揆以天道,叶於時義而損益之,其公平均一之道,蓋有可得而求者矣。夫豈有世異而事殊,膠而不可行之患哉?

【集疏】東萊呂氏曰:"以《梁惠王》《公孫丑》《滕文公》三篇首章考之,孟子先適梁,次適齊,次適宋,次適滕。其在宋也,雖未嘗與王倨語,如戴不勝、戴盈之之徒,其意亦拳拳矣,然皆志懦力弱不足以有爲。獨滕文公尊嚮甚篤,觀孟子答畢戰井地之問,曰'子之君將行仁政,選擇而使子',則既命戰推行之矣。遠方之人,願受一廛而爲氓者踵至,則推行亦既有效矣。不幸文公信道不篤,溺於許行之説,脅於齊楚之威,②不能終其序,豈非天哉?"○覺軒蔡氏曰:"孟子告齊梁,③不易五畝之宅之説。滕問爲國,則以爲民事不可緩;問井地,④則告之以仁政必自經界始。蓋有以厚民之生,斯可以善民之心,三代仁天下之道也。"

【纂疏】輔氏曰:"《注》云:'潤澤,謂因時制宜,使合於人情,宜於土俗,而不失乎先王之意也。'此非是解此二字之義,乃就井田之法上言,必能如此立法,然後可謂之潤澤也。"○又曰:"張子之學,已到古聖人之心事,故見得治天下先務必當以經界爲急,於是力考詳究,知其法之行,悦之者衆,苟行之有術,期以數年,不刑一人而可復。既不得行,則又欲私爲而小驗之,以明先王之法無不可行者,以待後之君子。嗚呼! 仁哉!"○又曰:"常人而欲法古先哲王之事於後世者,往往不曾先得古人之心,屑屑然泥其既往之迹,到行不得處,則反出其私意,穿鑿杜撰,以求其必濟。甚者至於嚴刑峻法,以箝人之議,强民之從,於是與先王之意背馳,非徒無益,而又害之者多矣。唯'孟子之學,識其大者',謂先得古先哲王之心也。'是以雖當禮法廢壞之後,制度節文不可復考,而能因略而致詳',謂因其大體而詳其節目。'推舊以爲新',謂推其既往以爲今日之制。雖'不屑屑於已往之迹,而能合於先王之意',此與聖賢同一心事,同一軌轍,信非命世亞聖之

---

①　"勢",通志堂本《孟子説》作"世"。
②　"脅於齊",原漫漶不清,此據通志堂本《孟子集疏》。
③　"齊",原漫漶不清,此據通志堂本《孟子集疏》。
④　"問",原漫漶不清,此據通志堂本《孟子集疏》。

大才不能爲也。”

○有爲神農之言者許行，自楚之滕，踵門而告文公曰：“遠方之人聞君行仁政，願受一廛而爲氓。”文公與之處。　其徒數十人皆衣褐，捆屨、織席以爲食。　衣，去聲。捆，音閫。

神農，炎帝神農氏，始爲耒耜教民稼穡者也。爲其言者，史遷所謂農家者流也。許，姓。行，名也。踵門，足至門也。仁政，上章所言井地之法也。廛，民所居也。氓，野人之稱。褐，毛布，賤者之服也。捆，扣掀之欲其堅也。以爲食，賣以供食也。程子曰：“許行所謂神農之言，乃後世稱述上古之事，失其義理者耳，猶陰陽、醫方稱黃帝之說也。”

【張氏注】褐，以毳織之，或曰草衣也。捆，猶叩掀也，叩掀使屨堅也。

【纂疏】輔氏曰：“此可見人心之所同，不獨孟子以爲仁政，而當時之人，亦莫不以爲仁政也。”○又曰：“前言市廛則爲市中之宅，此但言廛，則爲民所居而已。”○又曰：“陰陽、醫方所稱黃帝之說，如《素問》《靈樞》之類是也。使真有神農、黃帝之言傳於世，孔孟豈得而不稱述之哉？”

陳良之徒陳相與其弟辛，負耒耜而自宋之滕曰：“聞君行聖人之政，是亦聖人也，願爲聖人氓。”

陳良，楚之儒者。耜，所以起土。耒，其柄也。

陳相見許行而大悦，盡棄其學而學焉。　陳相見孟子，道許行之言曰：“滕君則誠賢君也；雖然，未聞道也。　賢者與民並耕而食，[①]饔飧而治，今也滕有倉廩、府庫，則是厲民而以自養也，惡得賢？”饔，音雍。飧，音孫。惡，平聲。

饔飧，熟食也，朝曰饔，夕曰飧。言當自炊爨以爲食，而兼治民事也。厲，病也。許行此言，蓋欲陰壞孟子分別君子、野人之法。

【纂疏】輔氏曰：“文公既有意於爲國，而問於孟子，孟子既告之當以經界爲始，而文公又使畢戰主爲其事矣。故鄰國皆知之，而有志之士各欲以其所學來告，至於異端邪說，亦皆欲來售其說，如許行是也。許行謂君民尚當並耕而食，則爲君子而仕者可知矣。是其說正與孟子分別君子、野人相

---

① “者”，原作“君”，據宋當塗郡齋本《四書集注》改。

反，故知許行欲陰壞其法也。”

孟子曰：“許子必種粟而後食乎？”曰：“然。”“許子必織布而後衣乎？”曰：“否。　許子衣褐。”“許子冠乎？”曰：“冠。”曰：“奚冠？”曰：“冠素。”曰：“自織之與？”曰：“否。　以粟易之。”曰：“許子奚爲不自織？”曰：“害於耕。”曰：“許子以釜甑爨，以鐵耕乎？”曰：“然。”“自爲之與？”曰：“否。　以粟易之。” 衣，去聲。與，平聲。

> 釜，所以煮。甑，所以炊。爨，然火也。鐵，耒屬也。此語八反，皆孟子問而陳相對也。

“以粟易械器者，不爲厲陶冶。　陶冶亦以其械器易粟者，豈爲厲農夫哉？　且許子何不爲陶冶，舍皆取諸其宮中而用之？　何爲紛紛然與百工交易？　何許子之不憚煩？”曰：“百工之事固不可耕且爲也。” 舍，去聲。

> 此孟子言而陳相對也。械器，釜甑之屬也。陶爲甑者，冶爲釜鐵者。舍，止也，或讀屬上句，舍謂作陶冶之處也。

“然則治天下獨可耕且爲與？　有大人之事，有小民之事。　且一人之身，而百工之所爲備，如必自爲而後用之，是率天下而路也。　故曰：或勞心，或勞力。　勞心者治人，勞力者治於人。　治於人者食人，治人者食於人。　天下之通義也。 與，平聲。食，音嗣。

> 此以下皆孟子言也。路，謂奔走道路，無時休息也。治於人者，見治於人也。食人者，出賦稅以給公上也。食於人者，見食於人也。此四句皆古語，而孟子引之也。君子無小人則饑，小人無君子則亂。以此相易，正猶農夫、陶冶以粟與械器相易，乃所以相濟，而非所以相病也。治天下者，豈必耕且爲哉？

【張氏注】許行之説，初若淺近，而乃盛行於時，從之者數十人，以滕文公之賢，一入其語，惑而不可解。陳相師周公、仲尼之道，一旦盡棄其學以從之，其所以能動人者，果何故哉？蓋其人亦清苦高介之士，遠慕古初而燭理不明，①見世有神農之説，不知其爲後世傳習之謬，則從而祖述之。以

---

① “理不”，原漫漶不清，此據通志堂本《孟子説》。

謂農者天下之本,善爲治者,必使斯民盡力於農,而人君必力耕以先之,不當使民勞而己逸以爲功,力以道治天下,①而非後世所及,此其説若高而有以惑於人者也。樊遲請學稼,微夫子救之,蓋亦幾陷於此矣。嗟乎!帝王之道如長江大達,無往而不達者,以其述天之理故爾;異端之説如斷港荒蹊,卒歸於不可行者,以其私意之所爲故爾。愚每讀至此章,未嘗不爲滕文公惜之。夫文公一聞孟子性善之論,而不忘於心,聞喪紀之隆,而知是誠在我。以至於問爲國,講井地,②而使遠方之人或執耒耜以願爲之氓,亦可謂賢君矣。而不克終用孟子之説,寂然無聞於後,意者許行之言有以奪之也。曰"文公與之處",則知文公蓋親而信之矣。文公雖警省於孟子之論,而初未有得於中也。惟其未有得於中,故他人得而移之。原文公之惑,許行蓋亦志於爲治者,惟其燭理不明而不自知其非也。許行之論,以謂賢者當與民並耕而食,③饗飧而治,以有倉廩、府庫爲厲民以自養。孟子因陳相之論而明辨之,非特以祛陳相之惑,抑庶幾文公聞之而有以悟其失耳。則問之以"必種粟而後食乎",則應之曰:"然。"問之以"必織布而後衣乎",猶有以遁也,曰:"許子衣褐。"問之以"冠乎",曰:"冠。"問之以"奚冠",曰:"冠素。"曰:"自織之與?"又叩之曰:"許子奚爲不自織?"而其説固窮矣。蓋許子豈但食粟而已乎?其不可無衣冠明矣。許子之衣冠,獨不資諸人乎?則又就其食粟而問之,許子之粟亦必種而後可成,炊而後可食也,則其種與炊之具,又豈得不資諸人乎?以粟易械器不爲厲陶冶,而以械器易粟者,豈得爲厲農夫乎?④蓋百工各以其事而通有無者,天下之常也。許子若但欲專以種粟爲事,則何不陶冶以自治其具?使凡所以爲粟者,皆取足於己之家而用之,而至於紛紛交易,又何其煩與。至此理之不可行者,不復更可遷就,故陳相但曰:"百工之事,固不可耕且爲也。"而其情無所遁矣。於是明義以喻之,曰:"治天下獨可耕且爲與?"夫以百工之事,猶不可耕且爲,⑤則治天下之不可以耕且爲亦明矣。至此而

---

① "功力",通志堂本《孟子説》作"是乃"。
② "講",原作"謂",據通志堂本《孟子説》改。
③ "與",原破損不清,此據通志堂本《孟子説》。
④ "者豈",原漫漶不清,此據通志堂本《孟子説》。
⑤ "可",原漫漶不清,此據通志堂本《孟子説》。

許行之説,將安所措乎? 於是又從而推明之:大人者治其大人之事於上,而小民者則共其小民之事於下;在上者勞心以治人,而在下者聽治於人;聽治於人者出力以食其上,①而治人者則享其食焉。此理天實爲之,萬世所共由者,故曰:"天下之通義也。"如許行之説,則昧夫理之所當然,務小惠以妨大德,瞎私情以害正體,卒歸於不可行,且以一人之身,固資於百工之所爲,而欲必一一以爲之,則是驅天下於一路而已,其可行哉?

【纂疏】輔氏曰:"《注》云:'路,謂奔走道路,無時休息也。'此但言其勞耳。若曰以一人之身,而欲自爲百工之事以足其用,則譬如率天下之人,奔走於道路而無時休息也,其可哉!"○又曰:"君子勞心以治人,而食於人;野人勞力以治於人,而食人。此理天實爲之,天下萬世之所共由也。正猶農夫與陶冶,相與易事而以相濟相成也,豈有相病之理乎?"

當堯之時,天下猶未平,洪水橫流,氾濫於天下。 草木暢茂,禽獸繁殖,五穀不登,禽獸偪人,獸蹄鳥迹之道交於中國。 堯獨憂之,舉舜而敷治焉。 舜使益掌火,益烈山澤而焚之,禽獸逃匿。 禹疏九河,瀹濟、漯,而注諸海;決汝、漢,排淮、泗,而注之江,然後中國可得而食也。 當是時也,禹八年於外,三過其門而不入,雖欲耕,得乎? 瀹,音藥。濟,子禮反。漯,他合反。

天下猶未平者,洪荒之世,生民之害多矣。聖人迭興,漸次除治,至此尚未盡平也。洪,大也。橫流,不由其道而散溢妄行也。氾濫,橫流之貌。暢茂,長盛也。繁殖,衆多也。五穀,稻、黍、稷、麥、菽也。登,成熟也。道,路也。獸蹄鳥迹交於中國,言禽獸多也。敷,布也。益,舜臣名。烈,熾也。禽獸逃匿,然後禹得施治水之功。疏,通也,分也。九河:曰徒駭,曰太史,曰馬頰,曰覆釜,曰胡蘇,曰簡,曰潔,曰鈎盤,曰鬲津。瀹,亦疏通之意。濟、漯,二水名。決、排,皆去其壅塞也。汝、漢、淮、泗,亦皆水名也。據《禹貢》及今水路,惟漢水入江耳,汝、泗則入淮,而淮自入海。此謂四水皆入於江,記者之誤也。

【語録】孟子説益烈山澤而焚之,是使之除去障翳,驅逐禽獸耳,未必使之爲虞官也。至舜命之作虞,然後使之養育其草木鳥獸耳。(輔廣)○"決

---

① "人"上,原衍"一"字,據通志堂本《孟子説》刪。

汝、漢，排淮、泗，而注之江”，此但作文，取其字數以足對偶而云耳。若以水路之實論之，便有不通，而亦初無所害於理也。説者見其不通，便欲强爲之説，然亦徒爲穿鑿而卒不能使之通也。如沈存中引李習之《來南録》云：①“自淮沿流至於高郵，乃溯於江，因謂淮泗入江，乃禹之舊迹，故道宛然。但今江淮已深，不能至高郵耳。”此説甚似，其實非也。按《禹貢》，淮出桐柏，會泗、沂以入於海，故以小江而列於四瀆，正以其能專達於海耳。若如此説，則《禹貢》當云南入於江，不應言東入於海，而淮亦不得爲瀆矣。且習之“沿”“溯”二字似亦未當，蓋古今往來淮南只行邗溝、②運河，皆築埭置閘，儲閉潮汐，以通漕運，非流水也。若使當時自有禹迹，故道可通舟楫，則不須更開運河矣。故自淮至高郵，不得爲沿；自高郵以入江，不得爲溯。而習之又有“自淮順潮入新浦”之言，則是入運河時，偶隨淮潮而入，有似於沿，意其過高郵後，又迎江潮而出，故復有似於溯，而察之不審，致此謬誤。今人以是而説《孟子》，是以誤而益誤也。今按《來南録》中無此語，未詳其故。近世又有立説，以爲淮、泗本不入江，當洪水橫流之時，排退淮、泗，然後能決汝、漢以入江，此語尤巧而尤不通。蓋汝水入淮，泗水亦入淮，三水合而爲一，若排退淮、泗，則汝水亦見排退，而愈不得入江矣。漢水自嶓冢過襄陽，南流至漢陽軍，乃入於江。淮自桐柏東流會汝水、泗水以入於海，淮、漢之間自有大山。自唐、鄧、光、黄以下，至於潛、霍，地勢隔蓊，③亦與江、漢不相干涉，不待排退二水而後漢得入江也。大抵孟子之言只是行文之失，無害於義理，不必曲爲之説，閑費心力也。（吴雉）○祝氏録

【張氏注】 敷，施也。瀹，亦疏治之也，排而下之也。

【集疏】 覺軒蔡氏曰：“按《爾雅》：‘九河，一曰徒駭，二曰太史，三曰馬頬，四曰覆釜，五曰胡蘇，六曰簡絜，七曰鈎盤，八曰鬲津。’其一則河之經流也，先儒不知河之經流，遂分簡、絜爲二。《書傳》與《集注》少異，《書傳》實經先師晚年所訂正，當以爲定也。”

【纂疏】 趙氏曰：“濟水出河東郡垣縣王屋山東南，至武德入河，軼出滎陽

---

① “李”，原作“季”，據閩本《朱文公文集》卷七一《偶讀漫記》改。
② “邗”，原作“那”，據閩本《朱文公文集》卷七一《偶讀漫記》改。
③ “以下至於潛霍地勢隔蓊雖使淮泗橫流”原脱，據閩本《朱文公文集》卷七一《偶讀漫記》補。

北地中，又東至琅槐入海。漯水出東郡東武陽縣東北，至千乘入海。”

后稷教民稼穡，樹藝五穀，五穀熟而民人育。　人之有道也，飽食煖衣，逸居而無教，則近於禽獸。　聖人有憂之，使契爲司徒，教以人倫：父子有親，君臣有義，夫婦有別，長幼有序，朋友有信。　放勳曰：‘勞之來之，匡之直之，輔之翼之，使自得之，又從而振德之。’聖人之憂民如此，而暇耕乎？ 契，音薛。別，彼列反。長、放，皆上聲。勞、來，皆去聲。

言水土平然後得以教稼穡，衣食足然後得以施教化。后稷，官名，棄爲之。然言教民，則亦非並耕矣。樹，亦種也。藝，殖也。契，亦舜臣名也。司徒，官名也。人之有道，言其皆有秉彝之性也。然無教，則亦放逸怠惰而失之，故聖人設官而教以人倫，亦因其固有者而道之耳。《書》曰：“天叙有典，①勑我五典五惇哉。”此之謂也。放勳，本史臣贊堯之辭，孟子因以爲堯號也。德，猶惠也。堯言：勞者勞之，來者來之，邪者正之，枉者直之，輔以立之，翼以行之，使自得其性矣，又從而提撕警覺以加惠焉，不使其放逸怠惰而或失之。蓋命契之辭也。

【語録】林少穎解“放勳”之“放”，作推而“放之四海”之“放”，比之程氏爲優。○祝氏録　○又曰：“問：‘振德是施惠否？’曰：‘是。然不是財惠之惠，只是施之以教化，上文“匡直、輔翼”等事是也。彼既自得之，復從而教之。’”

【纂疏】西山真氏曰：“父子之親，君臣之義，夫婦之別，長幼之序，朋友之信，皆人性所自有。舜之命官敷教，亦因其有而導之耳，非强之以所無也。”○輔氏曰：“《集注》舉《書》曰以爲證者，‘天叙’即所謂‘固有’也，‘勑而厚之’即所謂‘道之’也。”○又曰：“‘勞者勞之，來者來之’，所以安其生也。‘邪者正之，枉者直之’，所以正其德也。‘輔以立之，翼以行之’，所以助其行也。‘自得’，謂自得其性也。‘振’，謂提撕警省也。此乃《大學》新民之功也。‘德’，謂加惠也。此數句，先儒注解皆只大綱提過，都無意味，至《集注》而後字字研究其理，如此方見聖人之用。又斷以爲堯命契之辭，始得允當。”

---

① “有”，原作“五”，據阮刻本《尚書正義·皋陶謨》改。

堯以不得舜爲己憂，舜以不得禹、皋陶爲己憂。　夫以百畝之不易爲己憂者，農夫也。　夫，音扶。易，去聲。

> 易，治也。堯舜之憂民，非事事而憂之也，急先務而已。所以憂民者，其大如此，則不惟不暇耕，而亦不必耕矣。

> 【纂疏】輔氏曰：“舉農者之所憂，以並堯舜之憂，見其小大廣狹之不倫，則不暇耕與不必耕者可知矣。”

分人以財謂之惠，教人以善謂之忠，爲天下得人者謂之仁。　是故以天下與人易，爲天下得人難。　爲、易，並去聲。

> 分人以財，小惠而已。教人以善，雖有愛民之實，然其所及亦有限而難久。惟若堯之得舜，舜之得禹、皋陶，乃所謂爲天下得人者，而其恩惠廣大，教化無窮矣。此其所以爲仁也。

> 【纂疏】輔氏曰：“以己之善而教人，使民皆爲善，則是有愛民之實矣。然其所及，亦止於吾力之所能與吾身之所及而已，故有限而難久也。”○又曰：“堯之得舜，舜之得禹、皋陶，則能廣吾力之所能，而俾恩惠極於廣大；繼吾身之所存，而俾教化推於無窮矣。然後可以謂之仁。”

孔子曰：‘大哉，堯之爲君！　惟天爲大，惟堯則之。　蕩蕩乎，民無能名焉。　君哉，舜也！　巍巍乎，有天下而不與焉。’堯舜之治天下，豈無所用其心哉？　亦不用於耕耳。　與，去聲。

> 則，法也。蕩蕩，廣大之貌。君哉，言盡君道也。巍巍，高大之貌。不與，猶言不相關，言其不以位爲樂也。

吾聞用夏變夷者，未聞變於夷者也。　陳良，楚産也，悅周公、仲尼之道，北學於中國。　北方之學者，未能或之先也，彼所謂豪傑之士也。　子之兄弟事之數十年，師死而遂倍之。

> 此以下責陳相倍師而學許行也。夏，諸夏禮義之教也。變夷，變化蠻夷之人也。變於夷，反見變化於蠻夷之人也。産，生也。陳良生於楚，在中國之南，故北游而學於中國也。先，過也。豪傑，才德出眾之稱，言其能自拔於流俗也。倍，與背同。言陳良用夏變夷，陳相變於夷也。

> 【纂疏】輔氏曰：“陳良，楚人，而北學於中國，則是用夏變夷。陳相素學於陳良，乃爲許行所變，則是變於夷也。”

昔者孔子没，三年之外，門人治任將歸，入揖於子貢，相嚮而哭，皆失聲，然後歸。子貢反築室於場，獨居三年，然後歸。他日，子夏、子張、子游以有若似聖人，欲以所事孔子事之，强曾子。曾子曰：'不可。江漢以濯之，秋陽以暴之，皜皜乎不可尚已。'任，平聲。强，上聲。暴，蒲木反。皜，音杲。

三年，古者爲師心喪三年，若喪父而無服也。任，擔也。場，冢上之壇場也。有若似聖人，蓋其言行氣象有似之者，如《檀弓》所記子游謂"有若之言似夫子"之類是也。所事孔子，所以事夫子之禮也。江漢水多，言濯之潔也。秋日燥烈，言暴之乾也。皜皜，潔白貌。尚，加也。言夫子道德明著，光輝潔白，非有若所能仿佛也。或曰："此三語者，孟子贊美曾子之辭也。"

【纂疏】輔氏曰："《注》云：'夫子道德明著，光輝潔白。'此自是曾子見得如此，他人不知其味也。學者須是深思而熟玩之，直到曾子見處，方知其味。"○趙氏曰："《皇覽》云：'孔子冢前以瓴甓爲祠，壇方六尺。'"

今也南蠻鴃舌之人，非先王之道，子倍子之師而學之，亦異於曾子矣。鴃，亦作鴂，古役反。

鴃，博勞也。惡鳥之聲，①南蠻之聲似之，指許行也。

吾聞出於幽谷遷于喬木者，未聞下喬木而入於幽谷者。

《小雅·伐木》之詩云："伐木丁丁，鳥鳴嚶嚶。出自幽谷，遷于喬木。"

【語録】曰："丁丁，伐木聲。嚶嚶，鳥聲之和也。以伐木之丁丁，興鳥鳴之嚶嚶。幽，深。遷，升。喬，高也。"（見《詩傳》）

《魯頌》曰：'戎狄是膺，荆舒是懲。'周公方且膺之，子是之學，亦爲不善變矣。"

《魯頌》，《閟宫》之篇也。膺，擊也。荆，楚本號也。舒，國名，近楚者也。懲，艾也。按，今此詩爲僖公之頌，而孟子以周公言之，亦斷章取義也。

【張氏注】膺，當而却之也。

【纂疏】趙氏曰："荆，本州名。《春秋》初以州舉曰荆，後乃曰楚。"○又按

---

① "惡鳥之聲"，宋當塗郡齋本《四書集注》作"惡聲之鳥"。

《春秋傳》杜氏注：“舒國，今廬江舒縣。”

“從許子之道，則市賈不貳，國中無僞，雖使五尺之童適市，莫之或欺。　布帛長短同則賈相若，麻縷絲絮輕重同則賈相若，五穀多寡同則賈相若，屨大小同則賈相若。”賈，音價，下同。

> 陳相又言許子之道如此。蓋神農始爲市井，故許行又託於神農而有是説也。五尺之童，言幼小無知也。許行欲使市中所粥之物，皆不論精粗美惡，但以長短、輕重、多寡、大小爲價也。

> 【纂疏】輔氏曰：“下《繫》謂‘神農取噬嗑之象，日中爲市，交易而退，各得其所也’。”○又曰：“若不着得精粗好惡來説，則無由説得通。此義自孟子來，無人看得出，至《集注》而後，其義始明。”

曰：“夫物之不齊，物之情也。　或相倍蓰，或相什佰，或相千萬，子比而同之，是亂天下也。　巨屨、小屨同賈，人豈爲之哉？　從許子之道，相率而爲僞者也，惡能治國家？”夫，音扶。蓰，音師，又山綺反。比，必二反。惡，平聲。

> 倍，一倍也。蓰，五倍也。什、伯、千、萬，皆倍數也。比，次也。孟子言物之不齊，乃其自然之理，其有精粗，猶其有大小也。若大屨小屨同價，則人豈肯爲其大者哉？今不論精粗，使之同價，是使天下之人皆不肯爲其精者，而競爲濫惡之物以相欺耳。

> 【集義】伊川先生曰：“氣有盛則必有衰，衰則終必復盛。若冬不春，夜不晝，則氣化息矣。聖人主化，如禹之治水，順則當順之，治則須治之。古之伏羲，豈不能垂衣裳？必得堯舜，然後垂衣裳。據如此事，只是一箇聖人都做得了，然必須數世然後成，亦因時而已。”○楊氏曰：“舜之臣二十有二人，而孔子曰：‘舜有臣五人而天下治。’所謂五臣者，孟子所稱者是也。”○尹氏曰：“異端邪説，眩惑時君，各欲售其説者，豈有既哉？孟子力辟許行之言，歸之正道，可謂盡善盡美矣。雖然，古之爲異端者，則亦自處於異端而已。至於後世，則又有學孔孟之道，而志於異端邪説者，此道之所以益難明也，亦時之不幸也夫。”

> 【語録】曰：“余隱之曰：‘滕文公嘗行孟子之道矣，既而許子爲神農之言告文公，文公與之處，孟子蓋嘗闢之。以“從許子之道，是相率而爲僞，惡能

治國家”，則知文公行孟子之道不克終矣。當是時，許行稱之曰仁政，曰聖人，亦不可謂行孟子之言無驗。若滕侯終禮孟子，使爲輔相，而授以國政，安知其不可爲乎？’”○**蔡氏録**

【或問】“許行爲神農之言，而有君民並耕、市不二賈之説，何耶？”曰：“程子之言盡矣，然以《易》考之，二者皆神農之所爲也。當時民淳事簡，容或有如許行之説者。及乎世變風移，至於唐、虞之際，則雖神農復生，亦當隨時以立政，而不容固守其舊矣。況許行之妄，乃欲以是而行戰國之時乎？”曰：“禹之功大矣，而孟子以皋陶配之，何也？”曰：“皋陶之學，純粹精密，而其陳謨、種德、明刑、弼教，爲助尤多，故舜欲傳位於禹，而禹獨讓之，則其德業已盛，固聖人之偶矣。”曰：“尹氏之説如何？”曰：“是其爲説當矣，然亦必有所指，非徒言也。”

【張氏注】舉堯舜之事，以見帝王之治天下者蓋如此。洪水之爲患，自上古以來，民巢居穴處，至堯之時，猶未可平也。堯既居治人之任，故獨以是爲憂。憂之如何？舉舜以治之而已。舜與堯同其憂，則舉益以治山澤，舉禹以治水，舉稷以播種而已。逮夫禽獸逃匿，中國可耕，五穀熟而人賴以養，則堯舜之所以憂民者，庶幾可以少寬矣，而未艾也。蓋以謂天降衷於民，而人之有道，所以異乎庶物者，以其有父子之親，君臣之義，夫婦之別，長幼之序，朋友之信也。方洪水未平，禽獸未遠，粒食未播，斯民方皇皇然昏墊憔悴以圖其生，固有不暇議者。今斯民既得以飽食暖衣而逸居，於此時而不有以教，則安於欲而不知義，是將與禽獸奚以遠？聖人，贊天地之化育者也，其忍坐視斯民失其常性以爲庶物之歸哉？宜以爲深憂也。憂之如何？舉契以教之而已。於父子則有親，於君臣則有義，於夫婦則有別，於長幼則有序，於朋友則有信，此理本具於民之性，非契有以與之。契獨開導之，使自得其所有者而已。故堯之言曰：“勞之來之，匡之直之，輔之翼之，使自得之，又從而振德之。”勞來，言撫循之也；匡直，言正救之也；輔翼，言扶持之也。所以勞來、匡直、輔翼之者，曲盡其道，至其自得之，則繫乎民焉。則又於其間舉其有德者以爲之表，凡此皆聖人吉凶與民同患，至誠無息，天之道也。故堯以不得舜爲己憂，舜以不得禹、皋陶爲己憂，蓋以未得其人，則民有未被吾之澤故爾。前稱禹、益、稷、契，而此獨言禹、皋陶者，龜山楊氏曰：“舜徒得此兩人，而天下已治，禹總百揆而皋陶施刑，内外之治舉矣。”古者兵刑之官合爲一，觀舜命皋陶，以蠻夷猾夏是其責也，皋陶雖不可無禹，而禹不可以無皋陶，故傳位之際，禹獨推之，而子夏亦謂舜選衆而舉皋陶也。夫聖人爲天下計蓋如此，豈比農夫，但爲百畝之慮哉？則爲之推明大小之分，以爲分之以財謂之惠可耳；至於教人以善則宏矣，以人皆可以爲善，以善告之故謂之忠；至於爲天下得人，則足以成天地生物之功，如是而後可以當仁之名也。以天下與人，比夫爲天下得人，則猶爲易，何也？蓋堯舜未嘗有居天下之意也，以天下與人，於堯舜何有哉？而其所以爲難者，所付未得其人，則非天意耳，故“堯以不得舜爲己憂，舜以不得禹、皋陶爲己憂”也。“惟天爲大，惟堯則之。蕩蕩乎！民無能名者。”謂堯之所以爲大者，以其法則於天，是以民無能名也。“君哉，舜也！巍巍乎！有天下而不與焉。”謂舜誠兆民之主也，有天下而己不與焉，故曰：“堯舜之治天下，豈無所用其心哉！亦不用於耕耳。”玩孟子所言，則堯舜之用心者可知矣。以是觀之，則夫許行之私意小惠，真井蛙夏蟲之見耳。既辟許行之説，則又從而救陳相學之之失。蓋諸夏者，聖帝明王之道，中正和平，禮義之所宗也；夷狄者，背禮而棄義者也。《春秋》之法，以諸夏而由夷狄之爲，則夷狄之；以夷狄而知禮義之慕，則進之。俾萬世爲治論學者，兢兢焉率循其則，以自免於夷狄禽獸之歸也。若夫異端之説，溺於所偏，以賊夫禮義之正，則是淪於夷而不自知者也。孟子論許行，目之爲鴃舌之類，至舉周公“戎狄是膺，荆舒是懲”之語，而不以爲過者，爲是故也。夫許行自楚之滕，則固楚人也，而陳良亦楚産也，孟子於許行，則以爲戎狄而夷之，①於陳良則以爲豪傑之士。然則孟子之夷其人，豈以土地乎哉？以陳良所學者，周公、仲尼之道，而許行之説入於夷狄之歸故也。以孟子之言觀之，若陳良者，雖未知其所得於聖道何如，要其篤信不回，能自拔於流俗風靡之中者。陳相不能守陳良之學，而自變於夷狄，故謂之“不善變”。然則陳相雖學乎陳良，未有以得乎良也，使相而果有所見，則謂水必寒，火必熱，孰得而變之哉？故舉孔子之門人以告之。孔子没，門人執其喪者三年，比及其去，相嚮而哭至於失聲，此豈可强爲乎？是必有不可解於心者矣。門人既歸，而子貢獨留，築室於場，又三年然後歸，此復

---

① “而”，原作“是”，據通志堂本《孟子説》改。

何爲乎？是必有所從事者，而非他人所得而與者矣。子夏、子游、子張，蓋亦聖門之高弟，而欲以所事孔子者事有若，蓋有若在聖門年最高長，亦德成行尊者，曰似孔子者，其氣象有似乎聖人也，曾子獨不可者，曾子有見於聖人卓然不可及者故也。“江漢以濯之，秋陽以暴之。皜皜乎！不可尚已。”言夫子之道，其爲不可幾及如是之明且著，蓋其所得者深也。今陳相乃輕背陳良之學，以胥爲夷，下喬木而入幽谷，舍高明而趨卑暗，是未嘗有得於良者明矣。陳相聞斯言，猶未之省也，卒言許行之説，①以謂使其説行，其效可使天下反於淳朴，凡天下之物皆可齊也。嗟乎！豈有是理哉？有天地則有萬物，其巨細、多寡、高下、美惡之不齊，乃物之情而實天之理也，物各付物，止於其所，吾何加損於其間哉？若强欲齊之，私意橫生，徒爲膠擾，而物終不可齊也。故莊周之齊物，强欲以理齊之，猶爲賊夫道，況乎許子遂欲一天下之物，而泯其一定之分，其蔽豈不甚哉？孟子應之曰：“夫物之不齊，物之情也。”斯兩言也，足以發明天理之大，不但可以闢許行，而莊周之説並可坐見其偏矣。故曰：“從許子之道，相率而爲僞者也。”强使巨者細，多者寡，高者下，美者惡，豈非相率而爲僞乎？

○**墨者夷之，因徐辟而求見孟子。　孟子曰：“吾固願見，今吾尚病，病愈，我且往見。”夷子不來。** 　辟，音壁，又音辟。

　　墨者，治墨翟之道者。夷，姓。之，名。徐辟，孟子弟子。孟子稱疾，疑亦託辭以觀其意之誠否。

　　【纂疏】輔氏曰：“初不言孟子有疾，而忽言今吾尚病，病愈我且往見，則孟子之意可見，此亦所謂不屑之教誨也。”

他日又求見孟子。　孟子曰：“吾今則可以見矣。　不直，則道不見，我且直之。　吾聞夷子墨者，墨之治喪也，以薄爲其道也。　夷子思以易天下，豈以爲非是而不貴也？　然而夷子葬其親厚，則是以所賤事親也。”“不見”之“見”，音現。

　　又求見，則其意已誠矣，故因徐辟以質之如此。直，盡言以相正也。莊子曰：“墨子生不歌，死無服，桐棺三寸而無槨。”是墨之治喪以薄爲道也。易

────────

① “卒”，通志堂本《孟子説》作“率”。

天下,謂移易天下之風俗也。夷子學於墨氏而不從其教,其心必有所不安者,故孟子因以詰之。

【或問】夷之請見而孟子不許,何也? 曰:"孟子雖以闢邪説爲己任,然不過講明其説,傳之當世,使聞者有以發癥於心而自得之耳,固不輕接其人交口競辨,以屈吾道之尊也。譬如蠻夷寇賊之害,聖人固欲去之,然豈肯被甲執兵而親與之角哉?"

【纂疏】輔氏曰:"先儒皆以'夷子葬其親厚,則是以所賤事親也'兩句,爲孟子設爲此言以問夷子,蓋於其事親至切處感發之。今《集注》斷以爲夷子實嘗厚葬其親,不從墨子薄棺無柩之制者,蓋墨子之説本是失於兼愛二本耳,若薄葬則特其教中一事。夷子雖受其教,而至於葬親之時,天理自然發動,有不得如其師之説者,故不用其制,而凡事從厚也。此於人情固宜有之,故孟子因舉此一事以詰之,而下文又專舉喪葬之説,以發其意,此政夷子之天理一點明處也。"

徐子以告夷子,夷子曰:"儒者之道,古之人'若保赤子',此言何謂也? 之則以爲愛無差等,施由親始。"徐子以告孟子,孟子曰:"夫夷子信以爲人之親其兄之子,爲若親其鄰之赤子乎? 彼有取爾也。 赤子匍匐將入井,非赤子之罪也。 且天之生物也,使之一本,而夷子二本故也。　夫,音扶,下同。匍,音蒲。匐,蒲北反。

"若保赤子",《周書·康誥》篇文。此儒者之言也,夷子引之,蓋欲援儒而入於墨,以拒孟子之非己。又曰"愛無差等,施由親始",則推墨而附於儒,以釋己所以厚葬其親之意,皆所謂遁辭也。孟子言人之愛其兄之子與鄰之子本有差等,《書》之取譬,本爲小民無知而犯法,如赤子無知而入井耳。且人物之生,必各本於父母而無二,乃自然之理,若天使之然也,故其愛由此立,而推以及人自有差等。今如夷子之言,則是視其父母本無異於路人,但其施之之序姑自此始耳,非二本而何哉? 然其於先後之間,猶知所擇,則又其本心之明,有終不得而息者,此其所以卒能受命而自覺其非也。

【語録】問:"夷子愛無差等,施由親始。夷子既知此説,便當一親疏、①合貴賤方得,今却曰:'施由親始。'則是又將親疏對待而言,豈非吾之愛又有

---

① "一",原作"益",據閩本《朱文公文集》卷五八《答張敬之》改。

差等哉？其詞氣觚牾，信乎其遁而窮矣。”曰：“夷之所説愛無差等，此其大病，其言施由親始，雖若粗有差別，然亦是施此無差等之愛耳。故孟子但責其二本，而不論其下句之自相矛盾也。夷之所以卒能感動而自知其非，蓋因孟子極言非爲人泚之心，有以切中其病耳。此是緊要處，當着眼目也。”（答張敬之）○愛由親始，人多疑其知所先後，而不知此正是夷子錯處。人之有愛，本由親立，推而及物，自有等級。今夷子先以愛無差等，而施之則由親始，此夷子所以二本。夷子但以此解厚葬其親之一言，而不知愛無差等爲二本也。（金去僞）○施由親始，乃是夷之臨時譔出來凑孟子，[1]却不知“愛無差等”一句，已是不是了。他所謂施由親始，便是把愛無差等之心施之。然把愛人之心推來愛親，是甚道理？（潘時舉）○問：“愛有差等，此所謂一本。蓋親親、仁民、愛物具有本末也。所謂二本是如何？”曰：“愛無差等，何止二本？蓋千萬本也。”（廖德明）○**祝氏録**　○又曰：“既是一本，其中便自然有許多差等，二本則二者並立，無差等矣。”○又曰：“事他人之親如己之親，則是兩個一樣重了，如一本有兩根也。”○**趙氏録**

【或問】天之生物，使之一本，而夷子二本，何也？曰：“天之生物，有血氣者本於父母，無血氣者本於根荄，皆出於一，而無二者也。惟其本出於一，故其愛亦主於一焉。蓋一體而分，血氣連屬，眷戀之情自不能已，固非他人之可比也。自是之外，則因其分之親疏遠近，而所以爲愛者有差焉，此儒者之道，所以親親仁民以至於愛物，而無不各得其所也。今夷之乃謂愛無差等，則是不知此身之所從出，而視其父母無以異於路人也。雖其施之先後，稍不悖於正理，然於親而謂之施焉，則亦不知愛之所由立矣，是非二本而何哉？説者乃或謂其‘施由親始’之言，暗合於吾儒之一本者，愚竊[2]爲差之以毫釐，謬以千里，爲是説者，亦自不知一本所以爲一本矣。又有以愛有差等爲一本者，雖無大失，而於文義有所未盡。蓋謂其一本，故愛有差等則可，直以愛有差等爲一本則不可也。”○曰：“夷子之學於墨矣，而必推其説以求合於儒者，何也？”曰：“天下之理，其本有正而無邪，其始有順而無逆，故天下之勢，正而順者常重而無待於外，邪而逆者常輕而不得

---

① “孟子”，通志堂本《孟子説》作“孟子意”。

② “竊”，通志堂本《孟子説》作“以”。

不資諸人，①此理勢之必然也。且胡不以近世之佛學觀之乎？夫吾所以拒彼至矣，而彼未嘗不求自附於吾儒者也，雖其陰陽離合有不可信，要不如是，則吾知其反側而無以自安也。其理之悖、說之窮，於此亦可概見。惜乎！世無孟子，無能因其所明以誘之者，是以卒於漂蕩而不反也。”

【纂疏】輔氏曰：“夷子蓋以儒者所謂‘若保赤子’一句，有似於墨子“愛無差等”之說，故舉之而問以此言何謂也，是其意欲援儒以歸墨，以拒孟子之非己也。”○又曰：“夷子蓋以墨子所謂愛無差等之說，有似於儒者‘若保赤子’之言，是欲強推墨以附儒。又言‘施由親始’，謂愛無差等則皆當致厚，但其所施則當自親始，以釋己之所以厚葬其親之意。”○又曰：《注》云：‘皆所謂遁辭。’蓋孟子之問與說，已得夷子之心，是他於理已去不得，故強爲此辭說，以避免也。”○又曰：“‘彼有取爾也’一句，先儒說皆不明白，今斷以爲《書》之取譬，方說得通，云若則是取譬也明矣。蓋《書》之取譬，本爲小民無知而犯法，正猶赤子無知而入井耳，非謂愛凡人之赤子與兄弟之子一般也。言兄弟之子而不言己子者，蓋兄弟之子即與己之子無異也。”○又曰：“人物之生，必各本於父母而無二，此理乃自然而然，故若天使之若此。”○又曰：“《書》云：‘立愛自親始。’蓋人之愛皆始於事親，因事親以立其愛，即所謂孝弟爲仁之本也。然後推以及民、及物，自有等差輕重，此仁義之道，所以相爲用也。”○又曰：“夷子雖陷於墨子之教，而其天理一點之明，終有不可息滅者，此蓋秉彝之心也。故其先親後疏之際，猶知有所擇，而不至妄行錯施。故孟子之言，得以因其明而入之，夷子亦得因其明而受之也。”

蓋上世嘗有不葬其親者，其親死則舉而委之於壑。他日過之，狐狸食之，蠅蚋姑嘬之。其顙有泚，睨而不視。夫泚也，非爲人泚，中心達於面目。蓋歸反虆梩而掩之。掩之誠是也，則孝子仁人之掩其親，亦必有道矣。” 蚋，音汭。嘬，楚怪反。泚，七禮反。睨，音詣。爲，去聲。虆，力追反。梩，力知反。

　　因夷子厚葬其親，而言此以深明一本之意。上世，謂太古也。委，棄也。壑，山水所趨也。蚋，蚊屬。姑，語助聲，或曰螻蛄也。嘬，攢共食之也。

顙,額也。泚,泚然汗出之貌。睨,邪視也。視,正視也。不能不視而又不忍正視,哀痛迫切,不能爲心之甚也。非爲人泚,言非爲他人見之而然也。所謂一本者,於此見之尤爲親切。蓋惟至親故如此,在他人,則雖有不忍之心,而其哀痛迫切不至若此之甚矣。反,復也。虆,土籠也。梩,土擧也。於是歸而掩覆其親之尸,此葬埋之禮所由起也。此掩其親者,若所當然,則孝子仁人所以掩其親者,必有其道,而不以薄爲貴矣。

【張氏注】其額汗出泚泚然也。虆梩,盛土之器。

【纂疏】輔氏曰:“此又孟子略其遁辭,而專以其良心之發有不容已處,深明夫人惟一本,故其於親之喪,哀痛迫切,非他人之所可得者。而因以是先王所制葬埋之禮,必誠必信,勿之有悔者,固皆自然之理。而墨子二本薄葬之説,爲杜撰妄作而不可行也。”

徐子以告夷子,夷子憮然,爲間曰:“命之矣。” 憮,音武。間,如字。

憮然,茫然自失之貌。爲間者,有頃之間也。命,猶教也,言孟子已教我矣。蓋因其本心之明,以攻其所學之蔽,是以吾之言易入,而彼之惑易解也。

【語録】問:“命之矣,‘之’字,當作夷子名看,方成句法,若作虛字,則不成句法。”先生曰:“是。”(楊至)

【張氏注】仁莫大於愛親,其達之天下皆是心所推也,故其等差輕重,莫不有別焉,此仁義之道相爲用者也。若夫愛無差等,則是無義也。無義則亦害夫仁之體矣,以失其所以爲本之一者故也。故孟子於墨氏之説,所以深辟之,而發二本之論於此章。夷子欲見孟子,孟子以病辭,而夷子不來。他日又欲求見,孟子初無拒之之意也,然夷子既欲見則當亟來耳,而徒使徐子往來於其間,是夷子欲見之意蓋遲疑也。孟子以爲不直則道不見,故示其端,使徐子言之。獨舉其治喪者,誰獨無父母之心哉?故於此至親至切處感發之也。謂墨家治喪以薄,欲以易天下之俗,是貴夫薄也。若使夷子而厚葬其親,則以其所賤事親矣,其必不然。夷子聞斯言,蓋難答也,故獨攻儒者之道,以爲儒者謂“若保赤子”,若云者,則視他人與己子固有殊矣,以己所見則初無等差,特施由親始,言自近者始耳。孟子固已洞見其邪説之所在,以謂夷子之意亦有所取而云然,其所取者,謂夫赤子匍匐將入井,方是時,人之救之,不分於兄之子與鄰之子也。蓋赤子無罪而就死地，故雖他人之子，人之見之者，亦必惻隱而亟救之，乃獨舉其重者而遂謂其愛與兄之子等，不亦惑乎？然雖欲强同之，亦固有不可得而同者矣。故曰："天之生物也，使之一本，而夷子二本。"凡天生物，莫非一本，蓋自父母而推之，等差由是而著焉，所謂一本也。若愛他人與其親等，則是本有二矣。於是爲之言古人葬其親之道，蓋上世雖未有棺槨之制，而人心之不忍乎其親者，固已具矣。故見其委溝壑，而爲蟲獸食也，則其痛愧之情泚然發見於顙，有不可自已者。睨而弗視，非弗視也，不忍視也。曰："夫泚，非爲人泚，中心達於面目。"言無所爲而其泚自見，此發於良心而達於面目，不可以没者也。孟子每於節會之處，必提其綱以告人類如此。惟其泚之不可以已也，故從而掩之，其掩之誠是也。聖人制爲葬埋之法，棺槨之度，亦本諸人心而已，本諸人心而爲之節文。孝子仁人之掩其親，其道蓋如此，是蓋使知一本之所在也。夷子雖溺於邪説，然其秉彝不容遂殄，聞孟子斯言，憮然莫知所對，而曰："命之矣。"猶曰："孟子有以命我矣。"而其陷溺之深，終無以自拔，異説之溺人，可不畏乎？

【纂疏】輔氏曰："《集注》斷章，贊孟子之善於教人，能因其明而入之，得納約自牖之義，是以力不勞而功自倍也。"

孟子卷第六

【諸儒集成之書】

朱子集注　朱子集義　朱子語録　朱子或問　南軒張氏注　黄氏講義　蔡氏集疏　趙氏纂疏

滕文公章句下凡十章

陳代曰："不見諸侯，宜若小然；今一見之，大則以王，小則以霸。且《志》曰：'枉尺而直尋。'宜若可爲也。"王，去聲。

　　陳代，孟子弟子也。小，謂小節也。枉，屈也。直，伸也。八尺曰尋。枉尺直尋，猶屈己一見諸侯而可以致王霸。所屈者小，所伸者大也。

　　【纂疏】輔氏曰："小節，謂自局於小節也。此正對下文所謂'今一見之，大則以王，小則以霸'而言之也。言不見諸侯，比'小則以霸'又爲小也。"

孟子曰："昔齊景公田，招虞人以旌。不至，將殺之。'志士不忘在溝壑，勇士不忘喪其元。'孔子奚取焉？取非其招不往也。如不待其招而往，何哉？喪，去聲。

　　田，獵也。虞人，守苑囿之吏也。招大夫以旌，招虞人以皮冠。元，首也。志士固窮，常念死無棺椁，棄溝壑而不恨。勇士輕生，常念戰鬥而死，喪其首而不顧也。此二句乃孔子嘆美虞人之言。夫虞人招之不以其物，尚守死而不往，况君子豈可不待其招而自往見之邪？此以上，告之以不可往見之意。

　　【語録】曰："'齊景公田，招虞人以旌。不至，將殺之'，刀鋸在前而不避，非其氣不餒，如何強得？'志士不忘在溝壑，勇士不忘喪其元'，此夫子所以有取於虞人，而孟子亦發明之。李先生說'不忘'二字是活句，須向這裏

參取。愚謂若果識得此意,辨得此心,則無入而不自得,而彼之權勢威力,亦皆無所施矣。"(《答廖子晦》)○**蔡氏録**

【纂疏】輔氏曰:"讀《孟子》,須是就一章之中,又斷置得如此分明,方可玩索。"

且夫枉尺而直尋者,以利言也。 如以利,則枉尋直尺而利,亦可爲與? 夫,音扶。與,平聲。

此以下,正其所稱枉尺直尋之非。夫所謂枉小而所伸者大,則爲之者,計其利耳。一有計利之心,則雖枉多伸少而有利,亦將爲之邪? 甚言其不可也。

【集義】尹氏曰:"有枉尺而直尋之心,則亦必至於枉尋而直尺矣。"

【語録】孟子一生,忍窮受餓,費盡心力,只破得"枉尺直尋"四字。今日諸賢苦心勞力,費盡言語,只成就得"枉尺直尋"四字。以利言,則如臨難致死,義也,若不明其理而顧利害,則見危死事者,反不如偷生苟免之人。可憐石頭城,寧爲袁粲死,不作褚淵生。民之秉彝,不可磨滅,如此豈不是自然? (鄭可學)○問:"枉尺直尋。"曰:"援天下以道,若杆己,便已枉道,則是已失援天下之具矣,更説甚事? 自家身既已壞了,如何直人?"(林恪)○**祝氏録** ○天下事不可顧利害,凡人做事,多要趨利避害,不知纔有利必有害。吾雖處得十分利,有害隨在背後,不如且在理上求之。○**趙氏録**

【纂疏】輔氏曰:"人心不可二用,喻於義則昧於利,喻於利則昧於義。義,天理也;利,私欲也。天理有節而不流,人欲橫流而不止。夫人一有計利之心,則惟利是務。方其始也,猶有枉小直大之辨,浸浸不已,殆其終也,則並與小大皆不復計,不至於滅天理而壞人紀不止也。此孟子所以極其流而言之,甚言其不可也。"

昔者趙簡子使王良與嬖奚乘,終日而不獲一禽。 嬖奚反命曰:'天下之賤工也。'或以告王良,良曰:'請復之。'强而後可,一朝而獲十禽。 嬖奚反命曰:'天下之良工也。'簡子曰:'我使掌與女乘。'謂王良,良不可,曰:'吾爲之範我馳驅,終日不獲一;爲之詭遇,一朝而獲十。《詩》云:"不失其馳,舍矢如破。"我不貫與小人乘,請辭。' 乘,去聲。强,上聲。女,音汝。爲,去聲。舍,上聲。

趙簡子，晋大夫趙鞅也。王良，善御者也。嬖奚，簡子幸臣。與之乘，爲之御也。復之，再乘也。强而後可，嬖奚不肯，强之而後肯也。一朝，自晨至食時也。掌，專主也。範，法度也。詭遇，不正而與禽遇也。言奚不善射，以法馳驅則不獲，廢法詭遇而後中也。《詩》，《小雅·車攻》之篇，言御者不失其馳驅之法，而射者發矢皆中而力，今嬖奚不能也。貫，習也。

【語録】詭遇是做人不當做底，行險是做人不敢做底。（李方子）○子路，則範我馳驅而不獲者也。管仲之功，詭遇而獲禽耳。（吕燾）

【張氏注】詭遇，横捭之也。

御者且羞與射者比。　比而得禽獸，雖若丘陵，弗爲也。　如枉道而從彼，何也？　且子過矣，枉己者，未有能直人者也。”比，必二反。

比，阿黨也。若丘陵，言多也。○或曰：“居今之世，出處去就不必一一中節，欲其一一中節，則道不得行矣。”楊氏曰：“何其不自重也！枉己其能直人乎？古之人寧道之不行，而不輕其去就，是以孔孟雖在春秋戰國之時，而進必以正，以至終不得行而死也。使不恤其去就而可以行道，孔孟當先爲之矣。孔孟豈不欲道之行哉？”

【張氏注】孟子非不欲道之行，而不見諸侯者，政以不如是，則爲枉其道而無以行故也。陳代不知此，比之枉尺而直尋，意謂枉己之事小，而王霸之業則大故也。此蓋自春秋以來，一時風俗習於霸者，計較功利之説，而有是言也。孟子首舉虞人，終舉王良之事以告之，意義可謂備矣。招虞人當以皮冠，而景公招之以旌，虞人守其官，義不敢往，義有重於死故也。夫使虞人而一有畏死之心，應非其招，則爲見利而忘其義矣。然自常人觀之，則必重一死，而以非其招爲細事。不知義之所在，事無巨細，苟愛一身之死，而斁天命之正，則凡可以避死者無不爲，而弑父與君之所由生也。充虞人之心，“行一不義，殺一不辜，而得天下不爲”之心也，人紀之所由立也，是以夫子取之。夫非其招猶不可往，而況於不待其招而往者乎？謂枉尺而欲以直尋者，以利言也，既以利言，則何所不可？將枉尋而直尺亦可爲矣，則又舉王良之事以明之。古者射與御相資而成，故曰：“不失其馳，舍矢如破。”不失其馳，謂御之者以其度也；舍矢如破，謂射者由其度而中節也。今王良之御嬖奚也，爲之範則不能由之而中，爲之詭遇則有獲焉，此王良之所羞也，故以爲不貫與小人乘而辭焉。詭遇之獲，御者且羞之，借使所獲如丘陵,亦將不就,而況於君子而肯枉道以覬其得乎? 故曰:"枉己者,未有能直人者也。"夫君子之所以能直人者,爲其己之直也。己先枉矣,如直人何? 嗟乎! 事無巨細,莫不有義利之兩端存焉,惟居敬者爲能審其幾微,不然鮮不失矣。曰:"比而獲禽獸,雖若丘陵,弗爲也。"學者要當立此志,而後可以守身也。

【纂疏】輔氏曰:"楊氏只説'何其不自重也'一句,便見得他是有諸己者。凡人不知立己,故不自重,徇利忘義,枉己從人,無所不至。唯君子明道正義,知所重在己,故寧道之不行,而不輕其去就也。其以孔孟爲言者,欲學者知所法也,欲道之行者仁也,進必以正者義也。仁義並行而不悖,此其所以爲聖賢也。"

○景春曰:"公孫衍、張儀,豈不誠大丈夫哉? 一怒而諸侯懼,安居而天下熄。"

景春,人姓名。公孫衍、張儀,皆魏人。怒則説諸侯使相攻伐,故諸侯懼也。

【纂疏】輔氏曰:"儀、衍二子,皆破六國之從以爲橫者也,故或有觸其怒者,則用其險譎之術,交鬥六國之君,使相攻伐,故諸侯懼也。他若安居不出,則天下熄然無事也。"

孟子曰:"是焉得爲大丈夫乎? 子未學禮乎? 丈夫之冠也,父命之;女子之嫁也,母命之,往送之門,戒之曰:'往之女家,必敬必戒,無違夫子。'以順爲正者,妾婦之道也。 焉,於虔反。冠,去聲。"女家"之"女",音汝。

加冠於首曰冠。女家,夫家也。婦人内夫家,以嫁爲歸也。夫子,夫也。女子從人以順爲正道也。蓋言二子阿諛苟容、竊取權勢,乃妾婦順從之道耳,非丈夫之事也。

【纂疏】輔氏曰:"二子之説諸侯,亦非能强其所不欲也,不過阿諛苟容以逢其惡,而順其意耳,是乃妾婦順從之道也。婦人之事夫,唯當以順爲正,其或夫有過失,亦當委曲巽順以開導之,使得於義可也。然亦或有强矯其夫而得正者,要之非常道。"

居天下之廣居，立天下之正位，行天下之大道。 得志與民由之，不得志獨行其道。 富貴不能淫，貧賤不能移，威武不能屈。 此之謂大丈夫。"

廣居，仁也。正位，禮也。大道，義也。與民由之，推其所得於人也。獨行其道，守其所得於己也。淫，蕩其心也。移，變其節也。屈，挫其志也。○何叔京曰："戰國之時，聖賢道否，天下不復見其德業之盛，但見奸巧之徒得志橫行，氣焰可畏，遂以爲大丈夫。不知由君子觀之，是乃妾婦之道耳，何足道哉？"○叔京，名鎬，邵武人。

【語錄】觀孟子答景春之問，直是痛快，三復令人胸次浩然，如濯江漢而暴秋陽也。○居廣居以下，惟集義養氣，方到此地位。"富貴不能淫，貧賤不能移，威武不能屈"，以浩然之氣對著他，便能如此。"彼以其富，我以吾仁；彼以其爵，我以吾義。""在彼者皆我之所不爲也，在我者皆古之制也，吾何畏彼哉？"(李閎祖)○蔡氏録　○廣居是廓然大公，無私欲之蔽。正位是所立處，都無差過。大道，是事事做得合宜。居字是就心上説，立字是就身上説，行字是就施爲上説。(葉賀孫)○居者，心之所存。廣居，無私意也。纔有私意，則一分爲二，二分爲四，四分爲八，只見分小著。立者，身之所處。正位者，當爲此官則爲此官，當在此則在此。行者，事之所由。大道者，非偏旁之徑、荆棘之場。人生只是此三事。(甘節)○且如此心廓然，無一毫私意，直與天地同量，這便是居天下之廣居，便是居仁。到得自家立身，更無些子不當於理，這便是立天下之正位，便是守禮。及推而見於事，更無些子不合於義，這便是行天下之大道，便是由義。論上兩句，則居廣居是體，立正位是用。論下兩句，則立正位是體，行大道是用。要知能居天下之廣居，自然能立天下之正位，行天下之大道。(林恪)○廣居是不狹隘，以天下爲一家，中國爲一人，何廣如之？ 正位、大道，只是不僻曲。正位就處身上説，大道就處事上説(潘植)○祝氏録

【或問】大丈夫之説，其詳可得聞乎？ 曰："廓然大公，心不狹隘，則所居者，真天下之廣居矣。履繩蹈矩，身不苟安，則所立者，必天下之正位矣。秉彝循理，事不苟從，則所行者，皆天下之大道矣。得志與民由之，則出而推此於人也；不得志獨行其道，則退而樂此於己也。如是則富貴豈能誘而淫其心，貧賤豈能撓而移其志，威武豈能脅而屈其節哉？ 此其視儀、衍之

以睚盱側媚得志於一時，真可謂妾婦之爲，而所謂大丈夫者，其不在彼而在此也決矣。然此數言者，皆以居廣居、立正位、行大道爲主，而夫三言者，又以廣居爲主也。”

【張氏注】公孫衍、張儀，持合從連衡之説以動諸侯，景春徒見其言，足以擺闔搖撼，①而遂以爲大丈夫，其説固爲陋矣。而孟子以衍與儀比妾婦之道者，蓋事君以弼違爲義，不當徇其欲也。衍與儀不知正救其心術，而徒探其意之所欲爲以進其説，此何以異於妾婦之道無違夫子、以順爲正者乎？廣居，仁也；正位，禮也；大道，義也。蓋以人受天地之中以生，與天地萬物本無有間。惟其私意自爲町畦，而失其廣居。失其廣居，則遷奪流蕩，亦無以立於正位，而行其大道矣。惟君子爲能反躬而求之，故豁然大同，物我無蔽。所謂居，廣居也，視聽言動，必以其理；所謂立，正位也，簡易平直，行所無事；所謂行，大道也，得志與民由之，與之共由乎此也，不得志，獨行其道，雖不得志，此道未嘗不行於己也。“富貴不能淫”，不能淫此也；“貧賤不能移”，不能移此也；“威武不能屈”，不能屈此也。此者，何也？廣居、正位、大道是也。蓋得乎己，而外物舉不足以貳之也。所謂大丈夫者蓋如此，然則景春之見，豈不陋哉？

【講義】曰：“古之仕者爲道，故知有己而不知有人；後之仕者爲利，故知有人而不知有己。古之君子，非仁不存，非禮不立，非義不行，所貴者良貴，所樂者真樂，人之知不知，世之用不用，於我何與焉？貧富貴賤，死生禍福，日交乎前而不暇顧也。後之君子，心之所固有，事之所當行，何者爲仁？何者爲禮？何者爲義？憒然莫覺也，功名而已耳，利禄而已耳。以區區之私意小智，汲汲然求售於人，慮人之不己用也。委曲遷就，以求順於人，幸而得志，哆然自以爲莫己若也，小不如意則戚戚然，幾不能以終日矣。公孫衍、張儀，戰國之遊士也，一怒而諸侯懼，安居而天下熄，則其才亦有足稱者矣。以其無學而不知道也，一切求順於人，孟子至以妾婦目之，況於學不及古人，才不及公孫衍、張儀哉？夫順於人者，人之所喜也；不順於人者，人之所惡也。然順於人者，非有他也，以其威福之權，足以生殺榮辱乎我也。即是心而充之，則貪得嗜利，背君賣國者，皆若人也，豈但

---

① “擺”，原漫漶不清，此據通志堂本《孟子説》。

妾婦之可羞而已哉？若夫守道之士，不肯脂韋嫵媚以順乎人者，不但出處、去就、言論、風旨之得其正也，‘託六尺之孤，寄百里之命，臨大節而不可奪也’，豈不毅然大丈夫也哉？凡我同志，仕而未達，學而未仕者，盍亦思所以自勉哉！”

【纂疏】輔氏曰：“《注》云：‘與民由之，則是推己之所得，而與民共由之也。獨行其道，則是其道有不容推之於人，故但守其道於一己而已。’守其道於己，則雖不得志，而其道未嘗不行於己也。”○又曰：“《集注》斷章，引何叔京之言，說得當時風俗人情出，謂‘聖賢道否，天下不見其德業之盛’者尤好，使聖賢之道得行，而人道立，天道成，地道平，萬物各得其所，則斯民也，當安然自適於泰和之域，豈復以是區區者爲夸哉？既不復見聖賢之德業，宜乎以是奸巧之人，得行其志，氣焰可畏之爲大丈夫也。孟子力辨而深詆之，其所以正人心之功大矣。”○趙氏曰：“富貴則求得欲從，故多致蕩其心。貧賤則居約處困，故多致變其節。遇威武則又易致隕獲震懼，故多挫愞其志氣。”

○周霄問曰：“古之君子仕乎？”孟子曰：“仕。《傳》曰：‘孔子三月無君，則皇皇如也，出疆必載質。’公明儀曰：‘古之人三月無君則弔。’”傳，直戀反。質，與贄同，下同。

周霄，魏人。無君，謂不得仕而事君也。皇皇如，有求而弗得之意。出疆，謂失位而去國也。質，所執以見人者，如士則執雉也。出疆載之者，將以見所適國之君而事之也。

【語録】近者程沙隨深詆王蠋“忠臣不事二君”之言，竊疑其言之失，將啓萬世不忠之弊。夫出疆載質，乃士之不得已，曾謂以是爲常耶？楚漢之間，陳平猶得多心之誚，況平世乎？

“三月無君則弔，不以急乎？”

周霄問也。以、已通，太也。後章放此。

曰：“士之失位也，猶諸侯之失國家也。《禮》曰：‘諸侯耕助以供粢盛，夫人蠶繅以爲衣服。　犧牲不成，粢盛不潔，衣服不備，不敢以祭。　惟士無田，則亦不祭。’牲殺、器皿、衣服不備，不敢以祭，則不敢以宴，亦不足弔乎？”盛，音成。繅，素刀切。皿，武永切。

《禮》曰："諸侯爲籍百畝，冕而青紘，躬秉耒以耕，而庶人助以終畝。收而藏之御廩，以供宗廟之粢盛。使世婦蠶於公桑蠶室，奉繭以示於君，遂獻於夫人。夫人副褘受之，繅三盆手，遂布於三宮世婦，使繅以爲黼黻文章，而服以祀先王先公。"又曰："士有田則祭，無田則薦。"黍稷曰粢，在器曰盛。牲殺，牲必特殺也。皿，所以覆器者。○籍，在亦反。紘，音宏。耒，力内反。繭，古典反。褘，音暉。

【纂疏】輔氏曰："此先王之制，必如是然後能自盡其心。至於不得奉祭祀，則祀不容以自安，而人亦以爲弔焉。古人之重祭祀也如此。"

"出疆必載質，何也？"

周霄問也。

曰："士之仕也，猶農夫之耕也，農夫豈爲出疆舍其耒耜哉？"爲，去聲。舍，上聲。**曰："晉國亦仕國也，未嘗聞仕如此其急。仕如此其急也，君子之難仕，何也？"曰："丈夫生而願爲之有室，女子生而願爲之有家。父母之心，人皆有之。不待父母之命、媒妁之言，鑽穴隙相窺，踰牆相從，則父母國人皆賤之。古之人未嘗不欲仕也，又惡不由其道。不由其道而往者，與鑽穴隙之類也。"**爲，去聲。妁，音酌。隙，去逆反。惡，去聲。

晉國，解見首篇。仕國，謂君子游宦之國。霄意以孟子不見諸侯爲難仕，故先問古之君子仕否，然後言此以風切之也。男以女爲室，女以男爲家。妁，亦媒也。言爲父母者，非不願其男女之有室家，而亦惡其不由道。蓋君子雖不潔身以亂倫，而亦不徇利而忘義也。

【或問】君子之必仕，何也？曰："内則父子，外則君臣，人之大倫也，況君子學夫先王之道，必得君而事之，然後有以行其道而及於人，使其君爲堯舜之君，其民爲堯舜之民，是君子之所願欲也。退而窮處，蓋不得已而然耳！"

【張氏注】周霄蓋有疑於孟子，見其歷聘於諸侯而不倦，[①]疑其欲仕也。而未嘗有所就焉，則又疑若不欲仕者，故從而問焉。孟子以爲古之君子未嘗不欲仕也，"孔子三月無君，則皇皇如也"。皇皇云者，求而不得之意。古

---

① "倦"，原破損不清，此據通志堂本《孟子説》。

者臣執贄以見君，士之出疆必載其質以行，是亦未嘗忘夫見君也，而公明儀又以爲古之人三月無君，則朋友弔焉。以是二者觀之，則古之人豈不欲仕乎？周霄疑三月無君而弔爲急，孟子則以爲士之失位猶諸侯之失國家，諸侯之失國家則無以祭，士之失位無田以爲粢盛，而牲殺、器皿、衣服皆不備焉，則亦無以祭也，是則可弔矣。蓋古人於祭祀爲甚重，諸侯必親率耕，夫人必親蠶，爲士者亦必躬治其田，備其牲殺、器皿、衣服以事其祖考，所以自盡者如此故也。周霄又以出疆載質爲疑，孟子以士之載質比之農夫之載耒耜，蓋其所當然者，亦猶飲食衣服之不可闕於身也。周霄復疑仕如此甚急，而何君子之難於仕。孟子謂丈夫生而願爲之有室，女子生而願爲之有家者，固其常理也。然而必也待父母之命，媒妁之言，以禮行而後可，不然謂室家爲急，棄禮而不恤，其可乎？士之欲仕，亦其常理也，然而必也守道以待時，可進而後進也。若謂仕爲急，而不由其道以求之，則與兒女子之鑽穴隙者何異？雖然，非獨此也，凡一飲食，一語默，一動靜之際，皆當以是體之，苟惟見利而忘其義，皆鑽穴隙之心也。雖然，在己者學未成，則欲仕其可乎？子使漆雕開仕，對曰“吾斯之未能信”，而夫子悅。苟惟所學未至，不勝其私，假借聖賢之言而欲以輕試，是亦鑽穴隙之心而已矣。

【纂疏】輔氏曰：“周霄亦頗有策士之風，但孟子據道之極，不爲其所動，但直述其義理以告之而已。”○又曰：“士之仕，猶男女之願有室家者，此正理也。至於爲人男女而不待父母之命、媒妁之言，鑽穴隙相窺，踰牆相從，則父母國人皆賤之。爲士而仕者，不循天理之正，不俟人君之招，屈己以徇利，枉道以求君，則爲聖賢之學者皆賤之，直與兒女子相窺相從者無異。故君子之於仕，未嘗潔身以亂倫，而長往不顧。亦未嘗徇利忘義，而屈道以伸身也。”

○彭更問曰：“後車數十乘，從者數百人，以傳食於諸侯，不以泰乎？”孟子曰：“非其道，則一簞食不可受於人，如其道，則舜受堯之天下不以爲泰，子以爲泰乎？”更，平聲。乘、從，皆去聲。傳，直戀反。簞，音丹。食，音嗣。

彭更，孟子弟子也。泰，侈也。

曰："否。①士無事而食，不可也。"

言不以舜爲泰，但謂今之士無功而食人之食，則不可也。

【纂疏】趙氏曰："彭更之意不以舜爲泰，蓋以士之無事，②固不可虛食也。"

曰："子不通功易事，以羨補不足，則農有餘粟，女有餘布；子如通之，則梓匠輪輿皆得食於子。於此有人焉，入則孝，出則悌，守先王之道以待後之學者，而不得食於子，子何尊梓匠輪輿而輕爲仁義者哉？"羨，延面反。

通功易事，謂通人之功而交易其事。羨，餘也。有餘，言無所貿易而積於無用也。梓人、匠人，木工也。輪人、輿人，車工也。

曰："梓匠輪輿，其志將以求食也。君子之爲道也，其志亦將以求食與？"曰："子何以其志爲哉？其有功於子，可食而食之矣。且子食志乎？食功乎？"曰："食志。"與，平聲。"可食而食""食志""食功"之"食"，皆音嗣，下同。

孟子言自我而言，固不求食；自彼而言，凡有功者則當食之。

曰："有人於此。毀瓦畫墁，其志將以求食也，則子食之乎？"曰："否。"曰："然則子非食志也，食功也。"墁，武安反。"子食"之"食"，亦音嗣。

墁，牆壁之飾也。毀瓦畫墁，言無功而有害也。既曰食功，則以士爲無事而食者，真尊梓匠輪輿，而輕爲仁義者矣。

【或問】孟子之論食志、食功之别，何也？曰："食志而不食功，則正士日遠，而苟賤不廉之人至；食功而不審其大小之分，則梓匠輪輿得以加諸爲仁義者上矣。"

【張氏注】孟子當戰國之時，以身任道，其歷聘諸國，後車數十乘，從者數百人，夫豈尊己而自大乎哉？亦時義所當然，有不得而避也。彭更之徒疑傳食以爲泰，是以世俗利害貴賤之見觀聖賢也，孟子之所以告之者，蓋常道耳。夫"非其道，則一簞食不可受於人；如其道，則舜受堯之天下而不以爲泰"，所謂其道者，天理之所安也，故伯夷、叔齊不食周粟之心，即舜、禹受天下之心也，而孟子後車數十乘，從者數百人，以傳食於諸侯之心，即顏

---

① "否"，原脱，據宋當塗郡齋本《四書集注》補。
② "士"，原作"仕"，據元刻本《四書纂疏》改。

子一簞食、一瓢飲、在陋巷之心也,皆以其道故也。以爲士無事而食不可,觀更之意,亦許行之類與? 孟子又從而曉之,以爲使子而不通功易事,則農之餘粟、女之餘布無所用之,而人之飢寒者亦多矣,此固不可行也。子而通功易事,則梓匠輪輿固得以其技而食於子矣。今有賢者,而反不得食於子,是子以梓匠輪輿爲有用而尊之,以仁義者爲無用而輕之也。其辭曰:“入則孝,出則悌,守先王之道,以待後之學者。”玩斯四言也,則若人也,其爲躬行仁義可知矣。更則以爲梓匠輪輿,志本在於求食,故食之。而君子之爲道,志非爲食也。孟子以爲,君子之志固不在食,而在爲國者,則當食之也。如更之言,則是食志而不食功,毁瓦畫墁而志於求食,則亦將食之矣。更至此而其説窮焉。夫王者之禄夫人也,爲有以賴其用而可禄耳,豈必以其志之欲而禄之哉? 如以其志,則是率天下而利也。觀孟子所以告之者,反復曲折,辭氣不迫,而亦不厭焉,亦可窺夫所養之至者矣。

【纂疏】輔氏曰:“彭更至此其辨已窮,不復有説,則既以爲食功矣。以爲食功,則以士爲無事而食者,是真尊梓匠輪輿,以爲有事而可與之食;輕爲仁義者,以爲無事而不可與之食矣。”

○萬章問曰:“宋,小國也。 今將行王政,齊楚惡而伐之,則如之何?”惡,去聲。

萬章,孟子弟子。宋王偃嘗滅滕伐薛,敗齊、楚、魏之兵,欲霸天下,疑即此時也。

孟子曰:“湯居亳,與葛爲鄰,葛伯放而不祀。 湯使人問之曰:‘何爲不祀?’曰:‘無以供犧牲也。’湯使遺之牛羊,葛伯食之,又不以祀。 湯又使人問之曰:‘何爲不祀?’曰:‘無以供粢盛也。’湯使亳衆往爲之耕,老弱饋食。 葛伯率其民,要其有酒食黍稻者奪之,不授者殺之。 有童子以黍肉餉,殺而奪之。《書》曰:‘葛伯仇餉。’此之謂也。 遺,唯季反。盛,音成。“往爲”之“爲”,去聲。“饋食”“酒食”之“食”,音嗣。要,平聲。餉,式亮反。

葛,國名。伯,爵也。放而不祀,放縱無道,不祀先祖也。亳衆,湯之民。其民,葛民也。授,與也。餉,亦饋也。《書》,《商書·仲虺之誥》也。仇餉，言與餉者爲仇也。

【纂疏】趙氏曰：“葛國，在梁國寧陵縣。”

爲其殺是童子而征之，四海之内皆曰：‘非富天下也，爲匹夫匹婦復讎也。’　爲，去聲。

非富天下，言湯之心，非以天下爲富而欲得之也。

【或問】湯爲童子復讎，而四海之内皆知其非富天下，何也？曰：“聖人之心，廓然大公，表裏洞達，故一有所爲，則天下信之，如雨暘寒暑，無不感、無不通也。然《書》所謂‘葛伯仇餉’者，非孟子之言，則人孰知其曲折之如此哉！陽貨歸豚事亦類此。”

‘湯始征，自葛載’，十一征而無敵於天下。東面而征，西夷怨；南面而征，北狄怨。曰：‘奚爲後我？’民之望之，若大旱之望雨也。歸市者弗止，芸者不變，誅其君，弔其民，如時雨降，民大悦。《書》曰：‘徯我后，后來其無罰。’

載，亦始也。十一征，所征十一國也。餘已見前篇。

‘有攸不惟臣，東征，綏厥士女，匪厥玄黄，紹我周王見休，惟臣附於大邑周。’其君子實玄黄于匪以迎其君子，其小人簞食壺漿以迎其小人，救民於水火之中，取其殘而已矣。　食，音嗣。

按《周書·武成》篇載武王之言，孟子約其文如此。然其辭時與今《書》文不類，今姑依此文解之。有所不惟臣，謂助紂爲惡而不爲周臣者。匪，與篚同。玄黄，幣也。紹，繼也，猶言事也。言其士女以匪盛玄黄之幣，迎武王而事之也。商人而曰我周王，猶《商書》所謂我后也。休，美也。言武王能順天休命，而事之者皆見休也。臣附，歸服也。孟子又釋其意，言商人聞周師之來，各以其類相迎者，以武王能捄民於水火之中，取其殘民者誅之而不爲虐耳。君子，謂在位之人。小人，謂細民也。

《太誓》曰：‘我武惟揚，侵于之疆，則取于殘。①殺伐用張，于湯有光。’

《太誓》，《周書》也，今《書》文亦小異。言武王威武奮揚，侵彼紂之疆界，取

---

① “于”，原作“其”，據宋當塗郡齋本《四書集注》改。

其殘賊，而殺伐之功因以張大，比於湯之伐桀，又有光焉。引此以證上文取其殘之義。

不行王政云爾。　苟行王政，四海之內皆舉首而望之，欲以爲君。齊、楚雖大，何畏焉？"

宋實不能行王政，後果爲齊所滅，王偃走死。○尹氏曰："爲國者能自治而得民心，則天下皆將歸往之，恨其征伐之不早也，尚何強國之足畏哉？苟不自治，而以強弱之勢言之，是可畏而已矣。"

【語録】李氏《常語》云："如孟子所言，家家可以行王道，人人可以爲湯武，則六尺之孤可託者誰乎？"朱子曰："王道即堯、舜、禹、湯、文、武、周公、孔、孟相傳之道。由周公而上，上而爲君，由孔子而下，下而爲臣，固家家可以得行矣。湯、武適遭桀、紂，故不幸而有征伐之事；若生堯、舜之時，則豈得左洞庭、右彭蠡，而悍然有不服之心邪？其在九官群后之列，濟濟而和可知矣。如此，則人人爲湯武，又何不可之有？"○蔡氏録

【張氏注】萬章之問，意者宋之君臣見孟子談王政，而以爲迂闊遲久之事，懼王政之利未見，而齊楚之禍立至，故以爲疑也。嗟乎！爲是説者，是未知王政之所以爲王政者也，故孟子引湯、武之事以告之。夫葛伯放而不祀，而湯使人問之，爲其無犧牲也，則餽之牛羊。又不以祀，而又問之，爲其無粢盛也，則使亳衆爲之耕。夫湯奚爲勤勤於葛伯若是哉？[1]蓋成湯以天下爲己憂者也，葛伯之與吾鄰，而曠不祀其先，湯之所懼也，故使問之。至於使亳衆爲之耕夫，而葛伯殺餉饋之童子，則其咈天心而縱人欲也甚矣，故湯爲殺是童子也而征之。然桀在上，而湯專征可乎？蓋湯於是時，當方伯連率之任，諸侯有罪者，固得以糾察，奉桀之命而征之，若文武之於商爲西伯然也。四海之內，皆知湯非有富天下之心，特爲匹夫匹婦復讎耳，是以畢起而應之。周武之事，亦何以異此？"有攸不爲臣，東征"，言有不臣於商者，武王則以紂之命征之也。非有他也，"綏厥士女"而已。故其國人執玄黃之筐願見周王，莫不臣附而無二心。夫其君子實玄黃以迎君子，而小人則持食漿以迎其小人，[2]所以樂從如此者，以武王之心在於救

---

① "哉"，原脱，據通志堂本《孟子説》補。

② "食"，原脱，據通志堂本《孟子説》補。

民之急，而除其害故也。曰"于湯有光"云者，言其相發輝云耳。以是二君觀之，則行王政者，天下方將傾慕愛戴，而恨其征伐之不早，又何强大之足畏哉。嗟乎！後之人君，其無以王政爲迂闊而不務，其無以敵人之强大爲可畏，深味孟氏之言，以究湯、武之心，則其綱領可知矣。

【纂疏】輔氏曰："尹氏説盡後世爲國而不自强，但以强大爲畏者之病，誠能反是道而求之於己，則知仁者之果無敵，而帝王之道是誠在我而已。"

○孟子謂戴不勝曰："子欲子之王之善與？　我明告子，有楚大夫於此，欲其子之齊語也，則使齊人傅諸？　使楚人傅諸？"曰："使齊人傅之。"曰："一齊人傅之，衆楚人咻之，雖日撻而求其齊也，不可得矣。　引而置之莊嶽之間數年，雖日撻而求其楚，亦不可得矣。與，平聲。咻，音休。

戴不勝，宋臣也。齊語，齊人語也。傅，教也。咻，讙也。齊，齊語也。莊嶽，齊街里名也。楚，楚語也。此先設譬以曉之也。

子謂薛居州，善士也，使之居於王所。　在於王所者，長幼卑尊皆薛居州也，王誰與爲不善？　在王所者，長幼卑尊皆非薛居州也，王誰與爲善？　一薛居州，獨如宋王何？"長，上聲。

居州，亦宋臣。言小人衆而君子獨，無以成正君之功。

【張氏注】人君莫重於所與處。蓋上智賢明之君，小人自不可得而邇，其所與處者，固無非天下之賢也。若天資降於此，不幸而小人在旁薰染積習，而與之胥變者多矣。試考方册所載，亡國敗家之主，固有天資甚不美者也，然而其間亦豈無庶幾者乎？惟其處於衆小人之間，淪胥以亡者亦多矣。是以善論治者必本於人君之身，而善救正其君者，必欲多引善類與之共處，蓋望其薰陶漸染有以變革之也。雖然，君子難親，而小人易狎，不幸衆君子之間，而置一小人，則或足以敗類。使一君子而遇衆小人，則其決不能以自立也必矣。愚讀"一薛居州，獨如宋王何"之語，未嘗不太息也。夫長幼卑尊皆衆楚之咻也，而望一居州欲以變王之質，豈不難哉？非惟力不能勝，居州有言於前，而衆人尼之於後，居州且將不能以自立，而況敢望有益於王身乎？然則爲戴不勝者將如何？引一薛居州未足道也，必廣引居州之類,庶幾君子之道長,而可望於王之感悟也。雖然,薛居州善士也,蓋可以輔成君德耳,若曰格君之事,則非居州之任也。有孟子者,而戴不勝獨不能知之乎? 使孟子之說行,則君心可格,群賢畢集,而衆楚之咻當如晛之消矣。然其遇不遇則天也,不勝亦豈得而爲之哉?

【纂疏】輔氏曰:“古之大臣欲正其君者,豈特取辦於一人一己而已哉? 必也兼收並蓄,旁求廣取,使忠賢之士畢集于朝,在君之左右前後者,無非正人端士,然後可以薰陶漸染以變化其氣質,成就其德性,是豈獨欲趨事赴功而已哉! 置一小人於其間,則便足以惑其君而敗其類,况於長幼卑尊皆非君子,而獨欲以一薛居州使王爲善,豈可得哉?”

○**公孫丑問曰:“不見諸侯何義?”孟子曰:“古者不爲臣不見。**

不爲臣,謂未仕於其國者也。此不見諸侯之義也。

総論三章之旨 問:“孟子不見諸侯,何義?”曰:“孟子入他國中,亦有時可見諸侯,只是諸侯召之則不往見之。而且如孟子將朝王,王使人來,曰:‘寡人如就見者也,有寒疾,不可以風,朝將視朝,不識可使寡人得見乎?’孟子即便對曰:‘不幸而有疾,不能造朝。’孟子本是要去見他,纔來喚召,便稱疾不肯往。蓋孟子以賓師自處,不可以召之也。故曰:‘古者不爲臣不見。’又曰:‘欲有謀焉,則就之。’又曰:‘迫斯可以見矣。’皆此意也。”(周謨)○祝氏録

段干木逾垣而辟之,泄柳閉門而不内,是皆已甚。 迫,斯可以見矣。 辟,去聲。内,與納同。

段干木,魏文侯時人。泄柳,魯繆公時人。文侯、繆公欲見此二人,而二人不肯見之,蓋未爲臣也。已甚,過甚也。迫,謂求見之切也。

【纂疏】輔氏曰:“士固當守義,而不可輒往見國君。至於文侯、繆公,屈己求見,其意已切,雖能聽用與否未可知,聖賢於此,則必見之矣。至於踰垣閉户則不成舉措,亦爲過甚而非義矣。”

陽貨欲見孔子而惡無禮。 大夫有賜於士,不得受於其家,則往拜其門。 陽貨矙孔子之亡也,而饋孔子蒸豚;孔子亦矙其亡也,而往拜之。 當是時,陽貨先,豈得不見? “欲見”之“見”,音現。惡,去聲。矙,音勘。

此又引孔子之事,以明可見之節也。欲見孔子,欲召孔子來見己也。惡無禮,畏人以己爲無禮也。受於其家,對使人拜受於家也。其門,大夫之門也。瞰,窺也。陽貨於魯爲大夫,孔子爲士,故以此物及其不在而饋之,欲其來拜而見之也。先,謂先來加禮也。

【纂疏】 輔氏曰:"陽貨欲見孔子而惡無禮,雖小人,秉彝不可殄,貨既先來加禮於己,則己烏得而不答之? 然貨之意,則非誠矣,故但往答其禮,而不欲見其人,是亦不屑之教誨也。天地之施與萬物者,豈有差忒哉?"

曾子曰:'脅肩諂笑,病于夏畦。'子路曰:'未同而言,觀其色赧赧然,非由之所知也。'由是觀之,則君子之所養可知已矣。"脅,虛業反。赧,奴簡反。

脅肩,竦體。諂笑,小人側媚之態也。病,勞也。夏畦,夏月治畦之人也。言爲此者,其勞過於夏畦之人也。未同而言,與人未合而强與之言也。赧赧,慙而面赤之貌。由,子路名。言非己所知,甚惡之之辭也。孟子言由此二言觀之,則二子之所養可知,必不肯不俟其禮之至,而輒往見之也。○此章言聖人禮義之中正,過之者傷於迫切而不洪,不及者淪於污賤而可恥。

【語錄】 問:"不見諸侯,何義?"曰:"孟子之時,時君重士,爲士者不得不自重,故必待人君致敬盡禮而後見,自是當時做得個規模如此是了。如《史記》中列國之君擁篲先迎之類,却非是當世輕士,而孟子有意於矯之以自高也。"或問:"陽貨之瞰亡,此不足責,孔子亦瞰亡而往,則不幾於不誠也邪?"曰:"據道理合當如此,彼以瞰亡來,我亦瞰亡往,一往一來,禮甚相稱,但孔子不幸遇諸塗耳。"○蔡氏錄

【張氏注】 公孫丑意孟子之不見諸侯,必有義存焉。孟子以爲,古者不爲臣不見,是其義也。爲臣,謂委質事之也。若君臣之分未定,諸侯尊德樂義則固當就見之,蓋欲見之意當在彼故也。至於段干木踰垣而避,泄柳閉門而不内,則爲已甚,蓋繆公屈己就見,所謂迫而欲見也。其能聽用與否雖未可知,然既以是心至,則可以見矣。於可以見而不見,則亦爲非義矣。至於孔子,則可謂處之盡其道者。陽貨欲使孔子見,而知孔子之不可屈,惡夫無名也。禮,大夫有賜於士,對使者拜而受賜,不得拜使者,則往拜於門。孔子,士也;貨,大夫也。貨饋孔子豚而瞰其亡者,欲使之不得拜使

者,而必將過我也。孔子往拜而亦瞰其亡,何也? 既先饋孔子以豚,在禮
當往拜,則烏得而不往? 然貨之意非誠篤也,故往拜其禮而不欲見其人。
於此一事,亦可以窺聖人一言一動之間,處之至精者矣。孟子之意,以爲
己所師慕則孔子也。曾子謂"脅肩諂笑,病于夏畦"者,言脅肩諂笑之勞,
甚於盛夏之灌畦者也。夫脅肩諂笑,強爲此以求悅於人,試循思其所萌,
其趣味之迂回艱窘,蓋亦甚矣。自君子觀之,見其甚勞,而小人安行之而
不顧也。知脅肩諂笑之病于夏畦,則亦可以知良心所發之易直者矣。子
路謂"未同而言,觀其色赧赧然,非由之所知也"。夫中心未同而強與之
言,雖言也,而愧見於色赧赧然,其爲自欺,蓋有不可得而掩者矣。以曾
子、子路之言觀之,則君子之所養爲可知矣。蓋有一毫不慊於中,君子不
由也。若於所不當見而見焉,則是勉強以求合,與脅肩諂笑未同而言者何
以異? 孰謂君子而爲之乎?

【纂疏】輔氏曰:"曾子厚重篤實,故見小人側媚之態,①如病于夏畦之人,
而深憐之。子路剛果勇決,故以未同而言赧赧其色者,爲非己所知而深惡
之。知猶不知,況爲之乎? 此子路守己之嚴,而惡不仁之誠也。二子所守
如此,雖各因其資質,然亦是學力所就也。"○又曰:"言,心聲也。觀二子
之言,而知其所憐所惡者如此,則二子所養,決不肯枉道以徇人者可知
矣。"○又曰:"孔子之事,禮義之中正也,差以毫釐,則失之矣。干木、泄柳
則過乎禮義之中正矣,故傷於迫切而不洪;曾子、子路之所言,則不及乎禮
義之中正者,故淪於污穢而可恥。此君子之行己,所以戰戰兢兢而唯恐有
過不及之失也。然與其污賤之可恥,寧失於迫切而不洪,段干、泄柳猶爲
狷者也。"○趙氏曰:"竦體者,竦縮其身。強笑者,強容而笑。治畦,灌
園也。"

○**戴盈之曰:"什一,去關市之征,今兹未能,請輕之,以待來年,
然後已,何如?"** 去,上聲。

盈之,亦宋大夫也。什一,井田之法也。關市之征,商賈之稅也。已,
止也。

---

① "見",元刻本《四書纂疏》作"視"。

孟子曰：“今有人日攘其鄰之雞者，或告之曰：‘是非君子之道。’曰：‘請損之，月攘一雞，以待來年，然後已。’攘，如羊反。

攘，物自來而取之也。損，減也。

【纂疏】輔氏曰：“因物自來而掩取之，則非盜竊者之比，若盜竊之爲，則又大不可也。”

如知其非義，斯速已矣，何待來年？”

知義理之不可而不能速改，與月攘一雞何以異哉？

【張氏注】戴盈之之説，蓋亦知什一之法與夫關市無征之爲善政，而暴斂苛征之爲非也。雖未能遽復古制，然請輕之以待來年，在春秋之時，不庸愈乎？而孟子何拒之嚴也？蓋君子之遠不義也，如惡惡臭；其不敢邇也，如探湯；其不敢須臾寧也，如坐塗炭。而其徙義也惟恐弗及，蓋其見之之明而決之之勇，以爲不如是，不足以自拔而日新故也。今盈之既知暴斂苛征之爲非，而先王之制在所當法，則宜一日不敢安於其所非。顧乃欲輕之，以待來年，是爲私意之所牽繫，而不能果也。若是者終不能舍其舊而圖新，歸於悠悠而已矣。故孟子舉攘雞之喻以告之，夫月攘一雞，論其疏數雖愈於日攘者，然其爲攘之則一也。曰：“如知其爲非義，斯速已矣，何待來年？”辭氣凛乎其嚴，蓋所以破其牽繫之私也。噫！士之持身於改過遷善之際，而爲盈之之説，則將終身汩沒於過失之中。人臣之謀國，於革弊復古之事，而爲盈之之説，則終陷於因循苟且之域。故自修身至於治國，所謂知仁勇之三德，闕一不可也。知以知之，仁以守之，勇以決之，可不務哉！

【纂疏】輔氏曰：“天下事只有義利兩端。纔出義，便以利言也，焉有兩存之理？若知義理之不可，而猶有吝惜之意，不肯速改，則亦終歸於悠悠，必不能自拔而日新矣。”

○公都子曰：“外人皆稱夫子好辯，敢問何也？”孟子曰：“予豈好辯哉？予不得已也。好，去聲，下同。天下之生久矣，一治一亂。治，去聲。

生，謂生民也。一治一亂，氣化盛衰，人事得失，反覆相尋，理之常也。

【纂疏】輔氏曰：“觀孟子説‘天下之生久矣，一治一亂’，便見他胸中包括得宇宙過。先言氣化，後言人事者，氣化有盛衰，然後人事有得失，此理之常也。然亦有氣化衰，而人事之得可以轉移氣化，而使之常盛者；亦有氣化盛，而人事之失有以戕敗氣化，而使之遽衰者。此理之變也。蓋氣化無欲而有理，故盛則必衰，衰則必盛，猶晝夜反覆之相尋；人則有理有欲，順乎理則事得，從乎欲則事失。其得失雖亦反覆相尋，然人欲不行，而唯理是順，則其事常得而無失，可並與氣化而轉移之，若堯舜與賢之事是也。若肆人欲以滅天理，則雖氣化之盛，亦可以戕賊之使遽衰，三苗弗格於有虞之世，三監弗靖於成周之時，而漢唐之世，一再傳之後，遽有吕、武之禍，皆是也。向非舜、禹、周公之聖，及漢庭之賢佐，有以平之，則豈不至於衰敗乎？《集注》則但言其理之常者耳。”

當堯之時，水逆行，氾濫于中國，蛇龍居之，民無所定。下者爲巢，上者爲營窟。《書》曰：‘洚水警余。’洚水者，洪水也。 洚，音降，又胡貢、胡工二反。

水逆行，下流壅塞，故水倒流而旁溢也。下，下地。上，高地也。營窟，穴處也。《書》，《虞書·大禹謨》也。洚水，洚洞無涯之水也。警，戒也。此一亂也。

【纂疏】輔氏曰：“此一亂，純由乎氣化也。”

使禹治之，禹掘地而注之海，驅蛇龍而放之菹。水由地中行，江、淮、河、漢是也。險阻既遠，鳥獸之害人者消，然後人得平土而居之。 菹，側魚反。

掘地，掘去壅塞也。菹，澤生草者也。地中，兩涯之間也。險阻，謂水之氾濫也。遠，去也。消，除也。此一治也。

【纂疏】輔氏曰：“此一治，氣化人事相參者也。夫人與鳥獸亦相爲多寡，蓋同禀於氣故也。繁氣盛則正氣衰，正氣多則繁氣少，聖人於其間有造化之用，亦時焉而已。”

堯舜既没，聖人之道衰。暴君代作，壞宫室以爲污池，民無所安息，棄田以爲園囿，使民不得衣食。邪説暴行又作，園囿、汙池、沛澤多而禽獸至。及紂之身，天下又大亂。 壞，音怪。行，去聲，下同。沛，蒲内反。

暴君，謂夏太康、孔甲、履癸、商武乙之類也。宮室，民居也。沛，草木之所生也。澤，水所鍾也。自堯舜没至此，治亂非一，及紂而又一大亂也。

【纂疏】輔氏曰：“此一亂，氣化人事相符者也。自堯舜没，其中夏太康、孔甲、履癸、商武乙等暴君不一，難以屢數。至紂則大敗極亂，而無以復加矣，故直推至紂時言之。想見夏桀之時，亦未必有飛廉等惡人，與夫虎豹犀象之害也。”

周公相武王，誅紂伐奄，三年討其君，驅飛廉於海隅而戮之，滅國者五十，驅虎豹犀象而遠之，天下大悅。《書》曰：‘丕顯哉，文王謨！ 丕承哉，武王烈！ 佑啓我後人，咸以正無缺。’ 相，去聲。奄，平聲。

奄，東方之國，助紂爲虐者也。飛廉，紂幸臣也。五十國，皆紂黨，虐民者也。《書》，《周書·君牙》之篇。丕，大也。顯，明也。謨，謀也。承，繼也。烈，光也。佑，助也。啓，開也。缺，壞也。此一治也。

【纂疏】輔氏曰：“此一治，又氣化人事相參者也。舉《書》之說者，此言文王、武王謀謨之大、功業之光，所以佑助開迪夫後人者，莫非大正之道，周全盡美，而無有一豪壞缺之失也。蓋正可爲也，無缺爲難。無缺謂禮樂刑政四達而不悖，三千三百之儀，與至誠無倚之道，並立而不偏。凡所以正德、利用、厚生之具，無一之不備，防僞、禁邪、正慝之法，無一之或隳，夫然後可以爲無缺。至春秋時，則道墜于地，而無復有存者矣。”○趙氏曰：“按，奄國在淮夷之北。”○又曰：“飛廉善走，以材力事紂。周武王伐紂，并殺之。”

世衰道微，邪說暴行有作。 臣弒其君者有之，子弒其父者有之。 “有作”之“有”，讀爲又，古字通。

此周室東遷之後，又一亂也。

【纂疏】輔氏曰：“此一亂，又氣化人事相符者也。前乎此者雖曰世亂，然但禽獸繁殖，有以戕民之生，而猶未至賊人之性。至此以後，則遂至傷壞人倫，將使斯人盡爲禽獸之歸，其禍又慘矣。此一亂，又甚於前日，是亦氣化人事之使然也。”

孔子懼，作《春秋》。《春秋》，天子之事也。 是故孔子曰：‘知我者，其惟《春秋》乎！ 罪我者，其惟《春秋》乎！’

胡氏曰："仲尼作《春秋》以寓王法，惇典、①庸禮、命德、討罪，其大要皆天子之事也。知孔子者，謂此書之作，遏人欲於橫流，存天理於既滅，爲後世慮至深遠也。罪孔子者，以謂無其位而託二百四十二年南面之權，使亂臣賊子禁其欲而不得肆，則戚矣。②"愚謂孔子作《春秋》以討亂賊，則致治之法垂於萬世，是亦一治也。○胡氏，名安國，建安人。

【語錄】問："孔子作《春秋》，特載之空言，亂臣賊子，何緣便懼？恐未足以爲春秋之一治。"曰："非說當時便一治，只是存得箇治法，使道理光明粲爛，有能舉而行之，爲治不難。當時史書掌於史官，想人不得見，及孔子取而筆削之，而其義大明。孔子亦何嘗有意用某字使人知勸、用某字使人知懼、用某字有甚微詞奧義使人曉不得，足以褒貶榮辱人來。不過如今之史書，直書其事，善惡瞭然在目，觀者知所懲勸，故亂臣賊子有所懼，而不敢犯爾。"

【纂疏】輔氏曰："此一治，又純乎人事者也。雖氣化不應，而不使夫子得位，以撥亂而反之正，然作《春秋》以討亂賊，垂致治之法於萬世之下，則其功又大於舜禹矣。"○潛室陳氏曰："此謂聖人以王法繩諸侯，所褒所貶皆是奉行王法，寄空言以寓諸事，與天子無異。此聖人大用非孟子不能知，胡氏發明備矣。"

聖王不作，諸侯放恣，處士橫議，楊朱、墨翟之言盈天下。天下之言不歸楊，則歸墨。楊氏爲我，是無君也；墨氏兼愛，是無父也。無父無君，是禽獸也。公明儀曰：'庖有肥肉，厩有肥馬，民有飢色，野有餓莩，③此率獸而食人也。'楊、墨之道不息，孔子之道不著，是邪說誣民，充塞仁義也。仁義充塞，則率獸食人，人將相食。橫、爲，皆去聲。莩，皮表反。

楊朱但知愛身，而不復知有致身之義，故無君。墨子愛無差等，而視其至親無異衆人，故無父。無父無君，則人道滅絕，是亦禽獸而已。公明儀之言，義見首篇。充塞仁義，謂邪說偏滿，妨於仁義也。孟子引儀之言，以明楊、墨道行，則人皆無父無君，以陷於禽獸而大亂將起，是亦率獸食人而人

---

① "惇"，原作"厚"，乃避南宋光宗趙惇諱，今改回。

② "則"，原作"其"，據宋當塗郡齋本《四書集注》改。

③ "民有飢色，野有餓莩"，原脫，此據宋當塗郡齋本《四書集注》。

又相食也。此又一亂也。

【語錄】楊、墨只是差些子，其末流遂至於無父無君。蓋楊氏見世上人營營於名利，埋没其身而不自知，故獨潔其身以自高，如荷蕢、接輿之徒是也。然使人皆如此潔身而自爲，則天下事教誰理會？此便是無君也。墨氏見世間人自私自利，不能及人，故欲兼天下之人而盡愛之，然不知或有一患難，在君親則當先救之，在他人則後救之，若不分先後，則是待君親猶他人也，此便是無父。此二者之所以爲禽獸也。（潘時舉）○楊朱乃老子弟子，其學專於爲己。列子云“伯成子羔拔一毛而利天下不爲”，其言曰：“一毛安能利天下？使人人不拔一毛，不利天下，則天下自治矣。”（鄭可學）○問：“墨氏兼愛，何遽至於無父？”曰：“人也只孝得一個父母，那有七手八脚愛得許多？能養其父母無缺，則已難矣。想得他之所以養父母者，粗衣糲食，必不能堪，蓋他既欲兼愛，則其愛父母必疏，其孝不周至，非無父而何哉？墨子尚儉、惡樂，所以説‘里號朝歌，墨子回車’①，想得是個澹泊枯槁底人，其事父母也可想見。”○問：“率獸食人亦深探其弊而極言之，非真有此事？”曰：“不然。即他之道，便能如此。楊氏自是個退步愛身，不理會事底人了，②墨氏兼愛，又弄得没合殺，使天下倀倀然，必至於大亂而後已，非率獸食人而何？如東晋之清談，此便是楊氏之學，即老莊之道，少間百事廢弛，遂啓夷狄亂華，其禍豈不慘於洪水猛獸之害？又如梁武帝事佛，至於社稷丘墟，亦其驗也。”

【纂疏】輔氏曰：“此一亂，又氣化人事相符者也。聖人之道，非不愛身也，然有致身事君之義，有殺身成仁之時，故不至於無君；非不愛物也，然親親而仁民，仁民而愛物，有自然之序，故不至於無父。無君無父則人道滅絶，又將視弑父與君而冥然不覺矣，是則人而反與禽獸無異也。故引公明儀之説，以言楊、墨遂行則人皆無父無君，安爲戕賊，以陷於禽獸，而大亂將起，是以與公明儀所謂‘率獸食人，人將相食’者類矣。‘楊、墨之道不息，則邪説誣民；孔子之道不著，則充塞仁義也’，此四句只是説天理人欲不並立而已。所謂‘邪説徧滿，妨於仁義’者，是解‘邪説誣民，充塞仁義’兩句

---

① “墨子”，原破損不清，此據明陳煒刻本《朱子語類》卷五五《孟子五·滕文公篇》。
② “底”，原破損不清，此據明陳煒刻本《朱子語類》卷五五《孟子五·滕文公篇》。

也。以'徧滿'字解'充'字,以'妨'字解'塞'字,但不曾解'誣民'兩字耳。其實謂邪説誣罔天下之人,其勢至於充盛窒塞人心固有之仁義,使不能發也。夫仁義具於人心,而爲邪説所誣而充塞之,使不得達於外,況能廣充之以全其量乎？嗚呼！人之始生也,既有氣稟之拘;其少長也,又有物欲之蔽;其既長也,又有異端邪説之誣。不有聖賢之教,左右扶翼之,則幾何而能有所立於世哉？"

吾爲此懼,閑先聖之道,距楊、墨,放淫辭,邪説者不得作。 作於其心,害於其事;作於其事,害於其政。 聖人復起,不易吾言矣。

爲,去聲。復,扶又反。

閑,衛也。放,驅而遠之也。作,起也。事,所行。政,大體也。孟子雖不得志於時,然楊、墨之害自是滅息,而君臣父子之道賴以不墜,是亦一治也。程子曰:"楊、墨之害甚於申、韓,佛氏之害甚於楊、墨。蓋楊氏爲我疑於義,墨氏兼愛疑於仁,申、韓則淺陋易見。故孟子止闢楊、墨,爲其惑世之甚也。佛氏之言近理,又非楊、墨之比,所以爲害尤甚。"

【語録】問:"墨氏兼愛疑於仁,此易見。楊氏爲我,何以疑於義？[①]"曰:"楊朱看來不似義,他全是老子之學,只是箇逍遥物外、僅足其身、不屑世務之人,只是他自愛其身,界限齊整,不相侵越,微似義耳,然終不似也。"○又曰:"楊、墨只是硬恁地做,佛氏最有精微動得人處,本朝許多極好人,無不陷焉。"○趙氏録

【纂疏】輔氏曰:"此一治,又純乎人事也,故氣化不應,而孟子亦不得志於時。然因其言,而楊、墨之説滅息,君臣父子之道至今得以不墜,此孟子之功所以不在禹下,而亞於孔子也。"○西山真氏曰:"事者,政之目。政者,事之綱。"○又曰:"義者,任理而無情,楊朱自一身之外,截然弗恤,故其迹似乎義;仁者,尚恩而主愛,墨翟於親疏之間,無乎不愛,故其迹似乎仁。殊不知天下之理本一,而分則殊,故君子親親而仁民,仁民而愛物,心無不溥而其施有序。心無不溥則非爲我矣,其施有序則非兼愛矣。楊朱專於爲我,則昧乎理之一;墨翟一於兼愛,則昧乎分之殊。若是而曰'仁義',乃所以賊乎仁義也。"

---

① "何",原漫漶不清,此據明陳燁刻本《朱子語類》卷五五《孟子五·滕文公篇》。

昔者禹抑洪水而天下平，周公兼夷狄、驅猛獸而百姓寧，孔子成《春秋》而亂臣賊子懼。

抑，止也。兼，并之也。總結上文也。

【纂疏】西山真氏曰："三聖事雖不同，而其捄天下之患，立生民之極則一。"

《詩》云：'戎狄是膺，荆舒是懲，則莫我敢承。'無父無君，是周公所膺也。

說見上篇。承，當也。

我亦欲正人心，息邪說，距詖行，放淫辭，以承三聖者，豈好辯哉？予不得已也。 行、好，皆去聲。

詖、淫，解見前篇。辭者，說之詳也。承，繼也。三聖，禹、周公、孔子也。蓋邪說橫流，壞人心術，甚於洪水猛獸之災，慘於夷狄篡弒之禍。故孟子深懼而力捄之，再言"豈好辯哉？予不得已也"，所以深致意焉。然非知道之君子，孰能真知其所以不得已之故哉？

【語錄】大抵聖門求仁格物之學，無一事與釋氏同，所以尋常議論間，偶因記憶自然及之，非是特然立意，與之爭勝負、較曲直也。想見孟子之闢楊、墨亦是如此，其言曰："予豈好辯哉？予不得已也。"今觀所予祝弟書，乃有"謗釋氏"之語，殊使人驚嘆，不知吾友別後所見如何，而爲是語也。（答許順之）○當時如縱橫刑名之徒，孟子卻不管他。蓋他只壞得箇粗底，若楊、墨則害了人心，須着與之辯也。然孟子於當時，只在私下恁地說，所謂楊、墨之徒也未怕他。到後世，卻因其言而知聖人之道爲是，知異端之學爲非，乃是孟子有功於後世耳。（潘時舉）

【纂疏】輔氏曰："洪水猛獸，害人之身；夷狄篡弒，賊人之性。害人之身，或專出於氣化，故曰災；賊人之性，則實出於人爲，故曰禍。然人而爲夷狄之行、篡弒之事者，但自賊夫己之性耳，至於邪說橫流不能救正，則天下之心皆爲之蠱壞，將胥而爲夷狄禽獸之歸矣。此其所以爲害愈慘，宜乎孟子之深排力詆，而不少置也。"○又曰："重言'豈好辯哉？予不得已也'，此以深致其意者，欲人之察其心，而知邪說之真可畏也。"○又曰："知道者，備人物於一身，通古今於一息，①故知邪說之害特爲深切，而真有不得而不

---

① "息"，原漫漶不清，此據元刻本《四書纂疏》。

救之者也。學者苟能考三聖之心，味孟子之説，詳朱子之注，則非徒能真知其所以不得已之故，亦將並與斯道而得之矣。人徒見孟子爲一匹夫耳，而不知其所憂者如是之大，所任者如是之重也。且歷代聖人之所爲，皆不得已而爲之者也，得已則聖人將無所爲矣，豈獨孟子之辯哉？”

能言距楊、墨者，聖人之徒也。”

言苟有能爲此距楊、墨之説者，則其所趨正矣，雖未必知道，是亦聖人之徒也。孟子既答公都子之問，而意有未盡，故復言此。蓋邪説害正，人人得而攻之，不必聖賢，如《春秋》之法，亂臣賊子，人人得而誅之，不必士師也。聖人救世立法之意，其切如此，若以此意推之，則不能攻討，而又唱爲不必攻討之説者，其爲邪詖之徒、亂賊之黨可知矣。○尹氏曰：“學者於是非之原，毫釐有差，則害流於生民，禍及於後世。故孟子辯邪説如是之嚴，而自以爲承三聖之功也。當是時，方且以好辯目之，是以常人之心，而度聖賢之心也。”

【集義】伊川先生曰：“大抵儒者潛心正道，不容有差，其始甚微，其終則不可救。如‘師也過，商也不及’，於聖人中道，師只是過於厚些，商只是不及些。然而厚則漸至於兼愛，不及則便至於爲我，其過、不及同出於儒者，其末遂至楊、墨。如楊、墨亦未至於無父無君，孟子推之，便至於此，蓋其差必至於是也。”

【語録】孟子苦死要與楊朱、墨翟辯，是如何？與他有甚冤惡，所以關之？渾如不共戴天之讎。“能言距楊、墨者，聖人之徒也”，纔説道要距楊、墨也，便是聖人之徒。如人逐賊，有人見之自不與捉，這便喚做是賊之黨。賊是人情之所當惡，若説道賊當捉當誅，這便是主人邊人；若説道賊也可捉，也可恕，這便喚做賊邊人。（葉賀孫）○出邪則入正，出正則入邪，兩者之間蓋不容髮，雖未知道而能言距楊、墨者，已是心術向正之人，所以以聖人之徒許之，與《春秋》討賊之意同。（《答石子重》）○此段最好看看，見諸聖賢遭時之變，各行其道是這般時節，其所以正救之者是這般樣子，這見得聖賢是甚麼樣大力量。恰似天地有闕齧處，①得聖賢出來補得教周全。補得周全後，過得稍久，又不免有闕，又得聖賢出來補，這見聖賢是甚力

---

① “似”，原作“斯”，據明陳煒刻本《朱子語類》卷五五《孟子五·滕文公篇》改。

量,直有闔闢乾坤之功。(葉賀孫)○祝氏録 ○又與南軒張氏書曰:"近讀《孟子》,至答公都子好辯一章,三復之餘,廢書太息,只爲見得天理忒煞分明,便自然如此住不得。若見不到此,又如何强得也? 然聖賢奉行天討,却自有箇不易之理,故曰:'能言距楊、墨者,聖人之徒也。'此便與《春秋》討亂臣賊子之意一般。舊來讀過亦不覺,近乃識之耳,不審以爲如何?"答曰:"孟子答公都子一章,要須如此方爲聖賢作用,此意某見得,但力量培植未到,要不敢不勉耳。"○東萊吕氏書曰:"謂異端之不息,由正學之不明,此盛彼衰,互相消長,莫若盡力於此。此道光明盛大,則彼之消鑠無日矣。孟子所謂'吾爲此懼,閑先聖之道',舊説以閑爲閑習,意味甚長。楊、墨肆行,政以吾道之衰耳,孟子所以不求之他,而以閑習吾先聖之道爲急務,而淫辭詖行之放,則固自有次第也。所以爲此説者,非欲含糊縱釋,黑白不辨,但恐專意外攘,而内修處工夫或少耳。"朱子答曰:"所喻閑先聖之道,竊謂只當如閑邪之閑,方與上下文意貫通,若作閑習,意思固佳,然恐非孟子意也。政使必如是説,則閑習先聖之道者,豈不辨析是非,反復同異,以爲致知格物之事? 若便以爲務爲攘斥,無斂藏持養之功而不敢爲,則恐其所閑習者,終不免乎毫釐之差也。此事本無可疑,但人自以其氣質之偏,緣情立義,故見得許多窒礙。若大其心,以天下至公之理觀之,自不須如此回互費力也。"○蔡氏録

【或問】孟子之欲息邪説、距詖行、放淫辭,而必以正人心爲先者,何也? 曰:"此探本之言也。以聖道之不明,是以人心不正,而邪説得以乘間入之也。"曰:"然則亦明聖道以正人心而已矣,又何必爲此之紛紛,而涉於好辯之嫌乎?"曰:"邪説既入,則人心益以不正,聖道益以不明矣,此又其末之不可不理者也。故孟子之道性善、稱堯舜,必使天下曉然知仁義之所在者,此其所以正人心而爲息邪距詖之本也;排爲我、斥兼愛,必使天下曉然知邪詖之不可由也,此其所以息邪距詖而爲正人心之用也。蓋其體用不偏,首尾相應如此,然後足以撥亂世而反之正,此其所以雖得其本,而不免於多言也。然豈其心之所好哉? 亦畏天命,悲人窮,故不得已而然耳。昔湯伐桀而誓其衆曰:'予畏上帝,不敢不正。'武王伐紂而誓其衆曰:'予弗順天,厥罪惟鈞。'夫豈好戰也哉? 孟子之心亦若此而已矣,豈得以好辯之小嫌而遂輟不言哉?"曰:"其曰:'能言距楊、墨者,聖人之徒。'何也?"曰:

“吾亦既言之矣。然反其言而行之，則知不討亂賊而謂人勿討者，凶逆之黨也；不距楊、墨而謂人勿距者，禽獸之徒也。聖賢立法之嚴至於如此，可不畏哉？可不畏哉？”

【張氏注】孟子之時，楊、墨之説盛行，時人未知其害也，孟子獨以爲懼，力排而深罪之，當時未知孟子之心，則以爲好辯而已。孟子答公都子之問，首曰：“予豈好辯哉？予不得已也。”辭意不迫而意則深矣。夫其所以不得而已者，天理之不可已者也。故夫禹之抑洪水，周公之兼夷狄、驅猛獸，孔子之作《春秋》，皆其不可已而不已者也。蓋聖人，成天地之化而立人極者也，使古無聖人者出，則人之類淪胥而滅絶也久矣，故孟子歷舉三聖人之事，以見其不可以已者。自生民以來，治亂迭居，方洪水之爲患，下民昏墊甚矣，堯命禹以治之，禹以是爲己任，乃導水而除其害，使民得平土而居之，此在禹之不可得而已者也。堯舜既没之後，聖道衰微，暴君相繼而作，不惟民之恤，惟己之逸欲是崇，使民無以爲安息衣食，邪説暴行乘間而起，沛澤益盛而禽獸多。蓋人者，天地之正氣，而異類，其繁氣也，正氣悴則繁氣盛，消長之理然也。至於紂之時，亂莫甚矣，周公出而佐武王，以是爲己任，討紂伐奄，誅其君，戮其臣，滅國五十，驅異類而遠之，此在周公之不可得而已者也。故《書》稱文王之謨、武王之烈，以爲啓佑後人，咸以正罔缺，文武之所以垂於後世者，蓋無非天下之正理也。迨周之末世，王道衰微，邪説暴行復作，夫所謂邪説暴行者，其端毫釐之差耳，而其流禍不可勝言，甚至於子弑父、臣弑君，皆邪説暴行之所致也。孔子以是爲懼，而不得時位以拯斯民，則《春秋》之作其可已乎。《春秋》明天理，遏人欲，以示萬世有國家者之大法，故曰“天子之事”。又曰：“知我者，其惟《春秋》乎？罪我者，其惟《春秋》乎？”蓋知之則以爲聖人繼天心而立人極，有不可以已者；不知則以爲專斷二百四十二年之行事，或云僭矣。微禹，則洪水之禍被於四海；微周公，則戎狄之禍徧於中華；微吾夫子，則三綱不明，五常不叙，天下貿貿然日趨於異類之歸矣。三聖人之心一也。孟子之時，去夫子之世爲未遠，而楊、墨者出，唱其爲我、兼愛之説，以亂仁義之實，孟子以爲楊氏爲我是無君也，墨氏兼愛是無父也，無父無君，是禽獸也。夫爲我、兼愛，特其見之偏耳，而比之遽及於禽獸者，何哉？蓋爲我則自私，自私則賊義，而君臣之分遂可廢也；兼愛則無本，無本則害仁，而父子之親遂可夷也。

人之異乎庶物，以其有君臣父子也，無父無君則與禽獸有異乎哉？公明儀謂庖有肥肉，厩有肥馬，不恤百姓之餓莩，爲率獸而食人。孟子則以爲楊、墨之道不息，則孔子之道不著，是邪説誣陷民之良心，而充塞仁義之途，仁義充塞，則將至於率獸而食人。不獨禽獸食人，人而無相與親愛之道，則且將至於相食矣，蓋其理必至此也。"閑先聖之道"，閑云者，立之防閑也。距楊、墨，放淫辭，使人心正而邪説不得而入之，所謂閑也。"禹抑洪水而天下平，周公兼夷狄、驅猛獸而百姓寧，孔子成《春秋》而亂臣賊子懼"，兼夷狄云者，用夏變夷之意也；成《春秋》而亂臣賊子懼者，亂臣賊子之情僞畢見，而討絶之法著焉，施於萬世，皆無所遁其迹故也。孟子之所以欲正人心，息邪説，距詖行，放淫辭者，所以承三聖人之心也。故復終之曰："豈好辯哉？予不得已也。"而以爲"能言距楊、墨者，聖人之徒"，蓋學者一毫入於楊、墨之歸，則終身不能以自拔，必也卓然自立，誓不少屑焉，則庶乎其可以自進於聖門矣。

【講義】曰："道者何？中而已。無過不及之謂中，時措之宜謂之時中，是皆人心之本然而不容已，天理之至正而不可易者也。天地之化亦大矣，小有偏焉，則雨暘寒暑，各失其節。人受天地之中以生，喜怒哀樂，念慮云爲其可以有所偏邪？楊氏之爲我，墨氏之兼愛，皆不得其中，①子莫之執中，又非所以爲時中也。孟子從而闢之，所以正人心，明天理，爲天下後世慮至切也。夫墨之兼愛，不失爲仁，楊之爲我，不失爲義，孟子極言其禍至於無父無君，而以禽獸目之，志於道而不得其中，豈不甚可畏哉？後世楊、墨之患息，而佛老之説興，至於今且千有餘歲，棄天常，滅人類，習夷狄之教，非先王之道，蓋不待其流之弊，而與禽獸無異矣。學士大夫不惟不能斥而遠之，乃溺其禍福之説，尊其荒唐之教，甚者則文之以聖賢之言，以爲與吾道無異。②學者從而信之，以自絶於大中至正之道，其爲天下後世之害，豈淺淺哉？有志於學者，惟以孔子、孟子之言爲主，以六經之道爲法，則異端之説，無自而入矣。"

【纂疏】輔氏曰："孟子意謂自今以後，不待有知道者，真能息滅楊、墨之

---

① "不"，原脱，此據元刻本《孟子講義》。
② "異"，原破損不清，此據元刻本《孟子講義》。

害,然後可以繼聖人之事。但能爲説以距,則是亦聖人之徒矣。此可見自任之重,而望人之切也。"○西山真氏曰:"所以勉天下學者,皆以辟異端、扶王道爲心,庶幾生人之類,不淪胥於禽獸也。"○輔氏曰:"《注》云:'邪説害正,人人得而攻之,不必聖賢。如《春秋》之法,亂臣賊子,人人得而討之,不必士師。'此義自朱子發之,若朱子則真可謂以道自任者,故言此以詔天下,使天下人人存此心,則異端之説將無所容,而聖人之道不復有蔽蝕之者矣。豈小補哉!"○又曰:"尹氏所謂'害流於生民,禍及於後世'者,其亦真知孟子不得已之故也。"

○匡章曰:"陳仲子豈不誠廉士哉? 居於陵,三日不食,耳無聞,目無見也。 井上有李,螬食實者過半矣,匍匐往將食之。 三咽,然後耳有聞,目有見。"於,音烏,下"於陵"同。螬,音曹。咽,音宴。

匡章、陳仲子,皆齊人。廉,有分辨不苟取也。於陵,地名。螬,蠐螬蟲也。匍匐,言無力不能行也。咽,吞也。

孟子曰:"於齊國之士,吾必以仲子爲巨擘焉。 雖然,仲子惡能廉? 充仲子之操,則蚓而後可者也。 擘,薄厄反。惡,平聲。蚓,音引。

巨擘,大指也。言齊人中有仲子,如衆小指中有大指也。充,推而滿之也。操,所守也。蚓,丘蚓也。言仲子未得爲廉也,必若滿其所守之志,則惟丘蚓之無求於世,然後可以爲廉耳。

【纂疏】輔氏曰:"齊俗奢侈放縱,當戰國時,士之傷廉者必多有之,此匡章之所以推仲子之廉,而孟子亦以爲齊人之巨擘也。①其語意與'子誠齊人也'相似。"

夫蚓,上食槁壤,下飲黄泉。 仲子所居之室,伯夷之所築與? 抑亦盜跖之所築與? 所食之粟,伯夷之所樹與? 抑亦盜跖之所樹與? 是未可知也。"夫,音扶。與,平聲。

槁壤,乾土也。黄泉,濁水也。抑,發語辭也。言蚓無求於人而自足,而仲子未免居室食粟,若所從來或有非義,則是未能如蚓之廉也。

---

① "齊人之",原脱,據元刻本《四書纂疏》補。

曰：“是何傷哉？ 彼身織屨，妻辟纑，以易之也。” 辟，音壁。纑，音盧。

辟，績也。纑，練麻也。

曰：“仲子，齊之世家也。 兄戴，蓋禄萬鍾。 以兄之禄爲不義之禄而不食也，以兄之室爲不義之室而不居也，辟兄離母，處於於陵。他日歸，則有饋其兄生鵝者，己頻顣曰：‘惡用是鶃鶃者爲哉？’他日，其母殺是鵝也，與之食之，其兄自外至，曰：‘是鶃鶃之肉也。’出而哇之。 蓋，音閤。辟，音避。頻，與顰同。顣，①與蹙同，子六反。惡，平聲。鶃，魚一反。哇，音蛙。

世家，世卿之家。兄名戴，食采於蓋，其入萬鍾也。歸，自於陵歸也。己，仲子也。鶃鶃，鵝聲也。頻顣而言，以其兄受饋爲不義也。哇，吐之也。

以母則不食，以妻則食之；以兄之室則弗居，以於陵則居之。 是尚爲能充其類也乎？ 若仲子者，蚓而後充其操者也。”

言仲子以母之食、兄之室爲不義，而不食不居，其操守如此。至於妻所易之粟，於陵所居之室，既未必伯夷之所爲，則亦不義之類耳。今仲子於此則不食不居，於彼則食之居之，豈爲能充滿其操守之類者乎？必其無求自足如丘蚓然，乃爲能滿其志而得爲廉耳，然豈人之所可爲哉？○范氏曰：“‘天之所生，地之所養，無人爲大’，人之所以爲大者，以其有人倫也。仲子避兄離母，②無親戚君臣上下，是無人倫也，豈有無人倫而可以爲廉哉？”

【語録】朱子《讀余隱之尊孟辨》曰：“温公所謂‘口非而身尊之，一時之小嫌；狷者之不爲，一身之小節。至於父子兄弟，乃人之大倫，天地之大義，一日去之，則同於禽獸矣。雖復謹小嫌，守小節，亦將安所施哉！此孟子絶仲子之本意’。隱之云：‘仲子之兄非不友，孰使之避？ 仲子之母非不慈，孰使之離？’愚謂政使不慈不友，亦無逃去之理。觀舜之爲法於天下者，則知之矣。”○蔡氏録

【或問】問：“司馬公曰：‘仲子以兄之禄爲不義之禄，蓋謂其不以其道事君而得之也；以兄之室爲不義之室，蓋謂其不以其道取於人而成之也。君子

---

① “顣”，原破損不清，此據宋當塗郡齋本《四書集注》。

② “兄”，原破損不清，此據宋當塗郡齋本《四書集注》。

之責人當探其情，仲子之避兄離母，豈所願耶？若仲子者，誠非中行，亦狷者有所不爲也，孟子過之，何其甚與？'其說奈何？"曰："仲子，齊之世家，則其禄與室，非其兄不義而得之矣。設其果以不義得之，而非有悖逆作亂之大故，則夫母子兄弟之間，豈可以是而遂滅天性之恩哉？飾小行以妨大倫，是乃欺世亂俗之尤，先王之所必誅，而不以聽者也。所謂狷者，則亦言行之間，小過乎中而已，夫豈出於倫理之外若是其甚哉。"

【張氏注】 於陵仲子於所當享而有不安，引而避之，而其窮至於無以食，而食井上之螬李。在當時，或稱其廉，謂其能不以一介取諸人也。曾不知伊尹之不以一介與人，不以一介取諸人，以非其義、非其道之故耳。若於其所當居而不居，則反害於道義矣。故孟子極其病之所在而攻之，以爲仲子於齊國之士，號爲賢於他人哉，猶巨擘之於衆指也。然而烏得謂之廉哉？若充其所操，必如蚓之爲而後慊於其心耳。仲子未能所居之不以室，而所食之不以粟也。以仲子之所自處者言之，盍亦待伯夷之室而後居，伯夷之粟而後食歟？其或出於盜跖之爲之也，①則仲子其可安乎？此言充仲子之操其不可行，必若是而後已也。匡章以爲仲子身織屨、妻辟纑，以易之，爲可安也，②孟子因其言而摭其不能充類之實以告之，曰："夫仲子，齊之世家也。兄戴，蓋禄萬鍾。"仲子苟以爲不當虛享其禄食，則當與其兄共思社稷之計，光輔其主，治其國家，保其民人，則齊國有無窮之業，而仲子之家亦有無窮之聞，斯爲稱焉耳。今乃昧正大之見爲狹陋之思，以食粟受鵝爲不義，而不知避兄離母之爲非，徒欲潔身以爲清，而不知廢大倫之爲惡，小廉妨大德，私義害公義，原仲子本心，亦豈不知母子之性重於其妻，兄之居爲愈於於陵乎？惟其私意所萌，亂夫倫類，如此極也。衆人惑於其迹，以其清苦高介而取之，而不知原其所萌，若是其差殊也。嗟乎！世之貪冒苟得，肆而爲惡者多矣，而孟子於仲子之徒獨辟之之深者，蓋世之爲惡者，其失易見，而仲子之徒，其過爲難知也，惟其難知，故可以惑世俗而禍仁義，孟子反復闢之，蓋有以也。

【纂疏】 輔氏曰："以仲子之孤介自守，足以高於一世之俗矣。而孟子所以

---

① "也"，原漫漶不清，此據通志堂本《孟子説》。
② "安"，原漫漶不清，此據通志堂本《孟子説》。

力辟之者，蓋世衰道微，學者大抵因其資質之偏，而固執一説，力行以取名，初不顧義理之如何。如告子'不得於言，勿求於心'，以至許行、陳仲子之徒，皆是物也。況如匡章者，既已稱仲子爲誠廉，而傾向之矣。此固以道自任者之所憂也，則孟子烏得而不與之辯哉？"〇又曰："仲子之所守，不必驗之他人也，只自其身而推之，則已有不能自滿其志者，故孟子直以爲蚓而後能充其操焉斥之。則仲子之行，是豈人之所能爲？則是邪説詖行，又豈可不深辯而力攻之耶？"〇又曰："聖賢之道充之，則至於與大地同功；仲子之道充之，則至於與丘蚓同操。是豈人理也哉？"〇又曰："人倫，天彝也。人惟有人倫，然後可以與天地並立而爲三，此其所以爲大也。避兄離母則是無人倫矣，雖有小廉僻行，適足以夸於亂世，而惑夫人心也。可不謹哉？可不畏哉？"

孟子卷第七

離婁章句上 凡二十八章

孟子曰：“離婁之明、公輸子之巧，不以規矩，不能成方員；師曠之聰，不以六律，不能正五音；堯舜之道，不以仁政，不能平治天下。

離婁，古之明目者。公輸子，名班，魯之巧人也。規，所以爲員之器也。矩，所以爲方之器也。師曠，晋之樂師，知音者也。六律，截竹爲箭，陰陽各六，以節五音之上下。黃鐘、大蔟、姑洗、蕤賓、夷則、無射爲陽，大呂、夾鐘、仲呂、林鐘、南呂、應鐘爲陰也。五音，宮、商、角、徵、羽也。范氏曰：“此言治天下，不可無法度。仁政者，治天下之法度也。”

【語録】人聲自有高下，聖人制五聲以括之，又制十二律以節五聲。中又各有高下，每聲又分十二等，所謂律和聲也。○又曰：“樂律自黃鐘至仲呂皆屬陽，自蕤賓至應鐘皆屬陰，此是一個大陰陽。黃鐘爲陽，大呂爲陰，大蔟爲陽，夾鐘爲陰，每一陽間一陰，又是一箇小陰陽。”

【纂疏】趙氏曰：“離婁，黃帝時人，能視於百步之外，見秋毫之末。班，一作般，天下之巧工，嘗作雲梯之械以攻城。”○又曰：“規者，所以規圜器械令得其類也。矩者，所以矩方器械令不失其形也。”○又曰：“師曠，字子野，晋平公之樂太師也。其聽至聰，平公鑄鐘使工聽之，皆以爲調，師曠曰:‘後世有知音者將知不調,臣竊爲恥之。’至師涓果知音之不調。”○又曰:“黄帝使伶倫自大夏之西、崑崙之陰取竹,之解谷,生其竅厚均者,①斷兩節,間而吹之,以爲黄鐘之宫。制十二筩,此黄鐘之宫而皆可以生之,是爲律本。陽六爲律,陰六爲吕,言六律不言六吕者,陽統陰也。”○又曰:“五音始於宫,宫數八十一,商數七十二,角數六十四,徵數五十四,羽數四十八,以數之多少爲尊卑,故曰:宫、商、角、徵、羽。”

今有仁心仁聞而民不被其澤、不可法於後世者,不行先王之道也。

聞,去聲。

仁心,愛人之心也。仁聞者,有愛人之聲聞於人也。先王之道,仁政是也。范氏曰:“齊宣王不忍一牛之死,以羊易之,可謂有仁心。梁武帝終日一食蔬素,宗廟以麪爲犧牲,斷死刑,必爲之涕泣,天下知其慈仁,可謂有仁聞。然而宣王之時齊國不治,武帝之末江南大亂,其故何哉? 有仁心仁聞而不行先王之道故也。”

【或問】孟子告齊宣王曰“是心足以王矣”,則仁心者固王政之本也。今曰“有仁心仁聞而不行先王之道”,則是所謂仁心者,初不足恃,而所謂先王之道者,又在此心之外也? 曰:“‘是心足以王’者,言有是心而能廣充之,以行先王之道,如其篇末所論制民之産云者,可以王耳,非謂專恃此心而直可以王也。先王之道,固亦由是而推之以爲法耳,但其盡心知性而無私意小智之累。故其爲法也,盡天理、合人心,雖聖人復起而有所不能易者。後之人君當因吾心而廣之,以盡夫法制之善,而充吾心之固有者。非謂心外有法,而俟於它求也。後人雖有是心,而不能無私意小智之累,苟不循是而之焉,則雖有仁心仁聞而未免於徇私妄作之失,譬之蔑棄規矩而欲以手制方員,其器之不至於苦窳也幾希矣。”

【纂疏】輔氏曰:“范氏引齊宣王、梁武帝爲有仁心仁聞之證,甚當。然論二君不能行先王之道則同,若論其所以不能行之故則異。宣王不學無術,奪於功利而不能行先王之道者也;武帝則惑於異端,避罪要福而不肯行先王之道者也。②宣王有仁心而不能保,武帝有仁聞而非其真。”

---

① “均”,原破損不清,此據元刻本《四書纂疏》。

② “要”,原破損不清,此據元刻本《四書纂疏》。

故曰：徒善不足以爲政，徒法不能以自行。

徒，猶空也。有其心無其政，是謂徒善。有其政無其心，是謂徒法。程子
嘗言：“爲政須要有綱紀文章，謹權、審量、讀法、平價皆不可闕。”而又曰：
“必有《關雎》《麟趾》之意，然後可以行《周官》之法度。”正謂此也。

【語録】所謂文章者，便是文飾那謹權、審量、讀法、平價之類耳。○又曰：
“類是自閨門袵席之微積累到薰蒸洋溢，天下無一不被其化，然後可以行
《周官》之法度，不然則爲王莽矣。”

【纂疏】輔氏曰：“引程子前一説，所以證徒善不足以爲政，後一説所以證
徒法不能以自行。政須要詳備，心須要誠實。後世如漢文帝近於徒善，如
漢武帝近於徒法。”

《詩》云：‘不愆不忘，率由舊章。’遵先王之法而過者，未之有也。

《詩》，《大雅・假樂》之篇。愆，過也。率，循也。章，典法也。所行不過
差、不遺忘者，以其循用舊典故也。

【語録】曰：“舊章，謂先王之禮樂刑政也。”（見《詩傳》）

【纂疏】輔氏曰：“注云‘過差’，謂用意過當處。‘遺忘’，謂照顧不及處。
遵用舊典，則有所循，故不過差；有所據，故不遺忘。”

聖人既竭目力焉，繼之以規矩準繩，以爲方員平直，不可勝用也；既竭耳力焉，繼之以六律，正五音，不可勝用也；既竭心思焉，繼之以不忍人之政，而仁覆天下矣。　勝，平聲。

準，所以爲平。繩，所以爲直。覆，被也。此言古之聖人，既竭耳目心思之
力，然猶以爲未足以徧天下及後世，故制爲法度以繼續之，則其用不窮，而
仁之所被廣矣。

【纂疏】輔氏曰：“‘規矩準繩’，所以爲方員平直之法度也。‘六律’，六吕，
所以正五音之法度也。‘不忍人之政’，所以仁覆天下之法度也。不爲之
法度，則聖人之耳目心思止於聖人之身而已，固不能徧天下與後世也。故
聖人制爲法度以繼續之，①使天下後世之爲方員平直、正五音、仁天下者，
皆是用而不得違之，所謂不可勝用而仁覆天下也。止言覆天下而不言及
後世者，舉大以該遠也，能覆天下則能及後世矣。百工之事皆聖人作，故

———————

① “故”，原漫漶不清，此據元刻本《四書纂疏》。

規矩準繩、六律五音，并與不忍人之政作一統說了。耳目言力、心言思者，耳目之視聽以力，而心之官則思也。"○趙氏曰："準者，所以揆平取正也。繩者，上下端直經緯四通也。"

故曰：爲高必因丘陵，爲下必因川澤。　爲政不因先王之道，可謂智乎？

丘陵本高，川澤本下，爲高下者因之，則用力少而成功多矣。鄒氏曰："自章首至此，論以仁心仁聞行先王之道。"

是以惟仁者宜在高位，不仁而在高位，是播其惡於衆也。

仁者，有仁心仁聞而能擴而充之，以行先王之道者也。播惡於衆，謂貽患於下也。

上無道揆也，下無法守也，朝不信道，工不信度，君子犯義，小人犯刑，國之所存者幸也。　朝，音潮。

此言不仁而在高位之禍也。道，義理也。揆，度也。法，制度也。道揆，謂以義理度量事物，則制其宜。法守，謂以法度自守。工，官也。度，即法也。君子、小人，以位而言也。由上無道揆，故下無法守。無道揆，則朝不信道而君子犯義。無法守，則工不信度而小人犯刑。有此六者，其國必亡，其不亡者，僥倖而已。

【語錄】曰："上無道揆則下無法守，雖有奉法守一官者，亦將不能用而去之矣。信，如憑信之信，這箇道理只是要人信得及，若信得及，自然依那箇行，不敢逾越。惟其不信，所以妄作，如胥吏分明知得條法，只是冒法以爲奸，便是不信度也。"（沈僩）○祝、趙氏錄同

故曰：城郭不完，兵甲不多，非國之災也；田野不辟，貨財不聚，非國之害也。　上無禮，下無學，賊民興，喪無日矣。　辟，與闢同。喪，去聲。

上不知禮，則無以教民。下不知學，則易與爲亂。○鄒氏曰："自是以惟仁者至此，所以責其君。"

總論三節之旨 "上無禮，下無學"，此"學"謂國之俊秀者，前面"工"是百官守法度者。此學字是責學者之事，惟上無教、下無學，所以不好之人並起而居高位，執進退黜陟之權，盡做出不好事來，則國之喪亡無日矣。所以謂之"賊民"。蠹國害民，非賊民而何？然其要只在於"仁者宜在高位"，

所謂一正君而國定。(沈僩)○祝氏録

《詩》曰:'天之方蹶,無然泄泄。' 蹶,居衛反。泄,弋制反。

　　《詩》,《大雅·板》之篇。蹶,顛覆之意。泄泄,怠慢悦從之貌。言天欲顛
　　覆周室,群臣無得泄泄然不急救正之。

　　【語録】蹶,動也。泄泄,蓋弛緩之意。(見《詩傳》)

　　【纂疏】輔氏曰:"天之方蹶,而國家有傾覆之勢,常情處此,消索震懾,易
　　得怠緩苟從,故戒群臣以無得泄泄然不急救正之。當此之際,自非君臣上
　　下力加振作於此,奮發有爲,則何能救正也?責難陳善便是振發底意,不
　　然則淪胥以亡而已。"

泄泄,猶沓沓也。 沓,徒合反。

　　沓沓,即泄泄之意,蓋孟子時人語如此。

　　【纂疏】輔氏曰:"泄泄,東周時語。沓沓,戰國時語。孟子以沓沓解泄泄,
　　蓋以泄泄古語難曉,而以當時之言、人所易曉者釋之也。"

事君無義,進退無禮,言則非先王之道者,猶沓沓也。

　　非,詆毀也。

故曰:責難於君謂之恭,陳善閉邪謂之敬,吾君不能謂之賊。"

　　范氏曰:"人臣以難事責於君,使其君爲堯舜之君者,尊君之大也。開陳善
　　道以禁閉君之邪心,唯恐其君或陷於有過之地者,敬君之至也。謂其君不
　　能行善道而不以告者,賊害其君之甚也。"鄒氏曰:"自'《詩》云天之方蹶'
　　至此,所以責其臣。"鄒氏曰:"此章言爲治者當有仁心仁聞,以行先王之
　　政,而君臣又當各任其責也。"

　　【語録】問:"恭與敬何以別?"曰:"大概也一般。只是恭意思較闊大,敬意
　　思較細密。如以堯舜三代望其君,不敢謂其不能,便是責難於君,便是恭。
　　陳善閉邪,是就事上説,蓋不徒責之以難。凡事有善則陳之,邪則閉之,使
　　其君不陷於惡,①是敬。責難之恭,是尊君之辭,先立個大志,以先王之道爲
　　可必信、可必行。陳善閉邪是子細着功夫去照管,務引其君於當道。陳善閉
　　邪便即是做那責難底工夫。"(陳淳)○恭是就人君分上理會,把他做箇大底
　　人看,致恭之謂也。敬只是就自家身上做,如陳善閉邪,是在己當如此做。

　　————————

① "惡",原漫漶不清,此據明陳煒刻本《朱子語類》卷五六《孟子六·離婁上》。

（吕燾）○人臣之道，但當以極等之事望其君，責他十分事，臨了只做得二三分。若只責他二三分，少間做不得一分矣。若論才質之優劣，志趣之高下，固有不同，然吾所以導之者，則不可問其才志之高下優劣，但當以堯舜之道望他，豈可謂吾君不能而遂不以此望之也。（沈僩）○祝氏録

【或問】所謂陳善閉邪者奈何？曰："君有邪心，所當閉也，然不知所以閉之之道而逆閉之，則動有矯拂之患，其言不可得而入矣。故必爲之開陳善道，使之曉然知善道之所在，則所謂邪者，亦不難乎閉之矣。孟子與時君論事，多類此，其自謂敬王者，豈虛語哉？"

【張氏注】離婁固明矣，公輸子固巧矣，而不能舍規矩以成方員也。師曠固聰矣，而不能捨六律以成五音也。堯舜之道固大矣，而其平治天下，必以仁政。惟夫能用規矩與六律，是所以爲明、爲聰也；惟夫行仁政，是所以爲堯舜之道也。有仁心仁聞，而不能行先王之道者，蓋雖有是心，不能推而達之，故民不得被其澤，不足以垂法於後也。先王有不忍人之心，斯有不忍人之政。所謂不忍人之政者，即其仁心所推，盡其用於事事物物之間者也。"徒善不足以爲政"，謂有是心而不取法於先王，則終不足以爲政也，爲徒善而已。"徒法不能以自行"，謂王政雖有，苟非其人則不能以自行也，爲徒法而已。蓋仁心之存乃王政之本，而王政之行即是心之用也。《詩》所謂"率由舊章"者，欲其遵先王之法也。夫規矩、準繩、六律，聖人竭耳目之力而制之者，故後世之爲方員、曲直與夫正五聲者，皆莫得而違焉。至於不忍人之政，是乃聖人竭心思之所爲，而仁覆天下者，然則後之爲治者，其可捨是而不遵乎？不曰爲之而曰"繼之"者，蓋竭其心思而其理繼之，①乃天之所爲而非聖人强爲之者，其於規矩、準繩、六律亦然。"爲高必因丘陵，爲下必因川澤"者，爲政者若不因先王之道而出於私意，其得謂之智乎？"仁者宜在高位"，爲其能以是心行先王之政也，不仁而在高位則以其忍心行其虐政，是其在高位也，適所以播其惡於衆耳。"上無道揆"者，不以先王之道揆事也。"下無法守"者，不循法度之守也。然而上無道揆，則下無法守也，朝不信道，則工亦不信度矣，君子而犯義，則小人犯刑矣。若是，則紀綱法度俱亡，國幾何而不隨之矣。此皆言不仁之在高位，

① "理"，原漫漶不清，此據通志堂本《孟子説》。

其害必至於此也。自後世功利之説觀之，城郭不完，兵甲不多，田野不辟，貨財不聚，宜其甚可懼。而上無禮，下無學，疑若未急。然而孟子之言乃反以彼爲非國之菌害，而以此爲不可一日安，何哉？蓋三綱五常，人之類所賴以生，而國之所以爲國者也。上無禮則失是理矣，下無學則不學乎此矣。上失其禮，下廢其學，則三綱五常日以淪棄，國將何所恃以立乎？民將何所恃以生乎？雖有高城深池誰與守之？雖有堅甲利兵誰與用之？雖有良田積粟焉得而食之？然而使禮廢於上而學猶傳於下，則庶幾斯道未泯而猶覬其可行也。上既無禮而下復無學，則邪説暴行並作，而國隨喪矣。"賊民"者，言賊夫仁義者也。《詩》所謂"天之方蹶，無然泄泄"，言上帝方震動爾，無泄泄然也。孟子釋"泄泄"以爲"沓沓"，而曰"事君無義，進退無禮，言則非先王之道者，猶沓沓也"。事君無義，則是懷利以事其君也。進退無禮，則是苟得而不顧也。言非先王之道，則是不稽古昔，而汨於功利也。如是，則沓沓然潰亂而已矣。"責難於君謂之恭"者，以先王事業望其君，不敢以君爲難於此而有望焉，可不謂恭乎？"陳善閉邪謂之敬"，開陳善道以窒其邪慝之源，[1]誠心如此，可不謂敬乎？若不務責難陳善，而逆謂其君之不能，是賊其君者也。然而責難陳善，非在己者先盡其道，而能之乎？在己有未至，而獨以望於君，難矣。故此章之意，欲人君推是心以行仁政，而其終則欲人臣知禮義而法先王。蓋言不可以不學也，人臣知學，而後人主聞大道，人主聞大道而後王政可行焉，此孟子之意也。

【纂疏】輔氏曰："《孟子》章長，難看首尾，易得支離，此章唯鄒氏斷截得分明。見其章雖長，而首尾只是一意爲治者，固當以仁心仁聞而行先王之政。然非君臣同心，各任其責，則亦安能有成哉？"

〇孟子曰："規矩，方員之至也；聖人，人倫之至也。

至，極也。人倫，説見前篇。規矩盡所以爲方員之理，猶聖人盡所以爲人之道。

【語録】曰："規矩是方員之極，聖人是人倫之極。蓋規矩便盡得方員，聖人便盡得人倫。故物之方員者有未盡處，以規矩爲之便見；於人倫有未盡處，

---

[1]　"開陳善道"四字，原脱，據通志堂本《孟子説》補。

以聖人觀之便見。惟聖人都盡，無一豪之不盡，故爲人倫之至。"（吕燾）

欲爲君，盡君道；欲爲臣，盡臣道。 二者皆法堯舜而已矣。 不以舜之所以事堯事君，不敬其君者也；不以堯之所以治民治民，賊其民者也。

法堯舜以盡君臣之道，猶用規矩以盡方員之極，此孟子所以道性善而稱堯舜也。

【語録】堯所以治民，舜所以事君，觀二《典》大概可見，是事事做得盡。（黄義剛）

孔子曰：'道二：仁與不仁而已矣。'

法堯舜，則盡君臣之道而仁矣；不法堯舜，則慢君賊民而不仁矣。二端之外更無他道。出乎此，則入乎彼矣，可不謹哉？

【語録】曰："問不仁何以亦曰道？"曰："譬如説有小路有大路，何疑之有？"○又曰："猶言好底道理、不好底道理也。若論正當道理只有一箇，更無第二個，所謂'夫道，一而已矣'者也。"（沈僩）○蔡氏録

【纂疏】輔氏曰："仁與不仁，只是一箇天理與人欲而已。纔出天理，便入人欲也，豈復更有他道哉？此古之聖賢所以兢兢業業而不敢不謹也。"

暴其民甚，則身弑國亡；不甚，則身危國削。 名之曰'幽''厲'，雖孝子慈孫，百世不能改也。

幽，暗。厲，虐。皆惡謚也。苟得其實，則雖有孝子慈孫愛其祖考之甚者，亦不得廢公義而改之。言不仁之禍必至於此，可懼之甚也。

【纂疏】輔氏曰："不仁有淺深，而其禍有大小。以幽厲視桀紂，則幽厲雖未至於身弑國亡，然死蒙惡謚，遺臭後來，孝子慈孫欲改不可。不仁之禍，循致如此，豈不可懼之甚哉。"

《詩》云：'殷鑒不遠，在夏后之世。' 此之謂也。"

《詩》，《大雅·蕩》之篇。言商紂之所當鑑者，近在夏桀之世。而孟子引之，又欲後人以幽厲爲鑑也。

【集義】伊川先生曰："'道二：仁與不仁而已'，自然理如此，道無無對，有陰則有陽，有善則有惡，有是則有非，無一亦無三。①故《易》曰：'三人行則

---

① "三"，原作"二"，據清吕氏刻本《論孟精義·離婁上》改。

損一人，一人行則得其友’，只是二也。”

【或問】此章之説。曰：“人之生也，均有是性。均有是性，故均有是倫。均有是倫，故均有是道。然惟聖人能盡其性，故爲人倫之至，而所由無不盡其道焉。此堯舜之爲君臣，所以各盡其道，而爲萬世之法。猶規矩之盡夫方員，而天下之爲方員者，莫不出乎此也。故法堯舜以盡君臣之道，猶用規矩以盡方員之極，一有毫髮之私介乎其間，則蔽於人欲，而不得盡乎天理之全矣。故仁與不仁，其間不能以髮，一出乎此，則入乎彼，不可以不審其幾也。”曰：“程子道無無對之言，奈何？”曰：“此雖非正爲孟子之言而發，然其所言，亦可深味，與所謂性善無對之云者異矣。予嘗與人論此而問之曰：‘棋局之中一路者，孰爲對乎？’其人曰：‘是所以對夫三百六十路者云爾。’其言深有會於予意，知此則程子之意，可以推之而無窮矣。”

【張氏注】規矩盡天下之方圓，故爲方圓之至。聖人盡人倫之道，故爲人倫之至。至者，以其全盡而無以加焉耳。堯之爲君，盡君道者也。舜之爲臣，盡臣道者也。非有所增益也，無所虧焉耳。後之人舍堯舜其將安所法哉？以堯舜爲不可及者，是自誣其性者也。不以舜之所以事堯事君，則爲不敬其君，蓋不以厥后爲可聖，是誣其君者也。不以堯之所以治民治民，則爲賊其民，蓋不以斯民爲有常性，是暴其民者也。於是引夫子仁與不仁之論以斷之，夫仁與不仁，此爲二途，顧所由何如耳。不仁亦謂之道者，謂不仁之道也，如堯舜之爲，是由夫仁之道者也，若幽厲之爲，是由夫不仁之道者也。不仁之弊，將至於身危國削；又其極，則至於身弑國亡。其惡名，雖孝子慈孫莫之能改也。嗟乎！人君志於仁，則堯舜可幾；去仁，則循入於幽厲。其可不審擇其所由哉？此有國家者所宜深鑒也。

【纂疏】輔氏曰：“孟子雖是平説將去，不過是欲人以幽厲爲鑒耳。然熟玩之，其提撕警省之功，亦至切矣。”

○孟子曰：“三代之得天下也以仁，其失天下也以不仁。

三代，謂夏商周也。禹湯文武以仁得之，桀紂幽厲以不仁失之。

國之所以廢興存亡者亦然。

國，謂諸侯之國。

天子不仁，不保四海；諸侯不仁，不保社稷；卿大夫不仁，不保宗廟；士庶人不仁，不保四體。

言必死亡。

今惡死亡而樂不仁，是猶惡醉而强酒。"惡，去聲。樂，音洛。强，上聲。

此承上章之意而推言之也。

【張氏注】三代之得失，蔽之以仁與不仁，可謂深切著明矣。豈獨有天下者爲然？諸侯之有國者，其廢興存亡，莫不由乎此。既言天子、諸侯之不可以不仁矣，又言卿大夫不仁，則不能保宗廟，士庶人不仁，則不能保四體。蓋仁者，人之道，人道既廢，則雖有四體，其能保諸？是不仁者，乃趨死亡之道也。人莫不惡死亡而樂於爲不仁，與惡醉而强飲酒者，無以異也。雖然，此特未能真知不仁之可以死亡耳，使其真知不仁之可以死亡，則如蹈水火之不敢爲矣。

【纂疏】輔氏曰："上章第言'道二：仁與不仁'與桀紂幽厲之事而已，此章又因其意，而推及於諸侯、卿大夫、士庶人不仁之禍，皆必至之理也。"○西山真氏曰："此章明白峻厲，自天子以至庶人，皆當佩服以自警也。然所謂不仁者，①非他縱人欲以滅天理而已，人欲縱而天理滅，其禍至於如此，可不畏哉？"

○孟子曰："愛人不親，反其仁；治人不治，反其智；禮人不答，反其敬。"治人"之"治"，平聲。"不治"之"治"，去聲。

我愛人而人不親我，則反求諸己，恐我之仁未至也。智、敬放此。

行有不得者，皆反求諸己，其身正而天下歸之。

不得，謂不得其所欲，如不親、不治、不答是也。反求諸己，謂反其仁、反其智、反其敬也。如此則其自治益詳，而身無不正矣。天下歸之，極言其效也。

【語録】孟子此章都是趨向上去，②更無退下來。如今人愛人不親，更不反求諸己，教你不親也休；治人不治，更不反求諸己，教你不治也休；禮人不

---

① "者"，原漫漶不清，此據元刻本《四書纂疏》。

② "趨"，原漫漶不清，此據明陳煒刻本《朱子語類》卷五十六《孟子六·離婁上》。

答,更不反求諸己,教你不答也休。我也不解恁地得,你也不仁不義、無禮無智,我也不仁不義、無禮無智,大家做個鶻突没理會底人,①還有這個道理否?(葉賀孫)〇祝氏録

【纂疏】輔氏曰:"自治詳則身無不正,身無不正則天下無不歸。雖極言其效,是亦必然之理也,爲治本乎自反,②多福本乎自求,治國者能玩此,則知所本矣。"

《詩》云:'永言配命,自求多福。'"

解見前篇。〇亦承上章而言。

【張氏注】爲國者,反求諸己爲至要。愛人而人不親,是吾仁有所未至也;治人而人不治,是吾知有所未明也;禮人而人不答,是吾敬有所未篤也。行有不得,不責諸人而反求諸己,豈不至要乎? 其身正而天下歸之,天地之間惟感與應而已。在己者無不正,則在彼者無不順矣。反其仁者,非姑息以求此也,敦其愛而已;反其智者,非鑿智以務術也,明其理而已;反其敬者,非卑巽以苟合也,盡諸己而已。蓋仁則人自親,愛則同也;智則人斯治,理無蔽也;敬則人斯答,志交孚也。③反躬則天理明,不能反躬則人欲肆,可不念哉?

【纂疏】輔氏曰:"此亦承上章'得天下以仁'而言之也。"

〇孟子曰:"人有恒言,皆曰'天下國家'。 天下之本在國,國之本在家,家之本在身。"恒,胡登反。

恒,常也。雖常言之,而未必知其言之有序也,故推言之,而又以家本乎身也。此亦承上章而言之。《大學》所謂"自天子至於庶人,壹是皆以脩身爲本",爲是故也。

【張氏注】身脩而家齊,家齊而國治,國治而天下平,其序固如此。未有身不脩而可以齊家,家不齊而可以爲國、爲天下者,蓋無其本故也。然則其可不以脩身爲先乎? 考之《大學》,脩身則又有道焉:"故欲脩其身者,先正

---

① "個",原漫漶不清,此據明陳煒刻本《朱子語類》卷五十六《孟子六·離婁上》。
② "治",原漫漶不清,此據元刻本《四書纂疏》。
③ "交",原漫漶不清,此據通志堂本《孟子説》。

其心；欲正其心者，先誠其意；欲誠其意者，先致其知；致知在格物。”此脩身之道，人主所以貴於典學也。

【纂疏】輔氏曰：“人之常言雖曰有序，而但及其外。君子之論，則必究其本，而無有或遺。得其本則末可舉矣，以是而質於《大學》之言，則曾子、子思、孟子相傳之學，不可誣矣。”

○孟子曰：“爲政不難，不得罪於巨室。 巨室之所慕，一國慕之；一國之所慕，天下慕之。 故沛然德教溢乎四海。”

巨室，世臣大家也。得罪，謂身不正而取怨怒也。麥丘邑人祝齊桓公曰：“願主君無得罪於群臣百姓。”意蓋如此。慕，向也，心悦誠服之謂也。沛然，盛大流行之貌。溢，充滿也。蓋巨室之心難以力服，而國人素所取信，今既悦服，則國人皆服，而吾德教之所施，可以無遠而不至矣。此亦承上章而言。蓋君子不患人心之不服，而患吾身之不修，吾身既修，則人心之難服者先服，而無一人之不服矣。○林氏曰：“戰國之世，諸侯失德，巨室擅權，爲患甚矣。然或者不修其本而遽欲勝之，則未必能勝，而適以取禍，故孟子推本而言，惟務修德以服其心，彼既悦服，則吾之德教無所留礙，可以及乎天下矣。裴度所謂‘韓洪輿疾討賊，承宗斂手削地，非朝廷之力能制其死命，特以處置得宜能服其心故爾’，政此類也。”

【張氏注】伇郡吕博士曰：“巨室，大家也。仰而有父母，俯而有妻子，有兄有弟，有臣有妾，尊卑親戚，一國之事具矣。嚴而不厲，寬而有閑，此家之所以正也。大家難齊也，不得罪於大家，則於治國、治天下也何有？”斯説爲得之矣。此亦與前章“天下之本在國，國之本在家”同意。雖然，欲不得罪於巨室，則脩身其本也，一家慕之，則一國慕之。慕之云者，言樂從之也，舉斯心加於彼，則德教洋溢於四海之大矣。其曰“爲政不難”者，蓋事在易而求之難之意也。

【纂疏】輔氏曰：“此亦承上章‘家之本在身’而言也。君人者，不正其身，所爲乖戾，則致人怨怒，其勢必自世臣大家而始。故麥丘邑人之言，亦先及群臣而後及百姓也。”○又曰：“林氏謂‘或者不修其本’者，亦指身而言爾。‘未必能勝而適以取禍’者，如魯昭公之事是也。‘吾之德教無所留礙’者，大凡人君施教令於下，其勢本甚易，苟其德不足以服夫人，則近而公卿大夫，必懷疑議而有不肯奉行之心，遠而群黎百姓，必生怨誹而公肆沮格之意，如此，則其爲留礙也大矣。安能有胥然胥效之應哉？今也内而巨室，外而天下，無不傾心向慕，唯恐其德教之不下，則德行如置郵之速，令下如流水之源，無復有遮留窒礙之者矣。四海，極其遠而言之。裴度之言，亦非謂以係戀之私恩養其家，①如《遯》之九三‘畜臣妾’然也。行大公至正之道，可殺則殺，可生則生，殺之而彼自不怨，利之而彼自不庸可也，夫然後能沛然德教溢乎四海。”

○孟子曰：“天下有道，小德役大德，小賢役大賢；天下無道，小役大，弱役强。　斯二者天也，順天者存，逆天者亡。

有道之世，人皆修德，而位必稱其德之大小。天下無道，人不修德，則但以力相役而已。天者，理勢之當然也。

【語録】曰：“小德役大德，小賢役大賢，是以賢德論。小役大，弱役强，只是以力論，全不睹是。”○問：“天下無道，小役大，弱役强，亦曰天，何也？”曰：“到那時不得不然，亦是理當如此。”

【纂疏】輔氏曰：“理無形，勢有形也，與夫‘專言之則道也’之意同。天下有道，則以德爲大小，無道則以力爲强弱，二者皆理勢之所當然也。順其理勢則存，逆其理勢則亡，必然之理也。”

齊景公曰：‘既不能令，又不受命，是絶物也。’涕出而女於吴。　女，去聲。

引此以言“小役大、弱役强”之事也。令，出令以使人也。受命，聽命於人也。物，猶人也。女，以女與人也。吴，蠻夷之國也。景公羞與爲昏而畏其强，故涕泣而以女與之。

【纂疏】輔氏曰：“既不能令，是不能强也。又不受命，是不能弱也。既不能强於自治，以昌其國而出令以使人，又不能因時勢之宜，屈己自下以聽人之命，是與物睽絶也，絶於物則絶於天矣。景公之言，宜若可取也。然景公所用之國，乃桓公所以正天下、霸諸侯者也，雖時勢下衰，然振起而作新之，獨不在我乎？而顧爲是巽言横涕以自蓋，何哉？孟子獨取其説，以證‘小役大、弱役强’之事，其萎薾自棄之罪，未暇議也。”

---

①　“恩”，原漫漶不清，此據元刻本《四書纂疏》。

今也小國師大國而恥受命焉，是猶弟子而恥受命於先師也。

言小國不修德以自强，其般樂怠敖，皆若效大國之所爲者，而獨恥受其教命，不可得也。

如恥之，莫若師文王。　師文王，大國五年，小國七年，必爲政於天下矣。

此因其愧恥之心，而勉以修德也。文王之政，布在方策，舉而行之，所謂師文王也。五年、七年，以其所乘之勢不同爲差。蓋天下雖無道，然修德之至，則道自我行，而大國反爲吾役矣。程子曰：“五年、七年，聖人度其時則可矣。然凡此類，學者皆當思其作爲如何，乃有益耳。”

【纂疏】輔氏曰：“小國師大國而恥受命焉，是不當恥而恥者也。然亦良心之苗裔所不能殄滅者，故孟子因其幾而曉之。”○又曰：“注云‘所乘之勢’，指國之大小而言也。”○又曰：“文王自百里而興王業，其政布在方策，①是必有道矣。師其人，行其政，則人心自悦，氣數自回，而小可大，弱可强，大國反爲吾役矣，敵國雖大何畏焉。”○又曰：“程子之言，所以啓發學者至矣，惟聖人能知時，故曰‘聖人度其時可矣’。學者燭理既明，而經歷之久，思慮之深，則自然見得。”

《詩》云：‘商之孫子，其麗不億。　上帝既命，侯于周服。　侯服于周，天命靡常。　殷士膚敏，祼將于京。’孔子曰：‘仁不可爲衆也。夫國君好仁，天下無敵。’ 祼，音灌。夫，音扶。好，去聲。

《詩》，《大雅·文王》之篇。孟子引此詩及孔子之言，以言文王之事。麗，數也。十萬曰億。侯，維也。商士，商孫子之臣也。膚，大也。敏，達也。祼，宗廟之祭，以鬱鬯之酒灌地而降神也。將，助也。言商之孫子衆多其數，不但十萬而已。上帝既命周以天下，則凡此商之孫子皆臣服于周矣。所以然者，以天命不常，歸于有德故也。是以商士之膚大而敏達者，皆執祼獻之禮，助王祭事於周之京師也。孔子因讀此詩，②而言有仁者則雖有十萬之衆，不能當之。故國君好仁，則必無敵於天下也。不可爲衆，猶所謂“難爲兄，難爲弟”云爾。

---

① “政”，原漫漶不清，此據元刻本《四書纂疏》。
② “孔子”，原脱，據宋當塗郡齋本《四書集注》補。

【語録】仁不可爲衆，猶言兄賢難做他弟，弟賢難做他兄，仁者無敵，難做衆去抵當他。（程端蒙）○祝氏録

【纂疏】輔氏曰：“我賢，則難於爲兄爲弟者也。我仁，則難於爲衆者也。仁道之大，無物不體，故難於爲衆而天下無敵也。”西山真氏曰：“以商之孫子而爲周之諸侯，以商之美士而奔走周廟之祭，天命何常之有哉？成湯惟其仁也，故天命歸於商。紂惟其不仁，故天命轉而歸周。”

今也欲無敵於天下，而不以仁，是猶執熱而不以濯也。《詩》云：‘誰能執熱，逝不以濯？’”

恥受命於大國，是欲無敵於天下也。乃師大國而不師文王，是不以仁也。《詩》，《大雅·桑柔》之篇。逝，語辭也。言誰能執持熱物，而不以水自濯其手乎？○此章言不能自强則聽天所命，修德行仁，則天命在我。

【集義】范氏曰：“治天下莫大於仁，故前章云‘堯舜不以仁政，不能平治天下’，又曰‘道二：仁與不仁而已矣’，又曰‘三代之得天下也以仁’，又曰‘愛人不親反其仁’，此章云‘仁不可以爲衆也’。仁者，天德之至尊，聖人之最先。天之所以大者，仁而已。聖之所以爲聖者，亦仁而已。《易·乾卦》元爲四德之首，孔子曰：‘元者，善之長也’‘君子體仁，足以長人’。在天則爲元，在君子則爲仁，君子法天行仁，故足以長天下之人。乾之德以仁爲首，故能統天。聖人之德，以仁爲大，故能長人。天所以首出庶物，爲萬物父母者，爲能養萬物也；聖人所以首出庶物，爲萬民父母者，爲能生養萬民也。天子所居者天位，所治者天職，惟能好仁，則與天同德。而天之所覆，地之所載，日月所照，霜露所墜，無不歸之矣。”

【語録】曰：“今之爲國者論爲治，則曰‘不消得十分底事，只如此隨風俗做便得。不必須欲如堯舜，只恁地做，天下也治。’爲學者則曰‘做人也不須做得孔孟十分事，且做得一二分也得。’盡是這般苟且之學，所謂‘聽天所命’者也。”（黃卓）

【張氏注】天下有道則道義明，而功利之説息，故小德役大德，小賢役大賢，各循其理而由其分，此所謂治也。若夫無道之世，則功利勝而道義微，徒以勢利相雄長而已，此所由亂也。雖然，强弱小大之不可侔，亦豈得而强哉？是亦天也。若不自安其小與弱，而欲起而與之角，則亡之道矣。此齊景公之所以“涕泣而女於吳”，有不得已也。所謂“小國師大國”者，其所

爲相視效而無以相遠故也。其所爲則同，而强弱小大則不同，然則奈何而恥受其命乎？雖然，强弱小大之不侔，斯命也，而有性焉。反而勉之於吾身，得其道，則其勢力有不足畏者矣，故曰："如恥之，莫若師文王。"夫師大國則爲其勢力所役，師文王則道義所在，孰得而踰之？爲國者，其亦審其所師也哉！所謂師文王者，好仁是也。"大國五年，小國七年，必爲政於天下"，言其遠不過乎此，蓋理之所以然者也。夫以商之子孫，而侯服於周，殷之士，而裸將于京，則天命何常哉？惟有德是歸耳。曰"仁不可爲衆也"，言仁則衆無以爲也，此之謂"天下無敵"。戰國之君，皆有恥受命而求無敵之心，然究其所爲，則未嘗志於仁，是猶執熱而不以濯也。爲國者，可不鑒於斯邪？

【纂疏】輔氏曰："不能自强，則聽命于天，而爲强大所役使。修德行仁如文王，則與天爲一，而小可大、弱可强，昔之强大者反爲役於我矣，豈非天命之在我乎？"

○孟子曰："不仁者可與言哉？ 安其危而利其菑，樂其所以亡者。不仁而可與言，則何亡國敗家之有？ 菑，與灾同。樂，音洛。

安其危、利其菑者，不知其爲危菑，而反以爲安利也。所以亡者，謂荒淫暴虐所以致亡之道也。不仁之人，私欲固蔽，失其本心，故其顛倒錯亂至於如此，所以不可告以忠言，而卒至於敗亡也。

【纂疏】輔氏曰："仁本吾心之固有，惟不知存養體認，故爲私欲所障蔽，而冥然無知，頑然無覺，雖處於危而反以爲安，雖淪於菑而反以爲利，雖陷於其所以亡而反以爲樂，其顛倒惑亂至於如此，故不可告語而敗亡隨之。自古危亂之君同出一轍，若本心尚有一點之明，可以爲受言之地，則其禍亂猶有可以救藥者也。"○西山真氏曰："自昔危亂之世，未嘗無忠言，祖伊嘗諫紂矣，召穆公嘗諫厲王矣，而二君不之聽者，蓋其心既不仁，故顛倒迷繆，以危爲安，以菑爲利，以取亡之道爲可樂也。夫人君孰不欲安存而惡危亡，而其反易至此者，私欲蔽障而失其本心故爾。"

有孺子歌曰：'滄浪之水清兮，可以濯我纓；滄浪之水濁兮，可以濯我足。' 浪，音郎。

滄浪，水名。纓，冠系也。

【纂疏】蔡氏曰："武當縣北四十里，漢水中有洲曰'滄浪洲'，水曰'滄浪水'。"○趙氏曰："滄浪，地名。漢水至其地，因以名之。"

孔子曰：'小子聽之！清斯濯纓，濁斯濯足矣。自取之也。'

言水之清濁，有以自取之也。聖人聲入心通，無非至理，此類可見。

【纂疏】輔氏曰："聖人之心，純是義理，故人言纔入于耳，則便與其心相契，而無非至理。如孔子一聞孺子之歌，而便知濯足、濯纓皆水之清濁，有以自取之者是也。夫不仁之人，則雖忠言至論，無自而入；聖人之仁，則雖常言俗語，聲入心通。是亦莫非自取之也。"

夫人必自侮，然後人侮之；家必自毀，而後人毀之；國必自伐，而後人伐之。　夫，音扶。

所謂自取之者。

《太甲》曰：'天作孽，猶可違；自作孽，不可活。'此之謂也。"

解見前篇。○此章言心存則有以審夫得失之幾，不存則無以辨於存亡之著。禍福之來，皆其自取。

【張氏注】不仁之人，賊其惻隱之端，故肆行而莫之顧。於可危之事則安之，於致菑之道則利之，於所亡者則反樂焉，是其性豈有異於人？以其陷溺於此。使夫不仁而猶可與言，則豈不惡夫危與菑而懼夫亡哉？惟其不可與言，故卒至於亡國敗家之禍而後已也。試考自幽厲以來千餘載間，亡國之君，凡其所爲，彼豈以爲可以至於亂亡哉？類皆欣慕而爲之，雖有忠言，亦莫之顧也。孟子所謂"安其危而利其菑，樂其所以亡"，而不可與言者，豈不信哉！惟漢武帝驕淫奢欲，殘民以逞，視秦政覆轍而遵之，蓋亦樂夫亡者。而晚歲因車千秋之言，有動於中，下輪臺哀痛之詔，亟改前日之爲，是以克保社稷。則夫所謂"不仁而可與言，則何亡國敗家之有"，又豈不信哉？夫清斯濯纓，①濁斯濯足，濯纓與足雖係於人，而清濁則由於水也。人之見侮於人，與家之見毀、國之見伐，人徒曰人侮之也，人毀之也，人伐之也，而不知所以侮、所以毀、所以伐者，己實召之也。苟無以召之，則何由至哉？孟子於自反之道，言之不一而足，非惟在當時乃撥亂反正之綱，實萬世爲治檢身者不易之理也。

───────────────

① "濯"，原作"濁"，據通志堂本《孟子説》改。

【纂疏】輔氏曰："人心存則仁，人心不存則不仁。得失之幾，至微也。存亡之實，至著也。安利樂，得失之幾也。亡國敗家，存亡之實也。'禍福之來，皆其自取'，即所謂'禍福無不自己求之者'。此亦承上章而言。仁與不仁，所取之不同也。"

○孟子曰："桀紂之失天下也，失其民也。失其民者，失其心也。得天下有道：得其民，斯得天下矣。得其民有道：得其心，斯得民矣。得其心有道：所欲與之聚之，所惡勿施爾也。　惡，去聲。

民之所欲，皆爲致之，如聚斂然。民之所惡，則勿施於民。晁錯所謂"人情莫不欲壽，三王生之而不傷；人情莫不欲富，三王厚之而不困；人情莫不欲安，三王扶之而不危；人情莫不欲逸，三王節其力而不盡"，此類之謂也。

【纂疏】輔氏曰："天理人欲，同行異情，聚斂雖是人欲，若能如此聚民之所欲，則便是天理也。"○又曰："晁錯說此幾句，真能得三王之用心。"○西山真氏曰："此章之要，在於'所欲與聚，所惡勿施'之二言。"

民之歸仁也，猶水之就下，獸之走壙也。　走，音奏。

壙，廣野也。言民之所以歸乎此，以其所欲之在乎此也。

故爲淵毆魚者，①獺也；爲叢毆爵者，鸇也；爲湯武毆民者，桀與紂也。　爲，去聲。毆，與驅同。獺，音闥。爵，與雀同。鸇，諸延反。

淵，深水也。獺，食魚者也。叢，茂林也。鸇，食雀者也。言民之所以去此，以其所欲在彼，而所畏在此也。

今天下之君有好仁者，則諸侯皆爲之毆矣。雖欲無王，不可得已。好、爲、王，皆去聲。今之欲王者，猶七年之病求三年之艾也。苟爲不畜，終身不得。苟不志於仁，終身憂辱，以陷於死亡。　王，去聲。

艾，草名，所以灸者，乾久益善。夫病已深而欲求乾久之艾，固難卒辦，然自今畜之，則猶或可及。不然則病日益深，死日益迫，而艾終不可得矣。

《詩》云：'其何能淑，載胥及溺。'此之謂也。"

《詩》，《大雅·桑柔》之篇。淑，善也。載，則也。胥，相也。言今之所爲，

---

① "毆"，宋當塗郡齋本《四書集注》作"敺"，下同。

其何能善,則相引以陷於亂亡而已。

【張氏注】孟子既言得天下之道由乎得民,而又言得民之道在於得民心,又言得民心之道在於所欲與之聚、所惡勿施,可謂深切詳盡矣。夫民有欲惡,天下之情一也,善爲治者,審其欲惡而已矣。於其所欲則與之集聚,於其所惡則不施焉,則其心無不得矣。所謂聚其所欲者,非惟壽富安逸之遂其志,用捨從違無不合其公願,而後爲得也。"水之就下,獸之走壙",性則然也。"民之歸仁",亦其性然也。諸國之君,方且競虐乎民,而吾獨仁乎民,則孰不願爲吾之民? 則其爲不仁者,皆爲吾之敺而已。今之欲王者,猶七年之病,必求三年之艾而後可;艾不素蓄,則病將終其身。不志於仁,則亦終身在憂辱之域而已。《詩》所謂"其何能淑,載胥及溺"者,言不能勉於善,終淪胥以亡而已。雖然,孟子所謂"諸侯皆爲之敺"者,非利乎他人之爲己敺也,特言其理之必然者耳。循夫天理,無利天下之心,而天下歸之,此三王之所以王也。假是道而亦以得天下者,漢唐是也。故秦爲漢敺者也,隋爲唐敺者也。季世之君,肆於民上,施施然自以爲莫己若也,而不知其爲人敺也,豈不哀哉?

【纂疏】輔氏曰:"至此則雖聖人亦末如之何矣,詳味引詩之言,則令人惕然警省,有不容自已者矣。"

○孟子曰:"自暴者,不可與有言也;自棄者,不可與有爲也。 言非禮義,謂之自暴也;吾身不能居仁由義,謂之自棄也。

暴,猶害也。非,猶毀也。自害其身者,不知禮義之爲美而非毀之,雖與之言必不見信也。自棄其身者,猶知禮義之爲美,但溺於怠惰,自謂必不能行,與之有爲必不能勉也。程子曰:"人苟以善自治,則無不可移者,雖昏愚之至,皆可漸磨而進也。惟自暴者拒之以不信,自棄者絶之以不爲,雖聖人與居,不能化而入也,此所謂下愚之不移也。"

【語錄】"言非禮義,謂之自暴"。"非",如言則"非先王之道"之"非",謂所言必非詆禮義之説爲非道,是之謂暴戾。我雖言而彼必不肯聽,是不足與有言也。自棄者,謂其意氣卑弱,志趣凡陋,甘心自絶以爲不能。我雖言其仁義之美,而彼以爲我必不能"居仁由義",是不足與有爲也。故自暴者強,自棄者弱。(黃卓)○自暴者,便是剛惡之所爲;自棄者,便是柔惡之所爲也。（潘時舉）○又曰：“拒之以不信，只是說道没這道理；絶之以不爲，是知有道理，自割斷了不肯做。自暴者有强鋭意，自棄者有懦弱意。”○祝、趙氏録同

仁，人之安宅也；義，人之正路也。

仁宅，已見前篇。義者，宜也，乃天理之當行，無人欲之邪曲，故曰正路。

【語録】安宅、正路，自人身言之，則有動静；自理言之，則是仁義。（曾祖道）

【纂疏】輔氏曰：“義者，天理之當然，無人欲之邪曲，又當常行於此而不可有適莫之意，故曰正路。”

曠安宅而弗居，舍正路而不由，哀哉！”舍，上聲。

曠，空也。由，行也。○此章言道本固有而人自絶之，是可哀已。此聖賢之深戒，學者所當猛省也。

【集義】伊川先生曰：“懈怠一生，便是自暴自棄。”○又曰：“天下自暴自棄者，非必皆昏愚也，往往强戾，而才力有過人者，商辛是也。聖人以自絶於善，謂之下愚，然考其歸則誠愚也。”

【或問】此章之說。曰：“曠其安宅，則必放辟邪侈，而安其所不可安之居矣。舍其正路，則必行險僥倖，而由其所不可由之塗矣。安宅正路，人皆有之，而自暴自棄以至於此，是可哀也。”

【張氏注】伊川先生曰：“自暴者拒之以不信，自棄者絶之以不爲。”蓋“言非禮義”，以禮義爲非而不信者也。“吾身不能居仁由義”，自以爲不能而不爲者也。夫人均有是性，孰不可爲善？氣質雖偏，亦可反也。惟其拒之以不信，絶之以不爲，雖聖人有末如之何者，故曰“不可與言，不可與爲”也。於是推言仁義之素具於人者。仁言安宅者，謂其安而可處也；義言正路者，謂其正而可遵也。是二者，性之所有也，曠之、舍之，以自絶其天性，不亦可哀乎？

【講義】人物並生於天地之間，負陰而抱陽，均氣而同體，未始不相似也。靈於物而謂之人，賢於人而謂之士，則其等級亦相遼絶矣。渴飲而飢食，趨利而避害，人物之所同也，士居其中，獨超然有以異於人與物者，何哉？以其能立吾志，而惟仁義之是趨也。苟爲不然，則章甫其冠，逢掖其衣，懵然而無識，頹然而無志，其所尚者不過飲食利害之間，謂之人

已有愧矣,亦何以當爲士之名哉?故爲士者,要當以立志爲先,而立志者要當以仁義爲主。仁義者,天理之自然,人心之固有也。爲宅也而安,爲路也而正,人之不可以不居而由之者也。言而非之,是自害也;委以不能,是自棄也。士之異於人物者,以其立志,而惟仁義之趨也。自暴自棄,是舍其所以異於人與物者,而不足以謂之士矣。謂士者,盍亦先立吾志,講明是理而力行之,庶幾居仁由義,而無愧於爲士之名。不然則汩没於飲食利害之間,識陋而志卑,醉生而夢死,孟子所謂"哀哉",豈不甚可哀也哉?

○孟子曰:"道在爾而求諸遠,事在易而求之難,人人親其親,長其長,而天下平。"爾、邇,古字通用。易,去聲。長,上聲。

親、長,在人爲甚邇。親之、長之,在人爲甚易。而道初不外是也。舍此而他求,則遠且難而反失之。但人人各親其親,各長其長,則天下自平矣。

【張氏注】斯言讀之甚平,而理則甚深。蓋所謂邇與易者,爲難盡也。夫親親長長之心,人之所同有也,惟夫戕賊害溺之深,甚至於爲乖爭凌犯之事,則以失其性故也。使人各各親其親、長其長,保其良心,以無失其常性,則順德所生,上下和睦,而菑害不萌。由是而積之,禮樂可作,四靈可致也。雖然,使人各親其親、長其長,其本在於人君親其親、長其長而已。親親,仁也;長長,義也。仁義本諸躬,而達之天下,豈非道之邇者乎?天下之所以平者,實係乎此,豈非事在易者乎?詳味此數語,堯舜三王之治,可得而推矣。後世私意橫生,智巧百出,而其弊愈無窮,此無他,不知其爲邇與易者,而求之遠、求之難耳。舍邇而求遠,棄易而求難,則爲非道故也。

【纂疏】輔氏曰:"先儒皆以遠近難易爲泛説,以親親長長而天下平爲邇與易之事。獨朱子直以親長爲邇,親之、長之爲易,極爲切當。'道',指道理言。'事',指所事言。'求諸遠',指在事者言之也;'求之難',指在人者言之也。爲人上者獨自親其親、長其長,亦未能得天下平。唯在我者有以倡率之,而使天下之人皆各親其親、長其長,則天下自平矣。此又可見孟子之説,周密無滲漏處。"

○孟子曰：“居下位而不獲於上，民不可得而治也。　獲於上有道，不信於友，弗獲於上矣；信於友有道，事親弗悦，弗信於友矣；悦親有道，反身不誠，不悦於親矣；誠身有道，不明乎善，不誠其身矣。

> 獲於上，得其上之信任也。誠，實也。反身不誠，反求諸身，而其所以爲善之心有不實也。不明乎善，不能即事以窮理，無以真知善之所在也。游氏曰：“欲誠其意，先致其知。不明乎善，不誠乎身矣。學至於誠身，則安往而不致其極哉？以内則順乎親，以外則信乎友，以上則可以得君，以下則可以得民矣。”

【語録】反身而誠，見其本具是理，而今不曾虧欠了他底。（林恪）○祝氏録

【纂疏】輔氏曰：“人孰無爲善之心，然隱微之際有一豪自欺之意，則其心便不實。”○又曰：“人孰不知善之可爲？然不能即夫事以窮其理，而推極吾之知識，則所知者或未必真。”○又曰：“游氏之説，始則《大學》之次序，終則《中庸》之極功也。”

是故誠者，天之道也；思誠者，人之道也。

> 誠者，理之在我者，皆實而無僞，天道之本然也。思誠者，欲此理之在我者，皆實而無僞，人道之當然也。

總論二章之旨　問：“思誠，莫須明善否？”曰：“明善自是明善，思誠自是思誠。明善是格物致知，思誠是毋自欺、謹獨。①明善固所以思誠，而思誠上面又更有工夫在。誠者，都是實理了；思誠者，恐有不實處，便思去實他。‘誠者，天之道’，天無不實，寒便是寒，暑便是暑，更不待使他恁地。聖人仁便真個是仁，義便真個是義，更無不實處。在常人説仁時，恐猶有不仁處，説義時，恐猶有不義處，便須着思有以實之始得。”（潘時舉）○祝氏録

【纂疏】輔氏曰：“《集注》以欲字解思字，以本然二字解天道，當然二字解人道，自然分曉。‘維天之命，於穆不已’，至誠之理，天道之本然也；‘審思’‘明辨’‘自强不息’，思誠之事，人道之當然也。”

---

① “謹獨”，即慎獨，原作者避南宋孝宗趙眘諱改，下同。

至誠而不動者，未之有也；不誠，未有能動者也。”

至，極也。楊氏曰：“動便是驗處，若獲乎上、信乎友、悦於親之類是也。”○此章述《中庸》孔子之言，見思誠爲脩身之本，而明善又爲思誠之本。乃子思所聞於曾子，而孟子所受乎子思者，亦與《大學》相表裏，學者宜潛心焉。

【集義】伊川先生曰：“孟子曰‘不明乎善，不誠其身’，即《易》曰‘知至至之’。”又曰：“明善在明，守善在誠。”

【語録】既有其實，便自能感動得人也。（潘時舉）

【或問】此章之説。曰：“諸説獲上、信友、悦親、誠身，皆以有道言之，則蓋有不由其道以求之者矣。若諛説苟容以求獲乎上，①便佞詭隨以求信乎友，阿意曲從以求悦乎親，冥行助長而求以誠其身者，②皆是也。孟子之言，固已開其所入之塗矣，而其支徑別歧，亦不可以弗之察也。”○又曰：“吕氏論明善，直以爲凡在我者，皆明其情狀而知所從來。殊不知天下事物之理皆有所謂善，要當明其當然，而識其所以然，使吾心曉然真知善之爲善，而不可不爲，是乃所謂明善者。若曰知在我者之所從來而已，則恐其狹而未究於理也。其於思誠，直以爲知有是善於吾身而已，是亦未知孟子所謂誠身，正謂心思言行之間，能實踐其所明之善，而有諸身也。”

【張氏注】此説見於子思子《中庸》之書。子思述孔子之意，而孟子傳乎子思者也。夫居下位而不獲乎上，則言而有不見信，行而有不得爲，雖欲治民，其可得乎？居下位而不獲乎上，固不可也。雖然，欲以獲乎上，則或至於失己而喪道，有之矣。獲於上有道焉，有以信於友，則有以獲於上矣。蓋朋友，敵己者也，道猶不見信於朋友，而況上下之勢相遼絕，而可以信於君哉？雖然，朋友之見信，初不在於聲音笑貌之間也，蓋有道焉，有以悦乎親，則有以信於友矣。人道莫先於事親，於吾親而猶有所不順焉，而況於他人乎？雖然，欲親之悦乎己，豈徒温凊之奉、甘旨之養而已哉？蓋有道焉，反身而誠，則有以順乎親矣。蓋反身未誠，則有妄之心間於其間焉，烏能以感格其親之心志乎？雖然，③誠其身，又不可以迫切而强致也，蓋有

---

① “諛”，原漫漶不清，此據清吕氏刻本《四書或問》。
② “冥”，原漫漶不清，此據清吕氏刻本《四書或問》。
③ “然”，原作“不”，據通志堂本《孟子説》改。

道焉,在於明善而已。善之所以爲善者,天理之實然者也。不明乎此,則
動靜無所據依,將何以誠其身乎? 故反身而誠,則天下之理得,而順親、信
友、獲上、治民,無所施而不可矣。然誠之道,有誠者,有思誠者。"誠者,
天之道",言其實然之理,天之所爲也。聖人則全此體,身誠而善無不明
也。"思誠者,人之道",則是以人之所爲,求合於天焉,學者明善誠身之功
是也。"至誠而不動之者,未之有也",言誠之至極,天下之感無不通也。
又曰"不誠,未有能動者也",言天下未有不誠而能動者也。蓋事物無巨
細,其所以動者,皆誠之所存故也。然則將以順親、信友、獲上、治民,非誠
身而可得乎?

【集疏】覺軒蔡氏曰:"此章見孔子、曾子、子思、孟子,相傳無異道,而明善
誠身,實傳道之要訣也。蓋明善即致知,誠身即誠意。'誠者,天之道;思
誠者,人之道',由思誠以造於誠,由人道以達天道,及其至一也。而動不
動,又只在誠不誠之間,此又是孟子要其徵驗處,喫緊以告人。然子思以
'誠之'言人之道,而孟子易之以'思誠',子思言形、著、動、變,而孟子止於
動者,以思出於心,於學者用功尤爲有力。而動者,正指上文獲上、信友、
悅親而言也。"

【纂疏】輔氏曰:"有感必有應,驗便是應處。極其誠,則合内外,平物我。
感與應,皆非自外也,此其所以無有不動也。"○又曰:"明善者,《大學》之
本。誠身者,《中庸》之要。於此可見《中庸》《大學》之相爲表裏,曾子、子
思、孟子之相爲授受者,益不可誣矣。"

○孟子曰:"伯夷辟紂,居北海之濱,聞文王作,興曰:'盍歸乎
來! 吾聞西伯善養老者。'太公辟紂,居東海之濱,聞文王作,興
曰:'盍歸乎來! 吾聞西伯善養老者。'辟,去聲。

作、興,皆起也。盍,何不也。西伯,即文王也。紂命爲西方諸侯之長,得
專征伐,故稱西伯。太公,姜姓,吕氏,名尚。文王發政,必先鰥寡孤獨,庶
人之老,皆無凍餒。故伯夷、太公來就其養,非求仕也。

【纂疏】輔氏曰:"恐人見太公後來佐武王伐商,遂以作興爲有求仕之意,
故明辨之。太公之初來於周,無是意也,故孟子將太公與伯夷並説,亦自
可見。"

二老者，天下之大老也，而歸之，是天下之父歸之也。　天下之父歸之，其子焉往？ 焉，於虔反。

二老，伯夷、太公也。大老，言非常人之老者。天下之父，[1]言齒德皆尊，如衆父然。既得其心，則天下之心不能外矣。蕭何所謂養民致賢，以圖天下者，暗與此合，但其意則有公私之辨，學者又不可以不察也。

【纂疏】輔氏曰："'衆父'二字出《老子》，《集注》借用之，其義則謂衆人之父。目父子同氣至親，父既歸之，則其子焉往。"○又曰："蕭何之説，是欲爲此以圖天下，有爲而爲，所謂私也。文王之爲此，則初無所爲也，行吾義而已，所謂公也。二老之歸，乃其自然之應耳。學者不察此，而以文王之事與蕭何一般看，則不可也。"

諸侯有行文王之政者，七年之內，必爲政於天下矣。"

七年，以小國而言也。大國五年在其中矣。

【張氏注】人君得仁賢之心，則天下之心歸之矣。夫以紂在上，而天下之賢有如伯夷、太公者，乃退避於海濱之不暇，以紂之爲虐，[2]不可邇故也。文王在岐山之下，而二老者乃不遠數千里而往歸之，以文王之行仁政，而善養老故也。二老所以歸文王之心，是天所以眷顧之心也。曰"天下之父"云者，以其德爲達尊，天下之所從也。其父歸之，則其子又焉往而不歸哉？嗟乎！有國者其不可使仁賢有退心哉！仁賢不樂從之遊，則天下之心日解矣。雖然，何代而無賢才，患在人主無以致之耳。故張良歸漢而項氏以亡，孔明在蜀而炎綱幾振，此亦皆庶幾爲當時之老者，其所繫輕重固如此。然則戰國之諸侯，有能行文王之政，則天下之賢才歸之，而七年之內爲政於天下，又何疑乎？

【纂疏】輔氏曰："舉小國緩期言之，則大國之五年固在其中矣。"

○孟子曰："求也爲季氏宰，無能改於其德，而賦粟倍他日。　孔子曰：'求非我徒也，小子鳴鼓而攻之可也。'

求，孔子弟子冉求。季氏，魯卿。宰，家臣。賦，猶取也。取民之粟倍於他

---

[1]　"父"，原破損不清，此據宋當塗郡齋本《四書集注》。

[2]　"虐"，原漫漶不清，此據通志堂本《孟子説》。

日也。小子，弟子也。鳴鼓而攻之，聲其罪而責之也。

【纂疏】輔氏曰：“王者征伐必鳴鼓，以聲其罪，而顯然伐之。夫子蓋用此意以責冉求也。”

由此觀之，君不行仁政而富之，皆棄於孔子者也。　況於爲之强戰？爭地以戰，殺人盈野；爭城以戰，殺人盈城。　此所謂率土地而食人肉，罪不容於死。　爲，去聲。

林氏曰：“富其君者，奪民之財耳，而夫子猶惡之。況爲土地之故而殺人，使其肝腦塗地，則是率土地而食人之肉。其罪之大，雖至於死，猶不足以容之也。”

【纂疏】輔氏曰：“率，猶循也，由也。‘率土地而食人肉’，謂以土地之故殺人，而使之肝腦塗地，則是由土地而食人之肉也。其罪之大，雖至於死，猶不足以容之者，言罪大而刑小，是刑不足以容其罪也。”

故善戰者服上刑，連諸侯者次之，辟草萊、任土地者次之。”　辟，與闢同。

善戰，如孫臏、吳起之徒。連結諸侯，如蘇秦、張儀之類。辟，開墾也。任土地，謂分土授民，使任耕稼之責，如李悝盡地力、商鞅開阡陌之類也。○臏，齊威王臣。起，衛人，爲魏文侯將。秦，洛陽人。○悝，魏文侯臣。作盡地力之教，以爲地方百里，提封九萬頃，除山澤邑居三分去一，爲田六百萬畝，治田勤謹，則畝益三升，不勤則損亦如之。○鞅，衛人。爲秦孝公相，封以商於之地，號曰商君，始廢井田開阡陌。

【集義】范氏曰：“天地大德曰生，聖人所以守位曰仁。孔子曰：‘斷一木，殺一獸，不以其時，非孝也。’草木鳥獸，殺之不以時，則逆天地之理，猶爲不孝，況於人命可不重哉？”○尹氏曰：“湯武之征，以正伐不正，救民於塗炭也。戰國之戰，以亂益亂，殘人民耳。而求富之，爲之强戰，是何異於助桀而富桀也？”

【語録】曰：“問若如李悝盡地力之類，不過亦教民而已，孟子何以謂任土地者亦次於刑？”曰：“只爲他是欲富國，不是欲爲民。但强占土地開墾將去，欲爲己物耳，皆爲君聚斂之徒也。”○又曰：“阡陌便是井田，一橫一直。如百夫有遂，遂上有涂，這涂便是陌。若十涂，恁地直在橫頭，又作一大溝，①謂之

---

① “大”，原作“夫”，據明陳燁刻本《朱子語類》卷一三四《歷代一》改。

洫，①洫上有路，這便是阡。自阡陌之外有空地，則只閑在那裏。先王所以要如此者，乃是要正其疆界，恐人相侵占。今商鞅却破開了，遇可做田處便做田，更不要齊整。這開字非開創之開，乃開闢之開。《蔡澤傳》曰：‘破壞井田，決裂阡陌’，觀此可見。”○趙氏録

【或問】此章之説。曰：“范氏所論重人命者尤善，尹氏分別天理、人欲於毫釐之間，尤可深味也。”

【張氏注】冉求之事，《論語》蓋嘗載之，與《孟子》所載互相發也。《論語》則正其聚斂之名，孟子則推明其無能改於其德之罪。夫冉有之聚斂，果若後世頭會箕斂，以媚其上之爲乎？殆不然也。以《左氏春秋》考之，哀公十一年，季孫以田賦使訪諸孔子，孔子不對，而私於冉有曰：“君子之行也，度其禮，施取其厚，事舉其中，斂從其薄，如是則以丘亦足。若不度於禮，而貪冒無厭，則雖以田賦，將又不足。且季孫若欲行而法，則周公之典在，若欲苟而行，又何訪焉！”弗聽。明年正月，用田賦。用田賦者，履畝而賦之也，意者“賦粟倍他日”，其謂是與？然則此季孫之爲也，而遽以爲求之罪，若是之深乎？蓋季氏爲魯卿，專制其上，爲日久矣。一國之人知有季氏，而不知有魯君也。求之爲宰，所當明君臣之義，以正救之，俾革其爲，以事公室，則求之責也。今既不能使之改於其德，而季氏廢法以厚取，求又從而順從，莫之能救，則求之罪深矣。故《論語》正其聚斂之名，而孟子又推明其無能改於其德之罪，然後聖人鳴鼓而攻之之意昭然矣。孟子謂以求之事言之，則夫不務勉其君以仁政，而求以富之者，其罪皆豈能逃聖人之責乎？而況於與其君强爲戰鬥之事，争地争城，殺人而莫之恤者，抑又甚焉矣。曰“率土地而食人肉，罪不容於死”，言以土地之故而殘民之生，罪無加於此也。故以善戰者爲當服上刑，而連諸侯、辟草萊、任土地，皆以次論罪焉。自當時論之，孰不以能爲其君克敵爲大功？而孟子之言如此，蓋正義明道，所以遏其利欲之横流也。

【纂疏】輔氏曰：“《集注》引六人者，當之是矣。戰國之時，人君之所求，與士之所以自任者，不過有此三等，故孟子因列之而言其罪，以遏其流。雖是救時之言，然士而以此三者得名，則世德下衰可知矣。”

———————————

① “之”，原作“上”，據明陳燁刻本《朱子語類》卷一三四《歷代一》改。

○孟子曰：“存乎人者，莫良於眸子，眸子不能掩其惡。 胸中正，則眸子瞭焉；胸中不正，則眸子眊焉。 眸，音牟。瞭，音了。眊，音耄。

良，善也。眸子，目瞳子也。瞭，明也。眊者，蒙蒙目不明之貌。蓋人與物接之時，其神在目，故胸中正則神精而明，不正則神散而昏。

【纂疏】輔氏曰：“自體察之可見，神若不在，則目雖見物，猶無見也，都不能有所識別矣。”○又曰：“心正則安裕完固，故其神之見於目者，精聚而明白；心不正則驚惕掩覆，故神之見於目者，渙散而昏暗也。其所謂不能掩者也。”

聽其言也，觀其眸子，人焉廋哉？” 焉，於虔反。廋，音搜。

廋，匿也。言亦心之所發，故并此以觀，則人之邪正不可匿矣。然言猶可以僞爲，眸子則有不容僞者。

【張氏注】此觀人之法。初見其人，欲知其胸中所趣之邪正，當以是觀之也。胸中之所存者，見於眸子，誠之不可揜也。然則人之欲自蔽者，其果何益哉？聽其言而觀其眸子，蓋人之於言，猶可以僞爲，至於眸子之瞭與眊，則不可僞也。聽其言而又參之以其眸子，則無所遁矣。此與夫子“人焉廋哉”之言同，而爲說則有異。蓋夫子之言，爲旋觀其人設也，而孟子之言，則一見而欲識其大綱也。參是二者，觀人之法，殆無餘蘊矣。若夫“睟然見於面，盎於背，施於四體，四體不言而喻”者，則望而知其爲德人，有不待考察者矣。學者讀此章，非獨可得觀人之法，又當知檢身之要也。私心邪氣，其可頃刻而有邪？一萌諸中，而昭昭然不可揜者矣，其可不懼乎？

【纂疏】輔氏曰：“言亦心之所發，雖或可以僞爲，然有德者必有言，如所謂多寡、游屈、蔽陷、離窮，亦皆因言而後可得。以其言辭以驗其蘊，觀其眸子以察其神，則人之邪正有不可得而隱者也。”○西山真氏曰：“目者，精神之所發，而言者，心術之所形。故審其言之邪正，驗其目之明昧，而其人之賢否不可掩焉，此觀人之一法也。”

○孟子曰：“恭者不侮人，儉者不奪人。 侮奪人之君，惟恐不順焉，惡得爲恭儉？ 恭儉豈可以聲音笑貌爲哉？” 惡，平聲。

惟恐不順，言恐人之不順己。聲音笑貌，僞於外也。

【語録】聖人但顧義理之是非，不問利害之當否，衆人則反是。且如恭儉，聖人但知恭儉之不可不爲爾，衆人則以爲我不侮人，則人亦不侮我，我不奪人，則人亦不奪我，便是計較利害之私。要之，聖人與衆人做處，便是胡氏所謂"天理人欲同行而異情"者也。（楊道夫）○祝氏録

【張氏注】此推明恭儉之本也。所謂"不侮人""不奪人"者，非特爲見於行事然也，蓋中心泊然，侮奪之意無纖毫之萌也，此非毋我而忘欲者不能。人惟有我而多欲也，故侮奪人之意不期而自萌。凡有所慢易、有所驕忽，皆侮也；有所歆羨、有所求得，皆奪也。而況於居人上而得肆者，其侮奪之機，日森然於胸中，顧乃卑巽以爲恭，吝嗇以爲儉，其能有感乎？故曰："侮奪人之君，惟恐不順焉，烏得爲恭儉？"謂惟恐不順者，惟恐不得順遂其侮奪之爲也。如此而外爲恭儉，其誰信之？故曰"恭儉豈可以聲音笑貌爲哉"，言當本諸其誠心也。嗟乎！使戰國之君知此義，而反身以求之，則乖争凌犯之風，度乎其可息矣。

○淳于髡曰："男女授受不親，禮與？"孟子曰："禮也。"曰："嫂溺，則援之以手乎？"曰："嫂溺不援，是豺狼也。　男女授受不親，禮也；嫂溺援之以手者，權也。"與，平聲。援，音爰。

淳于，姓。髡，名。齊之辯士。授，與也。受，取也。古禮，男女不親授受，以遠別也。援，救之也。權，稱錘也，稱物輕重而往來以取中者也。權而得中，是乃禮也。

【語録】曰："事有緩急，理有大小，此等處皆須以權稱之。"○或問："執中無權之權，與嫂溺援之以手之權，微不同否？"曰："執中無權之權稍輕，嫂溺援之以手之權較重，亦有深淺也。"（沈僩）○祝氏録

【纂疏】北溪陳氏曰："權字乃就秤錘上取義。秤錘之爲物，能權輕重以取平，故名之曰權。權者，變也。在衡有星兩之不齊，權便移來移去，隨物以取平。亦猶人之用權度，揆度事物以取其中相似。"○又曰："知中然後能權，由權然後得中。中者，理所當然而無過不及者也。權者，所以度事理而取其當然，無過不及者也。"○輔氏曰："若是經禮，更何須權？唯是那經禮有行不得處，故須用權以取中。權而得中則是乃禮也。若權而不得乎

中，則陷乎漢儒權術、①權變之域矣，豈可便謂權只是經乎？"

曰："今天下溺矣，夫子之不援，何也？"

言今天下大亂，民遭陷溺，亦當從權以援之，不可守先王之正道也。

曰："天下溺，援之以道；嫂溺，援之以手。　子欲手援天下乎？"

言天下溺，惟道可以捄之，非若嫂溺可手援也。今子欲援天下，乃欲使我枉道求合，則先失其所以援之之具矣。是欲使我以手援天下乎？○此章言直己守道，所以濟時；枉道徇人，徒爲失己。

【語録】曰："古人所以救世者，以其有道也。既自放倒矣，天下豈一手可援哉？"

【張氏注】所謂權者，事有萬變，稱其輕重而處之，不失其正之謂也。今夫衡之有權，其得名以權者，②以夫輕重雖不同，而無不得其平故也。自陋儒反經合道之論起，而其害有不可勝言。③蓋既曰反夫經矣，而道惡乎合哉？此論一行，而後世竊權之名以自利，甚至於君臣父子之大倫，蕩棄而不顧，曰："吾用權也。"不亦悲夫！孔子曰："可與共學，未可與適道；可與適道，未可與立；可與立，未可與權。"蓋非夫理明義精、卓然能立者，未易當變而盡夫與權之宜也。故夫學者，務正經而已，經正而不失，則將知夫權之所存矣。淳于髡之問，意以爲禮之經，當不可執守於急難之際矣。孟子答之以"男女授受不親，禮也；嫂溺援之以手者，權也"，斯兩言也，而經權之義蓋可見矣。蓋不授受，固禮之經；然嫂溺則遭其變也，援以手者，遭變而處之之道，當然也。故先之曰"嫂溺不援，是豺狼也"，則可以見其道之在夫援也。若其不援，則失道而陷夫禽獸之域。然則其權也，豈非所以爲不失其經也與？髡未識此意，因是而言孟子在今日，似當少貶其道，用權以救世爲急也。孟子謂天下之溺不可以手援之，當援之以道耳。若道先枉矣，則將何以援之乎？是猶援嫂之溺有賴夫手，而將廢其手矣。然則孟子之不少貶以求濟者，是乃援溺之本，豈非天下之大經也？

【纂疏】輔氏曰："《集注》斷章言'直己守道，所以濟時'云云，必如此斷置得分曉，然後出來做事，則規模自我所立而有成。不然枉道徇人，未有能

---

① "陷"，原破損不清，此據元刻本《四書纂疏》。
② "以權者"三字，原脱，據通志堂本《孟子説》補。
③ "言"，原漫漶不清，此據通志堂本《孟子説》。

自立者也。"

○公孫丑曰："君子之不教子，何也？"

不親教也。

【纂疏】輔氏曰："易子而教，則非不教也，但不親教耳。"

孟子曰："勢不行也。 教者必以正；以正不行，繼之以怒；繼之以怒，則反夷矣。'夫子教我以正，夫子未出於正也。'則是父子相夷也。 父子相夷，則惡矣。

夷，傷也。教子者，本爲愛其子也，繼之以怒，則反傷其子矣。父既傷其子，子之心又責其父曰："夫子教我以正道，而夫子之身未必自行正道。"則是子又傷其父也。

古者易子而教之。

易子而教，所以全父子之恩，而亦不失其爲教。

父子之間不責善。 責善則離，離則不祥莫大焉。"

責善，朋友之道也。○王氏曰："父有爭子，何也？所謂爭者，非責善也，當不義則爭之而已矣。父之於子也如何？曰：當不義，則亦戒之而已矣。"

【語錄】問此章之説。曰："楊氏得之矣。徐氏引穀梁子曰：'羈貫成童，不就師傅，父之罪也。'不以不孝爲罪，而以不就師傅爲罪，亦善引據者。"○蔡氏録

【或問】父子之間不責善固是，至於不教子，不亦過乎？楊氏曰："不教，不親教也。雖不責善，豈不欲其爲善？然必親教之，其勢必至於責善。"○又曰："孟子曰：'易子而教，蓋考之孔子爲然也。'若孔子自教其子，則鯉之所未學者，其必有以知之矣，又奚問焉？陳亢又奚稱曰'君子之遠其子也'。"

【張氏注】所謂教者，亦教之以善而已矣。善也者，根於天性者也。然則父子之有親，豈非教之之本乎？今也欲教之以善，而反使至於父子之間而或繼以怒，則非惟無益，乃有傷也。何者？告之而從，則其可也，①不幸而有不能從，則將曰"夫子教我以正，而夫子未嘗出於正。②"爲人子而

———

① "可也"，原漫漶不清，此據通志堂本《孟子説》。
② "出於"，原漫漶不清，此據通志堂本《孟子説》。

萌是心，則不亦反傷其天性乎？是以君子之不教子，雖曰不責善也，然而養其父子之天性，使之親愛之心存焉，是乃教之之本也。不然責善之不得，而天性之或傷，尚何教之有？責善云者，①謂指其過惡而責之以善道也，在師則當然。爲人父者易子而教之，蓋以責善之義望於師也。養恩於父子之際，而以責善望之師，仁之篤而義之行也。雖然，在爲人父者言之，則當修身以率其子弟，②身修則將有不言而感、不令而從者矣。在爲人子者言之，③則當敬恭以承命，致其親愛，勞而不匱也。又豈可因責善而起離心，以自賊夫天性也哉？如此則父子兄弟之道得矣。

【纂疏】輔氏曰："王氏最得孟子之正意。責善，謂責之使必爲善也。責之使必爲善，則便有使之捐其所能，去其所劣之意，故必至於相傷。至其所爲，或背理而害義，則豈可坐視而不管？故在子則當争，在父則亦當戒切之也。"

○孟子曰："事，孰爲大？　事親爲大；守，孰爲大？　守身爲大。　不失其身而能事其親者，吾聞之矣；失其身而能事其親者，吾未之聞也。

守身，持守其身使不陷於不義也。一失其身，則虧體辱親，雖日用三牲之養，亦不足以爲孝矣。

【纂疏】輔氏曰："味《集注》之言，則人之持守其身者，豈可有一豪一息之不謹哉？且身者，④親之枝也，枝葉茂盛則得以庇其本根，枝葉傷殘則本根殄瘁矣。不能事親，更做甚人？不能守身，便說甚道義？"

孰不爲事？　事親，事之本也；孰不爲守？　守身，守之本也。

事親孝，則忠可移於君，順可移於長，身正則家齊國治而天下平。

曾子養曾晳，必有酒肉；將徹，必請所與；問有餘，必曰'有'。曾晳死，曾元養曾子，必有酒肉；將徹，不請所與；問有餘，曰'亡矣'，將以復進也。　此所謂養口體者也。　若曾子，則可謂養志也。　養，去聲。復，扶又反。

---

① "云"，原漫漶不清，此據通志堂本《孟子説》。
② "弟"，原漫漶不清，此據通志堂本《孟子説》。
③ "在"，原漫漶不清，此據通志堂本《孟子説》。
④ "身"，原破損不清，此據元刻本《四書纂疏》。

此承上文事親言之。曾晳，名點，曾子父也。曾元，曾子子也。曾子養其父，每食必有酒肉。食畢將徹去，必請於父，曰："此餘者與誰？"或父問："此物尚有餘否？"必曰："有。"恐親意更欲與人也。曾元不請所與，雖有言無，其意將以復進於親，不欲其與人也。此但能養父母之口體而已。曾子則能承順父母之志，而不忍傷之也。

【纂疏】輔氏曰："養父母之口體者，其事淺；承順父母之心志者，其思深。夫子之於父，異體同氣，至親至密，故事之者，當先意承事，必能聽於無聲，視於無形，然後爲至。若必待其言而後從，固已不可，況於先立其意以拂其親之欲，唯口體是養，而不恤其心志之虧乎？"

事親若曾子者，可也。"

言當如曾子之養志，不可如曾元但養口體。程子曰："子之身所能爲者，皆所當爲，無過分之事也。故事親若曾子，可謂至矣，而孟子止曰可也，豈以曾子之孝爲有餘哉？"

【集義】明道先生曰："事親若曾子而曰可者，非謂曾子未盡善也。"○伊川先生曰："子之身所能爲者，皆所當爲也，故曰'事親若曾子可也'，未嘗以曾子孝爲有餘也。"又曰："孟子曰'事親若曾子可也'，吾以謂事君若周公可也。①蓋子之事父，臣之事君，聞有自知其不足者矣，未聞其爲有餘也。周公之功固大矣，然臣子之分所當爲也，安得獨用天子之禮乎？其因襲之弊，遂使季氏僭八佾，三家僭雍徹，故仲尼論之非之，②以謂'周公其衰矣'③。"又曰："子之事父，其孝雖過於曾子，畢竟是以父母之身做出來，豈是分外事。若曾子者，僅可以免責爾。臣之於君，猶子之於父也，假如功業大於周公，亦是以君之人民勢位做出來，而謂人臣所不能爲，可乎？"

【或問】此章之説。曰："程子至矣，所論曾子、周公，先儒所不及也。"

【張氏注】如所謂事君、事天，皆所謂事也。如所謂守家、守國，皆所謂守也。曰"事親爲大""守身爲大"者，非謂此大而彼小也，以是爲大，謂所當先者也。故又曰："事親，事之本也；守身，守之本也。"道莫不有本焉，務其

---

① "謂"，清吕氏刻本《論孟精義・離婁上》作"爲"。
② "論之"，清吕氏刻本《論孟精義・離婁上》作"論而"。
③ "謂"，清吕氏刻本《論孟精義・離婁上》作"爲"。

本則爲善學者矣。蓋人道以親親爲大，而莫先於事親，有以事親，則其所推，皆是心也，然則烏往而不得其所事？身者，天下國家之本也，有以守身，則其所施，皆是理也，然則烏往而不得其所守？雖然，守身所以事親也；身失其道，亦將何以事親哉？故曰：“不失其身，而能事其親者，有矣；失其身，而能事其親者，未之聞也。”反復言之，而欲人以守身爲事親之本也，此《中庸》“反諸身不誠，不順乎親矣”之意。若曾子者，可謂能盡守身事親之道者矣。故舉其養志之事，以爲人子之法。夫“將徹，必請所與；問有餘，則曰有”，蓋行乎其親志意之中者也，視夫“將徹，不請所與；問有餘，則曰亡”者，意味不亦短矣乎？故曰：“事親若曾子者，可也。”伊川先生論周公之事，以爲周公之事，人臣所當爲，如孟子所謂事親若曾子可也，未嘗以曾子之孝爲有餘也。蓋子之有是身者，親也。凡身之所得爲者有不盡，則於事親爲有未足。必若曾子之盡其道，而後成人子也。

【纂疏】輔氏曰：“子之身即親之身也，故凡子之身所能爲者，皆所當爲也，①但人爲物欲所昏蝕，多不能自盡其分耳，豈復有過分之事哉？②孟子只平說去，曰‘事親若曾子可也’。至程子，方看得‘可也’二字有深意，以此知讀書者不可不熟讀玩味，若但略綽地看過，何緣見得他意思出？”

○孟子曰：“**人不足與適也，政不足間也，惟大人爲能格君心之非。君仁莫不仁，君義莫不義，君正莫不正。 一正君而國定矣。**”適，音謫。間，去聲。

趙氏曰：“適，過也。間，非也。格，正也。”徐氏曰：“格者，物之所取正也。《書》曰：‘格其非心。’”愚謂“間”字上亦當有“與”字。言人君用人之非，不足過謫；行政之失，不足非間。惟有大人之德，則能格其君心之不正以歸於正，而國無不治矣。大人者，大德之人，正己而物正者也。○程子曰：“天下之治亂，繫乎人君之仁與不仁耳。心之非即害於政，不待乎發之於外也。昔者孟子三見齊王而不言事，門人疑之，孟子曰‘我先攻其邪心，心既正而後天下之事可從而理也’，夫政事之失，用人之非，知者能更之，直

---

① “所當”，原破損不清，此據元刻本《四書纂疏》。
② “有過”，原破損不清，此據元刻本《四書纂疏》。

者能諫之。然非心存焉，則事事而更之，後復有其事，將不勝其更矣；人人而去之，後復用其人，將不勝其去矣。是以輔相之職，必在乎格君心之非，然後無所不正。而欲格君心之非者，非有大人之德，則亦莫之能也。”○徐氏，[1]名度，睢陽人。

【集義】橫渠先生曰：“君心未免乎非，則雖百賢衆政亦莫能正。[2]”○范氏曰：“大人，正己而物正者也。居仁由義，先自治，而後治人，先正己而物自正，故能正君。若不正己，則不能正人，豈能正君？君者本也，庶民末也；君者源也，庶民流也。本正則末正，源清則流清，故君仁則一國之人無不仁，君義則一國之人無不義，君正則一國之人無不正。大人專以正君心爲事，君心一正則國自定矣。”○楊氏曰：“孟子言：‘人不足與適也，政不足與間也，惟大人爲能格君心之非。’蓋人與政俱不足道，則須使人君心術開悟，然後天下事可循序整頓。然格君心之非須要有大人之德，大人過人處只是正己，由己則上可以正君，[3]下可以正人。”

【語録】曰：“格其非心與格君心之非，格如合格之格，謂使之歸於正也。”○又曰：“只是將此一物，格其不正者。如格其非心，是說得深者；大人格君心之非，是說得淺者。”○趙氏録　○問：“大人格非有不好，君如何格？”曰：“其精神動作之間，亦須有以格之，但亦須有說話。”因舉伊川《易傳》“遇主于巷”，問：“蜀後主、諸葛孔明如何？”曰：“他當時事皆自爲。”曰：“孔明亦如何不能格之？設更有大人能格之否？”曰：“孔子不能格定、哀，孟子不能格齊王。如季桓子，孔子亦須與之說話，只是奈何他不下，要之有此理在我，而在人者不可必。”（鄭可學）○祝氏録　○又曰：“大人格君心之非，此是精神意氣自有感格處，然亦須有個開導底道理，不但默默而已。伊川‘遇主于巷’，所謂‘至誠以感動之，盡力以共持之，明禮義以致其知，杜蔽惑以誠其意’，正此意也。又云：‘人不足與適也，政不足與間也，惟大人爲能格君心之非’，三句當作一句讀，某嘗說此處，與‘言不必信，行不必果，惟義所在’，皆不須急忙連下句讀。偶然脱去下句，豈不害事？”○蔡氏録

---

① “氏”，原破損不清，此據元刻本《四書纂疏》。
② “正”，原漫漶不清，此據通志堂本《孟子集疏》。
③ “由”，清吕氏刻本《論孟精義·離婁上》作“正”。

【或問】此章之説。曰："程子、張子、范、楊,皆深得之,可詳味也。①"

【張氏注】此章孟子因當時之事,而推原其本也。所用之人才有不足責,所行之政事有不足非也。惟大人格君心之非。君心之非格,而天下治矣,蓋其本在此故耳。夫心本無非,動於利欲,所以非也。君之心方且在於利欲之中,滋長蔽塞,則是非邪正莫知所適,而萬事之統隳矣,故當以格其心非爲先。格之爲言感通至到也。《書》曰："格於上帝。"蓋君心之非,不可以氣力勝,必也感通至到,而使之自消靡焉。所謂格也,蓋積其誠意,一動静,一語嘿,無非格之之道也。若心非未格,則雖責其人才,更其政事,幸其見聽而肯改易,他日之所用所行,亦未必是也。何者?其源流不正,不可勝救也。心非既格,則人才、政事,將有源源而日新矣。然而格君之業,非大人則不能。若在己之非,猶有未之能克者,而將何以盡夫感通之道哉?"君仁莫不仁,君義莫不義",而又曰"君正莫不正,一正君而國定矣",蓋仁義所以正也。嗟乎!後世道學不明,論治者不過及於人才、政事而已,孰知其本在於君心?而又孰知格君之本乃在於吾身乎?"惟大人爲能格君心之非",孟子斯言,真萬世不可易者也。

【纂疏】蔡氏曰："非心,非僻之心也。"○輔氏曰："《集注》解得格字義分曉。所謂大人者,道全德備,譽望足以弭其邪心,容色足以消其逸志,非但取辦於煩舌之間、諫争之際而已也。然無大人之德與學,而有言責者,則又不可以是藉口。"○又曰："孟子言'君仁莫不仁,君義莫不義,君正莫不正,一正君而國定矣',程子但言'天下之治亂,繫乎人君之仁與不仁'者,言仁則該乎義與正也,曰仁、曰義而又曰正者,仁義乃所以正之也。一正君而國定,猶形影然也。"○又曰："孟子三見齊王,事見荀子書。以此章觀之,必是孟子有此事。此一義最是事君者之大節目,觀孟子之言如此,則孟子自任之重可知。程子發明其説已盡。"

○孟子曰:"有不虞之譽,有求全之毁。"

虞,度也。呂氏曰："行不足以致譽,而偶得譽,是謂不虞之譽。求免於毁,而反致毁,是謂求全之毁。言毁譽之言,未必皆實,脩己者不可以是遽爲

憂喜，觀人者不可以是輕爲進退。”

【張氏注】吕氏曰：“行不足以致譽，而妄得譽，是謂不虞之譽。求免於毁，而反致毁，是謂求全之毁。”不虞之譽得非於義，①而求全之毁猶不失仁，此不可不察也。陳仲子欲絜一身，而顯處母、兄於不義，其爲不義均矣，而時人反譽以爲廉。匡章責父以善，而不相遇，是愛親之過者，而時人反毁以不孝。夫二子之行，皆不合義，而一毁一譽，以亂其真。故仲子得譽，孟子以不義拒之；匡章遭毁，孟子以近仁取之。夫君子之取人，如不得已，取其心可也，毁譽豈可盡信哉？此説盡之矣。然而在君子之檢身論之，則正己而已。不以毁譽亂吾之心，而易吾之操也，斯則善矣。

【纂疏】輔氏曰：“毁譽出於公，則固可信；出於私，則固不可信。然公私之外，又有是二者焉，不可不察。《集注》既得孟子之本意，而又於人己兩有所益焉。”

○孟子曰：“**人之易其言也，無責耳矣。**”易，去聲。

人之所以輕易其言者，以其未遭失言之責故耳。蓋常人之情，無所懲於前，則無所警於後。非以爲君子之學必俟有責，而後不敢易其言也。然此豈亦有爲而言之與？

【張氏注】脩身者，以謹言行爲要。易其言者，是未嘗用力者也，則其不能顧行可知。若是者，責之難矣。

【纂疏】輔氏曰：“謹言語，自是君子之庸行，何待於有責而後然，孟子此言必有所爲而發。”

○孟子曰：“**人之患在好爲人師。**”好，去聲。

王勉曰：“學問有餘，人資於己，不得已而應之，可也。若好爲人師，則自足而不復有進矣，此人之大患也。”

【張氏注】學莫病於自足。蓋古之所謂師者，學明行脩，人從而師之，而非有欲人師己之意也。人師乎己，從而以己之善善之，其答問論辯之際，亦有互相發者，故敎學相長也。若有好爲人師之意，則是乃矜己自大之私萌

---

① “非於”，通志堂本《孟子説》作“於非”。

乎其中,欲以益於人而不知其先損於己,此其所以可懼也。

【纂疏】輔氏曰:"先儒多以好爲人師爲自尊大之意,獨王氏解最善,故取之。"

○樂正子從於子敖之齊。

子敖,王驩字。

樂正子見孟子。 孟子曰:"子亦來見我乎?"曰:"先生何爲出此言也?"曰:"子來幾日矣?"曰:"昔者。"曰:"昔者,則我出此言也,不亦宜乎?"曰:"舍館未定。"曰:"子聞之也,舍館定,然後求見長者乎?"長,上聲。

昔者,前日也。館,客舍也。王驩,孟子所不與言者,①則其人可知矣。樂正子乃從之行,其失身之罪大矣。又不早見長者,則其罪又有甚者焉,故孟子姑以此責之。

曰:"克有罪。"

陳氏曰:"樂正子固不能無罪矣。然其勇於受責如此,非好善而篤信之,其能若是乎? 世有強辯飾非、聞諫愈甚者,又樂正子之罪人也。"

【纂疏】輔氏曰:"人之心一有偏係之私,則於其所當爲者,必不能勇於決爲,而於其所不當爲者,或苟且遲回,以至於浸淫而不覺其非。雖以樂正子之好善篤信,猶有所不免,必待孟子言之,然後知其有罪,況徇私背義、強辯飾非者乎?②孟子可謂善教,樂正子可謂善學。"

○孟子謂樂正子曰:"子之從於子敖來,徒餔啜也。 我不意子學古之道而以餔啜也。"餔,博孤反。啜,昌悦反。

徒,但也。餔,食也。啜,飲也。言其不擇所從,但求食耳,此乃正其罪而切責之。

【或問】樂正子從子敖,何也? 曰:"嘗考孟子之書,王驩,齊王之幸臣,蓋欲自託孟子以取重,故孟子使滕,則王必以驩爲介,孟子未嘗與言行事。

---

① "所不",原破損不清,此據宋當塗郡齋本《四書集注》。

② "背",原破損不清,此據元刻本《四書纂疏》。

至弔於公行子之家,又不與之言焉,則所以絕之者深矣。樂正子不察乎此,而輕身以從之,意者特藉其資糧輿馬以見孟子而已,故孟子以餔啜罪之。若孟子之所以去齊,其事雖不可考,疑雖以是積憾而去也。”

【張氏注】孟子於樂正子從子敖之齊之事,蓋兩責之而甚嚴也者,良有以也。夫子敖,齊之嬖卿右師王驩也。以樂正子之賢,非有趨附其人之意也,然其從之也,於義亦有害矣。故於其初見也,則曰:“子亦來見我乎?”蓋樂正子既館於子敖,則亦未免制於子敖,故必待舍館定而得見其師。孟子責其不亟見,使之自反其從子敖之非也,故以謂子非不聞見長者之義,不俟夫舍館之定也。然則必俟舍館定而求見者,樂正子亦可以知過之所由矣。餔啜之論,同此意也,謂其從子敖也,既無其義則是徒餔啜於子敖而已,豈不與古道之意異乎? 觀此章,則知君子之處己,不可以不嚴,而所與不可以不謹也。

【纂疏】趙氏曰:“樂正子能勇於受責,然後孟子正其罪而切責之,所謂可與言而後與之言者也。”

○孟子曰:“不孝有三,無後爲大。

趙氏曰:“於禮有不孝者三事,謂:阿意曲從,陷親不義,一也;家貧親老,不爲禄仕,二也;不娶無子,絕先祖祀,三也。三者之中,無後爲大。”

【纂疏】輔氏曰:“此必見於古傳記,趙氏時其書尚存,故引之,今則不復存矣。‘阿意曲從,陷親不義’者,懦也;‘家貧親老,不爲禄仕’者,惰也;‘不娶無子,絕先祖祀’,則因循苟且,亂常咈理,不仁之甚也。故於三者之中,最爲不孝之大者。”

舜不告而娶,爲無後也,君子以爲猶告也。”“爲無”之“爲”,去聲。

舜告焉則不得取,而終於無後矣。告者,禮也,不告者,權也。猶告,言與告同也,蓋權而得中則不離於正矣。范氏曰:“天下之道,有正有權,正者萬世之常,權者一時之用。常道人皆可守,權非體道者不能用也,蓋權出於不得已者也。若父非瞽瞍,子非大舜,而欲不告而娶,則天下之罪人也。”

【集義】伊川先生曰:“舜不告而娶者,堯得以命瞽瞍。”又曰:“孟子曰:‘舜不告而娶,爲無後也。’此因爲無後而言。”

【或問】此章之説。曰："范氏之説,本孟子正意也,程子又推明一説,尤見聖人所處義理之精。然以事理度之,但見其未及告而受堯之命耳,其後固不容不告而遂娶以歸也。"

【張氏注】或問於伊川曰:"舜之不告而娶,何也?"曰:"舜三十登庸,此時未娶,若遂專娶,常人不爲,況舜乎? 蓋堯得以命瞽瞍,故不告也。孟子曰'不告而娶,爲無後也',此因爲無後而言也。"○又曰:"堯命瞽瞍使舜娶,舜雖不告,堯之告也,以君詔之而已。無後之所以爲不孝者,蓋爲絶夫嗣其先之道故也,是以君子權焉。舜不告而娶者,舜不敢以謀於瞽瞍,而堯以君命詔之,瞽瞍不得違焉。故謂之不告而娶,而君子以爲猶告也。"

【纂疏】輔氏曰:"告者禮也,不告者權也,則禮與權固爲二矣。至以不告爲猶告,蓋權而得中,則不離於正故也。"

○孟子曰:"仁之實,事親是也;義之實,從兄是也。

仁主於愛,而愛莫切於事親。義主於敬,而敬莫先於從兄。故仁義之道,其用至廣,而其實不越於事親從兄之間。蓋良心之發,最爲切近而精實者。有子以孝弟爲爲仁之本,其意亦猶此。

【語録】此數句,某煞曾入思慮來。嘗與伯恭説"實"字,有對名而言者,謂名實之實;有對理而言者,謂事實之實;有對華而言者,謂華實之實也。今這實字不是名實、事實之實,正是華實之實。仁之實,本只是事親,推廣之,愛人利物,無非是仁。義之實,本只是從兄,推廣之,忠君弟長,無非是義。事親從兄,便是仁義之實,推廣出去者,乃是仁義底華采。(陳文蔚)○問:"孟子言'義之實,從兄是也',《中庸》却言'義者,宜也,尊賢爲大',其不同如何?"曰:"義謂得宜,'尊賢之等',道理宜如此。①"曰:"父子兄弟皆是恩合,今以從兄爲義,何也?"曰:"以兄弟比父子,已是争得些。"問:"五典之常,義主於君臣,今曰'從兄',又曰'尊賢',豈以隨事立言不同,其實則一否?"先生曰:"然。"(廖德明)○問:"有子以孝弟爲行仁之本,孟子以事親爲仁、從兄爲義,何也? 蓋孔門論仁,舉體以該用,即所謂專言之者也。孟子言仁必以其配,所謂偏言之者也。事親主乎愛而已,義則愛人之

───────────

① "此",原作"何",據明陳煒刻本《朱子語類》卷五六《孟子六·離婁上》改。

宜者也。推其事親者，以事其長而得其宜，則仁之道行焉。”曰：“此説是。”
○只是一個道理發出來，偏於愛底些子便是仁，偏於嚴底些子便是義。
（甘節）○曰：“且如愛親、仁民、愛物，無非仁也，但是愛親乃是切近而真實
者，乃是仁最先發處，義之實亦然。”○祝、趙氏録同

【或問】實之爲精實。曰：“是有數義，有以實對虚而言者，有以實對僞而
言者，①有以實對華而言者，此所謂實則以對華而言耳。以實對虚而言
者，曰仁義，理也；孝弟，事也；理虚而事實，此孝弟所以爲仁義之實也。然
以事爲實可矣，謂理爲虚，則理豈虚而無物之謂乎？以實對僞而言者，曰
莫非仁義也，惟孝弟發於人心之不僞，此孝弟所以爲仁義之實也。然謂孝
爲不僞可矣，謂凡惻隱羞惡之發，皆人之所僞爲可乎？惟以實對華而言，
則以爲‘凡仁義之見於日用者，惟此爲本根精實之所在，必先立乎此，而後
其光華枝葉，有以發見於事業之間’，此説得之耳。”

【纂疏】輔氏曰：“仁主於愛，然人之生，便先知愛其親。義主於敬，及少
長，便先知敬其兄。未有知愛而不始於親者，亦未有知敬而不始於兄者。
故事親從兄，是良心所發最爲切近而精實者也。”○西山真氏曰：“仁義之
道大矣，而其切實處，止在於事親從兄。蓋二者，人之良知良能，天性之真
於焉發見。欲爲仁義者，惟致力乎此而已，否則悠悠然、汎汎然，非可據之
實地矣。”

**智之實，知斯二者弗去是也；禮之實，節文斯二者是也；樂之實，
樂斯二者，樂則生矣；生則惡可已也？　惡可已，則不知足之蹈之、
手之舞之。”**“樂斯”“樂則”之“樂”，音洛。惡，平聲。

斯二者，指事親從兄而言，知而弗去，則見之明而守之固矣。節文，謂品節
文章。樂則生矣，謂和順從容，②無所勉强，事親從兄之意油然自生，如草
木之有生意也。既有生意，則其暢茂條達，自有不可遏者，所謂“惡可已”
也。其又盛，則至於手舞足蹈而不自知矣。○此章言事親從兄，良心真
切。天下之道皆原於此，然必知之明而守之固，然後節之密而樂之深也。

【集義】范氏曰：“所謂仁義禮智，不止一端而已。然事親從兄，仁義禮智

---

①　“僞”，原破損不清，此據元刻本《四書纂疏》。
②　“和”，原破損不清，此據宋當塗郡齋本《四書集注》。

之本也,知所以事親,知所以從兄,又能節文,其爲樂也,豈不至哉?"○尹氏曰:"仁義之實,事親從兄是也。不知仁義之實,則禮樂爲虛矣,蓋有諸中,然後有以形諸外也。"

【語録】專言仁,則包四者。言仁義,則又管攝禮智二者。如"智之實,知斯二者""禮之實,節文斯二者"是也。(廖德明)○問:"'仁之實'一段,似無四者,只有兩個,以禮爲'節文斯二者',智是'知斯二者',只是兩個生出禮智來。"答曰:"太極初生,亦只是陰陽,然後方有其他底。"(甘節)○問:"樂則生矣,生則惡可已也?"曰:"如今恁地勉强安排,如何得樂?到得常常做得熟,自然浹洽通快,周流不息,油然而生,不能自已。只是要到樂處,實是難在。若只恁地把捉安排,纔忘記又斷了,這如何得樂,如何得生?"(葉賀孫)○節者,等級也。文,是裝裹得好,如升降揖遜之類也。(甘節)

|總論一章之旨| 此一段緊要在五個實字上。如仁是"親親而仁民,仁民而愛物",義是長長、貴貴、尊賢。然在家時,未便到仁民愛物;未事君時,未到貴貴;未從師友時,未到尊賢。且須先從事親從兄上做將去,這個便是仁義之實。仁民、愛物,貴貴、尊賢,便是仁義之英華。若理會得這個,便知得其他。那分明見得而守定不移,便是智之實;行得恰好,便是禮之實;由中而出,無所勉强,便是樂之實。大凡一段中必有緊要處,這一段便是這個字緊要。(湯泳)

【張氏注】仁義具於人之性,而其實則見於事親從兄之間。蓋仁故能愛,愛莫大於愛親。義者,宜之,①宜之所施,莫宜於從兄也。擴而充之,仁義蓋不可勝用,②而實事親、從兄之心也,故智者知此而弗去者也。③禮者,節文此者也。樂者,樂此者也。豈有外此者哉? 知必云"弗去"者,蓋曰知之而有時乎去之,非真知者也。知之至,則弗肯去之矣。有其理則有其節,有其質則有其文。凡三千、三百,皆所以節文乎此者也。有以節文,則內外進矣。至於樂,則非自得之深、涵養之熟者,無此味也。"樂則生矣",生

---

① "宜",原漫漶不清,此據通志堂本《孟子説》。
② "用",原漫漶不清,此據通志堂本《孟子説》。
③ "智",原漫漶不清,此據通志堂本《孟子説》。

者,心之道,①蓋其中心油然有不自知其然也。"生則惡可已",言其自不可已。不可已,則手之所舞、足之所蹈,莫非是也。至此,則仁義之心晬然於内,而周流乎事事物物之間矣。蓋仁義之道,人所固有,然必貴於知之而弗失。知之而弗失,則有以擴充,而禮樂之用興焉。而其實,特在事親從兄之間而已。孟子之時,邪説誣民,仁義充塞,學者莫適其指歸,故孟子摭仁義之實而告之,使於此充之,則不差矣。

【集疏】覺軒蔡氏曰:"孟子言四端益之以樂,而乃不及於信者,蓋四端之信,猶五行之土,而水火金木無不待是以生,故土於四行無不在,而信於四端亦無不在。孟子所謂仁義禮智樂之實,即此信爲之本也。有子以孝弟爲爲仁之本,孟子乃以事親屬之仁,從兄屬之義,若不同矣,而朱子乃以爲其意亦猶此也,何邪? 蓋有子言仁,即所謂專言之仁也,孟子所言仁義,即所謂偏言之仁也。事親主乎愛而已,義則愛之宜者也,合而言之,則推其事親者以從其兄,此孝弟所以爲爲仁之本也。分而言之,則事親而孝,從兄而弟,所以爲仁義之實也。'智之實,知斯二者弗去是也',既曰'知斯二者',已足以見智之實矣,而又必曰'弗去',何也?《易·文言》曰'貞固足以幹事','貞固'二字,朱子亦曰:'知正之所在,而固守之,所謂知而弗去是也。'體仁、嘉會、利物皆一字,而'貞固'獨二字,②知則知其貞,固則守之固,蓋萬物之成始而成終,所以爲貞也。孟子言惻隱、羞惡、辭遜,皆是一面底道理,而是非獨有兩面,則智之爲二可知矣。若又推之,凡屬北方者皆有兩面,如五行,水土俱王於子;五藏,心肝脾肺皆一,而腎獨二;四方,青龍朱雀白虎皆一,而玄武獨二。造化之妙,莫不皆然,此貞之所以成終而作始,智之所以既知之而又弗去也。但孟子此章,只以仁義爲本,而又以事親從兄爲行仁義之本。蓋事親從兄,乃良心之發,最爲切近而精實者也。智則吾心虛靈知覺之妙,經緯乎其中者也。終之以禮樂,又所以節之樂之,使良心之發,油然生生而不能自已者也。見得孟子此章所論四端,雖異乎常説,而其説自確然而不可易;超乎常序,而其序自井然而不可紊。此實孟子深造自得之妙,所以有功於萬世也。蓋嘗論之,'天地之大

---

① "道",原漫漶不清,此據通志堂本《孟子説》。
② "獨",原漫漶不清,此據通志堂本《孟子集疏》。

德曰生'，天地之所以爲德，語其全體而極其大用，不過生而已，生之外無他道也。人得天地發生之心以爲心，故曰仁。仁主於愛，愛莫切於事親，莫先於從兄。孟子發出'實'字，正是要人就精實上立得根本，根本茂盛則其道充大，孝弟行於家而後仁愛及於民物，所謂'親親而仁民，仁民而愛物'，皆由此而發生，即'本立而道生'之意。若智之知而弗去，與禮之節文，猶是守之也，到得樂則生，生則惡可已，不知手之舞、足之蹈，則化之矣。此個生意又復生，生而不已，正如天地造化，一元之氣浹洽通貫，而萬物之生意自有所不容遏。學者若就事親從兄良心真切處，從精實做工夫來，到得十分純熟，便自樂，樂則生，生則惡可已，亦自有所不容遏，此學問之極功也。"

【纂疏】輔氏曰："知而弗去，所謂四德之貞也。非是固爲弗去也，知既明則自然弗去也，如人知水火之不可蹈，則自然不蹈也。若有一豪勉强之心，便是知之不明，便不謂之智也。故知而弗去，是智之實。且如人既知親之當愛，則孰肯舍其親而不愛？既知兄之當敬，則孰肯舍其兄而不敬？其有不愛其親，不敬其兄者，蓋其智爲物欲所昏，而遂忘其當愛、當敬故也。"○又曰："事親從兄，雖是良心真切，然事親自有事親之道理，粗言之，如冬溫夏清、昏定晨省故也。從兄自有從兄之道理，粗言之，如徐行後長、兄先弟從是也。各有品節，其文理便是禮之實。"○又曰："和順從容，不待勉强，事親從兄之意油然而生，如草木之有生意，是樂之實。"○又曰："草木既有生意，則日長月茂，無一息之停，孰能遏而止之哉？事親從兄之意油然自生，則亦如草木之有生意，自然日日暢滿茂盛、條理通達，自無一息之停，又烏得而遏止之哉？"○又曰："此聖人之作樂，所以必有舞也。樂之之意，至於充盛之極，則不假言說，心意自然形見，血脉自然動盪，手舞足蹈，皆自然而然，不待心使之然，故不自知也。在上如大舜、武王，在下如曾子，方是到此田地，尚有一豪勉强之意，則便有變遷止息之時矣，非所謂至孝矣？"○又曰："事親從兄，是良心之真切。曰仁與義，是斯道之統會，若便恁地說過，亦只是說話，須是以人體之方可。所謂'必知之明而守之固，然後節之密而樂之深'者，此正如魚之飲水，冷暖自知，非言語之能盡也。"

○孟子曰：“天下大悦而將歸己。　視天下悦而歸己，猶草芥也，惟舜爲然。　不得乎親，不可以爲人；不順乎親，不可以爲子。

言舜視天下之歸己如草芥，而惟欲得其親而順之也。得者，曲爲承順以得其心之悦而已。順則有以諭之於道，心與之一而未始有違，尤人所難也。爲人蓋泛言之，爲子則愈密矣。

【語録】曰：“固有人承順顏色，看父母做事，不問是非，一向不逆其志，這是得親之心，然猶是淺事。惟順乎親，則親之心皆順乎理，必如此而後可以爲子。”○趙氏録　○問：“爲人以心言，爲子以道言，恐如此方看得爲人、爲子兩字出。”曰：“人字，只説大綱。子字，却説得重。”（葉賀孫）○得乎親者，不問事之是非，但能曲爲承順，則可以得親之悦，苟有孝心者，皆可能也。順乎親，則和那道理也順了，非特得親之悦，又使之不陷於非義，此所以爲尤難也。（沈僩）○祝氏録

舜盡事親之道而瞽瞍底豫，瞽瞍底豫而天下化，瞽瞍底豫而天下之爲父子者定，此之謂大孝。”底，之爾反。

瞽瞍，舜父名。底，致也。豫，悦樂也。瞽瞍至頑，嘗欲殺舜，至是而底豫焉。《書》所謂“不格奸，亦允若”是也。蓋舜至此而有以順乎親矣。是以天下之爲子者，知天下無不可事之親，顧吾所以事之者未若舜耳，於是莫不勉而爲孝。至於其親亦底豫焉，則天下之爲父者，亦莫不慈，所謂化也。子孝父慈，各止其所，而無不安其位之意，所謂定也。爲法於天下，可傳於後世，非止一身一家之孝而已，此所以爲大孝也。○李氏曰：“舜之所以能使瞽瞍底豫者，盡事親之道，共爲子職，不見父母之非而已。昔羅仲素語此云：‘只爲天下無不是底父母。’了翁聞而善之曰：‘唯如此而後天下之爲父子者定，彼臣弒其君、子弒其父者，常始於見其有不是處耳。’”○仲素，名從彦，豫章人，後居延平。了翁，姓陳，名瓘。李氏，名侗。皆延平人。

【集義】呂氏曰：“養志云者，養善志也。順親云者，順常理也。瞽不志於善，而舜日以進善，不害爲養志。瞽日爲不善，而舜不順乎不善，不害爲順親。”

【張氏注】天下大悦而將歸己，而在聖人所性不存焉。所性不存，則謂視之猶草芥，不爲過也。古之人，惟舜爲然。舜視天下之歸猶草芥，而於所以順乎親，則惟恐不及焉。此聖人之所以爲能盡其性者也。“不得乎親，

不可以爲人”，蓋人道莫大乎事親，而不得乎親，則何以名爲人哉？又曰：
“不順乎親，不可以爲子”，不有以順乎親，則豈能得乎親？不可以爲子，則
又焉可以爲人哉？然順親實難能也，起居食息、視聽語嘿，以至於無聲無
形之際，無一毫怫其性，而後可以言順夫親也。斯須之不存，毫髮之未安，
則不得爲順矣。舜蓋盡乎此者，故曰：“舜盡事親之道。”夫事親之道，人人
具於其性，他人不能盡，而舜能盡之。舜能盡之，亦非有所加益乎其間也。
“盡事親之道，而瞽瞍底豫。”惟天下之至誠，有以感通也。夫道，一而已，
舜盡事親之道，而天下之道無不得焉；感，一而已，瞽瞍底豫，而天下之化
無不孚焉。既曰“瞽瞍底豫而天下化”，又曰“瞽瞍底豫而天下之爲父子者
定”，蓋不得乎親，爲人子者，惟當求之己而已。舜盡其道而瞽瞍豫，然後
父子之大經正，此所謂定也。舜爲法於天下，豈特天下之爲人父子者定
哉，萬世之爲人父子之道亦莫不定矣。嗟乎！爲人子者，苟以大舜爲不可
跂及，而不取法於舜，是自誣其天性也。欲取法於舜如何？其亦曰反誠其
身而已矣。

【纂疏】輔氏曰：“孝子之心與親爲一，凡親之過，皆己之過，舜之所以負罪
引慝者此也。故人子自不見父母有不是處，羅氏之語甚有力。蓋凡父母
之不是，皆子之不是也，己既是則父母豈有不是者哉？陳氏則又推其極而
言之，亦事理之實也。”○西山真氏曰：“舜之所值者，至難事之親也，然積
誠感動，猶能使之底豫，況其不如瞽瞍者乎？故瞽瞍底豫，而天下之爲人
子者皆知無不可事之親，而各勉於爲孝，此所謂天下化也。”○又曰：“罪己
而不非其親者，仁人孝子之心也；怨親而不反諸己者，亂臣賊子之志也。
後之事難事之親者，其必以舜爲法。”

漢籍合璧　總編纂　鄭傑文

漢籍合璧精華編　主編　王承略　聶濟冬

國家出版基金項目
NATIONAL PUBLICATION FOUNDATION

孟子集成

[元] 吴真子　撰

辛智慧　劉　端　校點

下

孟子卷第八

【諸儒集成之書】

　　朱子集注　　朱子集義　　朱子語録　　朱子或問　　南軒張氏注　　黄氏講義
蔡氏集疏　　趙氏纂疏

離婁章句下 凡三十三章

孟子曰："舜生於諸馮，遷於負夏，卒於鳴條，東夷之人也。

　　諸馮、負夏、鳴條，皆地名，在東方夷服之地。

　　【或問】舜卒於鳴條，則湯與桀戰之地也，而《竹書》有"南巡不反"，《禮記》存"葬於蒼梧"之説，何耶？曰："孟子之言必有所據，二書駁雜，恐難盡信，然無他考驗，則亦論而闕之可也。"

　　【纂疏】趙氏曰："諸馮，在冀州之分。負夏，春秋時衛地。鳴條，在安邑之西。"

文王生於岐周，卒於畢郢，西夷之人也。

　　岐周，岐山下周舊邑，近畎夷。畢郢，近豐鎬，今有文王墓。

　　【纂疏】趙氏曰："畢、豐、鎬，俱在長安。豐，文王所都。鎬，武王所都，豐、鎬相去二十五里。《書》云'周公薨，成王葬於畢'，《史記》云'文武葬於畢'，《皇覽》云'文王、周公冢皆在鎬，聚東杜中'，則畢在鎬東矣。舊疏謂：郢，故楚都，在南郡，畢在郢之地者也。"

地之相去也，千有餘里；世之相後也，千有餘歲。得志行乎中國，若合符節。

　　得志行乎中國，謂舜爲天子，文王爲方伯，得行其道於天下也。符節，以玉爲之，篆刻文字而中分之，彼此各藏其半，有故則左右相合以爲信也。若合符節，言其同也。

【語録】曰：“古人符節多以玉爲之，如‘牙璋以起軍旅’。又有竹符，又有英蕩符。蕩，小節竹，使者謂之‘蕩節’也。漢有銅虎符、竹使符。銅虎以起兵，竹使郡守用之。凡符節，右留君所，左以與其人。有故，則君以其右合其左以爲信也。《曲禮》曰：‘獻田地者，執右契。’右者，取物之券也。如徵兵、取物、徵召，皆以右取之也。”○又曰：“古人所爲恰與我相合，只此便是至善。前乎千百世之已往，後乎千百世之未來，只是此箇道理。”

先聖後聖，其揆一也。”

揆，度也。其揆一者，言度之而其道無不同也。○范氏曰：“言聖人之生，雖有先後遠近之不同，然其道則一也。”

【張氏注】“先聖後聖，其揆一也”，孟子獨舉舜與文王言之者，蓋舜與文王，其地相去爲最遠，而世之相去爲最久故耳。所謂“得志行乎中國”者，聖人之道，化行乎天下，是所謂得志者也。然自今觀之，舜與文王所值之時，周旋於父子君臣之際者，蓋不同矣。孟子謂若合符節者，其何以見之耶？其道一而已。[①]其所契合者，天之理也，若夫人爲則萬殊矣。聖人者，純乎天理者也。純乎天理，則其云爲注措，莫非天之所爲，而有二乎哉？若舜所以事瞽瞍者，是文王所以事王季者也；而文王之事紂，是舜所以事堯者也；文王之憂勤，是舜無爲而治者也。舜與文王“易地則皆然”，何者？舜與文王皆天也，使其間有一毫不相似，則不曰若符節之契也。然舜與文王之所以爲天者，則抑有道矣，堯、舜、文王、孔子，生知之聖也，故“未有盛”焉。聖雖生知，而亦必學以成之。“惟精惟一，允執厥中”者，舜之學也；“緝熙敬止”，克宅厥心者，文王之學也。即其生知之聖，而學以成之，此其所以爲天之無疆也。學者讀此章，當深究其所以一者，於此有得，則先聖後聖之心可得而識矣。

【纂疏】輔氏曰：“注云‘其道無不同也’，孟子雖不曾説着道字，言行則便是道了。”○又曰：“范氏云云，‘先後’，以世之相後言；‘遠近’，以地之相去言。地雖相去千有餘里，世雖相後千有餘歲，然揆度其道，則一而已矣。”

---

① “道”，原漫漶不清，此據通志堂本《孟子説》。

○**子產聽鄭國之政，以其乘輿濟人於溱洧。** 乘，去聲。溱，音臻。洧，榮美反。

子產，鄭大夫公孫僑也。溱、洧，二水名也。子產見人有徒涉此水者，以其所乘之車載而渡之。

【語錄】鄭之虎牢，即漢之成皋也。虎牢之下即溱洧之水，後又名爲氾水關，子產以乘輿濟人之所也。以爲溱洧之水，其深不可以施梁柱，其淺不可以涉，豈可以濟乘輿？蓋溱洧之水皆是沙，故不可以施梁柱，但可用舟渡而已。李先生以爲疑，或是偶然橋梁壞。（甘節）○又曰：“此類亦不必深考。”（沈僩）○**祝、趙氏錄同**

孟子曰：“惠而不知爲政。

惠謂私恩小利，政則有公平正大之體、綱紀法度之施焉。

【語錄】問：“子產之事以《左傳》考之，類非不知爲政者。孟子之言，姑以其乘輿濟人一事而議之耳。而夫子亦止以‘惠人’目之，又謂其‘猶衆人之母，知食而不知教’，豈非子產所爲，終以惠勝故歟？不然所謂政與教者，必如文、武、成、康之世而後爲得歟？孔孟之論蓋責備賢者之意否？”曰：“致堂於‘惠人也’，論此一段甚詳。東坡云‘有及人之利，無經世之遠圖’，亦説得盡。‘都鄙有章’，只是行惠人底規模，若後世所謂政者，便只是惠。”（吳必大）

【纂疏】輔氏曰：“《集注》云云，唯其恩之出於私，故其利之及者小，此正指乘輿濟人之事而言也。公平正大之體以理言，紀綱法度之施以事言，言體則知施之爲用，言施則知體之爲本。下云‘歲十一月徒杠成，十二月輿梁成’，這個便可見其體之爲公平正大，其用之有法度紀綱也。”

歲十一月徒杠成，十二月輿梁成，民未病涉也。 杠，音江。

杠，方橋也。徒杠，可通徒行者。梁，亦橋也。輿梁，可通車輿者。周十一月，夏九月也。周十二月，夏十月也。《夏令》曰：“十月成梁。”蓋農功已畢，可用民力。又時將寒沍，水有橋梁，則民不患於徒涉，亦王政之一事也。

【語錄】先王之政，細大具舉，而無事不合民心、順天理，故其公平正大之體，綱紀法度之施，雖纖悉之間，亦無遺恨如此。（見《文集》）

君子平其政，行辟人可也，焉得人人而濟之？ 辟，音闢同。焉，於虔反。

辟，辟除也，如《周禮·閽人》“爲之辟”之“辟”。言能平其政，則出行之際辟除行人,使之避己亦不爲過。況國中之水當涉者衆,豈能悉以乘輿濟之哉?

【語録】辟除之辟,乃趙氏本説,與上下文意正相發明,蓋與"舍車濟人"正相反也。(見《文集》)○又曰:"君子能行先王之政,使細大之務無不畢舉,則惠之所及亦已廣矣。是其出入之際,雖辟除人,使之避己,亦上下之分固所宜然,何必曲意行私,使人知己出,然後爲惠。又況人民之衆,亦安得人人而濟之哉?"(見《文集》)

故爲政者,每人而悦之,日亦不足矣。"

言每人皆欲致私恩以悦其意,則人多日少,亦不足於用矣。諸葛武侯嘗言"治世以大德,不以小惠",得孟子之意矣。○武侯,名亮,漢琅琊人。

【或問】孔子以子産之惠爲君子之道,而子以私恩小惠言之,何也? 曰:"孔子之言,通乎巨細,故不害其爲君子之道。此承上文乘輿濟人而言,則私恩小利而已矣。①"曰:"子産濟人之事,有仁人心焉,其惠雖小,猶不失乎爲政之本。若孟子所謂先王之政者,乃獨以時脩橋梁而已,將不反爲治之末耶? 徒謹於此,而愛人之心不至,吾恐其所以自結於民者,或反不若子産之深也。"曰:"子産之事,可謂有不忍人之心矣,然先王則以不忍人之心,而行不忍人之政,是以其體正大而均平,其法精密而詳盡,而其利澤之及人,如天地之於萬物,莫不各足其分,而莫知其功之所自。苟有是心而無是政,則不過能以煦濡姑息,苟取悦於目前,而結其驩虞之愛。顧其耳目之所不及,則恩惠之施,已不免於有所遺矣。況以天下國家之大,又安得人人而濟之耶? 昔諸葛武侯嘗言:'治世以大德,不以小惠',而其治蜀也,官府、次舍、橋梁、道路莫不繕理,是亦庶幾乎先王之政矣。"曰:"子産相鄭能使都鄙有章,上下有服,田有封洫,廬井有伍,則非不知爲政者。橋梁之脩,尤非難事,乃獨有闕於此耶?"曰:"聞之師曰:子産之才之學,於先王之政雖有所未盡,然其於橋梁之脩,蓋有餘力,而其惠之及人,亦有大於乘輿之濟者矣。意者此時偶有故而未就,又不忍乎冬涉之艱而爲是耳。然暴其小惠,以悦於人,人亦悦而稱之。孟子慮夫後之爲政者,或又悦而效之,則其流必將有廢公道,以市私恩、違正理而干虚譽者,故極語而深譏

---

① "矣",原漫漶不清,此據清吕氏刻本《四書或問》。

之，以警其微，亦拔本塞源之意也。”

【張氏注】子產輟乘輿以濟冬涉者，孟子何貶焉？蓋小惠妨大德，聖賢之所惡也。以人之病涉也，則脩其政而已。歲十一月而成徒杠，十二月而成輿梁，是乃政也。所謂廣大平正，公義之所存，過是則私意矣。顧乃區區然以己之輿濟之，是特內交要譽，惡其聲之爲耳，故雖可謂之惠而未知爲政之道也。“君子平其政，行辟人可也”，夫君子之政，天下之公理也，行法於此，使人由之而已。苟私意一生於其間，則失其所以爲平矣。故夫先王之治，爲之井田，爲之封建，與天下公共，使俱得其平，下至於鰥寡廢疾，皆有所養，而微至於次舍、橋梁、芻秣之事，亦皆有經制，此豈先王强爲哉？因事而制法，而其法皆循乎天理，所謂平其政也。先王平其政，而天下之人無不被其澤，舉皆愛戴之。後人欲人人而悦，而日亦不足，公義私意之相去，蓋如此。善乎諸葛孔明之治蜀也，立經陳紀，纖悉備具，而不爲姑息之計。而言曰“治世以大德，不以小惠”，爲得聖賢之意矣。子產在春秋之際，蓋名卿也，《傳》稱其爲政，“都鄙有章，上下有服，田有封洫，盧井有伍”，其於上下之事非不知也，[1]以乘輿濟，獨欲示其爲惠之篤耳，而不知反害於道也，爲政者可不知此哉。

【纂疏】輔氏曰：“此則正説子產之用心錯處也。夫子產固賢，但以不知聖人之學，是以有時而内交要譽之私，萌而不可揜。孟子明辨之，所以立教也。”○又曰：“武侯之言誠得孟子之意，而真有王佐之心。”

○孟子告齊宣王曰：“君之視臣如手足，則臣視君如腹心；君之視臣如犬馬，則臣視君如國人；君之視臣如土芥，則臣視君如寇讎。”

孔氏曰：“宣王之遇臣下，恩禮衰薄，至於昔者所進，今日不知其亡，則其於群臣可謂邈然無敬矣，故孟子告之以此。手足、腹心，相待一體，恩義之至也。如犬馬，則輕賤之，然猶有豢養之恩焉。國人，猶言路人，言無怨無德也。土芥，則踐踏之而已矣，斬艾之而已矣，其賤惡之又甚矣，寇讎之報，不亦宜乎？”

【纂疏】輔氏曰：“孟子此説特爲宣王發，所謂有爲之言也。孔氏之説，政

---

[1] “非”，原漫漶不清，此據通志堂本《孟子説》。

解着此意。孟子之言雖是爲宣王而發，然臣之報君，視君之所施，常加厚一等。手足之與腹心，雖爲同體，然有大小之辨。人類視犬馬爲尊，土芥視寇讎爲甚，其言雖若有迹，然亦理勢之實然也。”

王曰：“禮，爲舊君有服，何如斯可爲服矣？”爲，去聲。下爲之同。

《儀禮》曰：“以道去君而未絶者，服齊衰三月。”王疑孟子之言太甚，故以此禮爲問。

曰：“諫行言聽，膏澤下於民；有故而去，則君使人導之出疆，又先於其所往；去三年不反，然後收其田里。 此之謂三有禮焉。 如此，則爲之服矣。

導之出疆，防剽掠也。先於其所往，稱道其賢，欲其收用之也。三年而後收其田禄、里居，前此猶望其歸也。

【纂疏】輔氏曰：“‘導之出疆’，所以盡防衛之道於在我之境。‘先於其所往’①，所以爲其禄仕之地於所往之國。‘去三年不反，然後收其田里’，所以示拳拳屬望之恩義也。”

今也爲臣，諫則不行，言則不聽，膏澤不下於民；有故而去，則君搏執之，又極之於其所往；去之日，遂收其田里。 此之謂寇讎。寇讎，何服之有？”

極，窮也。窮之於其所往之國，如晉錮樂盈也。○潘興嗣曰：“孟子告齊王之言，猶孔子對定公之意也，而其言有迹，不若孔子之渾然也，蓋聖賢之別如此。”楊氏曰：“君臣以義合者也，故孟子爲齊王深言報施之道，使知爲君者不可不以禮遇其臣耳。若君子之自處，則豈處其薄乎？孟子曰：‘王庶幾改之，予日望之。’君子之言蓋如此。”

【集義】吕氏曰：“此説君臣相待厚薄感應之理，非謂待之之禮常如寇讎。②”

總論一章之旨 問：“君臣之義，天倫中却與父子一般，然愛君之心不如愛父，何也？”曰：“離畔也只是庶民，君子不如此。”因舉“臣罪當誅兮天王聖明”，曰：“退之此語，如何道是好？ 文王豈不知紂之無道，却如此説。蓋臣子無説君父不是底道理，只得説如此，此是去不得處，便見得君臣之義

① “先”，原破損不清，此據元刻本《四書纂疏》。
② “常”，清吕氏刻本《論孟精義·離婁下》作“當”。

處。”又云：“孟子説得來怪差，云‘視君如寇讎’，即是他那時説得，如云‘三月無君則弔’等語，以是逐旋去尋討個君模樣，與今不同。而今却只是有進退，無去之理，只得退又有一樣退不得，如貴戚之卿是也。”又云：“賈誼弔屈原，云‘歷九州而相其君兮，何必懷此都也’，及爲梁王傅，王墜馬傷，誼自傷爲傅無狀，悲泣以死，文潛有詩譏之。當時誼何不去？直是去不得，當初也只是胡説。”（林夔孫）○祝氏録

【張氏注】此孟子告齊宣王之言也。嗟乎！君臣之際其猶天地乎！[①]天道下濟，故地道得以上行，而化功成焉。君不恃其尊，逮下以禮，則人臣得以樂盡其心，此三代令王所以致治，而享國長久也。戰國之際，此義亡矣，[②]君亢於上，臣下之勢遂不相接，其相遇不翅若僕隸役使然，[③]豈復有交泰之理哉？孔子蓋嘗答魯定公之問，以謂“君使臣以禮，臣事君以忠”，而孟子所以告齊宣王者，亦是意耳。孟子之意，以爲人君患人臣之不忠，在人君之分，當反諸己，不當以責人臣也。[④]吾視之如手足，則彼將以我爲腹心矣；吾視之如犬馬，則彼將視我如國人矣；吾視之如草芥，則彼將視我如寇讎矣。蓋感應施報之理則然。不責其應與報者，而反求諸己，表立而影自從，此知道之君所以涵養一世臣民之心，而有餘裕也。齊宣王所以望其臣者深，而莫知自省，故孟子告之如此其切至也。宣王聞斯言也，而問舊君之服，以爲禮有舊君之服，則人臣雖被譴逐於君，而所以事君者不可不表，是亦未知自反，而徒以責夫臣下也。故孟子又從而告之，謂諫行言聽，膏澤得下於民，不得已而去，則爲之君者使人導之，又先於其所往以安之，及其不反也，至於三年矣，而後收其田里，所以全始終之義。在我者，可謂曲盡矣。則是人也，雖不得已而去宗國，而於君所以待遇之之意，其忍忽忘之乎？君臣之恩未嘗絶，而其情有不能自已，故爲之服也。今也在國則無以施其蘊，去國則待之如寇讎，既欲搏執之，又極其所往，使之無以自容，去之日即收其田里，以斷其歸路，是則豈復有君臣之恩意？則其服何由制也？此所以警夫宣王者深矣。而司馬氏疑此章，以爲非所以勸爲人臣子

---

① “天”，原漫漶不清，此據通志堂本《孟子説》。
② “此”，原漫漶不清，此據通志堂本《孟子説》。
③ “翅”“僕”，原漫漶不清，此據通志堂本《孟子説》。
④ “當”，原漫漶不清，此據通志堂本《孟子説》。

者,不知聖賢之言,各有攸當,故曰此孟子告齊宣王之言也,此非獨齊宣王所當聞,①爲人君者,苟知此義,念夫感應施報之可畏,而崇高之勢不可恃,反己端本之不可一日忘,待臣下以禮,養臣下以恩,保臣下以忠信,則上下交通而至治可成矣。若夫在爲人臣者之分,君雖待我者有未至,而我所以事君者,可以不自盡乎?是當玩味孟子三宿出畫之心,則庶幾其得之矣。雖然,孟子此章之意,孔子所謂"君使臣以禮,臣事君以忠"之語,蓋盡之矣。聖賢言之之分,於此亦可見。故伊川先生曰:"仲尼,元氣也;顏子,春生也;孟子,并秋殺見之矣。"學者當以是思之。

【纂疏】真氏曰:"孔孟之言,可以見聖賢氣象之分。雖然,孟子爲齊王言則然,此而所以自處者則不然也。千里見王,不遇故去,而三宿出畫,未嘗有悻悻之心,猶幸王之一寤而追己也,曷嘗以寇讎視其君哉!"○輔氏曰:"就聖賢言上觀之,誠有差別,然此豈容勉强爲哉。"○又曰:"楊氏發明得孟子所爲,②言此意尤分明。觀孟子於齊王,其言如此,則其視齊王也,豈有視以爲寇讎之心哉?君子固自不肯處其薄,然君人者,則自不可不以禮遇其臣耳。"

○**孟子曰:"無罪而殺士,則大夫可以去;無罪而戮民,則士可以徙。"**

言君子當見幾而作,禍已迫則不能去矣。

【張氏注】此非獨使爲士大夫者知此義。見幾而作,以不陷於戮辱,抑將使有國者聞之悚然,不可以失士大夫之心也。使大夫士而懷去與徙之心,則國之危亡可立待矣。在《詩·衛》之《北風》,在上者並爲威虐而莫之恤,百姓疾之,莫不相携持而去。故其詩曰:"惠而好我,携手同行。"蓋相勉以去也。又曰:"'惠而好我,携手同車',曰'車',則非特賤者去之,貴者亦去之矣。於是而衛有戎狄之禍,可不畏哉?雖然,大夫士貴於見幾,則比干非邪?彼見紂視殺其群臣如刈草菅也,而獨不去邪?蓋天下之理各有其分,處其分而得其理,非仁者不能也。此所謂大夫士,謂非其宗親,又非其世臣,又非其任國事者,故得以從容於去就之際。若夫比干,以親則王子

---

① "聞",原漫漶不清,此據通志堂本《孟子説》。

② "發",原破損不清,此據元刻本《四書纂疏》。

也,以位則少師也,視君之暴虐而忍不之救耶？比干固與國同其存亡者
也,比干之諫,非直爲一諫而死也。然其平日彌縫宗社,正救君失,無所不
用其至,而誠盡力竭,卒以諫死也,故孔子稱其仁。愚懼後世爲人臣者,不
識聖賢之意,而假託可以去、可以徙之義,以爲苟免自利之計,故併著焉。”

【纂疏】輔氏曰:“‘可以’者,在時義爲可也,失此幾,則有欲去而不能者
矣。此《明夷》之初所以不食而行,《遯》之初所以有尾厲之戒,而孔子往趙
所以及河而復。彼昏不仁,猶或莫知轉身一路,此孟子所以致戒也。然此
特言其常理耳,其間更有多少義理在時與位之不同,則所以處之者亦
異。①若執此一説以爲臣,則凡苟免自私之徒者,得以藉口矣。”

○孟子曰:“君仁,莫不仁；君義,莫不義。”

張氏曰:“此章重出,然上篇主言人臣當以正君爲急,此章直戒人君,義亦
小異耳。”

【張氏注】見《集注》。

【纂疏】輔氏曰:“上篇言人臣當以正君爲急,此章言人君當以正己爲先,
亦《大學》所謂‘其機如此’之説也。”

○孟子曰:“非禮之禮,非義之義,大人弗爲。”

察理不精,故有二者之蔽。大人則隨事而順理,因時而處宜,豈爲是哉？

【集義】或問“非禮之禮,非義之義”,何謂也？伊川先生曰:“恭本爲禮,過
恭是非禮之禮也。以物予人爲義,過予是非義之義也。”○橫渠先生曰:
“非禮之禮,非義之義,但非時中者皆是也。時中之宜甚大,②須精義入
神,始得觀其會通,行其典禮,此方是真義理也。行其典禮而不達會通,則
有非時中者矣。”

【語録】曰:“擇焉不精,以爲善而爲之。”（見《文集》）

【張氏注】“非禮之禮,非義之義”,謂其事雖本是禮義,而施之不當,一過
其則,則爲非禮義矣。故程子之説曰:“恭本爲禮,過於恭是非禮之禮也。

---

① “亦”,原破損不清,此據元刻本《四書纂疏》。
② “宜”,清吕氏刻本《論孟精義·離婁下》作“義”。

以物與人爲義,過於與是非義之義也。"推是類可見矣。蓋禮義本於天而著於人心,各有其則,而不可過乃天下之公,而非有我之所得私也。一以己意加之,則失其典常,是則私情之細而已。故其事雖以禮義,而君子謂之非禮之禮、非義之義也。天下之爲禮義者,鮮不陷於此矣,此無他,以其不知天故爾。雖然,孔門高弟間亦有未能免者。有姊之喪,過時而弗除,曰"予弗忍也",以是爲禮,而不知過夫先王之制矣。爲宰而與之粟,則辭而不受,以是爲義,而不知失夫當受之宜矣。此皆賢者之過,毫釐之間,一有差焉,而未免流於私情而蔽乎公理。凡非公理者,皆私情也。甚矣,中庸之難擇也!夫惟大人者,己私克盡,天理純全,非禮之禮,非義之義,有所不萌於胸中矣。

【纂疏】輔氏曰:"注云:'大人則隨事而順理,因時而制宜。'如此則能盡時中之道矣。"

○孟子曰:"**中也養不中,才也養不才,故人樂有賢父兄也。 如中也棄不中,才也棄不才,則賢不肖之相去,其間不能以寸。**"樂,音洛。

無過不及之謂中,足以有爲之謂才。養,謂涵育薰陶,俟其自化也。賢,謂中而才者也。樂有賢父兄者,樂其終能成己也。爲父兄者若以子弟之不賢,遂遽絕之而不能教,則吾亦過中而不才矣,其相去之間能幾何哉?

總論二章之旨　養者,非速使之中、使之才,"漸民以仁,摩民以義"之謂,下"以善養人"同。(甘節)

【張氏注】此所謂中者,以德言;才者,以質言也。惟有德者,爲能涵養其性情,而無過與不及之患,故謂之中。而其倚於一偏,而不能正者,則謂之不中。天質美茂,如忠厚、剛毅、明敏之類,皆謂之才;而其資稟之不美,以陷於刻薄、柔懦、愚暗之説,則謂之不才。父兄之於子弟,見其有不中、有不才也,則當思所以教之。教之之道,莫如養之也。養之云者,如天地涵養萬物,其雨露之所濡,雷風之所振,和氣之薰陶,寧有間斷乎哉?故物以生遂焉。父兄所以養其子弟之道,當若是也。寬裕以容之,義理以漸之,忠信以成之,開其明以袪其惑,引之以其方而使之自喻,夫豈歲月之功哉?彼雖曰不中、不才,涵養之久,豈無有萌焉乎哉?如其有萌焉,則養道益可施矣。至於丹朱與象之類，則是其不移之質有末如之何者。然堯舜所以養之之意，則無窮矣。知其嚚訟而不授以天位，是乃所以養之也。象憂亦憂，象喜亦喜，封之有庳，而不及以政，使之源源而來，非養之乎？噫！父兄待子弟之道，莫善於養之也。養非恬然坐視之謂也，恬然坐視，是棄之也。如其棄之，則何所貴於賢父兄哉？然則賢不肖之相去，亦不遠矣。故父兄待子弟之道，雖不在於嚴威以傷恩，而亦不可坐視以長惡，惟當深思所謂養之者而已。

【纂疏】輔氏曰：“中以德言，才以才言。德本於性，才出於氣。”〇又曰：“《集注》‘涵育’以天地之生物言也，‘薰陶’以工冶之成物言也，此循其理而彼自成其形焉，無心也。蓋父子、兄弟之間，皆難於責善，正其在我者，使之自化而已。”〇又曰：“賢則兼有才德者也。”〇又曰：“父兄之賢者，棄子弟之不賢者而不教，是其心固以爲賢不肖之相去爲甚遠而不可教也，而不知其自悖於教育成就之道，則是亦違乎中，傷乎德，而自陷於不才耳。故孟子於‘其間不能以寸’曉之，使之自省也。夫聖人有教無類，而不賢者至於棄子弟而不之教，天理人欲之相反也如此，哀哉！”

〇孟子曰：“人有不爲也，而後可以有爲。”

程子曰：“有不爲，知所擇也，惟能有不爲，是以可以有爲。無所不爲者，安能有所爲耶？”

【集義】橫渠先生曰：“不爲不仁，則可以爲仁；不爲不義，則可爲義。”

【張氏注】事有不可爲者，有當爲者。人能擇其所不可爲而不爲，則其於所當爲者，斯能爲之矣。何者？其用心必專，而其所爲必果也。苟惟泛然而無所擇，於其所不可爲者必爲之，是爲無所不爲，則於其所當爲者，斯無力矣。又況無所不爲，則將顛沛隨之，烏能有爲耶？故必有不爲也而後可以有爲，①蓋其有所不爲者，是乃其可以有爲者也，此亦觀人之方也。

【纂疏】輔氏曰：“人能不爲其所不當爲，則必能爲其所當爲矣。蓋人心不可二用，而精神氣力只有許多，苟專於爲善，則必無暇於爲惡，苟溺於好利，則必不能徇乎義矣。”

---

① “也”，原漫漶不清，此據通志堂本《孟子説》。

○孟子曰："言人之不善，當如後患何？"

此亦有爲而言。

【或問】所謂"後患"者，謂得罪於其人耶，抑恐其亦言己之不善耶？曰："是皆有之，然斯言必有爲而發，今不可知其所指矣。"

【張氏注】此章謂言人之不善者，常念乎後患，而言不可易也。所謂後患者，未論悔吝之何如？若專言悔吝，是止以利害論，而未足以盡孟子之本意。蓋君子於人之善則樂與之，人之不善則矜惜之，此其忠恕之心，所以爲人之道者也。故孔子稱"吾之於人，誰毀誰譽"，而但云"如有所譽者，其有所試矣"，更不言毀也。世有好言人之不善者，此意一萌，即有害於良心，其損德亦已甚矣，此後患之可畏者也，若所謂悔吝則固在其中矣。

【纂疏】輔氏曰："揚人之善，掩人之惡，自是君子忠厚之心，豈爲有後患然後如此哉？今言如後患何，故知其有所爲而言也。此必有人或訐人陰私，公肆詆誣，而無所忌憚者，故孟子言此以警之。或是此等人既已被禍，故孟子嘆之以警後人也。君子語默，惟其時與義而已，義所當言，是是非非不苟默也，豈計後患哉？"

○孟子曰："仲尼不爲已甚者。"

已，猶太也。楊氏曰："言聖人所爲，本分之外，不加毫末。非孟子真知孔子，不能以是稱之。"

【語録】曰："稱人之善，不可有心於溢美；稱人之惡，不可有心於溢惡。皆不爲已甚之事也。或上龜山書曰：'徐行後長，得堯舜之道；不爲已甚，知仲尼之心。'龜山平日喜此兩句也。"

【或問】楊氏之説。曰："所謂本分者，乃義理之至當，非苟然而已也，學者於此宜深察之。一有小差，則流而入於鄉原之亂德矣。"

【張氏注】孟子嘗發已甚之論矣，曰："段干木踰垣而辟之，泄柳閉門而不納，是皆已甚。"而舉孔子待陽貨之事以爲之準，此所謂不爲已甚也。雖然，善觀聖人者，於一事之細，亦可以味其無窮之旨。不善觀聖人者，則知其爲一事而已。故孟子所謂不爲已甚，可謂善言聖人者也。夫子之不爲已甚，非不欲爲已甚，自不至已甚也，何者？夫子範圍天地之化而不過者也，故"可以仕則仕，可以止則止，可以速則速，可以久則久"，皆天之所爲也。以至於動容周旋，應酬語默之際，毫釐眇忽，何莫非天則之在乎？非聖人循天之則，聖人固天也。惟其天也，是以無不中節也。然則不爲已甚者，固聖人天則之所存也，學者可不深潛而玩味之歟？後世之士不知理義之所在，詘己以喪道，徇情以長惡，而曰"吾不爲已甚"也。彼徒以聖人答陽貨、見南子，爲不爲已甚，而獨不思夫衛靈公問陳，則明日遂行；季桓子受女樂之饋，則不稅冕而行；爲魯司寇七日，而誅少正卯；聞陳恒之弑君，雖從大夫之後，亦沐浴而請討。此謂之已甚，可乎？不深求乎聖賢之權度，而徒窮語之疑似者，以文其奸，此賊仁義之甚者也。

【纂疏】輔氏曰："楊氏説盡聖人用處。聖人雖有過物之行，而無過禮之爲，①其作用處，雖曰高世絶俗，非人所能及，不過盡吾之性，由仁義行耳。"

○**孟子曰："大人者，言不必信，行不必果，惟義所在。"**行，去聲。

必，猶期也。大人言行不先期於信、果，但義之所在，則必從之，卒亦未嘗不信、果也。○尹氏曰："主於義，則信、果在其中矣。主於信、果，則未必合義。"王勉曰："若不合於義而必信、必果，②則妄人爾。"

【集義】楊氏曰："孔子曰'言必信，行必果，硜硜然小人哉？'故孟子言大人'言不必信，行不必果，惟義所在'，以發明孔子之意。"

【或問】諸説。曰："尹氏所謂'信、果在其中'者，亦其言外之餘意也。"

【張氏注】言固欲其信也，行固欲其果也。今曰"言不必信，行不必果"，則大人者，言有時而不信，行有時而不果乎？非然也。蓋言行固欲信、果，然有必之之意，則非也，必乃私也。故言必欲信，而不知義，將至於守其所不可復者，私意相與，而非所謂知也。行必欲果，而不知義，而至於爲其所不可推者，直情徑行，而非所謂果也。故君子不必乎果與信，而獨精乎義焉耳。事事物物，皆有義存焉，而著於吾心。苟能體是心而充之，則義可得而精矣。義精則有所不言，言莫非義也，而無不信之言矣；有所不行，行莫非義也，而無不果之行矣。何者？義得則信、果在其中，必於信、果而不知

---

① "禮"，原作"物"，據元刻本《四書纂疏》改。
② "必信必果"，宋當塗郡齋本《四書集注》作"不信不果"。

義，則無以揆言行之發，而尚何信、果之云乎？雖然，言必信，行必果，亦異乎小人之無忌憚者矣。蓋亦志乎善道，特所見者小耳。故子貢問："何如斯可謂之士？"孔子告之至於三，①則曰："言必信，行必果，硜硜然小人哉！抑亦可以爲次矣。"蓋言其所見者小也。知孔子之所謂"硜硜然小人哉"，則知孟子之所謂"惟義所在"之爲大人者矣。若夫世之無忌憚者，不信其言，不果其行，而曰"惟吾義之所在"，此則自棄絕於君子之歸者，而尚何尤焉？

【纂疏】輔氏曰："尹氏最得此章之指，而《集注》又述其意而著明之，以必爲期，尤更有功，不然則無忌憚者或得以藉口。王氏則又有'不合於義而必信、必果，則爲妄人'之説，尤盡其敝。尾生之信，徒狄之果，皆是物也。"

○孟子曰："大人者，不失其赤子之心者也。"

大人之心，通達萬變，赤子之心，則純一無僞而已。然大人之所以爲大人，正以其不爲物誘，而有以全其純一無僞之本然。是以擴而充之，則無所不知、無所不能，而極其大也。

【集義】呂與叔曰："喜怒哀樂之未發，則赤子之心當其未發，此心至虛，無所偏倚，故謂之中。以此心應萬物之變，無往而非中矣。"○伊川先生曰："喜怒哀樂未發之謂中，赤子之心發而未遠乎中，若便謂之中，是不識大本也。問：'《雜説》中以赤子之心爲已發，是否？'曰：'已發而去道未遠也。'曰：'大人不失赤子之心若何？'曰：'取其純一近道也。'曰：'赤子之心與聖人之心若何？'曰：'聖人之心如明鏡、如止水。'"

【語録】曰："赤子之心，固無巧僞，但於理義未能知覺，渾然赤子之心而已。大人則有知覺廣充之功，而無巧僞安排之鑿，故曰'不失'。着箇不失字，便是不同處。張敬夫謂從初不失，此恐太拘，既失而反之，却到此地位，亦何害其爲不失乎？"○又曰："大人無所不知，無所不能，却是赤子無所知、無所能。赤子之心，純一無僞，而大人之心亦純一無僞，但赤子是無知能底純一無僞，大人是有知能底純一無僞。"○**蔡氏録**　○又曰："大人事事理會得，只是無許多巧僞曲折，便是赤子之心"。○**趙氏録**　○問：

---

① "三"，原漫漶不清，此據通志堂本《孟子説》。

“赤子之心，莫是發而未遠乎中，不可作未發時看否？”先生曰：“赤子之心，也有未發時，也有已發時，今欲將赤子之心專作已發看也不得。赤子之心方其未發時，亦與老稚賢愚一同，但其已發時未有私欲，故未遠乎中耳。人心莫不有未發之時，不但赤子爲然，而赤子之心亦莫不有已發之時，不得專指爲未發也。”（《答方賓王》）○赤子之心，伊川道是已發而未遠，如赤子飢則啼、渴則飲，便是已發。（徐寓）○**祝氏録**

【或問】赤子之心，張氏、吕氏以爲未發，而程子以爲已發。夫赤子之心，固不可爲未發，然豈不亦有未發之時乎？曰：“程子之告吕與叔，固自以前所謂言心，皆指已發者爲未當矣。夫赤子之心、衆人之心，各有未發已發之時，但赤子之心，未有私意人欲之累，故雖其未發而未必中節，要亦爲未遠乎中耳。”曰：“程子所謂聖人之明鑑山水，其所以異於赤子之純一無僞者，何也？”曰：“赤子之心，全未有知，然以其未有私意人欲之累也，則亦純一無僞而已爾。衆人既有所知，則雜乎私意人欲而失之。聖人則察倫明物、酬酢萬變，而私意人欲净盡不留，是以若明鑑止水之湛然不動，而物無不照也。”曰：“程子言聖人之心，若以別乎大人者，何也？”曰：“程子蓋亦通言之，以別乎赤子耳。”

【張氏注】赤子之心，無聲色臭味之誘，無智巧作爲之私，其喜怒哀懼，皆由於己者也。惟其物至而知之，①自幼浸長，流於情，動於欲，狃於習，亂於氣，千緒萬端，紛擾經營，而其赤子之心日以斫喪，一失而不能反者衆矣。學也者所以求反之也，大人者能反之者也。蓋人欲消而天理存，聲色臭味不能移也，知巧作爲不復萌也，此則渾然赤子之心。以其本有是心，今非能有加，纔不失之耳。故曰“不失其赤子之心”也。由是而動，無非人理之所存矣，此所謂自明而誠者也。若夫上智生知之聖，則赤子之心元不喪失，②即此體而盡之，天下之理，無不得焉，所謂自誠而明者也。

【纂疏】輔氏曰：“大人之心通乎動静，體用兼全，譬如明鏡，萬物畢照，應變無窮。赤子之心雖已發動，而去本未遠，固不能如大人之通達萬變也，純一無僞而已。然大人所以爲大者，正以其不爲物欲所誘，而有以全其純

---

① “之”，原作“知”，據通志堂本《孟子説》改。
② “元”，原漫漶不清，此據通志堂本《孟子説》。

一無偏之本然,由是而致知格物,擴而充之,至於無所不知,無所不能,以極其德之大耳。夫不失其本之一,而能極其用之妙者,大人之事也;溺於巧偽之末,而遂失其純一之本然者,細人之事也。"

○孟子曰:"養生者,不足以當大事,惟送死可以當大事。"養,去聲。

事生固當愛敬,然亦人道之常耳。至於送死則人道之大變,孝子之事親,舍是無以用其力矣,故尤以爲大事,而必誠必信,不使少有後日之悔也。

【語録】王丈德脩云:"親聞和静説'唯送死可以當大事'曰:'親之生也,好惡取舍得以言焉,及其死也,好惡取舍無得而言。當是時,親之心即子之心,子之心即親之心,故曰:唯送死可以當大事。'"先生云:"亦説得好。"(李閎祖)○祝氏録

【張氏注】事親者,人心之至親切者也,而送死者,又事親之最篤至者也。以其變之大,是以爲節之大;以其節之大,是以爲事之大也。故於送死之際,可以觀人子之自盡焉者。蓋吾親已矣,不可得而復見也,其所以自盡者,惟吾求所以慊於其心,非有所勉而爲者。故仁者可以觀其愛焉,知者可以觀其理焉,强者可以觀其節焉。然而人之常情,或能養於生,而送死之際往往有所怠且忽,夫其所以怠且忽者,以夫親既没,而愛敬亦或隨而衰也。是人也,其良心亦不之篤矣。若夫愛敬之深者,親雖有存没之間,而心則一也。"生事之以禮,死葬之以禮,祭之以禮",所謂天理者,寧有二哉?謂養生不足以當大事,以夫對送死而言,猶爲可以勉也。孟子斯言,蓋以俗薄道微,欲人勉所以篤於其終者。曾子亦嘗言曰:"人未有自致者也,必也親喪乎?"蓋於親喪,可見其所以自致者,是亦孟子之意也。

【纂疏】輔氏曰:"《集注》云云,指孝子之誠心而言之也。"

○孟子曰:"君子深造之以道,欲其自得之也。自得之,則居之安;居之安,則資之深;資之深,則取之左右逢其原。故君子欲其自得之也。"造,七到反。

造,詣也。深造之者,進而不已之意。道,則其進爲之方也。資,猶藉也。左右,身之兩旁,言至近而非一處也。逢,猶值也。原,本也,水之來處也。言君子務於深造而必以其道者,欲其有所持循,以俟夫默識心通,自然而

得之於己也。自得於己，則所以處之者安固而不搖；處之安固，則所藉者深遠而無盡；所藉者深，則日用之間取之至近，無所往而不值其所資之本也。○程子曰："學不言而自得者，乃自得也。有安排布置者，皆非自得也。然必潛心積慮、優游厭飫於其間，然後可以有得。若急迫求之，則是私己而已，終不足以得之也。"

【集義】明道先生曰："學者須是潛心積慮，優游涵養，使之自得。"又曰："學者須敬守此心，不可急迫，當栽培深厚，涵泳其間，然後可以自得。若急迫求之，只是私己，終不足以達道。"

【語錄】問："《集注》'道者，進爲之方'，是如何？"曰："此是趙岐之説，亦未甚親切，却只是循道以進耳。"○又曰："是日日恁地做。"○又曰："所謂深造者，當知非淺迫所可致，若欲淺迫求之，便是强探力取，深造只是既下工夫，又下工夫。"○又曰："道是事事皆要得合道理，待其真積力久，則自得之矣。"○又曰："資有資藉之意。"○又曰："資字恰似資給、資助一般。"○又曰："深造之以道，語似倒了，以道字在深造字上方是，蓋道是造道之方法，循此進進不已，便是深造之，猶言以這方法去深造之也。今曰深造之以道，是深造之以其方法也，以道是工夫，深造是做工夫，如博學、審問、謹思、①明辨、力行之次序，即是造道之方法。若人爲學依次序便是以道，不依次序便不是以道，如爲仁而克己復禮便是以道，若不克己復禮别做一般模樣，便不是以道。能以道而爲之不已，造之愈深，則自然而得之。既自得之而爲我有，則居之安，居之安則資之深。資之深這一句又要人看，蓋是自家既自得之，則所以資藉之者深，取之無窮，用之不竭，只管取，只管有，袞袞地出來無窮，自家資他，他又資給自家，如掘地在下，藉上面原頭水來注滿，若原頭深則源源來不竭，若淺時則易竭矣。又如富人大寶藏裏，只管取，只管有，取之左右逢其原。蓋這件事也撞着這本來底道理，那件事也撞着這本來底道理，事事物物、頭頭件件皆撞着這道理。如資之深，那原頭水只是一路來，到得左右逢原，四方八面都來。然這個只在自得上，纔自得，則下面節次自是如此。"○**祝氏録**　○又曰："道理本自廣大，只是潛心積慮緩緩養將去，自然透熟，若急迫求之，則是起意趕趁他，

---

① "謹思"，即慎思，原作者避南宋孝宗趙眘諱改，下同。

只是私意而已,安足以入道?"○又曰:"必須以道,方可潛心積慮、優游厭飫。若不以道,則潛心積慮、優游厭飫做甚底?"○**趙氏錄**　○又曰:"所謂優游厭飫,只深造後自如此,非深之外別又欲其自得也,與下章'博學而詳說之,將以反說約'之義同。"○**蔡氏錄**

【**或問**】君子深造之以道,欲其自得之也,何也? 曰:"學是理,則必是理之得於身也,不得於身,則口耳焉而已矣。然又不可以強探而力取也,必其深造之以道,然後有以默識心通,而自然得之也。蓋造道之不深者,用力於皮膚之外,而責效於日月之間;不以其道者,從事於虛無之妙,而妄意於言意之表。是皆不足以致夫默識心通之中,而自得之。必也多致其力,而不急其功,必務其方而不躐其等,①則雖不期於必得,而自然得之,將有不可禦者矣。"曰:"自得之,則居之安,何也?"曰:"未得之,則固無可居之地。得而不出於自然,則雖有所居而不安。惟自得之,則理之在我者,吾皆得以居之。如人有室廬之安,動作起居,種種便適,自眷戀而不去也。"曰:"居之安,則資之深,何也?"曰:"未得其所居,則無所藉以爲用者,淺迫而易窮也。居之安,則理之在我者,吾皆得藉以爲用而無窮。如富人積蓄之多,金珠穀帛,無求不獲,見其出而不見其盡也。"曰:"資之深,則取之左右逢其原,何也?"曰:"無所資者,固無本之可求;資之淺者,取之艱遠,而或值或不值也;惟資之深者,不待遠來,而所取無不得,如既取諸其身之左,而值其所資之本,又取其身之右,而復值其所資之本。以水譬之,苟其原之盛,則滔滔汩汩,不舍晝夜,或溯或沿,無不值其來處,此君子所以欲其自得也。"

【**張氏注**】學貴於自得,不自得則無以有諸己,自得而後爲己物也。以其德性之知,非他人之所能與,非聰明智力之所可及,故曰"自得"。"君子深造之以道"者,言其涵泳之深也,工夫篤至,②而後能有得,不然則爲臆度而已,非有得也。臆度者,猶在此而想彼,自得則此便是彼,更無二也。蓋所得未真實,則其中心必有果然不安者。自得則如水之必寒,火之必熱,不可得而易,故居之安。居之安,則資乎此,而所進日深矣。資者,憑藉據

---

①　"躐",原破損不清,此據清呂氏刻本《四書或問》。

②　"至",原作"志",據通志堂本《孟子説》改。

依之謂。蓋居之既安，則自得之味愈無窮也，故曰"資之深"。資之深，則萬理素定於此，事至物來，隨而應之，周流運用，無非大端之所存，故曰"取之左右逢其原"。於是重言之曰："君子欲其自得之也。"其示人至矣。夫未之有得，則何所居？無所居，則又何所資而取哉？故自得，其本也。然欲其自得，則有道矣，非深造之以道，不可也。

【纂疏】輔氏曰："道猶道路之道，適燕則有適燕之道，適越則有適越之道，求仁則有求仁之道，爲義則有爲義之道耳。以求仁言之，君子而深造乎仁，必自求仁之道，然後有所持循，進進不已乃可。俟其工夫至到，而默識心通，不假思惟而自然得之於己，此正所謂亦在乎熟之而已也。"○又曰："既能自得於己，則道已爲我所有矣，故處之安而無輓脆之虞，[1]處之固而無搖奪之患，外物不能移，橫議不能惑矣。所謂在我而處之既安，則所藉以爲用者深遠浩博，取之而無盡，酌之而不竭也。所藉者深遠而無盡，則日用常行之處，頭頭上明，物物上顯，在谷滿谷，在坑滿坑，雖取之至近而非一，而其所資之本，無所往而不相值矣。"○又曰："《集注》章旨，纂集程子三說合而爲一，非親創自得之境者，安能言此以覺人也？自得，如子貢悟性天之不可聞、曾子唯吾道一貫之語，此何待於言語而後見？正張子所謂'德性之知，不萌於聞見'者也，豈容更有所安排布置哉？蓋其半日潛心積慮，優而游之，厭而飫之，全身在義理之中，及其真積力久，理與心融，物與性會，[2]然後可以有得。若有一豪急迫之意，便是私己與道，便自間斷，更如何到得自得田地。"

○孟子曰："博學而詳說之，將以反說約也。"

言所以博學於文，而詳說其理者，非欲以誇多而鬭靡也。欲其融會貫通，有以反而說到至約之地耳。蓋承上章之意而言，學非欲其徒博，而亦不可以徑約也。

【集義】伊川先生曰："博與約正相對，聖人教人，只此兩字。博是博學，多識、多聞、多見之謂，約只是使人知要也。"○楊氏曰："楊雄云'多聞守之以

---

① "脆"，原破損不清，此據元刻本《四書纂疏》。
② "性"，原破損不清，此據元刻本《四書纂疏》。

約，多見守之以卓’，其言終有病，與孟子之言異矣。蓋博學詳説所以趨約，至於約則其道得矣。謂之守以約卓於多聞多見之中，將何以爲約卓而守之乎？”

【語録】約自博中來。既博學，又詳説，①講貫得直是精確，將來臨事自有箇頭緒。纔有頭緒，便見簡約。若是平日講貫得不詳悉，及至臨事只覺得千頭萬緒，全理會不得，如此則豈得爲約？（金去僞）○問：“世間博學之人非不博，却又不知簡約處者，何故？”曰：“他合下博得來便不是了，如何會約？他更不窮究這道理是如何，都見不透徹，只是搜求隱僻之事，鈎摘奇異之説以爲博，如此豈能得約？今世博學之士，大率類此。”（沈僩）○通貫處便是約，不是通貫了又去裏面尋討簡約，某嘗不喜揚子雲“多聞則守之以約，多見則守之以卓”，説多聞了又要一箇約去守他，正如公説，這箇是所守者約，不是守之以約也。（沈僩）○祝氏録　○又曰：“程子説格物處云‘但積累多後，自脱然有貫通處’，積累多後便是博，脱然有貫通處便是約。”○蔡氏録

【或問】此章之説。曰：“所謂約者，吾於《論語》已言之矣，此則正以知要而言也。然此亦上章之餘意，故記者屬之。蓋博學詳説者，以道深造之謂，其曰將以反説約者，則欲其自得之深也。”曰：“楊氏分別孟、揚得失如何？”曰：“意極親切，然語亦有未盡，使讀者不能無疑。蓋所謂博約，由孟子之言，則博者所以極夫理之散殊，約則舉是散殊之理而一貫之耳，是以既博學之，又詳説之，而有卒會于約。蓋所謂博且詳者，固未嘗出於約之外，而所謂約於其博且詳者，又未嘗有所遺也。由揚子之言，則所謂約者，乃博中之一物。方其博也，固不知此物之爲約，而茫然泛然雜取乎其外；及其約也，則又守此一物，而於所謂博者之中，僅乃處其千萬之一焉，是亦何足以爲約而守之乎？以是推之，則楊氏之意得矣。”

【張氏注】天下之理，常存乎至約。而約爲難言也，爲難識也。雖然，求約有道，其惟博學而詳説歟？博非雜也，詳非泛也，稽之前古，考之當今，以至於禮儀三百、威儀三千、朝夕從事而學焉，所謂博也。極天下之理，講論問辨而不置焉，所謂詳也。博學詳説，則心廣義精，而所謂約者，可得於言意之表

---

① “又”，原漫漶不清，此據明陳煒刻本《朱子語類》卷五七《孟子七·離婁下》。

矣。故吾之博學而詳説,是將以反之於己而説約也。學不博,説不詳,而曰
我知約者,是特陋而已矣。故約者,道之所存也。守不約則本不立,言不約
則義不明,而約不可徒得也,非功深力到則未由至也。若博學詳説,而志不
在於求約也,則是外馳其心,務廣而誇多耳,非所謂學也。昔者子貢蓋博
且詳而以求約者,及其一朝有感而言曰"夫子之文章可得而聞也,夫子之
言性與天道不可得而聞也",則反約矣。孟子此章,蓋欲學者知夫求約之
道,在乎博學之,詳説之也。又將使學者知夫博學詳説所以求約,而不至
失於雜與泛之病也。然而其言曰"詳説之",又曰"反説約",必以反説爲言
者,蓋説也者,所以體察吾進德居業之實,"君子於其言,無所苟而已矣"。

【纂疏】輔氏曰:"《集注》云云,'文'謂《詩》《書》六藝之文,'理'謂《詩》
《書》六藝所載許多道理也。常人之博學詳説者,則欲以夸多鬥靡耳。若
夫爲己之學則不然,所以博學於文,詳説其理者,蓋欲其心理融會貫通事
物,然後反而説到至約之地,蓋必拯其大,然後中可求盡其博與詳,然後博
可約。唯能如此,然後可説一以貫之也。"○又曰:"博學詳説,則是深造之
意也;反説約,則是自得之事也。但上章以行言,此章以知言,知與行蓋互
相發也。"○又曰:"徒博則泛而荒唐,徑約則亟而寡陋。"

○**孟子曰:"以善服人者,未有能服人者也;以善養人,然後能服天
下。天下不心服而王者,未之有也。"**王,去聲。

服人者,欲以取勝於人。養人者,欲其同歸於善。蓋心之公私小異,而人
之嚮背頓殊,學者於此不可以不審也。

【語録】曰:"以善服人者,惟恐人之進於善,如張華之對武帝,恐吳人更立
令主,則江南之不可取之類是也。以善養人者,惟恐人之不入於善,若湯
之事葛,遺之牛羊又使人往爲之耕是也。"(見《文集》)○**趙氏録**

【張氏注】以善服人者,於政事之間勉而爲善,而欲以服人。夫爲善而欲
以服人,則是有爲而然,於善之體固有害矣,而果可以服人乎?比之以善
養人者,非惟不同,其意味蓋有霄壤之殊矣。夫善者,天下之公也。先王
修己以敬,而天下之人,舉在吾化育之中,其發見於事業者,如雷風之被
物,物蒙其養,而無不應者。故未嘗有意於服人,而心悦誠服,有不期然而
然者,蓋以善道與人共之耳。故《詩》曰:"自西自東,自南自北,無思不

服。”如是則可以王矣。若五伯之所爲，其間善者，不過於以善服人而已。齊桓公會首止，而定王太子之位；晋文公盟踐土，率諸侯而朝王。是皆欲以善服人者也。當時服之者，亦豈爲悦服哉？其不服者，固多矣。比之三王深長久大涵養人心之事，豈不有閒乎？故夫所謂以善服人、以善養人之異，學者要當深味，見其所以爲霄壤之殊，則王伯之分了然矣。

【纂疏】輔氏曰：“以力服人，以德服人，其不同易見。至於以善服人，以善養人，其不同則難見也。孟子之言至此則愈密矣。以德服人，以力服人，以事言也；以善服人，以善養人，以心言也。以善服人者，以善爲己私也；以善養人者，以善爲天下之公也，樂與人爲善者也。”

○孟子曰：“言無實不祥，不祥之實，蔽賢者當之。”

或曰：“天下之言，無有實不祥者，惟蔽賢爲不祥之實。”或曰：“言而無實者不祥，故蔽賢爲不祥之實。”二説不同，未知孰是，疑或有闕文焉。

【張氏注】張横渠曰：“言而不祥，莫大於蔽賢。”蓋此章文義，謂言無使實不祥，其不祥之實，蔽賢爲甚也。蓋所謂福者，百順之名也；而所謂不祥者，逆理而反常者也。理得於己，中正和平，無一不順也。惟夫逆其常理，則措之於身而不安，以至害于而家，凶于而國，皆由此也，故謂之不祥。凡《詩》《書》所稱禍福，蓋如此。言而不祥，可以知蔽賢之爲甚，蓋人實有是善，而吾蔽之，是反其常理之甚也。言人之所以蔽賢，蓋出於媚忌忮疾之私，方其欲蔽人之賢也，私意横起，其不祥之氣，固已充溢乎中，而發越乎四體矣。況乎天之生賢以爲人也，蔽賢而使民不得被其澤，則其爲不祥，又有不可勝言者矣。故《秦誓》謂：“如有一介臣，斷斷猗，無他技，其心休休然，其如有容。”夫其所謂休休然者，固百祥之所舍也。嗟夫！聖賢之論禍福蓋如此，彼後世不知道者，謂蔽賢者必無後，達賢者必有後。此以區區淺見測度天理，又豈知所謂祥與不祥者哉？

【纂疏】趙氏曰：“《集注》所載二説不同，愚謂祥下若有‘者’字，則當從前説。言下若有‘而’字，則當從後説。至於蔽賢爲不祥之實，則一也。”

○徐子曰：“仲尼亟稱於水，曰：‘水哉，水哉！’何取於水也？” 亟，去吏反。

亟，數也。水哉水哉，嘆美之辭。

【語錄】問：“見大水必觀其瀾焉，是何意？”曰：“只川上之嘆，恐是夫子本語。孟荀之言或是傳聞之訛。”（吳必大）

孟子曰：“原泉混混，不舍晝夜，盈科而後進，放乎四海。有本者如是，是之取爾。　舍、放，皆上聲。

原泉，有原之水也。混混，湧出之貌。不舍晝夜，言常出不竭也。盈，滿也。科，坎也。言其進以漸也。放，至也。言水有原本，不已而漸進，以至於海，如人有實行，則亦不已漸進，以至於極也。

苟爲無本，七八月之間雨集，溝澮皆盈。其涸也，可立而待也。故聲聞過情，君子恥之。”　澮，古外反。涸，下各反。聞，去聲。

集，聚也。澮，田間水道也。涸，乾也。如人無實行，而暴得虛譽，不能長久也。聲聞，名譽也。情，實也。恥者，恥其無實而將不繼也。林氏曰：“徐子之爲人必有躐等干譽之病，故孟子以是答之。”○鄒氏曰：“孔子之稱水，其旨微矣。孟子獨取此者，自徐子之所急者言之也。孔子嘗以聞達告子張矣，達者有本之謂也，聞則無本之謂也，然則學者其可以不務本乎。”

【語錄】所謂“聲聞過情”，這個大段務外，且更就此中間言之，如爲善無真實懇惻之意，爲學而勉强苟且徇人，皆是不實，就此反躬思量方得。（沈僩）○祝氏錄

【張氏注】仲尼之所以取夫水者，嘆其有本之無窮也。夫其所以混混然不舍晝夜，盈科而後進，以至於放乎四海，此何自而然哉？以其有本故耳。若夫溝澮之水，雨集則盈，其涸也亦旋踵而至，此其無本故也。然則君子其可以不務本乎？故聲聞過其情實，君子以爲恥者，以其無本故也。然則其在人也，本安在乎？仁是也。仁，人心也。人皆有是心，放而不知求，則其本不立矣。本不立，則其知也，聞見之所知而已；其爲也，智力之所爲而已。豈不有限而易竭乎？惟君子爲能體是心而存之，存而擴之，本立而道生，故其所進有常而日新，其事業深遠而無盡也。有本無本之異，蓋如此。夫自可欲之善而進焉，以至於極神聖之妙，皆由夫有本而然。其所以爲聖神者，乃其可欲之善充擴變化者然耳。亦猶水也，至於放乎四海，亦其源泉混混者之所積耳。本乎本乎！學者其可不務乎？

【纂疏】輔氏曰：“此章指意都結在後兩句上，故《集注》只以虛名實行爲

言,而引林氏、鄒氏之説以明之。蓋孟子之意,專欲救徐子躐等干譽之病耳。孔子之稱水,固不專在此也。然由是觀之,雖一物具一理,然亦隨人所取如何耳,理固無盡也。達者有本,謂質直而好義;聞者無本,謂色取仁而行違。恥其無實而將不繼者,羞惡之良心也。能如是,則既知本而能務實矣。不以是爲恥,則失其本心,亦將何所不至哉? 今人每見人來獻諂諛,則必有慚愧之心,此正是聲聞過情,羞惡之心發處,最好察。”

○孟子曰:“人之所以異於禽獸者幾希,庶民去之,君子存之。

幾希,少也。庶,衆也。人、物之本,[①]同得天地之理以爲性,同得天地之氣以爲形,其不同者,獨人於其間得形氣之正,而能有以全其性,爲少異耳。雖曰少異,然人、物之所以分,實在於此。衆人不知此而去之,則名雖爲人,而實無以異於禽獸。君子知此而存之,是以戰兢惕厲,而卒能有以全其所受之理也。

【語録】人物之所同者,理也;所不同者,心也。人心虛靈,無所不明,禽獸便昏了,只有一兩路子明,如父子相愛、雌雄有別之類。人虛靈皆推將去,禽獸便推不去。人若以私欲蔽了這個虛靈,便是禽獸,人與禽獸只争這些子,所以謂幾希。”(潘時舉)○飢食渴飲之類,是其與禽獸同者。父子有親,君臣有義,夫婦有別,長幼有序,朋友有信,此乃與禽獸異者。存,是存所以異於禽獸者。(滕璘)○祝氏録　○又曰:“存,是存所以異於禽獸之道理。今自謂能存,只是存其與禽獸同者。飢食渴飲之類,皆其與禽獸同者耳。”○趙氏録

【纂疏】西山真氏曰:“人之與物相去亦遠矣,而孟子以爲幾希者,蓋人物均有一心,然人能存而物不能存,所不同者惟此而已。人類之中有凡民者,亦有是心而不能存,是即禽獸也。惟君子能存之,所以異於物耳。”

舜明於庶物,察於人倫,由仁義行,非行仁義也。”

物,事物也。明,則有以識其理也。人倫,説見前篇。察,則有以盡其理之詳也。物理固非度外,而人倫充切於身,故其知之有詳略之異,在舜則皆生而知之也。由仁義行,非行仁義,則仁義已根於心,而所行皆從此出。

---

①　“本”,宋當塗郡齋本《四書集注》作“生”。

非以仁義爲美，而後勉强行之，所謂安而行之也。此則聖人之事，不待存之，而無不存矣。○尹氏曰：“存之者君子也，存者聖人也。君子所存，存天理也。由仁義行，存者能之。”

【集義】伊川先生曰：“人只箇天理，却不能存得，更做甚人也？泰山孫明復有詩云：‘人亦天地一物爾，飢食渴飲無休時。若非道義充其腹，何異鳥獸安鬚眉。’”又曰：“舜明於庶物，察人倫，然後由仁義行。”○横渠先生曰：“明庶物、察人倫，然後能精義致用，性其仁而行。”又曰：“明察之言不甚異，明庶物、察人倫皆窮理也。既知明理，但知順理而行，而未嘗有意以爲仁義。仁義之名，但人名其行耳，如天春夏秋冬，何嘗有此名？亦人名之爾。”

【語録】問：“孟子何以只言舜？”曰：“堯是渾然，舜却是就事物上一一理會過。”（葉賀孫）○問：“明察之義，有深淺否？”曰：“察深於明，明只是大概明得這箇道理爾。”又問：“此與《孝經》‘事天明，故事地察’之義如何？”曰：“這箇‘明’‘察’又别，此‘察’字，却訓‘著’字，‘明’字訓‘昭’字。事父孝則事天之道昭明，事母孝則事地之道察著，孟子所言‘明’‘察’，與《易·繫》‘明於天之道，察於人之故’同。”（金去僞）○符舜功言：“只是由仁義行，好行仁義，便是有善利之分。”曰：“此是江西之學，豈不見上面分明有箇‘舜’字？惟舜便由仁義行，他人須窮理，知其爲仁爲義，從而好之。”（廖德明）

【或問】明物察倫，而後能由仁義行，程子、張子之説，何如？曰：“是三言者，以學言之則有序，猶格物致知而後意誠心正也。自聖人言之，則生知安行，不可以先後言矣。二夫子言之，亦以其始終條理言之，非真以爲有先後。”

【張氏注】人與萬物同乎天，其體一也。氣禀賦形，則有分焉。至是禽獸，亦爲有情之類，然而隔於形氣而不能推也。人則能推矣，其所以能推者，乃人之道，而異乎物者也，故曰“幾希”，言其分之不遠也。人雖有是心，而必貴於能存、能有，而後人道立。不然，放而不知求，則與庶物亦奚以異哉？故庶民之所以爲庶民者，以其去之；君子之所以爲君子者，則以其能存之耳。曰“去之”者，爲其去之不反也；曰“存之”者，爲其存而不舍也。去而不反，則無以自别於禽獸。存之之極，雖聖亦可幾也。去與存，其幾本於毫釐之間，可不謹哉？於是舉舜之事以明之，舜蓋其極致者也。明於庶物者，盡己之性，而盡物之性也；察於人倫者，人倫之際，處之無不盡其道也。"由仁義行，非行仁義"者，行仁義，猶爲二物也；由仁義行，則如目視而耳聽，手持而足履，無非是矣。若舜者，可謂全其所以爲人者，而無虧欠矣。未至於舜，皆爲未盡也。嗟乎！人皆可以爲舜，其本在乎存之而已矣。

【纂疏】輔氏曰："明只是知，故《集注》以'識'字解之。至於察，則便帶行底意思，故以'盡其詳'言之。"○又曰："天下無性外之物，故凡物之理，皆非在吾度外。至於人倫，則又是吾身至親切事，故其所知自然有明與察、詳與略之異。然非特知之如此，至於行亦如此。親親而仁民、仁民而愛物，此則行之詳略也。"○又曰："注云'在舜則皆生而知之'，言舜乃是生知之聖人，所以言知之事也。"○又曰："由仁義行，非行仁義，所以言行之事也。知既生知，則行自安行。"○又曰："尹氏說精確而平易，辨君子聖人之分量，尤爲明切。"○西山真氏曰："由仁義行，則身與理一。行仁義，則身與理二。"○又曰："存之者猶待於用力，舜則身即理，理即身，渾然無間，而不待於用力。"

○孟子曰："**禹惡旨酒而好善言。**　惡、好，皆去聲。

《戰國策》曰："儀狄作酒，禹飲而甘之，曰'後世必有以酒亡其國者'，遂疏儀狄而絶旨酒。《書》曰：'禹拜昌言。'"

【纂疏】輔氏曰："惡旨酒則物欲不行，好善言則天理昭著。"

湯執中，立賢無方。

執，謂守而不失。中者，無過不及之名。方，猶類也。立賢無方，惟賢則立之於位，不問其類也。

【語録】執中自是執中，立賢自是立賢。只這"執中"，却與子莫之"執中"不同。故《集注》謂："執爲守而不失。"湯只是事事恰好，無過不及而已。（潘時舉）○祝氏録

【纂疏】輔氏曰："執中則處義精審，立賢無方則用人無間。"

文王視民如傷，望道而未之見。　而，讀爲如，古字通用。

民已安矣，而視之猶若有傷。道已至矣，而望之猶若未見。聖人之愛民

深,而求道切如此。不自滿足,終日乾乾之心也。

【語録】問:"程、張皆以望道爲望治,《集注》謂求道之切如此。竊謂博施濟衆,脩己以安百姓,堯舜猶以爲病,文王之心即此心也。不知是否?"曰:"'不顯亦臨,無射亦保',是文王望道如未見之事。"○又曰:"'望道而未之見',此句與上文視民如傷爲對,孟子之意曰:文王保民之至,而視之猶如傷,體道之極,而望之猶未見,其純而不已如是。"○蔡氏録

【或問】以而爲如,亦有據乎? 曰:"《詩》曰'垂帶而厲。'鄭箋曰:'而,①亦如也。'此亦而爲如也。《春秋》'星隕如雨',左氏曰'與雨偕也',此以如爲而也。則其混讀而互用之久矣。"曰:"是則然矣,然其曰'求道之切'者,恐非所以言聖人之心也,奈何?"曰:"爲是説者,正以其德爲聖人,而心不自足如此,是乃所以深明聖人之心也。且子胡不以視民如傷者例而觀之乎? 夫文王之民固已無凍餒者矣,而視之猶若有傷,則其於道雖已與之爲一,亦何害其望之如未見哉?"

【纂疏】輔氏曰:"民已安,而視之猶若有傷,則愛民深切。道已至,而望之猶若未見,則與道無窮。"

武王不泄邇,不忘遠。

泄,狎也。邇者,人所易狎而不泄。遠者,人所易忘而不念。德之盛,仁之至也。

【語録】泄邇忘遠,此通人與事而言。"泄"字兼有親狎忽略之意。

【或問】有謂武王之不泄邇、不忘遠,非仁也,勢不得不然也,信乎? 曰:"此以世俗計較利害之私心,窺度聖人者之言也。聖人之心,所以異於衆人者,以其大公至正,周流貫徹,無所偏倚,雖以天下之大,萬物之多,而視之無異於一身爾。是以其於人之有痾癢疾痛,無有不知,而所以按摩而抑搔之者,無有不及。此武王之不泄邇、不忘遠,所以爲德之盛而仁之至也。今曰迫於勢而非仁,則不知其視聖人之心爲如何,而指所謂仁者爲何物哉?"

【纂疏】輔氏曰:"於人所易狎而不泄,則敬心常存。於人所易忘而不忘,而誠心不息。"

---

① "而",原破損不清,此清吕氏刻本《四書或問》。

周公思兼三王，以施四事，其有不合者，仰而思之，夜以繼日，幸而得之，坐以待旦。”

三王，禹也，湯也，文武也。四事，上四條之事也。時異勢殊，故其事或有所不合，思而得之，則其理初不異矣。坐以待旦，急於行也。○此承上章言舜，因歷叙群聖以繼之，而各舉其一事，以見其憂勤惕屬之意。蓋天理之所以常存，而人心之所以不死也。○程子曰：“孟子所稱，各因其一事而言，非謂武王不能執中立賢，湯却泄邇忘遠也。人謂各舉其盛，亦非也，聖人亦無不盛。”

【語録】曰：“讀此一篇，使人心揚，然而常存也。”○又曰：“此必周公曾如此説，大抵所舉四事極好，此一處自舜推之至于孔子。”（鄭可學）○祝、趙氏録同

【張氏注】“惡旨酒而好善言”，所欲不存，而心純乎義禮也。“執中立賢無方”，心無所偏係，而用賢無方所也。“視民如傷，望道而未之見”，憂民之憂，望天下有道而未之得，其心惟欲紂之庶幾乎悟也。“不泄邇，不忘遠”，邇則不泄，遠則不忘，正大周徧之體也。此四事，皆舉其最甚者言之。於是四者而窺四聖人之心，則可見其運而不息、化而不滯者矣。其天地之心歟？“周公思兼三王，以施四事”，方是時，周公相成王，欲以立經陳紀，制禮作樂，成一代之法，施之萬世，①故推本三代四聖之心，而施此四事，達之天下，以爲無窮之事業也。“其有不合者，仰而思之”，所謂不合者，思而未得者也。故“仰而思之，夜以繼日，幸而得之，坐以待旦”，惟恐不及也。凡井田、封建、取士、建官、禮樂、刑政，雖起於上世，而莫備於周，是皆周公心思之所經緯，本諸三王而達之者也。周公之心，孟子此章發明之可謂至矣。

【纂疏】輔氏曰：“周公思兼三王，則其於道也備矣。以施四事，則其於事也周矣。於道也備，所以成己。於事也周，所以及人。有道，然後能制事；成己，然後能及人。且聖人之事同一軌轍，安得有異？而云其有不合者，蓋以時異勢殊，故其施之或有未宜，行之或有未當。然盡誠以思，思之而通，慮之而得，則其事雖有時措從宜，而其理亦初無有異。坐以待旦，則又

----

① “之萬”，原漫漶不清，此據通志堂本《孟子説》。

見其知無不行，行無不時，舉而措之天下之民，謂之事業者，有不可失幾者也。"○又曰："《集注》謂'各舉其一事，以見其憂勤惕厲之意'者，是矣。而於其末，又言周公所以備道以制事、遭變以濟時，皇皇汲汲，不已之誠如此。學者苟能深體而嘿識之，則聖人之心與理昭昭，常存不死，而在吾心目之間矣。"○又曰："程子恐後人執孟子之言，而疑聖人於道互有得失，故發明如此。"○又曰："聖人造道之極，凡有所爲，①無不各極其至，豈容更以盛不盛言哉？"

○孟子曰："王者之迹熄而《詩》亡，《詩》亡然後《春秋》作。

王者之迹熄，謂平王東遷，而政教號令不及於天下也。《詩》亡，謂《黍離》降爲《國風》而《雅》亡也。《春秋》，魯史記之名，孔子因而筆削之，始於魯隱公之元年，實平王之四十九年也。

【語録】問："先儒謂自東遷之後，《黍離》降爲《國風》而《雅》亡矣，恐是孔子删詩之時降之？"曰："亦是他當時自如此。要識此詩，便如《周南》《召南》當初在鎬、豐之時，其詩爲《二南》；後來在洛邑之時，其詩爲《黍離》。只是自《二南》進而爲《二雅》，自《二雅》退而爲《王風》。《二南》之於《二雅》，便如登山，到得《黍離》時節，便是下坡了。"○這道理緊要在"王者之迹熄"一句上。蓋王者之政存，則禮樂征伐自天子出，故《雅》之詩自作於上，以教天下。王迹滅熄，則禮樂征伐不自天子出，故《雅》之詩不復作於上，而《詩》降而爲《國風》。是以孔子作《春秋》，定天下之邪正，爲百王之大法也。（吕燾）

晋之《乘》，楚之《檮杌》，魯之《春秋》，一也。　乘，去聲。檮，音逃。杌，音兀。

《乘》，義未詳，趙氏以爲興於田賦乘馬之事。或曰："取記載當時行事而名之也。"《檮杌》，惡獸名，古者因以爲凶人之號，取記惡垂戒之義也。《春秋》者，記事者必表年以首事，年有四時，故錯舉以爲所記之名也。古者列國皆有史官掌記時事，此三者皆其所記册書之名也。

【纂疏】輔氏曰："古人以善爲常，多不記載，以惡爲反常，故時記之。如

---

① "凡"，原破損不清，此據元刻本《四書纂疏》。

《堯典》之末，只載胤、朱、兜、共、鯀數子而已。以楚史記之名觀之，則楚雖夷蠻，猶有古人遺意。後世之人，負大罪惡於身，而初不知愧恥，及一有小善，則沾沾自喜，以爲莫己若者，亦可哀已。”

其事則齊桓、晋文，其文則史。　孔子曰：‘其義則丘竊取之矣。’”

春秋之時，五霸迭興，而桓、文爲盛。史，史官也。竊取者，謙辭也。《公羊傳》作“其辭則丘有罪焉爾”，意亦如此。蓋言斷之在己，所謂“筆則筆、削則削，游夏不能贊一辭”者也。尹氏曰：“言孔子作《春秋》，亦以史之文載當時之事也，而其義則定天下之邪正，爲百王之大法。”○此又承上章歷叙群聖，因以孔子之事繼之，而孔子之事莫大於《春秋》，故特言之。

【集義】楊氏曰：“王者之迹熄而《詩》亡，《詩》亡然後《春秋》作。春秋之時《詩》非盡亡也，《黍離》降而爲《國風》，則《雅》之詩亡矣，《雅》亡則無政，《春秋》所爲作也。然孔子曰‘述而不作，竊比於我老彭’，而孟子曰‘孔子作《春秋》’，何也？蓋當是時，周雖未亡，所存者名位而已，慶賞刑威不行焉。孔子以一字爲褒貶，以代刑賞，前此未有也。故曰‘《春秋》，天子之事也’，故謂之作。然‘其事則齊桓、晋文，其文則史，其義則竊取之’，是亦述之而已。”

【或問】《詩》亡而後作《春秋》。有以《詩》止於陳靈，①之後孔子作《春秋》者，何如？曰：“《詩》之本義不可知矣，無以考其得失，然恐謂《雅》亡者，或近之也。”

【張氏注】胡文定公曰：“按《邶》《鄘》而下，②多春秋時詩也，而謂《詩》亡然後《春秋》作，何也？自《黍離》降爲《國風》，天下無復有《雅》，而王者之《詩》亡。《春秋》作於隱公，適當《雅》亡之後，故曰《詩》亡然後《春秋》作也。”夫《黍離》之所以降爲《國風》者，周平王自爲之也。平王忘復讎之義，棄宗國而處東洛，以天下之尊，而自儕於列國，於是王者之迹熄而《詩》亡，天下貿貿然日趨於夷狄禽獸之歸，孔子懼而作《春秋》。《春秋》之作，其事之大者，不過於齊桓、晋文，其文則因魯史之舊，然其義則聖人有取乎此。蓋一句一字之間，所以存天理，遏人欲，撥亂反正，示王者之法於將來也。

---

① “靈”，原漫漶不清，此據清吕氏刻本《四書或問》。
② “邶”，原漫漶不清，此據通志堂本《孟子説》。

方其未經筆削,則固魯國之史耳,及乎聖人有取焉,則情見乎辭,乃史外傳心之典也。故孔子曰:"其義則丘竊取之矣"。程子曰:"《春秋》大義數千,炳如日星,乃易見也。①惟微辭隱義,時措從宜者爲難耳。或抑或揚,或與或奪,或進或退,或微或顯,而得乎義理之安、文理之中、寬猛之宜、是非之公,乃制事之權,揆道之模範也。"嗟乎!學者其可不盡心乎?

【集疏】蔡氏曰:"'王者之迹熄',傷王者之迹熄而其義不明也。'其事則齊桓、晉文,其文則史',言《春秋》所載之事與文也。'其義則丘竊取之矣',其義,冒上文王者而言,蓋王者之義也。孔子有王者之德而無王者之位,故竊取王者之義,而定二百四十二年之邪正,所謂'爲百王不易之大法'者也。'竊取'者,以無其位而用其法,所謂'罪我'者也。'春秋成而亂臣賊子懼',所謂'知我'者也。"

【纂疏】輔氏曰:"夫子之作《春秋》,不過以史之文,載當時之事而已。而其竊取之義,則在於定天下之邪正,爲百王之大法也。夫春秋之善善惡惡,撥亂世而反之正,上明四代之禮樂,下示百王之法程,聖人之用備見此書,而夫子之言則又謙抑如此,略無自居其功之意,此孟子所以因而述之,以繼群聖之後也。"

○孟子曰:"**君子之澤,五世而斬。　小人之澤,五世而斬。**

澤,猶言流風餘韻也。父子相繼爲一世,三十年亦爲一世。斬,絕也。大約君子小人之澤,五世而絕也。楊氏曰:②"四世而緦,服之窮也。五世袒免,殺同姓也。六世親屬竭矣。服窮則遺澤寖微,故五世而斬。"

【纂疏】輔氏曰:"'流風',以風喻之也。'餘韻',以聲喻之也。"○又曰:"父子五世,經歷百五十年,則君子小人之遺澤,皆當絕也。"○又曰:"五世則親盡服窮,其澤亦當斬絕矣。蓋親也,服也,澤也,實相因也。"

予未得爲孔子徒也,予私淑諸人也。"

私,猶竊也。淑,善也。李氏以爲方言是也。人,謂子思之徒也。自孔子卒,至孟子游梁時,方百四十餘年,而孟子已老,然則孟子之生去孔子未百

---

①　"易",原漫漶不清,此據通志堂本《孟子説》。
②　"曰",原作"由",據宋當塗郡齋本《四書集注》改。

年也。故孟子言，予雖未得親受業於孔子之門，然聖人之澤尚存，猶有能傳其學者。故我得聞孔子之道於人，而私竊以善其身，蓋推尊孔子而自謙之辭也。○此又承上三章，歷序舜禹至於周孔，而以是終之，其詞雖謙然，其所以自任之重，亦有不得而辭者矣。

【集義】橫渠先生曰：“‘君子之澤，五世而斬’，蓋謂孟子云孔子猶在五世之內，雖不親爲弟子，其餘澤在人，我得私取之以爲善。”

【張氏注】程子曰：“當時門人，只知闢楊、墨爲孟子之功，故孟子發此説以推尊孔子之道。言予未得爲孔子徒也，孔子流澤至此未五世，其澤尚在人，予則私善於人而已。”玩此辭義，其涵浸釀郁之意可概見也。雖然，小人亦有澤乎？蓋所謂澤者，隨其小大淺深之所漸被。小人對君子，而小人者在上爲政，亦未嘗不流澤也。然謂之小人之澤，則固與君子有間矣。論澤止於五世者，大概約度如此。自今觀之，孔子之澤，其所浸灌，萬世不斬也已。

【纂疏】輔氏曰：“獨孟子用此‘私淑’二字，而他無所見，故知是當時方言俗語耳。”○趙氏曰：“此雖是謙辭，然其所以自任之重，亦有不得而辭者，是非孟子之私言也，實天下之公論也。”

○孟子曰：“可以取，可以無取，取傷廉；可以與，可以無與，與傷惠；可以死，可以無死，死傷勇。”

先言可以者，略見而自許之辭也。後言可以無者，深察而自疑之辭也。過取固害於廉，然過與亦反害其惠，過死亦反害其勇，蓋過猶不及之意也。林氏曰：“公西華受五秉之粟，是傷廉也；冉子與之，是傷惠也；子路之死於衛，是傷勇也。”

【集義】王彥輔曰：“‘可以死，可以無死，死傷勇’，夫人之於死也，何以知其可不可哉？蓋視義爲去就耳。死生之際，惟義所在，則義所以對死者也。”明道先生聞而語之曰：“不然，義無對。”

【語録】曰：“程子所謂‘義無對’者，精約有味。”○問：“取之傷廉，不難於擇矣。可與不可與，可死不可死之間，不幸擇之不精，與其吝嗇寧過與，與其苟生寧就死。在學者則當平日極其窮理之功，庶於取舍死生之際，不難於精擇也。”曰：“此意極好。但孟子之意却是恐人過予而輕死也。”○蔡氏

録　○此段正與孔子曰"再，斯可矣"相似。凡事初看尚未定，再察則已審矣，便用決斷始得。若更加之思焉，則私意起而非義理之本然矣。（沈僩）○夫取傷廉，固也，若與者本惠，死者本勇，而乃云傷惠、傷勇者，謂其過與與爲無益之死耳。學者知所當與而不至於吝嗇，知所當死而不至於偷生，則幾矣。（萬人傑）○孟子言："可以取，可以無取，取傷廉。可以與，可以無與，與傷惠。"他立意只在取傷廉上，且將那與傷惠來相對説，其實與之過厚些子，不害其爲厚，若纔過取便傷廉，便是不好。過予畢竟當下是好意思，與了再看之，方見得是傷惠，與傷廉不同。所以"子華使於齊，冉子與之粟五秉"，聖人雖説他不是，然亦不大故責他。只是纔過取，便深惡之，如冉求爲之聚斂，而欲攻之是也。（沈僩）○**祝氏録**　○看來可以取，是其初略見得如此。可以無取，是子細審察見得如此。下二聯仿此。①○**趙氏録**

【**或問**】取者貪之屬，不取者廉之屬，猶與之爲惠，不與之爲嗇，死之爲勇，不死之爲怯也。今以過取者爲傷於廉，則宜以不與爲傷惠、不死爲傷勇矣。而反以與爲傷惠、死爲傷勇，何哉？曰："過取之傷廉，過於此而侵奪於彼者也。過與之傷惠，過死之傷勇，過於此而反病乎此者也。蓋奪乎彼者，其失爲易見，而病乎此者，其失爲難知，故孟子舉傷廉以例二者，是亦孔子過猶不及之意耳。"

【**張氏注**】取與死生之義，有灼然易判者，亦有在可否之間者。在可否之間，非義精者，莫之能擇也。蓋其幾間不容息，一或有偏，則失之矣。是以君子貴乎存養，存之有素，則其理不昧；養之有素，則物莫能奪。夫然故當事幾之來，有以處之而得其當也。孟子於齊餽兼金而受，其於宋疑可受而不受，蓋以其無處而餽之，則爲傷廉故耳。孔子於公西華之使，冉子爲之請粟，疑可與也而不與，蓋以周急不繼富，而與之則傷惠故耳。至於比干諫而死，箕子疑亦可死也，而佯狂以避，蓋以父師之義，死之則爲傷勇故也。然在賢者，則於可不可之間能擇而處之。在聖人，則動無非義，更不言擇矣。雖然，取之爲傷廉，固也，然與爲傷惠、死爲傷勇何哉？②蓋所謂

---

①　"聯"，原破損不清，此據明陳煒刻本《朱子語類》卷五七《孟子七・離婁下》。

②　"哉"，原漫漶不清，此據通志堂本《孟子説》。

惠與勇者，以其義之所在故爾。若義所不存，雖似惠、似勇，而反害於惠、勇之實。且於所不當然而然，則於其所當然者廢矣，①豈不爲有害乎？

【纂疏】輔氏曰：“大凡擇善執中，最爲難事，使心粗不得，須思慮入於精微方可。一有不審，則雖孔門高弟，亦或蹈於過當之域矣。”

○逢蒙學射於羿，盡羿之道，思天下惟羿爲愈己，於是殺羿。孟子曰：“是亦羿有罪焉。”公明儀曰：“宜若無罪焉。”曰：“薄乎云爾，惡得無罪？　逢，薄江反。惡，平聲。

羿，有窮后羿也。逢蒙，羿之家衆也。羿善射，篡夏自立，後爲家衆所殺。愈，猶勝也。薄，言其罪差薄耳。

【纂疏】蔡氏曰：“窮，國名。羿，窮國君之名也。”

鄭人使子濯孺子侵衛，衛使庾公之斯追之。子濯孺子曰：‘今日我疾作，不可以執弓，吾死矣夫！’問其僕曰：‘追我者誰也？’其僕曰：‘庾公之斯也。’曰：‘吾生矣。’其僕曰：‘庾公之斯，衛之善射者也，夫子曰吾生，何謂也？’曰：‘庾公之斯學射於尹公之他，尹公之他學射於我。夫尹公之他，端人也，其取友必端矣。’庾公之斯至，曰：‘夫子何爲不執弓？’曰：‘今日我疾作，不可以執弓。’曰：‘小人學射於尹公之他，尹公之他學射於夫子。我不忍以夫子之道反害夫子。雖然，今日之事，君事也，我不敢廢。’抽矢叩輪，去其金，發乘矢而後反。”他，徒何反。“矣夫”“夫尹”之“夫”，並音扶。去，上聲。乘，去聲。

之，語助也。僕，御也。尹公他，亦衛人也。端，正也。孺子以尹公正人，知其取友必正，故度庾公必不害己。小人，庾公自稱也。金，鏃也。叩輪出鏃，令不害人，乃以射也。乘矢，四矢也。孟子言使羿如子濯孺子，得尹公他而教之，則必無逢蒙之禍。然夷羿篡殺之賊，蒙乃逆儔；庾斯雖全私恩，亦廢公義。其事皆無足論者，孟子蓋特以取友而言耳。②

---

① “則”，原漫漶不清，此據通志堂本《孟子説》。
② “言”，原破損不清，此據宋當塗郡齋本《四書集注》。

【集義】伊川先生曰："子濯孺子爲將之事，孟子只取其不背師之意。"又曰："國之安危在此一舉，則殺之可也。舍之而無害於國，權輕重可也，何用虛發四矢也。"

【張氏注】取友之道，貴乎端。雖然，己必端人也，而後能取友。羿者，有夏氏之篡臣也，逢蒙學射而爲之役服，一旦天下惟羿爲愈己也，則從而殺之。論者徒知逢蒙之殺其師爲罪固也，不知羿之不能取友也，故孟子以爲羿亦有罪。其罪雖愈於逢蒙，然不得爲無罪也。雖然，羿之不能取友，以羿無以取友故也，於是引子濯孺子之事以明之。夫子濯孺子聞庾公之斯之名，則信其必不我殺，蓋以尹公之他而信之也，則孺子之觀之他也審矣。以之他之爲端人，而知其取友之必端，則孺子之爲人，抑可知矣。然則羿之爲罪，豈不明乎？程子曰："孟子取庾公之斯不背師之意，然人須就上理會事君之義當如何。然則果何如哉？蓋亦曰審其重輕而已矣。"若是舉也，兩國之存亡安危係焉，則君臣之義重，而其餘有所不得而顧矣。若因用師而相遇，則己獨避之可也；若抽矢去金而發，則於義也何居？孟子方明取友之道於斯，固有不暇論者矣。雖然，即逢蒙之事論之，蒙若委質爲夏廷之臣，羿篡夏氏，凡爲臣子，舉得而誅之，蒙以義討賊，則雖嘗學射於羿，亦何罪之有？而蒙也受學於羿，而獨以己之私意忌羿而殺之，是則爲殺其師耳。以此而觀，輕重之權衡可得而推矣。

○孟子曰："西子蒙不潔，則人皆掩鼻而過之。

西子，美婦人。蒙，猶冒也。不潔，污穢之物也。掩鼻，惡其臭也。

雖有惡人，齊戒沐浴，則可以祀上帝。"齊，側皆反。

惡人，醜貌者也。○尹氏曰："此章戒人之喪善，而勉人以自新也。"

【張氏注】此戒人自棄，而勉人自新也。人固有質美而自修者矣，一放其心，以陷於小人之歸者有焉。人固有平日所爲不善者矣，一知悔艾，[1]以進於君子之域者有焉。示之以"西子蒙不潔"之喻，所以使質美者毋或自恃，兢懼自持而不替也。示人以"惡人齋戒沐浴"之喻，所以使有過者思所自新，沛然遷善之速也。齊桓公一執陳轅濤塗，而書之曰"齊人"，蓋夷狄

---

① "一"，原漫漶不清，此據通志堂本《孟子説》。

之,則以其不能自持故也,其近於蒙不潔者歟? 秦穆公一有悔過詢黃髮之言,則著《秦誓》於《書》,則以其有遷善之意也,其近於齋戒沐浴者歟? 學者玩此章,其亦可以深儆矣。

【纂疏】輔氏曰:"西子之質本美,而蒙以不潔,則自喪其美,而反致人之惡。孟子言此,所以戒人之喪其本有之善。惡人之質本醜,而能齋戒沐浴,而至誠自潔,則可以事上帝。孟子言此,所以勉人以改過自新。深玩尹氏之言,令人愓然而懼,①聳然而作。②"

○孟子曰:"天下之言性也,則故而已矣。 故者,以利爲本。

性者,人物所得以生之理也。故者,其已然之迹,若所謂天下之故者也。利,猶順也,語其自然之勢也。言事物之理,雖若無形而難知,然其發見之已然,則必有迹而易見。故天下之言性者,但言其故而理自明,猶所謂善言天者必有驗於人也。然其所謂故者,又必本其自然之勢,如人之善、水之下,非有所矯揉造作而然者也。若人之爲惡、水之在山,則非自然之故矣。

【語録】曰:"性自是個難言底物事,惟惻隱、羞惡之類,却是已發見者,乃可得而言,只看這個便見得性,故《集注》下個'迹'字。"○趙氏録　○問:"伊川謂:'則,語助也。故者,本如是者也。今言天下萬物之性必求其故者,只是欲順而不害之也。'此説如何?"曰:"'則'字亦不可做助語看了,'則'有不足之意。性最難名狀,天下之言性者,止説得'故'而已矣,'故'字外難爲别下字。如'故'有所以然之意。利,順也,順其所以然,則不失其本性矣。"問:"伊川以爲言天下萬物之性,何也?"曰:"此倒了。他文勢只是云天下之言性者,止可説故而已矣。如此,則天下萬物之性在其間矣。"(金去僞)○故只是已然之迹。如水之潤下,火之炎上,炎上潤下便是故也。父子之所以親,君臣之所以義,夫婦之别,長幼之序,然皆有個已然之迹,但只順利處,便是故之本性。水之性故下也,然"搏之過顙,激之在山",豈不是水哉? 但非其性爾。仁義禮智是爲性也,仁之惻隱,義之羞

---

① "愓",原破損不清,此據元刻本《四書纂疏》。

② "作",原破損不清,此據元刻本《四書纂疏》。

惡,禮之辭遜,智之是非,此即性之故也。若四端,則無不順利。然四端皆有相反者,如殘忍之非仁,不恥之非義,不遜之非禮,昏惑之非智,即故之不利者也。(周謨)○故是箇已發見了底物事,便分明易見,所以《集注》謂故者是已然之迹也。是無箇字得下,故下箇"迹"字也。(潘時舉)○祝氏錄　○又曰:"利是不假人爲而自然者,如水之就下,是其性本就下,只是順也;若激之在山,是不順其性,而以人爲之也。如'無側隱之心非人,無羞惡之心非人',皆是自然而然,惟智者知是此理,不假人爲,順之而行。"○趙氏錄

【纂疏】輔氏曰:"理即性也,雖曰無形而難知,然不能不感發而形見於外,既已形見,則必有迹而易見也。"○又曰:"如人之性雖難知,然其見赤子入井時,則怵惕惻隱,發而形見於外,是則有迹而易見也。"○又曰:"如言人性之仁,但言其發見而爲怵惕惻隱之迹,則仁之理自然也。"○又曰:"《注》云'善言天者,必驗於人',此天字指天道而言。天道無形而難知,而其發動處則形而爲人,即其所以爲人者而驗之,則知其所以爲天者矣。"○又曰:"所謂發見已然之迹,然亦有逆有順,自然而然,如人之善、水之下者,順也。且有所矯揉造作而然,如人之惡、水之在山者,逆也。故言其故者,又當以順利爲本。①言其故而不本於自然,則以人性爲惡、水性爲上者有矣。"○潛室陳氏曰:"善惡皆已然之迹,但順者爲本。則善者其初也,惡者非其初也,水無有不下者,水之本也。若夫搏之使過顙,激之使在山,豈其本也哉?"

所惡於智者,爲其鑿也,如智者若禹之行水也,則無惡於智矣。 禹之行水也,行其所無事也,如智者亦行其所無事,則智亦大矣。 惡、爲,皆去聲。

天下之理,本皆利順,小智之人,務爲穿鑿,所以失之。禹之行水,則因其自然之勢而導之,未嘗以私智穿鑿而有所事,是以水得其潤下之性而不爲害也。

【纂疏】輔氏曰:"人物所得之理,本皆順理,無恃於矯揉造作於其間,却緣世人不明吾性之智,而以私意爲智,於是每事務爲穿鑿,而失其順利之

---

① "本",原破損不清,此據元刻本《四書纂疏》。

理。"〇歐陽氏曰："言天下事物之理，必自夫發見已然之迹者，蓋本於天下順理自然之勢也。天下事物之理，莫不有順利自然之勢，又莫不有迹之可驗，自其已然之迹而驗之，然後實見夫理之自然者爲不可易，而其穿鑿造作者，非徒無益而又害之也。"〇又曰："若禹之行水，順夫水性之自然，而不敢行夫己意之使然，此其所以行其所無事也。"

天之高也，星辰之遠也，苟求其故，千歲之日至可坐而致也。"

天雖高，星辰雖遠，然求其已然之迹，則其運有常，雖千歲之久，其日至之度，可坐而得。況於事物之近，①若因其故而求之，豈有不得其理者，而何以穿鑿爲哉？必言日至者，造曆者以上古十一月甲子朔夜半冬至爲曆元也。〇程子曰："此章專爲智而發。"愚謂事物之理，莫非自然。順而循之，則爲大智。若用小智而鑿以自私，則害於性而反爲不智。程子之言，可謂深得此章之旨矣。

【集義】横渠先生曰："'天下之言性也，則故而已矣'，故謂本如是也。"又曰："故者素有，所謂良知良能、不慮而知、不學而能者也，惟其故則利矣。"

【語録】問："'苟求其故'，與前面故字一般否？"曰："然。"（金去偽）

$\boxed{總論一章之旨}$ 伊川先生發明此意最親切，謂此一章專主智言。鑿於智者，非所謂"以利爲本"也。其初只是性上泛説起，不是專説性，但謂天下之説性者只説得"故"而已。後世如荀卿言"性惡"，揚雄言"善惡混"，但皆説得下面一截，皆不知其所以謂之故者如何，遂不能"以利爲本"而然也。荀卿之言只是横説如此，到底滅這道理不得。則就《性惡》篇謂"塗之人皆可爲禹"，即此自可見。"故"字若不將已然之迹言之，則下文"苟求其故"之言如何可推？曆象家自今日推算而上，極於太古開闢之時，更無差錯，只爲有此已然之迹可以推測耳。天與星辰間或躔度有少差錯，久之自復其常。"以利爲本"，亦猶天與星辰循常度而行，苟不如此，皆"鑿"之謂也。（周謨）〇祝氏録

【或問】程子以此章專爲智而發，今以章首之言推之，恐其或爲性發，而非智之謂也。曰："不然。章首之言，所以發明天下事物，莫不各有自然之理，又皆有迹而可尋，以見智之不必用而不可用，其下遂言惡夫鑿智之説，

---

① "近"，原破損不清，此據宋當塗郡齋本《四書集注》。

而卒又歸章首之意。使其專爲性發，則其言之詳略，又豈若是其倒置哉？”
“日至之説，或但以爲日之所躔，如何？”曰：“是亦可通，然非文義之所係，
則亦兼而存之可也。”

【張氏注】天下之言性，言天下之性也。故者，本然之理，非人之所得而爲
也。有是理則有是事，有是事則有是物。夫其有是理者性也，順其理而不
違，則天下之性得矣，故曰“故者，以利爲本”，順則無往而不利也。“所惡
於智者，爲其鑿也。”鑿者，以人爲爲之也。無是理而强爲之，故謂之鑿。
鑿則失其性，則不可推而行，無所利矣，此所謂惡夫智也。是蓋以其私智
爲智，而非所謂智也。若禹之行水，則所謂智矣。蓋就下者，水之性也。
水之性非禹之所得爲，禹能知而順之，非智乎？ 事事物物，其理之素具者，
皆若水之就下然也。智者之於事物，皆若禹之於水，則智不亦大矣乎？ 所
謂行其所無事者，非無所事也，謂由其所當然，未嘗致纖毫之力也。天雖
高，日月星辰雖遠，而其故皆可得而求，蓋莫非循自然之理也。求其故，則
千歲之日至，亦坐而致，而況他乎。故夫上世聖人所以建立人極，裁成萬
化，其事業爲無窮，然在聖人亦何加毫末於此？ 皆天下之性所當然，而聖
人特因以利之耳。天命之謂性，①萬有根焉。率性之謂道，萬化行焉。聖
人者，能盡其性，而盡人之性、盡物之性，以贊天地之化育者也。雖然，人
皆有是性，則其理未嘗不具也，而人不能循其故者，正以私意之爲亂之耳。
克己則人爲息，而其所謂故者，昭昭乎不可掩矣。

【集疏】覺軒蔡氏曰：“‘禹之行水，行其所無事’，即《禹貢》導菏澤、②導岍、
導嶓冢、導弱水、導黑水、導河、導漾、導江、導沇水、導淮、導渭、導洛，凡十
二處，無非因水性之所以然而導達之也。”

【纂疏】輔氏曰：“此章先儒多只就性上説，故皆失之鑿，唯程子以爲此章
專爲智而設，然後其義可明。”○又曰：“《注》云‘用小智而自私，則害於性’
者，應前‘水得潤下之性’而言也。蓋性本順利，若不順其本然之理而求
之，則反害其性也。歐陽氏曰：‘天下之大智無所自爲，而常因天下之理；
天下之小智不知循理，而常任一己之私。’”○趙氏曰：“古者必得甲子朔旦

---

① “命”，原作“下”，據通志堂本《孟子説》改。
② “即”，原漫漶不清，此據通志堂本《孟子集疏》。

夜半冬至，而日月五星皆會於子，謂之上元，以爲曆始。”

○公行子有子之喪，右師往弔。　入門，有進而與右師言者，有就右師之位而與右師言者。

　　公行子，齊大夫。右師，王驩也。

孟子不與右師言，右師不悅，曰：“諸君子皆與驩言，孟子獨不與驩言，是簡驩也。”

　　簡，略也。

孟子聞之，曰：“禮，朝廷不歷位而相與言，不踰階而相揖也。　我欲行禮，子敖以我爲簡，不亦異乎？”朝，音潮。

　　是時，齊卿大夫以君命弔，各有位次。若周禮，凡有爵者之喪禮，則職喪涖其禁令，序其事，故云朝廷也。歷，更涉也；位，他人之位也。右師未就位而進與之言，則右師歷己之位矣；右師已就位而就與之言，則己歷右師之位矣。孟子、右師之位又不同階，孟子不敢失此禮，故不與右師言也。

　　總論二章之旨　孟子鄙王驩而不與言，固是，然朝廷之禮既然，則當是之時，雖不鄙之，亦不得與之言矣。鄙王驩事，於出弔處已見之。此章之意，則以朝廷之禮爲重。時事不同，理各有當，聖賢之言，無所苟也。(《答何叔京》)

　　【或問】二十七章之說。愚嘗聞之師曰：“陳司敗譏孔子爲有黨，而孔子受之不辭，右師以孟子爲簡己，而孟子辨之如此其力，聖賢地位，固不同也。使孟子聞右師之言，而曰‘禮也’足矣。無已而曰朝廷不歷位而相與言，①不踰階而相揖，則已微見圭角矣；②然猶可也，而又必盡其辭焉，此所以鋒芒發露，而不及孔子之渾然也。學者於此且致察焉。”

　　【張氏注】右師，王驩，齊之嬖卿也。有進而與右師言者，有就右師之位而與右師言者，蓋以其嬖於君而諂之也。孟子獨不與之言，道固然也。右師不悅，而以爲簡己者，蓋孟子一時之所尊敬，驩雖小人，亦以孟子爲重也。故欲幸假其辭色，以爲己之榮，是以望望于此，而以其不我顧爲簡也。孟子獨舉朝廷之禮以爲言，何其正大而不迫歟！蓋君子之動，無非禮也。

────────

①　“無已”，原漫漶不清，此據清呂氏刻本《四書或問》。

②　“圭”，原漫漶不清，此據清呂氏刻本《四書或問》。

"朝廷不歷位而相與言，不踰階而相揖"，此禮也。君子行禮，故常履安地而有餘裕。他人不由禮，則自蹈於險艱而已。所謂"遠小人，不惡而嚴"者，豈有他哉？亦曰禮而已矣。禮之所在，而何有於我哉？或者勸伊川先生合少加禮貴近，先生曰："獨不勸以盡禮，而勸以加禮乎？禮盡處豈容加乎？"此孟子之意也。唐王毛仲置酒，聞宋璟之名而欲致之，明皇敕使璟往，至則北望再拜謝恩，而稱疾以退，璟亦可謂正矣。然毛仲，君之廝役也，往赴其集，義何居乎？若璟聞命而引義以陳，則爲盡善矣。

○孟子曰："君子所以異於人者，以其存心也。　君子以仁存心，以禮存心。

以仁禮存心，言以是存於心而不忘也。

【語録】問："'君子以仁存心，以禮存心'，是我本有此仁此禮，只要常存而不忘否？"曰："非也。他這箇從存心上說下來，言君子所以異於小人者，以其存心不同耳。君子則以仁以禮而存之於心，小人則以不仁不禮而存之於心。須看他上下文主甚麽説，始得。"（沈僩）○這個"存心"與"存其心，養其性"底"存心"不同，只是處心與人不同。（甘節）○存心不在紙上寫底，且體認自家心是何物，聖賢説得極分曉。（李季札）○祝氏録

【纂疏】輔氏曰："以仁存心而不忘，如造次顛沛必於是也；以禮存心而不忘，如視聽言動必以禮也。"

仁者愛人，有禮者敬人。

此仁禮之施。

【纂疏】輔氏曰："由乎内，以施外也。"

愛人者，人恒愛之；敬人者，人恒敬之。　恒，胡登反。

此仁禮之驗。

【纂疏】輔氏曰："獲乎外，以驗於内也。"

有人於此，其待我以橫逆，則君子必自反也：我必不仁也，必無禮也，此物奚宜至哉？　橫，去聲。下同。

橫逆，謂强暴，不順理也。物，事也。

【纂疏】輔氏曰："强暴，橫也。不順理，逆也。"

其自反而仁矣，自反而有禮矣，其橫逆由是也，君子必自反也，我必不忠。　由，與猶同，下放此。

忠者，盡己之謂。我必不忠，恐所以愛敬人者，有所不盡其心也。

【語錄】忠者，盡己也。盡己者，仁禮無一毫之不盡。（甘節）○祝氏録

【纂疏】輔氏曰：“理無窮盡，人有作輟。一息不存，一物不體，便是不盡其心。”

自反而忠矣，其橫逆由是也，君子曰：‘此亦妄人也已矣。　如此，則與禽獸奚擇哉？　於禽獸又何難焉？’難，去聲。

奚擇，何異也。又何難焉，言不足與之校也。

是故君子有終身之憂，無一朝之患也。　乃若所憂則有之：舜，人也；我，亦人也。　舜爲法於天下，可傳於後世，我由未免爲鄉人也，是則可憂也。　憂之如何？　如舜而已矣。　若夫君子所患則亡矣。　非仁無爲也，非禮無行也。　如有一朝之患，則君子不患矣。”夫，音扶。

鄉人，鄉里之常人也。君子存心不苟，故無後憂。

【語錄】舜爲法於天下，可傳於後世，我猶未免爲鄉人，是則可憂也。此便是知恥，知恥則進學，不得不勇。

【或問】古之聖人多矣，必言舜爲法於天下，何也？曰：“法者，人倫而已。他聖人者，因其常而更處之不失，未足以見人道之盡也。惟舜極其變而不失其常，是以人道之盡於此，尤可以見焉，故特舉舜而爲言耳。然其所謂法者，亦豈舜之自爲哉？但性天之妙，人所難明，而舜之所行有以盡發其蘊，使天下後世無不見聞，故舉舜以見法耳。程子所謂‘觀乎聖人，則見天地’者，正謂此也。”曰：“楊氏以爲孟子三自反，不若顏子不校，信乎？”曰：“自反所以自脩，學者之事也。不校，不見可校，成德之事也。其淺深之序，信如楊氏之説矣。然自反之説，謹嚴清切，正學者所當用力處，若反之未至，而遽欲自以不校爲高，則恐其無脩省之功，而陷於苟且頹惰之域也。”

【張氏注】反身端本，君子之道也，故務盡其在己者而已。橫逆之來，雖不爲其所動，而亦未嘗忽而不加察，惟其理何如爾。“以仁存心，以禮存心”

者,言存主乎此也。"仁者愛人",仁者必愛人也。"有禮者敬人",有禮者必敬人也。愛敬者,人道之大端,是心人孰無之? 故"愛人者人恒愛之,敬人者人恒敬之",有是感必有是應,其理然也。而不幸有橫逆加焉,則姑自反而已。自反者,求之於吾身,端本之道也。其自反則思:"吾必不仁歟? 必無禮歟? 不然則橫逆何以至吾前?"自反而仁,自反而有禮,是吾愛敬之本立矣。而橫逆由是,則又從而自反焉,曰:"我必不忠。"盡己之謂忠,即盡夫仁與禮者也。而橫逆猶如是,則歸之理而已,曰:"是人妄耳。"人而妄何以異於庶物哉? 此非疾而詆之之辭,言其理然也。所謂"君子有終身之憂"者,憂不得如舜也。其曰"未免爲鄉人"也,未有以異乎鄉之人也。其欲如舜者,非慕夫舜之事功也,欲如舜之盡其道爲難也。"爲法於天下,可傳於後世",言舜爲人倫之至也。其憂不如舜者,豈但憂之而已哉? 求所以則而效之者,惟恐不及也。故曰:"憂之如何? 如舜而已矣。"所謂"一朝之患"者,橫逆之至乎前也。吾非仁無爲,非禮無行,而橫逆一朝至前,則非所患也。雖非所患,然自反之功,則無窮也。若不務勉乎仁與禮,而徒以橫逆爲患,則紛然置悔吝於胸中耳。雖然,自反之功深矣,所謂"自反而仁矣""自反而有禮矣""自反而忠矣",其工夫爲如何哉? 而今之學者未能進乎此,一旦橫逆加之,則曰吾仁矣,吾有禮矣,吾忠矣,遂斷彼以爲妄人之歸,而不復致反身之道。以予觀之,是則自陷於妄而已矣,不可不察也。

【纂疏】趙氏曰:"《集注》'不苟'二字,不可淺看,心一不仁而不自覺、不自強,便是苟且也。"

○禹、稷當平世,三過其門而不入,孔子賢之。

事見前篇。

顔子當亂世,居於陋巷,一簞食,一瓢飲,人不堪其憂,顔子不改其樂,孔子賢之。　食,音似。樂,音洛。孟子曰:"禹、稷、顔回同道。

聖賢之道,進則救民,退則脩己,其心一而已矣。

【纂疏】輔氏曰:"道則以其所行言之也,心則以其所在言之也。救民者,脩己之驗。脩己者,救民之本。有是心則有是道,有是本則有是驗。"

禹思天下有溺者,由己溺之;稷思天下有飢者,由己飢之也。　是以如是其急也。　由,與猶同。

禹、稷身任其職，故以爲己責而救之急也。

【纂疏】輔氏曰：“禹、稷既委質以事舜，而以身任拯溺救飢之責，故視斯民之有飢溺者，猶己使之飢溺，是以救之如是其急，所以盡其職分也。”

禹、稷、顏子，易地則皆然。

聖賢之心無所偏倚，隨感而應，各盡其道。故使禹、稷居顏子之地，則亦能樂顏子之樂；使顏子居禹、稷之任，亦能憂禹、稷之憂也。

【纂疏】輔氏曰：“聖賢之心，其本然之體，亭亭當當，直上直下，無所偏，無所倚，此其所謂中者，天下之大本也，然不能不感於物，故隨感而應。有可喜之事感，則喜心便應；有可怒之事感，則怒心便應。如進則便須救民，退則便須脩己，皆吾大本中自然之禮。無或過，無或不及，各盡其道，此其所謂和者天下之大道也。如是，故‘使禹、稷居顏子之地，亦能樂顏子之樂，使顏子居禹、稷之地，亦能憂禹、稷之憂’，同一大本，同一達道故也。”

今有同室之人鬬者，救之，雖被髮纓冠而救之，可也。

不暇束髮，而結纓往救，言急也。以喻禹、稷。

鄉鄰有鬬者，被髮纓冠而往救之，則惑也，雖閉戶可也。”

喻顏子也。○此章言聖賢心無不同，事則所遭或異，然處之各當其理，是乃所以爲同也。尹氏曰：“當其可之謂時，前聖後聖，其心一也，故所遇皆盡善。”

【集義】伊川先生曰：“《記》曰‘君子而時中’，如三過其門而不入，如禹、稷之出爲中，若居陋巷則不中矣。居陋巷在顏子之時爲中，三過其門而不入則非中矣。故曰：‘禹、稷、顏子易地則皆然。’”○橫渠先生曰：“‘禹、稷、顏子，易地則皆然’，顏子固可以爲禹、稷之事，如不伐善、無施勞，是乃禹、稷之事也，顧顏子勿用者耳。然顏子當禹、稷之世，禹、稷復當顏子之時，其出其處，更觀人臨時志守如何。”○楊氏《答陳瑩中書》曰：“禹思天下之溺猶己溺之，稷思天下之飢猶己飢之，過門不入，弗子其子，至胼胝手足，而不爲病，君子不謂之過。顏淵在陋巷，飯疏飲水，終日如愚，然君子不謂之不及。蓋禹、稷被髮纓冠而往救之者也，顏淵閉戶者也，故孟子曰‘易地則皆然’。若顏淵、禹、稷不當其可，則是楊、墨而已，君子不與也。”

【語錄】問：“禹、稷三過其門而不入，若家有父母，豈可不入？”曰：“固是。然事亦須量箇緩急。若只是那九年泛泛底水，未便會傾國覆都，過家見父母,亦不妨。若洪水之患甚急,有傾國覆都、君父危亡之灾也,只得奔君父之急,雖不過見父母,亦不妨也。"又問:"鄉鄰之間,有親戚兄弟在其中,豈可一例不管?"曰:"有兄弟固當救,然事也須量大小。若只是小小鬥毆,救之亦無妨。若是有兵戈殺人之事,也只得閉門不管而已。"(沈僩)

【張氏注】禹、稷、顏子之事,疑不相似,然而孔子皆賢之,孟子又斷以爲同道,何哉? 蓋以禹、稷、顏子之心一故也。心之所爲一者,天理之所存也,無意、必、固、我加乎其間,當其可而已,此之謂時中。禹、稷立乎唐虞平治之朝,當天下之任,故以生民之未得其所爲己憂。其溺也猶己溺之,其飢也猶己飢之。在禹、稷之時,居禹、稷之任,固當然也。顏子生於亂世,魯國之匹夫耳,任行道之責者,有孔子在,則顏子退居於陋巷可也。在顏子之時,處顏子之地,固當然耳。譬諸同室之鬥,則當被髮纓冠而救之;鄉人之鬥,則閉戶可也。此禹、稷、顏回之事所以爲不同,然而爲當其可則一而已。故曰:"禹、稷、顏子,易地則皆然。"雖然,在常情觀之,顏子未見其施爲,而遽比之禹、稷,不亦過乎? 殊不知禹、稷之事功,果何所自乎? 德者本也,事功者末也,而本末一致也。故程子曰:"有顏子之德,則有禹、稷之事功。"所謂事功,在聖賢夫何有哉? 惟其時而已矣。然而孟子歷聘諸國,皇皇然以行道爲任,有異乎顏子之爲德何哉? 方是時,異端並作,人欲橫流,世無孔子,孟子烏得不以行道自任? 予則曰:"顏子、孟子易地則皆然。[1]"若夫墨氏兼愛,則似乎禹、稷之憂民者;楊氏爲我,則似乎顏子之在陋巷者。惟其不知天理時中,而妄意以守一義。蓋墨氏終身被髮纓冠,以求救天下之鬥,而楊氏則坐視同室之鬥而不顧者,其賊乎道,豈不甚哉? 是則人欲而已矣。

【集疏】覺軒蔡氏曰:"按程子《上仁祖書》有曰'所謂道非大成,不苟於用者,顏回之徒是也。天之大命在夫子矣,故彼得自善其身,非至聖人則不出也',深有得乎顏子居亂世之意。"

【纂疏】輔氏曰:"《集注》章旨,所謂'聖賢之心無不同',一本也;'事則所遭或異',萬殊也。'然處之各當其理,是乃所以爲同'者,所謂萬殊一本,吾道一以貫之也。"○又曰:"事雖萬殊,心一以貫,則凡所以語嘿云爲,達

---

[1]　"地",原作"然",據通志堂本《孟子説》改。

道也,皆時中也。豈復有不盡善者哉?"

○公都子曰:"匡章,①通國皆稱不孝焉。 夫子與之遊,又從而禮貌之,敢問何也?"

　　匡章,齊人。通國,盡一國之人也。禮貌,敬之也。

　　【纂疏】輔氏曰:"禮貌,猶所謂文貌,謂其容貌有禮文也。人心纔敬,則見人便自有禮貌也。"

孟子曰:"世俗所謂不孝者五:惰其四支,不顧父母之養,一不孝也;博弈好飲酒,不顧父母之養,二不孝也;好貨財,私妻子,不顧父母之養,三不孝也;從耳目之欲,以爲父母戮,四不孝也;好勇鬥狠,以危父母,五不孝也。 章子有一於是乎? 好、養、從,皆去聲。狠,胡懇反。

　　戮,羞辱也。狠,忿戾也。

夫章子,子父責善而不相遇也。 夫,音扶。

　　遇,合也。相責以善而不相合,故爲父所逐也。

責善,朋友之道也;父子責善,賊恩之大者。

　　賊,害也。朋友當相責以善,父子行之,則害天性之恩也。

夫章子,豈不欲有夫妻子母之屬哉? 爲得罪於父,不得近,出妻屏子,終身不養焉。 其設心以爲不若是,是則罪之大者,是則章子已矣。""夫章"之"夫",音扶。爲,去聲。屏,必并反。養,去聲。

　　言章子非不欲身有夫妻之配、子有子母之屬,但爲身不得近於父,故不敢受妻子之養,以自責罰。其心以爲不如此,則其罪益大也。○此章之旨,於衆所惡而必察焉,可以見聖賢至公至仁之心矣。楊子曰:"章子之行,孟子非取之也,特哀其志而不與之絶耳。"

　　【語録】據章子所爲,因責善於父而不相遇,雖是父不是,己是,然但至如此廢業,"出妻屏子,②終身不養",則豈得爲孝! 故孟子言"父子責善,賊恩之大者",此便是責之以不孝也。但其不孝之罪未至於可絶之地耳,然

---

① "匡",原缺末筆,乃避宋太祖趙匡胤諱,今改回,下同。

② "屏",原作"进",據陳焯刻本《朱子語類》卷五七《孟子七·離婁下》改。

當時人則遂以爲不孝而絶之，故孟子舉世俗之不孝者五以曉人，若如此五者則誠在所絶耳。後世因孟子不絶之，則又欲盡雪匡子之不孝而以爲孝，①此皆不公不正，倚於一偏也。必若孟子之所處，然後可以見聖賢至公至仁之心矣。（輔廣）

總論二章之旨 看得匡章是箇拗强底人，②因對曰："觀其屬意於陳仲子，則可見。"先生甚然之，曰："兩個都是此樣人，故説得同。"（輔廣）

【張氏注】常人之私情，樂聞人之過，責人惟恐不深，而不復察其理。君子恕以待人，油然公平，各以其分，而是非無不得矣。匡章之事，亦可謂處乎其不幸者也。衆人皆歸之以不孝之名，而孟子獨明其不然者，察其理故耳。蓋諫於其父，③而父不受，以至於怒而屏之，以君子之法論之，章特未知夫身有隱而無犯，與夫號泣而從之之義耳。夫其所謂有隱而無犯，與夫號泣而從者，其惋愉委曲爲如何？非致其深愛者不能也。章之諫也，無乃不能察其親之意，而或過於辭色歟？是以爲責善而賊恩也。夫至於責善而賊恩，則非惟不能正救其事，而反以傷父子之天性，其所處固不爲無過，然謂之不孝，則抑甚矣。蓋章本心，亦庶幾欲其父之爲善耳，而處之或過，反以致其怒，而章又以爲既得罪於父，④則己亦不當安夫妻子之養，則從而黜屏其妻子，⑤謂不若是，則己之罪益大也。其深自咎責之意，可見矣。夫察章之事，既異乎世俗之所謂不孝，而原章之心，則又以得罪於父爲不遑安，則章亦庶幾其可進於善者，又豈當棄絶於君子之門哉？若章得罪於父而不知懼，則是以忿戾之氣行於其間，而可罪矣。然則君子之觀人也，豈苟云乎哉？夫齊國之士，皆以仲子爲廉，⑥通國皆稱匡章爲不孝，⑦而孟子獨明其不然。世俗之毀譽，如無本之水，非君子孰能察之？雖然，孟子所論不孝五者，蓋言世俗之所謂不孝者，世俗之所共知也。若夫君子之行事，則居處之不莊，非孝也；事君不忠，非孝也；莅官不敬，非孝也；朋友不信，非

---

① "又欲"，原漫漶不清，此據明陳煒刻本《朱子語類》卷五七《孟子七·離婁下》。
② "匡章"，原作"康章"，乃避宋太祖趙匡胤諱，今改回。
③ "蓋"，原漫漶不清，此據通志堂本《孟子説》。
④ "而""既"，原漫漶不清，此據通志堂本《孟子説》。
⑤ "從"，原漫漶不清，此據通志堂本《孟子説》。
⑥ "廉"，原漫漶不清，此據通志堂本《孟子説》。
⑦ "稱"，原漫漶不清，此據通志堂本《孟子説》。

孝也；戰陣不勇，非孝也。一失其所以行事之理，則爲非孝矣。孟子特以衆人稱章子爲不孝而欲棄絶之，故舉世俗之所謂不孝者，而辨其不然耳。

【纂疏】輔氏曰：“‘衆惡之，必察焉’，此孔子之明訓也，而孟子之意正如此，故可以見其至公至仁之心。至公則無有私蔽於己，至仁則不忍苟責於人。必能至公然後能至仁，必能至仁然後能至公。”

○曾子居武城，有越寇。或曰：“寇至，盍去諸？”曰：“無寓人於我室，毀傷其薪木。”寇退，則曰：“修我牆屋，我將反。”寇退，曾子反。左右曰：“待先生如此其忠且敬也，寇至，則先去以爲民望；寇退，則反。殆於不可。”沈猶行曰：“是非汝所知也。昔沈猶有負芻之禍，從先生七十人，未有與焉。”與，去聲。

武城，魯邑名。盍，何不也。左右，曾子之門人也。忠敬，言武城之大夫事曾子忠誠恭敬也。爲民望，言使民望而效之。沈猶行，弟子姓名也。言曾子嘗舍於沈猶氏，時有負芻者作亂，來攻沈猶氏，曾子率其弟子去之，不與其難。言師賓不與臣同。

【纂疏】輔氏曰：“師則父行也，賓則兄行也，故與爲人臣者不同。父兄則當尊也，臣則比二者爲微矣。君之所以待三者固異，而三者之所以自處亦不同也。[1]”

子思居於衛，有齊寇。或曰：“寇至，盍去諸？”子思曰：“如伋去，君誰與守？”

言所以不去之意如此。

孟子曰：“曾子、子思同道。曾子，師也，父兄也；子思，臣也，微也。曾子、子思易地則皆然。”

微，猶賤也。尹氏曰：“或遠害，或死難，其事不同者，所處之地不同也。君子之心，不繫於利害，惟其是而已，故易地則皆能爲之。”○孔氏曰：“古之聖賢，言行不同，事業亦異，而其道未始不同也。學者知此，則因所遇而應之，若權衡之稱物，低昂屢變，而不害其爲同也。”

---

① “自”，原破損不清，此據元刻本《四書纂疏》。

【張氏注】君子不避難，亦不入於難，惟當夫理而已。夫於其所不當避而避焉，固私也；而於其所不當預而預，乃勇於就難，是亦私而已矣。故慷慨殺身者易，從容就義者難。蓋常人爲血氣所蔽，是以莫能擇義而處。惟君子燭理之明，克己之力，故於事事物物之間，處之而從容也。此曾子、子思之所以同道歟？夫曾子，師也，父兄也，師之尊與父兄之義同，以師道居，則固非爲臣役矣。寇至而去之，寇退而反，無預其難，蓋在師之義，當然也。子思，臣也，微也，爲之臣則固爲微矣，委質以服君之事，有難而可逃之乎？與君同守而不去，則爲臣之義，當從也。①從容乎義之所當然，曾子、子思何有哉？故曰：“曾子、子思易地則皆然。”以其天理時中，一而已。嗟乎！知曾子、子思之所處，則知微子、比干、箕子之事矣。《易》之爲書，卦者，事也；爻者，事之時也。於其事，當其時，而各有處焉，蓋莫非天理之素也。非克己窮理者，其孰能與於斯哉？

【纂疏】輔氏曰：“曾子率弟子而去之，是遠害也。子思雖無死難之事，然寇至不去，則有死難之理也。其事如此不同者，蓋以曾子則處師賓之地，而子思則處爲臣之地，有不同焉故也。君子之心，不論事之利與害，唯顧理之是者則爲之耳。故雖易地而處，皆能爲其所當然者。若其心一繫於利害，則有陿穢而無安裕，有苟且而無詳允。爲臣而死難者，處賓師之地，則或不能遠乎害；爲師賓而遠害者，處爲臣之地，則或不能死於難。變動遷徙，或至於倒行逆施而不自知也。”○又曰：“古人言行事業，皆就其所遇之時、所處之地爲之，故各自不同。至於道則一，而惟歸于是耳。②學者知此，則隨所遇之時，因所遇之地而應之，如權衡之稱物，物有輕重之不同，則衡有低昂之或異，我則進退其權以取平焉，豈有不同者哉？”

○儲子曰：“王使人瞯夫子，果有以異於人乎？”孟子曰：“何以異於人哉？　堯舜與人同耳。”瞯，古莧反。

儲子，齊人也。瞯，竊視也。聖人亦人耳，豈有異於人哉？

---

① “從”，通志堂本《孟子説》作“然”。
② “惟”“耳”，原破損不清，此據元刻本《四書纂疏》。

【集義】楊氏曰：“聖人，人倫之至也，豈有異於人乎哉？堯舜之道曰孝弟，不過行止疾徐而已，皆人所日用，而昧者不知也。夏葛而冬裘，渴飲而飢食，日出而作，晦而息，無非道者，譬之莫不飲食，而知味者鮮矣。推是而求之，①則堯舜與人同，其可知也已。”

【張氏注】齊王謂孟子而果賢，則必有異於人者，故使儲子瞯之。孟子之言曰：“何以異於人哉？堯舜與人同耳。”語雖至約，而所包含至廣矣。夫人者，天地之心，聖人之與眾人均也，豈有異乎哉？眾人有喜怒哀樂，聖人亦未嘗無也。眾人夏葛冬裘，飢食渴飲，聖人亦不能違也。然而聖人之所以爲聖人，眾人之所以爲眾人者，果何在乎？聖人率性而盡其道，眾人則逆其道而失其性故耳。然而眾人雖失其性，而道固自若也。聖人雖獨盡其道，而立則俱立，達則俱達，未嘗不與人同也，故曰“堯舜與人同耳”。夫自常情觀聖賢之所爲，疑若甚高，而不可跂及。曾不知聖賢之所爲，無非天下之常理，猶飢之當食，渴之欲飲然也。惟夫己私蔽之，而昧夫大同之理，則差殊萬端，視所謂常而不可易者，反爲甚高而難能者矣。故不極高明，則不足以道中庸，是以君子貴乎學也。

【纂疏】輔氏曰：“《集注》謂‘聖人亦人耳’，所以先解‘堯舜與人同’一句，然後却言‘豈有異於人’，逆而解之，意愈明白。雖然，堯舜不獨與人同其形，至於其心所具之理，則亦與人無異也，孟子之言固兼舉之矣。”

○齊人有一妻一妾而處室者，其良人出，則必饜酒肉而後反。其妻問所與飲食者，則盡富貴也。其妻告其妾曰：“良人出，則必饜酒肉而後反，問其與飲食者，盡富貴也，而未嘗有顯者來，吾將瞯良人之所之也。”蚤起，施從良人之所之，徧國中無與立談者。卒之東郭墦間，之祭者，乞其餘；不足，又顧而之他，此其爲饜足之道也。其妻歸，告其妾，曰：“良人者，所仰望而終身也，今若此！”與其妾訕其良人，而相泣於中庭，而良人未之知也，施施從外來，驕其妻妾。施，音迤，又音易。墦，音燔。施施，如字。

章首當有“孟子曰”字，闕文也。良人，夫也。饜，飽也。顯者，富貴人也。

---

① “推”，原作“惟”，據清呂氏刻本《論孟精義·離婁下》改。

施，邪施而行，不使良人知也。墦，冢也。顧，望也。訕，怨詈也。施施，喜悦自得之貌。

由君子觀之，則人之所以求富貴利達者，其妻妾不羞也，而不相泣者，幾希矣！

孟子言自君子而觀，今之求富貴者，皆如此人耳。使其妻妾見之，不羞而泣者少矣，言可羞之甚也。○趙氏曰："言今之求富貴者，皆以枉曲之道，昏夜乞哀以求之，而以驕人於白日，與斯人何以異哉？"

【張氏注】意者孟子在齊，適見齊人有此事，而嘆息以爲與世之求富貴利達者無以異也。夫其施施然驕其妻妾，徒知以得爲貴，而不知所以得之者爲可賤也。一日妻妾知其所爲，而心賤之，以爲不可望以終身，而其驕猶未已。妻妾知其爲可賤，而在己獨不知賤之，爲欲所蔽故也。夫富貴利達豈可求哉？若有求之之意，則苟可以求而遂其欲者，枉道屈身無所不至矣。而彼方且以此而驕人，是與墦間之乞者何以異哉？其妻妾特未知其所以得之者爲可羞耳，使其知之，則亦將爲之恥而相泣矣。雖然，墦間之乞者不過辱其身而已。求富貴利達而不以其道，則斯人也將至於敗于其家、凶于其國，一身之無恥，而貽害之大，不獨妻妾之不足以仰望於終身而已也。①而彼方以此自驕，不亦悲夫！

【講義】曰："孟子於辭受出處之際，未嘗不拳拳焉。齊王欲見則辭以疾，王驩輔行則不與言，欲授以室則却而不從，欲留其行則卧而不應，枉尺直尋則非之，不辨禮義則非之，②既譬以鑽穴隙而相窺，又譬之以登龍斷而罔利，至於墦間之喻，辭旨懇切，③若是者果何邪？義與利之間，君子小人之所分，而天下國家治亂之所關係也。義者，天理之公；利者，人欲之私。循天理之公，則辭受出處惟義之從、惟義之安，④是既足以全吾此心之德矣。以之治人，則必能立懦而激貪；以之事君，則必能伏節而死義。徇人欲之私者反是，卑辱苟賤，惟利之趨，既已喪其本心矣，則傷風敗教、欺君誤國，皆斯人爲之也。聖賢安得不深致其戒哉？今觀墦間一章，所以形容

---

① "以仰"，原漫漶不清，此據通志堂本《孟子説》。
② "辨"，原作"卞"，據元刻本《孟子講義》改。
③ "辭"，原漫漶不清，此據元刻本《孟子講義》。
④ "義之安"，元刻本《孟子講義》作"命之安"。

其苟賤之態，雖三尺童子亦知惡之，然流俗滔滔，務爲卑縮，①工簡牘、事苟且，脅肩諂笑、搖尾乞憐，自少至老，自朝至暮，無一念不在於是，視吾身心爲何物？視天下國家爲何事？其未得之也，則愁憂窮蹙，若不可以終日；志得意滿，則驕其親戚，傲其閭里，然其可賤尤甚於墦間而莫之覺也。學者要當深思義利之辨，②充吾羞惡之心，而養吾剛大之氣，然後知孟子之言，誠末俗之箴砭也。"

---

① "縮"，元刻本《孟子講義》作"詻"。
② "辨"，原作"卞"，據元刻本《孟子講義》改。

孟子卷第九

【諸儒集成之書】

朱子集注　朱子集義　朱子語録　朱子或問　南軒張氏注　黃氏講義　蔡氏集疏　趙氏纂疏

萬章章句上凡九章

萬章問曰：“舜往于田，號泣于旻天，何爲其號泣也？”孟子曰：“怨慕也。”號，平聲。

舜往于田，耕歷山時也。仁覆閔下謂之旻天。號泣于旻天，呼天而泣也，事見《虞書·大禹謨》篇。怨慕，怨己之不得其親而思慕也。

【纂疏】輔氏曰①：“怨者，怨咎己之不得其親而不能自已；慕者，思慕其親而不能自忘也。②夫父慈子孝，理之常也，何有於怨慕哉？唯其遭事之變故，深惟其所以不得於親之故，而自怨自咎，其在我者有何罪戾而致？然又思慕其親，無頃刻之忘，必欲得其歡心而後已，此舜之所以怨慕也。”

萬章曰：“‘父母愛之，喜而不忘；父母惡之，勞而不怨。’然則舜怨乎？”曰：“長息問于公明高曰：‘舜往于田，則吾既得聞命矣；號泣于旻天、于父母，則吾不知也。’公明高曰：‘是非爾所知也。’夫公明高以孝子之心，爲不若是恝，我竭力耕田，共爲子職而已矣，父母之不我愛，於我何哉？”惡，去聲。夫，音扶。恝，苦八反。共，平聲。

---

① “纂疏輔”，原破損不清，此據元刻本《四書纂疏》。

② “思慕其親”，原破損不清，此據元刻本《四書纂疏》。

長息,公明高弟子。公明高,曾子弟子。于父母,亦《書》辭,言呼父母而泣也。怨,無慼之貌。於我何哉,自責不知己有何罪耳,非怨父母也。楊氏曰:"非孟子深知舜之心不能爲此言,蓋舜惟恐不順於父母,未嘗自以爲孝也,若自以爲孝則非孝矣。"

【纂疏】輔氏曰:"楊氏發明得舜之心,使舜自以是爲孝則其心便自止息,且如人喫飯,纔覺飽則便止矣。"

帝使其子九男二女,百官牛羊倉廩備,以事舜於畎畝之中,天下之士多就之者,帝將胥天下而遷之焉。 爲不順於父母,如窮人無所歸。 爲,去聲。

帝,堯也。《史記》云:"二女妻之,以觀其内;九男事之,以觀其外。"又言:"一年所居成聚,二年成邑,三年成都。"是天下之士就之也。胥,相視也。遷之,移以與之也。如窮人之無所歸,言其怨慕迫切之甚也。

【語録】二女,娥皇、女英也。蓋夫婦之間、隱微之際,正始之道所繫尤重,故觀人者於此爲尤切也。(見《文集》)[1]

【纂疏】趙氏曰:"怨慕之情,迫切之至,一如窮人之無所歸託,其心焦然怵迫,而無所底麗也。"

天下之士悅之,人之所欲也,而不足以解憂;好色,人之所欲,妻帝之二女,而不足以解憂;富,人之所欲,富有天下,而不足以解憂;貴,人之所欲,貴爲天子,而不足以解憂。 人悅之、好色、富貴,無足以解憂者,惟順於父母可以解憂。

孟子推舜之心如此,以解上文之意。極天下之欲不足以解憂,而惟順於父母可以解憂,孟子真知舜之心哉。

【纂疏】輔氏曰:"上文是説舜之實事,此又孟子推述舜之心,以解上文之意,言舜之心事實有如此者耳。舉天下之所欲,不足以解憂者,所性不存焉故也。惟順於父母可以解憂者,性之不可離而亦不可以不盡也。"

人少,則慕父母;知好色,則慕少艾;有妻子,則慕妻子;仕則慕君,不得於君則熱中。 大孝終身慕父母。 五十而慕者,予於大舜

---

[1] "見",原漫漶不清,據文意校補。

見之矣。”少、好,皆去聲。

言常人之情因物有遷,惟聖人爲能不失其本心也。艾,美好也,《楚辭》《戰國策》所謂“幼艾”,義與此同。不得,失意也。熱中,躁急心熱也。言五十者,舜攝政時年五十也。五十而慕,則其終身慕可知矣。○此章言舜不以得衆人之所欲爲己樂,而以不順乎親之心爲己憂,非聖人之盡性,其孰能之?

【張氏注】聖人,盡性者也,能盡其性故爲人倫之至。帝舜之怨慕,學者所當深思力體,不可以易而論也。公明高蓋或知此,故孟子舉其語而因以發明之,謂公明高之意,以爲孝子之心,不若是恝然。蓋孝子之於親,其愛敬之也深篤,故其望之也切至,不可磯爲不孝,而愈疏亦爲不孝,蓋親親之心於是爲至,我竭力耕田共爲子職而已,父母之不我愛於我何哉?述舜之意云耳,謂我知竭力耕田以共子職而已,而父母不我愛於我,豈有所未盡而致然歟?①不委之命而存於性,反復思念求其道而未得,至于號泣于旻天,此舜之所以爲怨慕也,所謂“於我何哉”,是當深味帝舜之心於言意之表也。方是時,堯使其九男二女,百官牛羊倉廩備,以事之於畎畝之中,而天下之士亦皆就之,堯且將以天下讓焉,宜舜之有得乎此也。而以夫不順於父母之故,若窮人無所歸,則舜之心果何如哉?曰:若窮人無所歸,則見其皇皇然有求而不得也。人悦之、好色、富貴,衆人之所欲,在聖人則所欲不存焉。所欲不存,於此而有至憂焉,惟順於父母則可以解憂也。蓋父母之意於我有所未順,是吾所以順乎父母者未至也,此舜之所憂也。人莫不有所慕,舜亦有所慕。人之所慕,物欲誘之,而舜之所慕則天性之不可解者,其於斯世無一毫存於胸中,終身乎父母而已。曰慕則無須臾而不在乎此,至誠無息者也,此之謂大孝。至於瞽瞍厎豫而天下化,至誠之能動也。孟子反復發明之,可謂至矣。夫仲弓問仁,孔子對以“在邦無怨,在家無怨”,而《易》曰“樂天知命故不憂”,舜亦存怨與憂乎?噫!明乎此,而後知聖人之心,天之所爲者矣。

【纂疏】西山真氏曰:“五十始衰,禮所謂不致毁之時也。大舜於此猶慕焉,聖人純孝之心,不以老而衰也,此其所以爲終身之慕。”○蔡氏曰:“衆

① “未”,原漫漶不清,此據通志堂本《孟子説》。

人之所欲者,皆外物也。順親者,人之本心也。溺於外物而失其本心,則性不存矣,故《集注》有盡性之言。"○輔氏曰:"心纔有一豪物欲之累,而於其親有一毫之不順,則於吾固有之性,便有不盡處也,能盡其性則能不失其本心,而爲人倫之至矣。"

○萬章問曰:"《詩》云:'娶妻如之何? 必告父母。'信斯言也,宜莫如舜。 舜之不告而娶,何也?"孟子曰:"告則不得娶。 男女居室,人之大倫也。 如告,則廢人之大倫,以懟父母,是以不告也。"懟,直類反。

《詩》,《齊國風·南山》之篇也。信,誠也,誠如此詩之言也。懟,讎怨也。舜父頑母嚚,常欲害舜,告則不聽其娶,是廢人之大倫,以讎怨於父母也。

【纂疏】輔氏曰:"人之大倫固不可廢,亦不容廢也,若由父母而廢之,則是陷父母於過失,而讎怨於父母也。[1]"

萬章曰:"舜之不告而娶,則吾既得聞命矣; 帝之妻舜而不告,何也?"曰:"帝亦知告焉則不得妻也。"妻,去聲。

以女爲人妻曰妻。程子曰:"堯妻舜而不告者,以君治之而已,如今之官府治民之私者亦多。"

【纂疏】輔氏曰:"謂以君命治之,不容瞽瞍之不聽也。'如今之官府治民之私',或有牽制而不容聽者,則官司以法定使之如此耳。"

萬章曰:"父母使舜完廩,捐階,瞽瞍焚廩。 使浚井,出,從而揜之。 象曰:'謨蓋都君咸我績,牛羊父母,倉廩父母,干戈朕,琴朕,弤朕,二嫂使治朕棲。'象往入舜宮,舜在牀琴。 象曰:'鬱陶思君爾。'忸怩。 舜曰:'惟兹臣庶,汝其于予治。'不識舜不知象之將殺己與?"曰:"奚而不知也? 象憂亦憂,象喜亦喜。"弤,都禮反。忸,女六反。怩,音尼。與,平聲。

完,治也。捐,去也。階,梯也。揜,蓋也。按《史記》曰:"使舜上塗廩,瞽瞍從下縱火焚廩,舜乃以兩笠自扞而下,去,得不死。後又使舜穿井,舜穿

---

[1] "於",原漫漶不清,此據元刻本《四書纂疏》。

井爲匿空旁出，舜既入深，瞽瞍與象共下土實井，舜從匿空出，去。”即其事也。象，舜異母弟也。謨，謀也。蓋，蓋井也。舜所居三年成都，故謂之都君。咸，皆也。績，功也。舜既入井，象不知舜已出，欲以殺舜爲己功也。干，盾也。戈，戟也。琴，舜所彈五弦琴也。弤，琱弓也。象欲以舜之牛羊倉廩與父母，而自取此物也。二嫂，堯二女也。棲，牀也。象欲使爲己妻也。象往舜宮，欲分取所有，見舜生在牀彈琴，蓋既出即潛歸其宮也。鬱陶，思之甚而氣不得伸也。象言己思君之甚，故來見爾。忸怩，慚色也。臣庶，謂其百官也。象素憎舜，不至其宮，故舜見其來而喜，使之治其臣庶也。孟子言舜非不知其將殺己，但見其憂則憂，見其喜則喜，兄弟之情自有所不能已耳。萬章所言，其有無不可知，然舜之心則孟子有以知之矣，他亦不足辨也。程子曰：“象憂亦憂，象喜亦喜，人情、天理於是爲至。”

【語録】問：伊川言“象憂亦憂，象喜亦喜，與孔子微服過宋事相類”，二者只可謂之道並行而不相悖，而以爲相類何也？先生曰：“舜知象之將殺己，而象憂則亦憂，象喜則亦喜，孔子知桓魋不能害己，而又微服過宋，此兩事若相拗，然皆是道並行而不相悖，故云相類，非謂舜與孔子事一一相類也。”（董銖）○象説害舜者，舜隨即化了，更無一毫在心，但有愛象之心常存。今人被弟激惱，便常以爲恨，而愛弟之心減少矣。○祝氏録　○問：“舉天下之物皆不足以解憂，惟順於父母可以解憂。”曰：“聖人一身渾然天理，故極天下之至樂不足以動其事親之心，極天下之至苦不足以害其事親之心，一心所慕，惟知有親，凡天下事物皆是至輕。[①]施於兄弟亦然，但知我是兄合當友愛其弟，更不問如何。且如父母使之完廩，又却捐階焚廩，到得免死下來，當如何？使之浚井，又從而揜之，到得免死出來，又當如何？若是以下等人處此，決是意不能平。非獨下等人，雖平日極知當孝其親者，到父母以此施於己，此心亦不能平，定是動了。象爲弟，‘日以殺舜爲事’，若是他人，也須與他理會。舜只知我是兄，惟知友愛其弟，那許多不好景象都自不見了，這道理非惟舜有之，人人皆有之，非獨舜能爲，人人皆可爲，所以《大學》大要只要窮理，舜‘明於庶物，察於人倫’，惟是許多道

---

① “輕”，原漫漶不清，此據明陳煒刻本《朱子語類》卷五八《孟子八·萬章上》。

理見得極盡，所以做出純是道理，無有些子隔礙。但舜是生知，不待窮索，如今須待窮索教盡，莫說道‘只消做六七分，那兩三分不消做盡也得。’”（葉賀孫）○蔡氏録

【纂疏】西山真氏曰：“象欲殺舜之迹明甚，舜豈不知之，然見其憂則憂，見其喜則喜，略無一毫芥蒂於其中，後世骨肉之間小有疑隙，則猜防萬端，惟恐發之不蚤，除之不亟，至此然後知聖人之心與天同量也。”○又曰：“世儒以帝堯在上，二女嬪虞，象無殺舜之理，故以孟子爲疑。不知孟子特論大舜之心，使其有是，處之不過如此，豈必真有是哉？”○輔氏曰：“‘象日以殺舜爲事’，肆人欲以絶兄弟之情者也。‘象憂亦憂，象喜亦喜’，順天理以盡兄弟之情者也。象之人欲雖萬變，而終有窮，舜之天理則一定而未嘗易，卒之象不格奸，而源源以來，則舜之天理勝而象之人欲消矣。”

曰：“然則舜僞喜者與？”曰：“否。 昔者有饋生魚於鄭子産，子産使校人畜之池。 校人烹之，反命曰：‘始舍之，圉圉焉；少則洋洋焉；攸然而逝。’子産曰：‘得其所哉！ 得其所哉！’校人出，曰：‘孰謂子産智？ 予既烹而食之，曰得其所哉，得其所哉。’故君子可欺以其方，難罔以非其道。 彼以愛兄之道來，故誠信而喜之，奚僞焉？”與，平聲。校，音效，又音教。畜，許六反。

校人，主池沼，小吏也。圉圉，困而未紓之貌。洋洋，則稍縱矣。攸然而逝者，自得而遠去也。方，亦道也。罔，蒙蔽也。欺以其方，謂誑之以理之所有。罔以非其道，謂昧之以理之所無。象以愛兄之道來，所謂欺之以其方也。舜本不知其僞，故實喜之，何僞之有？ ○此章又言舜遭人倫之變，而不失天理之常也。

【集義】伊川先生曰：“象憂亦憂，象喜亦喜，蓋人情天理於是爲至，舜之於象，周公於管蔡，其用心一也。”

【或問】諸說如何？ 曰：程子所謂“人情天理於是爲至”者，尤爲精切。學者所宜反復而深思，未易草草領略也。其所疑萬章之言，則林氏論之爲詳，然學者正欲識得舜之心耳，此亦不足深論也。林氏曰：“司馬公以爲是時堯將以天下禪舜，瞽、象雖愚亦豈不利其子與兄之爲天下，而欲殺之乎？ 借使殺之，堯必誅己，宜亦有所不敢矣。蘇氏以爲舜之側微，已能使瞽、象

之不格奸矣，豈至此而猶欲害之哉？以此皆疑孟子之誤。惟程子以爲此非孟子之言，乃萬章傳聞之誤，而孟子有不暇辨。且是數說者恐其皆未安也，蓋天下之事有不可以常情測度者，使瞽、象而猶知利害之所在，則亦未爲甚頑且傲，而舜之所處亦未足爲天下之至難矣。方格奸者，但能使之不陷於刑戮，若《家語》所謂‘索而殺之，未嘗可得’，即此焚廩揜井之事也。①且聖賢於世俗傳聞之事有非實者，必辨而明之，以曉天下後世，豈有知其不然，而不暇辨者哉？”

【張氏注】舜不告而娶，與常人異，前篇蓋論之詳矣，②若完廩浚井則事之所無也，故程子曰：“論其理則堯在上，而百官事舜於畎畝之中，豈容象得以殺兄，而二嫂治其棲乎？學《孟子》者以意逆志可也。”故孟子未暇正其事之有無，獨答其大意以明舜之心。謂舜非不知象之將殺己也，然象憂亦憂，象喜亦喜，程子曰“人情天理於是爲至，舜之於象，周公之於管叔，用心一也”，蓋象憂喜，舜亦憂喜，是其心與之爲一，親之愛之，未嘗間也。夫象之所爲憂者，疾舜謀害之也，而舜亦憂者，憂乎己何以使象之至此也。象之喜者，有時而彼以喜來，則舜固不逆其詐，亦從而爲之喜也。其憂也純乎憂，其喜也純乎喜，親之愛之，而不知其他，此仁人之於弟也，天理人情之至也。象憂而舜漠然不以爲憂，象喜而舜疑之不以爲喜，則在我之誠先不篤矣，豈聖人之心也哉？故周公不知管叔之將叛。是大舜此心也，萬章猶未之識，意以爲憂或可也，喜其僞乎？孟子於是舉子產之事。子產雖未足以進乎聖賢之事業，然其不以詐待校人之心，則君子之心也，故曰“君子可欺以其方，難罔以非其道”。夫可欺以其方者，以其忠信待人也，難罔以非其道者，以其理義素明也。夫子產猶能以信待校人，況於聖人人倫之至，其於兄弟之間有一毫未盡者乎？彼以愛兄之道來，則我誠信而喜之，豈有僞也。此當深味而默識之，要不可以言語盡也。嗟乎！舜處乎頑父嚚母傲弟之間，而“烝烝乂，不格奸”，終至於化成天下，惟其純乎是心而已。純乎是心者，純乎天也。“夫何爲哉，恭己正南面而已”，蓋此心也。

【纂疏】輔氏曰：“誑之以理之所有，在君子猶或可欺也。昧之以理之所

① “此”，原漫漶不清，此據清呂氏刻本《四書或問》。

② “篇”，原漫漶不清，此據通志堂本《孟子說》。

無，在君子則必不可惑也。象以愛兄之道來，正是欺之以其方者。然彼以愛兄之道來，則舜以愛弟之道接，此皆誠實之事，何僞之有哉？"

○萬章問曰："象日以殺舜爲事，立爲天子則放之，何也？"孟子曰："封之也，或曰放焉。"

放，猶置也，置之於此，使不得去也。萬章疑舜何不誅之，孟子言舜實封之，而或者誤以爲放也。

萬章曰："舜流共工于幽州，放驩兜于崇山，殺三苗于三危，殛鯀于羽山，四罪而天下咸服，誅不仁也。象至不仁，封之有庳，有庳之人奚罪焉？仁人固如是乎？在他人則誅之，在弟則封之？"曰："仁人之於弟也，不藏怒焉，不宿怨焉，親愛之而已矣。親之，欲其貴也；愛之，欲其富也。封之有庳，富貴之也。身爲天子，弟爲匹夫，可謂親愛之乎？"庳，音鼻。

流，徙也。共工，官名。驩兜，人名。二人比周相與爲黨。三苗，國名，負固不服。殺，殺其君也。殛，誅也。鯀，禹父名，方命圮族，治水無功，皆不仁之人也。幽州、崇山、三危、羽山、有庳，皆地名也。或曰今道州鼻亭，即有庳之地也，未知是否。萬章疑舜不當封象，使彼有庳之民無罪而遭象之虐，非仁人之心也。藏怒，謂藏匿其怒。宿怨，謂留蓄其怨。

【語録】共工，蓋古之世宦族也。○又曰：三苗在江南荆揚之間，恃險爲亂者也。○鯀，崇伯名。（並見《文集》）

【纂疏】蔡氏曰："圓則行，方則止。'方命'者，逆命而不行，猶今言廢閣詔令也。蓋鯀之爲人，悻戾自用，不從上令也。'圮'，敗。'族'，類也。言與衆不和，傷人害物也。《楚辭》言'鯀悻直'，是其方命圮族之證也。[1]"○趙氏曰："按，幽州，北裔之地，舜分冀北爲幽州。崇山，南裔之山，在今澧州慈利縣。三危，西裔之地，《禹貢》在雍州，或以爲墩煌，未詳。羽山，東裔之山，在今海州朐山縣。"○又曰："《漢書》顏師古注云：'有鼻在零陵，今鼻亭是也。'"

---

① "證"，原漫漶不清，此據元刻本《四書纂疏》。

"敢問或曰放者，何謂也？"曰："象不得有爲於其國，天子使吏治其國而納其貢税焉，故謂之放。 豈得暴彼民哉？ 雖然，欲常常而見之，故源源而來。'不及貢，以政接于有庳'，此之謂也。"

孟子言象雖封爲有庳之君，然不得治其國，天子使吏代之治，而納其所收之貢税於象。有似於放，故或者以爲放也。蓋象至不仁，處之如此，則既不失吾親愛之心，而彼亦不得虐有庳之民也。源源，若水之相繼也。來，謂來朝覲也。不及貢，以政接于有庳，謂不待及諸侯朝貢之期，而以政事接見有庳之君。蓋古書之辭，而孟子引以證源源而來之意，見其親愛之無已如此也。○吳氏曰："言聖人不以公義廢私恩，亦不以私恩害公義。舜之於象，仁之至、義之盡也。"

【語録】曰："仁之至自是仁之至，義之盡自是義之盡。'封之有庳，富貴之也'，是仁之至。使吏治其國而納其貢賦，是義之盡。後世如景帝之於梁王，始則縱之太過，不得謂之仁，後又窘治之甚峻，義又失之，皆不足道。"

【張氏注】舜之處象可謂盡矣，象雖不道，而吾之弟也，仁人之於弟，親愛之而已矣。吾爲天子而可使弟爲匹夫乎？ 故封之于有庳。然象之不道也，詎可以君國子民乎？ 故使吏治其國、納其貢税，而不得以暴彼民也。而其親愛之至，又欲常常而見之，故使不拘於朝貢之時，源源而來，若天子以政事接于有庳之君然。夫其所以處之，曲折詳備如此，此仁之至、義之盡，親親之心而大公之體也。雖然，仁人之於弟也，不藏怒、不宿怨，在他人則如之何？ 其不藏怒、不宿怨之心則同也，然於他人則有可疏絶之道，而在弟則惟當親愛之而已耳，此其異也。或曰："周公之於管蔡如之何？"蓋管蔡挾武庚以叛，憂在廟社，孽在生民，周公爲國弭亂也，象之欲殺舜，其事在舜之身耳，固不同也。舜與周公，易地則皆然，蓋其存心，爲天理人情之至則一也。

【纂疏】輔氏曰："吳氏説盡聖人事。以公義廢私恩則不盡情，其流必至於不仁；以私恩害公義則不盡義，其流必至於不義。舜之於象，'封之有庳，富貴之也'，是不以公義廢私恩；象不得有爲於其國，天子使吏治其國而納其貢税焉，是不以私恩害公義。如是則仁義兩盡，而天理人情皆極其至矣。"

○咸丘蒙問曰：“語云：‘盛德之士，君不得而臣，父不得而子。’舜南面而立，堯帥諸侯北面而朝之，瞽瞍亦北面而朝之。舜見瞽瞍，其容有蹙。孔子曰：‘於斯時也，天下殆哉，岌岌乎！’不識此語誠然乎哉？”孟子曰：“否。此非君子之言，齊東野人之語也。堯老而舜攝也。《堯典》曰：‘二十有八載，放勳乃徂落，百姓如喪考妣，三年，四海遏密八音。’孔子曰：‘天無二日，民無二王。’舜既爲天子矣，又帥天下諸侯以爲堯三年喪，是二天子矣。”朝，音潮。岌，魚及反。

咸丘蒙，孟子弟子。語者，古語也。蹙，顰蹙不自安也。岌岌，不安貌也，言人倫乖亂天下將危也。齊東，齊國之東鄙也。孟子言堯但老不治事，而舜攝天子之事耳。堯在時舜未嘗即天子位，堯何由北面而朝乎？又引《書》及孔子之言以明之。《堯典》，《虞書》篇名。今此文乃見於《舜典》，蓋古書二篇或合爲一耳。言舜攝位二十八年而堯死也。徂，升也。落，降也。人死則魂外而魄降，故古者謂死爲徂落。遏，止也。密，靜也。八音，金、石、絲、竹、匏、土、革、木，樂器之音也。

【語錄】曰：“天地陰陽之氣交合便成人，氣便是魂，精便是魄。到得將死，熱氣上出，所謂魂升；下體漸冷，所謂魄降。魂歸于天，魄降于地，而人死矣。”

【張氏注】堯老而命舜攝天子之事，是則堯猶爲君而舜則臣也。堯崩，舜率天下之臣民以爲堯三年喪，是猶以堯之事行於天下也。至於堯三年之喪畢，舜避堯之子而天下獄訟謳歌歸之，不容舍焉，而後舜始踐天子位。此堯舜相繼之際，書傳所載莫詳焉，而獨見孟子之書也。嗟乎！聖人奉若天命，其所處皆義理之精微，而後世以私意求之，幾何而不爲齊東野人之論哉！

【纂疏】北溪陳氏曰：“徂，是魂之升上。落，是魄之降下。”

咸丘蒙曰：“舜之不臣堯，則吾既得聞命矣。《詩》云：‘普天之下，莫非王土。率土之濱，莫非王臣。’而舜既爲天子矣，敢問瞽瞍之非臣，如何？”曰：“是詩也，非是之謂也；勞於王事而不得養父母也。曰：‘此莫非王事，我獨賢勞也。’故說詩者，不以文害辭，不以辭害志，以意逆志，是爲得之。如以辭而已矣，《雲漢》之詩曰：‘周餘黎民，靡有孑遺。’信斯言也，是周無遺民也。

不臣堯，不以堯爲臣，使北面而朝也。《詩》，《小雅·北山》之篇也。普，徧也。率，循也。此詩今毛氏序云："役使不均，已勞於王事而不得養其父母焉。"其詩下文亦云："大夫不均，我從事獨賢。"乃作詩者自言天下皆王臣，何爲獨使我以賢才而勞苦乎？非謂天子可臣其父也。文，字也。辭，語也。逆，迎也。《雲漢》，《大雅》篇名也。孑，獨立之貌。遺，脱也。言説詩之法，不可以一字而害一句之義，不可以一句而害設辭之志，當以己意迎取作者之志，乃可得之。若但以其辭而已，則如《雲漢》所言，是周之民真無遺種矣，惟以意逆之則知作詩者之志，在於憂旱而非真無遺民也。

【語錄】問以意逆志。曰："此是教人讀書之法，須是虛心看他道理是如何，自家須迎接將來，而今人讀書却是硬捉他來，①便不是逆志。"○又曰："大抵讀書須是虛心平氣，優游玩味，徐觀聖賢立言本意所向如何，然後隨其遠近深淺、輕重緩急而爲之説，如孟子所謂以意逆志者，庶乎可以得之。若便以吾先入之説横於胸次，而驅率聖賢之言以從己意，設使義理可通，已涉私意穿鑿，而不免於郢書燕説之誚，況又義理窒礙，亦有所不可行者乎？"○蔡氏錄　○又曰："所謂迎者，其至否速遲不敢自必，而聽於彼也。"○《詩傳》　○又曰："逆是前去追迎之之意，蓋是將自家意思去前面等候詩人之志來。"○又曰："譬如有一客來，自家去迎他，他來則接之，不來則已。若必去捉他來，則不可。"

【纂疏】輔氏曰："以文害辭，是泥一字之文，而害一句之辭也。以辭害意，是泥一句之辭，而害詩人設辭之意也。"○又曰："意是己意，志謂詩人之志。以我之意迎取詩人之志，然後可以得之。"

孝子之至，莫大乎尊親；尊親之至，莫大乎以天下養。　爲天子父，尊之至也；以天下養，養之至也。《詩》曰：'永言孝思，孝思維則。'此之謂也。　養，去聲。

言瞽瞍既爲天子之父，則當享天下之養，此舜之所以爲尊親、養親之至也，豈有使之北面而朝之理乎？《詩》，《大雅·下武》之篇，言人能長言孝思而不忘，則可以爲天下法則也。

【纂疏】輔氏曰："上既言讀詩之法以破萬章之惑，此又言尊親、養親之至，以見舜無使父朝己之理。夫舜既爲天子，則瞽瞍實爲天子之父，備享四海

_____

① "今"，原漫漶不清，此據明陳煒刻本《朱子語類》卷五八《孟子八·萬章上》。

九州之奉，而舜爲尊親、養親之至矣。故引《下武》詩以咏嘆之，以謂如舜者，然後可謂能長言孝思而不忘，天下以爲法則者矣。舜盡事親之道而爲法於天下，即其事也，豈有使其父北面而朝之理乎？"

《書》曰：'祗載見瞽瞍，夔夔齊栗，瞽瞍亦允若。'是爲父不得而子也。"見，音現。齊，側皆反。

《書》，《大禹謨》篇也。祗，敬也。載，事也。夔夔齊栗，敬謹恐懼之貌。允，信也。若，順也。言舜敬事瞽瞍，往而見之，敬謹如此，瞽瞍亦信而順之也。孟子引此而言瞽瞍不能以不善及其子，而反見化於其子。則是所謂"父不得而子"者，而非如咸丘蒙之説也。

【張氏注】於此非特可辨瞽瞍不爲臣之事，蓋可以得讀《詩》之法也。夫"普天之下，莫非王土。率土之濱，莫非王臣。"此《北山》之篇。曰勞於王事，而不得養其父母者之所作也。以爲普天之下皆王土也，率土之濱皆王臣也，何獨使己勞於外而獨不得養父母乎？而咸丘蒙遽引以證天下無非臣，則瞽瞍亦當爲臣，何其失詩人之旨也，故孟子遂爲言説《詩》之法。文者，錯綜其語以成辭者也。以文害辭，謂泥於文而失其立辭之本也。以辭害意，謂執其辭而昧其本意之所在也。故必貴於以意逆志。以意逆志者，謂以其意之見於辭者，而逆夫其志之存於中者，如此則其大旨可得矣。如《雲漢》之詩所謂"周餘黎民，靡有孑遺"者，蓋宣王憂民之切，以爲旱既太甚，若猶未已，則周餘黎民將無孑遺矣。若以辭害意，則謂周果無遺民可乎？孟子既辨咸丘蒙説詩之非，於是言舜所以事瞽瞍者以告之，夫孝子之心莫不以尊親爲至也，而尊親之至有過於天下養者乎？是所謂尊之至，此舜之孝思所以爲天下萬世之則也。然則天子固爲天下尊矣，而天子之父又天子之所當尊，此太極之所以爲一，古今之通義也。然則謂瞽瞍之爲臣，不亦悖于理之甚乎？雖然，語所謂"盛德之士，君不得而臣，父不得而子"，則亦同有説矣。以舜之事論之，父之詔子，蓋常理也。今以瞽瞍之頑，舜盡子道，至于至誠感神而瞽亦允若也，是感格之道乃在於舜，所以變化瞽瞍之氣質者，舜也，斯謂之"父不得而子"可見矣。古之人君，蓋有受教於其臣以成其德者，如太甲之於伊尹，成王之於周公，謂之"君不得而臣"亦可也。蓋在子知盡事父之道而已，在臣知盡事君之道而已。而自後世觀之，則見其有不得而臣，不得而子者焉，故云爾也。

【纂疏】蔡氏曰:"祇載,謂敬其子職之事也。齊,莊敬也。栗,戰栗也。夔夔,莊敬戰栗之容也。舜之敬畏小心,而盡於事親者如此,瞽瞍頑愚,亦且順之,即孟子所謂厎豫也。"

○萬章曰:"堯以天下與舜,有諸?"孟子曰:"否。　天子不能以天下與人。"

天下者,天下之天下,非一人之私有故也。

"然則舜有天下也,孰與之?"曰:"天與之。"

萬章問而孟子答也。

"天與之者,諄諄然命之乎?"諄,之淳反。

萬章問也。諄諄,詳語之貌。

曰:"否。　天不言,以行與事示之而已矣。"行,去聲,下同。

行之於身謂之行,措諸天下謂之事,言但因舜之行事而示以與之之意耳。

曰:"以行與事示之者,如之何?"曰:"天子能薦人於天,不能使天與之天下;諸侯能薦人於天子,不能使天子與之諸侯;大夫能薦人於諸侯,不能使諸侯與之大夫。　昔者,堯薦舜於天而天受之,暴之於民而民受之,故曰:'天不言,以行與事示之而已矣。'"暴,步卜反,下同。

暴,顯也,言下能薦人於上,不能令上必用之。舜爲天人所受,是因舜之行與事,而示之以與之之意也。

【纂疏】輔氏曰:"下薦人於上,公心也,若有令上必用之之心,則便是私意矣。孟子此數句,不惟說得三聖受授之義明白,而於人臣薦賢達善之道、大公至正之心,亦無餘蘊矣。彼竊位蔽賢之徒,固不足深責,而進一善達一能,上以必其君之用,下以示一己之恩者,皆私意也。"○又曰:"上只言天,此又併民而言者,天人一理,而天實以民爲視聽也。舜相堯二十有八載,此固天也,至於朝覲、訟獄、謳歌則人耳,而亦曰天者,以天統乎人,人與天一也。"

曰:"敢問薦之於天,而天受之,暴之於民,而民受之,如何?"

曰:"使之主祭,而百神享之,是天受之;使之主事,而事治,百姓安之，是民受之也。 天與之，人與之，故曰'天子不能以天下與人'。 舜相堯二十有八載，非人之所能爲也，天也。 堯崩，三年之喪畢，舜避堯之子於南河之南，天下諸侯朝覲者，不之堯之子而之舜；訟獄者，不之堯之子而之舜；謳歌者，不謳歌堯之子而謳歌舜。 故曰'天也'。 夫然後之中國，踐天子位焉。 而居堯之宮，逼堯之子，是篡也，非天與也。 　治、相，並去聲。朝，音潮。夫，音扶。

南河，在冀州之南，其南即豫州也。訟獄，謂獄不決而訟之也。

【纂疏】趙氏曰："冀州爲帝都，在帝都之西者謂之西河，在帝都之南者謂之南河，其實一河也。"

《太誓》曰'天視自我民視，天聽自我民聽'，此之謂也。"

自，從也。天無形，其視聽皆從於民之視聽。民之歸舜如此，則天與之可知矣。

【張氏注】聖人之動，無非天也，其相授受之際，豈有我之所得爲哉！善乎孟子發明之曰"天子不能以天下與人"。夫天子而以天下與人，則是私意之所爲，亂之道也。堯之於舜，選於天下而薦之天耳，而舜之卒有天下者，天實爲之，堯豈能加毫末於此哉？故謂之天與之也。以行與事示之者，以其所行與當時之事觀之，則可見天之所與矣。使之主祭而百神享，使之主事而事治，百姓安之，是乃其行與事之可見者也。蓋祭而備順，是百神所享也，至於烈風雷雨而弗迷，又可見其享之之實也。神人一理，神之所享，民之所安者也，天與之即人與之也，然則堯何加毫末於此哉！舜之相堯，歷年如是之久，其薦於天、暴於民者如是其著，此乃天也。堯崩，舜率天下而服堯之喪，堯喪既除，舜避堯之子於南河之南，不敢以己爲天子而聽天所命也。朝覲、獄訟、謳歌者皆相率而歸，有不容舍焉，夫然後歸而踐位，而從容於天人之際蓋如此，然則舜亦豈能加毫末於此哉！故曰聖人之動，無非天也。夫所謂天者，至公無私之體也。天之視聽何自而見？民之視聽是也。朝覲、訟獄、謳歌之所歸，是天命之所歸也。玩此章，則聖人所謂"先天而天不違，後天而奉天時"者，殆可得而究矣。

【纂疏】輔氏曰："天無形則無耳目，安能有所視聽，而天人之理不間毫髮？故其視聽皆因民之視聽，此又以人兼天也。"

○萬章問曰：“人有言，‘至於禹而德衰，不傳於賢而傳於子’，有諸?”孟子曰：“否，不然也。天與賢，則與賢；天與子，則與子。昔者，舜薦禹於天，十有七年，舜崩，三年之喪畢，禹避舜之子於陽城，天下之民從之，若堯崩之後不從堯之子而從舜也。禹薦益於天，七年，禹崩，三年之喪畢，益避禹之子於箕山之陰，朝覲、訟獄者不之益而之啓，曰：‘吾君之子也。’謳歌者不謳歌益而謳歌啓，曰：‘吾君之子也。’ 朝，音潮。

> 陽城，箕山之陰，皆嵩山下深谷中可藏處也。啓，禹之子也。楊氏曰：“此語孟子必有所受，然不可考矣。但云天與賢則與賢，天與子則與子，可以見堯舜禹之心，皆無一毫私意也。”

> 【纂疏】輔氏曰：“孟子發‘天與賢則與賢，天與子則與子’兩句，峻潔如此，便見得三聖人之心，渾是一箇天理，更無有一毫私意爲之間也。”○趙氏曰：“陽城山在漢潁川郡，箕山在嵩高之北。”

丹朱之不肖，舜之子亦不肖。舜之相堯，禹之相舜也，歷年多，施澤於民久。啓賢，能敬承繼禹之道。益之相禹也，歷年少，施澤於民未久。舜、禹、益相去久遠，其子之賢不肖，皆天也，非人之所能爲也。莫之爲而爲者，天也；莫之致而至者，命也。 “之相”之“相”，去聲。“相去”之“相”，如字。

> 堯舜之子皆不肖，而舜禹之爲相久，此堯舜之子所以不有天下，而舜禹有天下也。禹之子賢而益相不久，此啓所以有天下而益不有天下也。然此皆非人力所爲而自爲，非人力所致而自至者，蓋以理言之謂之天，自人言之謂之命，其實則一而已。

> 【語錄】問：莫之致而至者，命也。曰：“命有兩樣，‘得之、不得曰有命’，自是一樣；‘天命之謂性’，又自是一樣。雖是兩樣，却只是一箇命。天之命人，有命之以厚薄脩短，有命之以清濁偏正，無非是命。且如‘舜禹益相去久遠’，是命之在外者；‘其子之賢不肖’，是命之在內者。聖人‘窮理盡性以至於命’，便能贊化育。堯之子不肖，他便不傳與子而傳與舜，本是箇不好底意思，却被他一轉轉得好。”○蔡氏錄

> 【纂疏】輔氏曰：“天無爲，故非人力所爲而自爲者，天也。事未有無故而

致者,故非人力所致而自至者,命也。'以理言之謂之天',此所謂天,則天專言之則道者是也。'以人言之謂之命',此所謂命,則天之命於人者是也。理則天理之本體,命則天理之命於人者,皆非人力所爲所致,故曰'其實則一而已'也。"○北溪陳氏曰:"天與命只一理,就其中却微有分別,'爲'以做事言,做事是人,對此而反之,非人所爲便是天。至以吉凶禍福地頭言,有因而致是人力,對此而反之,非力所致便是命。天以全體言,命以其中妙用言。其曰'以理言之謂之天',是專就天之正面訓義言,却包命在其中。其曰'自人言之謂之命',命是天命,因人形之而後見。①故吉凶禍福自天來到於人,然後爲命,乃是於天理中截斷命爲一邊,而言其指歸爾。若只就天一邊說吉凶禍福,未有人受來,如何見得是命?"

匹夫而有天下者,德必若舜禹,而又有天子薦之者,故仲尼不有天下。

孟子因禹益之事,歷舉此下兩條以推明之。言仲尼之德,雖無愧於舜禹,而無天子薦之者,故不有天下。

繼世以有天下,天之所廢,必若桀紂者也,故益、伊尹、周公不有天下。

繼世而有天下者,其先世皆有大功德於民,故必有大惡如桀紂,則天乃廢之。如啓及太甲、成王,雖不及益、伊尹、周公之賢聖,但能嗣守先業,則天亦不廢之。故益、伊尹、周公雖有舜禹之德,而亦不有天下。

【纂疏】輔氏曰:"無天子薦之者,在孔子之氣數有不完也。繼世有賢君者,在益、伊尹、周公之所遇有不同也。亦皆莫之爲而爲,莫之致而至者也。"

伊尹相湯以王於天下,湯崩,太丁未立,外丙二年,仲壬四年,太甲顛覆湯之典刑,伊尹放之於桐,三年,太甲悔過,自怨自艾,於桐處仁遷義。 三年,以聽伊尹之訓己也,復歸於亳。 相、王,皆去聲;艾,音乂。

此承上文,言伊尹不有天下之事。趙氏曰:"太丁,湯之太子,未立而死。外丙立二年,仲壬立四年,皆太丁弟也。太甲,太丁子也。"程氏曰:"古人

---

① "形",原漫漶不清,此據元刻本《四書纂疏》。

謂歲爲年，湯崩時外丙方二歲，仲壬方四歲，惟太甲差長，故立之也。”二説未知孰是。顛覆，壞亂也。典刑，常法也。桐，湯墓所在。艾，治也，《説文》云“芟草也”，蓋斬絶自新之意。亳，商所都也。

【語録】問：“外丙二年，仲壬四年，《集注》兩存趙氏、程氏之説，則康節之説亦未可據邪？”曰：“如何便信得？”又問：“如此則堯即位於甲辰年，亦未可據也？”曰：“此却據諸歷書如此説，恐或有之，然亦未可必。”曰：“若如此，則二年、四年亦可推矣。”曰：“却爲中間年代不可紀，自共和以後方可紀，則湯時自無由可推，此類且當闕之，不必深考。”○蔡氏録

周公之不有天下，猶益之於夏、伊尹之於殷也。

此復言周公所以不有天下之意。

【纂疏】輔氏曰：“前既言益與伊尹之事矣，故此復言以周公不有天下，亦若益與伊尹爾，所以足前義也。”

孔子曰：‘唐、虞禪，夏后、殷、周繼，其義一也。’”　禪，音擅。

禪，授也。或禪或繼，皆天命也。聖人豈有私意於其間哉？○尹氏曰：“孔子曰：‘唐、虞禪，夏后、商、周繼，其義一也。’孟子曰：‘天與賢則與賢，天與子則與子。’知前聖之心者，無如孔子，繼孔子者，孟子而已矣。”

【或問】舜禹避位之説，或者疑之。以爲舜禹之爲相，攝行天子之事久矣，至此而復往避之，有如天下歸之而朱、均不順，則將從天下而廢其君之子邪？抑將奉其君之子而違天下之心邪？是皆事之至逆而由避有以致之也。至益不度天命而受位矣，避之而天下不從，然後不敢爲，匹夫猶且恥之，而謂益爲之乎？是其説也，奈何？朱子曰：“愚嘗聞之師曰：‘聖人未嘗有取天下之心也，舜也、禹也、益也，於其君之老也，奉命以行其事而已，未嘗攝其位也。於其君之終也，位冢宰總百官以行方喪之禮而已，未嘗繼其統也。及夫三年之喪畢，則當還政嗣君而告歸之時也，於是去而避之，亦禮之常而事之宜耳。然其避去也，其心固惟恐天下之不吾釋也，舜禹蓋迫於天命人心而不獲已者，若益則求仁而得仁，又何恥之有哉？’論者之學，不足以及此，而狃於利害權謀之習，妄意以爲聖賢之心，亦若己之心而已矣，蓋以曹操不肯釋兵歸國之心，而爲舜、禹、益謀，則宜其以爲不當去位而避朱、均；以曹丕累表陳遜之心，而爲舜、禹、益謀，則宜其幸舜禹之得之，而以益之不得爲可恥也。嗚呼！學者能反是心以求之，則聖人之心庶

乎其可見矣。"○蔡氏録

【張氏注】堯舜傳之賢,禹傳之子,而後世遂有至禹而德衰之論,此以私意觀聖人也,非惟以私意觀禹,亦以私意觀堯舜者矣。蓋堯之與賢,非固舍其子必欲與賢以示公也。以是存心則是私意而已,豈所以爲公哉? 而禹之與子也,亦豈必欲與其子者哉? 孟子之言著明矣,曰"天與賢則與賢,天與子則與子",天與賢則賢者立焉,天與子則子立焉,然則天與聖人,果且有二乎哉? 此所謂天下之大公。若加毫末於此者,私意也。禹薦益於天,與堯之薦舜、舜之薦禹,其心一也。益避禹之子,與舜之在南河,禹之在陽城,其心一也。天而與益,則朝覲、訟獄、謳歌者皆歸之,益踐天子位矣,禹亦豈得而不與之哉? 而天則與子也,禹亦豈得而與之哉? 使天而與丹朱、與舜之子,則舜禹固得遂其終避之意,猶益得遂其終避之志者也,故曰"其心一也"。"莫之爲而爲者,天也;莫之致而至者,命也",其發明天人之際深矣。莫之爲,言無有爲之者,而其爲則天也;莫之致,言無有致之者,而其至則命也。言天而又言命,天言其體統,而命言其命乎人者也。丹朱之不肖,舜之子亦不肖,而舜禹之爲相,歷年施澤之久,故天下歸之。啓賢能敬承繼禹之道,而益相禹未久,故天下歸啓,此豈有爲之者乎? 豈有致之者乎? 而其爲也,其至也,則可以曰天與命也。聖人樂天而知命,故無違也。雖然,人君爲不善而天命去之,則是有所爲而致也,獨不可言天與命歟? 孟子蓋亦嘗論之矣,曰"盡其道而死者,正命也;桎梏死者,非正命也",蓋知堯、舜、禹、益之事,天理之全,而命之正也。若夫爲不善以及於亂亡,[1]則是自絶于天,以過其命,不得謂之得其正矣。然而其爲是事,則有是應,謂之命則可也。孟子因論堯舜禹禪繼之事,而遂及於匹夫有天下與繼世有天下之理,而論伊、周、孔子之事,所以極乎天命之微也。匹夫而有天下,德必若舜禹,而又有天子薦之者。仲尼之不有天下,則以夫無薦之於天者也,此天也。繼世以有天下者,必其惡如桀紂,而後爲天所廢,不然則其繼世固宜,故益、伊尹、周公雖德盛而不有天下也。[2]太甲雖不敬于始,伊尹放之於桐,使之改行,及其克終,則奉而歸之,皆順天命也。以此

---

① "亡",原漫漶不清,此據通志堂本《孟子説》。
② "德",原漫漶不清,此據通志堂本《孟子説》。

可見繼世之君非若桀紂，則不爲天所廢也，周公之不有天下亦若是矣。此皆言天理之常也。孔子曰："唐、虞禪，夏后、商、周繼，其義一也。"一者何也？亦曰奉天命而已矣。而司馬君實、蘇子由各以其私意立論，愚不得而不辨也。司馬氏之論曰："禹子果賢，而禹、稷、益使天下自擇啓而歸焉，是飾僞也。益知啓之賢，得天下之心，己不足以間，而受天下於禹，是竊位也。禹以天下授益，啓以違父之命而爲天子，是不孝也。惡有飾僞、竊位、不孝之人，而謂之聖賢哉？"此未知禹不得而授之於益，益不得受之於禹也。禹以益之賢，使宅百揆而薦之於天耳，禹崩，益以冢宰率天下行三年喪，喪終則避位焉，禹之子啓賢而天下歸之，固其所也。禹也，益也，啓也，皆豈能加毫末於此哉？蘇氏之論曰："使舜禹避之，天下歸之，而堯舜之子不順，將使天下而廢其子歟？將奉其子而違天下歟？而事之至逆，由避致之也。至益不度天命而受位於禹，禹遜之而天下不從，而後不敢爲，匹夫猶且恥爲之，而謂益爲之哉？"此尤不思之甚者也。舜禹豈有當天下之意乎哉？終其事而避其位，若天下歸吾君之子，固其所也，而天下歸之，自不舍耳。舜禹若逆計其利害，而遽自立，則是何心哉？益爲禹所薦，固終其冢宰之事，三年喪畢，避啓箕山，天下歸啓，益固得其所也，而以私意得失輕重論聖賢，何其不思之甚歟？

【纂疏】輔氏曰："孔子之言固斷置得好，又得孟子發明之，尤更明白，可謂真能得前聖之心者。知，即知而得之也。"

○**萬章問曰："人有言，'伊尹以割烹要湯'，有諸？"** 要，平聲，下同。

要，求也。按《史記》，伊尹欲行道以致君而無由，"乃爲有莘氏之媵臣，負鼎俎，以滋味説湯，致於王道"，蓋戰國時有爲此説者。

【纂疏】輔氏曰："戰國之時去聖漸遠，人不知有義理之學，稍有才識者則汲汲然志於功名事業，以求其富貴利達，雖枉己辱身有所不顧，故設爲此等議論，上以誣聖賢，下以便一己之私耳。"○趙氏曰："湯妃有莘氏之女。"

孟子曰："否，不然。伊尹耕於有莘之野，而樂堯舜之道焉。非其義也，非其道也，禄之以天下，弗顧也；繫馬千駟，弗視也。非其義也，非其道也，一介不以與人，一介不以取諸人。 樂，音洛。

莘，國名。樂堯舜之道者，誦其詩、讀其書，而欣慕愛樂之也。駟，四匹也。

介,與草芥之芥同,言其辭受取與無大無細,一以道義而不苟也。

【集義】楊氏曰:“一介之與萬鍾,若論利則有多寡,若論義其理一也。伊尹惟能一介知所取與,故能禄之以天下弗顧,繫馬千駟弗視,自後世觀之,則一介不以與人爲太吝,一介不以取諸人爲太潔,然君子之取予,適於義而已。孔子於公西赤之富,不恤其請,於原憲之貧,不許其辭,此知所予者也。孟子言‘非其道則一簞食不可受於人,如其道則舜受堯之天下,不以爲泰’,此知所取者也。”

【語録】先生問:“如何是伊尹樂堯舜之道?”對以飢食渴飲,鑿井耕田,自有可樂。曰:“龜山答胡文定書,是如此説。要之不然,須是有所謂堯舜之道,如《書》云‘人心惟危,道心惟微。惟精惟一,允執厥中’,此便是堯舜相傳之道。如自‘克明俊德,以親九族’,至‘協和萬邦,黎民於變時雍’,如‘欽明文思’‘温恭允塞’‘曆象日月星辰’‘敷五典’‘齊七政’‘同律度量衡’之類,伊尹在莘野時,須曾一一學來,不是每日只耕鑿食飲過了。”又問:“看伊尹升陑之事,亦是曾學兵法?”曰:“古人皆如此。如東漢李膺爲度遼將軍,必是曾履行陣。”又問:“傅説版築,亦讀書否?”曰:“不曾讀書,如何有《説命》三篇之文?”(廖德明)

【或問】樂堯舜之道之説。曰:“楊氏亦過之。夫田夫野老之所日用,固莫非堯舜之道。然堯舜之所以爲堯舜者,其盛德大業之全體,但非一端所能盡。而伊尹之所樂,亦豈專在於此而已哉? 此蓋生於禪者之説。昔有以此問某人如何是堯舜之道者,某人答云‘江上一犁春雨’,傳者悦其新奇高妙,而不深考於其實,遂取以爲説而張大之,其亦誤矣。且如其言,則伊尹之耕於野,其於堯舜之道固已親見之久矣,又何必堯舜其君,堯舜其民,而後爲親見之邪?”問:“道、義一物,非其義則非其道矣,一介不妄取予,則其大者亦可知矣。既曰非義,又曰非道,既曰一介,又曰天下千駟,何也?”曰:“道、義云者,兼舉體用而言也。一介、千駟,極其多少而言也。蓋人之氣質不同,器識有異,或務大而忽小,或拘小而遺大,故必兼舉而極言之,然後足以見其德之全耳,夫豈贅於言哉?”

【纂疏】輔氏曰:“道,體也。義,用也。既曰義又曰道者,兼體用言之也。先言義後言道者,自其用處察之,而見其體一也。天下、千駟,所謂大也。一介,所謂細也。物有大、細,而道義無大、細。苟害道、義,則豈間於大、細哉。此伊尹之辭受取與,所以無間於萬鍾之大、一介之細,而一以道義斷之,不以微細而苟於取與也。"○趙氏曰:"莘國,即今司州鄈陽縣。"

湯使人以幣聘之,囂囂然曰:'我何以湯之聘幣爲哉?　我豈若處畎畝之中,由是以樂堯舜之道哉?'囂,五高反,又户驕反。

囂囂,無欲自得之貌。

【纂疏】輔氏曰:"伊尹以堯舜之道自樂,故常無欲而自得。涵泳其言,則舉天下之物,果何足以累其心哉?"

湯三使往聘之,既而幡然改曰:'與我處畎畝之中,由是以樂堯舜之道,吾豈若使是君爲堯舜之君哉?　吾豈若使是民爲堯舜之民哉?吾豈若於吾身親見之哉?

幡然,變動之貌。於吾身親見之,言於我之身親見其道之行,不徒誦説向慕之而已也。

【語録】伊尹是兩截人,方其耕于莘野,若將終身焉,是一截人;及湯三聘,翻然而往,便以天下之重爲己任,是一截人。(吕燾)○或謂耕田鑿井便是堯舜之道,此皆不實,不然何以有"豈若吾身親見之哉"一句,若不着實,只是脱空。○趙氏録

【纂疏】輔氏曰:"幡有反覆之意,故爲變動之貌。"○又曰:"此皆是樂道之事也,言我能使是君爲堯舜之君,使是民爲堯舜之民,則我之身親見其道之行,而其樂又不空見於誦説向慕之而已也。"

天之生此民也,使先知覺後知,使先覺覺後覺也。　予,天民之先覺者也,予將以斯道覺斯民也。　非予覺之,而誰也?'

此亦伊尹之言也。知,謂識其事之所當然。覺,謂悟其理之所以然。覺後知後覺,如呼寐者而使之寤也。言天使者,天理當然,若使之也。程子曰:"予天民之先覺,謂我乃天生此民中,盡得民道而先覺者也,既爲先覺之民,豈可不覺其未覺者,及彼之覺,亦非分我所有以予之也,皆彼自有此理,我但能覺之而已。"

【集義】明道先生曰:"天民之先覺,譬之皆睡,他人未覺來,以我先覺,故摇擺其未覺者,亦使之覺。及其覺也,元無少欠,蓋亦未嘗有所增加也。"

【語録】曰:"此所謂'天民',但言天所生之民耳。其曰'天民之先覺',蓋

曰天生此民之中特爲先覺者而已。”○曰：“知只是知此一事，覺是忽然自理會得。”○又曰：“知者，因事因物皆可以知，覺則是自心中有所覺悟。”○又曰：“如知得君之仁，臣之敬，子之孝，父之慈，是知此事。又知得君之所以仁，臣之所以敬，父之所以慈，子之所以孝，是覺此理。”○又曰：“知覺二字，程子云‘知是知此事，覺是覺此理’，此言盡之，自不必別立説也。事親當孝，事兄當悌者，事也。所以當孝，所以當悌者，理也。”（《答吳晦叔》）○先覺後覺，是自悟之覺，如《大學》説格物致知豁然貫通處。今人知得此事，講解得這個道理，皆知之之事。及至自悟，則又自有個見解處。先知覺後知，先覺覺後覺，中央兩個覺字，皆訓喚醒，是我喚醒他。（沈僩）

【纂疏】輔氏曰：“知淺而覺深，知有界限而覺無偏全。”○又曰：“程子云：‘譬之人睡，他人未覺，而我先覺，以我先覺，故搖撼其未覺者，亦使之覺。及其已覺也，元無欠少，亦未嘗有增加，適一般耳。’此説説得個覺字極爲全備，謂覺之而已，非有所增益之也。”○又曰：“既爲先覺之民，豈可不覺其未覺者，此解‘非予覺之，而誰也’一句。蓋《大學》之道，既明明德，則必在新民，到此地位則自然住不得。正使不得時與位，亦須着如孔孟著書立言，以覺萬世始得，此皆是不容已者。”

思天下之民，匹夫匹婦有不被堯舜之澤者，若己推而内之溝中。其自任以天下之重如此，故就湯而説之以伐夏救民。 推，吐回反。内，音納。説，音悦。

《書》曰：“昔先正保衡，作我先王，曰：‘予弗克俾厥后爲堯舜，其心愧恥，若撻于市。’一夫不獲，則曰‘時予之辜’。”孟子之言蓋取諸此。是時夏桀無道，暴虐其民，故欲使湯伐夏以救之。徐氏曰：“伊尹樂堯舜之道。堯舜揖遜，而伊尹説湯以伐夏者，時之不同，義則一也。”

【纂疏】輔氏曰：“徐氏於時義上看得分明，故《集注》取之。”

吾未聞枉己而正人者也，況辱己以正天下者乎？　聖人之行不同也，或遠或近，或去或不去，歸潔其身而已矣。 行，去聲。

辱己甚於枉己，正天下難於正人，若伊尹以割烹要湯，辱己甚矣，何以正天下乎？遠，謂隱遁也。近，謂仕近君也。言聖人之行雖不必同，然其要歸在潔其身而已，伊尹豈肯以割烹要湯哉？

【纂疏】輔氏曰：“‘枉己’，謂枉其在己之道。‘辱己’，則又有恥辱之事及於己矣。然辱己實由於枉己，固不可以爲未甚而有枉於己也。'人'，則有所指而言。至於'天下'，則所該廣矣。以其廣狹，故有難易之辨。然正天下實自正人始，未有不能正人而能正天下者也。"○又曰："聖人之行，本無不同，其所以不同者，所遭之時不同耳。故或隱遁而遠去，或留仕以近君，雖有不同，然其要歸則在於潔其身而已。所謂潔其身者，不使其身陷於不義耳。蓋身者，萬事之本也，身之不潔則事無綱領，舉皆紛亂，而無可爲者矣。"

吾聞其以堯舜之道要湯，未聞以割烹也。

林氏曰："以堯舜之道要湯者，非實以是要之也，道在此而湯之聘自來耳，①猶子貢言夫子之求之，異乎人之求之也。"愚謂此語亦猶前章所論父不得而子之意。

【纂疏】輔氏曰："要，求也。聖人本無求人之心，但道德充足於己，而人自來求我，亦如聖人之求之耳。故子貢謂'夫子之求之也，異乎人之求之與'，正與此意相似。"○又曰："前章所論'父不得而子'，謂爲天子則可臣其父，故孟子謂舜不爲瞽瞍所化而反化於其子，此則所謂'父不得而子'。此章所問伊尹之要湯，謂其以割烹，故孟子謂非以割烹，而乃以堯舜之道要湯，其意亦正同也。"

《伊訓》曰：'天誅造攻自牧宫，朕載自亳。'"

《伊訓》，《商書》篇名。孟子引以證伐夏救民之事也。今《書》牧宫作鳴條。造、載，皆始也。伊尹言始攻桀無道，由我始其事於亳也。

【張氏注】所謂"樂堯舜之道"者，果何如哉？伊尹之在莘野，飢食而渴飲，朝作而夕息，何以異於田夫野人乎？推其行著習察，順命樂天，而無一毫損益於其間，此即堯舜之所以治天下者，而伊尹之所樂有在乎是也。既曰"非其道也，非其義也，禄之以天下弗顧"，又曰"非其義也，非其道也，一介不以與人，一介不以取諸人"，蓋其禄以天下弗顧，繫馬千駟不視之心，即一介不以取與之心。既曰義，而又曰道，兼體用而明之也，其不即應湯之命者，以其未可也。其幡然而改者，以其可也，非前日之不是，而今日改之是也。蓋湯往三聘之，則其志篤也，於是始起而從之也。若於其未可而遽起，與於其可而不幡然，則皆有害於堯舜之道，非其所樂者矣。故於其

---

①　"此而湯"，原破損不清，此據宋當塗郡齋本《四書集注》。

未可,則曰"豈若處畎畝之中,由是以樂堯舜之道",及其可,則曰"豈若使是君爲堯舜之君,使是民爲堯舜之民,豈若於予身親見之",此其從容於出處之際者然也。謂"非予覺之而誰"者,非不讓也,理固若是也。"思天下之民有不被堯舜之澤,若己推而内之溝中"者,仁者與億兆同體,無不愛也。前日處畎畝之中,而民之困窮有所不得而與,一旦以身許成湯,則當以天下之重自任,此乃堯舜之道而天之理也,即其飢食而渴飲,朝作而夕息者也。伊川先生曰:"予天民之先覺者,譬之皆寐,天下未覺,以我先覺,振動未覺者亦使之覺。及其覺也,元無少欠,亦無增加,適同而已。"蓋天之生民均具此理,惟聖賢先得其所同然者,是在天生兆民中爲先覺之民也,衆人方且蔽而莫之知,故有待於聖賢之覺。其所以可得而覺者,以其本有故耳。既言知而又言覺者,知言知有此事,覺言有所省覺,固有淺深也。雖然,聖賢所以覺天下者,則固有道矣,非惟教化之行,涵濡浹洽有以使之然,而其感通之妙,民由乎其中,固有不言而喻、未施而效者。或謂《語》曰"民可使由之,不可使知之",聖賢固不能使天下之皆覺也。然而天下有可覺之道,聖賢有覺之之理,其覺也,雖存乎人,而聖賢使之由於斯道,雖曰未之或知,固在吾覺之之中矣。伊尹之所以仕而就湯者,蓋如此。孰謂以割烹要乎? 枉己以正人,無是理也。己既先枉,則將何以正人乎? 枉己正人且不可,而謂辱己而可以正天下,有是理乎? 割烹之論殆出於春秋戰國之際,枉己求合者之所爲,故不得不明辨也。聖人之行不同,或遠而避之,或近而就之,或辭禄而去,或委身而不去。雖曰不同,而歸於潔其身則同,蓋循天理之常,未嘗少枉以失其身也。若後世不知天理之所在,而務爲小廉一節而求以自潔,是則私意之爲,非聖賢歸潔其身之道也。謂以堯舜之道要湯者,言伊尹行堯舜之道,而湯往致之耳,非伊尹有要湯之心也。若行道於此而要君之聘,於道則豈所謂道者哉! 末引"天誅造攻自牧宮,朕載自亳",以見伊尹所以出而佐湯伐夏救民之實也。言天誅造攻於牧宮者,蓋桀爲不道,是自造攻也。造攻者桀也,誅之者天也,而伊尹則相湯始於亳,而往征之。然則其伐夏也何有哉? 奉天命以討有罪而已矣。

【纂疏】輔氏曰:"此伊尹之所自言,於此可見其任重之義,則其不肯枉道以要君者必矣。事或理明義順,則雖犯天下之所甚疑,在聖賢則無掩覆之意也。"

○萬章問曰：“或謂孔子於衛主癰疽，於齊主侍人瘠環，有諸乎？”
孟子曰：“否，不然也。　好事者爲之也。　癰，於容反。疽，七余反。好，去聲。

主，謂舍於其家，以之爲主人也。癰疽，瘍醫也。侍人，奄人也。瘠，姓；

環，名。皆時君所近狎之人也。好事，謂喜造言生事之人也。

【纂疏】輔氏曰：“好事，謂其喜好撰造言說，以生起事端者。”

於衛主顏讎由。　彌子之妻與子路之妻，兄弟也。　彌子謂子路曰：
‘孔子主我，衛卿可得也。’子路以告。　孔子曰：‘有命。’孔子進以
禮，退以義，得之不得曰‘有命’。　而主癰疽與侍人瘠環，是無義
無命也。　讎，如字，又音雔。

顏讎由，衛之賢大夫也，《史記》作顏濁鄒。彌子，衛靈公幸臣彌子瑕也。

徐氏曰：“禮主於辭遜，故進以禮。義主於制斷，故退以義。難進而易退者

也，在我者有禮義而已，得之不得則有命存焉。”

【語録】三揖而進，一辭而退。（楊道夫）○進以禮揖讓辭遜，退以義果決

剛斷。（李閎祖）○有命一段，見前“莫之致而至者命也”之下。

孔子不悦於魯衛，遭宋桓司馬將要而殺之，微服而過宋。　是時孔
子當阨，主司城貞子，爲陳侯周臣。　要，平聲。

不悦，不樂居其國也。桓司馬，宋大夫向魋也。司城貞子，亦宋大夫之賢

者也。陳侯，名周。按《史記》，孔子爲魯司寇，齊人饋女樂以間之，孔子遂

行，適衛月餘，去衛適宋，司馬魋欲殺孔子，孔子去。至陳，主於司城貞子。

孟子言孔子雖當阨難，然猶擇所主，况在齊衛無事之時，豈有主癰疽、侍人

之事乎？

【纂疏】輔氏曰：“以‘孔子進以禮，退以義，得之不得，曰有命’觀之，則必

無主癰疽瘠環之理。以‘孔子當阨，主司城貞子，爲陳侯周臣’觀之，則必

無主癰疽瘠環之事。”

吾聞觀近臣，以其所爲主；觀遠臣，以其所主。　若孔子主癰疽與侍
人瘠環，何以爲孔子？”

近臣，在朝之臣。遠臣，遠方來仕者。君子小人各從其類，故觀其所爲主

與其所主者，而其人可知。

【集義】吕氏曰：“辭受有義，得不得有命，皆理之所必然。有命有義，是有

可得可受之理,故舜可以受堯之天下。無命無義,是無可得可受之理,故孔子不主彌子以受衛卿。二者,義命有自合之理,無從而間焉。有義無命,雖有可受之義而無可得之命,安得而受之? 是謂義合於命,故益避啓而不受禹之天下。有命無義,雖有可得之命而無可受之義,亦安得而受之? 是謂命合於義,故中國授室養弟子以萬鍾,爲孟子之所辭也。"

【張氏注】衆人不知有命,故於其無益於求者强求而不止,昔賢者則安於命矣。知命之不可求也,故安之。若夫孔子所謂有命者,則義命合一者也,①故孟子發明之曰:"孔子進以禮,退以義,得之不得,曰:'有命。'"非聖人擇禮義而爲進退,聖人之進退無非禮義,禮義之所在固命之所在也,此所謂義命之合一者也。然則謂主癰疽與侍人瘠環者,何其不知聖人之甚哉! 於衛主顔讎由,與夫微服而過宋之時主司城貞子,二子蓋亦兩國之賢者,敬慕夫子而爲之主,非夫子之求之也。"觀近臣,以其所爲主;觀遠臣,以其所主",此泛言觀人之法,豈獨爲人臣者所當知,爲人君者尤當明此義也。苟能以其所主觀遠臣,以其所爲主觀近臣,則遠近交見,而無蔽於耳目之私矣。孟子因論孔子而及於此,實觀人之要也。

○萬章問曰:"或曰'百里奚自鬻於秦養牲者五羊之皮,食牛以要秦穆公',信乎?"孟子曰:"否,不然。好事者爲之也。 食,音嗣。好,去聲,下同。

百里奚,虞之賢臣,人言其自賣於秦養牲者之家,得五羊之皮而爲之食牛,因以干秦穆公也。

百里奚,虞人也。 晋人以垂棘之璧與屈産之乘,假道於虞以伐虢。宮之奇諫,百里奚不諫。 屈,求勿反。乘,去聲。

虞、虢,皆國名。垂棘之璧,垂棘之地所出之璧也。屈産之乘,屈地所生之良馬也。乘,四匹也。晋欲伐虢,道經於虞,故以此物借道,其實欲并取虞。宮之奇,亦虞之賢臣,諫虞公令勿許,虞公不用,遂爲晋所滅。百里奚知其不可諫,故不諫而去之秦。

【纂疏】趙氏曰:"按,虞國在漢河東郡大陽縣,虢國在漢河南郡滎陽縣。"

---

① "一",原漫漶不清,此據通志堂本《孟子説》。

知虞公之不可諫而去之秦，年已七十矣，曾不知以食牛干秦穆公之
爲污也，可謂智乎？　不可諫而不諫，可謂不智乎？　知虞公之將亡
而先去之，不可謂不智也。　時舉於秦，知穆公之可與有行也而相
之，可謂不智乎？　相秦而顯其君於天下，可傳於後世，不賢而能之
乎？　自鬻以成其君，鄉黨自好者不爲，而謂賢者爲之乎？”相，去聲。

自好，自愛其身之人也。孟子言百里奚之智如此，必知食牛以干主之爲
污。其賢又如此，必不肯自鬻以成其君也。然此事當孟子時已無所據，孟
子直以事理反覆推之，而知其必不然耳。○范氏曰：“古之聖賢未遇之時，
鄙賤之事不恥爲之，如百里奚爲人養牲無足怪也，惟是人君不致敬盡禮，
則不可得而見，豈有先自污辱以要其君哉？莊周曰：‘百里奚爵祿不入於
心，故飯牛而牛肥，使穆公忘其賤而與之政。’亦可謂知百里奚矣。伊尹、
百里奚之事，皆聖賢出處之大節，故孟子不得不辯。”尹氏曰：“當時好事者
之論大率類此，蓋以其不正之心度聖賢也。”

【集義】范氏曰：“虞之將亡，宮之奇諫，百里奚不諫。若諫者是，則不諫者
非，不諫者是，則諫者非。臣竊謂二人者，皆是也。宮之奇不忍虞公之亡，
諫而不聽，然後以其族行，君臣之義盡。百里奚事虞公，年七十而無所遇，
知其君不可諫，不諫而先去之，去就之理明。宮之奇爲忠臣，百里奚爲智
士，故曰二人者皆是也。”又曰：“按《秦本紀》，晉獻公滅虞，虜虞君與其大
夫百里奚，百里奚亡秦走宛，楚鄙人執之，穆公聞百里奚賢，乃以五羖羊皮
贖之，穆公釋其囚，與論國事，授之國政，號曰‘五羖大夫’。《商鞅傳》又載
趙良之言曰：‘五羖大夫，荆之鄙人也，聞穆公之賢而願見，行而無資，自鬻
於秦，被褐食牛期年，穆公知之，舉之牛口之下，而加之百姓之上，秦國莫
敢望焉。’《史記》所傳自相矛盾如此，蓋得之於好事者，此正萬章之所疑
也。伊尹以割烹要湯，百里奚以食牛要穆公，皆聖賢出處之大節，故孟子
不得不辯。”

【或問】此章之説。朱子曰：“范氏詳且明矣。其論百里奚隱於市井，本無
干穆公之意，又言聖賢未遇不恥鄙賤之事，而惡不由其道以得富貴。此意
甚正，宜深味之，所引莊子之言亦甚善，其辨《史記》之失尤佳。”

【張氏注】戰國之際，好爲此論，以污賢者，此非特疾賢惡善之意，蓋其所

爲類此，而欲借賢者以自班耳，故孟子反覆詳辨以救其流也。百里奚雖霸者之佐，然不可不謂之智者也，知虞公之不可諫而不諫，知虞亡不可救而去之，知繆公可與有行而相之，相秦而顯其君於天下，以是數者觀之，非不智不能也，而肯自鬻以成其君乎？成之爲言，求成之成，定交之謂也。自鬻之事，雖鄉里知自好者不爲也，使奚爲之，故其人可見矣，豈復能爲前數者哉？雖然，百里奚不諫虞公而去之，可得謂之忠乎？傳曰“百里奚愚於虞而智於秦”，蓋百里奚不得用於虞，在不必諫之地也，故知其不可諫而不諫，而不忍坐待其亡，以爲仇讎之民，故引而去之，此所以爲智也。不然百里奚在當諫之地而不諫，則是不忠之臣也，而何以爲智乎？

【集疏】覺軒蔡氏曰：“戰國之時，人不知道，惟知以功利爲急，以枉尺直尋、詭遇獲禽爲能，甚者敢自誣於聖賢，欲借以行其私，如伊尹割烹要湯、孔子主癰疽瘠環、百里奚自鬻於秦，其見愈卑，其論愈下，雖萬章之徒亦不知其爲非，而猶不免於疑問。[1]習俗移人之深如此，孟子安得不歷數而明辨之哉？”

【纂疏】輔氏曰：“自鬻以成其君，謂自賣我之身以成彼之爲君，即所謂顯其君於天下者是也。”○又曰：“聖賢未遇，鄙賤之事不恥爲之，吾夫子猶曰：‘吾少也賤，故多能鄙事。’”○又曰：“傳記載百里奚食牛之事亦多，但非是固欲爲此以要君耳，故莊子之言深得百里奚之意。”○又曰：“聖賢出處之大節，當時好事者以己度人，妄爲議論以蠱敗戕傷之，使人心之義理愈昏，私欲愈熾，波流風靡而未知底止，故孟子不得不辨。所以‘正人心，息邪説，詎詖行，放淫辭’，以立人極，豈好辯哉，不得已也。”

---

[1] “疑”，原漫漶不清，此據通志堂本《孟子集疏》。

孟子卷第十

【諸儒集成之書】

　　朱子集注　　朱子集義　　朱子語録　　朱子或問　　南軒張氏注　　黃氏講義
蔡氏集疏　　趙氏纂疏

萬章章句下凡九章

孟子曰："伯夷目不視惡色，耳不聽惡聲。　非其君不事，非其民不使。　治則進，亂則退。　橫政之所出，橫民之所止，不忍居也。　思與鄉人處，如以朝衣朝冠坐於塗炭也。　當紂之時，居北海之濱，以待天下之清也。　故聞伯夷之風者，頑夫廉，懦夫有立志。治，去聲，下同。橫，去聲。朝，音潮。

　　橫，謂不循法度。頑者，無知覺。廉者，有分辨。懦，柔弱也。餘並見前篇。

伊尹曰：'何事非君？　何使非民？'治亦進，亂亦進，曰：'天之生斯民也，使先知覺後知，使先覺覺後覺。　予，天民之先覺者也。予將以此道覺此民也。'思天下之民，匹夫匹婦有不與被堯舜之澤者，若己推而内之溝中，其自任以天下之重也。　與，音預。

　　何事非君，言所事即君。何使非民，言所使即民。無不可事之君，無不可使之民也。餘見前篇。

柳下惠不羞污君，不辭小官。　進不隱賢，必以其道。　遺佚而不怨，阨窮而不憫。　與鄉人處，由由然不忍去也。　爾爲爾，我爲

我，雖袒裼裸裎於我側，爾焉能浼我哉？　故聞柳下惠之風者，鄙夫
寬，薄夫敦。

鄙，狹陋也。敦，厚也。餘見前篇。

【語録】問："夷、惠皆言風，而不以言伊尹，何哉？"曰："或者以伊尹爲得行
其道，而夷、惠爲不得施其志，故有此論。似不必然，亦偶然耳。"又問："伊
尹勝似夷、惠得些？"曰："也是，伊尹體用較全。"頃之，復曰："夷、惠高似伊
尹，伊尹大似夷、惠。"（楊道夫）○祝氏録

孔子之去齊，接淅而行。　去魯，曰：'遲遲吾行也，去父母國之道
也。'可以速而速，可以久而久，可以處而處，可以仕而仕，孔子
也。"淅，先歷反。

接，猶承也。淅，漬米水也。漬米將炊，而欲去之速，故以手承水取米而
行，不及炊也。舉此一端，以見其久、速、仕、止，各當其可也。或曰："孔子
去魯，不税冕而行，豈得爲遲？"楊氏曰："孔子欲去之意久矣，不欲苟去，故
遲遲其行也。膰肉不至，則得以微罪行矣，故不税冕而行，非速也。"

孟子曰："伯夷，聖之清者也。　伊尹，聖之任者也。　柳下惠，聖之
和者也。　孔子，聖之時者也。

張子曰："無所雜者清之極，無所異者和之極。勉而清，非聖人之清，勉而
和，非聖人之和。所謂聖者，不勉不思而至焉者也。"孔氏曰："任者，以天
下爲己責也。"愚謂孔子仕、止、久、速，各當其可，蓋兼三子之所以聖者而
時出之，非如三子之可以一德名也。或疑伊尹出處合乎孔子，而不得爲聖
之時，何也？　程子曰："終是任底意思在。"

【語録】問："伯夷不念舊惡，求仁得仁，似是清中之和，下惠不以三公易其
介，似亦是和中之清。"曰："然。凡所謂聖者，以其渾然天理，無一毫私意。
若所謂'得百里之地而君之，皆能以朝諸侯，有天下。行一不義，殺一不
辜，而得天下者，皆不爲也'，這便是聖人同處，便是無私意處。但只是氣
質有偏，比之夫子，終有不中節處。所以《易》中説'中正'，伊川謂'正重於
中，中不必正也'，言中則正已在其中，蓋無中則做正不出來，而單言正則
未必能中也。夷、惠諸子，其正與夫子同，而夫子之中，則非諸子所及也。"
○曰："問：清、任、和、時皆以聖人名之，但曰清、曰和、曰任，則猶倚於一偏

而未得爲大,聖謂之時,則隨事制宜而可以兼數子之大全,如斯而已耳。"曰:"得之。"○因説清、任、和都是個有病痛底聖人,問伊尹似無病痛。曰:"五就湯,五就桀,孔孟必不肯恁地,只爲他任得過。"○又問:"伊尹莫是枉尺直尋否?"曰:"伊尹不是恁地,只學之者便至枉尺直尋。"(葉賀孫)○問:"伊尹,聖之任,非獨於自任以天下之重處看,如所謂'禄之以天下,弗受;繫馬千駟,弗顧。非其義,非其道,一介不以與人,一介不以取諸人',這般也見得任處?"曰:"不要恁地看,所謂任,只就他'治亦進、亂亦進'處看,其'自任以天下之重'如此,若如公説,又與伯夷之清相類。"(葉賀孫)○問伊尹之任。曰:"伊尹之任,是'自任以天下之重',雖云'禄之天下,弗受;繫馬千駟,弗顧',然終是任處多。如柳下惠'不以三公易其介',固是介,然終是和處多。"(林恪)○曰:"問:伊尹終有任底意思在,謂他有擔當作爲底意思,只這些意思便非夫子氣象否?"曰:"然。然此處極難看,且放那裏久之,看道理熟自見,强説不得。①若謂伊尹有這意思在,爲非聖人之至,則孔孟皇皇汲汲去齊、去魯、之梁、之滕,非無意者,其所以異伊尹者,何也?"○問:"聖人若處伊尹之地,也如他任,如何?"曰:"夫子若處此地,自是不同,不如此着意。"問:"伊尹'治亦進,亂亦進''無可無不可',似亦可以爲聖之時?"曰:"伊尹終是有任底意思在。"○問:"孔子時中,所謂隨時而中否?"曰:"然。"問:"三子之德各偏於一,亦盡其一德之中否?"曰:"非也。既云偏則不得謂之中矣,三子之德但各至於一偏之極,不可謂之中。如伯夷'雖有善其辭命而至者,不受也',此便是偏處。若善其辭命,而吾受之亦何妨,只觀孔子便不然。"問:"既云一偏,何以謂之聖?"曰:"聖只是做到極處,自然安行不待勉强,故謂之聖,其中之謂也。"(沈僩)○**祝氏録**

【張氏注】"伯夷目不視惡色,耳不聽惡聲。"凡色之過乎目,聲之接乎耳,固不得而遁也,而所以視,所以聽,則在我也。於惡色、惡聲,視聽不加焉,則其立心高而守己固矣。"柳下惠不羞污君,不辭小官。②進不隱賢,必以其道。"雖事污君而不羞,居小官而不辭,其進也未嘗隱賢焉,未嘗不以其道焉,此所以爲柳下惠也。不然則是枉己苟仕而已矣。雖然,以三子而論

---

① "强",原作"彊",據明陳煒刻本《朱子語類》卷五八《孟子八·萬章下》改。

② "辭",原作"甲",據通志堂本《孟子説》改。

之，伊尹其最高乎？故於伯夷之風，則以爲聞之者，"頑夫廉，懦夫有立志"，於柳下惠之風，則以爲聞之者，"鄙夫寬，薄夫敦"，而獨不言伊尹之風，所被者廣也。亦猶論流弊，於二子有"隘與不恭"之言，而不及伊尹也。然以伊尹比孔子，則猶有任之意不化也。若孔子則天也，其去齊"接淅而行"，去魯則曰"遲遲吾行也"，蓋其速也、其遲也，皆道之所在也，曰："可以速而速，可以久而久，可以處而處，可以仕而仕。"比《公孫丑》章所云，易一"則"字耳，而尤見從容不迫與時俱行之意。所謂聖之清、聖之任、聖之和者，言其精極於是三者也。三子者，雖或清、或任、或和之不同，然所以極其至則一也，故皆以聖言之。若夫孔子"聖之時"，則其可以一道名之哉！蓋"時"云者，非聖人之趨時，聖人之動固無不時也。而其曰聖，則舉其成名也。

【纂疏】輔氏曰："張子之説盡矣，清有所勉則有時而雜，和有所勉則有時而異。"○又曰："伊尹唯其任底意思在，故未能與天爲一，而不得爲聖之時。若孔子，則雖視天下無不可爲之時，在己無不可行之道，然却無伊尹這些意思。曰：'如有用我者，期月而已，可也''如有用我者，吾其爲東周乎？'多少含蓄意思，此其所以與天爲一，而謂之聖之時也。"

孔子之謂集大成。集大成也者，金聲而玉振之也。金聲也者，始條理也；玉振之也者，終條理也。始條理者，智之事也；終條理者，聖之事也。

此言孔子集三聖之事，而爲一大聖之事，猶作樂者，集衆音之小成而爲一大成也。成者，樂之一終。《書》所謂"簫《韶》九成"是也。金，鍾屬。聲，宣也，如"聲罪致討"之"聲"。玉，磬也。振，收也，如"振河海而不洩"之"振"。始，始之也。終，終之也。條理，猶言脉絡，指衆音而言也。智者，知之所及。聖者，德之所就也。蓋樂有八音：金、石、絲、竹、匏、土、革、木。若獨奏一音，則其一音自爲始終，而爲一小成，猶三子之所知偏於一，而其所就亦偏於一也。八音之中，金石爲重，故特爲衆音之綱紀。又金始震而玉終詘然也，故並奏八音，則於其未作而先擊鎛鍾，以宣其聲，俟其既闋而後擊特磬以收其韻。宣以始之，收以終之，二者之間脉絡通貫，無所不備，則合衆小成而爲一大成，猶孔子之智無不盡而德無不全也。"金聲玉振、始終條理"，疑古《樂經》之言，故倪寬云："惟天子建中和之極，兼總條貫，金聲而玉振之。"亦此意也。

【語録】曰：“三子却是天理中流出，雖是過當，直是無纖毫查滓。”○問孔子集大成。曰：“孔子無所不該，無所不備，非特兼三子之所長而已，但與三子比並説時，亦皆兼其所長。”（沈僩）○金聲玉振，只是解“集大成”。聲，猶聲罪之聲。古人作樂，撃一聲鍾，衆音遂作，又撃一聲鍾，衆音又齊作。故金所以發衆音，末則以玉振之，所以收合衆音在裏面。（陳淳）○金聲初打聲高，其後漸低，於衆樂之作，必以此聲之。玉聲先後一般，初打恁地響，到住時也恁地響，但玉聲住時截然便住，於衆樂之終，必以此振也。（葉賀孫）○金聲之變無窮，玉聲首尾如一。振之者，振而節之，猶今樂之有拍也。凡作樂者，始以金奏，而後以玉振之，猶聖人之合衆理而備於身也。條理，衆理之脉絡也。始窮其然而縷析毫分者，智也；終備於身而渾然一貫者，聖也。二者惟孔子全之，三子則始不盡而終不備也。○金聲或洪或殺，清濁萬殊。玉聲清越和平，首尾如一。故樂之作也，八音克諧，雖若無所先後，然奏之以金，節之以玉，其序亦有不可紊者焉。蓋其奏之也，所以極其變也。其節之也，所以成其章也。變者雖殊，而所以成者未嘗不一。成者雖一，而所歷之變，洪纖清濁，亦無不具於至一之中。聖人之智，精粗小大，無所不周。聖人之德，精粗大小，無所不備。其始卒相成蓋如此，此“金聲而玉振之”所以譬夫孔子之“集大成”，而非三子之得與也。然即其全而論其偏，則洪而不能纖，清而不能濁者，是其金聲之不備也。不能備乎金聲而遽以玉振之，雖其所以振之者未嘗有異，然其所振一全一闕，雖其玉之爲聲，亦有所不能同矣。（《答張敬夫》）○伯夷聖之清，伊尹聖之任，柳下惠聖之和，都如樂器有一件相似，是金聲底從頭到尾只是金聲，是玉聲底從頭到尾只是玉聲，是絲竹聲底從頭到尾只是絲竹之聲。（林夔孫）○曰：金聲有洪殺，始震終細，玉聲則始終一，叩之，其聲詘然而止。○問始終條理。“脉絡如一把草從中縛之，①上截爲始條理，下截爲終條理。上截少一莖，則下截亦少一莖，上截不少則下截亦不多，此之謂始終條理。”（沈僩）○始條理是致知，終條理是力行，如《中庸》説“博學、審問、謹思、明辨”，與《大學》“物格、知至”，這是始條理。如“篤行”與“誠意”“正心”“脩身”以下，這是終條理。（葉賀孫）○問：“始條理者智之事，終條

---

① “草”，原漫漶不清，此據明陳煒刻本《朱子語類》卷五八《孟子八·萬章下》。

理者聖之事,功夫全在智字上,三子所以各極於一偏,緣他合下少致知工夫,看得道理有偏,故其終之成也亦各至於一偏之極。孔子合下盡得致知工夫,看得道理周徧精切,無所不盡,故其德之成也,亦兼該畢備,而無一德一行之或闕。"先生曰:"然。"(沈僴)○始條理,猶個絲綫頭相似,孔子是挈得個絲頭,故許多條絲都在這裏,三子者則各是拈得一邊耳。(萬人傑)○又曰:"伯夷合下只見得清底,其終成就亦只成就得清底。伊尹合下只見得任底,其終成就亦只成就得任底。柳下惠合下只見得和底,其終成就亦只成就得和底。"○兒寬云:"天子建中和之極,兼摠條貫,金聲而玉振之。"未必是引《孟子》,恐古來樂家自有此語。又金聲玉振孟荀皆用之,荀子非孟,必不肯用其語也。(李閎祖)○**祝氏録**

【或問】問:"玉振金聲,程子以喻始終。或者之意,以此有變有不變。其説孰是?"曰:"二説相關,不可偏廢。金聲固是喻其始,然始則有變;玉振固是喻其終,至終則無變也。"

【纂疏】輔氏曰:"注云'宣以始之',謂擊鎛鐘以始八音之聲。'收以終之',謂擊特磬以終八音之韻也。自始及終,中間八音之脉絡相與通貫,而其底於大成,亦如孔子之智以始之,聖以終之,中間於三子清、任、和之脉絡,亦無不通貫,故能時而出之,以集其大成也。"

智,譬則巧也;聖,譬則力也。 由射於百步之外也,其至,爾力也;其中,非爾力也。" 中,去聲。

此復以射之巧力,發明"智""聖"二字之義。見孔子巧力俱全,而聖智兼備,三子則力有餘而巧不足,是以一節雖至於聖,而知不足以及乎時中也。○此章言三子之行各極其一偏,孔子之道兼全於衆理。所以偏者由其蔽於始,是以缺於終。所以全者由其知之至,是以行之盡。三子猶春夏秋冬之各一其時,孔子則太和元氣之流行於四時也。

【集義】伊川先生曰:"此皆時也,夷是聖人極清處,惠是聖人極和處。"又曰:"伊尹始在畎畝,五就湯,五就桀,三聘,翻然而從,豈不是時? 然後來見,其以天下自任,故以爲聖人之任。"又曰:"金聲而玉振之,此孟子爲學者言終始之義也。樂之作,始以金奏,而以玉聲終之。始於致知,智之事也,行所知而至其極,聖之事也。易曰'知至至之,知終終之',是也。"○橫渠先生曰:"夷、惠得言聖之者,以其於清和成性也。柳下惠之和,和而若無所守，則成何道理？故不易其介，以直道事人，此和而近於清也。伯夷之清既如此，又恐拘則隘甚矣，不念舊惡與得仁何怨，此清而近於和也，若不然何以階於聖人，但德差偏耳。”又曰：“伊尹在畎畝，樂堯舜之道，亦可爲聖之時。及幡然自任以天下之重，有一夫不獲其所，則若己推而納之溝中，①乃爲聖人之任。”又曰：“‘智，譬則巧也；聖，譬則力也。’如夷、惠力而不巧，孔子則巧且力也。夷、惠智不明於至善，故偏入於清和，然而卒能成性，故雖聖而不智。孔子智既明於至善，故集大成，如清、和、時、任皆有之，無不曲當也，故聖且智，金聲而玉振也。夷、惠但有玉振，而無金聲。”

【語錄】智是見得徹之名，聖是行得到之號，②有先後而無淺深。聖而不智，如水母之無蝦，亦將何所乎？○問：“此章智却重。”曰：“以緩急論則智居先，若把輕重論則聖爲重。且如今有一等資質好底人，忠信篤實，却於道理上未甚通曉得，又有一樣資質淺薄底人，却自會曉得道理，這須是還資質忠厚底人做重始得。”（葉賀孫）○問：“夫子所以能集三子而大成者，由其始焉知之深也。蓋知之至，行之必至。三子之智，始焉知之未盡，故其後行之雖各極其至，終未免各失一偏，非終條理未到，以其始條理已差之矣。”先生曰：“甚好。”（金去僞）○問巧力。曰：“三子力已至，但射不親，知處偏，故至處亦偏。孔子則既聖且智，巧力兼全，故孔子箭箭中紅心。三子則每人各中一邊，緣他當初見得偏，故至處亦偏。”問：“如此則三子不可謂之聖？”曰：“不可謂聖之大成，③畢竟他清是聖之清，和是聖之和，雖使聖人清和，亦不過如此。顏子則巧處工夫已至，但只是力不至耳。”

【或問】問：“三子之偏如此，而孟子以聖名之，何也？”曰：“三子之聖，因其氣質之偏，而力行以造極，卒至乎不思不勉之地，而表裏洞然，無一豪人欲之私者，雖謂之聖，然於孔子則有不得而班者。就三子而論之，則伊尹之學又密於夷、惠矣。”

【張氏注】所謂“集大成”者，言集乎道之大成也。“金聲而玉振之”者，樂之始作以金奏，而以玉聲終之，言孔子之道始終純一，而無不盡者也。因

---

①　“推”，原破損不清，此據上文《孟子》原文。
②　“號”，原作“處”，據閩本《朱文公文集》卷五八《答張敬之》改。
③　“之”，原作“人”，據明陳煒刻本《朱子語類》卷五八《孟子八·萬章下》改。

論孔子,而遂推言學聖人始終之義,使學者有所馴而進焉。“始條理”,即《易》所謂“知至至之”。“終條理”,即《易》所謂“知終終之”。此未及乎聖智也,學者從事于此,固所以爲聖智之道也,故曰:“智之事”“聖之事”。“條理”云者,言有序而不紊也。夫所謂“終條理”者,即終其始條理者也。此非先至其知而後爲有終也,致知力行蓋互相發,然知常在前,故有始終之異也,於是以射之巧力爲譬。夫射於百步之外,其至於百步者,由夫力也,力可勉也,而其中鵠,則非力之可爲,由夫巧也。“智,譬則巧”者,言其妙於中也。“聖,譬則力”者,言其能至也。若三子者,其用力可謂至極矣,故其於清、任、和者,皆以聖名之,以言其於是三者臻其極也。然方之孔子,終有所未及者,非其力之不至也,於聖人大而化之者,猶有所憾。蓋其智於是三者之外未能盡中也,孔子則知聖俱極者也。論學則知聖有始終之序,論道則聖之極是知之極者也,惟孔子爲盡之,故三子不能班也。若顏子之在聖門,蓋知聖幾矣,其至與中在毫釐之間者歟? 學者當以孔子爲標的,而致知力行,以終吾身焉可也。

【講義】曰:“孔子之異於三子者,知之至而行之盡。三子之不及孔子者,知有所蔽於始,而行有所闕於終也。此孔子之所以獨得其全,而三子僅得其偏也。知有不至,行有不盡,雖以伊尹、夷、惠之質,尚不能無愧於孔子,而況學者乎?”

【集疏】覺軒蔡氏曰:“以射譬之,孔子則垛垛中的,三子則各中其垛之的,移之他垛,則不能中矣。此即《集注》‘各一其時’‘流行四時’之意也。”

【纂疏】輔氏曰:“注云‘一節雖至於聖’者,指清、任、和而言也。‘智不足以及乎時之中’者,謂其始之智,但知其清、任、和,而不得如孔子爲聖之時也。若孔子則速、久、處、仕,皆得乎時中,蓋由其始之智,足以及乎時中故也。”○潛室陳氏曰:“譬之射焉,均至於百步之外,而有中不中者,蓋巧者知得到,則百發而百中,力者行得到,則至而未必中,由是觀之,學不難於行而難於知,猶射不難於力而難於巧。”○又曰:“三子智不及於全,故行到處亦只是一偏之聖。夫子知得天下道理,四方八面周匝普徧,[1]故成就處兼總衆理,該貫萬善,不可以一節名。”

---

① “徧”,原作“偏”,此據元刻本《四書纂疏》改。

○北宫錡問曰："周室班爵禄也，如之何？"錡，魚綺反。

　北宫，姓。錡，名。衛人。班，列也。

孟子曰："其詳不可得聞也，諸侯惡其害己也，而皆去其籍，然而軻也嘗聞其略也。　惡，去聲。去，上聲。

　當時諸侯兼并僭竊，故惡周制妨害己之所爲也。

　【纂疏】輔氏曰："兼并則其國日大，僭竊則其禄日侈。"

天子一位，公一位，侯一位，伯一位，子、男同一位，凡五等也。君一位，卿一位，大夫一位，上士一位，中士一位，下士一位，凡六等。

　此班爵之制也，五等通於天下，六等施於國中。

　【纂疏】輔氏曰："位，以爵定也。"

天子之制，地方千里，公、侯皆方百里，伯七十里，子、男五十里，凡四等。　不能五十里，不達於天子，附於諸侯，曰附庸。

　此以下，班禄之制也。不能，猶不足也。小國之地不足五十里者，不能自達於天子，因大國以姓名通，謂之附庸。若春秋邾儀父之類是也。

　【纂疏】輔氏曰："田以禄分也。按，君以下所食之禄，皆助法之公田，藉農夫之力以耕，而收其租者。此又可見周制都鄙用助法也。"

天子之卿受地視侯，大夫受地視伯，元士受地視子、男。

　視，比也。徐氏曰："王畿之内，亦制都鄙受地也。"元士，上士也。

　【纂疏】趙氏曰："'王畿内，亦制都鄙'者，言食采邑於畿内，禄之多少以外諸侯爲差也。"○又曰："言上士而不言中下士者，蓋以視附庸也。"

大國地方百里，君十卿禄，卿禄四大夫，大夫倍上士，上士倍中士，中士倍下士，下士與庶人在官者同禄，禄足以代其耕也。

　十，十倍之也。四，四倍之也。倍，加一倍也。徐氏曰："大國君田三萬三千畝，其入可食二千八百八十人。卿田三千二百畝，可食二百八十八人。大夫田八百畝，可食七十二人。上士田四百畝，可食三十六人。中士田二百畝，可食十八人。下士與庶人在官者田百畝，可食九人至五人。庶人在官，府、史、胥、徒也。"愚按，君以下所食之禄，皆助法之公田，藉農夫之力以耕而收其租，士之無田與庶人在官者，則但受禄於官，如田之入而已。

【語録】古者制國,土地亦廣,非如孟子百里之説。禹會塗山,執玉帛者萬國,後來更相吞噬,到周初只有千八百國,是不及五分之一矣,想得併得來儘大。周封新國,若只用百里之地介在其間,豈不爲大國所吞?亦緣是誅紂伐奄,滅國者五十,得許多土地,方封得許多人。又問:"《周禮》所載,諸公之國方五百里,諸侯之國方四百里云云者,是否?"曰:"看來怕是如此。孟子時去周初已六七百年,已無載籍可考。"又問:"《王制》疏家所載,周初封建只是百里,後來滅國漸廣,方添封至數百里。"曰:"此説非是。諸國分地,先來已定了,若後來旋添,便須移動了,幾國徙去別處方得,豈不勞擾?"(沈僩)○問:"府、史、胥、徒,不知皆民爲之,抑別募游手爲之?①"曰:"不可曉,想只是民爲之。然府、史、胥、徒各自有禄以代耕,則又似別募游手矣。以《周禮》考之,人數極多,亦安得許多閑禄給之耶?某嘗疑《周禮》一書,方是起草未曾得行。何以知之?蓋左氏所記當時官號職號甚詳,而未嘗及於府、史、胥、徒,則疑其方出於周公草定之本,而未經施行也。使其有之人數極多,何不略見於他書?如至没緊要事,亦破人甚多,不知何故。但嘗觀自漢以來及前代題名碑,所帶人從胥史亦甚多,又不知如何。皆不可曉。"(沈僩)○直卿問:"府、史、胥、徒,皆是庶人在官者,不知如何有許多?"曰:"嘗看子由《古史》,他疑三事,其一謂府、史、胥、徒太多,這個當時却多是兼官,其實府、史、胥、徒無許多。"(黄義剛)○祝氏録

次國地方七十里,君十卿禄,卿禄三大夫,大夫倍上士,上士倍中士,中士倍下士,下士與庶人在官者同禄,禄足以代其耕也。

三,謂三倍之也。徐氏曰:"次國君田二萬四千畝,可食二千一百六十人。卿田二千四百畝,可食二百十六人。"

小國地方五十里,君十卿禄,卿禄二大夫,大夫倍上士,上士倍中士,中士倍下士,下士與庶人在官者同禄,禄足以代其耕也。

二,即倍也。徐氏曰:"小國君田一萬六千畝,可食千四百四十人;卿田一千六百畝,可食百四十四人。"

【語録】問:"天子六卿,諸侯大國三卿,次國二卿,小國孤卿。一國之地爲大夫、士分了,國君所得殊不多。"曰:"君十卿禄者,猶今之俸禄,蓋君所自

---

① "募",原漫漶不清,此據明陳煒刻本《朱子語類》卷五八《孟子八·萬章下》。

得爲私用者，至於貢賦、賓客、朝覲、祭享、交聘、往來，又別有財儲爲公用，非所謂禄也。如今之太守既有料錢，至於貢賦公用，又自有錢也。”（沈僴）

○祝氏録

【纂疏】趙氏曰：“由卿而上三等之國異，由大夫而下三等之國同者，蓋卿而上，其禄浸厚，苟不爲之殺，則地之所出不足以供；大夫而下其禄浸薄，苟爲之殺，則臣之所養不能自給也。”

耕者之所獲，一夫百畝；百畝之糞，上農夫食九人，上次食八人，中食七人，中次食六人，下食五人。 庶人在官者，其禄以是爲差。”食，音嗣。

獲，得也。一夫一婦，佃田百畝，加之以糞，糞多而力勤者爲上農，其所收可供九人。其次用力不齊，故有此五等。庶人在官者，其受禄不同，亦有此五等也。○愚按，此章之説，與《周禮》《王制》不同，蓋不可考，闕之可也。程子曰：“孟子之時，去先王未遠，載籍未經秦火，然而班爵禄之制已不聞其詳，今之禮書皆掇拾於煨燼之餘，而多出於漢儒一時之傅會，奈何欲盡信而句爲之解乎？然則其事固不可一一追復矣。”

【語録】問：“百畝之田，可食九人。其次八人、七人，又其次六人、五人，此等差別是地有肥瘠耶？抑糞壤之不同也？”曰：“皆人力之不同耳，然亦大約如此。緣有此五等之禄，故百畝所食亦有此五等。”○論周室制禄。曰：“‘上農夫食九人’，積之孔子使原思爲宰，與之粟九百，而孟子爲齊卿，其禄十萬鍾，然則自古至於秦漢，無不以穀粟制禄也。”○問：“孟子所答周室班爵禄，與《周禮》《王制》不同，未知孰是？”曰：“此也難考，然畢竟《周禮》底是。蓋《周禮》是個全書，經聖人手作，必不會差。孟子時典籍已散亡，想見没理會。”（沈僴）

【或問】孟子所論班爵、封國之制，皆與《周禮》不同，何也？朱子曰：“是不可考矣。蓋自孟子時已無明驗，而《周禮》後出，又有不可盡信者，是以諸儒之説紛然，而卒不能得其正也。”曰：“畿内受地之制，其有稽乎？”曰：“《周禮》所謂公邑家邑、小都大都者是矣，而《王制》亦有天子縣内諸侯之數，但其多寡與《周禮》復不同耳。”曰：“陳氏以爲，王之子弟及公卿以下，其官不少也，皆受地如列國之君，則千里之畿有所不容，疑亦視此以爲差降，非必盡如之也。此説如何？”曰：“以《周禮》考之，其制亦與《孟子》不同，然大都則方百里，而小都亦五十里也。但《王制》以天子縣內諸侯祿之，則國不繼世而食之，亦無嫌於不容矣。其據土以傳世者，殆《周禮》之未失與？"

【張氏注】先王制法，其高下輕重皆天理之大公，而非私意之得爲，故其廣大均平，定以一天下之心。後王以私意加於其間，其綱先紊，故上下交征於利，而法之所由壞也。戰國之時，先王之名號僅存，而其法廢也久矣。諸侯僭越常度，惡其害己，併與其籍而去之，雖曰諸侯之罪，而周之失政亦已久矣，故曰"文武之政，布在方册。其人存則其政舉，其人亡則其政息"，豈不然哉？孟子答北宮錡之問，蓋出於師友之所傳，故家遺俗之所聞者，雖曰甚略，①而大綱可得而推矣，故自天子至于子、男凡五等，自國君至于下士凡六等，此班爵之制也。自天子地方千里，公侯方百里而下，此班祿之制也。所謂"方千里"者，先儒以爲"王畿方千里，積百同九百萬夫之地"是也。蓋方千里，則爲方百里者百，爲田百萬井。九百萬夫之地，受田者八百萬夫，百倍諸侯之國。夫如是，而後可以爲天子都畿，鎮撫天下。而卿、大夫、元士之采地，皆有所容焉。故公、侯之方百里，伯七十里，子、男五十里者，皆以其田言之也，獨以其田言之，則地雖有廣狹之不齊，山林川澤之相間，而制田之多寡則自若。而《王制》謂"山陵、林麓、川澤、溝瀆、城郭、宮室、塗巷，三分去一"者，則傳者之失矣。諸侯之國，自卿至于下士，受祿各有差。下士代耕之祿，與庶人在官者同。庶人在官者，佐史胥徒之類是也。一夫一婦，受田百畝，而田有肥瘠，故耕者之所獲，有上中下之不同，而庶人在官者於其中，又有差焉，其輕重多寡皆天理之安、人情之宜、差等之平，而用度之稱者也。使明王出，舉而行之，則戰國之諸侯侵暴王略，據有其地者，豈不在所削乎？戰國之卿大夫務富私室、占田無制者，豈不在所奪乎？宜乎當時惡其害己，而去其籍也。今去古既遠，而賴有孟子之説存，學者以是章而折衷他説，則庶乎其有據也。惟《周禮》所載，亦往往與此不同，如曰"諸公之地封疆方五百里，其食者半；諸侯之地封疆方四百里，其食者四分之一；諸侯伯之地封疆方三百里，其食者三之一；諸子之地封疆方二百里，其食者二之一"，蓋不知分田建國之意，遷就而爲此説

---

① "曰"，原漫漶不清，此據通志堂本《孟子説》。

耳,要當以孟子爲正。夫在孟子之時,已云去其籍矣,又更秦絶滅之餘,周官之書存者無幾矣。今之所傳,先儒以爲雜出漢儒一時之傅會,是不可以不考也。

【纂疏】輔氏曰:"程子之説,足以救陋儒泥古之失。但據其所傳而姑存之,使千百世之後一遇大聖,則必能因其大體而詳其節目,推其既往以爲一時之制,而先代聖王之法,庶乎其可復見矣。"

○萬章問曰:"敢問友。"孟子曰:"不挾長,不挾貴,不挾兄弟而友。 友也者,友其德也,不可以有挾也。

挾者,兼有而恃之之稱。

【纂疏】輔氏曰:"謂其兼夫有與恃二者之意,方謂之挾也。若但有之而不恃,則猶未謂之挾也。"

孟獻子,百乘之家也,有友五人焉:樂正裘,牧仲,其三人,則予忘之矣。 獻子之與此五人者友也,無獻子之家者也。 此五人者,亦有獻子之家,則不與之友矣。 乘,去聲,下同。

孟獻子,魯之賢大夫仲孫蔑也。張子曰:"獻子忘其勢,五人者忘人之勢,不資其勢而利其有,然後能忘人之勢。若五人者,有獻子之家,則反爲獻子之所賤矣。"

【纂疏】輔氏曰:"獻子忘其勢,不挾貴也。五人者忘人之勢,無獻子之家者也。無獻子之家者,不資其勢而利其有者也。孟子歷舉四人之事,自小至大,皆以見其不敢有所挾之意。而首於孟獻子之事詳之者,①又以見上之友下,固不可有所挾。至於在下者爲上之所友,則亦不可資其勢以利其有也。一有資之、利之之意,則便爲人所賤矣,又豈肯與之爲友哉?"

非惟百乘之家爲然也,雖小國之君亦有之。 費惠公曰:'吾於子思,則師之矣;吾於顏般,則友之矣;王順、長息則事我者也。'
費,音秘。般,音班。

惠公,費邑之君也。師,所尊也。友,所敬也。事我者,所使也。

---

① "者",原漫漶不清,此據元刻本《四書纂疏》。

非惟小國之君爲然也，雖大國之君亦有之。 晋平公之於亥唐也，入云則入，坐云則坐，食云則食；雖疏食菜羹，未嘗不飽，蓋不敢不飽也。 然終於此而已矣，弗與共天位也，弗與治天職也，弗與食天禄也，士之尊賢者也，非王公之尊賢也。 "疏食"之"食"，音嗣。平公、王公下，諸本多無"之"字，疑闕文也。

> 亥唐，晋賢人也。平公造之，唐言入，公乃入，言坐乃坐，言食乃食也。疏食，糲飯也。不敢不飽，敬賢者之命也。○范氏曰："位曰天位，職曰天職，禄曰天禄，言天所以待賢人，使治天民，非人君所得專者也。"

> 【纂疏】輔氏曰："平公之於亥唐，則知所敬矣，然不能與之共天位、治天職、食天禄，則是不能推廣是心，以體天而治民，以及於國也。"○西山真氏曰："位者天位，所以處賢者也。職者天職，所以命賢者也。禄者天禄，所以養賢者也。三者皆天所以待賢人，使治天民者也。而晋平公之於亥唐，特虛尊之而已，未嘗處之以位，命之以職，食之以禄也。此豈王公尊賢之道哉？"

舜尚見帝，帝館甥于貳室，亦饗舜，迭爲賓主，是天子而友匹夫也。

> 尚，上也，舜上而見於帝堯也。館，舍也。禮，妻父曰外舅。謂我舅者，吾謂之甥。堯以女妻舜，故謂之甥。貳室，副宫也。堯舍舜於副宫，而就饗其食。

用下敬上，謂之貴貴；用上敬下，謂之尊賢。 貴貴尊賢，其義一也。"

> 貴貴、尊賢，皆事之宜者。然當時但知貴貴，而不知尊賢，故孟子曰："其義一也。"○此言朋友人倫之一，所以輔仁，故以天子友匹夫而不爲詘，以匹夫友天子而不爲僭，此堯舜所以爲人倫之至，而孟子言必稱之也。

> 【語録】親親、長長、貴貴、尊賢，皆天下之大經，固當各有所尚，然亦不可以此而廢彼。故鄉黨雖上齒，而有爵者則俟賓主獻酬禮畢，然後入。又席於尊東，使自爲一列，不爲衆人所壓，亦不壓却他人，即所謂遵亦作僎。也。如此則長長、貴貴各不相妨，固不以齒先於爵，亦不以爵加於齒也。（《答嚴時亨》）○祝氏録

【張氏注】朋友與君臣、父子、兄弟、夫婦同爲大倫，天所序也。自天子至于庶人，未有不須友而成者。後世雖一介之士，朋友之道固缺矣，而況於等而上之者哉！蓋不知德之可貴，不知成身之爲重，此友道之所爲缺也。使其知德之爲貴，成身之爲重，則其所以求友者，惟恐其不獲也，況敢有挾乎哉！孟獻子百乘之家，而能取友者也。獻子與此五人友者，不敢有其百乘之富也，故曰“無獻子之家者也”，言降意忘勢，若無其家焉耳。此五子者，其視獻子之貴勢，亦無動乎其中。使此五人而有獻子之家，則獻子亦不與之友矣。横渠張子曰：“獻子，忘其勢者也。五人者，忘人之勢者也。”雖然，惟獻子之自忘其勢也，故五人者從之。不然獻子先以勢自居，則賢者方將望望然去之，其亦可得而友耶？若費惠公，則小國之君而能友者也，於子思則師之，於顏般則友之，王順、長息則以爲事我者，然則四人者其相去可知矣。夫使人君至於不敢臣之，而又不敢友之，則其道德之積于躬，必有感通於言意之表者矣。若晉平公，則大國之君而能取友者也。亥唐云入則入，云坐則坐，云食則食，雖疏食菜羹未嘗敢不飽，蓋尊敬之而不敢不飽也。則平公忘其勢與亥唐忘人之勢，亦可見矣。雖然，人君之尊賢，當與之共天位、治天職、食天禄，是則公天下之道而極尊賢之義也。曰位、曰職、曰禄皆以天言者，言非人臣之所得私天之所爲也。平公雖能忘勢以尊亥唐，然不能與之共治，故以爲士之尊賢，而非王公之尊賢，若堯之於舜則所謂極尊賢之義者也。以天子而友匹夫，女以二女，館于貳室，迭爲賓主，蓋將薦之於天，此爲天下得人者也。論友而至於此，其人倫之至者歟？貴貴、尊賢，其義一者，言莫非天之理也。在下而敬上，所以盡貴貴之義。居上而敬下，所以極尊賢之宜。夫然，故上下交而泰治亨矣。

【纂疏】輔氏曰：“戰國之時，惟知權勢之爲尊，而不知義理之爲貴，但知貴貴而不知尊賢，是以孟子因萬章之問而極言朋友之道，以見貴貴、尊賢之義，未嘗不一也。”○又曰：“自天子至於匹夫，未有不須友以成者。故推至於極，則以堯爲天子而下友於舜不爲屈，以舜爲匹夫而上友於堯不爲僭，以見朋友爲人倫之一，不可以貴賤尊卑間也。必至於堯舜，然後能盡其道耳。”

○萬章問曰：“敢問交際何心也？”孟子曰：“恭也。”
際，接也。交際，謂人以禮儀幣帛相交接也。

曰:"'卻之卻之爲不恭',何哉?"曰:"尊者賜之,曰'其所取之者義乎,不義乎?'而後受之,以是爲不恭,故弗卻也。"

> 卻,不受而還之也。再言之,未詳。萬章疑交際之間有所卻者,人便以爲不恭,何哉?孟子言尊者之賜,而心竊計其所以得此物者,未知合義與否,必其合義,然後可受,不然則卻之矣,所以卻之爲不恭也。

> 【纂疏】輔氏曰:"孟子言尊者有所賜,而既以禮矣,則是與之者恭也。與之者既恭,則只當恭以受之,豈可竊計其所與我之物,其初得之合義與否,然後爲辭受哉?如此則若其不義,則遂卻之矣。一有是心,則不可謂之恭也。"

曰:"請無以辭卻之,以心卻之,曰'其取諸民之不義也',而以他辭無受,不可乎?"曰:"其交也以道,其接也以禮,斯孔子受之矣。"

> 萬章以爲,彼既得之不義,則其餽不可受,但無以言語間而卻之,直以心度其不義,而託於他辭以卻之,如此可否邪?交以道,如餽賻、聞戒、周其飢餓之類。接以禮,謂辭命恭敬之節。孔子受之,如受陽貨烝豚之類也。

> 【纂疏】輔氏曰:"萬章之意,言彼所餽我之物既得之不義,則我固不當受之。若言其不義而直卻之爲不恭,則但以心度其爲不義,而託爲他辭以卻之,不亦可邪?夫人之處事,要只在義理上行,過與不及皆非也。萬章交際之間以辭卻之之説,其視貪名嗜利者固優矣,然其有意於卻,如此則亦失之過也。由是而極之,則必至爲於陵仲子之爲而後已。"○又曰:"交以道,謂來交我之有道理也。接以禮,謂來接我之有禮節也。"

萬章曰:"今有禦人於國門之外者,其交也以道,其餽也以禮,斯可受禦與?"曰:"不可。《康誥》曰:'殺越人于貨,閔不畏死,凡民罔不譈。'是不待教而誅者也。 殷受夏,周受殷,所不辭也。 於今爲烈,如之何其受之?"與,平聲。譈,《書》作憝,徒對反。

> 禦,止也。止人而殺之,且奪其貨也。國門之外,無人之處也。萬章以爲,苟不問其物之所從來,而但觀其交接之禮,則設有禦人者用其禦得之貨,以禮餽我,則可受之乎?《康誥》,《周書》篇名。越,顚越也。今《書》閔作憫,無凡民二字。譈,怨也。言殺人而顚越之,因取其貨,閔然不知畏死,

凡民無不怨之。孟子言此乃不待教戒而當即誅者也，如何而可受之乎？
“商受”至“爲烈”十四字語意不倫，李氏以爲此必有斷簡或闕文者近之，而
愚意其直爲衍字耳，然不可考，姑闕之可也。

【或問】“殷受夏，周受殷，所不辭也，於今爲烈”，趙氏謂“三代相傳以此
法，不須辭問也。‘於今爲烈’，烈，明法”；或者又謂若義在可受，則三代
受人之天下而不辭，今禦人者，乃爲暴烈不義，如此如何而可受其饋乎？
烈，如《詩序》所謂“厲王之烈”者，暴虐之意云爾；或又以爲“烈，光也”，
三代相受而光烈至今也。是三説者擇一而從之可也，何至闕而不爲之
説乎？曰：“熟讀本文，此十四字自與上下文不相屬。如趙氏之説，則辭
受二字與上下文亦不相似。‘或者’二説，亦覺費力，不若從李氏闕之之
愈也。”

【纂疏】輔氏曰：“孟子既已開曉之如此，萬章猶不能反其意之偏以味孟子
之言，而復爲此問，此正所謂詖辭，蓋陷於卻之之意而不覺也，故孟子又引
《康誥》之説以曉之。”

曰：“今之諸侯取之於民也，猶禦也。　苟善其禮際矣，斯君子受
之，敢問何説也？”曰：“子以爲有王者作，將比今之諸侯而誅之
乎？　其教之不改而後誅之乎？　夫謂非其有而取之者盜也，充類至
義之盡也。　孔子之仕於魯也，魯人獵較，孔子亦獵較。　獵較猶
可，①而況受其賜乎？”比，去聲。夫，音扶。較，音角。

比，連也。言今諸侯之取於民，固多不義，然有王者起，必不連合而盡誅
之，必教之不改而後誅之，則其與禦人之盜，不待教而誅者不同矣。夫禦
人於國門之外，與非其有而取之，二者固皆不義之類，然必禦人，乃爲真
盜。其謂非有而取爲盜者，乃推其類至於義之至精至密之處，而極言之
耳，非便以爲真盜也。然則今之諸侯，雖曰取非其有，而豈可遽以同於禦
人之盜也哉？又引孔子之事，以明世俗所尚猶或可從，況受其賜，何爲不
可乎？獵較，未詳。趙氏以爲田獵相較，奪禽獸以祭，孔子不違，所以小同
於俗也。張氏以爲獵而較所獲之多少也。二説未知孰是。

【纂疏】輔氏曰：“萬章終不肯置其偏見而詳味孟子之説，至此則氣愈戾、

①　“較”，原脱，此據宋當塗郡齋本《四書集注》。

意愈刻、説愈悖，而都無輕重之差矣。故孟子復問以有王者作，將遂連合今之諸侯而盡誅之乎？雖章之刻戾，亦必知其不然也，若必待其教之不改而後誅之，則與不待教而誅之者，固不可同日而語矣。"〇又曰："世俗之所尚猶未合禮，聖人猶或從之以小同於俗，而況於以禮來賜，何爲不可受乎？其教之不改而後誅之乎？於此可見孟子待人之恕。夫'謂非其有而取之者盜也，充類至義之盡也'，於此又可見孟子析理之精。夫執其充類盡義之説，而欲一概以繩人，幾何而不流於於陵仲子之爲哉。"

曰："然則孔子之仕也，非事道與？"曰："事道也。""事道奚獵較也？"曰："孔子先簿正祭器，不以四方之食供簿正。"曰："奚不去也？"曰："爲之兆也。　兆足以行矣，而不行，而後去，是以未嘗有所終三年淹也。　與，平聲。

> 此因孔子事而反覆辯論也。事道者，以行道爲事也。事道奚獵較也，萬章問也。先簿正祭器，未詳，徐氏曰："先以簿書正其祭器，使有定數，不以四方難繼之物實之。夫器有常數，實有常品，則其本正矣。彼獵較者，將久而自廢矣。"未知是否也。兆，猶卜之兆，蓋事之端也。孔子所以不去者，亦欲小試行道之端以示於人，使知吾道之果可行也。若其端既可行，而人不能遂行之，然後不得已而必去之。蓋其去雖不輕而亦未嘗不決，是以未嘗終三年留於一國也。

> 【語録】曰："兆，是事之端，猶縫罅也。"

> 【纂疏】輔氏曰："以孔子所謂'吾豈匏瓜也哉？焉能繫而不食'之説，與'夫著之空言，不如載之行事'之説而觀之，則是乃聖人之心也。"〇又曰："魯人獵較，孔子亦獵較，于以見聖人同物之仁。簿正祭器，不以四方之食供簿正，于以見聖人處事之智。未嘗有所終三年之淹，于以見聖人制行之勇。"

孔子有見行可之仕，有際可之仕，有公養之仕。　於季桓子，見行可之仕也；於衛靈公，際可之仕也；於衛孝公，公養之仕也。"

> 見行可，見其道之可行也。際可，接遇以禮也。公養，國君養賢之禮也。季桓子，魯卿季孫斯也。衛靈公，衛侯元也。孝公，《春秋》《史記》皆無之，疑出公輒也。因孔子仕魯，而言其仕有此三者。故於魯則兆足以行矣，而

不行，然後去，而於衛之事，則又受其交際問餽而不卻之一驗也。○尹氏曰："不聞孟子之義，則自好者爲於陵仲子而已。聖賢辭受進退，惟義所在。"愚按，此章文義多不可曉，不必强爲之説。

【語録】問："孔子於季桓子見行可之仕，①孔子仕於定公而言桓子，何也？"曰："當時桓子執國柄，定公亦自做主不起。孔子之相，皆由桓子。及桓子受女樂，孔子便行矣。如陳恒弑齊君，②孔子沐浴而告魯公，又告桓子，事勢可見。"問："墮三都，季氏何以不怨？"曰："季氏是時自不奈那陪臣何，故假孔子之力以去之。及既墮三都，而三桓之勢遂衰，所以桓子甚悔，臨死謂康子曰：'使仲尼之去而魯不終治者，由我故也。'正如五代羅紹威不奈魏博衙兵何，假朱温之勢以除之，既誅衙兵，而魏博之分大弱，紹威大悔，正此類也。孔子是時也失了機會，不曾做得成。"（沈僩）

【張氏注】讀《孟子》此章所以答萬章，反復曲折，可謂義之精矣。問交際何心，則曰恭，蓋交際之道主乎恭也。問卻之何以爲不恭，則以謂尊者有賜，若念其取之義與不義而後受，則非所以敬事乎其尊者也，吾知不虛其賜我之意而已，豈暇問其所自哉？若夫萬章之説，以心卻之而以他辭無受，則是乃不恭之心而辭何爲乎？然而其受也，必交以道而接以禮，使交之不以道，接之不以禮，則固有所不受矣。於齊餽兼金百鎰而不受，是亦尊者之賜也。然未有辭，則是貨我而已，其交也固非道，其接也固非禮，此所爲不受也。蓋亦非謂其取之不義之故，初亦無害乎交際之恭也。萬章於此有疑焉，謂有人於此，禦人以兵而得貨，然交以道、餽以禮，則君子固亦受與？孟子謂禦人而奪貨者，此所謂大憝，有國者之所必禁，不待教令而誅之。三代之法同，不必設辭而可知者。③居今之世，其法爲甚著，奈何而可受其餽乎？萬章謂既以爲不可，則今之諸侯以非道取民，與此何異，而君子以善其禮際而受之可乎？孟子謂事固有輕重，若以爲有王者作，將不待教而盡誅今之諸侯乎？抑亦教而不改而後誅之也？以理論之，則必待教而不改，然後誅之明矣，然則其可與不待教而誅者同日而語乎？"夫謂非其有而取之爲盗"者，蓋充夫非其有而取之之類，以極義之所在，而比

---

①　"季桓子"，原作"季威子"，乃避宋欽宗趙桓諱，今改回，下同。

②　"陳恒"，原作"陳常"，乃避宋真宗趙恒諱，今改回。

③　"辭"，原漫漶不清，此據通志堂本《孟子説》。

之爲盜則可，若便以爲與禦人奪貨之盜同罪，則豈可哉？大抵聖賢因污隆而起變化，辭受取予皆天下正理，過與不及爲失其正理則均也。魯之習俗，必獵較而後以祭，孔子生於魯，亦不違也，而況於受其賜乎？萬章聞是言則又疑孔子之仕，所事者道，而何獵較爲也。孟子以爲，孔子於宗廟之祭，先簿正其祭器，立之彝典，不以四方之食供簿正，蓋四方之食非簿正之常典故也。然於獵較而供祭之事猶有所未廢，蓋由簿正之事而正之，其施設則有次第矣。而萬章以爲既不能遂盡正之，則曷爲不遂去？孟子謂爲之兆也。爲之兆者，正本開端而爲可繼者也。聖人之爲，如天地之化，不疾不徐，雖曰爲之兆，而化育之大體已具矣。在他人緩則失時，速則反害，蓋非溥博淵泉而時出之，是以無序而不和也。"兆足以行而不行"者，蓋以其兆固可繼此以行，而有所不得行焉，則命也。夫然後去之，故亦未嘗有三年之淹焉。其先後久速，皆天理也，此所謂聖之時者歟？於是遂論孔子之仕有三焉：行可之仕，謂其兆可以行者也；際可之仕，謂遇聖人以禮者也；公養之仕，謂養聖人以道者也。遇以禮而養以道者，聖人亦豈得而絕之乎？讀是章者，涵泳而精思之，亦可以窺聖賢之用，而知辭受取予之方也。

【纂疏】輔氏曰："見行可庶乎道之行也，際可適其禮之宜也，公養受其養之義也。"

○孟子曰："仕非爲貧也，而有時乎爲貧。　娶妻非爲養也，而有時乎爲養。 爲、養，並去聲，下同。

仕本爲行道，而亦有家貧親老，或道與時違，而但爲祿仕者。如娶妻本爲繼嗣，而亦有爲不能親操井臼，而欲資其饋養者。

爲貧者，辭尊居卑，辭富居貧。

貧富，謂祿之厚薄。蓋仕不爲道，已非出處之正，故其所處但當如此。

辭尊居卑，辭富居貧，惡乎宜乎？　抱關擊柝。 惡，平聲。柝，音托。

柝，行夜所擊木也。蓋爲貧者，雖不主於行道，而亦不可以苟祿，故惟抱關擊柝之吏，位卑祿薄，其職易稱，爲所宜居也。李氏曰："道不行矣，爲貧而仕者，此其律令也。若不能然，則是貪位慕祿而已矣。"

孔子嘗爲委吏矣，曰：‘會計當而已矣。’嘗爲乘田矣，曰：‘牛羊茁壯長而已矣。’委，烏僞反。會，工外反。當，丁浪反。乘，去聲。茁，阻刮反。長，上聲。

此孔子之爲貧而仕者也。委吏，主委積之吏也。乘田，主苑囿芻牧之吏也。茁，肥貌。言以孔子大聖，而嘗爲賤官，不以爲辱者，所以爲貧而仕，官卑禄薄而職易稱也。

【語録】程先生説：“孔子爲乘田則爲乘田，爲委吏則爲委吏，爲司寇則爲司寇，無不可者。孟子則必得賓師之位，方能行道，此便是他能大而不能小處。惟是聖人則無不遍大小方圓，無所不可。”（輔廣）○祝氏録

位卑而言高，罪也；立乎人之本朝，而道不行，恥也。”朝，音潮。

以出位爲罪，則無行道之責。以廢道爲恥，則非竊禄之官。此爲貧者之所以必辭尊富，而寧處貧賤也。○尹氏曰：“言爲貧者，不可以居尊。居尊者，必欲以行道。”

【語録】問：“位卑而言高，罪也。以君臣之分言之，固是如此。然時可以言而言，亦豈得謂之出位？”曰：“前世固有草茅韋布之士獻言者，①然皆有所因，皆有次第，未有無故忽然犯分而言者。縱言之，亦不見聽，徒取辱爾。若是明君，自無壅蔽之患，不言亦見聽，不然豈可不循分而徒取失言之辱哉？如《史記》説商鞅、范雎之事，彼雖小人，然言皆有序，不肯妄發。鞅初説孝公以帝道，次以王道，而後及於霸道，彼非能爲帝王之事也，特借是爲漸進之媒，而後吐露其胸中之所欲言。先説得孝公動了，然後方深説。范雎欲奪穰侯之位，以擅權未敢便深説穰侯之惡，故先言外事以探其君，曰‘穰侯越韓魏而取齊之剛、壽，非計也’，昭王信之，然後漸漸深説。彼小人之言，尚有次序，如此則君子之言，豈可妄發也。嘗説賈誼固有才，文章亦雄偉，只是言語急迫，失進言之序，看有甚事都一齊説了，宜乎絳、灌之徒不悦，而文帝謙遜未遑也。如韓信、鄧禹、諸葛孔明輩，無不有一定之規模，漸漸做將去，所以所爲皆卓然有成，方是有定力會做事。如賈誼胸次終是闇，著事不得，只管跳躑爆趠不已，如乘生駒相似，制御他未下，所以言語無序，而不能有所爲也。《易》曰：‘艮其輔，言有序，悔亡。’聖人

① “士獻”，原漫漶不清，此據明陳燁刻本《朱子語類》卷五八《孟子八·萬章下》。

之意可見矣。"

總論二節之旨　此説爲貧而仕。聖賢在當時，只要任下位不當言責之地，亦是聖賢打乖處。①若是合言處便須當説，非是教人都不得言耳。若立乎人之本朝而道不行，則恥矣，故辭尊居卑、辭富居貧。（黄輅）○祝氏録

【張氏注】此章言爲貧而仕之義。夫仕者，豈爲貧乎哉？蓋將以行道也。而亦有爲貧而仕者焉，是猶娶妻本爲繼嗣，非爲養也，而亦有爲養而娶者焉。然則爲貧而仕，與爲養而娶，是亦皆義也。雖然，既曰爲貧矣，則不當處夫尊與富，居于卑與貧者可也。若處其尊與富，則是名爲爲貧，而其實竊位也。處其尊與富，則當任其責，此豈爲貧之地哉？是則非義也。故抱關擊柝，亦以爲宜者，本爲貧故也。孔子嘗爲委吏與嘗爲乘田矣，聖人篤誠，雖居下位，必敬其事，"曰會計當而已矣""曰牛羊茁壯長而已矣"，以其職在乎是而不越也。蓋位卑者，人責不加焉，言高則罪矣。故可以姑守其職，此爲貧而仕之法也。若夫立人之本朝，則當以行道爲任，道不行而竊其位，君子之所恥也。然則高位厚禄非所以養貧也，後世不明此義，假爲貧之名安享寵利，曾不以爲愧，此可勝罪哉！必不得已，爲貧而仕，其思抱關擊柝之爲宜，則可矣。嗟夫！觀夫子爲委吏而曰"會計當而已矣"，爲乘田而曰"牛羊茁壯長而已矣"，則夫子得政於天下，其所當爲者何如哉？事有小大，而心則一也，亦曰止其所而已矣。

○萬章曰："士之不託諸侯，何也？"孟子曰："不敢也。諸侯失國，而後託於諸侯，禮也；士之託於諸侯，非禮也。"

託，寄也，謂不仕而食其禄也。古者諸侯出奔他國，食其廩餼，謂之寄公。士無爵土，不得比諸侯，不仕而食禄，則非禮也。

【纂疏】輔氏曰："諸侯之視諸侯，雖其爵有五等之殊，然其實則皆國君也。且本有爵土，不幸出奔而來適我國，則其國君以廩餼之，是乃禮之所宜也，故可受而謂之寄公。若士之於諸侯，則有尊卑貴賤之不同，又本無爵土，豈可自比於諸侯，故必仕而後當賦以禄。爲士者若不仕而食其禄，則非禮矣。"

---

①　"打乖"，原漫漶不清，此據明陳煒刻本《朱子語類》卷五八《孟子八·萬章下》。

萬章曰："君餽之粟，則受之乎？"曰："受之。""受之何義也？"
曰："君之於氓也，固周之。"

> 周，救也。視其空乏，則周恤之無常數，君待民之禮也。

> 【纂疏】輔氏曰："天生民而立之君，所以養之也。既已制其常産而養之
> 矣，然當常常視其有空乏者，則周救之，是亦禮也。"

曰："周之則受，賜之則不受，何也？"曰："不敢也。"曰："敢問其
不敢何也？"曰："抱關擊柝者，皆有常職以食於上。　無常職而賜於
上者，以爲不恭也。"

> 賜，謂予之禄有常數，君所以待臣之禮也。

> 【纂疏】輔氏曰："君擇賢而以爲臣，將與之共治天職，則必與之共食天禄。
> 雖至於抱關擊柝之微，亦皆有常職以食於上，則又當因其高卑勞逸，而爲
> 之多少之定數，是亦其禮之宜也。"

曰："君餽之，則受之，不識可常繼乎？"曰："繆公之於子思也，亟
問，亟餽鼎肉，子思不悅。　於卒也，摽使者出諸大門之外，北面稽
首再拜而不受，曰：'今而後知君之犬馬畜伋。'蓋自是臺無餽也。
悅賢不能舉，又不能養也，可謂悅賢乎？"亟，去聲，下同。摽，音杓。使，
去聲。

> 亟，數也。鼎肉，熟肉也。卒，末也。摽，麾也。數以君命來餽，當拜受之，
> 非養賢之禮，故不悅。而於其末後復來餽時，麾使者出，拜而辭之。犬馬
> 畜伋，言不以人禮待己也。臺，賤官主使令者。蓋繆公愧悟，自此不復令
> 臺來致餽也。舉，用也。能養者未必能用，況又不能養乎？

> 【纂疏】輔氏曰："繆公之於子思，非不知所尊慕也，而猶若此者，一是思慮
> 或有不至，一是敬心或有未盡。然敬心既盡，則思慮必無不至也。"○又曰：
> "悅而不能用，如晋平公於亥唐之類也。世有徒徇養賢之虛名，而無用賢之
> 實事者，固不足道，況於養之之道又有所不至乎？是焉能得賢者而臣之也。"

曰："敢問國君欲養君子，如何斯可謂養矣？"曰："以君命將之，再
拜稽首而受。　其後廩人繼粟，庖人繼肉，不以君命將之。　子思以
爲鼎肉使己僕僕爾亟拜也，非養君子之道也。"

> 初以君命來餽，則當拜受。其後有司各以其職繼續之，無復以君命來餽，

不使賢者有亟拜之勞也。僕僕，煩猥貌。

【纂疏】輔氏曰："不使賢者有亟拜之勞，則敬心完而思慮到矣。"

堯之於舜也，使其子九男事之，二女女焉，百官牛羊倉廩備，以養舜於畎畝之中，後舉而加諸上位，故曰：王公之尊賢者也。" 女，下字，去聲。

能養、能尊，悅賢之至也，唯堯舜爲能盡之，而後世之所當法也。

【集義】楊氏曰："《周禮》，王燕則以膳夫爲獻主，說者曰'君臣之義不可以燕廢。'曰：是不然，此孟子所謂養君子之道也。禮，受爵於君前，降而再拜，燕所以待群臣嘉賓也，而使之有升降拜揖之勞，是以犬馬畜之矣。故以膳夫爲獻主，而王不自獻酬焉，是乃所以爲養君子之道，而廩人繼粟、庖人繼肉之義也。"

【張氏注】萬章所謂託於諸侯，蓋以爲士雖不得行其道，而託祿於諸侯以自養，宜若可也。而孟子以爲非禮，以其無是理故也。然周之則可以受。周之與賜，所以異者，蓋居其國，則爲其民，君以其飢餓而餽焉，受斯可也。若欲以自託而虛享其祿賜，則於義可居乎？名不正，則失其序而不和，故孔子論之，至於"禮樂不興，而民無所措手足"。君子之於禮樂，不斯須去身者，其動未嘗不待名正而言順故也。曰"不敢"者，以其無常職而受賜，陷於不恭，故不敢也。雖然，此士之所以自處者，當然也。在國君之待士，則有養賢之禮焉，故舉子思之事以告之。夫子思受穆公之餽者，周之而受之，義也。至於餽之之久，而僕僕然亟拜，則是徒爲餽而已。徒爲餽則與養犬馬之道何異？焉有君子而受其犬馬之畜者乎？故及其久也，則再拜稽首而不受。蓋繆公雖有悅賢之名，不能舉而用，又不能以禮養之也，賢者其肯處乎？以禮養者，繼粟繼肉是也。蓋不敢以是而數瀆之，故使繼之而已。雖然，此及乎養之之禮，而未及乎舉之之道也。若堯之於舜，則尊賢之極而養道之盡也。事之以九男，女之以二女，百官牛羊倉廩備，而養之於畎畝之中，惟恐其不得當其意，曰："舉而加諸上位。"如是而可以謂之王公之尊賢也。孟子每以堯舜之事爲言者，語道者必稽諸聖人，所以示萬世之準的。蓋聖人，人倫之至故也。嗟乎！爲士者，於辭受之際，可不思夫名正而言順者乎？爲君者之待士，又何可不深思所以養之之道乎？

【纂疏】輔氏曰："堯之於舜，則尊賢之極，養賢之至，用賢之周也。"

○萬章曰："敢問不見諸侯，何義也？"孟子曰："在國曰市井之臣，在野曰草莽之臣，皆謂庶人。庶人不傳質爲臣，不敢見於諸侯，禮也。"質，與贄同。

傳，通也。質者，士執雉，庶人執鶩，相見以自通者也。國內莫非君臣，但未仕者與執贄在位之臣不同，故不敢見也。

【纂疏】輔氏曰："在國之內者，雖莫非君之臣，然唯傳執贄以自通於君，既仕而有祿位者，則正謂之臣。若其他則雖隨所居而名爲之臣，其實皆庶人。庶人既未曾執贄在位，則不敢自同於已仕者以見於君，是乃禮之當然也。"

萬章曰："庶人，召之役，則往役；君欲見之，召之，則不往見之，何也？"曰："往役，義也；往見，不義也。

往役者，庶人之職。不往見者，士之禮。

【纂疏】輔氏曰："庶人則當服君之賤事，故'召之役則往役'者，庶人之職也。爲士則知學問，崇禮義，不惟士之自處當如此，而人君亦以此望之，故'召之則不往見之'者，士之禮也。"

且君之欲見之也，何爲也哉？"曰："爲其多聞也，爲其賢也。"曰："爲其多聞也，則天子不召師，而況諸侯乎？爲其賢也，則吾未聞欲見賢而召之也。繆公亟見於子思，曰：'古千乘之國以友士，何如？'子思不悅，曰：'古之人有言曰：事之云乎，豈曰友之云乎？'子思之不悅也，豈不曰：'以位，則子君也，我臣也，何敢與君友也？以德，則子事我者也，奚可以與我友？'千乘之君求與之友而不可得也，而況可召與？爲、亟、乘，並去聲。"召與"之"與"，平聲。

孟子引子思之言而釋之，以明不可召之意。

【語錄】問："多聞何以謂爲之師？夫賢有小大，《記》曰'以人望人，則賢者可知'。至於'多識前言往行，以畜其德'，《易》之《大畜》，故可以爲師？"曰："賢與多聞，細分固當有別，恐亦不必深致意也。"（《答連嵩卿》）

齊景公田，招虞人以旌，不至，將殺之。志士不忘在溝壑，勇士不忘喪其元。孔子奚取焉？取非其招不往也。"喪，息浪反。

説見前篇。

曰:"敢問招虞人何以?"曰:"以皮冠,庶人以旃,士以旂,大夫以旌。

皮冠,田獵之冠也,事見《春秋傳》。然則皮冠者,虞人之有所事也,故以是招之。庶人,未仕之臣。通帛曰旃。士,謂已仕者。交龍爲旂。析羽而注於旂干之首,曰旌。

【纂疏】趙氏曰:"皮冠,弁也,以鹿皮淺毛黃白者爲之。"○又按《春秋傳》曰:"齊侯田于沛,招虞人以弓,不進,公使執之,辭曰:'昔我先君之田也,旃以招大夫,弓以招士,皮冠以招虞人。臣不見皮冠,故不敢進。'乃舍之。仲尼曰:'守道不如守官。'君子韙之。"○又曰:"通帛曰旃。通帛,謂周大赤,從周正色,無飾。交龍爲旂,謂畫交龍於旂之上。"○又曰:"旂取鳥羽注於干之首,全而用之名曰旞,析而用之名曰旌。"

以大夫之招招虞人,虞人死不敢往;以士之招招庶人,庶人豈敢往哉? 況乎以不賢人之招招賢人乎?

欲見而召之,是不賢人之招也。以士之招招庶人,則不敢往。以不賢人之招招賢人,則不可往矣。

【纂疏】輔氏曰:"'不賢人之招',非是說不以招賢人之禮招之,蓋召之使見者,是招不賢人之法耳。"○又曰:"以貴者之招而招賤,則不敢往者,畏義也。以不賢之招而招賢,則不可往者,重禮也。"

欲見賢人而不以其道,猶欲其入而閉之門也。 夫義,路也;禮,門也。 惟君子能由是路,出入是門也。《詩》云:'周道如底,其直如矢,君子所履,小人所視。'"夫,音扶。底,《詩》作"砥",之履反。

《詩》,《小雅·大東》之篇。底,與砥同,礪石也,言其平也。矢,言其直也。視,視以爲法也。引此以證上文"能由是路"之義。

【纂疏】輔氏曰:"以周道爲君子所履,而證義路爲賢者之所由也。"

萬章曰:"孔子,君命召,不俟駕而行;然則孔子非與?"曰:"孔子當仕有官職,而以其官召之也。"與,平聲。

孔子方仕而任職,君以其官名召之,故不俟駕而行。徐氏曰:"孔子、孟子易地則皆然。"○此章言不見諸侯之義最爲詳悉,更合陳代、公孫丑所問者而觀之,其說乃盡。

總論三章之旨 此章論難甚詳，其綱領只在“義，路也；禮，門也。惟君子能由是路，出入是門”。曰：“固是不出此二者，然所謂義，所謂禮，裏面煞有節目。如云‘往役，義也；往見，不義也’‘周之則受，賜之則不受’之類，都是義之節目。如云‘廩人繼粟，庖人繼肉，不以君命將’之類，都是禮之節目。又如‘齊王餽兼金一百鎰而不受，①於宋餽七十鎰而受’，此等辭受，都有個義，君子於細微曲折，一一都要合義，所以《易》中說‘精義入神，以致用也’。義至於精，則應事接物之間，無一非義，不問小事大事，千變萬化，吾之所以應他如利刀快劍，迎刃而解，件件剖作兩片去。孟子平日受用，便是得這個氣力。今觀其所言所行，無不是這個物事。初見梁惠王，劈初頭便劈作兩邊去。”（葉賀孫）○蔡氏録

【張氏注】 萬章問不見諸侯何義，孟子告之以庶人之常分，既不傳贄爲臣，則其不敢見，宜也。萬章謂既自比於庶人，庶人固自召之役而往役也，豈有君欲見而不往見者哉？孟子謂召之役者，是以庶人待之耳，以貴役賤，理之常也，故往役爲義。若君欲見之，則欲見之之意，果何爲乎？爲其多聞與賢也。爲其多聞，則將資之以成德，天子且不召師，而況下此者乎？爲其賢，則當尊之而不可慢，蓋在我則當守庶人之分，在彼則當隆事師之禮也。故曰：“往役，義也；往見，不義也。”有往役之義，而無往見之義也。繆公以千乘之君，而欲以友士，宜亦可取也，而子思不悦，蓋曰友之，則猶爲有所挾，而驕吝之心未盡降也。子思豈尊己而自大乎？以爲爾之望於我者，欲以成身也，一毫未盡，則是私意所橫，烏能以從善乎？故以位言，則貴賤之勢殊，在我者固不敢言友也。以德言，則道義之爲重，在彼者，亦豈得而言友哉？蓋君臣之相與，獨有貴貴、尊賢二者而已。貴貴，分也；尊賢，德也。分立而德尊，天之理也。夫君欲與之友而不可得，古之人無一毫屑就之心如此，虞人不敢應景公之招者，爲其所以招之者非其物，恪守常分而不敢踰，是以夫子取之。夫可召而至，可得而爵禄者，此固不賢者之所常也，而以此招賢者，是以不賢人之招招賢人，賢者其肯就乎？曰“猶欲其入而閉之門也”，謂非見賢之道故爾。義之所以謂之路者，以其宜之可推也。禮之所以謂之門者，以其節之不可越也。二者人性之所有，譬之

---

① “鎰”，原漫漶不清，此據明陳煒刻本《朱子語類》卷五八《孟子八·萬章下》。

路與門，有足者皆可以由，可以出入也。而君子獨能之者何哉？衆人迷於物欲，而君子存其良心故也。①"周道如砥，其直如矢。君子所履，小人所視"，詩人之意，以爲大道坦然，君子則能由之，而小人亦將視以從也。萬章又以孔子不俟駕之説爲疑，孟子謂孔子仕於朝，君以其官而召之，是以不俟駕也。立其朝而任其事，則有常守，固與在草野異矣。不俟駕之義，微孟子孰能發明之？

【纂疏】輔氏曰："孔子當仕有官職，而以其官召之，謂如爲魯司寇時，魯公以司寇召之，故不俟駕而行，以敬君之命，而不敢慢也。"○又曰："觀答陳代章，則見孟子之不見諸侯，得不肯枉道從人之義。觀此章及答公孫丑章，則又見孟子之不見諸侯，得古者不爲臣不見之禮，與夫賢者有不可召之義。蓋君子之出處進退，一惟其禮與義而已，初無適莫也。②"

○孟子謂萬章曰："一鄉之善士，斯友一鄉之善士，一國之善士，斯友一國之善士，天下之善士，斯友天下之善士。

言己之善蓋於一鄉，然後能盡友一鄉之善士，推而至於一國、天下皆然，隨其高下以爲廣狹也。

【纂疏】輔氏曰："善士雖有大小之不同，皆主於善者也。若在我之善，不足以蓋一鄉之善士，則隨其所主而取之，必有偏而或遺者。惟在我之善，足以蓋其一鄉，然後能盡友一鄉之善士，凡剛柔緩急，無有或遺者矣。推而廣之，至於一國、天下，皆隨其高下以爲廣狹耳。"

以友天下之善士爲未足，又尚論古之人，頌其詩，讀其書，不知其人，可乎？是以論其世也，是尚友也。"

尚、上同，言進而上也。頌、誦通。論其世，論其當世行事之迹也。言既觀其言，則不可以不知其爲人之實，是以又考其行也。夫能友天下之善士，其所友衆矣，猶以爲未足，又進而取於古人，是能進其取友之道，而非止爲一世之士矣。

【張氏注】善士雖有小大之不同，皆志於善道者也。"一鄉之善士，斯友一

---

① "故"，原作"固"，此據通志堂本《孟子説》改。
② "初"，原漫漶不清，此據元刻本《四書纂疏》。

鄉之善士”，非惟取友固然，而其合志同方自相求也，所見者愈大，則所友者愈廣矣。故“一國之善士，斯友一國之善士”，而“天下之善士，斯友天下之善士”也。至於天下之善士，則其立心高，其執德固，必不肯安於卑近，而小成也。故以友天下之善士爲未足，又尚論古之人焉，其求道之心蓋無窮也。自友一鄉之善士，至於尚論古之人，每進而愈上也。夫世有先後，理無古今，古人遠矣，而言行見於詩書，頌其詩、讀其書而不知其人，則何益乎？頌詩讀書，必將尚論其世，而後古人之心可得而明矣。尹氏曰：“尚論其世，謂論其所遇之時。”蓋古人所遇之時不同，故其行事有異，而其道則一而已，必考其時以究其用，而後其心可得而明，如堯舜禪讓、湯武征伐、禹稷過門不入，而顏子居於陋巷，又豈可不尚論其世乎？尚友之道，至此而後爲盡矣。

【纂疏】輔氏曰：“士而至於友天下之善士，可謂取友之衆矣，然不過是一世之士。推是進而友於古人，則其取友更無窮盡，而不可謂一世之士也。蓋在我之善愈備，則取於友者益廣。然善無窮盡也，故大而天下，遠而前古，無不在所取焉。蓋時雖有先後，而理則無古今也。”

○齊宣王問卿。　孟子曰：“王何卿之問也？”王曰：“卿不同乎？”曰：“不同，有貴戚之卿，有異姓之卿。”王曰：“請問貴戚之卿。”曰：“君有大過則諫，反覆之而不聽則易位。”

　　大過，謂足以亡其國者。易位，易君之位，更立親戚之賢者。蓋與君有親親之恩，無可去之義，以宗廟爲重，不忍坐視其亡，故不得已而至於此也。

王勃然變乎色。

　　勃然，變色貌。

曰：“王勿異也。　王問臣，臣不敢不以正對。”

　　孟子言也。

王色定，然後請問異姓之卿。　曰：“君有過則諫，反覆之而不聽，則去。”

　　君臣義合，不合則去。○此章言大臣之義，親疏不同，守經行權，各有其分。貴戚之卿，小過非不諫也，但必大過而不聽，乃可易位。異姓之卿，大過非不諫也，雖小過而不聽，已可去矣。然三仁貴戚，不能行之於紂，而霍光異姓，乃能行之於昌邑，此乃委任權力之不同，不可以執一論也。

【或問】卒章之説。朱子曰："孟子所謂易位者，言其理當如是耳。若三仁之事，則比干、①箕子，固有所不及爲，若微子之去，亦或其勢之不便也，然觀其引身而去，以全先王之世，則其計慮亦豈苟然者哉？若其力之可爲，則伊尹、霍光固以異姓之卿而行之矣，況有骨肉之親者乎？然世或疑此言有以起篡奪之禍者，則孟子豈不嘗曰'有伊尹之志則可，無伊尹之志則篡'乎？"

【張氏注】貴戚之卿與異姓之卿，有親疏之異，故不得而同論也。貴戚之卿，諫君之大過，反覆而不聽，則有易位之義。蓋任宗社之責，故得更擇其宗族之賢以易之。然非謂貴戚之卿諫君，反覆而不從便可以易位，蓋極其理而言之，有可以易位之道，所謂"以正對"也。宣王聞斯言而懼，是以勃然變乎色，則其所以警之者亦切矣。若夫異姓之卿，見君有過則當諫，反覆之而不聽，則可以去。或曰："孟子易位之論，不亦過矣乎？"蓋對宣王之言，不如是無以深警其心也。

【纂疏】輔氏曰："注云'守經行權'，尤足以補孟子之説。②蓋行權者，非至於甚不得已，則不可爲。守經者，則日月常行，而須臾不可離者也。"

---

① "干"，原作"於"，此據清吕氏刻本《四書或問》改。
② "以補"，原破損不清，此據元刻本《四書纂疏》。

孟子卷第十一

【諸儒集成之書】

朱子集注　朱子集義　朱子語録　朱子或問　南軒張氏注　黄氏講義
蔡氏集疏　趙氏纂疏

告子章句上凡二十章

告子曰：“性猶杞柳也，義猶桮棬也，以人性爲仁義，猶以杞柳爲桮棬。”桮，音杯。棬，丘圓反。

性者，人生所禀之天理也。杞柳，柜柳。桮棬，屈木所爲，若巵匜之屬。告子言人性本無仁義，必待矯揉而後成，如荀子性惡之説也。

【語録】告子只是認氣爲性，見得性有不善須拗他方善。此惟是程子斷得定，所謂“性即理也”。○又曰：桮棬似今卷杉合子，杞柳恐是今做合箱底柳。北人以此爲箭，謂之柳箭，即浦柳也。

孟子曰：“子能順杞柳之性而以爲桮棬乎，將戕賊杞柳而後以爲桮棬也？如將戕賊杞柳而以爲桮棬，則亦將戕賊人以爲仁義與？率天下之人而禍仁義者，必子之言夫！”戕，音牆。與，平聲。夫，音扶。

言如此則天下之人皆以仁義爲害性而不肯爲，是因子之言而爲仁義之禍也。

【語録】杞柳必矯揉而爲桮棬，性非矯揉而爲仁義。孟子辯告子數處，皆是辯倒着告子便休，不曾説盡道理。（甘節）

【張氏注】有太極則有兩儀，故立天之道曰陰與陽，立地之道曰柔與剛，立人之道曰仁與義。仁義者，性之所有而萬善之宗也。人之爲仁義，乃其性之本然，自親親而推之至於仁，不可勝用；自長長而推之至於義，不可勝用。皆順其所素有而非外取之也。①若違乎仁義，則爲失其性矣。而告子乃以杞柳爲桮棬爲喻，其言曰以人性爲仁義，則失之甚矣。蓋仁義，性也，而曰以人性爲仁義，②則是性别爲一物。以人爲矯揉而爲仁義，其失豈不甚乎？孟子謂如告子所言，③則是以杞柳之質比性，其爲桮棬也，固不能順杞柳之性而爲之，必將戕賊而爲之也。然則人之爲仁義也，亦將戕賊其性而爲之乎？④是將使天下以仁義爲僞，而迷其本真，其害豈不甚乎？故以爲禍仁義之言也。雖然，曲直者，木之性也，非有使之曲直也，木有曲直之理也，⑤以是而論性則可矣。

【纂疏】輔氏曰：“不言戕賊性，而言‘戕賊人’者，人之所以爲人者，性也。‘爲仁義之禍’者，仁義何可禍哉？人自禍之耳，亦猶言‘道非亡也，幽、厲不繇也’⑥云耳。”○西山真氏曰：“告子之説，蓋謂人性本無仁義，必用力而强爲，若杞柳本非桮棬，必矯揉而後就也。何其昧於理邪！夫仁義，即性也，告子乃曰‘以人性爲仁義’，如此則性自性、仁義自仁義也，其可乎？夫以杞柳爲桮棬，必斬伐之、屈折之，乃克有成。若人之爲仁義，乃性之所固有，孩提之童皆知愛親，即所謂仁；及其長也，皆知敬兄，即所謂義。何勉强矯拂之有？使告子之言行，世之人必曰仁義乃戕賊人之物，將畏憚而不肯爲，是率天下而害仁義，其禍將不可勝計，此孟子所以不容不辨也。”

○告子曰：“性猶湍水也，決諸東方則東流，決諸西方則西流。人性之無分於善不善也，猶水之無分於東西也。”湍，他端反。

湍，波流瀠回之貌也。告子因前説而小變之，近於楊子善惡混之説。⑦

【或問】湍水即楊子之説。曰：“告子以善惡皆性之所無而生於習，楊子以善惡皆性之所有而成於脩，此亦有小異也。”

---

① “取”，原脱，據通志堂本《孟子説》補。
② “性”，原漫漶不清，此據通志堂本《孟子説》。
③ “如”，原漫漶不清，此據通志堂本《孟子説》。
④ “乎”，原漫漶不清，此據通志堂本《孟子説》。
⑤ “木”，原漫漶不清，此據通志堂本《孟子説》。
⑥ “繇”，原漫漶不清，此據元刻本《四書纂疏》。
⑦ “子”，原破損不清，此據宋當塗郡齋本《四書集注》。

【纂疏】輔氏曰："告子本以氣爲性,此説亦然。故《集注》曰'因前説'。然所謂'小變之'者,但前説以性爲惡,必矯揉而後可爲善,而此説則以性爲本無善惡,但可以爲善,可以爲惡耳,此其爲小變也。然楊子則謂人性實有善惡相混於中,此則謂性中實無善惡,但由人所爲而分善惡耳,亦不全同,故曰近也。"

孟子曰:"水信無分於東西,無分於上下乎？ 人性之善也,猶水之就下也；人無有不善,水無有不下。

言水誠不分東西矣,然豈不分上下乎？性即天理,未有不善者也。

[總論二章之旨] 性則故而已矣,何言語之可形容哉？故善言性者,不過即具發見之端而言之,而性之韞因可默識矣,如孟子之論四端是也。觀水之流而必下,則水之性下可知；觀性之發而必善,則性之韞善亦可知矣。○孟子所言,不是氣稟之性,但是性自不容説,纔説性時,便只説箇善字,所謂"天下之言性者,則故而已"者,正謂此也。(《答潘謙之》)○祝氏録

今夫水,搏而躍之,可使過顙；激而行之,可使在山。 是豈水之性哉？ 其勢則然也。 人之可使爲不善,其性亦猶是也。"夫,音扶。搏,補各反。

搏,擊也。躍,跳也。顙,額也。水之過額、在山,皆不就下也,然其本性未嘗不就下,但爲搏激所使,而逆其性耳。①○此章言性本善,故順之而無不善,本無惡,②故反之而後爲惡,非本無定體而可以無所不爲也。

【集義】謝氏曰:"如水之就下,搏激之非不可上,但非水之性。"

【張氏注】伊川先生曰:"荀子之言性,杞柳之論也；楊子之言性,湍水之論也。"蓋荀子謂人之性也,以仁義爲僞,而楊子則謂人之性善惡混,③脩其善則爲善人,脩其惡則爲惡人故也。告子不識大本,故始譬性爲杞柳,謂以人性爲仁義；今復譬性爲湍水,謂無分於善不善。夫無分於善不善,則性果爲何物耶？論真實之理而委諸茫昧之地,其所害大矣。善乎孟子之言曰:"人無有不善,水無有不下。"可謂深切著明矣。原人之生,天命之

---

① "逆",原漫漶不清,此據宋當塗郡齋本《四書集注》。
② "惡",原破損不清,此據宋當塗郡齋本《四書集注》。
③ "楊",原作"揚",據通志堂本《孟子説》改。

性，純粹至善而無惡之可萌者矣。孩提之童，無不知愛其親者；及其長也，莫不知敬其兄。以至於飢食而渴飲，其始亦莫非善也，推此則可見矣。何獨人爾？物之始生，亦莫不有善者，惟人得二氣之精、五行之秀，其虛明知覺之心，有以推之，而萬善可備以不失其天地之全，故性善之名，獨歸於人，而爲天地之心也。然人之有不善，何也？蓋有是身，則形得以拘之，氣得以汨之，欲得以誘之，而情始亂，情亂則失其性之正，是以爲不善也，而豈性之罪哉？告子以水可決而東西，譬性之可以爲善可以爲不善，而不知水之可決而東西者，有以使之也，性之本然，孰使之耶？故水之就下，非有以使之也，水之所以爲水，故有就下之理也。若有以使之，則非獨可決而東西也，搏之使過顙，激之使在山，亦可也，此豈水之性也哉？博激之勢然也。然搏激之勢盡，則水仍就下也，可見其性之本然，而不可亂矣。故夫無所爲而然者，性情之正，乃所謂善也，若有以使之，則爲不善。故曰：“人之可使爲不善。”然雖爲不善，而其秉彝，終不可殄滅，亦猶就下之理，不泯於激搏之際也。或曰：“程子謂‘善固性也，惡亦不可不謂之性也。’然則與孟子有二言乎？”曰：“程子此論，蓋謂氣稟有善惡言也，如羊舌虎之生，已知其必滅宗之類，以其氣稟而知其末流之弊至此。謂惡亦不可不謂之性者，言氣稟之性也。氣稟之性，可以化而復其初，夫其可以化而復其初者，是乃性之本善者也，可不察哉？”

【集疏】覺軒蔡氏曰：“人性之善，猶水之就下。此善字却是就人物稟受以後而言，據其發用之初，對其成就之極，又自爲陰陽也。”

【纂疏】輔氏曰：“告子之見，正以爲人之性本無定體，可以爲善，可以爲不善故也。故善是順性而爲，本非難事，而爲善者，常若難；惡是反性而爲，本是難事，而爲惡者，常若易。此蓋由氣稟所拘，物欲所蔽，積習之久，以妄爲真而然。故學者須是主敬以涵養，放教生處漸漸熟，熟處漸漸生，然後可以復歸其本，順者自然易，而逆者自然難也。”〇西山真氏曰：“告子杞柳之喻，既爲孟子所闢，而又小變其說，而取喻於湍水。蓋前說專指人性爲惡，至是又謂可以爲善，可以爲惡，而借水以明之。不知水之性未嘗不就下，雖搏之過顙，激之在山，可暫違其本性，而終不能使不復其本性也。人之爲不善者固有之矣，然其所以然者，往往爲物欲所誘，利害所移，而非其本然之性也。故雖甚愚無知之人，詈之以惡逆，斥之以盜賊，鮮不變色者,至於見赤子之入井,則莫不怵惕而救之。朱子章旨數言盡之矣。"

○告子曰:"生之謂性。"

生,指人物之所以知覺運動者而言。告子論性,前後四章,語雖不同,然其大指不外乎此,與近世佛氏所謂"作用是性"者略相似。

【語録】曰:"告子只説那生來底便是性,手足運行、耳目視聽與夫心有知覺之類。他却不知生便屬氣禀,自氣禀而言人物,便有不同處。若説理之謂性則可,然理之在人在物,亦不可做一等説。"○又曰:"生之謂性,只是就氣上説得。蓋謂人也有許多知覺運動,物也有許多知覺運動,人物只一般。却不知人之所以異於物者,以其得正氣,故具得許多道理,如物則氣昏而理亦昏了。"○趙氏録　○明道先生曰:"'生之謂性',性即氣,氣即性,生之謂也。人生氣禀,理有善惡,然不是性中元有此兩物相對而生也,有自幼而善,有自幼而惡。本注云:'后稷之克岐克嶷,子越椒始生,人知其必滅若敖氏之類。'是氣禀有然也。善固性也,然惡亦不可不謂之性也。蓋生之謂性,人生而静以上不容説,纔説性時便已不是性也。凡人説性,只是説'繼之者善也',孟子言性善是也。夫所謂'繼之者善也'者,猶水流而就下也。皆水也,有流而至海,終無所污,此何煩人力之爲也;有流而未遠,固已漸濁;有出而甚遠,方有所濁;有濁之多者,有濁之少者。清濁雖不同,然不可以濁者不爲水也,如此則人不可以不加澄治之功。故用力敏勇則疾清,用力緩怠則遲清。及其清也,則却只是元初水也,不是將清來換却濁,亦不是取出濁來置在一隅也。水之清,則性善之謂也,故不是善與惡在性中爲兩物相對,各自出來。"此《遺書》語,本章多所引用,故載全段。○明道"生之謂性"一段當作三節看,其間有言天命者,有言氣質者。"生之謂性"是一節,"水流就下"是一節,"清濁"又是一節也。(黃㽦)○問:"《遺書》中'生之謂性'一段難看,自起頭至'惡亦不可不謂之性也',成兩三截。"曰:"此一段極難看,但細尋語脉,却亦可曉。上云'不是兩物相對而生',蓋言性善也。"曰:"既言性善,下却言'善,性也',然惡亦不可不謂之性',却是言氣禀之性,似與上文不相接。"曰:"不是言氣禀之性,蓋言性本善,而今乃惡亦是此性,爲惡所汩,正如水爲泥沙所混,不成不喚做水。"又問:"'人生而静'當作斷句?"曰:"只是連下文至'不容説'作句,性自禀賦而言,人生而静以上,未有形氣,理未有所受,安得謂之性。"又問:"纔説性時便已不是性。"又問:"'凡人説性,只是説繼之者善也',繼之者善,如何便指作性?"曰:"吾友疑得極是,此却是就人身上説繼之者善,若就向上説,則天理方流出,亦不可謂之性。"曰:"'生之謂性',性即氣,氣即性。此言人生性與氣合?"曰:"有此氣爲人,則理具於身,方可謂之性。"○問:"性即氣,氣即性。"曰:"那箇是説性便在氣稟上,稟得此氣,理便附搭在上面。"○問:"氣出於天否?"曰:"性與氣皆出於天,性只是理,氣則已屬於形象。性之善固人所同,氣便有不齊處。"○明道"生之謂性"一條,性字有指其墮在氣質中者而言,有指其本原至善者而言,須且分別此一字令分明不差,方可逐項子細消詳。"繼之者善",《易》中本指道化流行之妙而言,此却是就人身上指其發用之端而言,如孟子論性善只以情可以爲善爲説,蓋此發用處,便見本原之至善,不待別求,若可別求,則是人生而静以上却容説也。(《答王晋輔》)○問:"程氏謂'善亦性也,惡亦不可不謂之性也',若指上文氣稟而言,則如子越椒之生,世偶有之,不應稟氣賦形有善惡存焉;若指下文水就下而言,則若有可使爲不善之意,然濁水沙石非水本然也。'惡亦不可不謂之性',此語未曉所指。"曰:"此章性字説得最雜,有是説本性者,有是説氣稟者。其言水之下與水之清亦是兩意,須細分別耳。"(《答林德久》)○性是天賦與人,只一同氣質所稟,却有厚薄。人只是一般人,厚於仁而薄於義,有餘於禮而不足於智,便是氣質上來。(金去僞)○問:"'纔説性便不是性',此是就未稟時説,就已稟時説?"曰:"就已稟時説。性者,渾然天理而已,纔説性時則已帶氣矣。所謂離了陰陽更無道,此中最宜分別。"又問:"'水流而就下'以後,此是説氣稟否? 若説氣稟則生下已定,安有遠近之別?"曰:"此是説氣。"(鄭可學)○程子又以水之清濁譬之,水之清者性之善也,流至海而不污者,氣稟清明,自幼而善,聖人性之而全其天者也。流未遠而已濁者,氣稟偏駁之甚,自幼而惡者也。流既遠而方濁者,長而見異物而遷焉,失其赤子之心者也。濁有多少,氣之昏明純駁有淺深也。不可以濁者不爲水,惡亦不可不謂之性也。然則人雖爲氣所昏,流於不善,而性未嘗不在其中。特謂之性,則非其本然;謂之非性,則初不離是。以其如此,故"人不可以不加澄治之功"。惟能學以勝氣,則知此性渾然,初未嘗壞。所謂"元初水也",雖濁而清者存,故非將清來換濁,既清則本無濁,故非取濁置一隅也。如此則其本善而已,夫豈有兩物對立而並行也哉。○生之謂氣,生之理謂性。(李閎祖)○祝氏録

【集疏】覺軒蔡氏曰:"程子言'生之謂性'者二:其曰'性即氣,氣即性'者,朱子謂發明告子之説;其曰'人生氣稟,理有善惡,然不是性中元有此兩物相對而生也。有自幼而善,有自幼而惡,是氣稟有然也。善固性也,惡亦不可不謂之性也',此言告子但知氣底性有善有不善,不知理底性無不善也。"又曰:"'生之謂性,人生而静以上不容説。凡人説性,只是繼之者善也,孟子言性善是也。夫所謂繼之者善也,猶水流而就下也。'此又發明孟子性善之説,所謂理底性也,初不雜乎氣底性也。"

【纂疏】北溪陳氏曰:"佛氏把作用是性,便唤蠢動含靈皆有佛性,運水搬柴無非妙用。不過只認得個氣,而不説着那理爾。"○輔氏曰:"人物之生,則有知覺,能運動,死則無知覺,不能運動也。"○又曰:"《集注》謂與佛氏略相似者,蓋釋氏又説得周遮無畔岸爾,大略則相類也。"

孟子曰:"生之謂性也,猶白之謂白與?"曰:"然。""白羽之白也,猶白雪之白;白雪之白,猶白玉之白與?"曰:"然。"與,平聲,下同。

白之謂白,猶言凡物之白者,同謂之白,更無差別也。白羽以下,孟子再問,而告子曰然,則是謂凡有生者,同是一性矣。

"然則犬之性猶牛之性,牛之性猶人之性與?"

孟子又言,若果如此,則犬羊與人皆有知覺,皆能運動,其性皆無以異矣。於是告子自知其説之非而不能對也。○愚按,性者,人之所得於天之理也;生者,人之所得於天之氣也。性,形而上者也;氣,形而下者也。人物之生,莫不有是性,亦莫不有是氣。然以氣言之,則知覺運動,人與物若不異也;以理言之,則仁義禮智之稟,豈物之所得而全哉? 此人之性所以無不善,而爲萬物之靈也。告子不知性之爲理,而以所謂氣者當之,是以杞柳湍水之喻,食色無善無不善之説,縱横繆戾,紛紜舛錯,而此章之誤,乃其本根。所以然者,蓋徒知知覺運動之蠢然者,人與物同,而不知仁義禮智之粹然者,人與物異也。孟子以是折之,其義精矣。

【集義】伊川先生曰:"犬、羊、人限以形,不可更相。①如隙中日光,方圓不

①　"更相",清吕氏刻本《論孟精義‧告子上》作"使相更"。

移,其光一也。惟所禀各異,故生之謂性,告子以爲一,孟子以爲非也。”○横渠先生曰:“生之謂性,言所禀之性皆天性也,不分人物之異。釋氏之説,其陷人于小人者,其待天下萬物之性爲一,猶告子生之謂性。今之言性者,漫無執守,所以臨事不精,學者先須立本,學者先須立人之性,①學所以爲人。”

【語録】問:“犬牛之性與人之性不同,天下如何解有許多性?”答曰:“人有孝弟忠信,犬牛還能事親孝、事君忠也。”而又問:“濂溪作太極圖,自太極以至萬物化生,只是一箇圈子,何嘗有異?”曰:“人物本同,氣禀有異,故不同。”(甘節)○形而上者,一理渾然,無有不善;②形而下者,則紛紜雜揉,善惡有所分矣。○又曰:“論萬物之一原,則理同而氣異;觀萬物之一體,則氣猶相近,而理絶不同也。氣之異者,粹駁之不齊;理之異者,偏全之或異。”○曰:“氣相近,如知寒暖、識飢飽,好生惡死、③趨利避害,人與物都一般。理不同,如蜂蟻之君臣,只是他義上有一點明;虎狼之父子,只是他仁上有一點明。其他更推不去。”○趙氏録　○知覺運動,人物皆異,而其中却有同處。仁義禮智是同,而其中却有異處。須是子細疏理,教有條理。又曰:“物也有這性,只是禀得來氣偏了,這性便也隨氣轉了。”又曰:“畜獸禀得昏塞底氣,然間或禀得些子清氣,便也有明處,只是不多。”(黄義剛)

總論一章之旨　告子所言氣,孟子所言理。(李閎祖)○問:“告子言生之謂性。”曰:“合下便是錯了,他只是言生處,精神魂魄凡動用處是也,正如禪家説作用是性。蓋謂目之視、耳之聽、手之提執、足之運奔,皆性也。説來説去,只説得個形而下者,故孟子闢之曰:‘生之謂性也,猶白之謂白歟?’又闢之曰:‘犬之性猶牛之性,牛之性猶人之性歟?’三節語猶戲謔,然只得告子不知所答便休了,竟亦不曾説得性之本體是如何。”或云:“董子言性者,生之質也。”答曰:“其言亦然。”(余大雅)○伊川説性即理也,便見得惟人得是理之全,物得是理之偏。告子止把生爲性,更不説及理,孟子

---

①　“立人”,原漫漶不清,此據清吕氏刻本《四書或問》。
②　“有”,原破損不清,此據明陳煒刻本《朱子語類》卷五九《孟子九·告子篇》。
③　“好”,原漫漶不清,此據明陳煒刻本《朱子語類》卷五九《孟子九·告子篇》。

却以理言性，所以見人物之辨。○犬、牛、人之形氣既異，而有知覺能運動者生也。有生雖同，然形氣既異，則其生而有得乎天之理亦異。蓋在人則得其全，而無有不善，在物則有所蔽，而不得其全，是乃所謂性也。今告子曰：生之謂性，如白之謂白，而凡白無異白焉。則是指形氣之生者以爲性，而謂物之所得於天者亦無不同矣。故孟子以此詰之，而告子理屈詞窮，不能復對也。此章乃告子迷謬之本根，孟子開示之要切。蓋知覺運動者，形氣之所爲；仁義禮智者，天命之所賦。學者於此正當審其偏正全闕，①而求知所以自貴於物，不可以有生之同，反自陷於禽獸，②而不自知己性之大全也。（《答程子思》）

⎡總論二章之旨⎤　問：“‘生之謂性’，莫止是以知覺運動爲性否？”曰：“便是，此正與‘食色性也’同意。孟子當初辨得不恁地平鋪，就他蔽處撥起他。却一向窮詰他，③從那一角頭攻將去，所以如今難理會。若要解，煞用添言語。犬、牛、人，謂其得於天者未嘗不同，惟是人得是理之全，至於物止得其偏，今欲去犬、牛身上全討仁義便不得。告子止是不曾分曉道這子細，到這裏説不得，却道是天下是有許多般性，牛自是牛之性，馬自是馬之性，犬自是犬之性，則又不是。”（葉賀孫）○祝氏録

【或問】子以告子論性數章，皆本乎“生之謂性”之一言，何也？曰：“性之爲説，吾既詳言之矣。告子不知理之爲性，乃即人之身，而指其能知覺運動者以當之，所謂生者是也。始而見其但能知覺運動，非教不成，故有杞柳之譬；既屈於孟子之言，而病其説之偏於惡也，則又繼而爲湍水之喻，以見其能知覺運動，而非有善惡之分；又以孟子爲未喻己之意也，則又於此章極其立論之本意而索言之；至於孟子折之，則其説又窮，而終不悟其非也。其以食色爲言，蓋猶生之云爾，而公都子之所引，又湍水之餘論也。以是考之，凡告子之論性，其不外乎生之一字明矣。但前此未有深究其弊者，往往隨其所向，各爲一説，以與之辯，而不察其所以失之之端獨在於此，是以其説雖多，而訖無一定之論也。”曰：“然則告子固指氣質而言與？”

---

① “正全”，原破損不清，此據閩本《朱文公文集》卷五〇《答程正思》。
② “禽”，原破損不清，此據閩本《朱文公文集》卷五〇《答程正思》。
③ “詰”，原作“誥”，據明陳煒刻本《朱子語類》卷五九《孟子九・告子篇》改。

曰:"告子之所謂性者,固不離乎氣質,然未嘗知其爲氣質,而亦不知其有清濁、賢否之分也。程子曰'論性不論氣不備,論氣不論性不明'者,則又極至之言。蓋孟子之言性善者,前聖所未發也,程子此言,又孟子所未發也。"

【張氏注】論性之本,則一而已矣,而其流行發見,人物之所禀,有萬之不同也。蓋何莫而不由於太極?何莫而不具於太極?是其本之一也。然有太極則有二氣五行、絪縕交感,其變不齊,故其發見於人物者,其氣禀各異,其有萬之不同也。雖有萬之不同,而其本之一者,亦未嘗不各具於其氣禀之内。故原其性之本一,而察其流行之各異;知其流行之各異,而本之一者,初未嘗不完也。而後可與論性矣。故程子曰:"論性而不論氣不備,論氣而不論性不明。"蓋論性而不及氣,則昧夫人物之分,而太極之用不行矣;①論氣而不及性,則迷夫大本之一,而太極之體不立矣。②用之不行,體之不立,烏得謂之知性乎?異端之所以戕仁害義,皆自此也。告子"生之謂性"之說,以言夫各正性命之際則可也,而告子氣與性不辨,人物之分,混而無別,莫適其所以然。孟子知其蔽於此也,故以白之謂白爲譬,而又以玉之與羽、羽之與雪爲比,告子以爲然。是告子以人物之性爲無以異也,以人物之性爲無以異,是不察夫流形所變之殊,而亦莫知其本之所以爲一者矣,則其所謂生之之謂性者,語雖似而意亦差也。或曰:"氣之在人在物固有殊矣,而人之氣禀亦有異乎?"曰:"人者,天地之精,五行之秀,其所以爲人者,大體固無以異也。然各就其身,亦有參差不齊者焉,故有剛柔緩急之異禀。而上智生知之最靈,愚者昏窒而難發,由其不齊故也。至於禽獸草木,就其類之中,亦各有所不同者焉,此又其一身還有一乾坤者也。故太極一而已矣,散爲人物而有萬殊,就其萬殊之中,而復有所不齊焉,而皆謂之性,性無乎不在也。然而在人有脩道之教焉,可以化其氣禀之偏,而復夫全。盡己之性、盡人之性、盡物之性,其極與天地參,此人所以爲人之道,而異乎庶物者也。"

【纂疏】黃氏曰:"告子既不知性與氣之所以分,而直以氣爲性。又不知氣

---

① "行",原漫漶不清,此據通志堂本《孟子説》。
② "矣",原漫漶不清,此據通志堂本《孟子説》。

或不齊，性因有異，而遂指凡有生者以爲同，是以孟子以此語之，而進退無所據。”○輔氏曰：“孟子反復問之，以盡告子之辭，然後告子自知其説之非而不能對，此孟子所以爲知言而善教也。”

○告子曰：“食色，性也。 仁，内也，非外也；義，外也，非内也。”

告子以人之知覺運動者爲性，故言人之甘食悦色者即其性，故仁愛之心生於内，而事物之宜由乎外。學者即當用力於仁，而不必求合於義也。

【語録】問：“甘食悦色固非性，而全其天，則食色固天理之自然。”曰：“此説亦是。但告子却不知有所謂天，則但見其能甘食悦色即謂之性耳。”（《答鄭可學》）○告子以其主於愛者爲仁，故曰内；以其制是非者爲義，故曰外。

總論二章之旨 問：“告子先云仁義猶杞柳，而下云以人性爲仁義，其意蓋謂仁義出於本性。但下文又指仁爲在内，疑告子本皆以仁義爲外，既得孟子説，略認着以爲内，而尚未知其所以愛，故猶執義爲外。告子以愛之由乎仁，則亦知義之不離乎仁矣。仁内義外之説，告子何以附於‘食色性也’之下？切疑告子指食色爲性，以爲由心出，故亦略指愛以爲在心。”曰：“初意亦只如此看，適細推之，似亦不以仁爲性之所有，但比義差在内耳。”（《答鄭可學》）○祝氏録

【纂疏】輔氏曰：“人之甘食者，知其食之美而甘之也；悦色者，知其色之美而悦之也。知，即知覺也。甘與悦，即運動也。”○又曰：“告子以仁愛之心生於内，故以仁爲内；事物之宜由乎外，故以義爲外。殊不知愛雖生於心，而可愛之物則在外；事理之宜雖見乎外，而所以宜之者則在内。是於一物之中，强生此二見也。”

孟子曰：“何以謂仁内義外也？”曰：“彼長而我長之，非有長於我也；猶彼白而我白之，從其白於外也，故謂之外也。”長，上聲，下同。

我長之，我以彼爲長也。我白之，我以彼爲白也。

【語録】曰：“告子只知得人心，却不知有道心，只見那趨利避害、飢食飽暖等處，而不知辯别那義利等處，正是本然之性。所以道彼長而我長之，蓋

謂我無長彼之心,由彼長故不得不長之,所以指義爲外也。”

曰:“異於白馬之白也,無以異於白人之白也;不識長馬之長也,無以異於長人之長與? 且謂長者義乎? 長之者義乎?”與,平聲,下同。

張氏曰:“上‘異於’二字宜衍。”李氏曰:“或有闕文焉。”愚按,白馬、白人,所謂彼白而我白之也;長馬、長人,所謂彼長而我長之也。①白馬、白人不異,而長馬、長人不同,是乃所謂義也。義不在彼之長,而在我長之之心,則義之非外明矣。

【語録】白馬、白人,我道這是白馬、這是白人,言之則一。若長馬、長人則不同,長馬則是口頭道個老大底馬;若長人,則是誠敬之心發自於中,推誠而敬之,所以謂內也。(林子蒙)○祝氏録

【纂疏】輔氏曰:“白馬、白人,則但同謂之白可也,至於長馬、長人,則不同矣。人孰肯以長人之心以長馬乎? 其所以然者,是乃吾心之義有不同耳。以此觀之,則義不在彼之長,而在我長之之心明也。豈可謂義爲外而不事哉?”

曰:“吾弟則愛之,秦人之弟則不愛也,是以我爲悦者也,故謂之內。 長楚人之長,亦長吾之長,是以長爲悦者也,故謂之外也。”

言愛主於我,故仁在內,敬主於長,故義在外。

曰:“耆秦人之炙,無以異於耆吾炙。 夫物則亦有然者也,然則耆炙亦有外與?”耆,與嗜同。夫,音扶。

言長之、耆之皆出於心也。林氏曰:“告子以食色爲性,故因其所明者而通之。”○自篇首至此四章,告子之辨屢屈,而屢變其説以求勝,卒不聞其能自反而有所疑也。此正其所謂“不得於言,勿求於心”者,所以卒於鹵莽而不得其正也。

【集義】横渠先生曰:“忠恕一貫於道者。忠,體也。恕,用也。循是求之,如《易》云:‘立人之道曰仁與義。’忠即仁也,恕即義也。自古罕有連言仁義者,聖人獨於此言之。義則宜之謂也,仁則欲人之自體,然後爲得也。仁義云者,亦不越乎體用云耳。至孟子則仁義不絶於口,於此知孟子之功於道爲大,彼以義爲外者,不識如之何可以外之也。”

_____

① “我長”,原作“我馬”,據宋當塗郡齋本《四書集注》改。

【或問】四章之説。曰："飲食男女固出於性，然告子以生爲性，則以性爲止於是矣，因此又生仁內義外之説，正與今日佛老之言以作用爲性、義理爲障者相類。然孟子不攻其食色之云者，使彼知義之非外，則性之不止於食色，其有以察之矣。"

【張氏注】食色固出於性，然莫不有則焉。今告子乃舉物而遺其則，是固出於性無分於善不善之論也。其説行而天理不明，而人欲莫之過矣。至於仁內義外之説，其失又甚焉。彼以爲長之在人，如白之在彼，曾不知白之爲色，一定而不變，而長之所宜，則隨事而不同也。若一概而論，則馬之長將亦無以異於人之長，而可乎？夫長雖在彼，而長之者在我，蓋長之之理素具於此，非因彼而有也。有是性則具是理，其輕重、親疏、小大、遠近之宜，固森然於秉彝之中而不可亂。事物至于前者，雖有萬之不同，而有物必有則，泛應曲酬，各得其當，皆吾素有之義，而非外取之，此天之所命也。惟夫昧於天命，而以天下之公理爲有我之得私，而始有義外之説。孟子告之曰："且謂長者義乎？長之者義乎？"使思夫長之之爲義，則知義之非外矣。而告子猶惑焉，謂愛吾弟而不愛秦人之弟，是以我爲悦，故曰："仁，內也。"長吾長而以長楚人之長，是以長爲悦，故曰："義，外也。"曾不知所以長之者，非在我而何出哉？故孟子復以耆炙喻之。同爲炙也，而所以耆之則在我，然則以其在彼之同，而謂耆炙之爲外，可乎？雖然，長吾之長義也，長楚人之長亦義也，長則同，而待吾兄與待楚人固有間矣。其分之殊，豈人之所能爲哉？觀告子義外之説，固爲不知義矣。不知義，則其所謂仁內者，亦烏知仁之所以爲仁者哉！彼徒以愛爲仁，而不知愛之施有差等，固義之所存也；徒以長爲義，而不知所以長之者，固仁之體也。不知仁義而以論性，宜乎莫適其指歸也。

【纂疏】輔氏曰："炙在外而耆之者在我，長在外而長之者在我，理初無異也。"○又曰："注引林氏，正説着孟子意。孟子正欲就告子之説明處以通之也。"○又曰："告子自不見性，又不能因孟子之言以致思，徒守其舊所聞者以爲説，雖其辯屢屈，不過屢變其説以求勝，是其意只欲説得行便休，終不肯反求深以造乎自得之地，皆其'不得於言，勿求於心'者錮之，是以卒於鹵莽而墮於詖淫邪遁之流也。"

○孟季子問公都子曰："何以謂義內也？"

孟季子，疑孟仲子之弟也。蓋聞孟子之言而未達，故私論之。

曰："行吾敬，故謂之內也。"

所敬之人雖在外，然知其當敬而行吾心之敬以敬之，則不在外也。

"鄉人長於伯兄一歲，則誰敬？"曰："敬兄。""酌則誰先？"曰："先酌鄉人。""所敬在此，所長在彼，果在外，非由內也。"長，上聲

伯，長也。酌，酌酒也。此皆季子問、公都子答。而季子又言，如此則敬長之心，果不由中出也。

【纂疏】輔氏曰："季子因公都子之言而復疑，敬雖在內而長在外，故以伯兄、鄉人爲問。而曰'所敬在此，所長在彼'，則敬長之心，果不由中出也。"

公都子不能答，以告孟子。孟子曰："敬叔父乎？敬弟乎？彼將曰：'敬叔父。'曰：'弟爲尸，則誰敬？'彼將曰：'敬弟。'子曰：'惡在其敬叔父也？'彼將曰：'在位故也。'子亦曰：'在位故也。庸敬在兄，斯須之敬在鄉人。'"惡，平聲。

尸，祭祀所主以象神，雖子弟爲之，然敬之當如祖考也。在位，弟在尸位，鄉人在賓客之位也。庸，常也。斯須，暫時也。言因時制宜，皆由中出也。

【纂疏】趙氏曰："因時制宜，乃義之事也。兄與叔父固所當敬，此理之常也。若弟在尸位，鄉人在賓客之位，則亦當敬，然此只是暫時之敬耳。或常或暫，因時制宜，則皆本於吾心爾，故曰：'由中出也。'"

季子聞之曰："敬叔父則敬，敬弟則敬，果在外，非由內也。"公都子曰："冬日則飲湯，夏日則飲水，然則飲食亦在外也？"

此亦上章耆炙之義。○范氏曰："二章問答大指略同，皆反覆譬喻以曉當世，使明仁義之在內，則知人之性善，而皆可以爲堯舜矣。"

【集義】伊川先生《易傳》曰："守義以方其外，義形而外方，義形於外，非在外也。"○范氏曰："孟子以惻隱之心人皆有之，推其所爲，則是仁也；羞惡之心人皆有之，推其所爲，則是義也。下章云：'人皆有所不忍，達之於其所忍，仁也；人皆有所不爲，達之於其所爲，義也。'夫'有所不忍'與'有所不爲'，豈有內外哉？皆出於人之心也。'孩提之童，無不知愛其親；及其長也，無不知敬其兄。親親，仁也。敬長，義也。'親親、敬長，亦豈有內外

哉？皆出於人之性也。學者知仁義皆出於心、本於性，則知孟子之言道一而已，告子之言道有二矣。”

【語録】曰：“向與陸氏辨義外之説，某謂事之合如此者，雖是在外，然於吾心以爲合如此而行之，便是内也。且如人有性質魯鈍，或一時見不到，因他人説出來見得，爲是從而行之，亦内也。陸氏以謂此乃告子之見，直要自得於己者方是，若以他人之説爲義而行之，是求之於外也。遂於事當如此處亦不如此，不知此乃告子之見耳。”○**蔡氏録**　○又曰：“告子仁内義外之説，固是不是。然近年有欲硬破其説者，又更不是。謂義專在内，只發於我之先見者便是，如夏日飲水，冬日飲湯之類是也。若在外面商量要如此，便不是義乃是義襲，其説如此。然不知飲水、飲湯固是内也，如先酌鄉人與敬弟之類，若不問人來怎生得知？今固有人素知敬父兄，而不知鄉人之在所當先者，亦有人平日知弟之爲卑，而不知其爲尸之時，乃祖宗神靈之所依，不可不敬者。若不因講問商量，何緣會自從裏面發出？其説乃與佛氏‘不得擬議，不得思量，直下便是’之説相似，此大害理。又説義襲二字，全不是如此，都把文義也説錯了。”（潘時舉）○**祝氏録**

【張氏注】季氏不知性，故於義内之説有疑焉。公都子答以行吾敬故謂之内，亦未爲失也。蓋敬之所施，各有攸當，是乃義也。然公都子未能本於性而論，故聞季子先酌鄉人之論，則無以對之。蓋庸敬於兄，義也；以鄉人長，酌而先之，亦義也。①可敬雖在彼，而敬之者在我，故孟子以弟爲尸爲比。夫兄之當敬，鄉人之酌當先，與夫爲尸者之當敬，皆其理之素定而不可易者也。然則其爲在内也明矣，而季子猶惑焉，蓋以叔父與弟爲在外，而不知其義之存於内，内外之本一也。公都子蓋有發於孟子之言，故以冬日飲湯、夏日飲水譬之。蓋冬之飲必湯，夏之飲必水，是乃義也，而豈外乎哉？敬以直内，義以方外，敬義立而德不孤，伊川先生曰：“敬立而内直，義形而外方，義形於外，非在外也。”蓋主於敬而義自此形焉，敬與義，體用一源而已矣。

【纂疏】輔氏曰：“若以義爲外，則便於性之本體偏枯了，安能知人性之本善？既不知人性之本善，則豈能知人皆可以爲堯舜也哉？”

---

① “義也”，原漫漶不清，此據通志堂本《孟子説》。

○公都子曰："告子曰：'性無善無不善也。'

此亦"生之謂性""食色性也"之意。近世蘇氏、胡氏之説，蓋如此。○蘇氏，名軾，眉山人。胡氏，名宏，安國子。

【語録】曰："告子之意，説這性是不管善不管惡底物事。他説食色性也，便見得他只道手能持、足能履、目能視、耳能聽便是物事。"○又曰："胡氏《知言》云：'凡人之生，粹然天地之心，道義全具，無適無莫，不可以善惡辨，不可以是非分。'即告子性無善、無不善之論。"○又段，蘇氏論性，見"道性善章"《語録》。○祝氏録

或曰：'性可以爲善，可以爲不善，是故文武興則民好善，幽厲興則民好暴。'好，去聲。

此即湍水之説也。

或曰：'有性善，有性不善，是故以堯爲君而有象，以瞽瞍爲父而有舜，以紂爲兄之子，且以爲君，而有微子啓，王子比干。'

韓子性有三品之説，蓋如此。按此文，則微子、比干皆紂之叔父，而《書》稱微子爲商王元子，疑此或有誤字。

【語録】曰："韓子分三品，却只説得氣，不曾説得性。"○告子曰："性無善無不善。"非惟無善，并不善亦無之。謂性中無惡則可，謂無善則性是何物？（甘節）

【纂疏】北溪陳氏曰："韓子謂人之所以爲性者五，曰仁、義、禮、智、信。此語似看得性字端的，但分爲三品，又差了。三品之説，只説得氣稟。然氣稟之不齊，蓋或相什百千萬，豈但三品而已哉？他本要求勝荀、楊，却又與荀、楊無甚異。"

今日'性善'，然則彼皆非與？"孟子曰："乃若其情，則可以爲善矣，乃所謂善也。與，平聲。

乃若，發語辭。情者，性之動也。人之情，本但可以爲善而不可以爲惡，則性之本善可知矣。

【語録】性不可説，情却可説，所以告子問性，孟子却答他情。蓋謂情可爲善，則性無有不善。所謂四端者，皆情也。仁是性，惻隱是情也。惻隱是仁發出來底端芽，如一箇穀種相似。穀之生是性，發爲萌芽是情也。所謂

性，只是那仁義禮智四者而已。四件無不善，發出來則有不善，何故？殘忍便是那惻隱反底，冒昧便是那羞惡反底。(周謨)○問：“孟子謂‘乃若其情，則可以爲善’，而周子有五性感動而善惡分，是又以善惡於動處並言之，豈孟子就其情之未發，而周子就其已發者言之乎？”曰：“情未必皆善也，而本則可以爲善而不可以爲惡，唯反其情，故爲惡耳。孟子指其正者而言也，周子兼其正與反者而言也。莊子有遁天倍情之語，亦此意也。”(《答張敬夫》)○心如水，情即動處。○祝氏録

【纂疏】輔氏曰：“情只是性之動，性既如此，則情亦如此也。但此則因其情之善，而可以知其性之本善耳。若程子謂‘天下之理原其所自，無有不善。喜怒哀樂未發，何嘗不善？發而中節，亦何往而不善？’此則又因其性之善，而知其情之無不善也。”○北溪陳氏曰：“在心裏面未發動底是性，這動底只是就性中發出來，不是別物。”○又曰：“情之中節，是從本性發來，便是善，更無不善。其不中節是感物欲而動，不從本性發來，①便有個不善。孟子論情，有把做善者，是專指其本於性之發者言之。②”

若夫爲不善，非才之罪也。 夫，音扶。

才，猶材質，人之能也。人有是性，則有是才，性既善，則才亦善。人之爲不善，乃物陷溺而然，非其才之罪也。

【語録】曰：“問才與材字之別。”曰：“才字是就理義上説，材字是就用上説。孟子説‘人見其濯濯也，則以爲未嘗有材’，是用木旁材字便是指適用底説。‘非天之降才爾殊’，便是就理義上説。”問：“才字是以其能解作用底説，材質是合形體説否？”曰：“是兼形體説，便是説那好底材。”問：“如説材料相似否？”曰：“是。”○又曰：“才是能主張運動做事底，如這事有人會做得，有不會做得，有人會發揮得，有不會發揮得，這處可見其才。”○曰：“問孟子論才專言善，何也？”曰：“才本是善，但爲氣所染，故有善不善，亦是人不能盡其才。人皆有許多才，聖人却做許多事，我不能做得些事出，故孟子謂‘或相蓓蓰而無算者，不能盡其才者也’。”○又曰：“孟子是説本來善底才。”○問：“孟子言情與才皆善，如何？”曰：“情本自善，其發也未有

---

① “性發”，原漫漶不清，此據元刻本《四書纂疏》。
② “本於性”，原漫漶不清，此據元刻本《四書纂疏》。

染污,何嘗不善？才只是資質,亦無不善。譬物之白者,未染時只是白也。"○趙氏錄　○又曰："孟子道性善無形容處,故説其發出來底。"曰："'乃若其情,可以爲善',則性善可知。若夫爲不善,非才之罪也,是人自要爲不善耳,非才之不善也。情本不是不好底,李翱滅情之論乃釋老之言,程子言'情其性,性其情'之説,亦非全説情不好也。"(滕璘)○問情、性、才。曰："情乃性之發處,性如水也。情如水之流也。情既發,則有善有不善,在人如何耳。才,可以爲善者也,彼其性既善,則其才亦可以爲善。今乃至於爲不善,是非才如此,乃自家使才如此,故曰:'非才之罪也。'"(滕璘)○問:"性之所以無不善,以其出於天也,才之所以有善不善,以其出於氣也。要之,性出於天,才亦出於天,何故便至於此？"曰："性是形而上者,氣是形而下者。形而上者全是天理,形而下者只是那查滓。至於形,又是查滓至濁者也。"(楊道夫)○祝氏錄

【纂疏】輔氏曰："凡物之能爲是器,人之能爲是事者,皆其材質也。"○西山真氏曰："善者,性也,而能爲善者,才也。性以體言,才以用言。才本可以爲善而不可以爲惡,今乃至於爲不善者,是豈才之罪哉？陷溺使然也。"

惻隱之心, 人皆有之；羞惡之心, 人皆有之；恭敬之心, 人皆有之；是非之心, 人皆有之。 惻隱之心, 仁也；羞惡之心, 義也；恭敬之心, 禮也；是非之心, 智也。 仁、義、禮、智, 非由外鑠我也, 我固有之也, 弗思耳矣。 故曰：'求則得之, 舍則失之。'或相倍蓰而無算者, 不能盡其才者也。 惡,去聲。舍,上聲。蓰,音師。

恭者,敬之發於外者也。敬者,恭之主於中者也。鑠,以火銷金之名,自外以至内也。算,數也。言四者之心人所固有,但人自不思而求之耳。所以善惡相去之遠,由不思不求而不能擴充以盡其才也。前篇言是四者爲仁義禮智之端,而此不言端者,彼欲其擴而充之,此直因用以著其本體,故言有不同耳。

【語録】才固是善,若能盡其才,可知是善是好,所以不能盡其才處,只緣氣禀恁地。(徐寓)○問不能盡其才。曰："才是能去恁地做底,性本好,發於情也只是好,到得動用去做也只是好。'不能盡其才',是發得略好,便自阻隔了,不順他道理做去。若盡其才,如盡惻隱之才,則必當至於'博施

濟眾’；盡羞惡之才，則必當至於‘一介不以與人，一介不以取諸人；禄之千乘弗顧，繫馬千駟弗視’。這是本來自合恁地滔滔做去，止緣人爲私意相隔，多是略有些發動後便遏折了。”（葉賀孫）

| 總論二章之旨 | 性是太極渾然之體，初不可以名字言之，但其中含具萬理。而理之大者，則有四焉，故命之曰仁義禮智，孔門未嘗備言，至孟子而始備言之者，蓋孔子時，性善之理素明，雖不詳著其條而説自具。① 至孟子時，異端蠭起，往往以性爲不善，孟子懼是理之不明而思有以明之，苟但曰渾然全體，則恐其如無星之秤，無寸之尺，終不足以曉天下，於是別而言之，界爲四破，而四端之説於是而立。蓋四端之未發也，性雖寂然不動，而其中自有條理，自有間架，不是儱侗都無一物，所以外邊纔感，中間便應。如赤子入井之事感，則仁之理便應，而惻隱之心於是乎形；如過廟朝之事感，則禮之理便應，而恭敬之心於是乎形。蓋由其中間衆理渾具，各各分明，故外邊所遇，隨感而應。所以四端之發，各有面貌之不同，是以孟子析而爲四，以示學者，使知渾然全體之中而粲然有條，若此則性之善可知矣。然四端之未發也，所謂渾然全體，無聲臭之可言，無形象之可見，何以知其粲然有條如此？蓋是理之可驗，乃依然就他發處驗得。凡物必有本根，性之理雖無形，而端緒之發最可驗，故由其惻隱所以必知其有仁，由其羞惡所以必知其有義，由其恭敬所以必知其有禮，由其是非所以必知其有智。使其本無是理於内，則何以有是端於外？惟其有是端於外，所以必有是理於内而不可誣也。孟子言“乃若其情，則可以爲善矣，乃所謂善也”，是則孟子之言性善，蓋亦溯其情而逆知之耳。仁、義、禮、智，既知得界限分曉，又須知四者之中仁義是個對立底關鍵。蓋仁，仁也，而禮則仁之著；義，義也，而智則義之藏。猶春夏秋冬雖爲四時，然春夏皆陽之屬也，秋冬皆陰之屬也，故曰：“立天之道曰陰與陽，立地之道曰柔與剛，立人之道曰仁與義。”是知天地之道不兩則不能以立，故端雖有四，而立之者則兩耳，仁義雖對立而成兩。然仁實貫通乎四者之中，蓋偏言則一事，專言則包四者。故仁者，仁之本體；禮者，仁之節文；義者，仁之斷制；智者，仁之分別。猶春夏秋冬雖不同，而同出乎春，春則春之生也，夏則春之長也，秋則春之成 |

① “詳”，原漫漶不清，此據閩本《朱文公文集》卷五八《答陳器之》。

也,冬則春之藏也。自四而兩,自兩而一,則統之有宗,會之有元矣。故曰:"五行一陰陽,陰陽一太極。"是天地之理固然也。仁包四端,而智居仁之末者,蓋冬者藏也,所以始萬物而終萬物者也。智有藏之義焉,有始終之義焉,則惻隱、羞惡、恭敬是三者皆有可爲之事,而智則無事可爲。但分別其爲是爲非耳,是以謂之藏也。又惻隱、羞惡、恭敬,皆是一面底道理,而是非則有兩面,既別其所是,又別其所非,是終始萬物之象。故仁爲四端之首,而智則能成始能成終,猶元者雖四德之長,元不生於元而生於貞,蓋天地之化不會聚則不能發散,理固然也。仁智交際之間,乃萬物之機軸,此理循環不窮,昭合無間,程子所謂"動静無端,陰陽無始"者此也。(潘塤①)○**祝氏録**

【**纂疏**】北溪陳氏曰:"恭就貌上説,敬就心上説,恭主容,敬主事。"○輔氏曰:"仁、義、禮、智,性也;惻隱、羞惡、恭敬、辭遜、是非,情也。今但謂之心者,心統性情者也。四者之心,人所固有,非猶火之鑠金,自外而至内也。但思而求之則常存,舍而不思則失之矣。存則善,失則惡。然有失之多者,有失之少者,有失之久者,有失之暫者,以至於相去之遠,一倍十倍而不可數者,皆由於不思不求,而不能廣而充之以盡其才也。"○西山真氏曰:"性,我所固有,非自外來,獨患夫人之弗思弗求爾。夫物有求而弗得者,在外故也。性則求其在我者,何不得之有? 本然之才,初無限量,極天下之善無不可爲者,今乃善惡相去之遠,由不能盡其才也。曰思、曰求,而又曰盡,此孟子教人用功之至要。"

《詩》曰:'天生蒸民,有物有則。 民之秉夷,好是懿德。'孔子曰:'爲此詩者,其知道乎! '故有物必有則,民之秉夷也,故好是懿德。"好,去聲。

《詩》,《大雅·烝民》之篇。蒸,《詩》作烝,衆也。物,事也。則,法也。夷,《詩》作彝,常也。懿,美也。有物必有法,如有耳目則有聰明之德,有父子則有慈孝之心,是民所秉執之常性也,故人之情無不好此懿德者。以此觀之,則人性之善可見,而公都子所問之三説,皆不辨而自明矣。○程子曰:

---

① "潘塤",疑當作"陳塤"。陳塤,字器之,學者稱潛室先生。本節文字見閩本《朱文公文集》卷五八《答陳器之問玉山講義》。

“性即理也,理則堯舜至於塗人一也。才稟於氣,氣有清濁,稟其清者爲賢,稟其濁者爲愚。學而知之,則氣無清濁,皆可至於善,而復性之本,湯武身之是也。孔子所言下愚不移者,則自暴自棄之人也。”又曰:“論性不論氣不備,論氣不論性不明,二之則不是。”張子曰:“形而後有氣質之性,善反之則天地之性存焉。①故氣質之性,君子有弗性者焉。”愚按,程子此説才字,與孟子本文小異。蓋孟子專指其發於性者言之,故以爲才無不善;程子兼指其稟於氣者言之,則人之才固有昏明强弱之不同矣,張子所謂氣質之性是也。二説雖殊,各有所當,然以事理考之,程子爲密。蓋氣質所稟雖有不善,而不害性之本善,性雖本善,而不可以無省察矯揉之功,學者所當深玩也。

【集義】伊川先生曰:“‘乃若其情,則可以爲善;若夫爲不善,非才之罪。’此言人陷溺其心者,非關才事。才猶言材料,曲可以爲輪,直可以爲梁棟,若是毀鑿壞了,豈關才事。”又曰:“仁者,公也,人此者也;義者,宜也,權量輕重之極;禮者,別此定分;知者,知也;信者,有此者也。萬物皆有性,此五常,性也,若夫惻隱之類,皆情也。凡動者謂之情,性者自然完具。信只是有此,因有信然後見,故四端不言信。”○横渠先生曰:“孟子之言性、情、才皆一也,亦觀其文勢如何,情未必爲惡。哀、樂、喜、怒發而皆中節謂之和,不中節則謂惡。”又曰:“學者先務當明性情有歸處,且如惻隱之心自何處來,其殘忍之心亦自何處來,於此理會,乃是切處。”○楊氏曰:“孟子引‘天生烝民,有物有則。民之秉彝,好是懿德’,曰‘故有物必有則,民之秉彝也,故好是懿德’。其釋詩也,於其本文加三四字而已,而詩語自分明,今之説詩者殊不知此。”

【語録】曰:“生而知者,氣極清而理無蔽也。學知以下,則氣之清濁有多寡,而理之全闕繫焉耳。”(見《文集》)○曰:“天地間只是一道理,性便是理。人之所以有善有不善,只緣氣質之稟,各有清濁。”○問:“才稟於氣如何?”曰:“氣亦天也,理精一故純,氣粗故雜。”○又曰:“理如寶珠,氣如水,有是理而後有是氣,有是氣則必有是理。但稟氣之清者,爲聖爲賢,如珠落在清水中;稟氣之濁者,爲愚爲暗,如珠落在濁水也。”○曰:“論

---

①　“地”,原作“下”,據宋當塗郡齋本《四書集注》改。

性不論氣，則無以見生質之異；論氣不論性，則無以見理義之同。①"（見
《文集》）○曰："本然之性只是至善，然不以氣質而論之，則莫知其有昏明
開塞、剛柔強弱，②故有所不備。徒論氣質之性，而不自本原言之，則雖知
有昏明開塞、③剛柔強弱之不同，而不知至善之源未嘗有異，④故有所不
明，須合性與氣觀之，然後盡。"○又曰："性自是性，氣自是氣，須是兩邊都
説，理方明備。之者，正指上兩句也。"○曰："論天地之性，則專指理而言，
論氣質之性，則以理與氣雜而言之。"○又曰："天地之性是理也，纔到陰陽
五行，便有氣質之性，至此便有昏明厚薄之殊，得其秀而最靈，乃氣質以後
事。"○又曰："天地之性，則太極本然之妙，萬殊之一本也。氣質之性，則
二氣交運而生，一本而萬殊也。"○又曰："氣質之性，便只是這個天地之
性，却從那裏過。好底性如水，氣質之性如殺些醬與鹽，便是一般滋味。"
○又曰："性只是理，然無那天氣地質，則此理沒安頓處。但得氣之清明則
不蔽固，此理順發出來，蔽固少者，發出來天理勝，蔽固多者，則私欲勝，便
見得本原之性無有不善，只被氣質有昏濁則隔了，學以反之則天地之性存
矣。故説性須兼氣質言方備。"○又曰："氣質，陰陽五行所爲。性，即太極
之全體。但論氣質之性，即此體墮在氣質之中耳，非别有一性也。"○又
曰："氣質之説起於張、程，極有功於聖門，有補於聖學，讀之使人深有感。"
○曰："天地之所以生物者，理也。其生物者，氣與質也。人物得是氣質以
成形，而其理之在是者，則謂之性。然所謂氣質者，有偏正、純駁、昏明、厚
薄之不齊，故性之在是者，其爲品亦不一。所謂氣質之性者，告子所謂'生
之謂性'，程子所謂'生質之性''所禀之性'。所謂才者，皆謂是也。然其
本然之理則純粹至善而已。所謂天地之性者也，孟子所謂'性善'，程子所
謂'性之本'。所謂'極本窮原之性'，皆謂此者也。"○曰："《集注》中以程
子爲密，即見得孟子所説未免少有疏處。今但以程子爲主，而推其説以陰
補孟子之不足，則於理無遺矣。"（見《文集》）○問孟、程所論才字同異。
曰："才，只一般能爲之謂才，才之初亦無不善，緣他氣禀有善惡，故其才亦

---

① "無"，原作"堯"，據閩本《朱文公文集》卷四一《答連嵩卿》改。
② "剛柔"，原漫漶不清，此據明陳煒刻本《朱子語類》卷五九《孟子九·告子篇》。
③ "雖"，原漫漶不清，此據明陳煒刻本《朱子語類》卷五九《孟子九·告子篇》。
④ "未嘗"，原漫漶不清，此據明陳煒刻本《朱子語類》卷五九《孟子九·告子篇》。

有善惡。孟子自其同者言之，故以爲出於性，程子則自其異者言之，故以爲稟於氣。大抵孟子多是專以性言，故以爲性善，才亦無不善。到周子、程子、張子，方始説到氣上。要之，須兼是二者言之方備。"○又曰："程子説才與孟子説才自不同，然不相妨，須是子細看始得。"○趙氏録　○問孟、程、張子之説同異。答曰："《近思録》中一段云：'心，一也，有指體而言者。'注云：'寂然不動是也。''有指用而言者。'注云：'感而遂通天下之故是也。'夫寂然不動是性，感而遂通是情。故橫渠云：'心包性情者也。'此説最爲穩當，如明道'感爲情，動爲心'，感與動如何分得？若伊川云：'自性而有形者，謂之心。'某直理會他説不得，以此知是門人記録之誤也。若孟子與伊川論才則皆是。孟子所謂才，正是指本性之發用無有不善處，如人之有才，①事事做得出來，一性之中，萬善完備，發將出來便是才也。"又云："惻隱、羞惡是心也，能惻隱、羞惡者，才也。如伊川論才，却是指氣質而言也。氣質之性，古人雖不曾與人説着，考之經典却有此意，如《書》云：②'惟人萬物之靈，亶聰明，作元后'③，與'天乃錫王勇智'之説，皆此意也。孔子謂'性相近也，習相遠也'，孟子辨告子'生之謂性'，亦是説氣質之性。近世被濂溪拈掇出來，而橫渠、二程始有氣質之性之説，此伊川論才所以云有善不善者，蓋主此而言也，如韓愈所引越椒等事，若不着箇氣質説，後如何説得他通？韓愈論性，比之荀、楊最好，將性分三品，此亦是論氣質之性，但欠一箇'氣'字耳。"（周謨）○祝氏録

【或問】公都子問性，而孟子以情與才者告之，何也？曰："性之本體，理而已矣。情則性之動而有爲，才則性之具而能爲者也。性無形象聲臭之可形容也，故以二者言之，誠知二者之本善，則性之爲善必矣。"曰："然則程子何以言才之有不善也？"曰："此以其稟於氣者言之也。蓋性不自立，依氣而形，故形生質具，則性之在是者，爲氣所拘，而其理之爲善者，終不可得而變。但氣之不美者，則其情多流於不善，才亦有時而偏於不善。若其所以爲情與才之本然者，則初亦未嘗不善也。孟子、程子之説，所以小異而不害其爲同向也。"曰："孟子初未嘗有氣質之説也，孔子雖以性之相近

---

① "人之"，原破損不清，此據明陳煒刻本《朱子語類》卷五九《孟子九·告子篇》。
② "如"，原作"通"，據明陳煒刻本《朱子語類》卷五九《孟子九·告子篇》改。
③ "惟人"，原作"人惟"；"亶"，原作"稟"。據《尚書·泰誓上》改。

而言，然亦不明言其爲氣質也，程、張之説亦何所據而云乎？”曰：“孔子雖不言相近之爲氣質，然其於《易大傳》之言性，則皆與相近之云者不類，是固不無二者之分矣。但聖人於此蓋罕言之，而弟子有不得而聞者，故其傳者止是，而無以互相發明耳。孟子雖不言氣質之性，然其告子‘生之謂性’之辨，則亦既微發其端矣，但告子辭窮，無復問辨，故亦不得盡其辭焉。孟子既没，學失其傳，及周子出，始復推明太極、陰陽、五行之説，以明人物之生，其性則同，而氣質之所從來，其變化錯揉有如此之不齊者。至於程子，則又始明性之爲理，而與張子皆有氣質之説，然後性之爲善者，無害於氣質之有不善，氣質之不善者，終亦不能亂性之必爲善也。”曰：“孟子之言性也、情也、才也，皆未嘗不善也。而程子以來，乃有以才爲有善不善者，何也？”曰：“以性而言，則才與情本非有不善也，特氣質之禀不齊，是以才有所拘，情有所徇，而不能一於義理耳。至於性，則理而已矣，其純粹至善之德，不以氣質之美而加多，不以氣質之惡而爲有損，特其蔽之厚薄隨在不同耳。①”曰：“荀、楊、韓子之説，孰爲近？”曰：“是皆不知性之爲理，而以氣爲性者。荀、楊之失，蓋不難見，獨韓子以仁義禮智信爲言，則固必已優於二子，而近出諸儒，亦未有及之者，但亦不察乎其所以不齊者，爲氣使之然，是以其論有所闕而不完耳。”

【張氏注】道學不明，性命之説莫知所宗，故公都子舉三説以爲問。告子“無善無不善”之説，此以善惡不出於性也；“或謂可以爲善，可以爲不善”，此以習成爲性也；“或謂有性善，有性不善”，此以氣禀爲性者也。性無分於善不善之説，孟子既辨之於前矣，若謂可以爲善可以爲不善乎？不知其可以爲善者固性也，而其爲不善者，是豈性也哉？文、武興而民好善，人皆秉彝而好懿德，其性則然也；幽、厲興而民好暴，習之所染，有以變移其善心，淪胥以亡而至此耳，性豈有是哉？若以爲有性善有性不善乎，不知其善者乃爲不失其性，而其不善者，因氣禀而汩於有生之後也。蓋有生而鍾其純粹之最者，亦有偏駁者，亦有駁之甚者。其最粹者固存其本然之常性，不待復而誠，此所謂生知聖人也；若其偏駁者，其爲不善必先就其所偏而發，此固可得而反也；若偏駁之甚，則有於其生也，而察其聲音顏色而知

---

① “特”，原漫漶不清，此據清吕氏刻本《孟子或問》。

其必爲不善，如叔向之母知叔虎之必滅羊舌氏之類是也。然使其長也，而能力自矯揉則亦可以反。惟其偏駁之甚，故不復知矯揉，則夫堯爲君而有象，瞽瞍爲父而有舜，紂爲兄之子且以爲君而有微子比干，抑何怪乎？蓋所禀之昏明，在人各異，而其不善者，終非性之本然者也，故孟子謂“乃若其情，則可以爲善矣，乃所謂善也。”若訓順。《書》曰：“弗克若。”夫自性之有動者謂之情，順其情則何莫非善，謂循其性之本然而發見者也。有以亂之，而非順之，謂是則爲不善矣，故曰：“非才之罪。”由夫善者，性也；能爲善者，才也。人皆可以爲堯舜者，以其才則然也，何以知其然？以惻隱、羞惡、恭敬、是非之心，人皆有之也。惻隱、羞惡、恭敬、是非之所以然，是乃仁義禮智之具乎性者也，性之中有是四者而已，外是則非天性矣，充盡此四者則爲聖人。聖人非能有加也，能盡其才者也。衆人之所固有，亦豈與聖人異乎哉？特弗思耳。又曰“求則得之，舍則失之”，斯言可謂涵蓄而有味矣。然所謂思、所謂求者，蓋必有其道，此學之不可以不講也。人之相去，或倍蓰、或無算者，由能盡與不能盡之異也。“天生蒸民，有物有則。民之秉彝，好是懿德。”夫子謂作此詩者爲知道，而孟子獨於本文增益四字，而詩意煥然矣。“有物有則”者，莫非物也。視聽言動，則有視聽言動之則；喜怒哀樂，則有喜怒哀樂之則。何莫不有其則？蓋天所命也，以其至當而不可過，故謂之則。有太極則有物，故性外無物；有物必有則，故物外無性。斯道也，天下之所共有、所共由，非有我之得私也。彝云者，常也，言本然之常性，人所均有。故“好是懿德”，以具秉彝故也；而其不知好者，是有以亂其常故也。雖然，惻隱、羞惡、恭敬、是非，其發見者也，以此爲仁義禮智之體則未可，然特仁義禮智之端也，孟子前既以是言發之，故於此言之略也。

【講義】古之言性者多矣，何其紛紛而不一邪？在《商書》則言“常性”；在《周書》則言“節性”；在孔子，則言“性相近”；在孟子，則言“性善”。聖賢立論固已不同。下至諸子，則荀子言“性惡”，楊子言“善惡混”，韓子言“三品”，佛氏則又以知覺言性，然則後世將何所折衷耶？蓋嘗即數説而考之，性即理也，理無不善，氣質之禀不能皆同，則所受之理亦隨以異，此善不善之所由分也。《商書》之言常性，孟子之言性善，此指理而言也；《周書》之言節性，孔子之言相近，此指氣而言也。所指雖異，亦何害其爲同哉？荀、楊、佛氏則敢爲異論而不顧者也,謂之惡,則性無善矣;謂之混,則善惡相對而生也;此豈理之本然者哉?知覺者,人之精神,而又非所以言性也,惟韓愈氏生於數子之後,獨有得於聖賢之意。其曰"性之品有三",孔子相近之謂也,"所以爲性者五",則孟子性善之謂也。故其自視以爲世無孔子,不當在弟子之列,而每以孟子自比者,夫豈無所見而然歟?愈之言則善矣,然性之品有三,亦未知其所以然也,迨我本朝關洛之學,發明孔孟不傳之遺旨,曰:"性即理也""天下之理原其所自,未有不善"。又曰:"人生氣稟,理有善惡。"又曰:"形而後有氣質之性,善反之則天地之性存焉,然後聖賢之意坦然明白,而諸子異端始無所容其喙矣。學者知理之無不善,則當加存養之功;知氣質之有善有不善,則當施矯揉之力。務本之學,未有急於此者也。"

【集疏】蔡氏曰:"論性不論氣,是語上而遺下,故不備;論氣不論性,是語下而遺上,故不明。"○覺軒蔡氏曰:"公都子有疑於孟子性善之論,故舉告子與或人三說以爲辨。朱子曰:'三者雖同爲説氣質之性,然兩或之説,猶知分別善惡,使其知以性而兼言之,則無病矣。惟告子無善無不善之說,最爲無狀,他就此無善無惡之名混然無所分別,雖爲善爲惡,總不妨也,與今世之不擇善惡,而顛倒是非稱爲本性者,何以異哉?'公都子歷舉此三説,正欲破孟子性善之論,然孟子不直以性善告之,而告之以情與才者,何也?蓋性之本體,理而已矣,無形象聲色之可形容。故以情與才言之,誠知情與才之無不善,則性之本善可知矣。下文説惻隱、羞惡、恭敬、是非,正是就性之初發動處,以明未發動之理。末舉《烝民》之詩者,當然之則,無物不體,而此理之妙,實根於人性之本然。惟人之生,各稟其有常之性,所以應事接物,皆好比懿美之德而不容已也。所謂懿德,即所謂物之則也。其曰'好是'者,即指上文'秉彝'而言也。天命之所賦者,謂之則;人性之所稟者,謂之彝;存於心而有所得者,則謂之德。其實一而已矣。孔子又加一'必'字於'有則'之上,加一'故'字於'好是'之上,其旨愈明矣。孟子舉此詩者,蓋謂秉彝好德,心之所好處,即是性之發動處,就性初發動處指出以示人,方見得此性之本善。"

【纂疏】輔氏曰:"莫非物也。《集注》獨舉其耳目父子言者,蓋耳目則人身之所具而最切者,父子則人身之所接而最親者,故特舉其聰明慈孝之則而言之,使人就其切近者體而認之,則餘皆可以類推,而性之本善可得而見。”○又曰：“孟子專以其發於性者言之，故以爲性本善，情與才皆無不善。此固足以使人知性善而皆可爲堯舜矣。程子兼指其禀於氣者言之，則才雖有不善，而初不害所謂本善，又可見性雖本善，而賦命受生之後，人不可不加省察矯揉之功也。故學者於程子之説，尤當深玩。”○北溪陳氏曰：“只論大本而不及氣禀，則所論有欠闕，未備；若只論氣禀而不及大本，便只説得粗底，而道理全然不明。千萬世而下，學者只得按他説，更不可改易。”○又曰：“氣質之性，是以氣禀言之；天地之性，是以大本言之。其實天地之性亦不離乎氣質之中，只是就那氣質中分別出天地之性，不與相雜爲言爾。”

○孟子曰：“富歲，子弟多賴；凶歲，子弟多暴。 非天之降才爾殊也，其所以陷溺其心者然也。

富歲，豐年也。賴，藉也。豐年，衣食饒足，故有所顧藉而爲善；凶年，衣食不足，故有以陷溺其心而爲暴。

【語録】尹叔問性相近一章，程子謂此言所禀之性。又曰：“所禀之性，才也。”又曰：“語其才，則有下愚之不移，與孟子‘非天之降才爾殊也’，語意似不同。”曰：“孟子説自是與程子少異，孟子只見得性善，便把才都做善，不知有所謂氣禀各不同，所以被幾個善惡混底來炒。程子説得較密，此論蓋自濂溪《太極》言‘陰陽五行有不齊處’，推出氣質之性來，使程子生在周子之前，未必能發明到此。”（徐寓）

今夫麰麥，播種而耰之，其地同，樹之時又同，浡然而生，至於日至之時，皆熟矣。 雖有不同，則地有肥磽，雨露之養、人事之不齊也。 夫，音扶。麰，音牟。耰，音憂。磽，苦交反。

麰，大麥也。耰，覆種也。日至之時，謂當成熟之期也。磽，瘠薄也。

故凡同類者，舉相似也，何獨至於人而疑之？ 聖人，與我同類者。

聖人亦人耳，其性之善無不同也。

故龍子曰：‘不知足而爲屨，我知其不爲蕢也。’屨之相似，天下之足同也。 蕢，音匱。

蕢，草器也。不知人足之大小而爲之屨，雖未必適中，然必似足形，不至成蕢也。

口之於味，有同耆也。　易牙先得我口之所耆者也。　如使口之於味
也，其性與人殊，若犬馬之與我不同類也，則天下何耆皆從易牙之
於味也？　至於味，天下期於易牙，是天下之口相似也。　耆，與嗜同，
下同。

易牙，古之知味者。言易牙所調之味，則天下皆以爲美也。

【纂疏】趙氏曰：“按，易牙，齊桓公臣也。淄、澠二水爲食，易牙亦知二水
之味，桓公試之輒驗。”

惟耳亦然。　至於聲，天下期於師曠，是天下之耳相似也。

師曠，能審音者也。言師曠所和之音，則天下皆以爲美也。

惟目亦然。　至於子都，天下莫不知其姣也，不知子都之姣者，無目
者也。　姣，古卯反。

子都，古之美人也。姣，好也。

故曰：口之於味也，有同耆焉；耳之於聲也，有同聽焉；目之於色
也，有同美焉。　至於心，獨無所同然乎？　心之所同然者何也？　謂
理也，義也。　聖人先得我心之所同然耳。　故理義之悅我心，猶芻
豢之悅我口。”

然，猶可也。草食曰芻，牛羊是也；穀食曰豢，犬豕是也。程子曰：“在物爲
理，處物爲義，體用之謂也。孟子言人心無不悅理義者，但聖人則先知先
覺乎此耳，非有以異於人也。”程子又曰：“理義之悅我心，猶芻豢之悅我
口，此語親切有味。須實體察得理義之悅心，真猶芻豢之悅口始得。”

【集義】呂氏曰：“今夫麰麥皆可以爲美實，不可言無善無不善也。地有肥
磽，猶稟厚者惡有不能移，稟薄者善亦不易以進，非人十己百未足以若人。
雨露之養，人事之不齊，猶習之變化。雨露之滋，播種以時，猶習善者也；
不滋不時，猶習惡者也。習善則成善，習惡則成惡。”○謝氏曰：“‘嘗問伊
川先生養心莫善於寡欲，此一句如何？’先生曰：‘此一句淺近，不如理義之
悅我心猶芻豢之悅我口，最親切有滋味，然須是體察得理義之悅我心，真
個猶芻豢始得。’”

【語録】曰：“理是在此物上便有此理，義是於此物上，自家處置合如此便
是義，義便有個區處。”○又曰：“凡物皆有理，蓋理不外乎事物之間。處物

爲義,義,宜也。是非可否,處之得宜之謂義也。"○又曰:"且如這卓子是物,於理可以安頓物事,我把他如此用便是義。"○又曰:"楊雄言'義以宜之',韓愈言'行而宜之之謂義',若以義爲宜,則義有在外意思。須如程子言'處物爲義',是則處物者在心而非外也。"○又曰:"處物爲義一句,則後來人恐未免有義外之見。蓋物之宜雖在外,而所以處之使得其宜者,則在內也。"○趙氏錄　○"心之所同然",然是然否之然。人心同以爲然者,即理義也,故云:"理義之悦我心,猶芻豢之悦我口。"○蔡氏錄　○曰:"孟子這一段前面説許多,只是引喻理是人所同然。有那許多既相似,這箇如何會不相似? 理只是事物當然底道理,義是事之合宜處。程子曰:'在物爲理,處物爲義。'這心下看甚麼道理都有之:如此做,人人都道是好,纔不恁地做,人人都道不好。"(葉賀孫)○理如此,自家行之便是義。(甘節)○祝氏錄

【張氏注】此章大意,謂義理素具於人心,衆人與聖人本同然也,而其莫之同者,以衆人失其養故也,故首以富歲、凶歲之子弟爲喻。富歲之多賴者,以衣食足而他意不萌也;凶歲之多暴者,以飢寒迫之而不善之念起也。夫豈天降才之殊哉? 陷溺其心故耳,陷溺言因循淪胥而莫之覺也。以此言之,人心本無不善,因陷溺之故而不齊也。復引麰麥以爲喻,均是麥也,種之地同,樹之時同,則其生也、其熟也,宜無不齊者矣,而有不同者,則地有肥磽之異,與夫雨露之養、人事之不齊故也。此亦猶人本同類,由不得其養,則不相似也。聖人可謂至矣,而亦與我同類者耳。既曰"同類",則不應有殊,而其有殊者可不思其故哉? 口之於味、耳之於聲、目之於色,此亦出於性也,故口之耆、耳之聽、目之美有同者焉。蓋均是人也,則其理不得不同。若犬馬則不得與吾同其理,以其不同類故也。易牙先得我口之所耆者也,易牙非能有加也,能盡夫味之理而已。易牙之所味,即我口之所耆者也,彼先得之耳。以天下之味皆從易牙,則知天下之口無異也。猶聖人之所以爲聖人者,以盡人道故也,聖人之所盡者,即吾心之所同然者也,聖人先得之耳。善夫孟子之發明也,曰:"至於心,獨無所同然乎?"夫既曰"同類",口耳目皆有同也,何獨心之不然? 此所當深思者也。口耳目麗乎氣,故有形者皆得其同,而心則宰之者也,形而上者也,故其所同者,反隔於有形而莫之能通,反躬而去其蔽,則斯見其大同者矣。其所同然者,理

也、義也,曰理而又曰義,"在心爲理,處物爲義",謂體用也。理義者,天下之公也,不爲堯桀而存亡,聖人之先得者,即衆人之所有者也,而何有所增益哉? 理義之所以悦我心者,以理義者固心之所以爲心者也,得乎理義,則油然而悦矣。以芻豢之悦我口爲喻,蓋言適其可,而有不期然而然者也。雖然,人蓋有甘於非義理,而不知理義之爲悦者獨何與? 有以亂之而失其正故也,亦猶口之於味固同,悦乎芻豢而人亦有所耆,不然者則非其正故也。

【纂疏】輔氏曰:"事亦物也,凡一事一物各有一理。理,體也。處其事物,使之各得其理則爲義。義,用也。此亦先儒之所未及,到程子而其義始明。"○又曰:"雖聖人,亦只是先知先覺乎此而已,無有不同也。"○又曰:"芻豢,謂蔬菜五穀也。人之口悦芻豢,自是相乳入,[1]相宜相悦,有不可形容者,心之悦理義也亦然。故程子以爲親切有味,[2]學者須是着實體察其意味,方爲有益。"

○孟子曰:"牛山之木嘗美矣,以其郊於大國也,斧斤伐之,可以爲美乎? 是其日夜之所息,雨露之所潤,非無萌蘖之生焉,牛羊又從而牧之,是以若彼濯濯也。 人見其濯濯也,以爲未嘗有材焉,此豈山之性也哉? 蘖,五割反。

牛山,齊之東南山也。邑外謂之郊。言牛山之木,前此固嘗美矣,今爲大國之郊,伐之者衆,故失其美耳。息,生長也。日夜之所息,謂氣化流行未嘗間斷,故日夜之間,凡物皆有所生長也。萌,芽也。蘖,芽之旁出者也。濯濯,光潔之貌。材,材木也。言山木雖伐,猶有萌蘖,而牛羊又從而害之,是以至於光潔而無草木也。

【纂疏】輔氏曰:"問:'此但言夫物耳,而人之良心亦係於氣化乎?'曰:'古者氣化盛而聖人多,後世氣化衰而聖人少,雖有之而又不得其時與位焉,是亦係乎氣化也。至於平旦之氣,清明之時,良心油然而生長者,則又係乎一身之氣耳,是亦一氣化也。'"

---

① "乳",元刻本《四書纂疏》作"投"。
② "味",原漫漶不清,此據元刻本《四書纂疏》。

雖存乎人者，豈無仁義之心哉？　其所以放其良心者，亦猶斧斤之於木也，旦旦而伐之，可以爲美乎？　其日夜之所息，平旦之氣，其好惡與人相近也者幾希，則其旦晝之所爲，有梏亡之矣。　梏之反覆，則其夜氣不足以存，夜氣不足以存，則其違禽獸不遠矣！　人見其禽獸也，而以爲未嘗有才焉者，是豈人之情也哉？　好、惡，並去聲。

良心者，本然之善心，即所謂仁義之心也。平旦之氣，謂未與物接之時，清明之氣也。好惡與人相近，言得人心之所同然也。幾希，不多也。梏，械也。反覆，展轉也。言人之良心雖已放失，然其日夜之間，亦必有所生長。故平旦未與物接，其氣清明之際，良心必猶有發見者。但其發見至微，而旦晝所爲之不善，又已隨而梏亡之，如山木既伐，猶有萌蘖，而牛羊又牧之也。晝之所爲，既有以害其夜之所息；夜之所息，又不能勝其晝之所爲，是以展轉相害。至於夜氣之生，日以寖薄，而不足以存其仁義之良心，則平旦之氣亦不能清，而所好惡遂與人遠矣。

【語録】曰："氣與理本相依，旦晝之所爲，不害其理，則夜氣之所養益厚。夜之所息既有助於理，則旦晝之所爲益無不當矣。日間梏亡者寡，則夜氣自然清明虛静，至平旦亦然，至旦暮應事接物時，亦莫不然。"曰："平旦之氣，只是夜間息得許多時節，不與事物接，纔醒來便有得信些自然清明之氣，①此心自恁地虛静，少間纔與物接，依舊又汩没了。"〇曰："幾希，不遠也。後人來就幾希字下注開了，便覺意不連。"〇曰："氣只是這個氣，日裏也生，夜間也生，只是日間生底爲物欲梏亡，隨手又耗散了，夜間生底則聚得在那裏，不曾耗散，所以養得那良心。且如日間目視耳聽、口裏説話、手足運動，若不曾操存得，無非是耗散底時節。夜間則停留得在那裏，如水之流，夜間則關得許多水住在這裏，這一池水便滿。次日又放乾了，到夜裏又聚得些少。若從平旦起時，便接續操存而不放，則此氣常生而不已。若日間不存得此心，夜間雖聚得些小，又不足以勝其旦晝之梏亡，少間這氣都乾耗了，便不足以存其仁義之心。"〇又曰："夜氣是母，所息者是子。蓋所息者本自微了，旦晝只管梏之。今日梏一分，明日梏一分，所謂梏之反覆而所息者泯，夜氣亦不足以存，若能存便是息得仁義之良心。"曰："反

---

①　"醒"，原作"惺"，據明陳煒刻本《朱子語類》卷五九《孟子九·告子篇》改。

覆,非顛倒之謂,蓋有互換更迭之意。"○又曰:"反覆只是循環。"(見《文集》)○又曰:"良心當初本有十分被他展轉梏亡,則他長一分,自家止有九分。明日他又進一分,自家又退,止有八分。他日會進,自家日會退。"○又曰:"今若壞了一分,夜氣漸薄,明日又壞,便壞成兩分。漸漸消,只管無,到消得多,夜氣益薄,雖息一夜也存不得。"○又曰:"氣清則能存固有之良心,如旦晝之所爲有以汩亂其氣,則良心爲之不存矣。然暮夜止息,稍不紛擾則良心復生,譬如一井水,終日攪動他便渾了,那水至夜稍静,便有清水出。所謂夜氣不足以存者,便是攪動得太甚,則雖有止息時,此水亦不能清矣。"曰:"問凡物日夜固有生長,若良心既放而無操存之功,則安得自能生長?"曰:"放去未遠,故亦能生長。"曰:"氣清則心清,其日夜之所息,平旦之氣,蓋是静時有這好處發見。"○**趙氏録**　○日夜之所息底是良心,平旦之氣自是氣,兩件物事。夜氣如雨露之潤,良心如萌蘖之生,人之良心雖是有梏亡,而彼未嘗不生。梏如被他禁械在那裏,更不容他轉動,亡如將自家物失去了。(葉賀孫)○問夜氣旦氣。曰:"此段首尾止爲良心設。夜氣不足以存,蓋言夜氣至清,足以存得此良心耳。平旦之氣亦清,亦足以存得此良心,故其好惡猶與人相近。但此心存得不多時也,至旦晝之所爲,則梏亡之矣。所謂梏亡者,人多謂梏亡其夜氣,亦非也,謂旦晝之所爲能梏亡其良心也。"(金去偽)○不能存得夜氣,皆是旦晝所爲壞了。所謂好惡與人相近者幾希,今只要得去這好惡上理會,日用間於這上見得分曉,有得力處,夜氣方與你存。夜氣上却未有工夫,只是去旦晝理會,這兩字是個大關鍵,這裏有工夫,日間進得一分道理,夜氣便添得一分,到第二日更進得一分道理,夜氣便添得二分,第三日更進得一分道理,夜氣便添得三分,日間只管進,夜間只管添,添來添去,這氣便盛。(徐寓)○問:"夜氣一章又説心,又説氣,是如何?"曰:"本是要説心,氣若清則心得所養,自然存得清氣,濁則心失所養,便自濁了。"(葉賀孫)○問夜氣。曰:"夜氣静。人心每日梏於事物,斲喪戕賊,所餘無幾,唯夜氣静,庶可以少存耳。至夜氣之静而猶不足以存,則去禽獸不遠,言人理都喪也。前輩皆無明説,某因將孟子反覆熟讀方看得出,後看程子,却説夜氣之所存者,良知良能也,與臆見合。以此知觀書不可苟,須熟讀深思,道理自見。"(余大雅)

⬛總論三節之旨 這一段其所主在心，程先生云："夜氣之所存者，良知也，良能也。"此說爲當。仁義之心，人所固有，但放而不知求，則天之所以與我者，始有所汩没矣。是雖如此，然其日夜之所休息，至於平旦，其氣清明，不爲利欲所昏，則本心好惡猶有與人相近處。至其旦晝之所爲，又有以梏亡之，梏之反覆，則雖有這些夜氣，亦不足以存養其良心。反覆只是循環。夜氣不足以存，則雖有人之形，其實與禽獸不遠。故下文復云"苟得其養，無物不長；苟失其養，無物不消。"良心之消長只在得其養與失其養耳。"牛山之木嘗美矣"，是喻人仁義之心。"郊于大國，斧斤伐之"，猶人之放其良心。"日夜之所息，雨露之所潤，非無萌蘗之生"，便是平旦之氣，其好惡與人相近處。旦晝之所梏亡，則又所謂"牛羊又從而牧之"，雖芽蘗之萌，亦且戕賊無餘矣。（楊道夫）○祝氏録

【或問】曰："此章之義，以仁義之良心爲主。以爲雖或流於物欲，而其莫夜休息，則其氣復清明，而有以存夫此心耳。及其旦晝而接物也，則又梏而亡之，是以流於禽獸而不反耳。其存其亡，蓋皆以心言之，初不以爲氣之存亡也。故其下文引孔子之言，以明心之不可不操者，則其意益明矣。"

【纂疏】輔氏曰："一身之氣清明，則其良心自然發見，雖未能與聖人同其極致，然亦大綱與人相近，所争不多也。"○趙氏曰："仁義，性也。而《集注》以心言者，心統乎性也。良心即仁義之心，即所謂性也。"

故苟得其養，無物不長；苟失其養，無物不消。　長，上聲。

山木、人心，其理一也。

⬛總論二節之旨 問夜氣、旦氣。曰："此段緊要在'苟得其養'四句。"（滕璘）○祝氏録

【纂疏】輔氏曰："此總結上一段意也。"

孔子曰：'操則存，舍則亡，出入無時，莫知其鄉。'惟心之謂與？"
舍，音捨。與，平聲。

孔子言心，操之則在此，捨之則失去，其出入無定時，亦無定處如此。孟子引之，以明心之神明不測，得失之易而保守之難，不可頃刻失其養。學者當無時而不用其力，使神清氣定，常如平旦之時，則此心常存，無適而非仁義也。程子曰："心豈有出入，亦以操舍而言耳。操之之道，敬以

直內而已。"○愚聞之師曰:"人,理義之心未嘗無,唯持守之即在爾。若於旦晝之間,不至梏亡,則夜氣愈清。夜氣清,則平旦未與物接之時,湛然虛明氣象,自可見矣。"孟子發此夜氣之說,於學者極有力,宜熟玩而深省之也。

【集義】 問:"夜氣如何?"伊川先生曰:"此只是言休息時氣清耳,至平旦之氣,未與事接亦清。"又曰:"夜氣之所存者,良知也,良能也。"○橫渠先生曰:"萬物息於夜,夜氣言至靜至存時也。平旦之氣,言將接物起思慮之時也。"又曰:"夜氣不足以有者,以旦晝汩沒,雖夜,心亦不能靜,至于夢寐間,亦未嘗有時乎存。蓋往而不反,天理亦幾滅矣。"

【語錄】 曰:"心豈有出入? 出只指外而言,入只指內而言。只是要人操而存之耳,非是如物之散失而後取之也。"○曰:"問:既云操則常存,則疑若有一定之所矣。"曰:"無定所。此四句但言本心神明不測,不存即亡,不出即入,本無定所,如今處處常要操存,安得有定所?"○孔子此四句,只是狀人之心是箇難把捉底物事,而人之不可不操。出入便是上面操存舍亡,入則是在這裏,出則是亡失了,此大約泛言人心如此,非指已放者而言,亦不必要於此論心之本體也。(程端蒙)○問:"尋常於操存處,覺纏着力則愈紛擾,這莫是太把做事否?"曰:"自然是恁地,能不操而常存者,是到甚麼地位? 孔子曰'操則存,舍則亡',操則便在這裏,若着力去求,便蹉過了。今若說操存已是剩一箇存字,亦不必深着力,這物事本自在,但自家略加提省則便得,'必有事焉而勿正,心勿忘,勿助長也'。"(楊道夫)○孔子言"操則存,舍則亡,出入無時,莫知其鄉"四句,而以"惟心之謂與"一句結之,正是直指心之體用而言。其周流變化,神明不測之妙,孔子只是說人心是個活物,須是操守,不要放舍,亦不須如此安排也。心一也,操而存則義理明,而謂之道心;舍而亡則物欲肆,而謂之人心。亡不是無,只是走作逐物去了。自人心而收回便是道心,自道心而放出便是人心,頃刻之間,恍惚萬狀,所謂"出入無時,莫知其鄉"也。(《答許順之》)○心體固本靜,然亦不能不動,其用固本善,然亦能流而入於不善。夫其動而流於不善者,固不可謂心體之本然,然亦不可不謂之心也,但其誘於物而然耳。故先聖只說操則存,存則靜,而其動也無不善矣。舍則亡,於是乎有動而流於不善者。"出入無時,莫知其鄉",出者,亡也;入者,存也。本無一定之時,亦無一定之處,特係於人之操舍如何耳。只此四句,説得心之體用、始終、真妄、邪正,無所不備。又見得乃心不操即舍,不出即入,別無閑處可以安頓之意。所論出入有時爲心之正,然則孔子所謂"出入無時"者,乃心之病矣,不應却以"惟心之謂與"一句直指而總結之也。(《答游誠之》)○或謂心大無外,固無出入。曰:"言有出入,①也是一個意思,言無出入,也是一個意思。但今以夫子之言求之,②他分明道出入無時,且看自家今泪泪没没在這裏,非出而何? 惟其神明不測,所以有出入,惟其能出入,所以神明不測。"(楊道夫)○**祝氏録**　○程子以爲,操之之道,惟在敬以直内而已。如今最緊要工夫,只在主一無適上,其他道理總包括在裏面。○問:"范淳夫女讀《孟子》曰:'孟子誤矣,心豈有出入?'伊川聞之曰:'此女雖不識孟子,却識心。'伊川此語是許之,是不許之?"曰:"此女必天資高,見此心常湛然安定,無出入,然衆人不能皆如此。若通衆人論之,心却是箇走作底物,孟子所引夫子之言,是通衆人説耳。"○**蔡氏録**

總論一章之旨　孟子大意只在"操則存,舍則亡"兩句上。心一放時,便是斧斤之戕、牛羊之牧;一收斂在此,便是日夜之息、雨露之潤。他是要人於旦暮時不爲事物所泪。(陳文蔚)○夜氣、旦氣,此亦只就氣上説,故孟子末後收歸心上去。曰:"操則存,舍則亡。"蓋人心能操則常存,豈特夜半平旦?(輔廣)○**祝氏録**

【或問】曰:"程子以爲心無出入,然則其有出入者,其無乃非心之正耶?"曰:"出而逐物者,固非本心之正,然不可謂本心之外別有出入之心也。但不能操而存之,則其出而逐物於外,與其偶存於内者,皆荒忽無常,莫知其定處耳。然所謂入者,亦非此心既出而復自外入也,亦曰逐物之心暫息,則此心未嘗不在内耳。學者於此,苟能操而存之,則此心不放而常爲主於内矣。"

【張氏注】此章言人皆有良心,能存而養之則生,生之體自爾不息;若放而不知存,則日以斫喪矣,故以牛山之木喻之。牛山之木,其美者本然也,斧斤伐之,則不得爲美矣。然木之生理固在,日夜之所息,雨露之所潤,則其

---

① "入曰言"三字,原漫漶不清,此據明陳煒刻本《朱子語類》卷五九《孟子九·告子篇》。

② "但",原漫漶不清,此據明陳煒刻本《朱子語類》卷五九《孟子九·告子篇》。

萌蘖不容不生。於其生也，^①又爲牛羊牧之，於是有不得其生，而常濯濯者矣。其生者，山之性也，而濯濯者，豈山之性哉？蓋生之者寡，而所以害之者則不已故也。亦猶人放其良心，然秉彝亦不容遂殄也。故有時因其休息而善端萌焉，於其方萌而物復亂之，則所傷益多，而其息也益微矣。曰"日夜之所息者"，蓋人雖終日汨汨於物欲，然亦有休息之時也。程子曰："息有二義，訓休息，亦訓生息。"息所以生也，如夜氣是已。常人終日汨汨，爲氣所使，至於夜則氣息而思慮始息焉。於其興也，未與事接，未萌他慮，則平旦之好惡與人，理亦庶幾其相近，此夜氣所積也。自旦而往，其晝之所爲，則無非害之者矣。曰"梏亡"者，謂爲血氣所拘役，而亡其公理也。梏之反覆遷變而無有窮，則其夜氣之所息能有幾？又可得而存乎？夜氣不足以存，則人理幾無，而違禽獸不遠矣。是豈人之情也哉？蓋所謂情者，始亦無有不善也。是故君子察乎此，收其放心，存而不舍，養而不害，人道之所爲立也。故曰："苟得其養，無物不長；苟失其養，無物不消。"天以生爲道者也，君子之養之也，勿忘也，勿助長也，而天理不亡焉。若有所加益於其間，則亦害於天理矣。故其長也，猶木之生焉，日夜之所息，雨露之所潤，斧斤、牛羊莫之害，而其理自遂也。"操則存，舍則亡，出入無時，莫知其鄉。"此又深明夫存養之功，不可斯須亡也。心非有存亡出入，因操舍而言也。操則在此，舍則不存焉矣。蓋操之者，乃心之所存也，以其在此，則謂之入可也，以其不存焉，則謂之出可也，而孰知其鄉乎？心雖無形可見，然既曰心，則其體蓋昭昭矣，學者要當於操舍之際深體之。

【纂疏】北溪陳氏曰："忽然出，忽然入，無有定時；忽在此，忽在彼，亦無定處。操之便存在此，舍之便亡失了。"○輔氏曰："孔子之説，是直指人心言之。孟子引之，是言人心神明不測，得失之易而保守之難，學者不可以無持養工夫也。"○潛室陳氏曰："此段境界，乃指示喪失良心者，欲其認取此時體段，於此養去也。蓋平旦之氣乃夜氣之所生，又關乎旦晝之所爲，惟旦晝之所爲者能不與物俱往，則夜氣方和平，既和平，則平旦之氣亦清明，那時有隙光半點萌蘖，便是良心發見處。人於此時能持循涵養，使其萌蘖漸漸光明，則雖當旦晝也，如平旦矣。今人但晨興略略見得微眇，轉步便

---

① "生"，原本破損不清，此據通志堂本《孟子説》。

去利欲血氣上走,終日昏昏,所以索然無有平旦之氣。形雖具而心則亡,
於禽獸奚擇焉?"

○孟子曰:"無或乎王之不智也。

或,與惑同,疑怪也。王,疑指齊王。

雖有天下易生之物也,一日暴之,十日寒之,未有能生者也。 吾見
亦罕矣,吾退而寒之者至矣,吾如有萌焉何哉? 易,去聲。暴,步卜反。
見,音現。

暴,溫之也。我見王之時少,猶一日暴之也,我退則諂諛雜進之日多,是十
日寒之也。雖有萌蘖之生,我亦安能如之何哉!

【纂疏】西山真氏曰:"人主之心,養之以理義則明,蔽之以物欲則昏。猶
草木然,暖之以陽則生,寒之以陰則悴。正人賢士進見之時常少,理義灌
溉之益,其能幾何? 退而以邪說進者至矣,猶暖之日寡,而寒之日多,雖有
萌芽,旋復摧折,其如之何哉!"

今夫弈之爲數,小數也;不專心致志,則不得也。 弈秋,通國之善
弈者也,使弈秋誨二人弈,其一人專心致志,惟弈秋之爲聽。 一人
雖聽之,一心以爲有鴻鵠將至,思援弓繳而射之。 雖與之俱學,弗
若之矣。 爲是其智弗若與? 曰:非然也。" 夫,音扶。繳,音灼。射,食亦
反。"爲是"之"爲",去聲。"若與"之"與",平聲。

弈,圍棋也。數,技也。致,極也。弈秋,善弈者名秋也。繳,以繩繫矢而
射也。○程子爲講官,言於上曰:"人主一日之間,接賢士大夫之時多,親
宦官宮妾之時少,則可以涵養氣質而薰陶德性。"時不能用,識者恨之。范
氏曰:"人君之心,惟在所養。君子養之以善則智,小人養之以惡則愚。然
賢人易疏,小人易親,是以寡不能勝衆,正不能勝邪。自古國家治日常少,
而亂日常多,蓋以此也。"

【張氏注】物固有生之理,然不養而害,則雖易生之物亦不能以生,是則物
未有不待養而能生者也。一日暴之,十日寒之,則養之也微,而害之者深
矣,則其生理烏得而遂哉? 孟子告齊王,未嘗不引之以當道,王豈無秉彝
之心乎? 則其端倪亦有時而萌動矣,而孟子見之之時寡,他人朝夕在旁,

利欲以汩之,諂諛以驕之,順其意而逢其惡,所以害之者,何可勝也,吾如有萌芽何哉? 言雖有如萌芽之發,亦有摧折而無以自達,無足怪哉! 故又以弈秋爲喻,蓋心不容有二事,雖弈爲小技,專心致志者則得之,苟方弈而他思,則莫之得也。是二人者,豈知之相遠哉? 專與不專故耳。而況於欲治其身,而不專心致志其可哉? 是以古之明君,懼一暴十寒之爲害也,則博求賢才,實諸左右,朝夕與處而遠佞人,所以養德也。豈獨人君爲然? 一暴十寒之病,爲士者其可一日而獨不念乎? 然其要則在乎專心致志而已。專心致志,學之大方,居敬之道也。

【講義】曰:"性禀於天,故在人者無不善之性。情發乎性,故在人者無不善之情。所以不善者,氣昏之、欲汩之也。迨其氣清而欲窒,則善端未有不油然而生者,性善故也。《書》曰:'惟皇上帝,降衷于民。'《詩》曰:'天生蒸民,有物有則。'孩提之童至無知也,而皆知愛其親;赤子入井,於己無與也,而見之者皆怵惕;火然泉達,誰獨無是心哉? 有是心而不能養之,養之而不能致其志,善端雖萌而爲氣所昏、爲欲所汩,天固予我,而我固賊之,則與禽獸奚異哉? 誠能存養於齋莊静一之中,省察於念慮云爲之際,使吾善端之萌,通達而無窒礙,①充足而無欠缺,如萌蘖之生,無牛羊斧斤一暴十寒之患,則其至於干雲蔽日也可必矣。故爲人而合乎天,爲士而至於聖,亦即此心而充養之爾。孟子發明養心之論,而申之以專心致志之戒,其示人之意切矣。讀書至此而猶不悟焉,②則亦終於爲小人之歸也,豈不深可嘆哉!"

【纂疏】輔氏曰:"後世作事無本,知求治而不知正君,知攻過而不知養德。若程子、范氏之説,是乃所謂正君、養德之道必如是,然後君德成而治有本,庶幾三代可復。不然,雖欲言治,亦苟而已。"

○孟子曰:"魚,我所欲也。 熊掌,亦我所欲也。 二者不可得兼,舍魚而取熊掌者也。 生,亦我所欲也。 義,亦我所欲也。 二者不可得兼,舍生而取義者也。 舍,上聲。

---

① "礙",原破損不清,此據元刻本《孟子講義》。
② "悟",原漫漶不清,此據元刻本《孟子講義》。

魚與熊掌皆美味，而熊掌尤美也。

【語録】義在於生，則舍死而取生。義在於死，則舍生而取死。上蔡謂義重於生，則舍生而取義；生重於義，則舍義而取生。既曰義在於生，又豈可言舍義取生乎？又問：“生，人心；義，道心乎？”曰：“欲生惡死，人心也；惟義所在，道心也。權輕重却又是義。”明道云“義無對”，或曰“義與利對”，又問：“若曰利者義之和，則義依舊無對？”曰：“正是恁地。”（楊道夫）○祝氏録

生亦我所欲，所欲有甚於生者，故不爲苟得也；死亦我所惡，所惡有甚於死者，故患有所不辟也。　惡、辟，皆去聲，下同。

釋所以舍生取義之意。得，得生也。欲生惡死者，雖衆人利害之常情，而欲惡有甚於生死者，乃秉彝義理之良心。是以欲生而不爲苟得，惡死而所不避也。

【纂疏】輔氏曰：“利害者，天下之常情，即所謂私欲也；義理者，秉彝之良心，即所謂天理也。孟子只就欲、惡二者之中，分别出天理人欲，最爲明切，使學者易於體察也。”

如使人之所欲莫甚於生，則凡可以得生者，何不用也？　使人之所惡莫甚於死者，則凡可以辟患者，何不爲也？

設使人無秉彝之良心，而但有利害之私情，則凡可以偷生免死者，皆將不顧禮義而爲之矣。

【纂疏】輔氏曰：“偷謂偷竊，免謂苟免，此兩字説盡私情之意象。惟其不然，則知秉彝之良心乃吾所固有，而利害之私情乃因物而旋生出耳。”

由是則生而有不用也，由是則可以辟患而有不爲也。

由其必有秉彝之良心，是以其能舍生取義如此。

【纂疏】輔氏曰：“‘由是’之‘是’，蓋指秉彝之良心而言也。”

是故所欲有甚於生者，所惡有甚於死者。　非獨賢者有是心也，人皆有之，賢者能勿喪耳。　喪，去聲。

羞惡之心，人皆有之，但衆人汨於利欲而忘之，惟賢者能存之而不喪耳。

【纂疏】輔氏曰：“羞惡之心，即所謂秉彝之良心也。秉彝之良心，①是指其

---

① “心”，原破損不清，此據元刻本《四書纂疏》。

全體而言。羞惡之心，則又於全體之中，指其所謂義者言之也。①忘，猶失記也。義乃吾之性，不解忘失，人但汩没於利欲中而失記之耳。才失記便與無相似，則是喪亡之矣。存則操而存也，喪則舍而亡也，②存之之道，亦惟敬而已矣。”

一簞食，一豆羹，得之則生，弗得則死。 嘑爾而與之，行道之人弗受；蹴爾而與之，乞人不屑也。 食，音嗣。嘑，呼故反。蹴，子六反。

豆，木器也。嘑，叱啐之貌。行道之人，路中凡人也。蹴，踐踏也。乞人，丐乞之人也。不屑，不以爲潔也。言雖欲食之急而猶惡無禮，有寧死而不食者。是其羞惡之本心，欲惡有甚於生死者，人皆有之也。

【纂疏】輔氏曰：“路人與乞丐，人至微賤者也。簞食、豆羹，生死所繫，利害之至急切者也。於此而猶惡無禮，③寧舍之而不食，④則羞惡之本心，欲惡有甚於生死者，可見人無有無是心者矣。言羞惡而併及夫欲者，羞惡則固爲惡矣，及反之而不羞惡焉者，則是所欲也。”

萬鍾則不辨禮義而受之，萬鍾於我何加焉？ 爲宮室之美、妻妾之奉、所識窮乏者得我與？ 爲，去聲。與，平聲。

萬鍾於我何加，言於我身無所增益也。所識窮乏者得我，謂所知識之窮乏者感我之惠也。上言人皆有羞惡之心，此言衆人所以喪之由此三者。蓋理義之心雖曰固有，而物欲之蔽，亦人所易昏也。

【纂疏】輔氏曰：“凡人所以喪其良心者，固不止此三事，但姑舉其端而言之，則其他可以類推矣。理義之心，雖是本來固有，然微妙而難存。物欲之蔽，雖是旋旋生出，然污下而易溺。此君子所以貴於戰競自持，而於窒欲克己，不敢緩也。”

鄉爲身死而不受，今爲宮室之美爲之；鄉爲身死而不受，今爲妻妾之奉爲之；鄉爲身死而不受，今爲所識窮乏者得我而爲之。 是亦不可以已乎？ 此之謂失其本心。” 鄉、爲，並去聲。“爲之”之“爲”，並如字。

―――――――

① “謂”，原破損不清，此據元刻本《四書纂疏》。
② “亡”，原破損不清，此據元刻本《四書纂疏》。
③ “禮”，原漫漶不清，此據元刻本《四書纂疏》。
④ “寧”，原漫漶不清，此據元刻本《四書纂疏》。

言三者身外之物，其得失比生死爲甚輕。鄉爲身死猶不肯受嘑蹴之食，今乃爲此三者而受無禮義之萬鍾，是豈不可以止乎？本心謂羞惡之心。○此章言羞惡之心，人所固有，或能決死生於危迫之際，而不免計豐約於宴安之時，是以君子不可頃刻而不省察於斯焉。

【集義】吕氏曰："死生貴賤，貧富榮辱，此衆物者，君子莫適就也。君子心存目見，惟義而已，無是衆物之紛紛也。故所守至約，無所往而不爲義。孟子論舍生取義者，乃喻未知者爾。義在生則生，義在死則死，我之所知者義也，何生死之擇哉？"

【語録】曰："昔程子之門人有爲不義者，或問之曰：'是人從學之久，豈其全無知識，以至是邪？'程子曰：'謂之全無知識則不可，但義理不能勝私欲之心，即至此耳。'愚謂此言，以責人言之則恕，以教人言之則切，尤足以發明孟子此章之意也。"○蔡氏録

【或問】此章之説。曰："孟子所論宫室之美、妻妾之奉、窮乏得我，此三者或物欲之尤，人所易溺，或意氣之私，人所不能免者，自非燭理素明、涵養素定，而臨事有省察之功，未有不以此而易彼者也。"

【張氏注】"二者不可得兼"，言權其輕重而取舍之也。夫樂生而惡死，人之常情，賢者亦豈與人異哉？而有至於舍生而取義者，非真知義之重於生，其能然乎？其舍生而取義，由飢之食、渴之飲，亦盡其所當然者而已，故曰："所欲有甚於生者，所惡有甚於死者。"所欲謂理義，所惡謂非理義也。所惡若是，乃爲得夫性之正矣。若但知樂生惡死而已，則凡可以求生、可以辟患者，無所不爲，天理滅而流入於禽獸之歸，何擇焉？故由此可以生，由此可以辟患，而賢者莫之顧者，以其欲惡有在焉故也。是心豈獨賢者有之而衆人無之乎？賢者能不喪其所有而已。何以知衆人之本有乎？簞食豆羹得與不得，則有死生之分，然嘑爾而與之，則行道之人有所不受，蹴爾而與之，則雖乞人有所不屑，此其羞惡之端在者也。其所以然者，蓋人之困窮，其欲未肆，故其端尚在，至於爲萬鍾所動，則有不復顧者矣。曰"萬鍾於我何加焉"，人能深味斯言而得其旨，則亦可見外物之無足慕矣。萬鍾於我何加，而人之所以不辨禮義而受之者，則亦有爲而然耳。爲宫室之美、妻妾之奉、所識窮乏者得我，其他有所不顧也。此三者，大舉其端，其他可類推耳。向也簞食豆羹，不得則死，而與之非其道，則有所不

受，今也萬鍾之多，乃不辨禮義之當否而受之。萬鍾之不受，未至於死也，均是人也，何向者一死之不恤而今者冒利若此歟？①蓋欲有以蔽之，而羞惡之端陷溺而莫之萌也，故曰："此之謂失其本心。"嗟乎！舉世憧憧，以欲爲事，於得失之際，蓋不能以自擇也，而況於死生乎？是故君子遏人欲而存天理，其於斯世何所求哉？惟禮義之是安耳。故窮達死生，舉不足以二其心，而人道立矣。

【纂疏】輔氏曰："生死至重，三者至輕。今乃以重爲輕，以輕爲重者，蓋爲物欲所昏，是以倒行而逆施之。故以'是不可以已乎'警之，深味此言自能使人惕然有省也。"○又曰："羞惡之心，雖人之所固有，但危迫之際，私欲未肆，三者之念都未萌芽，故天理之發，其不可遏有如此者。至於宴安之時，私欲紛紜展轉不已，以至計較豐約，都忘義理之心，乃其勢之使然也。人能於此而省察焉，則知所以存天理而遏人欲矣。"

○孟子曰："仁，人心也；義，人路也。

仁者，心之德，程子所謂"心如穀種，仁則其生之性"是也。然但謂之仁，則人不知其切於己，故反而名之曰人心，則可以見其爲此身酬酢萬變之主，而不可須臾失矣。義者，行事之宜，謂之人路，則可以見其爲出入往來必由之道，而不可須臾舍矣。

【語録】"仁，人心也"，是就心上言。"義，人路也"，是就事上言。（童伯羽）○祝氏録　○曰："仁只是天地間一箇生底道路，程子所謂'譬如穀種，仁則其生之性'，玩此則仁可識矣。"○又曰："生之性便是愛之理。"○趙氏録

【纂疏】黄氏曰："心是穀種，心之德是穀種中生之性也。生之性便是理，謂其具此生理而未生也。"○又曰："若生出了後已是情，須認得生字不涉那喜、怒、哀、樂去。"○西山真氏曰："仁者，心之德也，而孟子直以爲人心者，蓋有此心即有此仁心，而不仁則非人矣。孔門之言仁多矣，皆指其用功處而言。此則徑舉全體，使人知心即仁，仁即心，而不可以二視之也。"○又曰："義者，人所當行之路，跬步而不由乎此，則陷於邪僻之徑矣。"

---

① "利"，通志堂本《孟子説》作"昧"。

○輔氏曰:"但謂之仁,而不着人身上説,則人不知己之所自有,或不知求,或求之外,故'反而名之曰人心'。'反',謂反之於身也。既曰人心,則是吾身之所以酬酢萬變之主,豈可以須臾失哉?'失'對'放'字而言。"○又曰:"謂之人路,則是乃吾身出入往來之道,又豈可以須臾舍也?'舍'對'弗求'而言。"○問:"孟子謂'道若大路然',又曰:'義,路也。'道爲義體,義爲道用,均謂之路,何邪?"潛室陳氏曰:"道以路言,謂事事物物各有當行之路;義亦言路者,謂處事處物各就他當行路上行。故各以路言。然道若大路,則取其明白易知;義爲人路,則取其往來必由。不知道之猶路,無目者也;不知義之猶路,無足者也。此孟子言意別處。"

舍其路而弗由,放其心而不知求,哀哉!　舍,上聲。

"哀哉"二字,最宜詳味,令人惕然有深省處。

總論二節之旨　問"仁,人心也"。曰:"仁無形迹底物事,孟子恐人理會不得,便説道只人心便是。却不是把仁來形容人心,乃是把人心來指示仁也。所謂放其心而不知求,蓋存得此心便是仁,若此心放了,又更理會甚仁? 今人之心静時昏,動時擾亂,便皆是放了。"(潘時舉)○問"仁,人心也。義,人路也"。曰:"此猶人之行路耳。心即人之有知識者,路即聖賢所共由者,孟子恐人不識,故以此喻之。然極論要歸,只是心爾。若於此心常得其正,則仁在其中矣。故自'捨正路而不由,放其心而不求'以下,一向説從心上去。"(余大雅)○祝氏録

【纂疏】輔氏曰:"《集注》拈起'哀哉'兩字説,其警切學者至矣。'惕然',則仁之發也;'深省',則智之用也。"

人有雞犬放,則知求之;有放心,而不知求。

程子曰:"心至重,雞犬至輕。雞犬放則知求之,心放則不知求,豈愛其至輕而忘其至重哉? 弗思而已矣。"愚謂上兼言仁義,而此下專論求放心者,能求放心則不違於仁,而義在其中矣。

【語録】雞犬放則有未必有可求者,惟是心纔求則便在,未有求而不可得者。知其爲放而求之,則不放矣,而求之三字剩了。○放心,不獨是走作喚做放,纔昏睡去,也則是放。(林恪)

【纂疏】輔氏曰:"程子重輕之説,正説着孟子意脉。夫人皆有是心,豈肯

愛其至輕而忘其至重哉?①特以不思之故,是以昧夫輕重之分如此也。"○又曰:"'立人之道曰仁與義。'仁,體也;義,用也。體用不可相離,故上兼言之。然仁義之理具於一心,若心放而不知求,則兩失之矣。能求其心則心存,心存則無適而非天理之流行,故《集注》曰:'不違仁。'既曰無適而非天理之流行,則其應事接物之際,必能合乎時措之宜矣,故曰:'義在其中。'蓋有體則不能無用矣。"○西山真氏曰:"借至輕而喻至重,所以使人知警也。"

學問之道無他,求其放心而已矣。"

學問之事,固非一端,然其道則在於求其放心而已。蓋能如是則志氣清明、義理昭著,而可以上達。不然則昏昧放逸,雖曰從事於學,而終不能有所發明矣。故程子曰:"聖賢千言萬語,只是欲人將已放之心約之,使反復入身來,自能尋向上去,下學而上達也。"此乃孟子開示要切之言,程子又發明之,曲盡其指,學者宜服膺而勿失也。

【語録】曰:"學問亦多端矣,而孟子直以爲無他。蓋身如一屋子,心如一家主,有此家主,然後能洒掃門户,整頓事務。若是無主,則此屋不過一荒屋爾,實何用焉?且如《中庸》言學、問、思、辯四者甚切,然而放心不收,則何者爲學、問、思、辯哉?收斂此心不容一物,乃是用功也。"曰:"須就心上做得主定,方驗得聖賢之言有歸着,自然有契。"○又曰:"只是知求則心便在,便是反復入身來。"○又曰:"自能尋向上去,這是存得此心,方可做去,不是塊然守得這心便了。"○又曰:"看'自能尋向上去,下學而上達也'二句,以不至空守此心。"○**趙氏録**　○上有"學問"二字在,不只是求放心便休。(甘節)○孟子言"學問之道惟在求其放心",而程子亦言"要在腔子裏",今一向耽着文字,令此心全體都奔在册子上,②更不知有己,便是無知覺、不識痛癢之人,雖讀得書,亦何益於吾事耶?(《答廖子晦》)○求其放心與克己復禮,恐不可分爲兩事。蓋放却心即視聽言動皆非禮,而視聽言動即是放却心,此處不容作兩節。(《答吕子約》)○**祝氏録**　○伊川謂心本善,流入於不善,乃放也。四端備於吾心,心存然後能廣而充之,心放

---

① "至輕",原破損不清,此據元刻本《四書纂疏》。

② "全體",原破損不清,此據明陳燁刻本《朱子語類》卷五九《孟子九·告子篇》。

則顛冥莫覺，流入不善，如"向爲身死而不受，①今爲妻妾之奉爲之"，又如《大學》"心不在焉"，亦是放。○求放心也，不是在外面求得箇放心來，只是求時便在。"我欲仁，斯仁至矣。"只是欲仁，便是仁子。（黃義剛）○又曰："程子所謂'反復入身來'，不是將已縱出底依舊收拾轉來，如七日來復，終不是已往之陽重新將來復生。蓋舊底已自過去了，這裏自然生出來。"○又曰："求放心，非以一心求一心，只求底便是已收之心，雖放千百里之遠，只一收便在此，他本無去來也。"（童伯羽）○又曰："如學禮亦只是求放心，學樂亦只是求放心，讀書讀詩、致知力行，皆只是求放心。"○**蔡氏録**　○孟子謂"學問求放心"，又曰"有是四端於我者，知皆廣而充之"，孟子説得最好。人之一心在外者，又要收入來，在內者又要推出去，《孟子》一部書皆是此意。（曾祖道）○孟子説"舍生取義"，故結云"是之謂失其本心"。此章求放心，是承上章失其本心説。○**祝氏録**

【張氏注】所以謂"仁，人心"者，天理之存乎人也；"義，人路"者，天下之所共由也，仁義立而人道備矣。"舍其路而弗由，放其心而不知求"，則人亦何異於庶物乎？是可哀也。雖然，舍其路而弗由者，以放其心而不知求故也。是以學問之道，以求放心爲主。人之愛其雞犬，於其放也則知求之，至於心，獨不知求，可謂昧夫輕重之分矣。然心豈遠人哉？知其放而求之，則在是矣。所謂放者，其幾間不容息，故君子造次克念、戰兢自持、非禮勿視、非禮勿聽、非禮勿言、非禮勿動，所以收其放而存之也。存之久則天理寖明，是心之體將周流而無所蔽矣。以堯舜禹相授受之際，獨曰"人心惟危，道心惟微"，心豈有二乎哉？放之則人心之危無有極也，知其放而求之，則道心之微豈外是哉？故貴於精一之而已，學者豈可不深思而默體者乎！

【講義】心者，神明之舍，虛靈洞徹，具衆理而應萬事者也。然耳目口鼻之欲，喜怒哀樂之私，皆足以爲吾心之累也。此心一爲物欲所累，則奔逸流蕩，失其至理而無所不至矣。②是以古之聖賢，戰戰兢兢，靜存動察，如履淵冰，如奉槃水，不使此心少有所放，則成性存存而道義行矣。此孟子求

---

① "爲"，原作"謂"，據《孟子·告子上》改。

② "至理"，元刻本《孟子講義》作"正理"。

放心之一語,所以警學者之意切矣。自秦漢以來,學者所習不曰詞章之富,則曰記問之博也,視古人存心之學爲何事哉?及周、程倡明聖學,以繼孟子不傳之緒,故其所以誨門人者,尤先於持敬。敬則此心自存,而所以求放心之要旨也。

【集疏】覺軒蔡氏曰:"或者但見孟子有'無他''而已矣'之語,便立爲不必讀書、不必窮理,只要存本心之説,所以卒流於異學。《集注》:'學問之事固非一端,然其道則在於求放心而已。'正所以發明孟子之本意,以指異學之失,學者切宜字字玩味,不可容易讀過也。"

【纂疏】輔氏曰:"誦《詩》讀《書》、孝悌忠信,無非學之事也。然其道則皆只欲求其放心而已。"○又曰:"志者,心也。氣者,一身之氣,所謂夜氣與平旦之氣是也。志,氣之帥也。義理,則性之所具也。人心存,則志與氣皆清明,而義理自然昭著,由是而可以知性、知天。不然則志氣昏昧而不清明,放逸而不收斂,雖曰從事於學問,而終不能有所發明於己也。"○又曰:"聖賢教人,雖曰多方,然其道則不過欲人將已放之心收約之,使反復入身來。則志足以帥氣,無放逸之失而日就於清明;道足以制欲,無晦蝕之病而日趨於理義。自能尋向上去,下學而上達也。"

○孟子曰:"今有無名之指屈而不信,非疾痛害事也,如有能信之者,則不遠秦楚之路,爲指之不若人也。　信,與伸同。爲,去聲。

無名指,手之第四指也。

指不若人,則知惡之;心不若人,則不知惡。　此之謂不知類也。"
惡,去聲。

不知類,言其不知輕重之等也。

【張氏注】人有雞犬放則知求之,無名之指屈而不信則求信之,拱把之桐梓欲其生則必養之,此皆事理之易見者。孟子於其易者舉以示之,使之以類而思之,則知夫切於吾身蓋有甚於此,而不之察也。曰"有放心而不知求",曰"心不若人,則不知惡",曰"豈愛身不若桐梓哉",所以示人也至矣。夫人與聖人類,則其心亦同然耳,有不同焉者,有以陷溺之故也。以類而思,則比之指不若人,何啻於相千萬邪?而反不知惡,故謂之不知類也。人惟不知類,故冥行而不自覺,使其知類而推之,則晨夕之間,其悚然而作者,豈獨此哉? 雖然,知惡之則必求所以免於惡,蓋有須臾不敢違寧者矣。此古之君子所以“學如不及,猶恐失之”也。

○孟子曰:“拱把之桐梓,人苟欲生之,皆知所以養之者。 至於身,而不知所以養之者,豈愛身不若桐梓哉? 弗思甚也。”

拱,兩手所圍也。把,一手所握也。桐、梓,二木名。

【語錄】思可以勝欲亦是。問:“莫是要喚醒。”曰:“然。”(鄭可學)

【張氏注】愛其身必思所以養之,然所以養之者,則有道矣。古之人,理義以養其心,以至於動作、起居、聲音、容色之間,莫不有養之之法焉,所以尊德性而道問學,以成其身也。於桐梓而知所以養,則自拱把至於合抱,可以馴致也;於身而知所以養,則爲聖爲賢亦循循可進矣。曰:“弗思甚也。”蓋思之,則知身之爲貴,而不可以失其養也;弗思,則待其身曾一草一木之不若,滔滔皆是矣。孟子此篇大抵多言存養之功,學者尤宜深體也。

【講義】天運乎上,地處乎下,陰陽五行周流乎中,①而人物生焉。則人物者,均禀天地之氣以爲體,②而均得天地之心以爲心也。然人之所以異於物者,③又以其禀氣之正,而其心爲最靈,人物並生於天地之間,④而獨異於萬物者如此。其可不知所以自貴乎? 聖賢教人必使之正其心、修其身者,⑤蓋不若是,則無以全天地之賦予而異於萬物也。所謂正其心、修其身者,亦盡吾當然之理而已。耳目手足,百體具焉,身也,視明而聽聰,手恭而足重,此身之理,而所以爲身者也;虛靈知覺,百慮生焉,心也,仁義禮智以爲體,惻隱、羞惡、辭遜、是非以爲用,此心之理,而所以爲心者也。內而察諸精神念慮之間,外而審諸動容周旋之際,無適而不當於理,此心之所以正,身之所以修也。苟爲不然,則徇情縱欲、悖理傷道,亦將無所不至矣,雖曰具人之形,而與禽獸奚異哉! 孟子憂世之心切,故舉其至輕以明其至重,欲使斯人反而思之,庶乎有以全吾身心之理,而無愧於所以爲人也。

---

① “行”,原破損不清,據元刻本《孟子講義》。
② “以”,原破損不清,據元刻本《孟子講義》。
③ “者”,原破損不清,據元刻本《孟子講義》。
④ “間”,原破損不清,據元刻本《孟子講義》。
⑤ “身”上,原衍“一”字,據元刻本《孟子講義》刪。

○孟子曰：“人之於身也，兼所愛。 兼所愛，則兼所養也。 無尺寸之膚不愛焉，則無尺寸之膚不養也，所以考其善不善者，豈有他哉？ 於己取之而已矣。

> 人於一身，固當兼養，然欲考其所養之善否者，惟在反之於身以審其輕重而已矣。

> 【語録】此身不必分身心爲兩節，言身則心具焉，“壹是皆以修身爲本”是已。今但云以理義養其心，則德尊而身安矣，意亦自見。（《答何叔京》）

> 【纂疏】趙氏曰：“人之於身無所不愛，則固當無所不養。然體有貴賤小大，養其貴且大者則善，養其賤且小者則不善。此豈待他人言之而後知哉？則亦反之於身而審其輕重於心焉，則自知矣。”

體有貴賤，有小大。 無以小害大，無以賤害貴，養其小者爲小人，養其大者爲大人。

> 賤而小者，口腹也。貴而大者，心志也。

今有場師，舍其梧檟，養其樲棘，則爲賤場師焉。 舍，上聲。檟，音賈。樲，音貳。

> 場師，治場圃者。梧，桐也；檟，梓也。皆美材也。樲棘，小棗，非美材也。

養其一指而失其肩背，而不知也，則爲狼疾人也。

> 狼善顧，疾則不能，故以爲失肩背之喻。

飲食之人，則人賤之矣，爲其養小以失大也。 爲，去聲。

> 飲食之人，專養口腹者也。

飲食之人，無有失也，則口腹豈適爲尺寸之膚哉？”

> 此言若使專養口腹，而能不失其大體，則口腹之養，軀命所關，不但爲尺寸之膚而已。但養小之人，無不失其大者，故口腹雖所當養，而終不可以小害大、賤害貴也。

> 【語録】“飲食之人，無有失也，則口腹豈適爲尺寸之膚哉？”此數句被恁地説得倒了，也自難曉，意謂使飲食之人真個無所失，則口腹之養本無害，然人屑屑理會口腹，則必有所失無疑。是以當知養其大體，而口腹底他自會去討喫，不到得餓了也。（葉賀孫）○祝氏録

> 【張氏注】人有是身，則其皆在所愛，愛之則知其皆在所養，而無尺寸之膚

不愛也。然人知有口腹之養而已，而莫知其所受於天，蓋有所甚重於此者，可不知所以養之乎？故曰："所以考其善不善者，豈有他哉？於己取之而已矣。"言欲考察善不善之分，則在吾身所取者何如耳？所取有二端焉，體有貴賤，有小大是也。以小害大，以賤害貴，則是養其小者，所謂不善也；不以小害大，不以賤害貴，則是養其大者，所謂善也。何以爲大且貴？人心是已。小且賤，則血氣是已。血氣亦禀於天，非可賤也，而心則爲之宰者也。不得其宰，則倍天遁情，流爲一物，斯爲可賤矣。人惟不知天理之存，故憧憧然，獨以養其口腹爲事，自農工商賈之競乎利，以至於公卿大夫士之競乎禄仕，是皆然也。良心日喪，人道幾乎息而不自知，此豈不類於場師之舍梧檟而從事於樲棘，①治疾者養一指而失其肩背者歟？②雖然，人飢渴而飲食，是亦理也，初何罪焉？然飲食之人，人所爲賤之者，爲其但知有口腹之養而失其大者耳。如使飲食之人而不失其大者，則口腹豈但爲養其尺寸之膚哉？固亦理義之所守也。故失其大者，則役於血氣而爲人欲，先立乎其大者，則本諸天命而皆至理。人欲流則口腹之須何有窮極？此人之所以爲禽獸不遠者也。天理明，則一飲一食之間亦莫不有則焉，此人之所以成身而通乎天地者也，然則可不謹其源哉？

○公都子問曰："鈞是人也，或爲大人，或爲小人，何也？"孟子曰："從其大體爲大人，從其小體爲小人。"

　　鈞，同也。從，隨也。大體，心也。小體，耳目之類也。

曰："鈞是人也，或從其大體，或從其小體，何也？"曰："耳目之官不思，而蔽於物，物交物，則引之而已矣。心之官則思，思則得之，不思則不得也。此天之所與我者，先立乎其大者，則其小者弗能奪也，此爲大人而已矣。"

　　官之爲言司也。耳司聽，目司視，各有所職而不能思，是以蔽於外物。既不能思而蔽於外物，則亦一物而已。又以外物交於此物，其引之而去不難

---

① "棘"，原作"棗"，據通志堂本《孟子説》改。
② "其"，原漫漶不清，此據通志堂本《孟子説》。

矣。心則能思,而以思爲職。凡事物之來,心得其職,則得其理,而物不能蔽;失其職,則不得其理,而物來蔽之。此三者,皆天之所以與我者,而心爲大。若能有以立之,則事無不思,而耳目之欲不能奪之矣,此所以爲大人也。然"此天"之"此",舊本多作"比",而趙注亦以比方釋之。今本既多作"此",而注亦作"此",乃未詳孰是。但作"比"字,於義爲短,故且從今本云。○范浚《心箴》曰:"茫茫堪輿,俯仰無垠。人於其間,眇然有身。是身之微,太倉稊米。參爲三才,曰惟心耳。往古來今,孰無此心? 心爲形役,乃獸乃禽。惟口耳目,手足動静。投閒抵隙,爲厥心病。一心之微,衆欲攻之。其與存者,嗚呼幾希! 君子存誠,克念克敬。天君泰然,百體從令。"○浚,字茂明,婺女人。

【語録】曰:"問:蔽是遮蔽否?"曰:"然。"問:"如目之視色,從他去時便是爲他所蔽,若能思則視其所當視,不視其所不當視,則不爲他所蔽矣。"曰:"然。若不思則耳目亦只是一物。"○耳目之官不能思,故蔽於物。耳目一物也,外物一物也,以外物而交乎耳目之物,自然是被他引去也。唯心之官則思,故思則得之,不思則不得,惟在人思不思之間耳。然此物乃天之與我者,所謂大者也。君子固當於思處用工,能不妄思,是能先立其大者。立字下得有力,夫然後耳目之官小者弗能奪也,是安得不爲大人哉?(余大雅)○問"物交物處"。曰:"上箇物字主外物言,下箇物字主耳目言。孟子説得此一段好,要子細看。耳目謂之物者,以其不能思,心能思,所以謂之大體。"問:"官字如何?"曰:"官是主心主思,故曰:'先立乎其大者。'"(曾祖道)○心之官則思。固是元有此思,只恃其有此,任他如何却不得。須是去思方得之,不思則不得也,此最要緊。下云"先立乎其大者",即此思也。心元有思,須是要人主張起來。(葉賀孫)○心之官固是主於思,又須着思方得其所思,若不思,則邪思雜慮便順他去,却害事。(葉賀孫)○祝氏録 ○曰:"按本文'耳目之官不思,而蔽於物,心之官則思。'此兩節方是分别小體之不可從,而大體當從之意。下文始結之云:'此三者皆天之所以與我者,但當先立乎其大者,則小者不能奪耳。'此章'先立乎其大者'[①]一句,方是説用力處,而此句内'立'字尤爲要切。"(《答張敬夫》)

[①]　"立",原破損不清,此據明陳煒刻本《朱子語類》卷五九《孟子九·告子篇》。

○**蔡氏録**　○孟子説"先立乎其大者,則其小者弗能奪",此語最有力,且看他下一個"立"字,昔有人問焦先生爲學之道,焦曰:"某只是先立乎其大者。"以此觀之,他之學亦自有要,卓然竪起此心使自立,所謂"敬以直内"也。(陳文蔚)○問:"所載范銘,不知范從誰學?"曰:"不曾從人,但他自見得到,説得此件物事如此好,向見呂伯恭甚忽之。"問:"似恁地説話,人也多説得到,須取他則甚?"曰:"正爲少見有人能説得如此者,此意蓋有在也。"(輔廣)

【或問】此章之説。曰:"其要正在夫'先立乎其大者'之一言耳。蓋大者既立,則凡動静云爲,皆主於思而不隨於物,其不中理者鮮矣。范氏之箴,蓋得其指,未可易之也。"

【張氏注】從其大體,心之官也;從其小體,耳目之官也。官云者,主守之謂。蓋耳目爲之主,則不思而蔽於物矣。耳目,物也,以物而交於物,則爲其引取固宜。若心爲之主,則能思矣,思則得之,而物不能奪也。所謂思而得之者,亦豈外取之乎? 乃天之所以與我,是天理之存於人心者也,人皆有之,不思故不得,思則得矣。"先立乎其大者,則其小者不能奪矣",言心爲之主,則耳目不能以移,有以宰之故也。故君子之動以理,小人之動以物。動以理者,心得其宰而物隨之;動以物者,心放而欲流。其何有極也? 然所謂思者,非泛而無統也。泛而無統則思之亂也,不得謂心之官矣。事事物物皆有所以然,其所以然者,天之理也,思其所以然,而循天理之所無事,則雖曰"與事物接",而心體無乎不在也,斯則爲大人矣。此所謂大人者,非必爲已至於充實輝光之地者也,蓋對小人而言,謂得其大者也。

【集疏】覺軒蔡氏曰:"孟子歷陳貴賤小大之説,又分別養其小者爲小人,養其大者爲大人,從其大體爲大人,從其小體爲小人。至'天之所以與我者,先立乎其大者,則其小者不能奪也'[①],又直指學者用力之要,正與人心道心、克己復禮之訓相爲表裏。學者讀此,便當惕然奮發,精擇而力行,庶乎不至爲小人之歸也,可不畏哉? 可不勉哉?"

---

① "則其小者"四字,原脱,據通志堂本《孟子集疏》補。

○孟子曰："有天爵者，有人爵者。仁義忠信，樂善不倦，此天爵也；公卿大夫，此人爵也。　樂，音洛。

天爵者，德義可尊，自然之貴也。

古之人，脩其天爵而人爵從之。

脩其天爵，以爲吾分之所當然者耳。人爵從之，蓋不待求之而自至也。

【語録】只先脩天爵，人爵自從後面來，如"禄在其中矣"之意。（金去僞）

【或問】有以爲"從之"者，猶言其任之云爾，如何？曰："是蓋嫌其猶有意於人爵之求耳，殊不知此章之意，所以爲天理人欲之別者，特在乎求與不求之間。有意於求，則是乃所謂脩天爵以要人爵者，孟子固已斥之矣；其或不求而自至，則是乃理勢之必至者，而又何嫌之有哉？"

今之人，脩其天爵以要人爵，既得人爵而棄其天爵，則惑之甚者也，終亦必亡而已矣。"　要，音邀。

要，求也。脩天爵以要人爵，其心固已惑矣。得人爵而棄天爵，則其惑又甚。終必并其所得之人爵而亡之也。

【語録】古人尚脩天爵以要人爵，今人皆廢天爵以要人爵。曰："便是如此。"（葉賀孫）

【或問】脩天爵以要人爵者，雖曰脩之，而實已棄之久矣，何待得人爵之後，始謂之棄邪？曰："若是者，猶五霸之假仁，猶愈於不假而不脩耳。聖人之心，寬宏平正，善善蚤而惡惡遲，不如是之急迫也。且若是言，則彼直棄而不脩者，又將何以處之邪？"

【張氏注】天爵，謂天之所貴也。"仁義"又言"忠信"者，在己爲忠，與人爲信，忠信者只是誠實。此二者也，既曰"仁義忠信"，而又曰"樂善不倦"，樂善不倦，好懿德之常性也，惟樂善不倦，則於仁義忠信，斯源源而進矣。古之人脩其天爵而已，非有所爲而爲之耳。"人爵從之"者，言其理則然也。"今之人脩其天爵以要人爵"，夫有一毫要人爵之心，則有害於天爵。其脩之也，亦慕其名而爲其事耳，及遂其欲，則併與其所假者而棄之，可謂惑之甚者。又曰"終亦必亡而已矣"，言既萌要利之心，則其所爲終亦必亡，勢則然也。嗟乎！古之士脩身於下，無一毫求於其君之心，而人君求賢於上，每懷不及之意，上下皆循乎天理，是以人才衆多而天下治。逮德之衰，在下者假名而要利，在上者徇名而忘實，而人才始壞矣。降及後世，則不復以仁義忠信取士，而乃求之於文藝之間，自孩提之童，則使之懷利心而習爲文辭，則併與其假者而不務矣，則人才何怪其難？

○孟子曰：“欲貴者，人之同心也。 人人有貴於己者，弗思耳。

貴於己者，謂天爵也。

【語録】孟子於此只云：“弗思耳。”孟子便實知得功夫只在這裏。（黄㽦）

人之所貴者，非良貴也。 趙孟之所貴，趙孟能賤之。

人之所貴，謂人以爵位加己而後貴也。良者，本然之善也。趙孟，晋卿也。能以爵禄與人而使之貴，則亦能奪之而使之賤矣。若良貴，則人安得而賤之哉？

《詩》云：‘既醉以酒，既飽以德。’言飽乎仁義也，所以不願人之膏粱之味也；令聞廣譽施於身，所以不願人之文綉也。”聞，去聲。

《詩》，《大雅·既醉》之篇。飽，充足也。願，欲也。膏，肥肉。粱，美穀。令，善也。聞，亦譽也。文綉，衣之美者也。仁義充足而聞譽彰著，皆所謂良貴也。○尹氏曰：“言在我者重，則外物輕。”

【張氏注】人皆有欲貴之心，言人莫不欲貴其身也，而不知在己有至貴者焉，德性之謂也。一人之性，萬善備焉，不其貴乎？善乎孟子之言曰“人人有貴於己者，弗思耳”，惟夫弗思，故雖素有之而莫之能有也。若真知其貴於己者，則見外誘之不足慕矣。惟夫不知也，是以慕於外而求於人，故曰：“人之所貴者，非良貴也。”人之所貴云者，言資於人而貴者也；良貴云者，言己素有之善也。“趙孟之所貴，趙孟能賤之”，其所貴者資於人，則能貴之者亦能賤之矣。良貴在我，得於天者也，人何預焉？得於天者，公理；而資於人者，私欲也。故飽乎仁義，而不願膏粱之飫，聞譽施於身，而不願文綉之加，爲其在我者，而不願乎外也。雖然，令聞廣譽，君子非有欲之之心也，願乎仁義則令聞廣譽自加焉，猶言爲善有令名，其理之固然者也。

【講義】曰：“‘富與貴是人之所欲也’，聖賢之論，乃獨重理義而輕富貴，①何哉？理義，天之所賦也；富貴，人之所予也。人之所予，人得而奪之；天

---

① “理”，原作“禮”，據元刻本《孟子講義》改。

之所賦，根於人心，不可易也。一輕一重，蓋有不難辨者。然閭巷之人，知有富貴而不知有理義，學士大夫則知理義矣，然未有不爲富貴所移，而忘其所可重。若夫真知富貴之爲輕，理義之爲重，非知道者，孰能識之？仁義禮智，天之予我，而吾心之所固有也。充吾之仁，則愛人利物而居天下之廣居；充吾之禮，則別嫌明微而立天下之正位；充吾之義，則體常盡變而行天下之達道；充吾之智，則察倫明物而成天下之大業。以之爲心則和而平，以之爲人則仁而公，推之天下國家，則利澤施於今，令名垂於後。回視世之所謂富貴者，不過輿馬之赫奕，飲食之豐美，宮室之壯麗。賢者得志，有所不爲，不賢者亦以豢養其不肖之身，而遺臭於萬世，曾狗彘之不若，而又何足以夸於人哉？故善學者要當深明夫内外輕重之分，在内者重，則在外者輕，在外者愈輕，則在内者愈重。真積力久，胸中泰然，天理流行，一毫物欲不能爲之累。顏子之簞瓢陋巷，曾點之鼓瑟浴沂，翛然悠然，蓋將與造物相爲酬酢，天下之至貴，無以復加於此矣。孟子之言，豈欺我哉！"

○孟子曰："仁之勝不仁也，猶水勝火。 今之爲仁者，猶以一杯水救一車薪之火也，不熄則謂之水不勝火，此又與於不仁之甚者也。

與，猶助也。仁之能勝不仁，必然之理也。但爲之不力，則無以勝不仁，而人遂以爲真不能勝，是我之所爲，有以深助於不仁者也。

【語錄】 "仁之勝不仁也，猶水勝火。"以理言之，則正之勝邪，天理之勝人欲甚易，而邪之勝正，人欲之勝天理若甚難；以事言之，則正之勝邪，天理之勝人欲甚難，而邪之勝正，[1]人欲之勝天理却甚易。蓋纔是蹉跌一兩件事，便被邪來勝將去。若以正勝邪，則須是做得十分工夫，方勝得他。然猶恐怕勝他未盡在，正如人身正氣稍不足，邪便得以干之矣。（沈僴）

【纂疏】 趙氏曰："'仁之勝不仁也，猶水勝火'，此以仁之理而言也。'今之爲仁者，猶以一杯水救一車薪之火'，此就人之爲仁者言也。'不息，則謂之水不勝火，此又與於不仁之甚也'，此則指當時之人爲仁不至，不能反己，遂謂真不能勝，自息於爲仁者言也，如此則深有助於爲不仁者矣。"

---

① "正"，原破損不清，此據明陳煒刻本《朱子語類》卷五九《孟子九·告子篇》。

亦終必亡而已矣。"

言此人之心,亦且自怠於爲仁,終必并與其所爲而亡之。○趙氏曰:"言爲仁不至,而不反諸己也。"

【張氏注】此爲有志於仁,而未力者言也。仁與不仁,特係乎操舍之間,而天理人欲分焉,天理存則人欲消,固不兩立也,故以水勝火喻之。然用力於仁,貴於久而勿舍,若一暴十寒,倏得而復失,則暫存之天理,豈能勝無窮之人欲哉? 是猶以杯水救車薪之火也,救之不得,而遂以爲仁不可以勝不仁,而不加勉焉,是則同於不仁之甚者,其淪胥以亡也必矣。學者觀於此,其可斯須而不存是心乎? 天理寖明,則人欲寖消矣。及其至也,人欲消盡,純是天理,以水勝火其不然乎?

【纂疏】輔氏曰:"能'反求諸己',則其身正而天下歸之,如水勝火,斯可見焉,趙氏雖未知夫仁,然以其能求句中意而得之。凡解經者,只當如此。"

○**孟子曰:"五穀者,種之美者也,苟爲不熟,不如荑稗。夫仁,亦在乎熟之而已矣。"**荑,音蹄。稗,蒲賣反。夫,音扶。

荑稗,草之似穀者,其實亦可食,然不能如五穀之美也。但五穀不熟,則反不如荑稗之熟,猶爲仁而不熟,則反不如爲他道之有成。是以爲仁必貴乎熟,而不可徒恃其種之美,又不可以仁之難熟,而甘爲他道之有成也。○尹氏曰:"日新之不已則熟。"

【集義】橫渠先生曰:"敦篤虛静者,仁之本。不輕妄,則是敦厚也;無所繫累昏塞,則是虛静也。"

【語録】曰:"釋氏問話,只是一言兩句,荑稗之熟者也。儒者明經,若通徹了不用費辭,亦一言兩句義理便明白,否則却是五穀不熟,不如荑稗者也。"(周謨)○蔡氏録

【張氏注】此章勉學者爲仁,①貴於有成也。五穀不熟,不如荑稗。言雖種之美,苟惟不熟,亦無益也。仁者,人之所以爲人者也,然爲之而不至,則未可謂成人,況於乍明乍暗,若存若亡,②無篤厚悠久之功,則終亦必亡而

① "勉",原漫漶不清,此據通志堂本《孟子説》。
② "若亡",原破損不清,此據通志堂本《孟子説》。

已矣。熟之奈何，其亦猶善種者乎？勿舍也，亦勿助之長也，深耕易耨而已，而不志於穫也。日夜之所息，雨露之所潤，禾易長苗而秀，秀而實，蓋有不期然而然者。爲仁之方，《論語》一書所以示後世者至矣，致知力行，久而不息則存乎其人焉，其淺深次第，亦惟自知之而已。要之未至於顏子之地，皆未可語夫熟也。

【纂疏】輔氏曰："尹氏所謂'日新'者，日進也；'不已'者，無間斷也。必如是，然後能熟夫仁。"

○**孟子曰："羿之教人射，必志於彀，學者亦必志於彀。** 彀，古候反。

羿，善射者也。志，猶期也。彀，弓滿也。滿而後發，射之法也。學，謂學射。

大匠誨人，必以規矩，學者亦必以規矩。"

大匠，工師也。規矩，匠之法也。○此章言事必有法，然後可成，師舍是則無以教，弟子舍是則無以學。曲藝且然，況聖人之道乎？

【張氏注】彀者，弩張向的處也。射者，期於中鵠也。然羿之教人使志於彀，鵠在彼而彀在此，心存乎此，雖不中不遠矣。學者學爲聖賢也，聖賢曷爲而可至哉？求之吾身而已。求之吾身，其則蓋不遠。心之所同者，人所固有也，學者亦存此而已，存乎此則聖賢之門牆可漸而入也。規矩，所以爲方圓也，大匠誨之，使之用規矩而已，至於巧，則非大匠之所能誨，存乎其人焉，然巧固不外乎規矩也。學者之於道，其爲有漸，其進有序，自灑掃應對，至於禮儀之三百、威儀之三千，猶木之有規矩也，亦循乎此而已。至於形而上之事，則在其人所得何如。形而上者，固不外乎灑掃應對之間也，舍是以求道，是猶舍規矩以求巧也。此章所舉二端，教人者與受教於人者。

【纂疏】輔氏曰："《集注》謂'事必有法，然後可成'者，當矣。然彀之所以爲射法者，蓋射必滿而後力始有則，故易於求中；規矩之爲匠法者，器必先正其方圓而無失，方可以言巧。故射者志乎彀，而真積力久焉則能中矣；工者守乎規矩，而真積力久焉則能巧矣。若夫教者與受教者，舍彀而言中，舍規矩而言巧，則皆所謂誣也。若夫欲學乎道而處下窺高，舍近就遠，不務下學而徑欲上達者，則亦終無所成而已矣。"

孟子卷第十二

【諸儒集成之書】

　　朱子集注　朱子集義　朱子語録　朱子或問　南軒張氏注　黄氏講義
蔡氏集疏　趙氏纂疏

告子章句下 凡十六章

任人有問屋廬子曰:"禮與食孰重?"曰:"禮重。" 任,平聲。

　　任,國名。屋廬子,名連,孟子弟子也。

　　【纂疏】趙氏曰:"按,任,薛同姓之國,在齊、楚之間。"

"色與禮孰重?"

　　任人復問也。

曰:"禮重。"曰:"以禮食則飢而死,不以禮食則得食,必以禮乎?親迎則不得妻,不親迎則得妻,必親迎乎?"屋廬子不能對。　明日之鄒,以告孟子。　孟子曰:"於答是也,何有? 迎,去聲。於,如字。

　　何有,不難也。

　　【語録】"親迎則不得妻,不親迎則得妻。"如古者國有凶荒,則殺禮而多昏,《周禮》荒政十二條中亦有此法。蓋貧窮不能備親迎之禮,法許如此。(沈僩)○祝氏録

不揣其本,而齊其末,方寸之木,可使高於岑樓。 揣,初委反。

　　本謂下,末謂上。方寸之木至卑,喻食色。岑樓,樓之高鋭似山者,至高,喻禮。若不取其下之平,而升寸木於岑樓之上,則寸木反高,岑樓反卑矣。

【纂疏】輔氏曰："物之不齊,固當揣其本以齊其末,①不可只據其末以定其高卑。"

金重於羽者，豈謂一鈎金與一輿羽之謂哉？

鈎,帶鈎也。金本重,而帶鈎小,故輕,喻禮有輕於食色者。羽本輕,而一輿多,故重,喻食色有重於禮者。

【纂疏】輔氏曰："物固有重而有輕,然重者少而輕者多,則輕者反重,而重者反輕矣。"

取食之重者，與禮之輕者而比之，奚翅食重？ 取色之重者，與禮之輕者而比之，奚翅色重？ 翅,與啻同,古字通用,施智反。

禮食、親迎,禮之輕者也。飢而死以滅其性,不得妻而廢人倫,食色之重者也。奚翅,猶言何但。言其相去懸絕,不但有輕重之差而已。

往應之曰：'紾兄之臂而奪之食，則得食；不紾，則不得食。 則將紾之乎？ 踰東家牆而摟其處子，則得妻；不摟，則不得妻。 則將摟之乎？'" 紾,音軫。摟,音婁。

紾,戾也。摟,牽也。處子,處女也。此二者,禮與食色皆其重者,而以之相較,則禮爲尤重也。○此章言義理事物,其輕重固有大分,然於其中,又各自有輕重之別。聖賢於此,錯綜斟酌,毫髮不差,固不肯枉尺而直尋,亦未嘗膠柱而調瑟,所以斷之一視於理之當然而已矣。

【或問】首章之説。曰："禮之大體,固重於食色矣,然其間事之大小緩急不同,則亦或有反輕於食色者,惟理明義精者,爲能權之而不失耳。權之不失,是乃所以全禮之重,而深明食色之輕也。觀於寸木、鈎金之喻,孟子之意亦可見矣。"

【張氏注】食色雖出於性,而其流則以害性,苟無禮以止之,則將何所極哉！禮之重於食色,固不待較而明矣,惟夫汩於人欲而昧夫天性,於是始有禮與食色孰重之疑矣。孟子謂"不揣其本,而齊其末"者,②蓋凡天下之禮,其本一定有不可易者,若舍本而齊末,則失其理矣。累方寸之木而高於岑樓,遂謂木高於山;積一輿之羽而重於鈎金,遂謂羽重於金。而山之

---

① "本",原作"則",據元刻本《四書纂疏》改。
② "末者"二字,原破損不清,此據通志堂本《孟子説》。

爲高,金之爲重,其理終不可易也。今任人舉食色之重者,以蔽禮之輕者,何以異乎此? 故孟子因其説而正之,謂以禮則不得食,則紾兄之臂而得食,亦將爲之乎? 謂親迎則不得妻,則踰牆而得妻,亦將爲之乎? 以此而權之,則可見禮之爲重,而食色之爲輕,其理之所在爲不可易矣,所謂揣其本以齊其末者也。而或者乃謂孟子之説與孔子"食可去,信不可去"之意異,又謂如孟子之説,將使天下之人棄禮而不顧,是殆未之思也,蓋子貢善問,欲以探其理之至極,則曰:"必不得已而去,於斯三者何先?"又曰:"於斯二者何先?"故聖人明信爲本以示之。若任人蓋徇乎人欲者,其問之意固以食色爲重,若但告之以寧不食而死,必以禮食也,寧不取妻,必親迎也,則理不盡而意有窒,非啟告之之道也。故孟子獨循其本而告之,使之反其本而知理之不可易者,則其説將自窮。與孔子謂"食可去,而信不可去"之意,蓋無殊也,或者未之思邪。

【纂疏】輔氏曰:"章旨之説,於聖賢處事之權度,固已深得其要矣。苟或義理未精,權度未審,則凡於事物膠轕難辨之際,巧者必至於枉尺而直尋,拙者必至於膠柱而調瑟,終不能得夫時措之宜矣。"

○曹交問曰:"人皆可以爲堯舜,有諸?" 孟子曰:"然。"

趙氏曰:"曹交,曹君之弟也。"人皆可以爲堯舜,疑古語,或孟子所嘗言也。

【語録】孟子道人皆可以爲堯舜,何曾道便是堯舜,更不假脩爲耶? (魏椿)○祝氏録

【纂疏】輔氏曰:"孟子言必稱堯舜,故恐或是孟子所嘗言。然曹交之問,又初不言是孟子説,故疑是古語有之。"○趙氏曰:"春秋末,曹已滅矣。交,特姓曹者爾,謂爲曹君之弟者,趙氏誤也。"

"交聞文王十尺,湯九尺,今交九尺四寸以長句,食粟而已,如何則可?"

曹交問也。食粟而已,言無他材能也。

曰:"奚有於是? 亦爲之而已矣。 有人於此,力不能勝一匹雛,則爲無力人矣;今日舉百鈞,則爲有力人矣。 然則舉烏獲之任,是亦爲烏獲而已矣。 夫人豈以不勝爲患哉? 弗爲耳。 勝,平聲。

匹字本作鴄，鴨也，從省作匹。《禮記》説“匹爲鶩”是也。烏獲，古之有力人也，能舉移千鈞。

【纂疏】趙氏曰：“秦武王好以力戲，力士烏獲至大官。”

徐行後長者謂之弟，疾行先長者謂之不弟。①**夫徐行者，豈人所不能哉？所不爲也。堯舜之道，孝弟而已矣。** 後，去聲。長，上聲。先，去聲。夫，音扶。

陳氏曰：“孝弟者，人之良知良能，自然之性也。堯舜，人倫之至，亦率是性而已，豈能加毫末於是哉？”楊氏曰：“堯舜之道大矣，而所以爲之，乃在夫行止疾徐之間，非有甚高難行之事也，百姓蓋日用而不知耳。”

【語録】堯舜之道，孝弟而已矣。這只是對那不孝不弟底説。孝弟便是堯舜之道，不孝不弟便是桀紂。（沈僴）

【纂疏】輔氏曰：“‘孩提之童，無不知愛其親者，及其長也，無不知敬其兄者’，是所謂良知良能也，本於性之自然，初非有所勉強矯揉而能也。雖堯舜之聖，爲人倫之至，亦不過率是性而充其量耳，豈能加毫末於其間哉！”○又曰：“陳氏是就孝弟上説，而極於堯舜之聖。楊氏是就堯舜上説，而本於孝弟之近。二説互相發明。所謂‘百姓蓋日用而不知’者，其警發於人，尤爲切至也。”

子服堯之服，誦堯之言，行堯之行，是堯而已矣；子服桀之服，誦桀之言，行桀之行，是桀而已矣。” 之、行，並去聲。

言爲善爲惡，皆在我而已。詳曹交之問，淺陋粗率，必其進見之時，禮貌衣冠言動之間，多不循理，故孟子告之如此兩節云。

【集疏】覺軒蔡氏曰：“孟子以人皆可爲堯舜，所以誘曹交之進也。然亦豈謂不假脩爲而即可爲堯舜邪？勉之以孝弟，又勉之以衣服言行之間，固不以難而沮人，亦不以易而許人，惜乎曹交之不足以進此也。”

【纂疏】輔氏曰：“《注》云‘曹交進見多不循理’，指其以身之長短與湯、文較也，‘人皆可以爲堯舜’，豈謂是歟？觀此之問，則交蓋全未知夫學，又以孟子所告兩節言之，則其進見之時，禮貌、衣服、言語之不循乎理，其必有所不免矣。”

---

① “謂”，原作“爲”，據宋當塗郡齋本《四書集注》改。

曰："交得見於鄒君，可以假館，願留而受業於門。"見,音現。

假館而後受業，又可見其求道之不篤。

【纂疏】輔氏曰："此亦是富貴者之習氣，都未知那'居無求安'之味在。"

曰："夫道，若大路然，豈難知哉？　人病不求耳。　子歸而求之，有餘師。"夫,音扶。

言道不難知，若歸而求之事親敬長之間，則性分之內，萬理皆備，隨處發見，無不可師，不必留此而受業也。○曹交事長之禮既不至，求道之心又不篤，故孟子教之以孝弟，而不容其受業。蓋孔子餘力學文之意，亦不屑之教誨也。

【集義】或曰："聖人之道，知之甚難。"伊川先生曰："仲尼但曰'未之思也，夫何遠之有？'此言極有涵蓄意思。孟子言'夫道若大路然，豈難知哉？'只下這一個豈字，便露筋骨，聖人之言不如此。如下面說'人病不求耳。子歸而求之，有餘師。'這數句却說得好。"○橫渠先生曰："徐行，折枝之類，孟子姑舉其易者言之。推此則事無巨細，莫不自天德至纖、至悉、至實處所由出也。"

總論一章之旨　孟子此段發意如此，大却只合在"徐行後長"上面，要知工夫須自理會，只在此，不是別人干預得底事。（葉賀孫）○曹交識致凡下，又有挾貴求安之意，故孟子拒之。然所以告之者，亦極親切，非終拒之也，使其因此明辨力行而自得之，則孟子之發己也深矣，顧交必不能耳。（《答林擇之》）○祝氏錄

【或問】學莫難於知道，故欲脩身者必以致知為先。今曰道豈難知，而特患於不為，何哉？曰："道之精微，固難知也。然自始學言之，則如是而為孝，如是而為弟，如是而為不孝，如是而為不弟，其大體向背之間，豈不明而易知乎？致知云者，亦曰即其已行之知，而推致之耳。今曹交於此，似有所未知，借曰知之，亦未必能行之也，亦何暇及乎致知之方乎？"

【張氏注】曹交問"人皆可以為堯舜"，蓋亦習聞孟子有此説而疑之也，孟子引而進之，反復明備，所謂誨人不倦者歟？曰"奚有於是？亦為之而已矣"，蓋人皆有是性，故皆可以為堯舜，而其所以異者，則其不為之故耳。力不能勝一匹雛則為無力，人能舉百鈞則為有力，人能舉烏獲之任則是亦烏獲，此言人能為堯舜之事，則是亦堯舜而已。又曰"人豈以弗勝為患哉？

弗爲耳",言人皆可以爲堯舜,非其力不勝也,特不爲耳,故以徐行疾行明之。蓋徐行後長者,是乃天理之當然;若疾行先長者,則爲不循乎其理矣。夫徐行者,豈其所不能哉?以其不爲而已。以是而思,則凡天理之具乎人者,初何遠哉?特舍之而不爲,猶不肯徐行者耳。推徐行不敢先之心,是乃孝弟之端也,堯舜之道,孝弟而已矣,孝弟足以盡堯舜之道。蓋人性之道,莫大於仁義,仁莫先於愛親,義莫先於從兄,此孝弟之所由立也。盡得孝弟,則仁義亦無不盡,是則堯舜之道,豈不可一言蔽之乎?人孰無是心哉!顧體而充之何如耳。夫服其服,誦其言,行其行,則將與其人無以異矣,善惡皆然,然則可不勉於爲善乎?交於此有受業之意,而欲假館於鄒君,則交也猶汩没於勢利之中,而非誠篤求道者,故使之歸而求之。道者,天下之公,人所共由,初不遠於人,謂之爲難不可也,故曰:"豈難知哉?"而謂之爲易亦不可也,故曰:"人病不求耳。"然求之則有道矣,故曰:"歸而求之,有餘師。"謂誠能歸而求之,則其爲師也,抑有餘矣,蓋道無乎不在貴於求而自得之而已。辭意反復抑揚,學者所宜深味也。

【纂疏】輔氏曰:"道若大路然,人所共由者也。初匪難知,但患人蔽於私,役於氣,自暴自棄而不肯求耳。誠能即其孝親弟長之良知良能,而溯其自然之性,則一性之中,萬理皆備,日用之間,隨所感處,無不發見。而察之、而體之,則師不必求於外而得,道不必索於外而存矣。"○又曰:"使交能因是而思孟子所以不容已受業之故,而得其説,則是亦所以教誨之也。"

○公孫丑問曰:"高子曰:'《小弁》,小人之詩也。'"孟子曰:"何以言之?"曰:"怨。"弁,音盤。

> 高子,齊人也。《小弁》,《小雅》篇名。周幽王娶申后,生太子宜臼。又得褒姒,生伯服,而黜申后、廢宜臼。於是宜臼之傅爲作此詩,以叙其哀痛迫切之情也。

曰:"固哉,高叟之爲詩也! 有人於此,越人關弓而射之,則己談笑而道之,無他,疏之也;其兄關弓而射之,則己垂涕泣而道之,無他,戚之也。《小弁》之怨,親親也。 親親,仁也。 固矣夫,高叟之爲詩也!"關,與彎同。射,食亦反。夫,音扶。

固，謂執滯不通也。爲，猶治也。越，蠻夷國名。道，語也。親親之心，仁之發也。

【集疏】輔氏曰："此正程子所謂性中只有個仁義禮智而已，曷嘗自孝弟來？仁主於愛，愛莫大於愛親者是也。"

曰："《凱風》何以不怨？"

《凱風》，《邶風》篇名。衛有七子之母，不能安其室，七子作此以自責也。

曰："《凱風》，親之過小者也；《小弁》，親之過大者也。　親之過大而不怨，是愈疏也；親之過小而怨，是不可磯也。　愈疏，不孝也；不可磯，亦不孝也。　磯，音機。

磯，水激石也。不可磯，言微激之而遽怒也。

【語錄】問："親之過大，則傷天地之大和，戾父子之至愛。若此而不怨焉，則是坐視其親之陷于大惡，恝然不少動其心，而父子之情益薄矣，此之謂愈疏；親之過小，則特以一時之私心，而少有戾于父子之天性，若此而遽怨焉，則是水中不可容一激石，一有激石則叫號而奮怒矣，此之謂不可磯。故二者均爲不孝也。不可磯是如此否？"曰："得之。"（見《文集》）

孔子曰：'舜其至孝矣，五十而慕。'"

言舜猶怨慕，《小弁》之怨，不爲不孝也。○趙氏曰："生之膝下，一體而分。喘息呼吸，氣通於親。當親而疏，怨慕號天。是以《小弁》之怨，未足爲愆也。"

【集義】伊川先生曰："《小弁》之怨與舜別。"

【語錄】問："《小弁》詩，古今說詩者皆以爲此詩之意，與舜怨慕之意同，切以謂只'我罪伊何'一句，與舜'於我何哉'之意同，至後面'君子秉心，維其忍之'，與'君子不惠，不舒究之'，分明是怨其親，却與舜怨慕之意似不同。"先生曰："作《小弁》者，自是未到得舜地位，蓋亦常人之情耳，只'我罪伊何'上面說'何辜于天'，亦一似自以爲無罪相似，未可與舜同日而語也。"○祝氏錄

【或問】程子論《小弁》之怨與舜不同，何也？曰："舜之怨曰'父母之不我愛，於我何哉？'蓋反諸身以求其所未至之詞；《小弁》之怨，曰'何辜於天？

我罪伊何?'則自以爲無罪矣。此其所以不同也與?"

【張氏注】傳曰"仁人不過乎物,孝子不過乎物。"物者,①其實然之理也。不以此心事其親者,不得爲孝子。《小弁》之作,本於幽王惑褒姒而黜申后,於是廢太子宜臼,太子之傅作是詩,述太子之意云耳。家國之念深,故其憂苦;父子之情切,故其辭哀。曰:"何辜于天? 我罪伊何?"此與大舜"號泣于旻天"同意,故曰:"《小弁》之怨,親親也。親親,仁也。"其怨慕乃所以爲親親。親親,仁之道也,故引關弓之疏戚爲喻,以見其爲親親者焉。若夫《凱風》之作,則以母氏不安于室而已,七子引罪自責,以爲使母之不安則己之故。②其曰:"母氏聖善,我無令人。"又曰:"有子七人,母氏勞苦。"又曰:"有子七人,莫慰母心。"辭氣不迫,蓋與《小弁》異也。其事異,故其情異;其情異,故其辭異。當《小弁》之事,而怨慕不形,則是漠然而不知者也;當《凱風》之事,而遽形於怨,則是激於情而莫遏也。此則皆爲失親親之義,而賊夫仁矣。故曰:"親之過大而不怨,是愈疏也;親之過小而怨,是不可磯也。"而皆以不孝斷之,蓋皆爲過乎物,非所以事乎親者也。於是舉舜之孝以爲法焉,舜以此事親者也,終身安乎天理,而無一毫之間。人樂之、好色、富貴,皆不足以解憂,惟親之慕而已。曰"五十而慕",以見其至誠不息,終身於此,此萬世之準的也。高子徒見《小弁》之怨,遂以爲小人之詩,不即其事而體其親親之心,亦可謂固矣。雖然,怨一也,由《小弁》之所存則爲天理,由高子之所見則爲人欲,不可以不察也。《詩》三百篇,夫子所取,以其本於情性之正而已,所謂"思無邪"也。學者讀詩,平心易氣,誦咏反覆,則將有所興起焉,不然,幾何其不爲高叟之固也?

【纂疏】輔氏曰:"《注》中趙氏數語極切當不易,③得他究到這裏,學者盡當可繹。"

○宋牼將之楚,孟子遇於石丘。　牼,口莖反。

宋,姓。牼,名。石丘,地名。

---

① "物",原脱,據通志堂本《孟子説》補。
② "以"上,原衍"責"字,據通志堂本《孟子説》删。
③ "切",原破損不清,此據元刻本《四書纂疏》。

曰："先生將何之?"

> 趙氏曰："學士年長者,故謂之先生。"

曰："吾聞秦楚構兵,我將見楚王說而罷之;楚王不悦,我將見秦王說而罷之。　二王我將有所遇焉。"說,音税。

> 時宋牼方欲見楚王,恐其不悦,則將見秦王也。遇,合也。按《莊子》書,"有宋鈃者,禁攻寢兵,救世之戰。上説下教,強聒不舍。"《疏》云:"齊宣王時人。"以事考之,疑即此人也。

曰："軻也請無問其詳,願聞其指。　說之將何如?"曰:"我將言其不利也。"曰:"先生之志則大矣,先生之號則不可。

> 徐氏曰:"能於戰國擾攘之中,而以罷兵息民為説,其志可謂大矣,然以利為名,則不可也。"

> 【纂疏】輔氏曰:"當戰國擾攘之時,而為罷兵息民之説,非志之大者,固有所不能。然以利害為説,則不可。此蓋聖學不明,人雖有善心,而不知所以為之之道,故反陷於不善而不自知也。"

先生以利說秦楚之王,秦楚之王悦於利,以罷三軍之師,是三軍之士樂罷而悦於利也。　為人臣者懷利以事其君,為人子者懷利以事其父,為人弟者懷利以事其兄,是君臣、父子、兄弟終去仁義,懷利以相接,然而不亡者,未之有也。　先生以仁義說秦楚之王,秦楚之王悦於仁義,而罷三軍之師,是三軍之士樂罷而悦於仁義也。為人臣者懷仁義以事其君,為人子者懷仁義以事其父,為人弟者懷仁義以事其兄,是君臣、父子、兄弟去利,懷仁義以相接,然而不王者,未之有也。　何必曰利?"樂,並音洛。"不王"之"王",去聲。

> 此章言休兵息民,為事則一。然其心有義利之殊,而其效有興亡之異,學者所當深察而明辨之也。

> 【張氏注】宋牼欲説秦楚之君,使之罷兵,而孟子以為志則大矣,而號則不可。其故何哉?蓋事一也,而情有異,有異則所感與其所應皆不同。是以古之謀國者,以理義不以利害,此天理人欲之所以分,而治忽之所由係,蓋不可不謹於其原也。夫説二君而使之罷兵,非不善也。然由宋牼之説,而説之以利,使其能從,亦利心耳。罷兵雖息一時之患,而徇利實傷萬世之

彝。自衆人論之，惟欲其説之行，而不睹其害於後世，在君子則寧説之不行，不忍失正理而啓禍源也。故使二君説於利而聽從，則三軍之士樂罷而悦於利，以至於觀聽之間，亦莫不動焉。上下憧憧，徒知利之爲利，則凡私己而自便者，無不爲也。人欲肆行，君臣、父子、兄弟之大倫，亦且不暇恤矣，則豈非危亡之道乎？由孟子之説而説以仁義，使二君幸而聽，則是其心復於正道，三軍之士樂罷而悦於仁義，則皆知仁義爲重，將於君臣、父子、兄弟之際，無非以是心相與，人心正而治道興矣。三代之所以王者，用此道也。然則其説則一，而所以説者異，毫釐之間，霄壤之分，可不謹哉！學者有見乎此，則知五霸之在春秋爲功之首，而罪之魁也，又知曾西之所以卑管晏而尊子路也，則庶乎知入德之門矣。

【集疏】覺軒蔡氏曰：“按，此章與首篇首章相爲表裏，見得孟子凛乎義利之辨，其嚴如此。宋牼在當時，想亦是年德之高者，故孟子以先生呼之，而猶不免溺於利害之私蹊，不知仁義之正道，世俗從可知矣。”

【纂疏】西山真氏曰：“戰國交兵之禍烈矣，宋牼一言而罷之，豈非生民之福，而仁人之所甚願者哉？顧利端一開，君臣、父子、兄弟，大抵皆見利而動，其禍又有甚於交兵者，是以聖賢不得不嚴其防也。”

○孟子居鄒，季任爲任處守，以幣交，受之而不報。　處於平陸，儲子爲相，以幣交，受之而不報。　任，平聲。相，去聲，下同。

趙氏曰：“季任，任君之弟。任君朝會於鄰國，季任爲之居守其國也。儲子，齊相也。”不報者，來見則當報之，但以幣交，則不必報也。

【語録】初不自來，但以幣交，未爲非禮，但孟子既受之，後便當來見，而又不來，則其誠之不至可知矣。故孟子過而不見，施報之宜也，亦不屑之教誨也。（《答連嵩卿》）○祝氏録

【纂疏】輔氏曰：“來見則禮意重，幣交則禮意輕也。”

他日，由鄒之任，見季子；由平陸之齊，不見儲子。　屋廬子喜曰：“連得間矣。”

屋廬子知孟子之處此，必有義理，故喜得其間隙而問之。○連，屋廬子之名也。

問曰：“夫子之任見季子，之齊不見儲子，爲其爲相與？”　“爲其”之“爲”，去聲，下同。與，平聲。

言儲子但爲齊相，不若季子攝守君位，故輕之邪？

曰：“非也。《書》曰：‘享多儀，儀不及物曰不享，惟不役志于享。’

《書》，《周書·洛誥》之篇。享，奉上也。儀，禮也。物，幣也。役，用也。言雖享而禮意不及其幣，則是不享矣。以其不用志于享故也。

【纂疏】蔡氏曰：“享，朝享也。享不在幣而在於禮，幣有餘而禮不足，亦所謂不享也。”○趙氏曰：“儀物相稱，然後成享。一或偏勝，是心有慢上者矣，與不享同。”

爲其不成享也。”

孟子釋《書》意如此。

屋廬子悅。 或問之，屋廬子曰：“季子不得之鄒，儲子得之平陸。”

徐氏曰：“季子爲君居守，不得往他國以見孟子，則以幣交，而禮意已備。儲子爲齊相，可以至齊之境内而不來見，則雖以幣交，而禮意不及其物也。”

【張氏注】孟子之居鄒，季任與儲子皆以幣交焉。在於近境與居其國中，致幣以交，禮之常也，故不得而不受其幣。受其幣則當報之，然孟子之任則見季子，之齊而不見儲子，故屋廬子疑之以爲有間而可問也。曰：“爲其爲相與？”是廬子以世俗之見度賢者之心也，孟子以《洛誥》之語告之。《洛誥》之意，謂所貴乎享者，爲其多儀也，物所以達其意耳，若徒具其物而儀不及焉，則不得享之。蓋享以儀爲貴，而不惟物之徇，古之人不役志於享故也。孟子釋之曰：“爲其不成享也。”屋廬子於此始得孟子之意。蓋季任爲任處守，守其國而不得越境，遣幣以交，儀及物矣；若儲子相齊，鄒在其境中，則固可得而親造也，而亦遣幣焉，是儀不及物也。或見或不見，皆循乎理之當然耳。然就世俗之見論之，既受其幣，及之齊而不見之，則無使彼不慊於心乎？在君子，則申公義而絕私情，行吾典章而已，遑恤其他哉？使儲子疑夫不見之意，反己而深思，庶乎亦有得於義矣。

【集疏】覺軒蔡氏曰：“此章見孟子於禮意之間、是否之際，權衡輕重，各稱其宜如此。然皆以幣交而皆受之，豈孟子當時亦有幣交之禮，而季子、儲子皆非惡人，而亦有可受之理歟？”

【纂疏】輔氏曰：“不得之鄒而不來，則是制於禮者也；得之平陸而不至，則是簡於禮者也。制於禮者欲爲而不可，簡於禮者可爲而不欲。君子之所爲，一視其禮意之輕重，而行吾之義而已。"

○淳于髡曰："先名實者爲人也，後名實者自爲也。 夫子在三卿之中，名實未加於上下而去之，仁者固如此乎？"先後"爲"，皆去聲。

名，聲譽也。實，事功也。言以名實爲先而爲之者，是有志於救民也；以名實爲後而不爲者，是欲獨善其身者也。名實未加於上下，言上未能正其君，下未能濟其民也。

孟子曰："居下位，不以賢事不肖者，伯夷也；五就湯，五就桀者，伊尹也；不惡污君，不辭小官者，柳下惠也。 三子者不同道，其趨一也。""一者何也？"曰："仁也。 君子亦仁而已矣，何必同？"惡、趨，並去聲。

仁者，無私心而合天理之謂。楊氏曰："伊尹之就湯，以三聘之勤也。其就桀也，湯進之也，湯豈有伐桀之意哉？ 其進伊尹以事之也，欲其悔過遷善而已。伊尹既就湯，則以湯之心爲心矣。及其終也，人歸之，天命之，不得已而伐之耳。若湯初求伊尹即有伐桀之心，而伊尹遂相之以伐桀，是以取天下爲心也。以取天下爲心，豈聖人之心哉？"

【集義】伊川先生曰："五就湯，五就桀，此伊尹後來事。蓋已出了，則當以湯之心爲心，所以五就桀，不得不如此。"○橫渠先生曰："伯夷、伊尹、柳下惠，皆稱聖人。出於仁之一端，莫非仁也，三子者各以是成性，故得稱仁，又皆可以稱聖人。"

【纂疏】輔氏曰："'無私心'，以存諸心而言；'合天理'，以行諸仁而言。人固有雖無私心，而行事有不合天理者，唯仁則内外合、天人備矣。"○問："《論語》於令尹子文、陳文子之事，《注》引師說，以爲當理而無私心則仁矣。今又以爲仁者無私心而合天理，其先後不同，何也？"曰："彼就二子之事而言，故以爲當理而無私心；此直指夫仁而言，故曰：'仁者無私心而合天理。'"○又曰："楊氏真得湯、伊尹之心，足以洗世儒之惑。"

曰："魯繆公之時，公儀子爲政，子柳、子思爲臣，魯之削也滋甚。若是乎，賢者之無益於國也？"

公儀子，名休，爲魯相。子柳，泄柳也。削，地見侵奪也。髡譏孟子雖不去，亦未必能有爲也。

曰："虞不用百里奚而亡，秦穆公用之而霸。　不用賢則亡，削何可得與？"與，平聲。

百里奚，事見前篇。

曰："昔者王豹處於淇，而河西善謳；綿駒處於高唐，而齊右善歌；華周、杞梁之妻善哭其夫，而變國俗。　有諸内必形諸外，爲其事而無其功者，髠未嘗覩之也。　是故無賢者也，有則髠必識之。"華，去聲。

王豹，衛人，善謳。淇，水名。綿駒，齊人，善歌。高唐，齊西邑。華周、杞梁，二人皆齊臣，戰死於莒，其妻哭之哀，國俗化之皆善哭。髠以此譏孟子仕齊無功，未足爲賢也。

【纂疏】趙氏曰："按，淇水出漢河内郡共縣北山，東至黎陽入河。"

曰："孔子爲魯司寇，不用，從而祭，燔肉不至，不稅冕而行。　不知者以爲爲肉也，其知者以爲爲無禮也。　乃孔子則欲以微罪行，不欲爲苟去。　君子之所爲，衆人固不識也。"稅，音脱。"爲肉""爲無"之"爲"，去聲。

按《史記》："孔子爲魯司寇，攝行相事。齊人聞而懼，於是以女樂遺魯君，季桓子與魯君往觀之，怠於政事。子路曰：'夫子可以行矣。'孔子曰：'魯今且郊，如致膰于大夫，則吾猶可以止。'桓子卒受齊女樂，郊又不致膰俎于大夫，孔子遂行。"孟子言以爲爲肉者，固不足道；以爲爲無禮，則亦未爲深知孔子者。蓋聖人於父母之國，不欲顯其君相之失，又不欲爲無故而苟去，故不以女樂去，而以膰肉行，其見幾明決，而用意忠厚，固非衆人所能識也。然則孟子之所爲，豈髠之所能識哉？○尹氏曰："淳于髠未嘗知仁，而未嘗識賢也。宜乎其言若是。"

【語録】一段見《論語・微子》篇，齊人歸女樂章。

【張氏注】淳于髠以孟子爲卿於齊，未久而遽去，疑其爲自爲，而非仁者之所爲。蓋髠徒知以爲人爲仁，而不知仁之理存乎性者也。故伯夷之不以賢事不肖，伊尹之五就，柳下惠之不惡不辭，而皆爲趨於仁，以其皆本於其天理之正故耳。若徇夫爲人之名以爲仁，而咈其性之理，則所謂愛之本先亡,而其所以爲愛者,特其情之流而已,豈不反害於仁乎？髡又以賢者爲無益於人之國,孟子以不用賢則亡告之,而髡又以"有諸内必形諸外"爲言。大抵髡之意皆徇乎外,以事功爲重,而不知理義之所存故也。孟子告之以君子之所爲,未易識也。孔子不稅冕之事,不知者固不足言,而其知者不過以爲爲無禮,是亦不爲知孔子也。若夫孔子之意,則以兆足以行,而不行而去之,又惡夫苟去而無節也,故因燔肉之不至,以微罪行焉。安乎天理,而人之知與不知,聖人所不與也。雖然,孔子之去魯,非孟子發明於此,則後世固亦未知也。雖然,聖賢之所爲載於方册,而莫知其故者固多矣。考迹以觀,學者其可習於所聞,而不深原其故乎！

【纂疏】輔氏曰:"觀孟子引孔子之事以答淳于髡,則孟子之去齊,亦必有所爲而不欲言之者矣。至孔子之事,《集注》以'見幾明決,用意忠厚'兩語斷之,亦可謂善言聖人也。不曰髡所不識,但曰衆人固不識者,此又見孟子忠厚之意。"○又曰:"尹氏斷髡甚當,唯其如此,故承當孟子之言不得也。"

○孟子曰:"五霸者,三王之罪人也。 今之諸侯,五霸之罪人也。今之大夫,今之諸侯之罪人也。

趙氏曰:"五霸,齊桓、晋文、秦穆、宋襄、楚莊也。三王,夏禹、商湯、周文武也。"丁氏曰:"夏昆吾,商大彭、豕韋,周齊桓、晋文,謂之五霸。"○丁氏,名公著,唐蘇州人。

【纂疏】輔氏曰:"此必有所傳授,決非臆説。夫齊桓、晋文之霸,亦恐非創始爲之,必有所自來,故取其説而附見之。"○趙氏曰:"丁氏説本杜預《春秋傳注》。"

天子適諸侯曰巡狩,諸侯朝於天子曰述職。 春省耕而補不足,秋省斂而助不給。 入其疆,土地辟,田野治,養老尊賢,俊傑在位,則有慶,慶以地;入其疆,土地荒蕪,遺老失賢,掊克在位,則有讓。 一不朝,則貶其爵;再不朝,則削其地;三不朝,則六師移之。 是故天子討而不伐,諸侯伐而不討。 五霸者,摟諸侯以伐諸侯者也。 故曰:五霸者,三王之罪人也。 朝,音潮。辟,與闢同。治,平聲。

慶,賞也,益其地以賞之也。掊克,聚斂也。讓,責也。移之者,誅其人而變置之也。討者,出命以討其罪,而使方伯連帥帥諸侯以伐之也。伐者,奉天子之命,聲其罪而伐之也。摟,牽也。五霸牽諸侯以伐諸侯,不用天子之命也。自"入其疆"至"則有讓",言巡狩之事;自"一不朝"至"六師移之",言述職之事。

五霸,桓公爲盛。 葵丘之會,諸侯束牲載書而不歃血。 初命曰:'誅不孝,無易樹子,無以妾爲妻。'再命曰:'尊賢育才,以彰有德。'三命曰:'敬老慈幼,無忘賓旅。'四命曰:'士無世官,官事無攝,取士必得,無專殺大夫。'五命曰:'無曲防,無遏糴,無有封而不告。'曰:'凡我同盟之人,既盟之後,言歸于好。'今之諸侯,皆犯此五禁。 故曰:今之諸侯,五霸之罪人也。 歃,所洽反。糴,音狄。好,去聲。

> 按《春秋傳・僖公九年》:"葵丘之會,陳牲而不殺,讀書加於牲上,壹明天子之禁。"樹,立也。已立世子,不得擅易。初命三事,所以脩身正家之要也。賓,賓客也。旅,行旅也。皆當有以待之,不可忽忘也。士世祿而不世官,恐其未必賢也。官事無攝,當廣求賢才以充之,不可以闕人廢事也。取士必得,必得其人也。無專殺大夫,有罪則請命于天子而後殺之也。無曲防,不得曲爲隄防,壅泉激水,以專小利,病鄰國也。無遏糴,鄰國凶荒,不得閉糴也。無有封而不告者,不得專封國邑而不告天子也。

> 【張氏注】"誅不孝",言共舉兵以誅之也。已立世子,不得擅易。賓客羈旅,勿忘忽也。"官事無攝",無曠官也。"取士必得",必得賢也。"無專殺大夫",不得以私怒行誅戮也。"無曲防",無敢違王法以己曲意設防禁也。"無有封而不告",無以私恩擅有所賞而不告盟主也。

> 【纂疏】輔氏曰:"一明天子之禁,但一意以明天子之禁而已。"○又曰:"不孝是惡之大者,故居首。世子必告於天子而後立,既立,則豈可擅自易之?不孝是不子,易樹子是不父,以妾爲妻,則無夫婦之道。"

長君之惡其罪小,逢君之惡其罪大。 今之大夫皆逢君之惡。 故曰:今之大夫,今之諸侯之罪人也。" 長,上聲。

> 君有過不能諫,又順之者,長君之惡也。君之過未萌,而先意導之者,逢君之惡也。○林氏曰:"邵子有言:'治《春秋》者,不先治五霸之功罪,則事無

統理，而不得聖人之心。春秋之間，有功者未有大於五霸，有過者亦未有大於五霸。故五霸者，功之首，罪之魁也。'《孟子》此章之義，其亦若此也與？然五霸得罪於三王，今之諸侯得罪於五霸，皆出於異世，故得以逃其罪。至於今之大夫，宜得罪於今之諸侯，則同時矣。而諸侯非惟莫之罪也，乃反以爲良臣而厚禮之。不以爲罪而反以爲功，何其謬哉！①"

【張氏注】此章述三王之事，以見五霸之罪。又述五霸之事，以見當時諸侯之罪。三王盛時，天子有巡狩之制，②諸侯有朝王之禮，而又有省耕省斂之常焉。天子之巡狩，入諸國之境，首察其土地田野，遂詢其老者與其賢者，考其在位者而賞罰之。蓋爲國之道，莫先於農桑，莫要於人才也。諸侯至於貶爵削地而不悛，則天子聲其罪，以六師臨之，所謂"討而不伐"。諸侯之君各率其賦，從天子之討而致伐焉，所謂"伐而不討"。未有諸侯得專其討者也。五霸徇利而棄義，不稟王命，擅率諸侯以伐人之國，雖使有成功，而廢制紊紀，啓禍兆亂，故以爲三王之罪人也。舉五霸之盛，無若齊桓，葵丘之五禁，蓋以假仁義而言者。而孟子之時，諸侯雖此五禁，亦皆犯之，故以爲五霸之罪人也。"長君之惡"，謂君有惡，從而順承以長之。"逢君之惡"，謂逆探其君之意而成之。長君之惡固爲罪矣，而逢君之惡者，其詭秘奸譎爲甚，而戕賊蠧害爲深。蓋人君萌不善之念，其始必有所未安於心，未敢以遽達也。己則迎而安之，安之則其發之也必果；君以爲己之意未形於事，而彼能先之，則其愛之也必篤。故長其惡於外者，其罪易見，而逢其惡於中者，其慝難知。易見者，其害猶淺；而難知者，其蠧爲不可言也。自古奸臣之得君，未有不自於逆探其君之意以成其惡，故君臣之相愛不可解，卒至於俱糜而後已。《易》曰："入于左腹，獲明夷之心，于出門庭。③"此之謂也。逢君之惡云者，可謂極小人之情狀矣。雖然，有五霸爲三王之罪人，則有諸侯爲五霸之罪人矣；有諸侯爲五霸之罪人，則有大夫爲諸侯之罪人矣。何者？理故爾也。有明君者出，本於三王之法以制治，則拔本塞原不得罪於天下矣。

【纂疏】輔氏曰："長君之惡者，無能而巽懦，阿諛之人也；逢君之惡，有才

---

① "謬"，原作"繆"，據宋當塗郡齋本《四書集注》改。
② "巡狩之制"，原破損不清，此據通志堂本《孟子説》。
③ "出"，原作"其"，據通志堂本《孟子説》改。

而傾儉，陰邪之人也。”○又曰：“邵子可謂善治《春秋》者，孟子雖取桓公之五命，而又以五霸爲三王之罪人，得《春秋》之大指矣。”

○魯欲使慎子爲將軍。

慎子，魯臣。

孟子曰：“不教民而用之，謂之殃民。殃民者，不容於堯舜之世。

教民者，教之禮義，使知入事父兄，出事長上也。用之，使之戰也。

【纂疏】輔氏曰：“能如是而教其民，乃可以即戎。使之敵愾禦侮，臨戰之際，皆如手足之捍頭目，子弟之衛父兄矣。不然則是陷之於死地也，故謂之殃民。在堯舜之仁政，豈容之哉！”

一戰勝齊，遂有南陽，然且不可。”

是時魯蓋欲使慎子伐齊取南陽也，故孟子言就使慎子善戰，有功如此，且猶不可。

【纂疏】輔氏曰：“‘使慎子伐齊’，只以孟子獨言‘遂有南陽’，便可見也。”

慎子勃然不悦曰：“此則滑釐所不識也。”滑，音骨。

滑釐，慎子名。

曰：“吾明告子。天子之地方千里，不千里，不足以待諸侯。諸侯之地方百里，不百里，不足以守宗廟之典籍。

待諸侯，謂待其朝覲聘問之禮。宗廟典籍，祭祀會同之常制也。

【纂疏】輔氏曰：“觀此二句，則知先王之制，封國大小，自有意義，豈私意可得而損益之哉？”

周公之封於魯，爲方百里也，地非不足，而儉於百里；太公之封於齊也，亦爲方百里也，地非不足也，而儉於百里。

二公有勛勞於天下，而其封國不過百里。儉，止而不過之意也。

【語錄】問：“《王制》疏家所載，周初封建皆是百里，①後來滅國漸廣，方添封至數百。”曰：“此説非是。諸國分地先來定了，若後旋添，便須移動了幾國，徙去別處方得，豈不勞攘？”（沈僩）○問：“孟子説齊、魯皆封百里，而

———————

① “建”，原作“鄭”，據明陳煒刻本《朱子語類》卷五九《孟子九·告子篇》改。

先生向説齊、魯始封七百里者,何邪?”曰:“此等處皆難考。如齊‘東至于海,西至于河,南至于穆陵,北至于無棣’,魯跨許宋之境,皆不可謂非五七百里之闊。”又問:“《王制》與孟子同,而《周禮》:‘諸公之國封疆方五百里,諸侯方四百里,伯三百里,子二百里,男百里。’鄭氏以《王制》爲夏商制,謂夏商中國方三千里,周公斥而大之,中國方七千里,所以不同。”曰:“鄭氏只文字上説得好看,然甚不曉事情。且如百里之國,周人欲增到五百里,須併四個百里國地,方做得一國。其所併四國,又當別裂地以封之,^①如此,則天下諸侯東遷西移,改立宗廟、社稷,皆爲之騷動矣。且如此趲去,不數大國,便無地可容了,許多國何以處之? 恐其不然。竊意其初只方百里,後來吞併,遂漸漸大,如‘禹會諸侯於塗山,執玉帛者萬國’。到周時,只千八百,國自非吞併,如何不見許多國? 武王時,諸國地已大,武王亦不奈何,只得就而封之。當時許多功臣百里之國,緣當初滅國者五十,得許多空地可封。不然則周公、太公亦自無安頓處,若割取諸國之地,則寧不謀反如漢晁錯之時乎? 然則孟子百里之説,亦只是大綱如此説,不是實考見得古制。”(陳淳)○祝氏録

今魯方百里者五,子以爲有王者作,則魯在所損乎? 在所益乎?

魯地之大,皆并吞小國而得之,有王者作,則必在所損矣。

徒取諸彼以與此,然且仁者不爲,況於殺人以求之乎?

徒,空也。言不殺人而取之也。

【纂疏】輔氏曰:“不殺人而取彼與此,仁者猶且不爲,以其非所當得故也,況於殃民而求廣土地者乎?”

君子之事君也,務引其君以當道,志於仁而已。”

當道,謂事合於理。志仁,謂心在於仁。

【集義】范氏曰:“君子之事上也,引其君於正;小人之事上也,引其君於邪。君子引其君於仁義,引其君於愛民,引其君於聽諫,引其君於恭儉,引其君於學問,此君子之所以引其君者,志於仁而已矣;小人引其君於好利,引其君於好戰,引其君於用刑,引其君於拒諫,引其君於驕侈,此小人之所以引其君者,志於不仁而已矣。伊尹以堯舜之道引成湯,故成湯爲堯舜之君;周公以

---

① “裂”,原作“列”,據明陳煒刻本《朱子語類》卷五九《孟子九·告子篇》改。

文武之道引成王，故成王爲文武之君。此引其君以當道。榮夷公以專利引周厲王，故周亂；趙高以刑法引秦二世，故秦亡。此引君以當非道也。”

【張氏注】所謂“不教民”者，不教之以三綱五典之義，而驅於戰争，用之以無道也。“一戰勝齊，遂有南陽。”在當時可謂雋功矣，然其爲徇利忘義以殘民則一耳，故孟子以爲不可。而慎子莫之識，則又明以告之。夫王者制國，諸侯各受分地，不得相逾越也。周公、太公，可謂勛德之盛矣，而封國亦不過百里，制則然也。戰國之時，互相陵奪，魯之地至於方百里者五，是肆貪欲而隳王度，使明王作興，其釐而正之必矣。取彼與此，使無傷害，仁者猶且不爲，以其非所當得故也，況於殘殺民人而求廣土地者邪？“君子之事君也，務引其君以當道，志於仁而已。①”當道，謂志於仁也。志於仁者，存不忍人之心也。存不忍人之心，則其忍爲當時諸侯之所爲乎？然而引君以當道，古之人所以盡其心於事君之際者，其志蓋深矣。程子所謂“至誠以感動之，盡心以維持之，明義理以致其知，杜蔽惑以誠其意”者，其引之以當道之方歟！

【纂疏】輔氏曰：“事合於理則必不敢并小以爲大，心在於仁則必不肯殺人以從欲，然此亦内外之符也。心苟在於仁，則事必合於理矣。先言當道者，就事説故耳。”○西山真氏曰：“道之與仁，非有二也。以事之理而言則曰道，以心之德而言則曰仁，心存於仁，則其行無不合道矣。”

○孟子曰：“今之事君者曰：‘我能爲君辟土地，充府庫。’今之所謂良臣，古之所謂民賊也。 君不鄉道，不志於仁，而求富之，是富桀也。 爲，去聲。辟，與闢同。鄉，與向同，下皆同。

辟，開墾也。

‘我能爲君約與國，戰必克。’今之所謂良臣，古之所謂民賊也。君不鄉道，不志於仁，而求爲之强戰，是輔桀也。

約，要結也。與國，和好相與之國也。

由今之道，無變今之俗，雖與之天下，不能一朝居也。”

言必争奪而至於危亡也。

---

① “志”，原破損不清，此據通志堂本《孟子説》。

總論二章之旨 鄉道、志仁，不可分爲二事，《中庸》曰"修道以仁"。孟子言"不志於仁"，所以釋上文不鄉道之實也。前章"務引其君以當道，志於仁而已"，亦言志仁之爲當道爾。(《答何叔京》)○祝氏錄

【張氏注】 此章大抵與前章意同。戰國之臣，所以輔君者，徒以能富國强兵爲忠，而其君亦固以此爲臣之忠於我也。而孟子以爲民賊，何哉？蓋君不鄉道、不志於仁，而但爲之爲富强之計，則君益以驕肆，而民益以憔悴，是上成君之惡，而下絶民之命也。當時諸侯乃以民賊爲良臣，豈不痛哉！孟子之言曰："爲今之道，無變今之俗，雖與之天下，不能一朝居也。"此聖賢拔本塞源之意。今之道，功利之道也；今之俗，功利之俗也。由是道之不變其俗，本源既差，縱使其間節目之善，亦終無以相遠也。故必以不由其道爲先。不由其道則由仁義之道矣，由仁義之道變而爲仁義之俗，然後名正言順而事可成也，所謂"不能一朝居"者，功利既勝，人紀隳喪，雖得天下，何以維持主守之乎？故功愈就而害愈深，利愈大而禍愈速。富國强兵之説，至於秦可謂獲其利矣，然自始皇初并天下，固已在絶滅之中，人心內離，豈復爲秦之臣也哉？孟子謂"雖與天下，不能一朝居"者，寧不信乎？知此義而後可以謀人之國矣。

【纂疏】 輔氏曰："自當時觀之，孟子之説似若過當，然其後六國卒併於秦，而秦亦不二世而亡，則孟子之言驗矣。"

○白圭曰："吾欲二十而取一，何如？"

白圭，名丹，周人也。欲更税法，二十分而取其一分。林氏曰："按《史記》，白圭能薄飲食，忍耆欲，①與童僕同苦樂，樂觀時變，人棄我取，人取我與，以此居積致富。其爲此論，蓋欲以其術施之國家也。"

孟子曰："子之道，貉道也。 貉，音陌。

貉，北方夷狄之國名也。

萬室之國，一人陶，則可乎？"曰："不可，器不足用也。"

孟子設喻以詰圭，而圭亦知其不可也。

---

① "耆"，宋當塗郡齋本《四書集注》作"嗜"。

曰："**夫貉，五穀不生，惟黍生之。無城郭宮室、宗廟祭祀之禮，無諸侯幣帛、饔飧，無百官、有司，故二十取一而足也。** 夫,音扶。

北方地寒,不生五穀,黍早熟,故生之。饔飧,以飲食饋客之禮也。

今居中國，去人倫，無君子，如之何其可也?

無君臣、祭祀、交際之禮,是去人倫。無百官有司,是無君子。

陶以寡，且不可以爲國，況無君子乎?

因其辭以折之。

欲輕之於堯舜之道者，大貉小貉也；欲重之於堯舜之道者，大桀小桀也。"

什一而稅,堯舜之道也。多則桀,寡則貉。今欲輕重之,則是小貉小桀而已。

【張氏注】先王什一之法,蓋天理之安,人情之至,所以爲萬世亡弊者也。夫無君子莫治野人,無野人莫養君子。君子勞心以治其民,而小人勞力以共其公上,是理之當然也。然取之過乎多,則是厲民以自養,民日有不贍之憂,而疾惡怨畔之心所從生,固不可也;若取之過乎寡,則夫城郭宮室、宗廟祭祀之所須,諸侯幣帛、饔飧之所出,百官、有司之所仰給,凡所以爲國者,何自而資? 是則禮樂盡廢,上下混殽,而亦亂之道矣。故先王於此,本天理,酌人情,而爲之中制,定之以什一,使民養公田以共其上,故上有以爲國,而下有以爲養,取與有序,文質適宜。君子、野人之分明,而三綱五常之教興,此三代之所以治也。過乎此與不及乎此,則皆私意之所爲而已,其有不弊者乎? 故白圭欲二十而取一,孟子以萬室之邑一人陶爲喻,而以爲貉之道也。貉之所以爲可者,以其夷狄之國,凡爲國者之所當有,①皆蕩然無之,故二十取一而足則可,②豈中國而可效貉之爲乎? 夫中國之所以爲中國者,以其有人倫之常、君子之道也,今欲爲貉之爲,則其勢必至於去人倫、無君子而後可,是以夏而變於夷也,豈不悖哉? 又曰:"欲輕之於堯舜之道者,大貉小貉也;欲重之於堯舜之道者,大桀小桀也。"夫堯舜之道,非堯舜之所自爲也,天之理而已。有所重輕乎其間,則私意之

---

① "有",原破損不清,此據通志堂本《孟子説》。

② "二""一",原破損不清,此據通志堂本《孟子説》。

所加矣。其曰"大貉小貉""大桀小桀",猶言是亦貉與桀而已矣。烏乎！後之爲治者察乎重輕之弊,而稽古法制,庶乎得中道而止矣。

【纂疏】輔氏曰:"什一,中正之制也,故以爲堯舜之道。三代聖人,雖因時損益,有所不同,然一本於中正,則無以異也。惟其中正,所以行之天下而安,傳之萬世而無弊。周衰,王制盡廢,兼并之俗起,而貧富遂以不均。白圭厪身禁欲,樂觀時變,知取知予,以此居積致富,此三代盛時所無有也,其犯先王之禁大矣。顧乃私憂過計,創爲輕賦之説,欲以其術施之國家,故孟子明辨其不可。觀其始則取其事之易辨者,以開其智,中則歷陳其不可之實,以破其説,末則舉堯舜之道不可得而輕重者,使之有所歸着,亦可謂委曲詳盡矣。"

○白圭曰:"丹之治水也愈於禹。"

趙氏曰:"當時諸侯有小水,白圭爲之築堤,壅而注之他國。"

孟子曰:"子過矣。　禹之治水,水之道也。

順水之性也。

是故禹以四海爲壑,今吾子以鄰國爲壑。

壑,受水處也。

水逆行謂之洚水。　洚水者,洪水也,仁人之所惡也。　吾子過矣。"惡,去聲。

水逆行者,下流壅塞,故水逆流。今乃壅水以害人,則與洪水之灾無異矣。

【張氏注】事事物物皆有其道,是天下之所爲也,循其道則各止其所而無不治者,一以私意加之,則始紛然而亂矣。夫順下者,水之道也,禹之治水,未嘗用己私知也,[1]因水之所以爲水者耳。故以四海爲壑,順其性而納之。今白圭欲免其國之害,而以鄰國爲壑,天理私意之廣狹如此。水逆而行則爲人害,仁人之所惡者,以其不順理而爲害故也。

○孟子曰:"君子不亮,惡乎執?"惡,平聲。

亮,信也,與諒同。惡乎執,言凡事苟且,無所執持也。

---

[1]　"用己私",原漫漶不清,此據通志堂本《孟子説》。

【張氏注】經書皆以亮訓信，然信可包亮，亮有執持之意。夫大而君臣、父子、兄弟、夫婦、朋友之間，微而至於洒掃、應對、獻酬、交際之末，苟不惟亮之執，則終日冥行，無非妄而已矣。故言而不亮則爲妄言，行而不亮則爲妄行。亮則有是事、有是物；妄則無是事、無是物也。然則君子其可斯須不執於此乎？執之爲言主守之意。雖然，亮與諒同，而孔子謂“君子貞而不諒”，何也？孔子之言貞，諒在其中者也，對貞而言，則其專於諒者，未必貞也，未必貞者，以己之私意爲諒，而非諒之正也。孟子之言亮，亮之正也，如孔子所爲“友諒”是矣。①

【纂疏】輔氏曰：“以實之謂信，②不信則不實，不實則無物而輕飄浮搖，故凡事苟且，無所執守也。此與論‘人而無信’章同意，此以守言，彼以行言也。”○潛室陳氏曰：“此可以言不敬，而却謂之不亮，蓋不信實者，必苟且自欺也。”

○魯欲使樂正子爲政。　孟子曰：“吾聞之，喜而不寐。”

喜其道之得行。

公孫丑曰：“樂正子强乎？”曰：“否。”“有知慮乎？”曰：“否。”“多聞識乎？”曰：“否。”

此三者皆當世之所尚，而樂正子之所短，故丑疑而歷問之。

【纂疏】輔氏曰：“强，謂有强力可辦事者，③戰陳之事皆在其中。有智慮，謂能爲計謀，如縱橫捭闔皆是也。多聞識，謂廣聞博識，多知而能言之士也。此三者皆戰國之所尚，而善信之士所不屑也。”

“然則奚爲喜而不寐？”

丑問也。

曰：“其爲人也好善。”“好善足乎？”好，去聲，下同。

丑問也。

曰：“好善優於天下，而況魯國乎？

---

① “如”，原漫漶不清，此據通志堂本《孟子説》。
② “以”，原漫漶不清，此據元刻本《四書纂疏》。
③ “辦”，原作“辨”，據元刻本《四書纂疏》改。

優,有餘裕也。言雖治天下,尚有餘力也。

【纂疏】趙氏曰:"善取於己則有盡,善取於人則無窮,此其所以雖治天下猶有餘力也。"

夫苟好善,則四海之内,皆將輕千里而來告之以善。 夫,音扶,下同。

輕,易也,言不以千里爲難也。

【纂疏】輔氏曰:"上之人好善,則人有善者喜得其伸,故不以千里之遠爲難致,而皆來告之也。"

夫苟不好善,則人將曰:'訑訑,予既已知之矣。'訑訑之聲音顏色,距人於千里之外。 士止於千里之外,則讒諂面諛之人至矣。與讒諂面諛之人居,國欲治,可得乎?" 訑,音移。治,去聲。

訑訑,自足其智,不嗜善言之貌。君子小人,迭爲消長,直諒多聞之士遠,則讒諂面諛之人至,理勢然也。○此章言爲政不在於用一己之長,而貴於有以來天下之善。

【張氏注】孟子聞魯欲使樂正子爲政,喜而不寐。聖賢之心,其天地生物之心與? 當時之人惟知强者、有志慮者、多聞識者爲可用,而孟子所取於樂正子,乃在於好善耳。①蓋孟子之論人論其本,而當時之求才求於末而已,故曰"好善優於天下",言其於天下亦優爲之也。"好"之爲言誠篤乎此也,此非克其私者不能。能克其私則中虛,虛則能來天下之善。天下之善歸之,其於爲天下也何有? 蓋善者,天下之公也,苟自以爲是,則專己而絶天下之公理,其蔽孰甚焉! 故於好善之誠心,則必訑訑然以爲己既知之,人知其若是則莫肯進,是其聲音顏色逆距人於千里之外也。士止於千里之外,則惟讒諂面諛之人至,與讒諂面諛之人居,則志氣日以驕肆,禍至而不自知矣。原其始起於"予既已知之"之意萌于中而已,然則可不畏乎? 使斯人而雖强也,有知慮也,多聞識也,而一己之知識,其與幾何? 終亦必亡而已矣。秦穆之誓曰:"如有一介臣,斷斷猗無他技,其心休休然,其如有容。人之有技,若己有之,人之彦聖,其心好之,不啻如自其口出,寔能容之,以保我子孫黎民。"信斯言也,然則亦異乎後世之論人才者矣。

【纂疏】輔氏曰:"世間此等人亦甚多,然其所謂智者,是乃所以爲愚也。

---

① "善",原漫漶不清,此據通志堂本《孟子説》。

然原其始，則起於‘予既已知之’之意萌于中而已，可不畏乎?”○又曰：“公孫丑所問三者，不過是己之長而已。所謂‘貴於有以來天下之善’者，蓋指四海之内輕千里而來，而告之以善而言也。”

○陳子曰：“古之君子，何如則仕?”孟子曰：“所就三，所去三。

其目在下。

迎之致敬以有禮，言將行其言也，則就之；禮貌未衰，言弗行也，則去之。

所謂見行可之仕，若孔子於季桓子是也，受女樂而不朝，則去之矣。

其次，雖未行其言也，迎之致敬以有禮，則就之；禮貌衰，則去之。

所謂際可之仕，若孔子於衛靈公是也，故與公游於圃，公仰視蜚雁而後去之。

其下，朝不食，夕不食，飢餓不能出門户。 君聞之，曰：‘吾大者不能行其道，又不能從其言也，使飢餓於我土地，吾恥之。’周之，亦可受也，免死而已矣。”

所謂公養之仕也。君之於民固有周之之義，况此又有悔過之言，所以可受。然未至於飢餓不能出門户，則猶不受也。其曰免死而已，則其所受亦有節矣。

【語録】朱子《讀疑孟辨》曰：“孟子言‘所就三，所去三’，其上以言之行不行爲去就，此仕之正也；其次以禮貌衰未衰爲去就；又其次，至於不得已而受其賜，則豈君子之本心哉? 蓋當是時，舉天下莫能行吾言矣，則有能接我以禮貌而周我之窮困者，豈不善於彼哉! 是以君子以爲猶可就也。然孟子蓋通上下言之，若君子之自處，則在所擇矣。孟子於其受賜之節，又嘗究言之曰‘飢餓不能出門户’，則‘周之，亦可受也’。明未至於如是之貧，則不可受。‘免死而已矣’，言受之有限，不求贏餘，明不多受。以是而觀，則温公可以無疑於孟子矣。”

【張氏注】君子之仕，以義之所存而非爲利禄也。故其上者則以行其言而就，若言有弗行，則是乖吾所以就之之意矣，禮貌雖存，亦何爲乎? 故去之也。其次雖未行其言，而迎之致敬以有禮，以是心至則烏得而不就？若禮貌衰，則是心怠矣，則烏可以不去？是二者其始之就，①亦固有淺深也。其下則至於飢餓不能出門户，而君以賢者飢餓於土地爲恥而周之，②則亦可受其受也，免死而已。若未至於此而受之，③則非義矣。雖然，至於飢餓不能出門户，亦非有求於君也，君周我而受之耳。此三者足以盡君子去就之分，舍是三者，則皆爲以利動而非義之所存矣。

【纂疏】輔氏曰："見行可之仕，謂見其可行之幾而仕也；際可之仕，謂因其交際之禮爲可而仕也；公養之仕，謂因君以周民爲義，養已而仕也。見其有可行之幾而仕，故言之弗行則去之；以其交際之禮爲可而仕，故禮貌一衰則去之。此皆不以勢利而變其初心也。爲君以周民爲義，養已而仕，則飢餓瀕死然後受之，然其受之，亦以免死，無累其君則已矣，固不可苟安貪得而因以爲利也。言將行其言也則就之，爲道而仕也；迎之致敬以盡禮則就之，爲禮而仕也。道在我，禮在彼，至於周之亦可受也，則享其意而已，此君子之不得已也。"○又曰："《集注》恐後之貪利苟得者，以是藉口而全不顧彼己之義，遂流於欲而不自知也，故言此以防警之爾。然使上之賜下，止周其身，下受其賜，止以免其死，則時可知矣。"

○孟子曰："**舜發於畎畝之中，傅說舉於版築之間，膠鬲舉於魚鹽之中，管夷吾舉於士，孫叔敖舉於海，百里奚舉於市。**　說，音悦。

舜耕歷山，三十登庸。④説築傅巖，武丁舉之。膠鬲遭亂，鬻販魚鹽，文王舉之。管仲囚於士官，桓公舉以相國。孫叔敖隱處海濱，楚莊王舉之爲令尹。百里奚事見前篇。

故天將降大任於是人也，必先苦其心志，勞其筋骨，餓其體膚，空乏其身，行拂亂其所爲，所以動心忍性，曾益其所不能。　曾，與增同。

降大任，使之任大事也，若舜以下是也。空，窮也。乏，絶也。拂，戾也，言使之所爲不遂，多背戾也。動心忍性，謂竦動其心，堅忍其性也。然所謂

① "二"，原作"三"，據通志堂本《孟子説》改。
② "土"，原破損不清，此據通志堂本《孟子説》。
③ "此"，原破損不清，此據通志堂本《孟子説》。
④ "三"，原破損不清，此據當塗郡齋本《四書集注》。

性,亦指氣禀食色而言耳。程子曰:"若要熟,也須從這裏過。"

【語錄】動心忍性者,動其仁義理智之心,忍其聲色臭味之性。(董銖)〇問程子之説。曰:"只是要事事經歷過,似一條路,須每日從上面往來,行得熟了,方認得許多險阻去處,若素不曾行,忽然一日撞行取去,少間定墮坑落塹去也。"(沈僩)〇蔡氏録

【纂疏】輔氏曰:"竦動其心則心活,堅忍其性則性定。心活則不爲欲所役,性定則不爲氣所動。"〇又曰:"人不經憂患、困窮、頓挫、摧屈,則心不平,氣不易,察理不盡,處事多率。故謂:'人要熟,須從這裏過。'"〇潛室陳氏曰:"更嘗變故多,則閲義理之會熟。熟謂義理與自家相便習,如履吾室中。"

人恒過,然後能改;困於心,衡於慮,而後作;徵於色,發於聲,而後喻。 衡,與橫同。

恒,常也,猶言大率也。橫,不順也。作,奮起也。徵,驗也。喻,曉也。此又言中人之性常必有過,然後能改。蓋不能謹於平日,故必事勢窮蹙,以至困於心,橫於慮,然後能奮發而興起;不能燭於幾微,故必事理暴著,以至驗於人之色,發於人之聲,然後能警悟而通曉也。

【語錄】困心衡慮,徵色發聲,謂人之有過而能改者如此。困心衡慮者,心覺其有過。徵色發聲者,其過形於外。(萬人傑)〇祝氏録

【纂疏】輔氏曰:"舜,大聖人之事也。傅説而下,則皆上智之事也。自'人常過'而下,則中人之事也。纔言'常過而後能改',便見是中人之性矣。下兩句只是改過之事,雖是不能謹於平日,至於事勢窮蹙,困心橫慮,始能奮發而興起,然必竟是其才尚足以有爲;雖是不能燭於幾微,至於事理暴著,證色發聲,始能警悟而通曉,然必竟是其智尚足以有察。如此故亦可以進於善,若至是而猶不之覺焉,則下愚而已。"

入則無法家拂士,出則無敵國外患者,國恒亡。[①]拂,與弼同。

此言國亦然也。法家,法度之世臣也。拂士,輔拂之賢士也。

【纂疏】輔氏曰:"上既言上智中人之事矣,故此推言在國亦然。"〇又曰:"法度之世臣,則能正其失於事;輔拂之賢士,則能救其過於身。"

---

① "亡",原作"忘",據宋當塗郡齋本《四書集注》改。

然後知生於憂患而死於安樂也。"樂,音洛。

> 以上文觀之,則知人之生全出於憂患,而死亡由於安樂矣。○尹氏曰:"言困窮拂鬱,能堅人之志而熟人之仁,以安樂失之者多矣。"

【張氏注】天將以大任之於後,而憂患先之以成其德,此豈人之所爲哉!所謂"莫之爲而爲者,天也",其所遭遇之而所成就若是,是乃天也。此六人者,雖有聖賢淺深之異,然始焉經履之艱,而卒焉能勝其任,則一也。以舜之生知,非有待於處憂患以成其德也。舉舜之起於畎畝,以見聖人亦由側微而興耳,若在他人,因憂患以成德,則如下所云是已。夫"苦其心志,勞其筋骨,餓其體膚,空乏其身,行拂亂其所欲爲",是使之動心忍性而已。動心,言其心有所感動也;忍性,言忍其性之偏也。動心則善端日萌,而良心可存;忍性則氣禀日化,而天性可復。此所謂"曾益其所不能"也。"人恒過,然後能改",言凡人常見其有過而後能改過。夫其漠然不察其有過,則過將日深,何改之有?知用力則恐吾過之多,而改之惟恐不暇矣。"困於心",謂有所攖拂於心。"衡於慮",謂有所鬱塞於慮。必如是而後有作,作者,油然有所興起於中也。"徵於色,發於聲",謂憂患憤悱發見於聲色。必如是而後喻,喻者,言盎然默識其理之所在也。"作"也,"喻"也,身親則能知之,非言語所可盡也,則又推而言之,以謂爲國者亦然。"入則無法家拂士,出則無敵國外患者,國常亡",蓋泰然自以爲是,自以爲莫予毒,則驕怠日長,至於滅亡而不悟矣。大抵治亂興亡,常分於敬肆之間,使在內而每聞逆耳之規,在外而每存窺窬之患,則戒懼之心存,是心存則國可爲也。"然後知生於憂患,而死於安樂",生言生之道也,在身而身泰,施之天下國家,無往而不爲福也;死言死之道也,天命絶于其躬而敗于乃家,①凶于乃國者也。然而繼體之君、公侯之裔,生而處安樂之地,無憂患之可歷,則將如之何?必也念安樂之可畏,思天命之無常,戒謹恐懼,②不敢有其安樂,是乃困心衡慮之方,生之道也。然則所謂死於安樂者,非安樂能死之也,以其溺於安樂而自絶焉耳。故在君子,則雖處安樂,而生理未嘗不遂;在小人,則雖處於憂,而亦未嘗不死於憂患,所謂"小人窮斯濫矣"是也。

---

① "天命",原破損不清,此據通志堂本《孟子説》。
② "戒謹",即戒慎,原作者避南宋孝宗趙昚諱改,下同。

【講義】曰："貧賤憂戚,是人之所惡也,聖賢之論乃獨以是爲進德之地,何哉？恐懼修省,常生於憂患,驕奢淫泆,必起於宴安,當羇窮困踣之餘,其操心危,其慮患深,其刻厲奮發,以進於善,有不期而然者矣。天地之間,有陰則有陽,有晝則有夜,禍福吉凶、貧富貴賤、死生憂樂之變,二者常有相對而不能以偏無也。人生其間,隨所付受,蓋有一定而不可易者,與其戚戚於貧賤,而卒不能以自免,孰若因其所遇而反以成吾德邪？是以古之君子,有以義命之當然而安之者,'貧而無諂'是也;有以義理之可貴而忘之者,'不改其樂'是也;有以爲天將降大任於我,而反以爲進德之地者,孟子之言是也。其處之者若是,故其胸中泰然,一毫外物不能爲之累。顏淵、原憲之貧,一簞之食、百結之衣,可謂極矣,惟知聖道之可樂,而不知吾身之爲貧。後之學者,其貧且賤未必如顏淵、原憲之甚也,少不如意,志氣銷沮,卑辱苟賤,棄殆不爲,不能進德,而反以敗德,不能遠辱,而重以取辱,聞孟子之言,亦可以釋然而悟,幡然而改矣。"

【纂疏】輔氏曰："憂患則知儆戒,知儆戒則心體流行而不息,是生道也;安樂則怠肆,怠肆則心死矣,心死則身亦隨之。"○又曰："尹氏之言深切,非深履而得其味者不能知。"

○孟子曰："教亦多術矣,予不屑之教誨也者,是亦教誨之而已矣。"

多術,言非一端。屑,潔也。不以其人爲潔而拒絕之,所謂不屑之教誨也。其人若能感此,退自脩省,則是亦我教誨之也。○尹氏曰："或抑或揚,或與或不與,各因其才而篤之,無非教也。"

總論二章之旨　趙氏曰："屑,潔也。考孟子'不屑就'與'不屑不潔'之言,屑字皆當作潔字解。所謂'不屑之教誨'者,當謂不以其人爲潔而教誨之,如'坐而言,不應,隱几而臥'之類。"(萬人傑)○祝氏錄

【張氏注】屑,與"不屑就""不屑去"之"屑"同訓。凡教人之道,不一而足,聖賢之教人固不倦也,然有時而不輕其教。

孟子卷第十三

【諸儒集成之書】

　　朱子集注　　朱子集義　　朱子語録　　朱子或問　　南軒張氏注　　黄氏講義
蔡氏集疏　　趙氏纂疏

盡心章句上凡四十六章

孟子曰：“盡其心者，知其性也。　知其性，則知天矣。

　　心者，人之神明，所以具衆理而應萬事者也。性則心之所具之理，而天又理之所從以出者也。人有是心，莫非全體，然不窮理，則有所蔽，而無以盡乎此心之量。故能極其心之全體而無不盡者，必其能窮夫理而無不知者也。既知其理，則其所從出亦不外是矣。以《大學》之序言之，知性則“物格”之謂，盡心則“知至”之謂也。

　　【集義】伊川先生曰：“只心便是天，盡之便知性、知天。”○橫渠先生曰：“聖人不以聞見梏其心，其視天下無一物非我，孟謂盡心則知性、知天。”

　　【語録】曰：“這心神明不測，至虛至靈，是甚次第？”○性便是許多道理，得之於天而具於心者。○盡心如明鏡，無些子蔽翳。只看鏡子，若有些小照不見處，便是本身有些塵污。此心本來虛靈，萬理具備，事事物物皆所當知。今人多是氣質偏了，又爲物欲所蔽，故昏而不能盡知。故聖賢所以貴於窮理。○**趙氏録**　○“盡其心者，知其性也”，“者”字不可不子細看，人能盡其心者，只爲知其性，知性卻在先。（陳文蔚）○盡其心者，由知其性也。先知得性之理，然後明得此心。（廖德明）○伊川云：“盡心然後知性。”此不然。盡字大，知字零星，若未知性便要盡心，則懸空無下手處。

惟就知性上積累將去，自然盡心。（林正卿）○**祝氏録**　○盡其心，只是窮盡其在心之理，性、情與心固是一理。然命之以心，却似包着性、情在裏面，故孟子語意似説盡其心者，以其知性故也。又曰："心、性本不可分，況其語脉是'盡其心者，知其性'，心只是包着這道理，盡知得其性之道理，便是盡其心。此句文義與'得其民者，得其心也'相似。性者，吾心之實理，若不知得，却盡個甚。"又曰："'盡其心者，知其性也。知其性，則知天矣。'言人能盡其心，則是知其性。能知其性，則知天也。蓋天者，理之自然，而人之所由以生者也。性者，理之全體，而人之所得以生者也。心則人之所以主於身而具是理者也。天大無外而性禀其全，故人之本心，其體廓然亦無限量，惟其梏於形氣之私，滯於聞見之小，是以有所蔽而不盡。人能即事即物，窮究其理，至於一日會通貫徹而無所遺焉，則有以全其本然之體。而吾之所以爲性，與天之所以爲天者，皆不外此而一以貫之矣。"問："盡心，只是知得盡，未説行否？"曰："初間亦只謂知得盡，如《大學》'誠意'一般。蓋所謂盡心者，言心之所存，更無一毫不盡。好善便如好好色，惡惡便如惡惡臭，徹底如此，無少虛僞不實，如所謂盡心力而爲之。"○**蔡氏録**
○問："孟子所謂盡心，今既定作'知至'説，則'知天'一條當何繫屬？繫之知性之下而盡心之前，與知性俱爲一衮事耶？抑繫之盡心之下，乃知至後又精熟底事耶？夫二者固不容截然分先後，然就其間細論之，亦豈得謂全無少别？"曰："知性則知天矣。據此文勢，只合在知性裏説。"（《答陳安卿》）○盡心謂事物之理皆知之而無不盡，知性謂知君臣、父子、兄弟、夫婦、朋友之各循其理，知天則知此理之自然。盡己之性，如在君臣則義，在父子則親，在兄弟則愛之類，己無一之不盡。盡人之性，如"黎民於變時雍"，各得其所。盡物之性，如鳥獸、草木咸若。如此則可以贊天地之化育，皆其實事，非私心之仿像也（萬人傑）○問："知其性，則知天矣？"曰："性以賦於我之分而言，天以公共道理而言。天便是箇大底人，人便是箇小底天。吾之仁義禮智，即天之元亨利貞，凡吾之所有者，皆自彼而來也。故知吾性，則自然知天矣。"（潘時舉）○知性者，物格也。盡心者，知至也。物字對性字，知字對心字。（甘節）○**祝氏録**　○又曰："不知性，①不能以

---

① "知性"，原漫漶不清，此據明陳燁刻本《朱子語類》卷六〇《孟子十·盡心上》。

盡其心,物格而後知至也。"○又曰:"知得到時必盡我這心去做,如事君必要極於忠,為子必要極於孝,不是備禮如此。既知得到這裏,若於心有些子未盡,便打不過,便不足。"○**趙氏録**

【集疏】陵陽李氏曰:"舊說謂盡心則知性,知性則知天,而《集注》異焉。信如舊說,當云盡其心則知其性矣,知其性則知天矣,而後文義相協。今乃不然,故《集注》別按本文更定今說。程子曰:'自理言之,謂之天。自稟受言之,謂之性。自存諸人者言之,謂之心。'三者蓋所從言之異耳,要之性即理也,理則一而已矣。故凡能盡此心者,必其知此性者也。苟不知之,若之何其盡之? 既知之矣,則所謂天者,豈外此而他求哉? 世之學者,每有心小性大之蔽,①意謂必先盡其心,而後可以循致其極以知夫性。殊不知性與心初無間,而知與盡則有序。性與心無間,則謂知性故能盡心者,於義為得。知與盡有序,則謂盡之為先而知之為後者,是失其先後之倫也。讀者可以曉然無疑矣。"○覺軒蔡氏曰:"李氏說於《集注》極有功。但心小性大之辨,特以性與心初無間言之,則恐其猶未盡'心統性情'之說耳。"

【纂疏】黄氏曰:"心也者,與生俱生者也,虛靈而善應,神妙而不測,②主宰乎一身,總括乎衆理,應酬乎萬事。"○輔氏曰:"《集注》斷置得心、性、天三者,可謂精密矣。知性始能盡心,尤為明白。性雖是無形像,卻是實理。心似乎有形像,然其體却虛。惟其虛,故神明不測,容受得衆理而應變不窮。性只是理,雖無形像而實具於心,可以體認識察。若未能究窮得此實理,便要盡其心之體量,則懸空無下手處。將久不墮於虛無溟漾之中,則無奈這心何,視之如寇賊而不可制矣。惟能於實理上窮究得一一分明,則心之神明都無所蔽,而運用酬酢,可以盡其體量之大。且如性之實理,莫大於仁義禮智,人須是就此四者上體認得明,各極其至,更無一毫蔽惑,然後吾心之體至通至明,隨其運量亦無一豪慊闕,斯為盡其心矣。"○又曰:"知性而盡心者,譬如一家主盡識得一家中所有之物,然後隨取隨有,隨用隨足,方盡得家主之職。知性而知天,則如家主既識得家中之物,則自然

---

① "每有心小",原漫漶不清,此據通志堂本《孟子集疏》。
② "而"上,原衍"而"字,據元刻本《四書纂疏》删。

知其物所來處,此物是何從而來,此物是何緣而有也。"

存其心,養其性,所以事天也。

存,謂操而不舍。養,謂順而不害。事,則奉承而不違也。

【語録】問存心、養性先後。曰:"先存心,而後養性。養性云者,養而勿失之謂。性不可言存。"又曰:"存得父子之心盡,方養得仁之性。存得君臣之心盡,方始養得義之性。"○祝氏録　○又曰:"存之、養之,便是事心、性處,便是天。故曰'所以事天也'。孟子説'知性',是知得性中物事。既知得,須盡知得,方始是盡心。存其心,養其性,方始是做工夫處。如《大學》既物格,而後知至。物格者,物理之極處無不到,知性也。知至者,吾心之所知無不盡,盡心也。至於意誠,則存其心、養其性也。"○蔡氏録　○孟子言存心養性,便説得虛,至孔子教人"居處恭,執事敬,與人忠"等語,則就實行處做工夫,如此則存心養性自在。(程端蒙)○祝氏録

【纂疏】輔氏曰:"心是活物,須是操則存,不然則便放去矣。性是實理,須當順之而不害,害謂違悖而戕傷之。性本不可以戕傷,言但爲自家違悖了,便是戕傷之也。奉承之而不違,便只是存心養性事。"

殀壽不貳,脩身以俟之,所以立命也。"

殀壽,命之短長也。貳,疑也。不貳者,知天之至。脩身以俟命,[1]則事天以終身也。立命,謂全其天之所付,不以人爲害之。○程子曰:"心也,性也,天也,一理也。自理而言謂之天,自禀受而言謂之性,自存諸人而言謂之心。"張子曰:"由太虛有天之名,由氣化有道之名,合虛與氣有性之名,合性與知覺有心之名。"愚謂盡心知性而知天,所以造其理也。存心養性以事天,所以履其事也。不知其理,固不能履其事,然徒造其理而不履其事,則亦無以有諸己矣。知天而不以殀壽貳其心,智之盡也。事天而能脩身以俟死,仁之至也。智有不盡,固不知所以爲仁,然智而不仁,則亦將流蕩不法,而不足以爲智矣。

【集義】吕氏曰:"乾道變化,各正性命。彼所謂性者,猶吾以職授之而已,或偏或正,惟其所受。人得之正故可達天,物得之偏故不得達。彼所謂命

----

[1] "命",宋當塗郡齋本《四書集注》作"死"。

者,猶吾以令使之而已,死生壽夭,惟令是從。自物觀者,犬異於牛,羊異於人,①皆謂之性。不得於仁義禮智,與桎梏而死,皆謂之命。事天者如事君,性,天職也,不敢不盡;命,天命也,不敢不順。盡性順命爲幾矣,而猶未與天一,達天德者,物我幽明不出吾體,屈伸聚散莫非吾用。性命之稟,雖與物同,其達乃與天一。'大德必受命',則命合於性,位、禄、名、壽,皆吾性之所能致。'天命之謂性',則性合於命,我受於天,亦天所命,性、命一也。'聖人之於天道,有性焉',則性與天道一也。"

【語録】夭壽不貳,不以生死爲吾心之欣戚也。夭壽不貳,是不疑他。若一日未死,一日要是當,百年未死,百年要是當,這便是立命。既不以夭壽貳其心,又須脩身以俟,方始能立命。夭壽不貳,便是知性、知天之力。脩身以俟,便是存心養性之功。立命一句,更用通下章看,此與《西銘》都相貫穿。○蔡氏録 ○曰:"'由太虚有天之名',這全説理。'由氣化有道之名',這説著事物上。如'率性之謂道',性只是理,率性方見得許多道。且如君臣父子之道,有那君臣父子,方見這個道理。"○又曰:"'由太虚有天之名',是個自然底。'由氣化有道之名',是虚底物在實上見,無形底物因有形而見。所謂道者,如天道、地道、人道是也。'合虚與氣,有性之名',自然中包得許多物事。"○又曰:"'由太虚有天之名,由氣化有道之名',此是總説。'合虚與氣有性之名,合性與知覺有心之名',此就人上説。"○又曰:"四句本只是一個太虚,漸細分説得密耳。'由太虚有天之名',便是四者之總體,而不雜乎四者而言。'由氣化有道之名',氣化者,那陰陽造化、金木水火土皆是,只便是那太虚,將氣化雜了説。雖雜氣化,實不雜乎太虚,②然亦未説到人物各具當然之理。太虚便是《太極圖》上面一圓圈,氣化便是陰静陽動。'合虚與氣有性之名',有這氣,便有這理隨在這裏,若無此氣,這理去甚處安頓?'合性與知覺有心之名',知覺又是那氣之虚處,聰明視聽、作爲運用,皆是知覺。"○問:"氣化何以謂之道?"曰:"天地間無有一物不由其道者。"○問:"合虚與氣,何以有性?"曰:"此語詳看亦得其意,然亦有未盡處。言虚即是性,氣即是人,以氣虚明,則性寓于中,

---

① "羊",清吕氏刻本《論孟精義·盡心上》作"牛"。
② "雜",明陳煒刻本《朱子語類》卷六〇《孟子十·盡心上》作"離"。

故‘合虚與氣有性之名’。雖説略盡，而終有二意。”問：“如此則莫是性離於道邪？”曰：“非此之謂，到這處則有是名，在人如何看，然豈有性離於道之理？”○又曰：“氣有形而虚無迹，以有形之氣具無迹之理，是之謂性。”○又曰：“虚只是説理，合虚與氣，所以有人。”○問：“合性與知覺，有心之名？”曰：“亦有未瑩處。有心則有知覺，又何合性與知覺之有？”○又曰：“太虚而下四句，極精密。”○**趙氏録**

> 九峰蔡氏答學者曰：“横渠四語，只是理氣二字而細分之。‘由太虚有天之名’，即‘無極而太極’之謂，以理而言也。‘由氣化有道之名’，即‘一陰一陽之謂道’之謂，以氣而言。‘合虚與氣有性之名’，即‘繼之者善，成之者性’之謂，以人物禀受而言也。‘合性與知覺有心之名’，即人心、道心之謂，以心之體而言也，但知覺字與心相迫近，不如人字分別得明白耳，故先師有‘未瑩’之疑。”

【或問】心，無限量者也，此其言盡心，何也？曰：“心之體無所不統，而其用無所不周者也。今窮理而貫通，以至於可以無所不知，則固盡其無所不統之體、無所不周之用矣。是以平居静處，虚明洞達，固無毫髮疑慮存於胸中。至於事至物來，則雖舉天下之物或素所未嘗接於耳目思慮之間者，亦無不判然迎刃而解，此其所以爲盡心。而所謂心者，則固未嘗有限量也。大概此章所謂盡心者，物格知至之事，曾子所以一唯而無疑於夫子之言者是也。所謂事天者，誠意、正心、脩身之事，曾子所以臨深履薄，而無日不省其身者是也。所謂立命者，如是以没身焉，曾子所以啓手足而知免，得正斃而無求者是也。以是推之，則一章之指略可見矣。”“然則心之爲物，與其盡之之方奈何？”曰：“由窮理致知積累其功，以至於盡心，則心之體用在我，不必先事揣量，著意想像，而别求所以盡之也。”曰：“然則存心養性之説可得聞乎？”曰：“存心者，氣不逐物而常守其至正也。養性者，事必循理而不害其本然也。”

【張氏注】理之自然，謂天之命，於人爲性，主於性爲心。天也，心也，性也，所取則異，而體則同。“盡其心”者，格物致知，積習之久，私意脱略，萬理貫通，盡得此生生無窮之體也。盡得此體，則知性之禀于天者，蓋無不具也。知性之所素具於我者，則知天之所以爲天者矣，此格物知至之事。然人雖能盡心之體以知性之理，而存養之未至，則於事事物物之間，其用有未能盡者,則心之體未能周流而無所滯,性之理亦爲有所未完也,故必貴於存心養性焉。存者,顛沛造次必於是也。養者,全之而弗害也。存之養之,是乃"所以事天"者也。程子云:"事天者,奉順者也。若是而久焉,則有以盡其心之用,而無咈其性之理,而天之道亦備於是矣。""殀壽不貳,脩身以俟之",言死生不貳其心,惟知脩身以聽天命而已。脩身之事,即其盡心知性、存心養性之見於躬行者也。"所以立命"者,蓋所遇係於天,而脩德在乎己。係乎天者,不可以人力加焉。脩其在己者,以聽天之所爲,則無往而不得其正,所謂"立命"也。《大學》所謂"物格而後知至,知至而後意誠,意誠而後心正,心正而後身脩",其兹之序歟? 雖然,未能盡其心、知其性者,恬然無事於存養乎? 蓋大體言之,必盡心知性,而後存養有所施焉。然在學者,則當求放心而操之,其操之也,雖未能盡其體,而體亦固在其中矣。用力之久,則於盡心之道有所進,而存養之功寖得其所施矣。①若夫在聖人,則自誠而明,此體既盡,而其用亦無不盡焉。故程子曰:"盡心知性,不假存養,其惟聖人乎!"蓋謂此也。

【集疏】覺軒蔡氏曰:"《孟子》此章與《大學》《中庸》相表裏,'盡心'如《大學》之'誠意','知性'如《大學》之'致知','天'如《大學》之'知止'。而盡心知性以知天,所以窮其理,即《中庸》所謂'智'也。存心養性以事天,②所以履其事,即《中庸》所謂'仁'也。殀壽不貳,脩身以俟之,所以立命而不渝,即《中庸》所謂'勇'也。何謂盡心? 言其心之所存,更無一毫之不盡也。好善便如好好色,惡惡便如惡惡臭,徹底如此,無少虛偽不實,如所謂盡心力而爲之。然若要盡得,須先知得,所以學者要先致知,要先明善,要先窮理。既致其知之至,既明其善之本,既窮其理之極,則天之所以爲天者,亦不外是矣。此知性、知天,即《中庸》之所謂'智'。存謂操而不舍,如'居處恭,執事敬,與人忠',便是存心之法。養謂順而不害,如'戒懼乎其所不睹,恐懼乎其所不聞',便是所以養性。事謂奉承而不違,如'存吾順事,没吾寧也',便是所以事天。但存之養之,又便是事心與性,又便是天,非有二也。此存心養性以事天,即《中庸》之所謂'仁'。知天而能不以殀壽貳其心,

① "存養",原漫漶不清,此據通志堂本《孟子説》。
② "養性"上,原衍"養心"二字,據通志堂本《孟子集疏》删。

此可見其智之盡。事天而能脩身以俟死，此可見其仁之至。以此而立命，則全其天之所付，無一毫人欲之私以害之，此即《中庸》之所謂‘勇’也。”

【纂疏】論脩身立命　輔氏曰：“天賦命於人，有長有短，雖若可疑，是亦理也，何疑之有？知天之至，則更無商量，不用計較，以道脩身，敬俟其死而已。脩身以俟死，便是事天以終身也。”○又曰：“天所賦爲命，物所受爲性，命與性其實一也。事天，全其理也。立命，全其身也。曾子臨終而啓手足，曰‘吾知免矣’，兩全其極也。徇私以賊理，縱欲以傷生，皆所謂以人爲害之也。”

論朱子程子之旨　蔡氏曰：“曰心，曰性，曰天，一理而已。朱子曰：‘心者，人之神明，所以具衆理而應萬事者也。性則心之所具之理，而天又理之所從以出者也。’先言心，後言天，是溯流以窮其原。程子曰：‘自理而言，謂之天。自禀受而言，謂之性。自存諸人而言，謂之心。’先言天，後言心，是推原以及其流，初無異旨也。”

論張子之旨　北溪陳氏曰：“‘由太虛有天之名，由氣化有道名’，此是推原來歷，天即理也。古聖賢說，大多是就理上論，理無形狀，以其自然而言，故謂之天。若就天之形體論，也只是箇積氣，恁蒼蒼茫茫，實何有形質？但張子此天字是說理，理不成是死定在這裏？一元之氣流出來，生人、生物，便有箇路脉，恁地便是人物所通行之道。此就造化推原其所從始如此。”○又曰：“虛是以理言，理與氣合，遂生人物。受得去成這性，於是乎方有性之名。性從理來，不離氣。知覺從氣來，不離理。合性與知覺，遂成這心，於是乎方有心之名。”○趙氏曰：“《集注》並舉程子、張子二説，正欲學者於三者同處分析得異處分明，於異處體會得同處親切耳。”

論集注章旨　輔氏曰：“聖學工夫，知與行兩下都要到。盡心、知性而知天，則是知之事也。存心、養性以事天，則是行之事也。不知其理而履其事，則是冥行妄作而已。然徒知其理而不履其事，則亦無以有諸己，甚則必至於妄想空虛，只務上達，不務下學，卒歸於異端而已。”○又曰：“智所以知，仁所以守。知有不盡，則不知仁之爲仁，①雖欲爲之，不蹈於姑息，

① “爲仁”之“仁”，原漫漶不清，此據元刻本《四書纂疏》。

則流於兼愛，故以爲‘不知所以爲仁’。然智而不仁，則又所謂‘智及之，仁
不能守之’，必將穿鑿創意，作起事端，以至流蕩忘反，與法度背馳，而‘不
足以爲智矣’。”○又曰：“須是如《集注》所謂‘造其理’‘履其事’，仁智兩極
其至，日用行事之間，無時無處而不用其力，直到聖人大而化之之地位，方
無退轉。不然則窮格之功不至，而所見日以昏蝕；踐履之功不力，而所得
日以怠廢。致知而不盡，守之或渝，則終必爲異端曲學之所惑矣，學者豈
可不自警哉！”

○孟子曰："莫非命也，順受其正。

人物之生，吉凶禍福皆天所命。然惟莫之致而至者，乃爲正命。故君子脩
身以俟之，所以順受乎此也。

【語録】曰：“在天言之，皆是正命。在人言之，便有正有不正。如順其道
而死者，是正命，桎梏死者，便是不正之命。”問：“有當然而或不然，不當然
而或然者，如何？”曰：“如孔孟老死不遇，須喚做不正之命始得。在孔孟言
之，亦是正命，然在天之命，卻自有差。”○問：“此命是指氣言否？”曰：“然。
若我無以致之，則命之壽殀皆是合當如此者，如顔子之夭、伯牛之疾是
也。”○趙氏録

是故知命者，不立乎巖牆之下。

命，謂正命。巖牆，牆之將覆者。知正命則不處危地，以取覆壓之禍。

【語録】曰：“若先説道‘我自有命，雖立巖牆之下亦不妨’，即是先指定一
個命，如此便是尌説‘我生不有命在天’相似也。”○趙氏録

【纂疏】輔氏曰：“立乎巖牆之下，以致覆壓而死，則乃是人所自取耳，非天
爲之也。蓋巖牆有傾覆之勢，自家卻去下面立地，便是自取其覆壓也。是
故君子‘戰戰兢兢，如履薄冰’‘非禮勿動’‘擇地而行’者，無他焉，知命
而已。”

盡其道而死者，正命也。

盡其道，則所值之吉凶皆莫之致而至者矣。

【語録】曰：“問：人或死於干戈、死於患難，如比干之類亦是正命乎？”曰：
“固是正命。”問：“以理論之，則謂之正命。以死生論之，則非正命。如
何？”曰：“如何恁地説得？盡其道而死者，正命也，當死而不死，卻是失其

正命。此處須當活看，古人所以‘殺身成仁，舍生取義’‘志士不忘在溝壑，勇士不忘喪其元’，學者於此處見得，臨利害時，便將自家斫剉了，直須是壁立萬仞始得。如今小有利害，便生計較，便說道恁地死，非正命，如何得？”○**趙氏録**

桎梏死者，非正命也。”

桎梏，所以拘罪人者。言犯罪而死，與立巖牆之下者同，皆人所取，非天所爲也。○此章與上章，蓋一時之言，所以發其末句未盡之意。

【集義】問：“桎梏而死者，非正命也。然亦是命否？”伊川先生曰：“聖人只教人順受其正，不說命。”或曰：“桎梏死者非命乎？”曰：“孟子自說了‘莫非命也’，然聖人却不說是命。”○横渠先生曰：“居巖牆之下壓而死，不可言正命。盡其道而死者，則始到其本分所受之命也。”○范氏曰：“‘知命者，不立乎巖牆之下’，巖牆者，峻牆也。立巖牆之下，則有覆壓之虞。作不善之行，則有及身之災。此乃人自取之，不可歸之於命也。盡其脩身之道，而以壽終者，正命也；桎梏而死者，刑戮也，刑戮死者，人自取之，非正命也。小人不能遠害，是不知命，故被刑戮而死者，非正命也；君子不能遠害，是不知命，故立巖牆而死者，非正命也。”

【語録】曰：“問：桎梏死者，雖非正，然亦以命言，此乃自取，如何謂之命？”曰：“亦是自作而天殺之，但非正命耳。使文王死於羑里，孔子死於桓魋，却是命。”○**趙氏録**　○問：“‘莫非命也’，此一句是總說，氣稟之命與‘天命之謂性’之命同否？”曰：“孟子之意未說到氣稟。孟子自來不甚說氣稟，看來此句只是說人物之生，吉凶禍福皆天所命，人但當順受其正。若桎梏而死，與立乎巖牆之下而死，便是自取。”又曰：“‘莫非命也’，是活絡在這裏，看他如何來。”○**蔡氏録**　○問“莫非命也，順受其正”。曰：“前面事都見未得，吉凶禍福皆不可知，但有正有不正，自家只既受他正底。自家身分無過，恁地死了，便是正命。若立巖牆之下，與桎梏而死，便不是正命。”

【張氏注】凡窮達貴賤，禍福死生，在君子小人，均曰命也。然君子則徇其性，由其道，而聽天所命焉，所謂“順受其正”，謂正命也。若小人則不由其道，不循其性，行險徼倖，入於罟擭陷阱之中而不知，所謂“非正命也”。莫之致而至者，命也，不容加損益焉。君子脩其在己者，天命之流行順之而已，故謂之正也。小人則人爲有以致之，人爲有以致之，則是干其自然之理。然因其有以致之，而命亦隨焉，是亦命也，而不得謂之正。故知命者，不立乎巖牆之下。非禮非義之事，其爲危殆，有甚於巖牆，君子不由者，所以順命也。然君子亦有不幸而夭如顏子，不幸而見殺如比干者，其爲盡其道而死則一也，命之正也。桎梏死者，謂有以致之，而非其正也。孟子之言，特舉其大者言之耳。窮達、貴賤、禍福亦莫不皆然，蓋命一也，而受之有異，故有正與非正之別。正者其常也，而非正則有以咈其常故也，學者於此可以究命之蘊矣。

【纂疏】輔氏曰：“上章止言壽夭而已，故《集注》於此又推言及吉凶禍福皆天所命。然惟人爲莫與，而天所自至者，則爲正命。故上章所謂‘君子脩身以俟之者’，正所謂‘順受乎此’也。”

○孟子曰：“**求則得之，舍則失之，是求有益於得也。求在我者也。**　舍，上聲。

在我者，謂仁義禮智，凡性之所有者。

求之有道，得之有命，是求無益於得也，求在外者也。①”

有道，言不可妄求。有命，則不可必得。在外者，謂富貴利達，凡外物皆是。○趙氏曰：“言爲仁由己，富貴在天，如不可求，從吾所好。”

【集義】伊川先生曰：“君子有義有命。‘求則得之，舍則失之，是求有益於得也，求在我者也’，此言義也。‘求之有道，得之有命，是求無益於得也，求在外者也’②，此言命也。至於聖人，則惟有義而無命。‘行一不義，殺一不辜，而得天下，不爲也’，此言義而不言命也。”○橫渠先生曰：“求有益，求無益，道德勉之則無不至，人皆可以爲堯舜，於富貴則有得有不得。求有道，得有命，是有義有命也。寡尤寡悔，禄在其中，求有道也，然禄未必得，是有命也。”

<u>總論一章之旨</u>　義理，身心所自有，失而不知，所以復之。富貴，身外之物，求之唯恐不得，縱使得之，於身心無分毫之益，況不可必得乎？若義理，求則得之，能不喪其所有，可以爲賢爲聖，利害甚明。（李閎祖）

---

①　“外”，原作“我”，據宋當塗郡齋本《四書集注》改。
②　“外”，原作“我”，據文意校改。

|總論數章之旨| 孟子説命,至《盡心》章方説得盡。(黃義剛)○祝氏録

【或問】此章之説。程子以求在我者爲義,求在外者爲命。以求在我者爲求義乎? 則下言求在外者,非求命也。謂以義而求乎? 則求在外者,不可言以命而求也。又有聖人有義而無命,則義命之云,似專爲求在外者設,此乃析内外而言之,何也? 曰:"在我者,如仁義禮智之屬,皆此理所當爲,以其求之,得之莫不有義,故曰義。在外者,如富貴利達之類,皆命有所制,以其求之,雖有道而得之,則有命,故曰命。然聖人則力爲我之所當爲,而不問彼之所制,故曰有義而無命。此以所求之内外而言也,若專爲在外者言,則後段所謂'求之有道'者,義也;'得之有命'者,命也。是其言各有當,意各有指,然錯綜而言,則理亦無所不通也。"曰:"張子後説如何?"曰:"其言義命,似專爲求在外者言之。其曰有内有外者,是又以求在外者爲自有内外。錯綜而觀,亦無不通。"

【張氏注】此章爲警告未達者言也。言求在我者,有益於得,所以擴其天理也。言求在外者,無益於得,所以遏其人欲也。所謂求而得,舍而失者,心之謂也。求與舍,得失毫釐之分,然則可不勉於求歟? 所謂"求之有道,得之有命"者,富貴利達之謂也。富貴利達,衆人謂己有求之之道,然不知其有命焉。固有求而得之者矣,是亦有命,而非求之能有益也。蓋亦有巧求之而不得者多矣,以此可見其無益於得也,然則亦可以已矣。程子曰:"賢者惟知義而已,命在其中。中人以下,乃以命處義,如言'求之有道,得之有命,是求無益於得'。知命之不可求,故自處以不求。若賢者則求之以道,得之以義,不必言命。"孟子所言"求之有道",謂自以爲求之有道者也。程子曰言"求之以道"者,①謂守其道而不妄求者也。求之以道,故其得之未嘗不以義,若是者惟道義之安,而命在其中。比之以命爲不可强而不求者,又有間矣,故曰孟子斯言爲警告未達者言也。

○**孟子曰:"萬物皆備於我矣。**

此言理之本然也。大則君臣父子,小則事物細微,其當然之理,無一不具於性分之内也。

---

① "曰",通志堂本《孟子説》作"所"。

【纂疏】輔氏曰："'理之本然',即所謂性也。理之本然,一而已,然於應事接物之際,則其分限品則各自不同。故極其大者言之,則如君臣父子,總其小者言之,則如事物之細微,其當然之理無一而不具於性分之内。蓋雖有萬之不同,然其理之本然則一而已。"

反身而誠,樂莫大焉。 樂,音洛。

誠,實也。言反諸身,而所備之理,皆如惡惡臭、好好色之實然,則其行之,不待勉強而無不利矣。其爲樂孰大於是。

【語録】誠是實有此理。檢點自家,自上果無欠闕,事君真個忠,事父真個孝,仰不愧於天,俯不怍於人,其樂孰大於此。橫渠謂"反身而誠,則不慊於心",此説極有理。(金去僞)

箱論二節之旨 "萬物",不是萬物之迹,只是萬物之理。"皆備於我",如萬物莫不有君臣之義,自家這裏也有;萬物莫不有父子之親,自家這裏也有;萬物莫不有兄弟之愛,自家這裏也有;萬物莫不有夫婦之别,自家這裏也有。是這道理本備於吾身,反之吾身,於君臣,必盡其義;於父子,必盡其親;於兄弟,必盡其愛;於夫婦,必盡其别。莫不各盡其當然之實理,而無一毫之不盡。則仰不愧,俯不怍,自然是快活。若是反之於身有些子不實,則中心愧怍,不能以自安,如何得會樂? 橫渠曰:"'萬物皆備於我矣',言萬物皆是素定於我也,行有不慊於心,則餒矣。故'反身而誠,樂莫大焉'。"若不是實做工夫到這裏,如何見得恁地? (葉賀孫)○"萬物皆備於我",橫渠一段説得甚實。所謂萬事皆備於我者,便只是君臣本來有義,父子本來有親,夫婦本來有别之類。○若事君有不足於敬,事親有不足於孝,以至夫婦無别,兄弟不友,朋友不信,便是我不能盡之,反身則是不誠,其苦有不可言者,安得所謂樂苦? 如禪家之語,只空虛中打箇筋斗者,無着力處。○**祝氏録**

【纂疏】輔氏曰:"《集注》云云,盡性之事也。夫萬物之理,雖備於我,然反身不誠,則我自我,理自理,事物之來,千頭萬緒,而皆無以應之,但有紛擾震懼而已,豈能樂乎? 須是見得到,信得及,反之於身,而實有是理。爲君而實有仁,爲臣而實有敬,爲父而實有慈,爲子而實有孝,隨事而處,皆如吾之好好色惡惡臭。真實如此,而無豪髮之或慊,則行之不待勉強,而自然無不利矣。其爲樂孰有大於此者乎?"

强恕而行，求仁莫近焉。"强，上聲。

强，勉强也。恕，推己以及人也。反身而誠，則仁矣。其有未誠，則是猶有
私意之隔，而理未純也。故當凡事勉强推己及人，庶幾心公理得，而仁不
遠也。○此章言萬物之理，具於吾身，體之而實，則道在我而樂有餘；行之
以恕，則私不容而仁可得。

【集義】明道先生曰："萬物皆備於我，不獨人爾，物皆然。都自這裏出去，
只是物不能推，人則能推之。"又曰："學者須先識仁，仁者渾然與物同體，
義禮智信皆仁也。識得此理，以誠敬存之而已。"○横渠先生曰："萬物皆
備於我，言萬事皆有素於我也。①反身而誠，謂行有不慊於心，則樂莫大
焉。"又曰："萬物反身者，猶言萬物在我者，皆誠則樂，若不誠則費力。作
德，心逸日休，作僞，心勞日拙也。"○尹氏曰："萬物皆備，天理也。反身而
誠，謂行無不慊於身也。强恕而行，誠之者也。"

總論二節之旨 此是兩截工夫。反身而誠，蓋知之已至，而自然循理，所
以樂。强恕而行，是知之未至，且恁地把捉，勉强做去，少間到純熟處，便
是仁。(錢木之)○問："'反身而誠，樂莫大焉'，是大賢以上事，'强恕''求
仁'，是學者身分上事否？"曰："然。"又問："大賢以上，是知與行俱到，大賢
以下，是知與行相資發否？"曰："然。"(楊道夫)○反身而誠，乃是反求諸
身，而實有是理，如仁義忠孝，應接事物之理，皆真有，而非出於勉强僞爲
也。此是見得透，信得及處。到此地位則推以及物，不待勉强，而仁在我
矣。下言勉强而行者，蓋言未至於此，則當强恕以去己私之蔽，而求得夫
天理之公也。○曰："如今人所以害事處，只是這些私意難除，終有些私意
隔着了，便只是見許多般。"

總論一章之旨 萬物皆備於我，下文反身强恕，皆蒙此句。爲義不可只説
一截。(《答廖子晦》)○强恕者，亦是他見得萬物皆備於我了，只爭著一箇
反身而誠，便須要强恕上做工夫。所謂强恕，是他心裏不能推己及人，便
須勉强行恕，拗轉這道理，然亦只是要去箇私意。而己私意既去，則萬物
自無欠闕處矣。(吕燾)○問："程子曰：'學者須先識仁，仁者渾然與物同

---

① "有素"，清吕氏刻本《論孟精義‧盡心上》作"素有"。

體，孟子言萬物皆備於我，反身而誠，則爲大樂。若反身未誠，則猶是二物有對，又安得樂？《訂頑》意思，乃備言此體。'夫《訂頑》一篇，正橫渠作也，其說萬物皆備於我一段，宜與明道意合。今觀其說似不如此，其言曰：'萬物皆備於我，言萬事皆有素於我也，反身而誠，謂行無不慊於心，則樂莫大焉。'如明道之說，則物只是物，更不須作事字說，且與下文求仁之說意思貫串。橫渠解反身而誠爲行無不慊之義，又似來不得。不惟以物爲事，如下文'强恕而行，求仁莫近焉'，如何通貫得爲一意？"答曰："橫渠之說亦好。反身而誠，實也謂有此理，更無不慊處，則仰不愧，俯不怍，樂莫大焉。强恕而行，即是推此理以及人也。我誠有此理，在人亦必有此理，能使人亦有此，亦如此焉，則近於仁矣。如明道這般說話極好，只是說得太廣，學者難入。"（金去僞）○祝氏錄

【或問】此章之說。曰："萬物之生同乎一本，其所以生此一物者，即其所以生萬物之理也。故一物之中，莫不有萬物之理也。所謂'萬物皆備'云者，亦曰有其理而已矣。"曰："强恕，初不言忠，無忠何以爲恕耶？"曰："有心爲恕，則忠固在其中矣，所謂'無忠做恕不出'，兩字不容去一者，正謂此也。"

【張氏注】凡有是性者，理無不具，是萬物無不備也。程子曰："非獨人也，物亦皆然。"蓋人與物均本於天，而具是性故也。物雖具是理，爲氣質所隔，而不能推。人則能推矣，故反身而誠者，所以爲人之道。反身未誠，則强以此合彼，不能貫通而實有之，又安得樂？反身而至於誠，則心與理一，不待以己合彼，而其性之本然、萬物之素備者，皆得乎此。然則其爲樂，又烏可以言語形容哉？然而在學者欲進於斯，必自强恕而行始。原人之所以反身而未誠者，由其有己而自私也。誠能推己及人，以克其私，私欲既克，則廓然大公，天理無蔽矣。必曰"强"者，蓋勝其私爲難也，求仁之道孰近於此乎？

【纂疏】輔氏曰："《注》云：'勉强推己及人，學者求仁之事也。反身而誠，則人與仁合矣。然其未誠者，非有他也，私意隔之，與理爲二，而未純乎一也。故當凡事勉强推己及人，庶幾其心公平，得夫天理，而仁之道不遠矣。'夫盡性莫先於誠身，誠身莫要於求仁，求仁莫切於强恕。其階級分明，其工夫有序，學者由是而進焉，則聖人之道庶乎其可至也。其與坐談

高妙，馳志空虛，而卒無所依據者，不可同年而語矣。"○又曰："章指之說，
簡切明盡，所以直指聖賢盡性之實，開示學者求仁之方，其功大矣。"

○孟子曰："行之而不著焉，習矣而不察焉，終身由之而不知其道
者，衆也。"

著者，知之明。察者，識之精。言方行之而不能明其所當然，既習矣而猶
不識其所以然，所以終身由之，而不知其道者多也。

【語錄】方行之際，則明其當然之理，是行之而著。既行之後，則識其所以
然，是習矣而察。初間是照管向前去，後來是回顧後面，看所行之道理如
何。（沈僩）○祝氏錄

【張氏注】程子曰："行之而不著，謂人行之而不明曉也。習矣而不察，謂
人習之而不省察也。"如愛親、敬長、慈幼、鄉閭之人皆能行之，而莫明曉其
理也。夏葛冬裘、飢食渴飲，人皆朝夕習於其間，而莫省察其然。在人也
雖不著不察，然道實未嘗離，終身由之而不知其道，道之所存如是者多矣，
故曰衆也。是故《大學》之道，以格物致知爲先。程子曰："至論雖孔門中
亦有由之而不知者。"蓋門人雖日習於聖人之教，至其知之，則存乎其人，
聖人亦所不能與故也。

【纂疏】輔氏曰："'著'有明意，故《集注》以爲'知之明'。'察'有密意，故
以爲'識之精'。蓋著則明之而已，察則又加精焉。"○又曰："《注》云'所當
然'，是就事上說；'所以然'是就理上說。凡事皆有所當然，其所當然必有
理也，理則是其所以然。人能於方行之時明其事之所當然，既習之後又識
其理所以然，則能知夫道矣。但凡人不知此理，故方行之時倒行逆施，而
不能明其事之所當然，既習之後鹵莽滅裂，而猶不識其理之所以然。然雖
不著不察，而道實未相離，所以終其身由乎道之中，而不知夫道之實體者，
比比皆是。此《大學》之道所以格物致知爲先也。"

○孟子曰："人不可以無恥。　無恥之恥，無恥矣。"

趙氏曰："人能恥己之無所恥，是能改行從善之人，終身無復有恥辱之
累矣。"

【張氏注】恥者，羞惡之心所推也。恥吾之未能進於善，則善可遷。恥吾

之未能遠於過,則過可消。不憤則不啓,不悱則不發,人烏可無恥也? 苟惟漠然無所恥,則爲無所忌憚而已矣,故人當以無所恥爲恥也。趙氏曰:"人能恥己之無所恥,是爲改行從善之人,終身無復有恥辱之累。"程子亦以此説爲得之。蓋不知所恥,安於其恥,將終身可恥而不反;知所恥,則思去其所恥,而恥可無也。然則其可無恥哉!

【纂疏】輔氏曰:"恥者,改過遷善之幾也,故人不可以無恥。又就無恥而言,人若能以己之無恥爲恥,則可以終其身無恥辱之累也。然則人豈可以無恥哉?"

○孟子曰:"恥之於人,大矣。

恥者,吾所固有羞惡之心也。存之則進於聖賢,失之則入於禽獸,故所繫爲甚大。

【纂疏】輔氏曰:"恥乃人之羞惡之心,性之義也。存之則有所不爲,故可以進於聖賢;失之則無所不爲,故必至入於禽獸。其所繫豈不大哉?"

爲機變之巧者,無所用恥焉。

爲機械變詐之巧者,所爲之事皆人所深恥,而彼方且自以爲得計,故無所用其愧恥之心也。

【纂疏】輔氏曰:"陷溺其心於機械變詐之巧,則是無所不爲者也,故人雖以爲深恥,而己方自以爲得計。其愧恥之心,雖其固有,亦自窒塞而不復發見矣。"

不恥不若人,何若人有?"

但無恥一事不如人,則事事不如人矣。或曰:"不恥其不如人,則何能有如人之事?"其義亦通。○或問:"人有恥不能之心,如何?"程子曰:"恥其不能而爲之,可也。恥其不能而掩藏之,不可也。"

【或問】六章、七章之説。曰:"六章,李氏以爲人而無恥,則其爲恥也,無復可恥矣。七章,亦有謂人若不恥其不及人,則終不能及人者。於義亦通。"

【張氏注】此章亦表裏前章之意。而謂"爲機變之巧者,無所用恥焉",則極小人之情狀者也。小人用機變之巧,飾其小慧,矜其私智,不本於誠意,而務爲掩覆,機變愈巧而良心愈斫喪。故其爲善也,則務竊其名,而無善之實；其有過也，非惟順之，又從而爲之辭，安於自欺而不恤，是無所用夫恥也。既不以己之不若人爲恥，則終不若人而已矣。夫舜何人也？予何人也？舜爲法於天下，可傳於後世，我猶未免爲鄉人，此古人之所恥也。今人乃環視其身，無一可恥，聞古者聖賢之言行，顧已不能無所動其心焉，則亦末如之何也已矣。

【纂疏】輔氏曰："《集注》兩説，前説指機變之人言之，後説則泛言人不可以無恥之意。前一説痛切，後一説較緩。"○又曰："程子是用第二説，然恥其不能而爲之，則無不能矣；恥其不能而掩藏之，則終不能矣。世之人往往不能强於爲善，故吝於改過，甚至於護疾而忌醫者，多矣，故程子因以是警之。"

○孟子曰："古之賢王好善而忘勢，古之賢士何獨不然？ 樂其道而忘人之勢。 故王公不致敬盡禮，則不得亟見之。 見且由不得亟，而況得而臣之乎？"好，去聲。樂，音洛。亟，去吏反。

言君當屈己以下賢，士不枉道而求利。二者勢若相反，而實則相成，蓋亦各盡其道而已。

【張氏注】不知道義之可貴，則外物爲重矣。好善而忘勢者，其心獨知有善之可好，其求之也惟恐不及，夫豈知有勢之在己者哉？樂其道而忘人之勢者，循乎天理，樂其所樂，夫豈知有勢之在人者哉？蓋在上者，每自謙損，不以勢自居，固爲賢矣，而未若好善而忘勢之爲善也；在下者，安其貧賤，無慕於人之有勢者，亦爲賢矣，而未若樂其道而忘人之勢者爲深也。在上者忘其勢，而惟恐不得天下之善；在下者忘人之勢，而惟義是從。此爲俱得其道，使二者一旦而相合，則上下交而爲泰矣。故王公不致敬盡禮於賢士，雖欲數見之且不得，況可得而臣之？蓋士非以此自高也，其道固當爾也。

【纂疏】輔氏曰："君好善，則不知勢之在己；士樂道，則不知勢之在人。兩盡其道，則勢雖相反而實相成。不然君以勢而驕夫士，士以勢而徇乎君，則兩失其道矣，尚何足與有爲哉？"

○孟子謂宋句踐曰："子好游乎？ 吾語子游。 句，音鉤。好、語，皆去聲。

宋，姓。句踐，名。游，游説也。

人知之，亦囂囂；人不知，亦囂囂。"

趙氏曰："囂囂，自得無欲之貌。"

【纂疏】輔氏曰："游説之士，大病是不識義理，而唯欲其言之售。故往往以人之知不知爲輕重欣戚，是以語以自得無欲之説。"

曰："何如斯可以囂囂矣？"曰："尊德樂義，則可以囂囂矣。 樂，音洛。

德，謂所得之善。尊之，則有以自重，而不慕乎人爵之榮。義，謂所守之正。樂之，則有以自安，而不徇乎外物之誘也。

【纂疏】輔氏曰："尊，如尊德性之尊，尊其德則有以自重。樂，如樂天知命之樂，樂其義則有以自安。夫人爵之榮，外物之誘，豈勉强矯揉之所能免哉？必在我者有所得而自重，有所守而自安，而後能之也。"

故士窮不失義，達不離道。 離，力智反。

言不以貧賤而移，不以富貴而淫，此尊德樂義，見於行事之實也。

窮不失義，故士得己焉。 達不離道，故民不失望焉。

得己，言不失己也。民不失望，言人素望其興道致治，而今果如所望也。

【纂疏】輔氏曰："窮不失義，則在我者得其所守。達不離道，則能興道致治，以慰斯民平日之所望。"

古之人，得志，澤加於民；不得志，脩身見於世。 窮則獨善其身，達則兼善天下。"見，音現。

見，謂名實之顯著也。此又言士得己、①民不失望之實。○此章言内重而外輕，則無往而不善。

【集義】范氏曰："孟子每言道德，以義配之。'窮不失義，達不離道'，此以義配道而言也。'尊德樂義'，此以義配德而言也。道無義不足以爲道，德無義不足以爲德。率性之謂道，得於己之謂德，行而宜之之謂義。士不知義，則無以爲道德，故孟子每言道德，必以義配之，謂其行而得宜也。"

【張氏注】宋句踐之好游，言游於世，如歷聘之類。意句踐之爲人，徇名而外求者。孟子語之以游，使求之於吾身而已。"囂囂"，非特己而傲世也，趙氏以爲自得無欲之貌，善矣。"尊德樂義"者，尊吾性之德，而樂於義之所存也。尊德樂義，則其在己有不可得而已者，而亦何所求於外哉？夫士

──────────

① "又"，原作"足"，據宋當塗郡齋本《四書集注》改。

達所不離之道,即其窮所不失之義也。道言體,義言用,互相明耳。窮而不失義,則無慕乎外,故有以自得其己,一違於義,則失己矣。達而不離道,則凡其注措設施,無非道之所在,故有以副民望也。“得志,澤加於民”,其道得行也。“不得志,脩身見於世”,惟義之安也。其曰得志、不得志云者,蓋澤加於民,雖所性不存焉,而固君子志之所欲也。其曰脩身見於世者,言脩其身而其德名自不可掩於世也,非君子之脩身,欲以自見於世也,此亦學者不可以不察也。

【纂疏】輔氏曰:“'古之人,得志,澤加於民',乃民不失望之實。'不得志,則脩身見於世',乃士得己之實。又極其用而言之,則'窮則獨善其身,達則兼善天下'也。”

○孟子曰:“待文王而後興者,凡民也。 若夫豪傑之士,雖無文王猶興。”夫,音扶。

興者,感動奮發之意。凡民,庸常之人也。豪傑,有過人之才智者也。蓋降衷秉彝,人所同得,唯上智之材,無物欲之蔽,爲能無待於教,而自能感發以有爲也。

【集義】范氏曰:“凡民待文王而後興,若夫豪傑之士,雖無文王猶興。聖人則不然,'前聖後聖,其揆一也'。舜與文王相去千有餘歲,若合符節。由堯舜至於湯,五百有餘歲,湯聞堯舜之道而知之。由湯至於文王,五百有餘歲,文王聞湯之道而知之。由文王至於孔子,五百有餘歲,孔子聞文王之道而知之。聞而知之者,聖同也。孔子曰:'文王既没,文不在兹乎?'揚雄曰:'在則人,亡則書。'後世去文王既遠,讀其書,行其道,是亦文王矣。凡民興起必待文王,豪傑之士不待文王,聖人則與文王同道。孟子但言豪傑之士者,爲賢人法也。”

【語録】曰:“范氏推言聖人一節,甚得言外之意。”○蔡氏録

【張氏注】興者,興起於善道也。文王,風化之盛者。必待風化之盛,薰陶漸漬,而後興起,此衆民耳。若夫豪傑之士,則卓然自立,無待於人,雖無文王,固自興起也。此章勉人使自立耳。

【纂疏】輔氏曰:“文武興則民好善,幽厲興則民好暴。此皆中人以下之資,所謂凡民者是也。蓋無特立之操,教之善則爲善,不然則爲惡矣,若夫

才知過人之士，則天理易明，物欲難蔽，故雖不待上之人有以教之，而自能感發而興起以有爲也。”

○孟子曰：“附之以韓魏之家，如其自視欿然，則過人遠矣。”欿，音坎。

附，益也。韓魏，晉卿富家也。欿然，不自滿之意。尹氏曰：“言有過人之識，則不以富貴爲事。”

【張氏注】以外物爲重輕者，不得其欲則不足，得則慊矣。其慊與不足，係乎外物者也。若附之以韓魏之家，曰“自視欿然”，則是不以外物爲重輕，志存乎道義而已，則其所進又可量乎？ 其過人遠矣。

【纂疏】輔氏曰：“尹氏説甚善。人而以區區富貴爲事者，皆凡庸之人，咨驕封閉，不足與有爲矣。”

○孟子曰：“以佚道使民，雖勞不怨。 以生道殺民，雖死不怨殺者。”

程子曰：“以佚道使民，謂本欲佚之也，播穀、乘屋之類是也。以生道殺民，謂本欲生之也，除害去惡之類是也。蓋不得已而爲其所當爲，則雖咈民之欲而民不怨，其不然者反是。”

【或問】此章之説。曰：“去惡除害，固尹氏所引程子之説也，而程子又自有救焚拯溺之説，二者不同。”“子之去彼取此何也？”曰：“救焚拯溺，非常有之事，所指者狹。若曰去惡除害，則正所謂辟以止辟者。彼爲惡以害人，其罪當死，吾求所以生之者不得，而後殺之以安衆而厲其餘。凡此皆以生道殺之也，彼亦何怨之有？ 且或去惡，如伐叛除害，如救水火往者，不幸而死，亦無所怨。此又足以兼彼之説，而彼不足以兼此也。”

【張氏注】佚道，謂本爲佚之之道，雖或至於勞，而民知其本以佚己，是其勞也，固亦佚之之道也，則奚怨？ 生道，謂本爲生之之道，雖或至於死，而民知其本以生己，是其死也，固亦生之之道也，則奚怨？ 佚道使民，趙氏謂教民趨農，如亟其乘屋之類。生道殺民，程氏謂如救水火之類，或有焚溺而死者，雖死不怨。雖然，先王之制刑法，亦猶是也，明刑法以示之，本欲使之知所趨避，是乃生之之道也，而民有不幸而蹈於法，則不得已而致辟焉。固將以遏絶其流也，是亦生道而已。又況於先王哀矜忠厚之意，薰然存乎其間，①其爲生意，未嘗有間斷哉。若後世嚴刑峻法者，固不足道，而其得情而喜，與夫有果於疾惡之意，一毫之萌，則亦爲失所謂生道者矣。

【纂疏】輔氏曰：“播穀乘屋之類，雖不免於勞，然其本意，則乃欲佚之而已，故雖勞而不怨。除害去惡之類，雖不免於殺，然其本意則乃欲生之而已，故雖死而不怨殺者。”○又曰：“不得已者，事也。爲其所當爲者，理也。事雖不得已，而吾但爲其理之所當爲，故雖勞之殺之，可謂咈民之欲矣，而民自不怨，不然則是私意妄作而已。民之怨怒，其可得而逃乎？君子其亦謹其所謂勞與殺之事哉。”

○孟子曰：“**霸者之民，驩虞如也。　王者之民，皞皞如也。**　皞，胡老反。

驩虞，與歡娛同。皞皞，廣大自得之貌。程子曰：“驩虞，有所造爲而然，豈能久也。耕田鑿井，帝力何有於我？如天之自然，乃王者之政。”楊氏曰：“所以致人驩虞，必有違道干譽之事。若王者，則如天，亦不令人喜，亦不令人怒。”

【纂疏】輔氏曰：“楊氏説即程子意也，但楊氏説得明切，程子説得渾全。且霸者亟民之從，規模狹窄，故必至如此。時下雖得其民之歡娛，然豈能久哉？事過意息，則忘之矣。至於王者，則如天道之自然，當生則生，當殺則殺，而民自忘其喜怒也。”

殺之而不怨，利之而不庸，民日遷善而不知爲之者。

此所謂皞皞如也。庸，功也。豐氏曰：“因民之所惡而去之，非有心於殺之也，何怨之有？因民之所利而利之，非有心於利之也，何庸之有？輔其性之自然，使自得之，故民日遷善而不知誰之所爲也。”○豐氏，名稷，字相之，四明人。

【纂疏】輔氏曰：“‘因民之所利而利之，非有心於利之也，何庸之有？’此句所包甚闊，凡帝王之政教，皆是因民之性，輔其自然，使自得夫善，如堯所謂‘匡之直之，②輔之翼之，使自得之’是也。惟其如是，故民日遷於善，而不知誰之使我如此也，此即程子所謂‘耕田鑿井，帝力何有於我’之事。”

---

① “存”，原漫漶不清，此據通志堂本《孟子説》。
② “匡”，原作“正”，乃避宋太祖趙匡胤諱，今改回。

夫君子所過者化，所存者神，上下與天地同流，豈曰小補之哉？"

夫，音扶。

君子，聖人之通稱也。所過者化，身所經歷之處，即人無不化，如舜之耕歷山而田者遜畔，陶河濱而器不苦窳也。所存者神，心所存主處，便神妙不測，如孔子之立斯立、道斯行、綏斯來、動斯和，莫知其所以然而然也。是其德業之盛，乃與天地之化並行同運，[1]舉一世而甄陶之，非如霸者但小小補塞其罅漏而已。此則王道之所以爲大，而學者所當盡心也。

【集義】明道先生曰："所存者神，在己也。所過者化，及物也。"

【語錄】過化，只是過處人便化，更不待久。存神，此纔有所存，彼便應，言感應之速。（陳文蔚）○問："上蔡云：'所過者化，便所存者神，所存者神，便所過者化。'"曰："此是就心説。事來不留於心，便是存神，存神便能過化。橫渠云'性性爲能存神，物物爲能過化'，亦是此意。"（鄭可學）○君子所過者化，伊川本處解略，《易傳》"大人虎變"卻説得詳。《荀子》亦有"仁人過化存神"之語，此必古語。（吕燾）○"上下與天地同流，豈曰小補之哉"，小補只是逐片逐些子補綴。上下與天地同流，重鑄一番過相似。（林恪）○曰："經歷，亦不必爲經行之地，凡其身之所臨，政之所及，風聲士氣，化之所被，皆謂經歷也。"（見《文集》）○曰："不獨是所居久處，只曾經涉處，便皆化。"○又曰："如舜耕歷山，陶河濱，略略做這裏過，便自感化，不待久留，言其化之速也。"○曰："存是存主處，不是主宰，是存這事便來應。"○又曰："存是自家主意處，便不測，亦是人見其如此。"○**趙氏錄**

○問："《集注》云：所存主處，便神妙不測，所經歷處皆化。如此即是民化之也，非所謂大而化之之化。"曰："作大化之化，有病過了者。化則是未過時，卻凝滯於此，只是所經歷處，纔霑有些，便化也。雷一震而萬物俱生動，霜一降而萬物皆成，實無不化者。《書》曰：'俾予從欲以治，四方風動'，亦是此意。所存主處，便神妙不測，立之斯立，道之斯行，綏之斯來，動之斯和，莫知其所以然而然也。"問："同流是與天同其神化否？"曰："此難言，各有一分在裏。"曰："是個參贊意否？"曰："亦不是參贊。"（廖德明）○**祝氏錄**

---

[1]　"並行同運"，宋當塗郡齋本《四書集注》作"同運並行"。

【或問】過化存神之説。曰："張、謝皆疑於老佛之意，以此章上文考之，恐其指不爲是也。故程子直以所過者化爲及物，而於《易傳》又有'所過變化，如虎豹炳蔚'之言，其旨明矣。蓋言所過者化，則凡所經歷，物無不化，不必久於此而深治之，然後物從其化也。其曰在己者，蓋以化者無意而及物，此則誠於此而動於彼，如所謂從欲以治也。但其感應之速，如影響形聲之召，有不知其所以然者，是則所謂神耳。"

【張氏注】霸者之爲利小而近，目前之利，民欣樂之，故曰"驩虞如也"。王者之化遠而大，涵養斯民，富而教之，民安於其化、由於其道，而莫知其所以然也，故曰："皥皥如也。"詳味此兩言，則王霸之分可見矣。"殺之而不怨"者，以生道殺民也。"利之而不庸"者，以義爲利，而莫見其利之用也。"民日遷善而不知爲之"者，薰陶長育之深，有以變其俗，而莫知其然也。於是指其實而言之曰："君子所過者化，所存者神。"程子曰："過，謂身之所經歷處。存，謂存主處。"凡事事物物過乎吾前，皆吾所經歷也，感而遂通，各止其所，不其化乎？所存主者，謂其體也寂然不動，無有方所，不其神乎？所過者化，以其所存者神，猶云忠恕，忠爲體，恕爲用也。橫渠張子曰："性性爲能存神，物物爲能過化。"亦此意也。若此則"上下與天地同流"矣，言其配化育之流行也，視霸者之區區求以利之者，不亦小乎？夫以王者功用之大，而其本特在於過化存神而已。而此二者又存神爲之主焉，此帝王所傳精一之爲要也。

【纂疏】輔氏曰："德以其得於己者而言，業以其見於事者而言。聖人之德業，兩極其盛，故能與天地之化同運而並行也。'舉一世而甄陶之'，蓋言其功用之大、成就之廣，不可以一事一物而言也，豈若霸者之所爲，但隨事小小補塞其罅漏而已乎。"

○孟子曰："仁言，不如仁聲之入人深也。

程子曰："仁言，謂以仁厚之言加於民。仁聲，謂仁聞，謂有仁之實而爲衆所稱道者也。此尤見仁德之昭著，故其感人尤深也。"

【纂疏】輔氏曰："仁言，如《書》所載'訓誥誓命'之類是也。仁聲，如邠人之聞大王之爲仁人，伯夷、大公之聞文王善養老之類是也。仁聲仁聞，非聖人之仁，博厚悠遠，自然昭明，則不能有也。故其感於人也亦深，非止言語聲色之化而已。”

善政，不如善教之得民也。

政，謂法度禁令，所以制其外也。教，謂道德齊禮，所以格其心也。

【纂疏】輔氏曰：“善政，亦非徒尚夫法度禁令也，固亦有德行乎其間，但道之以政、齊之以刑，終不若道之以德、齊之以禮者，得民之心感而誠服也。”

善政民畏之，善教民愛之。　善政得民財，善教得民心。”

得民財者，百姓足而君無不足也。得民心者，不遺其親，不後其君者也。

【張氏注】程子曰：“仁言，爲政者道其所爲。仁聲，民所稱道。”夫至於能使民稱道其仁，則其誠意感乎、膏澤淪浹之者深矣，非仁言之所能及也。善政，謂立之制度。善教，謂陶以風化。夫政之未善，則民無以自養，而況得以事其公上乎？善政，則養民有道，取民有制，而民樂輸之，故曰“得民財”，然未及乎教也。養教，則涵濡長養，使興於善，其尊君親上之心，有不期然而然者，所謂得其心也。雖然，善政立，而後善教可行，所謂富而教之者也。孟子論得民心，必歸之善教者，蓋至此而後爲得民之至也。後世及乎善政者亦鮮矣，而況及於教乎？

【纂疏】輔氏曰：“‘百姓足而君無不足’者，取之有道，用之有節，故民先自足，而君亦無不足也。‘不遺其親，不後其君’，使民之於君，親之如父母，愛之如四體，尊而敬之，則‘得其財’與‘無不足’，又有不足道者也。”

○孟子曰：“人之所不學而能者，其良能也。　所不慮而知者，其良知也。

良者，本然之善也。程子曰：“良知良能，皆無所由，乃出於天，不係於人。”

【纂疏】輔氏曰：“本然之善，謂其善不知其所由來，自然而然，如所謂‘莫之爲而爲，莫之致而至’，故程子以爲‘皆無所由，乃得於天，不係於人’，其論切矣。”○西山真氏曰：“善出於性，故有本然之能，不待學而能；本然之知，不待學而知。”

孩提之童，無不知愛其親者。　及其長也，無不知敬其兄也。 長，上聲，下同。

孩提，二三歲之間，知孩笑、可提抱者也。愛親敬長，所謂良知良能者也。

【纂疏】輔氏曰：“孩提而下，又所以指其良知良能之在人者曉之，是豈待學而後能、慮而後知哉?"

親親，仁也。　敬長，義也。　無他，達之天下也。"

　　言親親、敬長，雖一人之私，然達之天下無不同者，所以爲仁義也。

　　【張氏注】"良"云者，有本然之義，有善之義。蓋其本然者，無非善也。不學而能，不慮而知，則無一毫人爲加於其間，天之所爲，而性之所有也。"孩提之童，莫不知愛其親。及其長也，莫不知敬其兄"，此其知豈待於慮乎?而其能也，又豈待於學乎?此所謂良能良知也。然而孟子此章下文獨曰"知"者，蓋知常在先也。愛敬者，良心之大端，蓋親親爲仁，敬長爲義，人道不越是而已。能存是心而達之，則仁義之道，不可勝窮矣。雖然，人之良能良知，如飢而食、渴而飲、手執而足履，亦何莫非是乎?何孟子獨以愛親敬長爲言也?蓋如飢食渴飲、手持足履之類，顧莫非性之自然，形乎氣體者也。形乎氣體，則有天理，有人欲;循其自然，則固莫非天理也。然毫釐之差，則爲以欲亂之矣。若愛敬之所發，乃仁義之淵源，故孟子之所以啓告人者，專指乎此，指天理之粹，以示人也。若異端舉物而遺則，天理、人欲混淆，而莫識其源，爲蔽有不可勝言者矣。

　　【纂疏】輔氏曰:"親親敬長，雖若出於一人之私，然其所謂仁，所謂義，所以建立人極，綱紀人道，以至於不可勝用者，不過即是心而達之於天下耳。"

○**孟子曰:"舜之居深山之中，與木石居，與鹿豕遊，其所以異於深山之野人者幾希。　及其聞一善言，見一善行，若決江河，沛然莫之能禦也。"** 行，去聲。

　　居深山，謂耕歷山時也。蓋聖人之心，至虛至明，渾然之中，萬理畢具，一有感觸，則其應甚速，而無所不通。非孟子造道之深，不能形容至此也。

　　【語錄】問:"舜聞善言，見善行，若決江河，沛然莫之能禦也。不知未有所聞見時，氣象如何?"朱子曰:"湛然而已。其理充塞具備，一有所觸，便沛然不可禦。"

　　【張氏注】深山野人，朝作而夕息，舜亦朝作而夕息;飢食而渴飲，舜亦飢食而渴飲。是果何以異哉?舜則純乎天理，日新無息，深山之野人則由之而不知也。何以知舜之若是哉?於其聞一善言，見一善行，若決江河，則知之矣。蓋所謂善言善行者，豈外有於舜之性哉？惟舜之心純乎天理，故聞善言、見善行，不待勉强而自趨，沛然若决江河之莫禦也。

【纂疏】輔氏曰："聖人渾是一團義理，感非自外，應非自中，故能至速而無不通也。"

○孟子曰："無爲其所不爲，無欲其所不欲，如此而已矣。"

李氏曰："有所不爲不欲，人皆有是心也。至於私意一萌，而不能以禮義制之，則爲所不爲，欲所不欲者，多矣。能反是心，則所謂拓充其羞惡之心者，而義不可勝用矣，故曰如此而已矣。"

【集義】范氏曰："君子所當爲者，義也。所不可爲者，不義也。所可欲者，善也。所不可欲者，不善也。不爲不義，則所爲皆義。不欲不善，則所欲皆善。君子之道，止於如此而已矣。"

【語録】曰："人心至靈，其所不當爲、不當欲之事，何嘗不知？但初間自知了，到計較利害，却自以爲不妨，便自冒昧爲之、欲之耳。今既知其所不當爲，所不當欲，若便要求這裏截斷，斷然不爲不欲，故曰如此而已矣。"○趙氏録

【張氏注】爲，謂爲於事。欲，謂欲於中。性無有不善，其爲善而欲善，猶水之就下然也。若所謂不善者，是其所不爲也，所不欲也，亦猶水也，搏而躍之使過額，激而行之使在山者然也。雖然，其所不爲而人爲之，其所不欲而人欲之，則爲私欲所動，而逆其性故耳。善學者何爲哉？無爲其所不爲，無欲其所不欲，順其性而已矣。

【纂疏】輔氏曰："凡人有所不爲，有所不欲者，心爲之宰，而禮義有以制之也。若夫爲所不爲，欲所不欲，則心不在焉，而無禮義以制之耳。雖然，心非在外也，放而不知求，則若不在焉耳。能反是心，則是廣充其羞惡之心者，將見其義至於不可勝用矣。"○又曰："上言不能以禮義制之，而後又獨言羞惡與義者。所不可爲、所不可欲者，謂非禮也，至於不爲其所不可爲，不欲其所不可欲，則是羞惡之心，義而已矣。"

○孟子曰："人之有德慧術知者，恒存乎疢疾。　知，去聲。疢，丑刃反。

德慧者，德之慧。術知者，術之知。疢疾，猶灾患也。言人必有疢疾，則能

動心忍性，增益其所不能也。

【纂疏】輔氏曰：“德之慧，謂慧德也，與昏正相反。術之智，謂智術也，與愚正相反。疢疾，則非真是病，故曰猶灾患也。人惟有灾患，竦動其仁義禮智之心，堅忍其食色臭味之性，故能增益其所不能，而有夫德慧術知也。”

獨孤臣孽子，其操心也危，其慮患也深，故達。”

孤臣，遠臣。孽子，庶子。皆不得於君親，而常有疢疾者也。達，謂達於事理，即所謂德慧術知也。

【語録】德慧純粹，術知聰明，須有朴實工夫，方磨得去。（潘履孫）

【張氏注】疢疾，謂憂患也。蓋人平居無事之時，漠然不省者多矣，惟夫疢疾加焉，則動心忍性，有以感發，故德慧術智，自此而生，以孤臣孽子觀之可見。孤臣孽子，操心危，慮患深。危，故專一而不敢肆。深，故精審而不敢忽。專精之極，①故於事皆能有所通達也。然所謂德慧術知，蓋有小大。所謂達者，亦有淺深。要之由憂患而有所發，則一也。然則處安樂之地者，誦斯言可不思夫逸豫之溺人，而深求所以戒懼乎？當憂患之際者，誦斯言可不念其爲進德脩業之要，而自勉厲乎？此孟子之所以啓告學者之意也。

【纂疏】輔氏曰：“孤臣孽子，皆宜不得於君親者，則是所謂常有乎疢疾灾患者也。操心危，慮患深，故能動心忍性而不至於昏愚，達夫事理之當然，而有所謂德慧術知矣。”

○孟子曰：“有事君人者，事是君則爲容悦者也。

阿徇以爲容，逢迎以爲悦，此鄙夫之事，妾婦之道也。

【張氏注】容悦，取容以悦君。

【纂疏】輔氏曰：“阿徇爲容，謂長君之惡，以求容其身者。逢迎爲悦，謂逢君之惡，以求君之悦者。”

有安社稷臣者，以安社稷爲悦者也。

言大臣之計安社稷，如小人之務悦其君，睠睠於此而不忘也。

---

①　“專”，原破損不清，此據通志堂本《孟子説》。

【纂疏】輔氏曰："此則所謂'天理人欲,同行而異情'也。其眷眷不忘雖同,而其情則異,一則務爲容悅之私,一則務安社稷以爲忠也。"

有天民者,達可行於天下而後行之者也。

民者,無位之稱,以其全盡天理,乃天之民,故謂之天民。必其道可行於天下,然後行之,不然則寧没世不見知而不悔也,不肯小用其道以徇於人。張子曰:"必功覆斯民然後出,如伊吕之徒。"

【纂疏】輔氏曰:"天之生民,其理無不具,而人之虧欠者多矣。故程子謂'天民爲能踐形也',是指伊尹、太公未出之時而言。《注》云'必其道可行於天下,然後行之',是指伊尹、太公已出之時言也。若使當時不遇湯與文王,則二子寧没身不見知而不悔,樂天知命也。不肯小用以徇於人,大匠不爲拙工改廢繩墨,以道事君,不可則止者也。"○又曰:"張子之説,深得伊吕之心事也。"

有大人者,正己而物正者也。"

大人,德盛而上下化之,所謂"見龍在田,天下文明"者。○此章言人品不同,略有四等:容悅佞臣不足言;安社稷則忠矣,然猶一國之士也;天民,則非一國之士矣,然猶有意也;無意無必,唯其所在而物無不化,惟聖者能之。

【集義】吕氏曰:"如伊尹乃得天民之稱。孟子所謂'天民之窮而無告',伊尹所謂'予天民之先覺',止謂天生之民,與此義皆異。"又曰:"爲政以德,自治之道備,則不求於民,而民歸之。故大人之政,正己而已。"○楊氏曰:"孟子言'大人正己而物正',荆公却云'正己而不期於正物,則無義;正己而必期於正物,則無命',若如所論,孟子自當言正己以正物,不應言正己而物正矣。物正,物自正也,大人只知正己而已,若物之正,何可必乎?惟能正己,物自然正,此乃'篤恭而天下平'之意。荆公之學,本不知此。"

总论二章之旨 所示天民、大人不可分,如大、聖、神之不可優劣。某切意此等向上地位,與學者今日立身處大段懸絶,故難遥度。今且以諸先生之言求之,則聖、神固不可分。横渠曰:"聖不可知,謂神。"莊生謬妄,又謂有"神人"焉。伊川曰:"神則聖而不可知,非聖人之上,又有一等神人。"大與聖則不可分,伊川曰:"大而化之,已與聖一也。未化者,如操尺度量物,用之尚不免差。已化者,已即尺度,尺度即已。顏子大而未化,若化則達於孔子矣。"橫渠曰:"大可爲也,化不可爲也,在熟之而已。《易》所謂'窮神知化',乃養盛自致,非智力能强也。"又曰:"大人未化,未有其大,化而後有其大。"又曰:"大幾聖矣,化則位乎天德矣。"更以言語氣象揣度,則達可行於天下,而後行之,與正己而物正者,亦不得不異。且如伊尹曰:"吾豈若使是君爲堯舜之君哉? 使是民爲堯舜之民哉? 豈若於吾身親見之哉?"又曰:"予將以斯道覺斯民也,非予覺之而誰也?"此可謂達可行於天下而後行之矣,其於舜之恭己正南面而已矣,如何哉? 似此恐未可謂不可分也,但其分難見,如顏子之未達一間處,只是顏子自知耳。(答汪尚書)○祝氏録　○又曰:"天民,專指潛隱未得位者。大人,則其德已著,如《乾》之二五,通上下而言之也。此不言聖人者,如《乾》之'大人',豈必以爲充實光輝而未化者邪?"○蔡氏録

【張氏注】以事是君爲容悦者,慕爵禄而從君者也。以安社稷爲悦,則志存乎功業者也,與爲容悦者固有間矣,然未及乎道義也。蓋志存乎功業,則苟可就其功業而遂其志,則亦所屑爲矣。古之人惟守道明義而已,故雖有蓋世之功業在前可爲,而在我者有一毫未安,①則不敢徇也。蓋功業一時之事,而良心萬世之彝,舍彝常而徇近利,君子不忍爲故耳。故所謂"天民"者,必明見夫達而其道可行於天下,而後行之。蓋其所主在道,而非必於行也。謂之天民者,言能全夫天生此民之理者也。天之生民也,其理無不具,而人之虧欠者多矣,故程子謂天民爲"能踐形者也",以其在下而未達,故謂之民。"大人"者,即天民之得時、得位者也,若伊尹之在莘野,則爲天民,出而佐商,則爲大人也。"正己而物正之"者,正己而物自正也,蓋一身者,天下之本,若規規然有意於正物,則其道亦狹矣。至正而天下之感無不通焉,固有不言而信,不令而從者,此大人正己而物正之事也。秦漢而下,其間號爲賢臣者,不過極於以安社稷爲悦而已,語夫天民事業,則鮮矣。嗟乎! 學之不傳,亦已久矣。

【纂疏】輔氏曰:"《集注》云云,上謂君,下謂民。大人德盛,故上而君,下而民,無不化也。《乾》之九二,可以當之矣。蓋大人一出,而天下莫不文

---

① "毫",原漫漶不清,此據通志堂本《孟子説》。

明，是聖人之事也。"○又曰："孟子言此，所以品節人臣之品有此四等。諛佞之臣，則是徇私而忘理者也，固不足道矣。安社稷者，則行理以盡忠者也，然猶是一國之士而已，所謂一國之士，知有其國而不知有天下也，春秋之賢大夫是矣。至於天民，則如伊呂之徒，非止一國之士也，可以大用而不可以小知者也，然猶微有意焉，必其道可行於天下，然後行之，不肯小用其道以徇於人，如程子所謂'伊尹，此聖人終是有任底意思'者是也。大人則聖人矣，如周公、孔子方能當之，周公在上而能使天下文明者也，孔子在下而能使萬世文明者也，故曰：'無意無必，唯其所在而物無不化，唯聖者能之。'至公不私，進退以道，周公之無意無必也；行止久速，無可無不可，孔子之無意無必也。"

○孟子曰："君子有三樂，而王天下不與存焉。 父母俱存，兄弟無故，一樂也。 樂，音洛。王、與，皆去聲，下並同。

此人所深願而不可必得者，今既得之，其樂可知。

仰不愧於天，俯不怍於人，二樂也。

程子曰："人能克己，則仰不愧、俯不怍，心廣體胖，其樂可知。有息則餒矣。"

【語錄】曰："此說極有味。"

得天下英才而教育之，三樂也。

盡得一世明睿之才，而以所樂乎己者教而養之，則斯道之傳，得之者眾，而天下後世將無不被其澤矣。聖人之心所願欲者，莫大於此，今既得之，其樂為如何哉？

【纂疏】輔氏曰："此樂與有朋自遠方來之樂同，而有大焉，故以為聖人之所願欲者，莫大乎是也。"

君子有三樂，而王天下不與存焉。"

林氏曰："此三樂者，一係於天，一係於人，其可以自致者，惟不愧不怍而已，學者可不勉哉。"

【張氏注】動於欲者，以物為樂。以物為樂者，逐物以肆志而已，①豈所謂

---

① "逐"，原作"農"，據宋當塗郡齋本《四書集注》改。

性情之正者哉,故孟子言"君子有三樂,而王天下不與存焉。"君子之樂,樂
其天而已,夫"父母俱存,兄弟無故",則吾所以從容乎天倫之際,有所施而
無可憾矣。"仰不愧於天,俯不怍於人",則中心無斯須而不由於理義矣。
"得天下英才而教育之",則以是道與人共由,而所以涵泳發揮者深矣。是
三者皆本夫性情而樂,其天者也。於此得所樂,則視王天下之事,如太虛
中浮雲耳,果何與於我,而況其他哉? 雖然,於是三樂之中,仰不愧,俯不
怍,其本歟? 蓋不愧不怍,在我者可得而勉者也。至於父母俱存,兄弟無
故,則有命焉。然使吾胸中多所愧怍,則雖處乎父母兄弟之間,固亦不得
而樂其樂也。至於得天下英才而教育之,其所以教育之者,是吾之不愧不
怍者也,故曰:三樂之中,不愧不怍,其本歟。

【纂疏】輔氏曰:"父母俱存,兄弟無故,皆天所與,非人所為,故曰'係於
天'。得天下英才而教育之,須是有那明睿之人相從,故己得以施其教,若
無其人,則無所施矣,故曰'係於人'。至於仰不愧、俯不怍,則在我自致之
而已,故學者不可不以是自勉也。又況自己不能不愧不怍,則雖有父母兄
弟,而亦不能有其樂,雖有明睿之才,而亦何以為教哉。"

○孟子曰:"廣土眾民,君子欲之,所樂不存焉。 樂,音洛,下同。
地闢民聚,澤可遠施,故君子欲之,然未足以為樂也。

中天下而立,定四海之民,君子樂之,所性不存焉。
其道大行,無一夫不被其澤,故君子樂之,然其所得於天者則不在是也。

【纂疏】輔氏曰:"'地闢民聚,澤可遠施',則得以推吾之仁,故君子欲之。
中天下而立,則'其道大行',而地無遠近之限;定四海之民,則'無一夫不
被其澤',而民無眾寡之分。是又得以遂吾之仁,故君子樂之。要之兩事
皆只是仁,但有廣狹之辨,故所欲者,未足以為樂。至於樂,則所謂博施濟
眾,聖人之事也。'所得於天',則是指性而言也。所欲所樂,固亦非性外
之事,但於吾所受之全體,則有何增損哉?"

君子所性,雖大行不加焉,雖窮居不損焉,分定故也。 分,去聲。
分者,所得於天之全體,故不以窮達而有異。

【語錄】此君子是通聖人而言。所性,是說生來承受之性。(林恪)○君子
所性,只是這一個道理,雖達而為堯舜在上,亦不是加添些子;若窮而為孔

孟在下,亦不是減少些子。蓋這一個道理,合下都定了,更添減不得。又云這"所性"字,說得虛,如堯舜"性之"之"性"字。(呂燾)

總論二節之旨 中天下而立,定四海之民,固是人所欲。與其處畎畝之中,孰若進而得行其道,使天下皆被其澤。要得出行其道者,是亦人之所欲,但其用其舍,於我性分之內,本不相關。進而大行,退而窮居,於我性分之內,無所加損。(葉賀孫)○祝氏錄

【纂疏】輔氏曰:"事雖有窮達,而性之全體,何嘗有一豪之加損。分定,蓋言性之全體,自有一定之分故也。"

君子所性,仁義禮智根於心,其生色也,睟然見於面,盎於背,施於四體。 四體不言而喻。" 睟,音粹。見,音現。盎,烏浪反。

上言所性之分,與所欲所樂不同,此乃言其蘊也。仁義禮智,性之四德也。根,本也。生,發見也。睟然,清和潤澤之貌。盎,豐厚盈溢之意。施於四體,謂見於動作威儀之間也。喻,曉也。四體不言而喻,言四體不待吾言,而自能曉吾意也。蓋氣稟清明,無物欲之累,則性之四德根本於心,其積之盛,則發而著見於外者,不待言而無不順也。程子曰:"睟面盎背,皆積盛致然。四體不言而喻,惟有德者能之。"○此章言君子固欲其道之大行,然其所得於天者,則不以是而有所加損也。

【集義】明道先生曰:"得之於心,謂之有德,自然睟然見於面,盎於背,施於四體,四體不言而喻。豈待勉强也?"○伊川先生曰:"學得一事是一事,二事是二事,觸類至於百千,至於無窮盡,亦只是學,不是德。有德者不如是,如心得之,則施四體,四體不言而喻。譬如學書,若未得者,須心手相應,而學苟得矣,下筆便能書,不必積學。"

【語錄】問根字之義。曰:"養得到,見得明,便自然生根,此是人工夫做來。"(黃義剛)○仁義禮智根於心,便見得四端着在心上,相離不得。纔有些子私意,便剗斷了那根,便無生意。譬如木根著在土上,方會生,其色也睟然,都從那根上發出來。且性字從心,便見得先有這心,便有許多物在其中。(林恪)○祝氏錄 ○曰:"君子氣宇清明,無物欲之累,故合下生時,這箇根便著土,所以生色形見於外。衆人則合下生時,便爲氣稟物欲,一重隔了,這個根便未著土在。蓋有殘忍底心,便沒了仁之根;有頑鈍底

心,便没了義之根;有忿狠底心,便没了禮之根;有黑暗底心,便没了智之根。都各有一重隔了。而今人便只要去其氣稟物欲之隔,教四者之根著土而已。"〇問四體不言而喻。①曰:"是四體不待命令而自如此。謂'手容恭',不待自家教他恭而手容自然恭;'足容重',不待自家教他重而足容自然重。蓋不待教他如此,自然如此也。"(吕燾)

【張氏注】"廣土衆民,君子欲之"者,爲其可以行道而濟世耳,非有樂乎此也。"中天下而立,定四海之民",則是道可行,而世可濟矣,故君子樂之。然窮達出處,有命有義,非君子所性也。所性,謂與生俱生者也。故君子之所性,大行不加,窮居不損,以其分定也。天賦是性,則有是分,然人之不能盡其分者多矣,惟君子爲能全之。故道行乎天下而無所加,獨善於一身無所損,分定故也。於是又指言其所性之實,謂仁義禮智也,四者具於性,而根於心,猶木之著本,水之發源,由是而生生不息也。仁義禮智根於心,而生色於外,充盛著見自不可揜,故其睟然之和見於面,盎於背,施於四體,四體不言而喻。涵養擴充積久而熟,天理融會,動容周旋無非此理,而内外一也。不言而喻,言其自然由於此,而無待於防檢耳。故程子曰:"睟面盎背,德盛仁熟致然。"又曰:"四體不言而喻,惟有德者能之。"

【集疏】覺軒蔡氏曰:"先師云:'看文字當看大意,又看句語中何字最切要。孟子謂仁義禮智根於心,只根字甚有意。'蓋根於心者,培壅得厚盛,則發見於外者,自然睟面盎背,到得手足便順,不覺其所以然,此是甚次第? 廣土衆民,其道大行,自有不容遏,窮達不足道也。"

【纂疏】輔氏曰:"此所以爲聖賢之樂也,孟子若於此不發其蘊,則性只是一懸空之物,都無實體,即與釋老之見無異矣。"

〇孟子曰:"伯夷辟紂,居北海之濱,聞文王作,興曰:'盍歸乎來! 吾聞西伯善養老者。'太公辟紂,居東海之濱,聞文王作,興曰:'盍歸乎來! 吾聞西伯善養老者。'天下有善養老,則仁人以爲己歸矣。　辟,去聲,下同。大,他蓋反。

己歸,謂己之所歸。餘見前篇。

---

① "問",原脱,據明陳煒刻本《朱子語類》卷六〇《孟子十·盡心上》補。

五畝之宅，樹牆下以桑，匹婦蠶之，則老者足以衣帛矣。 五母雞，二母彘，無失其時，老者足以無失肉矣。 百畝之田，匹夫耕之，八口之家足以無飢矣。 衣，去聲。

此文王之政也，一家養母雞五、母彘二也。餘見前篇。

【纂疏】輔氏曰：“五畝之宅而下，《梁惠王上》篇已言之矣，今又言之者，故《集注》以爲此是文王之政也。觀五雞二彘之事，則文王之政亦可謂周悉矣。若無此説，則人往往將文王之養，只如後世尊養三老五更之禮文而已。”

所謂西伯善養老者，制其田里，教之樹畜，導其妻子，使養其老。五十非帛不暖，七十非肉不飽。 不暖不飽，謂之凍餒。 文王之民，無凍餒之老者，此之謂也。”

田，謂百畝之田。里，謂五畝之宅。樹，謂耕桑。畜，謂雞彘也。趙氏曰：“善養老者，教導之使可以養其老耳，非家賜而人益之也。”

【張氏注】以伯夷、太公之事觀之，則知天下有善養老者，則仁人必歸之。蓋善養老，則其仁心之所存，仁政之所行，可知矣。仁人見其然，是以樂從之。自五畝之宅，樹牆下以桑，以其善養老之道也。以制田里爲先者，田里之制不定，則多寡貧富之不齊，而政教亦末由行也。惟先制其田里，使各有常產，公平均一，而俱無不足之患，然後政教可行焉。於是而教其樹畜，又教之導其妻子，以養其老者，至於五十者可以衣帛，七十者可以食肉，而無凍餒之老者，可謂善養老者矣。[1]王政始於養老者，蓋善俗教民之本故也。

○孟子曰：“易其田疇，薄其税斂，民可使富也。 易、斂，皆去聲。

易，治也。疇，耕治之田也。

食之以時，用之以禮，財不可勝用也。 勝，音升。

教民節儉，則財用足也。

民非水火不生活，昏暮叩人之門户，求水火，無弗與者，至足矣。聖人治天下，使有菽粟如水火。 菽粟如水火，而民焉有不仁者乎？” 焉，於虔反。

---

① “老”，原作“者”，據通志堂本《孟子説》改。

水火，民之所急，宜其愛之，而反不愛者，多故也。尹氏曰："言禮義生於富足，民無常產，則無常心矣。"

【集義】范氏曰："聖人治天下，當使家給人足，財用有餘，五穀易得，有如水火。若使菽粟如水火，則人知廉恥，興於禮義，豈有不仁者乎？聖人之治天下，既庶而後富之，既富而後教之，倉廩實而知禮節，衣食足而知榮辱，所謂菽粟如水火，則民無有不仁，堯舜三王之盛皆由此道也。"又曰："先王養天下之民，非人人衣食之也，唯不奪農時，則皆得治其田疇；恭儉節用，則可以薄其稅斂。此二者使富足之道也。天生時而地生財，所以養人。食之不以時，用之不以禮，則天地之力亦不能給。是以古之明主欲治天下，先治其心，人君之心清静而省事，淡泊而寡欲，則萬民得其所，萬物得其性矣。"

【張氏注】富足，使治其田疇，而輕爲之賦斂，則民皆可使富。蓋有以仰事俯育，而無不足也。食之以時，食民之力，則以其時，如樂歲寡取。而凶年糞其田而不足，乃取贏焉，則非以時矣，此助法之所以爲貴也。用之以禮，如城郭宮室、宗廟祭祀、幣帛饔飧、百官有司之類，是其用之不可闕者，而莫不有制焉，所謂禮也。或用於其所不必用，或用之而過，皆爲非禮也。孟子之所謂理財，蓋如此。先之以民可使富，而後繼之以財不可勝用，蓋百姓足，而後君無不足也。後世但以足國爲富，而不及乎民，所謂撅其本也。①菽粟，人賴以生活，亦猶水火之不可一日無，昏暮叩人之門户，而於水火無不得者，以其至足矣。然則菽粟亦當使如水火然也，菽粟如水火，則民無不足。民無不足，則無所求而有常心，故教化可得而行焉，此其所以興於仁也。大抵聖賢之論富民，未有不及於教者也。

【纂疏】輔氏曰："尹氏之説當矣，觀此則人心本仁可知已。其或有不仁者，陷溺其本心焉耳。"

○孟子曰："孔子登東山而小魯，登太山而小天下。故觀於海者難於水，遊於聖人之門者難爲言。

此言聖人之道大也。東山，蓋魯城東之高山，而太山則又高矣。此言所處

① "撅"，原作"人"，據通志堂本《孟子説》改。

益高,則其視下益小;所見既大,則其小者不足觀也。難爲水,難爲言,猶仁不可爲衆之意。

【纂疏】輔氏曰:“孟子因孔子之言,以明聖道之大。”○又曰:“《注》云‘所處益高,則視下益小’,以行而言也。‘所見既大,則小者不足觀’,以知而言也。”○又曰:“觀於海,則天下之水皆不足以動吾之視。遊於聖人之門,則天下之言皆不足以入吾之聽。亦猶仁則天下之衆皆莫能與之敵,故亦曰:難爲衆也。”○潛室陳氏曰:“仁不可爲衆,言仁者難爲衆。看有幾多人衆,來到仁者面前皆使不得,猶太山之前難爲山,大海之前難爲水。”

觀水有術,必觀其瀾。　日月有明,容光必照焉。

此言道之有本也。瀾,水之湍急處也。明者,光之體。光者,明之用也。觀水之瀾,則知其源之有本矣;觀日月於容光之隙無不照,則知其明之有本矣。

【集義】伊川先生曰:“觀瀾必照,言其道之無窮。瀾,水之動處,苟非源之無窮,則無以爲瀾;非日月之明無窮,則無以容光必照;成章者,篤實而有光輝也。”又曰:“日月之明有本,故凡容光必照;君子之道有本,故無不及也。成章,《易》曰‘美在其中,暢於四支’之謂也。”

【語録】問:“觀其瀾處,便見其本耶? 抑觀其瀾,知其有本了,又須窮其本所自來?”曰:“説觀其瀾,便是就瀾處便見其本,更去那裏別討箇本?”(黄義剛)○祝氏録

【或問】此章之説。曰:“程子至矣,其曰‘無窮’,又曰‘有本’,當合之曰‘言道之有本而無窮’則善。其論成章亦然。此章雜取衆理,錯比成文,以明難明之理。”

【纂疏】輔氏曰:“聖人之道所以大者,以其有本也。然程子以此爲言道之無窮,而《集注》獨以爲言其有本者,蓋有本而後能無窮故也。”○趙氏曰:“大波爲瀾,小波爲湍。”○又曰:“明者,虛瑩昭徹之本體。光者,即此明之發揮著見於外。”

流水之爲物也,不盈科不行;君子之志於道也,不成章不達。”

言學當以漸,乃能至也。成章,所積者厚,而文章外見也。達者,足於此而通於彼也。○此章言聖人之道大而有本,學之者必以其漸,乃能至也。

【語録】成章是做得成片段,有文理可觀。如子貢之辨、子路之勇,都是真

箇做得成了，不是半上落下，今日做得，明日又休也。（沈僩）

總論一章之旨 此一章，如《詩》之有比興。比者，但比之以它物，而不説其事如何；興，則引物以發其意，而終説破其事也。如“孔子登東山而小魯”，至“遊聖人之門者難爲言”，此興也。“觀水有術，必觀其瀾”，至“容光必照焉”，此比也。“流水之爲物也”，至“不成章不達”，此又是興也。比者，如“鶴鳴于九皋”之類；興者，如“他人有心，予忖度之”上引“毚兔”“柔木”之類是也。“流水之爲物也，不盈科不行；君子之志於道也，不成章不達。”蓋人之爲學，須是務實，乃能有進，若這裏工夫欠了分毫，定是要透過那裏不得。（潘時舉）○祝氏録

【張氏注】登東山而覺魯之小，登泰山而覺天下之小，聖人蓋有所感嘆於斯也。孟子因而推之，以言聖人之道大，亦若是也。莫非水也，而海爲之，至觀於海，則天下之水，皆難以進於前矣；莫非言也，而聖人爲之，至遊於聖人之門，則天下之言道術者皆難以進於前矣，以其至而不可有加故也。又推而言之，以謂“觀水有術，必觀其瀾”。程子曰“瀾，水之動處”，蓋生意流形，自然不息，以其源之有本而無窮故耳。非獨水也，日月之明，雖容光之隙無不照及焉，亦以其明之有本而無窮也，道之無窮亦猶是耳。又因流水而言之，以謂流水之行，必盈科而後進，不盈科則不進也。君子之志於道，必循夫本末先後之序，實有諸己，成章而後達。成章，謂成其章矣，如《語》所載，由志學至于從心不踰矩，每積十年，然後能成章而一進也。不成章，則就其所至有所未盡，烏能以遽達乎？此章首言聖賢之大，次言其無窮，蓋欲知聖道之大，當於其無窮者觀之。而末又言志於此道者，以實有諸己爲貴，若能有諸己，積之之久，而後其無窮者，可循而達也。

【纂疏】輔氏曰：“《集注》云‘所積者厚，而文章外見’者，即程子所謂‘譬如珠玉，小積則有小光輝，大積則有大光輝也’。”○又曰：“達者，足於此而通於彼也，如自‘有諸己之謂信’，至於‘大而化之之謂聖’。自志學，至從心不踰矩，其間次弟，皆是足於此而通於彼。須實體之，方知其味，非妄想虚空者所能測識也。”○又曰：“聖道之大，固有其本矣。然自學者言之，則又豈能一蹴而遽至哉？故又以水必盈科而後行，君子之志於道，必成章而後達者曉之，以見學者當務實而有漸，不可蹔等陵節，懸空妄想而卒歸於無所得。”

○孟子曰："雞鳴而起，孳孳爲善者，舜之徒也。　孳，與孜同。

孳孳，勤勉之意。言雖未至於聖人，亦是聖人之徒也。

【語録】問"孳孳爲善"。曰："如今且須常存個誠敬做主，學問方有所歸着。如有個屋舍了，零零碎碎方有頓處。不然，却似無家舍人，雖有千金之寶，亦無安頓處。今日放在東邊草裏，明日放在西邊草裏，終非己物。"（葉賀孫）

【纂疏】輔氏曰："'孳孳'，是勤勉不已之意。舜之爲善，與跖之爲利，[1]皆云孳孳者，天理人欲同行而異情也。"

雞鳴而起，孳孳爲利者，跖之徒也。

跖，盜跖也。

欲知舜與跖之分，無他，利與善之間也。"

程子曰："言間者，謂相去不遠，所爭毫末耳。善與利，公私而已矣。才出於善，便以利言也。"○楊氏曰："舜、跖之相去遠矣，而其分乃在利善之間而已，是豈可以不謹？然講之不熟，見之不明，未有不以利爲義者，又學者所當深察也。"或問："雞鳴而起，若未接物，如何爲善？"程子曰："只主於敬，便是爲善。"

【集義】呂氏曰："與舜爲徒則入於舜，與跖爲徒則入於跖，人皆可以爲舜，亦可以爲跖，惟在利與善而已。故曰：'欲知舜與跖之分，無他，利與善之間也。'孟子曰：'道二，仁與不仁而已矣。'天下之道，惟善與惡，惟義與利，好善則終於爲舜，好利則終於爲跖，君子小人各趨一塗，是故君子憂其不如舜也。"

【語録】利與善之間。曰："不是冷水，便是熱湯，無那中間温吞並入聲。暖處也。"（沈僩）○纔有心要人知，要人道好，要以此求利禄，皆爲利也。這個極多般樣，雖所爲皆善，但有一毫歆慕外物之心，便是利了。如一塊潔白物事，上面只着一點黑，便不得爲白矣。（沈僩）

【或問】此章之説。曰："程子未接物時之論，尤能發明言外之意。又嘗言不獨財利之利，凡有利心便不可，如作一事須尋自家穩便處，皆利心也。如此則善利之間相去毫髮，苟辨之不明，其不反以利爲善者鮮矣。此《大

---

① "之"下，原衍"之"字，據元刻本《四書纂疏》删。

學》之道，所以雖誠意正心爲重，而必以格物致知爲先也。”

【張氏注】此章論善利爲舜、跖之分，啓告學者，可謂深切著明矣。蓋出義則入利，去利則爲善也，此不過毫釐之間，而有白黑之異，霄壤之隔焉。故程子曰：“間云者，謂相去不遠也。”夫善者，天理之公，孳孳爲善者，存乎此而不舍也。至於利，則一己之私而已，蓋其處心積慮，惟以便利於己也。然皆云“孳孳”者，①猶言“君子喻於義，小人喻於利”之意。夫義利二者，相去之微，不可以不深察也。學者於操舍之際驗之，則可見其大端，而知所用力矣。用力之初，舜、跖之分，未嘗不交戰也。蓋所謂善者，雖人性之所素有，而所謂利者，乃積習之深，固不易遽以消除也。斯須之間，是心存焉，則爲善之所在而舜之徒也；一不存焉，則爲利之所乘而跖之徒矣。可不畏哉？是以君子居敬以爲本，造次克念，戰兢自持，舊習浸消，則善端益著。及其至也，私欲盡而天理純，舜之所以聖者，蓋可得而幾矣。

【講義】事所當爲之謂善，有爲而爲之謂利。爲君而仁，爲臣而敬，爲子而孝，爲父而慈，事之所當爲者也。爲内交，爲要譽，爲宫室之美，爲妻妾之奉，有爲而爲之者也。善者，天理之公。利者，人欲之私。公私之間相去甚近，而一則爲舜，一則爲跖，乃由是而分焉。蓋人心之靈與天同體，純粹至善，萬理具焉。雞鳴而起，孳孳在是，則舜之兢兢業業，由仁義行者，亦是心也。見便則趨，見利則奪，在枉尺直尋則爲之，損人益己則爲之，雞鳴而起，孳孳在是，則盜跖之暴戾恣睢，日殺不辜，亦是心也。一善利之間，而上智下愚之分，乃如此差之毫釐，繆以千里，可不謹哉？②孟子發明善利之論，而尤謹其所謂“間”者，蓋欲學者精別於毫釐之際，而審其所趨向也。至其答梁王之問，告宋牼之詞，皆拳拳於義利之別，其示人之意切矣。學者誠能澄心静慮，反觀内省，於其所謂間者而致察焉，凡吾一念之發，果善乎？果利乎？善則行之，利則避之，朝於斯，夕於斯，就其如舜者，去其不如舜者，是亦舜而已矣。苟爲不然，則計較於毫髮之微，甚至於父子兄弟不相保，其不同禽獸者無幾爾，一念之差固若此哉。

【纂疏】輔氏曰：“程子之說精切，使學者知致謹於毫釐之間。楊氏說尤爲

---

① “云”，原脱，據通志堂本《孟子說》補。

② “哉”，原作“思”，據元刻本《孟子講義》改。

有益,此《大學》所以始於‘致知’,而《中庸》所以先於‘明善’也。”○又曰:
“程子主敬便是爲善之説,又教學者以静時工夫也。動静相涵,敬義兩立,
孳孳不已,則庶乎可以進於聖人之學矣。”

○孟子曰:“**楊子取爲我,拔一毛而利天下,不爲也。**“爲我”之“爲”,
去聲。

> 楊子,名朱。取者,僅足之意。取爲我者,僅足於爲我而已,不及爲人也。
> 《列子》稱其言曰“伯成子高不以一毫利物”是也。

【語録】莊子數稱楊子,吾恐楊氏之學,如今道流修鍊之士。其保嗇神氣,
雖一句話不妄與人説。(潘柄)○楊朱看來不似義,他全是老子之學,只是
箇逍遥物外,僅足其身。微似義耳,然不似也。(沈偶)

墨子兼愛,摩頂放踵利天下,爲之。 放,上聲。

> 墨子,名翟。兼愛,無所不愛也。摩頂,摩突其頂也。放,至也。

【張氏注】摩其頂以至於踵,一身之間,凡可以利天下者,皆不惜也。

子莫執中,執中爲近之,執中無權,猶執一也。

> 子莫,魯之賢人。世知楊、墨之失中也,故度於二者之間而執其中。近,近
> 道也。權,稱錘也,所以稱物之輕重而取中也。執中而無權,則膠於一定
> 之中而不知變,是亦執一而已矣。程子曰:“中字最難識,須是默識心通。
> 且試言一廳,則中央爲中;一家,則廳非中而堂爲中;一國,則堂非中而國
> 之中爲中。推此類可見矣。”又曰:“中不可執也,識得則事事物物皆有自
> 然之中,不待安排,安排着則不中矣。”

【集義】伊川先生曰:“欲知中庸,無如權,須是時而爲中。若當手足胼胝,
則於此爲中;若當閉户不出,則於此爲中。權之爲言,稱錘之謂也,何物爲
權? 義也。”又曰:“然也只是説得到義,義以上更難説,在人自看如何。”○
横渠先生曰:“權也者,仁之用、義之精也,近譬諸物,權衡之謂也。度量斟
酌於輕重可否之間,適當其宜,權之義也。取多則近,取材則難,實聖人之
精微,非常人之所及也。”又曰:“執中無權,雖君子之所惡,苟無忌憚,則不
若無權之爲愈。”

【纂疏】輔氏曰:“楊氏資質,於理略偏於剛毅;墨子資質,於理略偏於寬
厚。只緣講學不明,不知至理之所在,克治不力而各流於其所偏,淪胥不

已遂至於各極其偏。一則不肯拔一毛以利天下，而僅足於爲我；一則欲摩頂至踵以利天下，而遂至於兼愛。至於子莫，則又自其末流觀之，而知楊墨之皆失中也。然無所師承，穿鑿杜撰，而度於爲我、兼愛二者之間，而執其中則其意固善，而於道亦近矣。然時有萬變，事有萬殊，物有萬類，而中無定體，若但膠於二者一定之中而執之，不能如稱錘然，因事物之輕重而前却以取平，則與二子之執一者，亦無異矣。"○又曰："程子第一説言中爲難識，須是默識心通，故能隨物應變以取也。第二説又言中爲難執，須先識得，則事事物物天然有個中在上面，不假人力安排，才涉安排計較，①則便不中矣。蓋義理精微，豈人力之粗淺所能與哉？若子莫者，是要安排箇中來執之也。"

所惡執一者，爲其賊道也，舉一而廢百也。"惡、爲，並去聲。

賊，害也。爲我害仁，兼愛害義，執中者害於時中，皆舉一而廢百者也。○此章言道之所貴者中，中之所貴者權。楊氏曰："禹、稷三過其門而不入，苟不當其可，則與墨子無異。顏子在陋巷，不改其樂，苟不當其可，則與楊氏無異。子莫執爲我、兼愛之中而無權，鄉鄰有鬭而不知閉户，同室有鬭而不知救之，是亦猶執一耳，故孟子以爲賊道。禹、稷、顏回，易地則皆然，以其有權也，不然則是亦楊墨而已矣。"

總論一章之旨　問："楊、墨固是皆不得中，至子莫，又要安排尋討個中執之。"曰："子莫見楊、墨皆偏在一處，要就二者之中而執之，正是安排尋討也。原其意思固好，只是見不分明，依舊不是。且如'三過其門而不入'，在禹、稷之時則可，在顏子則不可。'居陋巷'，在顏子之時則是中，在禹、稷這時則非中矣。'居陋巷'則似楊氏，'三過其門而不入'則似墨氏。要之，禹、稷似兼愛而非兼愛，顏子似爲我而非爲我。""蓋中，一名而函二義。這個中，與喜怒哀樂未發之中異，與時中之中同。"曰："然。"（楊道夫）○三聖相授，允執厥中，與孟子所論子莫執中者，文同而意異。蓋精一於道心之微，則無適而非中者，其曰"允執"，則非徒然而執之矣。子莫之爲執中，則其爲我不敢爲楊朱之深，兼愛不敢爲墨翟之過，而於二者之中，執其一節以爲中耳。故由三聖以爲中，則其中活；由子莫以爲中，則其中死。中

---

① "才"，原漫漶不清，此據元刻本《四書纂疏》。

之活者,不待權而無不中;中之死者,則非學乎聖人之學,不能有以權之而常適於中也。權者,權衡之權,言其可以稱物之輕重,而游移前卻以適其平,蓋所以節量仁義之輕重而時措之,非如近世所謂將以濟乎仁義之窮者也。(《答朱深之》)○程子謂子莫執中比楊、墨爲近,而中則不可執也。當知子莫執中,與舜、禹、湯之執中不同,則知此説矣。蓋聖人義精仁熟,非有意於執中,而自然無過不及,故有執中之名,而實未嘗有所執也。以其無時不中,故又曰"時中"。若學未至、理未明,而徒欲求夫所謂中者而執之,則所謂中者果何形狀而可執也?殆愈執而愈失矣,子莫是也。既不識中,乃慕夫時中者,而欲隨時以爲中,吾恐其失之彌遠,未必不流而爲小人之無忌憚也。《中庸》但言"擇善"而不言"擇中",其曰"擇乎中庸",亦必繼之曰"得一善",豈不知善端可求而中體難識乎?夫惟明善,則中可得而識矣。○祝氏録

【張氏注】"爲我""兼愛"皆偏滯於一隅,烏能中節?至於子莫,則又於"爲我""兼愛"之間執其中,執中之名雖爲近之,然徒守執中之名而不能用權以取中,則與執一者何異乎?蓋"爲我""兼愛"皆道也,當"爲我"則"爲我",當"兼愛"則"兼愛",是乃道也。彼其墮於一偏者,固賊夫道,而於其間取中者,是亦舉其一而廢其百耳。夫時有萬變,事有萬殊,物有萬類,而中無定體也。無定體者,以夫極無適而不爲中也。當此時則此爲中,於彼時則非中矣;當此事則此爲中,於他事則非中矣;即是物則此爲中,於他物則非中矣。蓋其所以爲中者,天理之所存也。故論其體統,中則一而已,分爲萬殊,①而萬殊之中各有中焉。其所以爲萬殊者,固統乎一,而所謂一者,未嘗不各完具於萬殊之中也。故《中庸》謂:"中也者,天下之大本。"此言夫體統之一也。又曰:"君子而時中。"此言其散殊之萬也。然則即其本之一者而言之,謂之中有定體可也;而即其無適而不爲中者言之,謂之中無定體可也。是則非知權者,其能執之而勿失乎?今夫權之得名,以夫權量輕重而未嘗不得其平也,執中之權亦猶是也。是以君子戒謹恐懼,存於未發之前,察於既發之後,大本立而達道行,則有以權之故也。故堯、舜、湯、武之征讓不同而同於中,夷、惠之出處不同而同於中,三仁之死生

----

① "分爲",原漫漶不清,此據通志堂本《孟子説》。

不同而同於中，顏、孟之語默不同而同於中，明夫此，則可與論聖人之時矣。

【講義】見《滕文公下》問好辨章。

【纂疏】輔氏曰："仁義所以立人之道，並行而不悖。爲我者只知有我而不知有人，故役於私而遂至於害仁；兼愛者只知有人而不知有我，故迷於愛而遂至於害義。執二者之間一定之中，則不能隨時逐事以取中，故兩失其仁義而害於時中。是皆舉一而廢百也，百只是言其多耳。"○又曰："楊氏以禹、稷、顏回之事，發明中之所貴乎權之義甚爲明白。使禹、稷、顏回不能易地皆然，便是無權，無權則是亦楊、墨而已矣。"

○孟子曰："**飢者甘食，渴者甘飲，是未得飲食之正也，飢渴害之也。　豈惟口腹有飢渴之害，人心亦皆有害。**

口腹爲飢渴所害，故於飲食不暇擇，而失其正味。人心爲貧賤所害，故於富貴不暇擇，而失其正理。

【纂疏】輔氏曰："飲食有美惡之正味，口腹固能辨之。然常人一爲飢渴所害，則不暇擇其美惡，而皆以爲甘美，故失其正味。富貴有當得不當得之正理，人心固能辨之，然常人一爲貧賤所害，則不暇擇其當得不當得，而失其正理。"

人能無以飢渴之害爲心害，則不及人不爲憂矣。"

人能不以貧賤之故而動其心，則過人遠矣。

【張氏注】飲食有正味，天下之公也。惟人爲飢渴所移，則其食飲無不甘者，而始亂夫飲食之正矣。非其味之有改也，飢渴害之故也。人心莫不有善，蓋人心虛明知覺，萬理森然，其好惡是非，本何適而非正？惟夫動於私欲，則有所忿懥，有所恐懼，有所好樂，有所憂患，而其正理始昧矣。人能正其心，不使外物害之，如飢渴之害於口腹，則無適而非天理之所存矣。若是人者，必無不及人之憂矣。不及人，猶云心不若人之謂也。

【纂疏】輔氏曰："人若能不以貧賤動其心，而於富貴辨其所當得而受之，其不當得則不受之，則過於常人遠矣。過人之遠，則不憂其不及人矣。"

○孟子曰："柳下惠不以三公易其介。"

介，有分辨之意。柳下惠進不隱賢，必以其道，遺佚不怨，阨窮不憫，直道事人，至於三黜，是其介也。○此章言柳下惠和而不流，與孔子論夷、齊不念舊惡，意正相類，皆聖賢微顯闡幽之意也。

【集義】楊氏曰："'不羞污君，不辭小官'，可謂和矣。和而不以三公易其介，則雖和而不流，此所以爲柳下惠也。"又曰："只不卑小官之意，便可見其介。如柳下惠之才，以爲大官何所不可，而樂於爲小官，則其剛介可知矣。"

【或問】柳下惠不辭小官，楊氏既以爲和，又以爲介，何也？曰："不辭小官，和而介也。人知其爲和，而不知其爲介也。"

【張氏注】《易》曰"介于石"，謂其所守之堅也。孟子斯言，發明下惠之心，與夫子"伯夷、叔齊，不念舊惡"同意耳。夫以夷、齊之不立於惡人之朝，不與惡人言，其不屑就之風，疑於隘矣，而夫子稱其不念舊惡，其心量之廣大如此，然則夷、齊之清可得而論矣。以下惠之"不羞污君，不卑小官"，其不屑去之風，疑於不恭矣，而孟子稱其不以三公易其介，其所守之不可奪如此，然則下惠之和可得而論矣。蓋下惠援而止之而止，其心非有所慕也，亦行其天理之當然者耳，故於小官有所不辭，至於爲士師則三黜矣。彼雖三公之貴，無以易其堅守，則其於世，果何所求哉？是乃和而不流，而爲和之至也。若執老氏和光同塵之論，與物胥變，而謂之師下惠，是乃賊夫和之理者也。然則欲知下惠者，當以孟子斯言而玩味之。

【纂疏】輔氏曰："《注》云'介，有分辨之意'，如此則與界分之界同。凡事各有界限，其分明，不可踰越。"○又曰："程子論孔子於夷齊之清，却言其不念舊惡，以爲微顯闡幽之意。故《集注》亦以孟子此説，爲發明下惠之和而不流。"

○孟子曰："有爲者辟若掘井。掘井九軔而不及泉，猶爲棄井也。"

辟，讀作譬。軔，音刃，與仞同。

八尺爲仞。言鑿井雖深，然未及泉而止，猶爲自棄其井也。○呂侍講曰："仁不如堯，孝不如舜，學不如孔子，終未入於聖人之域，終未至於天道，未免爲半塗而廢，自棄前功也。"○侍講，名希哲，河南人。

【張氏注】天下之事，爲之貴於有成。譬之掘井，至於九仞，其用力亦勞矣，若不及泉而止，則亦爲棄井而已。今夫士之爲仁義，固當循循不已以極其至，若用力雖勞，未有所臻而畫焉，則亦不得爲成人而已。

【纂疏】輔氏曰："君子所爲，凡百皆要極其至，而底於成。常人之情，則往往銳始怠終，得少爲足，故中道而畫，半塗而廢者多矣。如此則皆爲自棄其前功也，故孟子發此說以警切之。吕氏推說廣矣，若夫爲人而未得爲聖人，言治而不及於堯舜，皆爲未及夫泉也。"

○孟子曰："堯舜，性之也。　湯武，身之也。　五霸，假之也。

堯舜天性渾全，不假修習。湯武修身體道，以復其性。五霸則假借仁義之名，以求濟其貪欲之私耳。

【語錄】性之是合下如此，身之是做到那田地。（程端蒙）○又曰："性是自然有底，身是從身上做得來底，只是其初，資禀有些子不相似耳。"○湯武固皆身之，但細觀其書，湯身之功，恐更精密。又如《湯誓》與《牧誓》，數桀紂之罪，詞氣亦不同。《史記》但書湯放桀而死，書武王則遂斬紂頭，懸之白旗，又曰湯有慚德，如武王恐未必有此意也。○祝氏錄

【纂疏】輔氏曰："堯舜，生而知之者也，故其氣質清明，天性昭著，自然渾全，何待脩習？湯武，學而知之者也，故脩身體道，以復其本然之性。五霸之事，皆矯詐僞者之所爲，與聖人用處天地懸隔。"

久假而不歸，惡知其非有也。"惡，平聲。

歸，還也。有，實有也。言竊其名以終身，①而不自知其非真有。或曰："蓋嘆世人莫覺其僞者。"亦通。舊說久假不歸，即爲其有，則誤矣。○尹氏曰："性之者，與道一也。身之者，履之也。及其成功，則一也。五霸則假之而已，是以功烈如彼其卑也。"

【集義】有問伊川先生曰："堯、舜、湯、武事迹雖不同，其心德有間否？"曰："無間。"曰："孟子言堯舜性之，湯武身之。湯武豈不性之耶？"曰："堯舜生知，湯武學而知之，及其成功，一也。身之，言履之也。反之，言歸於正也。"又曰："身，踐履也。假之者，身不行，而假借之也。"○横渠先生曰：

---

①　"竊"，原作"切"，據宋當塗郡齋本《四書集注》改。

“堯舜固無優劣，及至湯武則有別。孟子言性之、反之，自古無人如此言，惟孟子分出，遂知堯舜是生知，湯武學而能之。”又曰：“仁者安仁，知者利仁。利者，以仁爲利也，此與安而行之者遠矣。孟子曰五霸假之，利仁者不至於假。”

【語録】“久假”最難説，前輩多有辨之者，然卒不得其説。“惡知”二字，爲五霸設也，如云五霸自不知也，五霸久假而不歸，安知其亦非己有也。（金去僞）○問：“久假不歸，惡知非其有，舊解多謂使其能久假而不歸，惡知終非其有。”曰：“諸家多如此説，遂引惹得温公、東坡來闞孟子。”又問：“假之之事，如責楚包茅不貢，與夫初命、三命之類否？”曰：“他從頭都是，無一事不是，如齊桓尚自白直，恁地假將去。至晋文做了千般嶢崎，所以夫子有‘正’‘譎’之論。《博議》説正譎處甚好，但説得來連自家都不好了。”又問：“假之之事，真所以幽沉仁義，非獨爲害當時，又且流毒後世。”曰：“此孟子所以不道桓、文而卑管、晏也。且如興滅繼絶，誅殘禁暴，懷諸侯而尊周室，百般好事他都做，只是無惻怛之誠心。他本欲他事之行，又恰有這題目入得，故不得不舉行。”又問：“此邵子所以有功之首、罪之魁之論？”曰：“他合下便是恁地。”○祝氏録

【張氏注】“堯舜性之”者，自誠而明，率性而安然也。“湯武身之”者，自明而誠，體之於身，以盡其性也。性之則不假人爲，天然純全，身之則致其踐履之功，以極其至也，然而其至則一也。此生知、學知之所以異。堯、舜、湯、武之聖，孟子特以兩言明之，而其所以聖者，亦無不盡矣。五霸則異乎是，特慕夫仁義之名，有所爲而爲之，非能誠體之者也。夫假之則非真有矣，而孟子謂“久假而不歸，惡知其非有”，何哉？此闡幽以示人之意。蓋五霸，暫假而暫歸者也。五霸，桓公爲盛，召陵之盟，仗王室之事以責楚，亦可謂義矣，而執陳轅濤塗之舉，旋踵而起。葵丘之會，殺牲載書而不歃血，亦可謂信矣，“震而矜之，①叛者九國”，此皆歸之遽者也。若使其久假而不歸，亦豈不美乎？夫假之者，未有不歸者也。使其假而能久，久之而不歸，則必有非苟然者矣。是必因其假而有所感發于中，而後能然也。至其不歸，則孰曰非己有乎？有之者，不係於假，而係於不歸也。孟子斯言，

---

① “矜”，原作“驚”，據通志堂本《孟子説》改。

與人爲善，而開其自新之道，所以待天下與來世者，亦可謂弘裕矣。

【纂疏】輔氏曰：“《注》云‘竊其名以終身，①而不自知其非真有’，凡假之者，無不然。其初不過以之欺人，而其終遂至以之自欺。”〇又曰：“《注》引或人之説，雖通，然却説得來慢了。”〇又曰：“尹氏云云，‘與道一’者，無氣稟之蔽也。‘履之’者，以身履踐之而至也。‘及其成功一’者，皆真切爲之，故有成，而氣稟不足以爲之間也。若但假而已，則已是作僞，其意思都別了，是以功烈如是之卑也。”

〇**公孫丑曰：“伊尹曰：‘予不狎于不順。’放太甲于桐，民大悦。太甲賢，又反之，民大悦。**

予不狎于不順，《太甲》篇文。狎，習見也。不順，言太甲所爲，不順義理也。餘見前篇。

賢者之爲人臣也，其君不賢，則固可放與？”孟子曰：“有伊尹之志則可，無伊尹之志則篡也。”與，平聲。

伊尹之志，公天下以爲心，而無一毫之私者也。

【或問】此章之説。朱子曰：“孟子但論在我者有是心，則伊尹之事可爲。一有毫髮之僞雜乎其間，則不免爲篡賊耳。”

【張氏注】善乎孟子論伊尹之事也，曰“有伊尹之志則可”，志謂所存主處。伊尹受湯之託，居冢宰之任，而太甲初立，固已顛覆湯之典刑。惟伊尹志存乎宗祀，變而得其中。方是時，太甲在諒陰也，故徙之桐宮，廬先王之墓側，去國都而處郊野，使之動心忍性，而有以深思焉。《書》曰：“王徂桐宮，居憂。”是伊尹以冢宰攝政，而太甲居憂于桐耳。太甲在桐，克終允德，則於練除之際，稽首奉而歸亳焉。伊尹之心，始終純一，以宗祀爲主，而拳拳乎太甲者也。太甲之克終，雖由其自怨自艾，以能改過，而實亦自伊尹之至誠無息有以感格之也。然則伊尹之志，蓋可見矣。若無伊尹之志，徒以君不賢而放之，則是篡亂之所爲耳。孟子斯言，所以垂訓來世者嚴矣。秦漢以來，惟霍光廢賀立宣之事，庶幾乎心在宗祀者。然而其始也建立之不審，而至誠敦篤又不加焉，其於伊尹之志，蓋有愧也。是以嚴延年之劾，以

---

① “竊”，原作“切”，據宋當塗郡齋本《四書集注》改。

爲擅廢立，無人臣禮，而識者有取焉。霍光且爾，而況於徐羨之輩，本爲其一身利害計耳，所謂元惡大憝，必誅而無赦者也。

【集疏】覺軒蔡氏曰："孟子此兩語，不惟見伊尹之心如青天白日，而百世之下，奸臣亂賊亦無所逃其罪矣。而'則可'之辭，亦見處變僅可之意，而非正法也。"

【纂疏】輔氏曰："'公天下以爲心'，謂合天下之心以爲心，而在我無一豪適莫之私意也。然此豈一朝夕勉强而能哉？非道全德備，其素行有以信於人，至誠有以通於天者，不能也。"

○公孫丑曰："《詩》曰'不素餐兮'，君子之不耕而食，何也？"孟子曰："君子居是國也，其君用之，則安富尊榮。 其子弟從之，則孝弟忠信。'不素餐兮'，孰大於是？"餐，七丹反。

《詩》，《魏國風·伐檀》之篇。素，空也。無功而食禄，謂之素餐。此與告陳相、彭更之意同。

【張氏注】《伐檀》之刺，蓋謂在上者無功德於民，而享其奉，故以不稼不穡而得禾、不狩不獵而得獸者爲比，非必欲君子稼穡而後食也。公孫且以君子不耕而食爲素餐，其爲詩也，亦固矣，其弊將至於爲許行之徒之論矣，故孟子告之以不素餐之大者。夫君子仁義脩乎身，其居是國也，用之則民被其澤而安富，君由其道而尊榮；如其未用，子弟從之，則亦薰陶乎孝悌忠信之習，而足以善俗。君子之教人，使之由於孝悌忠信爲先也。忠、信對言之，忠則存於己者無不實，信則待人者無有欺也。君子有益於人之國若是，其爲不素餐孰大焉？不然飾小廉而妨大德，徇末流而忘正義，非君子之道也。

○王子墊問曰："士何事？"墊，丁念反。

墊，齊王之子也。上則公卿大夫，下則農工商賈，皆有所事，而士居其間，獨無所事，故王子問之。

孟子曰："尚志。"

尚，高尚也。志者，心之所之也。士既未得行公卿大夫之道，又不當爲農工商賈之業，則高尚其志而已。

【纂疏】輔氏曰："士雖未得位以行其道,而其志則須高尚方可。志於仁義則高尚,溺於利欲則卑污。"

曰："何謂'尚志'?"曰："仁義而已矣。殺一無罪,非仁也。非其有而取之,非義也。居惡在?仁是也。路惡在?義是也。居仁由義,大人之事備矣。"惡,平聲。

非仁非義之事,雖小不爲。而所居所由,無不在於仁義,此士所以尚其志也。大人,謂公、卿、大夫。言士雖未得大人之位,而其志如此,則大人之事體用已全。若小人之事,則固非所當爲也。

【語錄】曰："'志'字,與'父在觀其志'之'志'同,善未見於所行,方見於所存也。"○蔡氏錄

【張氏注】尚志者,以立志爲先也。主乎仁義,所謂志也。不主乎仁義,則悵悵然何所據乎?謂之志不立可也。"殺一無罪""非其有而取之",舉是二者,欲其推類而知仁義之所存。夫殺一無罪而非仁,由是而體之,則仁之所以能愛者,可得而推矣。非其有而取之爲非義,由是而體之,則義之所以爲宜者,亦可得而推矣。居仁由義,居則不違,由則不他也。居仁則體立,由義則用行,大人之事,亦不越此而已矣。然則學者可不以尚志爲先乎?志如木之有根,必有是而後可以有進也。

【講義】見《離婁上》篇仁宅義路章。

【纂疏】輔氏曰："仁,體也。義,用也。大人之事,體用已全,得時得位則舉而措之耳。"

○孟子曰："仲子,不義與之齊國而弗受,人皆信之,是舍簞食豆羹之義也。人莫大焉亡親戚、君臣、上下,以其小者信其大者,奚可哉?"舍,音捨。食,音嗣。

仲子,陳仲子也。言仲子設若非義而與之齊國,必不肯受。齊人皆信其賢,然此但小廉耳。其辟兄離母,不食君禄,無人道之大倫,罪莫大焉,豈可以小廉信其大節,而遂以爲賢哉?

【張氏注】簞食豆羹,得之則生,弗得則死,嘑爾而與之,則不受,謂斯人也。一旦而遇萬鍾之禄,苟惟不義,則必不受也。可乎?蓋人之難知也。

以其小者,信其大者,固不可也。於陵仲子以兄之禄爲不義,辟兄離母處於於陵,齊人高之,以謂若斯人者不義而與之齊國,亦將必不受也,孟子以爲是舍簞食豆羹之義也。蓋孟子以人倫之際察之,而知其不可信也。人之所以爲人者,莫大乎人倫。今仲子廢親戚、君臣、上下,而欲以潔其身、飾小廉,而妨大德,其不知義固已甚矣,又烏能不受不義之齊國乎?古之善觀人者,必於人倫之際察之,而其人之得失淺深,可概見矣。四岳之舉舜,則曰“克諧以孝”而已,堯之降舜以二女,觀其嬪于虞而已,此舜之所以聖也。冀缺與其妻相待如賓,而臼季知其能治民,茅容殺牲先奉其母,而郭林宗知其可以成德,是亦善觀人者也。若仲子廢天倫而徇私意,以其小廉信其大節,烏乎可哉?

【纂疏】輔氏曰:“觀前篇所論仲子之事,其介然自守如此,則不義而與之齊國,必不肯受。此徇名而强矯者或能之,故孟子以爲是特‘舍簞食豆羹之義’而已,蓋未以爲賢也。若夫安於人倫,使之各盡其道,則非盡性而樂循理者不能,故孟子言此以曉齊人,使之勿迷於小而不察其大耳。”

○**桃應問曰:“舜爲天子,皋陶爲士,瞽瞍殺人,則如之何?”**

桃應,孟子弟子也。其意以爲舜雖愛父,而不可以私害公,皋陶雖執法,而不可以刑天子之父,故設此問,以觀聖賢用心之所極,非以爲真有此事也。

孟子曰:“執之而已矣。”

言皋陶之心,知有法而已,不知有天子之父也。

【語録】曰:“法者,天下公共,在皋陶亦只得執。”

“然則舜不禁與?”與,平聲。

桃應問也。

曰:“夫舜惡得而禁之? 夫有所受之也。”夫,音扶。惡,平聲。

言皋陶之法,有所傳受,非所敢私。雖天子之命,亦不得而廢之也。

“然則舜如之何?”

桃應問也。

曰:“舜視棄天下,猶棄敝蹝也。 竊負而逃,遵海濱而處,終身訢然,樂而忘天下。”蹝,音徙。訢,與欣同。樂,音洛。

蹝,草履也。遵,循也。言舜之心,知有父而已,不知有天下也。孟子嘗言舜視天下猶草芥,而惟順於父母可以解憂,與此意互相發。○此章言為士者但知有法,而不知天子父之為尊;為子者,但知有父,而不知天下之為大。蓋其所以為心者,莫非天理之極,人倫之至,學者察此而有得焉,則不待較計論量,而天下無難處之事矣。

[總論一章之旨] 此亦言舜之心耳,非謂必有是事也。(陳文蔚)○某嘗問李先生瞽瞍殺人事,先生曰:"蒯聵父子,只為無此心,所以為法律所縛,都轉動不得。若舜之心,則法律縛他不住,終身訢然,樂而忘天下,求仁得仁,何怨之有? 然此亦只是論其心爾,豈容他如此去得。"問:"先儒八議之說如何?"曰:"此乃蔽罪時事,其初須著執之,不執則士師失職矣。"某嘗以先生之意參諸明道及文定之說,明道說見《師訓》,文定說見《哀二年》蒯聵父子之事。其進退可否,看輒之心如何爾。若輒有拒父之心,則固無可論,若有避父之心,則衛之臣子,以君臣之義,當拒蒯聵而輔之。若其必辭,則請命而更立君可矣。設或輒賢而國人不聽其去,則為輒者又當權輕重而處之,使君臣父子之間,道並行而不相悖,亦必有道。苟不能然,則逃之而已矣。義至於此,已極精微,但不可有毫髮私意於其間耳。

【或問】此章之說。朱子曰:"桃應之問,孟子之答,皆非以為真有是事也。蓋特極論聖賢之心,以為皋陶知有法,而不知有天子之父,舜知有父,而不知有天下,各盡其道而不相悖焉爾。"又曰:"此章設辭論辨,皆以發明聖賢愛親守法之誠,無非天理之極,人倫之至,脫然無一毫計較利害之私。而權制之宜,議請之法,所未暇論。此學者深玩乎此而有得乎,則天下無難處之事矣。"

【張氏注】以帝舜之德,至於瞽瞍亦允若,則豈復有至於殺人之事哉? 桃應特設是問,以觀聖人處事之變何如耳。孟子因其問而告之以所宜處者,於禦變之權,可謂盡之矣。皋陶,舜士,奉舜之命以行法,若縱生殺之權而不問,則非所以為天下之公,而失兆民之心矣。皋陶乎何敢故必執之? 以示天下畏天命,而不遑寧也。舜之有天下,受之於天也。受之於天,則烏得以其私而禁皋陶之執哉? 故曰:"夫有所受之也。"雖然,瞽瞍,父也,致法於父,可乎? 舜則有以處此矣。舜之有天下,初不以天下與於己也,循天理之當然而已,舜何有哉? 故爲瞽瞍殺人而枉其法,則失吾道之公,若致辟於瞽瞍,則廢父子之倫,是皆雖有天下,不可一朝居者也。舜寧去天下而存此義,故曰:"舜視棄天下,猶棄敝蹝也。"舜非輕天下而易言之也,義所當去,視天下猶敝蹝耳。是故在皋陶,則使舜得以申其竊負之義;在舜,則以此而可以終身。復曰"終身訢然,樂而忘天下",夫何求哉? 循乎天理而已矣。方其居深山之中,飯糗茹草,若將終身焉者,此心也。及其受堯之天下,垂衣裳而治者,此心也。至於義所當去,棄天下而遵海濱,則亦此心而已矣,無往而非天理也。然則善發明舜之心者,其惟孟子乎? 若後世以利害之見論之,則謂天下方歸戴於舜,而賴其治,舜乃舍而去之,得無廢已成之業,而孤天下之望乎? 此曾不知天命之大也。聖人之所以爲治者,奉天命而已,若汩於利害而失夫天理之所在,則雖舜亦何以治天下哉? 故或者以舜竊負爲狂,蓋未之思也。又以爲皋陶既執瞽瞍,則舜烏得而竊之,是又未之思也。皋陶既執瞽瞍於前,而使舜得以申其竊負之義於後,是乃天理時中,全夫君臣父子之義者也。微孟子,孰能推之?

【纂疏】輔氏曰:"《集注》謂桃應'故設此問,以觀聖賢用心之極,非以爲真有此事'者,既已得桃應問之之意,而又發明孟子所以告之之説,以爲是皆聖賢之心。'天理之極、人倫之至'者,可謂兩盡其旨矣。學者能致察乎此,而有得於心,則天下萬事雖紛紜膠轕,沓至吾前,亦將如水到渠成,時至物熟,皆不待計較、不待安排而舉無難處者也。"

○孟子自范之齊,望見齊王之子,喟然嘆曰:"居移氣,養移體,大哉居乎! 夫非盡人之子與?"夫,音扶。與,平聲。

范,齊邑。居,謂所處之位。養,奉養也。言人之居處,所繫甚大,王子亦人子耳,特以所居不同,故所養不同,而其氣體有異也。

孟子曰:

張、鄒皆云羨文也。

"王子宮室、車馬、衣服,多與人同。 而王子若彼者,其居使之然也。 況居天下之廣居者乎?

廣居,見前篇。尹氏曰:"睟然見於面,盎於背,居天下之廣居者然也。"

魯君之宋，呼於垤澤之門，守者曰：‘此非吾君也，何其聲之似我君也？’此無他，居相似也。”呼，去聲。

垤澤，宋城門名也。孟子又引此事爲證。

總論一章之旨 問：“孟子先言居移氣，養移體，後却只論居？”曰：“有是居，則有是養。居公卿，有公卿底奉養；居貧賤，有貧賤底奉養。言居，則養在其中。”○祝氏録

【張氏注】孟子一見齊王之子而其感嘆若斯，蓋德盛仁熟，無往而非精義之所在也。夫居可以移氣，養可以移體，外物之奉，猶足以移其氣體如此，則所謂居者，不以大乎？莫非人子也，而王子若此，以其居之異，故其氣象亦殊乎他人也。此其初望見王子之時，而有所嘆者然也。王子宮室、車馬、衣服，亦多與人同耳，而王子若彼者，以其居是勢位，不知所以然，而氣體爲之移也。況於居天下之廣居，則其氣質所變，當如何哉？魯君呼於垤澤之門，守者以其聲之似而疑其爲宋之君，其聲之所以相似者，則以其居相似故耳。此又其既見王子之後，退與門人講論者然也。居天之廣居，宅乎天理者也。宅之久，則其氣質變化，有不期然而然者矣。夫聖賢相去雖有先後，而玩其氣象，如出一人者，以其所居之同故也。故居天下之廣居，則天下之物，舉不足以移之矣。觀舜之爲天子，與在深山之中無以異，則夫氣體之養，豈得而移之哉？

○孟子曰：“食而弗愛，豕交之也。 愛而不敬，獸畜之也。 食，音嗣。畜，許六反。

交，接也。畜，養也。獸，謂犬馬之屬。

恭敬者，幣之未將者也。

將，猶奉也。《詩》曰：“承筐是將。”程子曰：“恭敬雖因威儀幣帛而後發見，然幣之未將時，已有此恭敬之心，非因幣帛而後有。”

恭敬而無實，①君子不可虛拘。”

此言當時諸侯之待賢者，特以幣帛爲恭敬，而無其實也。拘，留也。

---

① “實”，原漫漶不清，此據宋當塗郡齋本《四書集注》。

【張氏注】此章言交際之道。夫徒食之而愛心不加焉，徒愛之而敬心不加焉，則與豕交獸畜何以異？蓋人道之相與，以敬爲主也。夫必有是恭敬，而後幣帛以將之。蓋恭敬者，先存於幣帛未行之前者也。若無恭敬，則幣帛何所施乎？雖然，幣帛者所以將其恭敬者也，恭敬存於中，而儀物實於外，此君子之道，所以爲内外之宜、文質之中也。若恭敬之心雖存，而無以實之於外，君子亦惡乎虛拘也？昔者夫子遇程子於途，傾蓋而語，終日而別。使子路攝束帛乘馬以贈之，遇舊館人之喪而出涕，則解左驂以賻之，曰："吾惡夫涕之無從也。"蓋是意也。夫古之人於交際之道，豈苟然哉？故有燕享之禮焉，有摯獻之禮焉，有問遺之禮焉，此皆其恭敬之所生也。恭敬爲之主，而其節文品式，森然備具，而又有貴賤貧富之不同，小大多寡之或異，則是皆天之所爲也。若昧乎此，不陷於豕交獸畜，則或失之於虛拘，皆非君子之道也。

【纂疏】輔氏曰："世衰道微，在上者皆不知有恭敬待賢之誠，而惟恃其有幣帛之聘。在下者惟知有幣帛之可慕，而不知察夫上之人所以待之之誠。上下之情交鶩於利，而不知有義理焉，故孟子發此論以警之。"

○孟子曰："形色，天性也。　惟聖人，然後可以踐形。"

人之有形有色，無不各有自然之理，所謂天性也。踐，如踐言之踐。蓋衆人有是形，而不能盡其理，故無以踐其形。惟聖人有是形，而又能盡其理，然後可以踐其形而無歉也。○程子曰："此言聖人盡得人道而能充其形也。蓋人得天地之正氣而生，與萬物不同，既爲人，須盡得人理，然後稱其名。衆人有之而不知，賢人踐之而未盡，能充其形惟聖人也。"楊氏曰："'天生烝民，有物有則。'物者，形色也。則者，性也。各盡其則，則可以踐形矣。"

【集義】明道先生曰："形色，性所有也。聖人，人倫之至，故可以踐形。"○伊川先生曰："惟聖人爲能盡人之道，故可以踐形。人道者，君臣、父子、兄弟、夫婦之類皆是也。"

【語録】曰："形色上便有天性，視便有視之理，聽便有聽之理。"○問："形是耳目鼻口之類，色是如何？"曰："一顰一笑，皆有至理。"○問："形色，天性，下却云惟聖人然後踐形，而獨不言色，何也？"曰："有此形，即有此色。

如鳥獸之形，自有鳥獸之色，草木之形，自有草木之色，言形則色在其中矣。"（金去偽）○曰："性即理之謂也，然衆人有是形，而不能全其形之理，故有形雖人，而心實禽獸，是不足以踐其形矣。惟聖人能全其形之理，故可以踐其形也。"（見《文集》）○又曰："可以踐形，則無愧於形矣。踐，猶踐言、踐約之踐，非謂踐行所具之理也。"（見《文集》）○踐，非踐履之謂。蓋言聖人所爲，便踏着箇形色之性耳。（葉賀孫）○問："既是聖人，如何却方可以踐形？"曰："踐，如掩覆得過底模樣。伊川説充其形色，自是説得好了。形只是這形體，色如臨喪則有哀色，介胄則有不可犯之色之類。天之生人，人之得於天，其具耳目口鼻者，莫不皆有此理。耳便必當無有不聰，目便必當無有不明，口便必能盡別天下之味，鼻便必能盡別天下之臭。聖人與常人都一般，惟衆人有氣稟之雜、物欲之累，雖同是耳也，而不足於聰，雖同是目也，而不足於明，雖同是口也，而不足以別味，雖同是鼻也，而不足以別臭。是雖有是形，惟其不足，故不能充踐此形。惟聖人耳則十分聰而無一毫之不聰，目十分明而無一毫之不明，至於口鼻，莫不皆然。惟聖人如此，方可以踐此形；惟衆人如彼，自不可以踐此形。"（葉賀孫）

【或問】踐形之説。曰："人之生於天地之間也，莫不有形。其有是形也，莫不有色。而本其所得於天者，則是形是色，莫不有所以然之故焉。莫不有所以然之故焉，莫不有所當然之則焉，是則所謂天性者也。然衆人梏於氣稟之偏，狃於習俗之蔽，而不能無人欲之私，是以視則不明，聽則不聰，貌則不恭，言則不從，蓋不能盡其形色本然之理，則雖有是形，而無以踐其形也。惟聖人能盡其性，而無一豪人欲之私雜於其間，是以視則極明，聽則極聰，貌則極恭，[1]言則極從，蓋凡形色本然之理，無一不盡。既有是形，而又有以踐其形焉云者，本有是物，而又能脩其實以當之也。"

【張氏注】告子謂"食色，性也"，此爲舉物遺則，混於人欲，而莫識天理之一源。若孟子謂"形色，天性"，而繼之以"聖人踐形"之論，是爲物則兼具者也。"惟聖人，然後可以踐形"，踐之爲言踐履之踐也。蓋二五交運而賦形，萬殊惟人得其秀而最靈，有是性，則具是形以生人。雖有是性，然不能盡其道，則形雖人也，而其實莫之能踐焉。惟賢者，則求以踐之，修其身，

---

① "聰貌則極"，原脱，據清吕氏刻本《四書或問》補。

所以踐形也。非禮勿視，非禮勿聽，非禮勿言，非禮勿動，以謂不如是，則爲隳廢天之所命，無以爲人之道，而失其賦形之理故也。然踐之非聖人莫能盡，蓋人之道，至於聖人而後無所虧，故必聖人然後可以踐形。其曰“可以”者，猶言“事親若曾子者，可也”，言至於聖人，而適得爲能踐其人之形者也。然則有是形者，皆可以爲聖人，而其不爲聖人者，以其不能踐之故也。《中庸》曰：“惟天下之至誠，爲能盡其性，盡性則可以踐形矣。”蓋形之外，無餘性也。或以此章首云形色，而其後止云踐形爲疑，蓋形之有色，亦其自然者耳，然踐形則仁義禮智充於内，而睟然生色於外，蓋亦無不盡矣。

【纂疏】輔氏曰：“人受天地之正氣以生，物受天地之偏氣以生，故物則有能有不能，人則無不能也。須是爲人，則須盡得人之理，方稱人之名，不然則與物無異矣。然人雖得天地之正氣，①故得天地之全理，然其氣稟亦有清濁昏明之異，如衆人則雖有之而不知，賢人則雖踐形而未盡能充其形，而全其理者惟聖人而已。”○又曰：“楊氏即程子意，‘各盡其則’，又説得周遍。”○潛室陳氏曰：“學未至於聖人，則於性分道理，未免虧欠。才於性分有虧欠，即是空具此形色，不能充踐滿足也。”

○**齊宣王欲短喪。　公孫丑曰：“爲期之喪，猶愈於已乎？”**

已，猶止也。

孟子曰：“是猶或紾其兄之臂，子謂之姑徐徐云爾，亦教之孝悌而已矣。” 紾，之忍反。

紾，戾也。教之以孝弟之道，則彼當自知兄之不可戾，而喪之不可短矣。孔子曰：“子生三年，然後免於父母之懷，予也有三年之愛於其父母乎？”所謂教之以孝弟者如此。蓋示之以至情之不能已者，非强之也。

王子有其母死者，其傅爲之請數月之喪。　公孫丑曰：“若此者，何如也？” 爲，去聲。

陳氏曰：“王子所生之母死，厭於嫡母而不敢終喪。其傅爲請於王，欲使得行數月之喪也。時又適有此事，丑問如此者是非何如？”按《儀禮》：“公子爲其母練冠、麻衣、縓緣，既葬除之。”疑當時此禮已廢，或既葬而未忍即

---

① “然人雖得”，原作“衆人雖”，據元刻本《四書纂疏》改。

除，故請之也。

曰：“是欲終之而不可得也，雖加一日愈於已。　謂夫莫之禁而弗爲者也。”夫，音扶。

言王子欲終喪而不可得，其傅爲請，雖止得加一日，猶勝不加。我前所識，乃謂夫莫之禁而自不爲者耳。○此章言三年通喪，天經地義，不容私意有所短長。示之至情，則不肖者有以企而及之矣。

【張氏注】喪服之制，本於人心之不可已者。聖人節文之，而爲之中節，所謂天理人情之至者也。而宣王乃欲短之，則其良心之陷溺，亦已甚矣。公孫丑以謂使之爲期，猶愈於已，孟子以紾兄之臂喻之，知紾兄之爲非，則勿可爲也，而謂之徐徐，是亦紾之而已矣。先王之制，不可不及也，三年之間，賢者視之如白駒之過隙，特以制禮之中，不敢以有過耳。若於此欲有所損焉，則爲廢禮而不仁矣。故曰：“亦教之孝弟而已矣。”夫使其知孝之所以然，則爲弟者，其忍紾其兄乎？而爲人子者，其有不三年喪者乎？所謂教之孝悌者，亦即其良心而感發之耳。方是時，王子有其母死，而其傅爲之請數月之喪，謂雖加一日，猶愈於已，以王子之心欲終之，而弗得遂其志故耳。若宣王之服喪，則孰爲之禁哉？莫之禁而不爲，則三年之制，雖一日不可以有損也。嗟乎！漢文雖有遺命以日易月，然亦莫得而禁也，而景帝乃易之，其不仁甚哉。然而傳習之久，莫之禁而不之改者，亦過矣。

○孟子曰：“君子之所以教者五：

下文五者，蓋因人品高下，或相去遠近先後之不同。

【纂疏】輔氏曰：“如時雨化之者，品之高者也；成德達財者，品之次者也；答問者，品之下者也。‘相去之遠近先後’，則言私淑艾者爾。蓋有雖同時而相去或遠或近者，又有或先或後而不同時者，故近與先者，則得以親承其教；遠與後者，則有不能及門而受業者也。”

有如時雨化之者，

時雨，及時之雨也。草木之生，播種封植，人力已至而未能自化，所少者，雨露之滋耳。及此時而雨之，則其化速矣。教人之妙，亦由是也，若孔子之於顏、曾是也。

【語錄】“時雨化”者，不先不後，適當其時而已。○又曰：“他地位已到，因而發之,孔子於顏、曾是也。"○**趙氏録**　○又曰:"孔子告顏子以博文約禮,告曾子以一貫,此所謂時雨化之者。"○**蔡氏録**

有成德者,有達財者,

財,與材同。此各因其所長而教之者也。成德如孔子之於冉、閔,達財如孔子之於由、賜。

【語録】曰:"成德,成就其德,如孔子於冉、閔。德則天資純粹者。達才,通達其才,如孔子於由、賜。才是明敏者。"○**趙氏録**

有答問者,

就所問而答之,若孔孟之於樊遲、萬章也。

【語録】答問者,未及師承,只是相答問而已。○又曰:"答問,則早費言語。"

【纂疏】輔氏曰:"樊遲之粗鄙,萬章之淺率,孔孟皆必俟其問,而後告教之是也。"

有私淑艾者。　艾,音乂。

私,竊也。淑,善也。艾,治也。人或不能及門受業,但聞君子之道於人,而竊以善治其身,是亦君子教誨之所及,若孔孟之於陳亢、夷之是也。孟子亦曰:"予未得爲孔子徒也,予私淑諸人也。"

【語録】曰:"艾,艾草也。自艾、淑艾,皆有斬絶自新之意。懲艾,①創艾,亦取諸此。"(見《文集》)○私淑艾者,未嘗親見面授,②只是或聞其風而師慕之,或私竊傳其善言善行,學之以善於其身,是亦君子之教誨也。○**趙氏録**　○問:"横渠云'顏子私淑艾以教人,隱而未見之仁也',如何?"曰:"舊解有私淑艾者,謂自善其身而示教於人,故横渠如此説。然考孟子所謂'予未得爲孔子徒也,予私淑諸人也',此'人'者,是孟子指其師友子思之徒,以謂予不得親見孔子而師之,只是我私竊傳其善於人,如'有私淑艾者',却是'君子所以教者五'。"○**祝氏録**

此五者,君子之所以教也。"

聖賢施教,各因其材,小以成小,大以成大,無棄人也。

---

①　"懲艾",原破損不清,此據閩本《朱文公文集》卷四〇《答何叔京》。
②　"授",原破損不清,此據明陳煒刻本《朱子語類》卷六〇《孟子十·盡心上》。

【語録】曰："此五者，一節輕一節。"

【張氏注】《記》曰"當其可之謂時"，所謂"有如時雨化之者"也，言如時雨之造化萬物也。今夫物之萌者欲發，甲者欲坼，於是時也而雨及之，則皆得以遂矣。蓋不先不後，當其可而適與之會，無待於彼之求也。君子之教人，其察之精矣，於其時而告之，得之者如物之被時雨焉。其於欲達未達之間，所賴者深矣。龜山楊氏以為，如告曾子以"吾道一以貫之"是也。蓋曾子未嘗問，而夫子呼以告之，當其可也。成德者，因其有德而成之，如顏、閔、仲弓之徒，其德之所存，雖存乎其人，而成之者聖人也。達財者，因其才而達之，如賜之達、由之果、求之藝，雖其天資所稟而達之，使盡其材，則教之功也。夫成德達財，答問固在其中。而又有所謂答問者，此則專為凡答其來問者也。雖鄙夫之空空，所以答之者，亦無非竭兩端之教也。又有所謂私淑艾者也，蓋不在於言辭之間，躬行於身，而觀者化焉。凡動容周旋之間，無非教也，君子之善治其身，非為教人也，身脩而教在其中，成己成物之道也。其所以教，不越是五者，然私淑艾者又其本也。

【纂疏】輔氏曰："君子之教人，如天地之生物，各因其才而篤。故小以成小，大以成大，天地無棄物，聖賢無棄人。"

○公孫丑曰："道則高矣，美矣，宜若登天然，似不可及也。　何不使彼為可幾及而日孳孳也？"孟子曰："大匠不為拙工改廢繩墨，羿不為拙射變其彀率。　幾，音機。為，去聲。彀，古候反。率，音律。

彀率，彎弓之限也。言教人者，皆有不可易之法，不容自貶以徇學者之不能也。

君子引而不發，躍如也。　中道而立，能者從之。"

引，引弓也。發，發矢也。躍如，如踊躍而出也。因上文彀率，而言君子教人，但授之以學之之法，而不告以得之之妙，如射者之引弓而不發矢。然其所不告者，亦如踊躍而見於前矣。[1]中者，無過不及之謂。中道而立，言其非難非易。能者從之，言學者當自勉也。○此章言道有定體，教有成法，卑不可抗，高不可貶，語不能顯，默不能藏。

---

[1] "亦"，宋當塗郡齋本《四書集注》作"已"。

【語録】引而不發，謂漸啓其端，而不竟其説。躍如，謂義理昭著，如有物躍然於心目之間。○躍如，是道理活潑潑地發出在面前，如由中躍出。（《答黄少卿》）○“君子引而不發，躍如也。”須知得是引個甚麼，是怎生地不發，又是甚麼物事躍在面前。須是聳起這心與他看，教此心精一，無些子夾雜，方見得他那精微妙處。又曰：“道理散在天下事物之間，聖賢也不是不説，然也全説不得，自是那妙處不容説。然雖不説，只纔撥動那頭了時，那箇物事自跌落在面前，如張弓十分滿而不發箭。雖不發箭，然已知得真箇是中這物事了。須是精一其心，無些子他慮夾雜，方看得出。”（黄義剛）○**祝氏録**

【張氏注】公孫丑之意，以爲孟子之道高大，學者有難進之患，欲少抑而就之，庶其可以幾及，而爲之孳孳也。夫聖人之道，天下之正理，不可過也，不可不及也，自卑者視之以爲甚高，而不知其高之爲中也，自隘者視之以爲甚大，而不知在大之爲常也。徇彼而遷就，則非所以爲道矣。故孟子以大匠之繩墨、羿之彀率爲譬，夫繩墨而可改，則非所以爲繩墨矣；彀率而可變，則非所以爲彀率矣。君子之教人引而不發，引之使向方，而發則係於彼也。“躍如”者，言其自得之，如有所興起於中也。蓋理義素存乎其心，向也陷溺，而今焉興起耳。道以中爲至，中道而立，其能者固從之，其不能者亦莫如之何也已。亦猶大匠設繩墨，羿爲彀率以示人，其能與不能，則存乎其人耳。中道而立，能者從之，此正大之體，而天地之情也。雖然，學者於聖賢之言，當以身體之，以心驗之，循其所謂繩墨彀率者，而勿舍焉。及其久也，將自有得。不然而先起求躍之意，則是蘄獲助長，爲害祇甚矣。

【纂疏】輔氏曰：“引，謂但授之以學之之法。不發，謂不告以得之之妙。”○又曰：“過乎中，則苟難而不可，不及乎中則又苟易者之所便也。唯中道而立，是以無難無易，能者從之，則又學者所當自勉也。中道而立，成己之事，能者從之，又所以成物也。”○又曰：“道有定體，率性而已。教有成法，脩道而已。唯其道有定體，故教有成法，卑者不可抗而隆，禮卑法地是也；高者不可貶而下，知崇效天是也。不因有言而可以益其顯，不因無説而可以晦其藏，中道而立，能者從之而已。”

〇孟子曰："天下有道，以道殉身。 天下無道，以身殉道。^①

殉，如殉葬之殉，以死隨物之名也。身出則道在必行，道屈則身在必退，以
死相從而不離也。

【纂疏】趙氏曰："道不可離也。雖時有治亂，己有窮達，非道殉身，即身殉
道，以死相從，豈可得而離哉？"

未聞以道殉乎人者也。"

以道從人，妾婦之道。

【集義】范氏曰："殉者，從也。天下有道，治世也，君子遭世之治，則身顯
而道行。'得志，澤加於民'，故以道從身。天下無道，亂世也，君子遭世之
亂，則身隱而道不行。'不得志，脩身見於世'，故以身從道。以道殉乎人
者，孟子所謂枉尺而直尋也。古之聖賢，以道殉身，伊尹、周公是也；以身
殉道，孔子、孟子是也。君子窮達不離乎道，道可以處則處，道可以出則
出，故《論語》曰'守死善道'。人君用人，不用其身，唯用其道。以道殉人
者，雖得之，無所用也。"

【張氏注】天下有道，則身達而道行，所謂以道殉身也。天下無道，則身退
而守道，所謂以身殉道。道之在己，不可離也，故非道殉身，即身殉道。若
以道而殉乎人，則是可離也，烏所謂道者哉？以身殉道云者，可見堅守確
乎不可拔之意，蓋處無道之世爲難也。

【纂疏】輔氏曰："此正如莊子所謂盜亦有道者，言是亦道耳，但只是妾婦
之道。妾婦以順悅爲道者也。"

〇公都子曰："滕更之在門也，若在所禮而不答，何也？"更，平聲。

趙氏曰："滕更，滕君之弟，來學者也。"

孟子曰："挾貴而問，挾賢而問，挾長而問，挾有勳勞而問，挾故而
問，皆所不答也，滕更有二焉。"長，上聲。

趙氏曰："二，謂挾貴、挾賢也。"〇尹氏曰："有所挾，則受道之心不專，所以
不答也。"〇此言君子雖誨人不倦，又惡夫意之不誠者。

【張氏注】受道者，以虛心爲本則受。有所挾，則私意先橫於胸中，而可告

---

① "殉"，原作"徇"，據宋當塗郡齋本《四書集注》改。

語乎？故空空之鄙夫，聖人未嘗不竭兩端之教。而滕更之在門，若在所禮而不答也。使滕更思其所以不答之故，於其所挾致力以消弭之，其庶幾乎？然則孟子之不答，是亦誨之而已矣。夫以堯舜之賢、周公之勛業、曾閔之賢行，而有一毫横於胸中，其於道則爲有所妨矣，而況於其他乎？

【纂疏】輔氏曰：“更乃滕君之弟，則知其挾貴矣。而肯來學於孟子，則知其挾賢矣。”○又曰：“學者之心，須是專一，方有受教之地。有所挾，則二三也。”○又曰：“誠則一，二則不誠矣。”

○孟子曰：“**於不可已而已者，無所不已。 於所厚者薄，無所不薄也。**

已，止也。不可止，謂所不得不爲者也。所厚，所當厚者也。此言不及者之弊。

其進鋭者，其退速。”

進鋭者，用心太過，其氣易衰，故退速。○三者之弊，理勢必然，雖過、不及之不同，然卒同歸於廢弛。

【張氏注】此觀人之法也。人之秉彝，不可殄滅，故其日用之間，有不可已者焉，有所厚者焉，皆其良心之存者也。不可已者，如哭死而哀之類是也。所厚者，人倫之際是也。若於其不可已而已焉，則之人也何所不已乎？若於厚者而薄焉，則之人也何所不薄乎？已則生理息，薄則恕道亡，是殘賊陷溺其心之甚者矣。天下之理，進之鋭，則退必速，蓋不進則退矣。其進之鋭者，即其所爲退之速者也。《庭燎》之詩，始而“夜未央”，中而“未艾”，終而“鄉晨”，君子於其未央也，則知其必至於鄉晨也。此三者，雖觀人之法，而亦自治之要也，故君子於其不可已者而推之，則凡吾心之不可已者，將皆不可得而已矣。①於其所厚者而敦之，則凡天倫之所當厚者，其親疏遠近將無不得其宜矣。於其進也而察之，平心易氣以循其序，則其進也日裕而無退矣。嗚呼，是豈非爲仁之要乎？

【集疏】覺軒蔡氏曰：“《大學》曰‘其所厚者薄，而其所薄者厚，未之有也。’朱子曰：‘厚、薄，是以家對國言之。’又曰：‘所厚者，謂父子、兄弟，骨肉之

---

① “可”，原作“自”，據通志堂本《孟子説》改。

恩，理之所當然，而人之不能已者。’又曰：‘進鋭退速，其病正在意氣方盛之時，已有易衰之勢，不徒意氣已衰之後，然後見其失也。’”

【纂疏】輔氏曰：“不及者之弊，則愈見其不及，流於欲者之所爲也。過者之弊，則其退也可立而待，没於氣者之所爲也。①欲肆則無極，氣過則易衰，循理而行，則有則而可繼也。”

○孟子曰：“君子之於物也，愛之而弗仁；於民也，仁之而弗親。親親而仁民，仁民而愛物。”

物，謂禽獸草木。愛，謂取之有時，用之有節。○程子曰：“仁，推己及人，如老吾老以及人之老。於民則可，於物則不可，統而言之則皆仁，分而言之則有序。”楊氏曰：“其分不同，故所施不能無差等，所謂理一而分殊者也。”尹氏曰：“何以有是差等？一本故也，無僞也。”

【集義】横渠先生曰：“親親、仁民、愛物，此言仁惟是恕己以及人也。於物愛則可恕以及之，以恕而及之則不可。如‘己欲立而立人，己欲達而達人’，施之於人則可，施之於物則不可也。”

【張氏注】理一而分殊者，聖人之道也。蓋究其所本，則固原於一，而循其推，則不得不殊。明乎此，則知仁義之未嘗不相須矣。夫君子之於物無不愛者，猶人之一身，無尺寸之膚而非其體，則無尺寸之膚不愛也。然曰“愛之而弗仁”，何也？夫愛，固亦仁也，然物對人而言，則有分矣。蓋人爲萬物之靈，在天地間爲至貴者也。人與人類，則其性同，物則各從其類，而其性不得與吾同矣。不得與吾同，則其分不容以異。仁之者，如老其老、幼其幼之類，所以爲交於人之道也，若於物而欲仁之，固無其理。若於人徒愛之而已，則是但以物交，而人之道息矣。故程子曰：“人須仁之，物則愛之。”雖然，於人道之中有所親者焉，自吾之父，等而上之，自吾之子，等而下之，自吾之身，旁而殺之，而五服有其序。自吾之母而推之，自吾之伉儷而推之，又有甥舅昏姻之聯焉。於所親之中，而有輕重等差之不齊，釐分縷析，皆非人之所能爲，天叙天秩則然，蓋一毫不可以紊。過與不及，皆非天之理矣。“親親而仁民，仁民而愛物”，由一本而循其分，惟仁者爲能敬

①　“没”，元刻本《四書纂疏》作“役”。

而不失也。

【纂疏】輔氏曰："統而言之，則皆自吾一性之仁。分而言之，則有輕重之序。然在學者言之，則於此三者之序，有由之而不知者，有得於此而失於彼者，又有倒行逆施、雜亂無次者。要當因聖賢之言，反求之心，涵養於未發之前，體察於已發之後，毋惑於異端，毋汩於私欲，安處善，樂循理，凡形於愛物、仁民、親親之際，一皆與聖賢之說自然吻合而無差，然後是聖學工夫。"○西山真氏曰："凡生於天壤之間者，莫非天地之子，而吾之同氣者也，是之謂理一。然親者，吾之同體，民者，吾之同類，而物則異類矣，是之謂分殊。以其理一，故仁愛之仁無不徧；以其分殊，故仁愛之施則有差。"○輔氏曰："尹氏說尤要切。一本，故無偽而有差等，若無差等，則是偽而二本也。"

○孟子曰："知者無不知也，當務之爲急。　仁者無不愛也，急親賢之爲務。　堯舜之知而不徧物，急先務也。　堯舜之仁不徧愛人，急親賢也。　"知者""之知"，並去聲。

知者固無不知，然常以所當務者爲急，則事無不治，而其爲知也大矣。仁者固無不愛，然常急於親賢，則恩無不洽，而其爲仁也博矣。

【語録】當務之急，如所謂"勞心者治人，勞力者治於人""堯舜之治天下，豈無所用其心哉？亦不用於耕耳"。又如夫子言"務民之義"，應係所當爲者，皆是也。（萬人傑）○"堯以不得舜爲己憂，舜以不得禹、皋陶爲己憂"，此聖人之所急也。"上好禮，則民莫敢不敬。上好義，則民莫敢不服。上好信，則民莫敢不用情"，若學圃、學稼，則是不急。（葉賀孫）○祝氏録

不能三年之喪，而緦小功之察；放飯流歠，而問無齒決；是之謂不知務。"　飯，扶晚反。歠，昌悦反。

三年之喪，服之重者也。緦麻三月，小功五月，服之輕者。察，致詳也。放飯，大飯；流歠，長歠；不敬之大者也。齒決，嚙斷乾肉，不敬之小者也。問，講求之意。○此章言君子之於道，識其全體，則心不狹；知所先後，則事有序。豐氏曰："智不急於先務，雖徧知人之所知，徧能人之所能，徒弊精神，而無益於天下之治矣。仁不急於親賢，雖有仁民愛物之心，小人在

位，無由下達，聰明日蔽於上，而惡政日加於下，此孟子所謂不知務也。”

【語錄】問：“‘不能三年之喪，而緦小功之察；放飯流歠，而問無齒決；是之謂不知務。’却止説智，不説仁？”曰：“便是併與仁説，所謂急親賢之爲務，豈不爲仁乎？”（萬人傑）○講學既能得其大者，則小小文義，自是該通，若只於淺處用功，則必不免沉滯之患矣。（萬人傑）○**祝氏録**

【張氏注】此章發明仁智，可謂要矣。智者固貴於無不知，而以當務爲急；仁者固貴於無不愛，而以急親賢爲務。聖人之道，有綱有目，有本有末，非若諸子異端之漫而無統也。“堯舜之知而不徧物”，堯舜固有所不知者，如百工之事，堯舜豈能盡知乎？惟能急先務，故其知無不周焉。“堯舜之仁，不徧愛人”，如博施濟衆，堯舜固以爲病矣，惟其急親賢，故仁無不被焉。皆以“急”爲言者，以言其所當先者也。雖然，所謂親賢者，是乃先務也，仁之所爲，即知之所知也。“不能三年之喪，而緦小功之察，放飯流歠，而問無齒決”，大之不圖而小焉是較，顛倒如此，爲不知務矣。後世之爲治者，紛然於事爲之間，蓋亦有甚勤勞者矣，惟其不知務，故卒無善治焉。非特治天下爲然也，自身以至於天下，皆有當務。蓋天下之事，未有無先後者，傳曰：“知所先後，則近道矣。”此所以貴乎格物也。雖然，孟子之所喻，特言舍大而徇小者，爲不知務耳，非謂能三年之喪，則緦小功有不足察；無放飯流歠，則齒決有不必問矣。先後具舉，本末畢貫，此所以爲道學者，又不可以不知矣。

【纂疏】輔氏曰：“《注》云‘識其全體，則心不狹’，是言仁。‘知所先後，則事有序’，是言知。”○又曰：“豐氏是講筵之説，故推言之如此。然孟子之意，亦是如此。”

孟子卷第十四

【諸儒集成之書】

朱子集注　朱子集義　朱子語録　朱子或問　南軒張氏注　黃氏講義
蔡氏集疏　趙氏纂疏

盡心章句下凡三十八章

孟子曰："不仁哉，梁惠王也！　仁者以其所愛及其所不愛，不仁者
以其所不愛及其所愛。"

親親而仁民，仁民而愛物，所謂以其所愛及其所不愛也。

公孫丑曰："何謂也?""梁惠王以土地之故，糜爛其民而戰之，大
敗，將復之，恐不能勝，故驅其所愛子弟以殉之，是之謂以其所不
愛及其所愛也。"

梁惠王以下，孟子答辭也。糜爛其民，使之戰鬥，糜爛其血肉也。復之，復
戰也。子弟，謂太子申也。以土地之故及其民，以民之故及其子，皆以其
所不愛及其所愛也。○此承前篇之末三章之意，言仁人之恩，自內及外；
不仁之禍，由疏逮親。

【張氏注】此愛者，仁之道也。而有所不愛者，是爲私意所隔，而愛之理蔽於
內也。善推其所爲者，自親以及疏，雖各有等差，而愛無不加焉。至於不仁
者，則不能推矣。不能推，故曰以陷溺，非惟無以及於人，且將併與其親愛
者亦不之恤，此豈人之道哉？夫無故而驅之使就死，此天下之至慘，①而

---

① "此"，原漫漶不清，此據通志堂本《孟子説》。

子弟者，人之所甚愛也，以甚慘加於甚愛，雖至愚者不爲。今梁惠王以貪土地之故，不勝利欲之私，始則糜爛其民，其於民素所不愛者也。至於一敗之後，不知自反而求以勝復，惟恐其不勝也，雖平日所愛子弟，亦驅之使從死地而不顧。以其所不愛者及其所愛，其不仁之甚，一至於此。故仁者推其愛親者以愛人，不仁者以其忍於他人者忍於其親，仁與不仁之分，其端甚微，而其流如此，可不畏哉？

【纂疏】輔氏曰："'仁人之恩，自内以及外'者，自本而推之也。惟其自本而推之，故雖無所不愛，而輕重等差，蓋不可紊也。'不仁之禍，由疏逮親'者，徇欲而從流者也。惟其徇欲而從流，故橫放逆施，莫之紀極也。始也糜爛其民人而殘賊其子弟，終不至殺身覆族不已也。"

○孟子曰："《春秋》無義戰。　彼善於此，則有之矣。

《春秋》每書諸侯戰伐之事，必加譏貶，以著其擅興之罪，無有以爲合於義而許之者。但就中彼善於此者則有之，①召陵之師之類是也。

征者上伐下也，敵國不相征也。"

征，所以正人也。諸侯有罪，則天子討而正之，此《春秋》所以無義戰也。

【張氏注】謂"《春秋》無義戰"者，蓋不論其得失利害，循其本而言之也。夫以上征下，則有征諸侯不稟命於天子，而互相征討，動則爲不義矣。然而"彼善於此則有之"，蓋本非盡善也，以此而方諸彼，則淺深輕重之間，有庶幾者耳。而其爲不義則一也，如齊桓公侵蔡伐楚，如晋文公城濮之戰，在當時其事雖若善，至於不稟王命，而擅用其師，則均爲不義而已矣。然則一時諸侯，當如之何？寡怨息爭，睦鄰撫衆，以歲時承事於軍旅。或不幸而爲他國之所侵陵，理義所在，蓋不可得而屈也，若是則得之矣。

○孟子曰："盡信《書》，則不如無《書》。

程子曰："載事之辭，容有重稱而過其實者，學者當識其義而已。苟執於辭，則時或有害於義，不如無《書》之愈也。"

---

① "之"，原破損不清，此據宋當塗郡齋本《四書集注》。

吾於《武成》，取二三策而已矣。

《武成》，《周書》篇名。武王伐紂，歸而記事之書也。策，竹簡也。取其二三策之言，其餘不可盡信也。程子曰："取其奉天伐暴之意，反政施仁之法而已。"

仁人無敵於天下，以至仁伐至不仁，而何其血之流杵也？"

杵，舂杵也，或作鹵，楯也。《武成》言武王伐紂，紂之"前徒倒戈，攻于後以北，血流漂杵"。孟子言此則其不可信者。然《書》本意乃謂商人自相殺，非謂武王殺之也。孟子之設是言，懼後世之惑，且長不仁之心耳。

【集義】 横渠先生曰："不以文害辭，不以辭害意，此教人讀《詩》法也。吾於《武成》取二三策，此教人讀《書》法也。"

【或問】 血流漂杵，乃紂之前徒倒戈之所爲。荀子以爲殺者皆商人，非周人者，是也。而孟子不之信，何哉？朱子曰："此亦拔本塞源之論。蓋雖殺者非我，而亦不忍言也。程子以爲孟子設爲是言，蓋得其微意。余隱之云：'《魯語》曰："俎豆之事，則嘗聞之矣，軍旅之事，未之學也。"孔子之意可見矣。客有問陶弘景："注《易》與《本草》孰先？"陶曰："注《易》誤，不至殺人，注《本草》誤，則有不得其死者。"世以爲知言。唐子西嘗曰："弘景知《本草》而未知經，注《本草》誤，其禍疾而小，注六經誤，其禍遲而大。前世儒臣引經誤國，其禍至伏尸百萬，流血千里。"《武成》曰"血流漂杵"，武王以此自多之辭。當時倒戈攻後，殺傷固多，非止一處，豈至血流漂杵乎？孟子深慮戰國之君以此藉口，故曰："盡信《書》，則不如無《書》。"而謂血流漂杵，未足爲多，豈示訓之至哉？經注之禍，正此類也。反以孟子爲畔經，豈不惑哉？'"

【張氏注】 此讀《書》之法。其言曰"盡信《書》，則不如無《書》"，爲夫盡信之有害，如血流漂杵之言是也。仁人蓋無敵，今以至仁伐至不仁，天人應之，又何待戰鬥殺傷之多也？以是知血流漂杵之言，爲不足信者矣。戰國之際，日以干戈相尋，糜爛其民而莫之恤意者，血流漂杵之言，未必不爲其藉口耳。故孟子以爲《武成》之策，吾有不盡信者焉。雖然，詳味當時《武成》之所記，特以形容紂有如林之衆，離心離德，前徒倒戈，自攻其後，而有漂杵之勢，用以見周之無敵，然而漂杵之言則不無過矣。學者讀《書》，要當默會其理，若執辭以害意，則失之遠矣。

【纂疏】輔氏曰：“如‘血流漂杵’一語，雖是商人之自殺，然畢竟過乎實。武王伐紂，遇此等事，亦必自處置，豈肯使之殺人至於如此之多？此而不辯，竊恐後世惑之，以爲聖人在上，亦或有時殺人如此，則將長其不仁之心，其爲害大矣。”

○孟子曰：“有人曰：‘我善爲陳，我善爲戰。’大罪也。 陳，去聲。

制行伍曰陳，交兵曰戰。

國君好仁，天下無敵焉。 南面而征北狄怨，東面而征西夷怨，曰：‘奚爲後我？’好，去聲。

此引湯之事以明之，解見前篇。

武王之伐殷也，革車三百兩，虎賁三千人。 兩，去聲。賁，音奔。

又以武王之事明之也。兩，車數，一車兩輪也。千，《書序》作百。

【纂疏】趙氏曰：“按《風俗通》云‘車有兩輪’，故一車謂之一兩。”

王曰：‘無畏！ 寧爾也，非敵百姓也。’若崩厥角稽首。

《書·泰誓》文與此小異。孟子之意當云，王謂商人曰：“無畏我也。我來伐紂，本爲安寧汝，非敵商之百姓也。”於是商人稽首至地，如角之崩也。

【張氏注】厥，覆也。角，額角也。

征之爲言正也，各欲正己也，焉用戰？” 焉，於虔反。

民爲暴君所虐，皆欲仁者來正己之國也。

【張氏注】戰國之際，以功力相勝，①善爲陳、善爲戰者，則謂之能臣矣。而孟子前以爲當服上刑，今又以爲大罪，何其言之屢而深切歟？蓋所以深救當時之弊，使之循其本也。循其本，則有道焉，其惟好仁乎？好仁，則無敵於天下，如湯武是也。湯之征，四方之民皆有後我之嘆。武王之征也，兵非多也，武王撫其民曰：“爾無我畏，蓋欲以寧爾，而非與爾敵也。”故百姓趨之若崩厥角稽首，而惟恐後，此好仁之驗也。征之爲言，訓夫正也，人望其來正己也，而何戰之有哉？若不志於仁，而徒欲以功力取勝，則天下孰非吾敵？勝與負均爲殘民而逆天也。雖然，戰陳，君子之所不取，而大司馬有教戰之法，何也？先王之制，兵亦仁政之大者，所以禁暴止亂而救民

---

① “功”，通志堂本《孟子説》作“巧”，下文同。

之生也。有兵斯有用兵之法,非若後世詭譎之爲也。蓋明其節制,一其號令,使之服習,而其本則出於仁義,是以無敵於天下。若弛兵撤禁,以召外侮,而曰"吾好仁而已",是烏所謂仁者哉?

○孟子曰:"梓匠輪輿能與人規矩,不能使人巧。"

尹氏曰:"規矩,法度可告者也。巧則在其人,雖大匠亦末如之何也已。蓋下學可以言傳,上達必由心悟,莊周所論斫輪之意,蓋如此。"

【張氏注】規矩則固在,巧則係於人。梓匠輪輿,能與之以規矩而已,固不能使之巧也。聖賢之教人,自洒掃、應對、進退而上,皆規矩也。行者習察,則存乎人,聖賢亦豈能使之然哉?然而巧固不外乎規矩,舍規矩以求巧,無是理也。

【纂疏】輔氏曰:"巧,謂熟後自得之妙。"

○孟子曰:"舜之飯糗茹草也,若將終身焉。 及其爲天子也,被袗衣,鼓琴,二女果,若固有之。"飯,上聲。糗,去久反。茹,音汝。袗,之忍反。果,《說文》作婐,烏果反。

飯,食也。糗,乾糒也。茹,亦食也。袗,畫衣也。二女,堯二女也。果,女侍也。言聖人之心,不以貧賤而有慕於外,不以富貴而有動於中,隨寓而安,①無預於己,所性分定故也。

【語錄】曰:"趙氏以果爲侍。《廣韻》從女、從果者,亦曰侍也。"

【張氏注】"若將終身焉""若固有之",可謂善形容舜者矣。舜於窮通之際,果何有哉?其飯糗茹草,則若將終身焉,其爲天子,則若固有之。蓋所欲不存,樂天而安止,窮而在下,則無一毫之虧;達而在上,亦無一毫之加。故無適而不得也。玩此二語,則所謂無爲而治者,蓋可見矣。

【纂疏】輔氏曰:"'所性',謂天所予我之性也。'分定',謂雖大行不加,窮居不損也。夫貧富貴賤,皆外物之儻來寄也。聖人盡性,故其心湛然,而無所厭羡欣戚於其間。'隨寓而安',是不以物動己也。'無預於己',是不以己隨物也。"○趙氏曰:"畫衣者,畫黼黻絺繡之衣也。"

---

① "寓",宋當塗郡齋本《四書集注》作"遇"。

○孟子曰：“吾今而後知殺人親之重也：殺人之父，人亦殺其父；殺人之兄，人亦殺其兄。然則非自殺之也，一間耳。”間，去聲。

言吾今然後知者，必有所爲而感發也。一間者，我往彼來，間一人耳，其實與自害其親無異也。范氏曰：“知此則愛敬人之親，人亦愛敬其親矣。”

【張氏注】《書》曰：“天有顯道，厥類惟彰。”感應之理，未有不以類者，人事則然。蓋天之顯道也，殺人之親，則人亦思殺其親矣，此其以類也。“出乎爾者，反乎爾者也”，非惟報復之必至，抑其理之當然。方其殺人之親也，孰知人之殺吾親，其機固已在此乎？孟子斯言，可謂痛切。欲使當時之君，無動於忿欲，寡怨息爭以保其宗廟親族，是仁術也。噫！人孰無愛親之心哉，於此亦可以動矣。觀魏、晉、南北朝之君，互相屠戮，自今觀之，屠戮他人者，實自絕滅而已矣，其相去誠一間耳。

【纂疏】輔氏曰：“《集注》‘間’字說得分明，其感發於人尤切。”

○孟子曰：“古之爲關也，將以禦暴。

譏察非常。

今之爲關也，將以爲暴。”

征稅出入。○范氏曰：“古之耕者什一，後世或收太半之稅，此以賦斂爲暴也。文王之囿，與民同之；齊宣王之囿，爲阱國中，此以囿圃爲暴也。後世爲暴，不止於關，若使孟子用於諸侯，必行文王之政，凡此之類，皆不終日而改也。”

【張氏注】禦暴者，譏非常以待暴客也。爲暴者，察出入而爲苛征也，然則失之遠矣。蓋古者以理義爲國，後世則徇利。以理義爲國，其創法立制，與天下公共，凡以爲民耳。以利爲國，則惟己私之徇，雖古法之尚存者，亦皆轉而爲一己之計矣。孟子特因爲關之暴，舉此一端耳。豈特是哉，本原不正，無往而不失先王之意矣，可勝嘆哉。

【纂疏】輔氏曰：“關則一，而古今所以爲關之意則不同：‘譏察非常’，爲義也；‘征稅出入’，爲利也。”○又曰：“先王制其本者，天理也，後世流於末者，人欲也。天下之事莫不然，孟子舉關之一事言之，故范氏推言及賦斂苑囿之事，且曰：‘使孟子用於諸侯，必行文王之政’者，尤說得孟子之事實。蓋孟子言，句句是事實，言之則必行之。”

○孟子曰：“身不行道，不行於妻子。 使人不以道，不能行於妻子。”

身不行道者，以行言之。不行者，道不行也。使人不以道者，以事言之。不能行者，令不行也。

【語録】問：“上‘不行於妻子’，百事不可行、不可使亦在其中。下‘不行於妻子’，却只指‘使人’一事言之否？”曰：“然。”（《答石子重》）

【張氏注】君子之道，譬如行遠必自邇，譬如登高必自卑，道行於身，則行於妻子矣。莫近於妻子也，由是則無往而不行矣。若身自不行道，則何以行於妻子乎？不行於妻子，則他可知矣。不以道，謂咈其理也。①順理之事，則人易從，若不以道，則雖妻子亦不能使之必從也。前言不躬行則無以化之，後言使之非其道，則不得而强之。然使之雖以道，而躬行有未至，則彼亦不信從，均於不行而已，是知以行道爲本也。然在行道者言之，使人以道，亦行道也。古人謂進德者，必考之於妻子，其是之謂歟！

○孟子曰：“周于利者，凶年不能殺。 周于德者，邪世不能亂。”

周，足也。言積之厚則用有餘。

【張氏注】周者，盡其道之謂。周于利，則備具有素，雖凶年，烏能殺之？周于德，則在我者全盡，雖邪世豈能亂之？蓋不獨至於變易其守，而後謂之亂也，一毫有動於中，則是爲其所亂矣。《易》曰：“幽人貞吉，中不自亂也。”其“遯世無悶，不見是而無悶”，而後爲至歟！曰“周于利”“周于德”，立言與“喻於利”“喻於義”者相似。今夫爲利者，非專精積久，則不能周也。進德者，盍亦皇皇而勿舍乎？有所未盡，則不得爲周，而世變尤得以亂之也。故君子務周其德而已，《小雅》曰：“戰戰兢兢，如臨深淵，如履薄冰。”

【纂疏】輔氏曰：“德貴積蓄，然後有餘用，而外物不足以亂之。若夫挾一善一長，自以爲足，而欲以游於邪世，則鮮有不爲其所亂者矣。故良農不患乎年之有凶，而惟患乎蓄糧之不厚；君子不患乎世之難處，而惟患乎積德之不周。戰兢自持，死而後已，皆以周其德也。”

---

① “咈”，通志堂本《孟子說》作“拂”。

○孟子曰：“好名之人，能讓千乘之國。苟非其人，簞食豆羹見於色。”好、乘、食，皆去聲。見，音現。

好名之人，矯情干譽，是以能讓千乘之國。然若本非能輕富貴之人，則於得失之小者，反不覺其真情之發見矣。蓋觀人不於其所勉，而於其所忽，然後可以見其所安之實也。

【語錄】能讓千乘之國，惟賢人能之。然好名之人，亦有時而能之，然於小處，不覺發現矣。蓋好名之人，本非真能讓國也，徒出一時之慕名，而勉强爲之耳。然這邊雖能讓千乘之國，那邊簞食豆羹必見於色，東坡所謂人能碎千金之璧，而不能無失聲於破釜，正此意也。“苟非其人”，其人指真能讓國者，非指好名之人也。（余大雅）

總論二章之旨 嘗把此一段，對“向爲身死而不受”一段，爲義蓋前段是好名之心勝，大處打得過，小處漏綻也。動於萬鍾者，是小處遮掩得過，大處發露也。（余大雅）○祝氏錄

【或問】好名之人，能讓國矣，而不能忘情於小物，何哉？曰：“千乘之國，辭受之間，十目所視，十手所指之地也。簞食豆羹，得失之際，則微矣，人亦何暇注其耳目於斯哉？此好名之士，所以飾情於彼，以取美名，而不意其鄙吝之真情實態，乃發露於忽易而不虞之地也。”

【張氏注】孟子此章，言人之度量相越有如是其遠者。夫均是人也，而有讓千乘之國者焉，而有與人簞食豆羹，則德見於色者焉。何其不侔也？蓋其所存有厚薄，而所見有廣狹故也。夫能讓千乘之國，亦可謂高矣，而孟子謂之好名之人者，何哉？蓋未能循夫理之實然者，則亦未免爲徇其名而已，如季札之徒是也。季子之父兄，所以眷眷於季子之立者，爲其賢也，此公理而非私意也。而季子三辭焉，是未究夫當立之義，此爲季子之私也。就陋俗論之，可謂超然獨出矣，而揆之以道，蓋以好名而蔽其實故也。人有江海之量，有斗筲之量，江海之量比於斗筲之量，其相去固甚有間矣，亦未免於有限也。好名之人，雖能讓千乘之國，然固限於名矣。若夫大賢而上循乎天理，雖以舜、禹受天下，受其所當受而不爲泰；以泰伯之讓、夷齊之讓，讓其所當讓而不爲好名。故孔子稱舜、禹曰：“有天下而不與焉。”稱泰伯則曰：“民無得而稱焉。”稱夷、齊則曰：“求仁而得仁。”聖人之意，蓋可

見矣。故夫能讓千乘之國,亦非所以稱聖賢也,孟子立言,其嚴矣哉!

【纂疏】輔氏曰:"矯情者,務其勉於大而難久;至誠者,不忽於其小而有常。是故觀人之法,不於其所勉,而於其所忽,人之誠與僞見矣。所安,即誠也。"

○孟子曰:"不信仁賢,則國空虛。

空虛,言若無人然。

無禮義,則上下亂。

禮義,所以辨上下,定民志。

無政事,則財用不足。"

生之無道,取之無度,用之無節故也。○尹氏曰:"三者以仁賢爲本。無仁賢,則禮義、政事,處之皆不以其道矣。"

【張氏注】信仁賢,則君有所輔,民有所庇,社稷有所託,奸宄有所憚,國本植立而堅固矣,不然其國謂之空虛可也;有禮義,則自身以及國,君君臣臣、父父子子而上下序,所爲治也,故"無禮義,則上下亂";有政事,則先後綱目,粲然具舉,百姓足,而君無不足焉,故"無政事,則財用不足"。此三者,爲國之大要,然信仁賢,其本也。信仁賢,而後禮義興,禮義興,而後政事脩,雖三王之所以治,亦不越是矣。然而"無政事,則財用不足",後世治財者,每借斯言,其説不過嚴苛取之法,爲聚斂之計,以爲是乃政事也,夫豈知先王之所謂政事者哉?

【纂疏】輔氏曰:"仁者,德之首。賢則總言其有德耳。國以賢而立,無仁賢,則其國虛矣。有之而不能信任之,則與無同。尹氏謂三者以仁賢爲本者,當矣。禮義由賢者出,政事以得人爲本,故無仁賢,則處之皆不得其當,禮義則以非禮爲禮、非義爲義,政事之施則先後無序、寬猛失宜也。"

○孟子曰:"不仁而得國者,有之矣。不仁而得天下,未之有也。"

言不仁之人,騁其私智,可以盜千乘之國,而不可以得丘民之心。鄒氏曰:"自秦以來,不仁而得天下者有矣,然皆一再傳而失之,猶不得也。所謂得天下者,必如三代而後可。"

【張氏注】此章蓋見夫當時之君,不知有仁義,惟務富強以爲兼并之計,故嘆息焉,謂不仁而可以得一國之土地則有之,然欲以得天下,則無是理也。雖然,不仁而得國,亦得其土地而已,顧豈得其民人之心哉? 然則是終可保乎? 孟子之言,所當深味,而不可執辭以害意也。後之取天下者,其立國差久者,其始所行,亦必庶幾有合於仁者,不然則雖得土地於一時,而亂亡亦相踵而至,是其得也,適以速其覆滅之禍,烏乎得哉?

【纂疏】輔氏曰:"不仁而得天下,如曹操、司馬氏,及五代之君,皆是也。鄒氏斷以得天下必如三代而後可者,得孟子之旨也。"

○孟子曰:"**民爲貴,社稷次之,君爲輕。**

社,土神。稷,穀神。建國則立壇壝以祀之。蓋國以民爲本,①社稷亦爲民而立,而君之尊,又係於二者之存亡,故其輕重如此。

【或問】民貴君輕之説,得不啓後出篡奪之端乎? 曰:"以理言之,則民貴。以分言之,則君貴。此固兼行而不悖也,各於其時,視其輕重之所在而已爾。若不惟其是,而姑借聖賢之説,則亦何詞之不可借? 而所以啓後人之禍者,又豈止於斯乎?"

【纂疏】趙氏曰:"社所以祭五土之神,稷所以祭五穀之神,稷非土無以生,土非稷無以見生生之效,故祭社必及稷,以其同功均利以養人故也。《周禮·大司徒》'設其社稷之壝',壝者,累土以爲高也。不屋而壇,社壇在東,稷壇在西。"

是故得乎丘民而爲天子,得乎天子爲諸侯,得乎諸侯爲大夫。

丘民,田野之民,至微賤也,然得其心,則天下歸之。天子,至尊貴也,而得其心者,不過爲諸侯耳。是民爲重也。

諸侯危社稷,則變置。

諸侯無道,將使社稷爲人所滅,則當更立賢君,是君輕於社稷也。

犧牲既成,粢盛既潔,祭祀以時,然而旱乾水溢,則變置社稷。"

盛,音成。

祭祀不失禮,而土穀之神不能爲民禦災捍患,則毀其壇壝而更置之,亦"年不順成,八蜡不通"之意。是社稷雖重於君而輕於民也。

———————

① "爲",原漫漶不清,此據宋當塗郡齋本《四書集注》。

【語録】 問:"伊川云'勾龍配食於社,棄配食於稷,始以其有功於水土,故祀之。今以其水旱,故易之。'夫勾龍與棄,誠有功於水土者也,後世祀之,不忘本爾。旱乾水溢,數存乎天,以是變置,彼何罪焉? 二神之功,萬世所賴,旱乾水溢,①一時之災,以一時之灾而遽忘萬世之功,可乎? 二神,天下之通祀者也,此國水旱,此國廢之,詎能使他國之皆不祀耶? 一國之不祀,而他國祀之,猶無廢也,伊川乃如此言,果可盡信否?"曰:"變置社稷,非謂易其人而祀之,如伊川之説也,蓋言遷社稷壇場於他處耳。"(周謨)○ **祝氏録** ○又曰:"《集注》變置社稷,出於彭城陳無己之論,曰'有爲句容令,多盜,改置社稷而加禮焉,既而盜止。'竊以爲此或有合於古人之意,故取之以爲説焉。"○蔡氏録

【張氏注】 孟子斯言,爲國者聞之,亦可以悚然知懼矣。得者,得其心也。丘民,丘井之民也。得乎丘民,則是百姓之心畢歸之,斯能繼天而爲子矣。不然雖居其位,是虛器耳,庸可保乎? 故爲大夫者,以其得乎諸侯;爲諸侯者,以其得乎天子;而爲天子者,乃以得乎丘民耳,則民不亦貴乎? 諸侯有危社稷之行,則天子得而變置之,爲社稷故耳,以此見社稷之重於君也。社稷非可易也,然而有水旱之灾,則變置社稷,變置者,撤而更新之,以此見社稷之輕於民也。反復而言,皆以發明民爲貴之意耳。夫自其勢而言,則人君據崇高之位,宜莫重矣,然公天下之理而觀之,則民爲貴,社稷次之,君爲輕。人君惟恃崇高之勢,而忽下民之微,故肆其私欲,輕失人心,以危其社稷。若使其知民之爲貴,社稷次之,而己不與焉,則必兢兢業業,不敢自恃,惟懼其失之也,則民心得而社稷可保矣。是以三王畏其民,而闇主使民畏己。畏其民者,知夫得失所係在於民也;使民畏己者,驕亢自居,民雖迫於勢與威而憚之,然其心日離。民心離之,是天命去之者也。嗚呼! 可不畏哉。

【纂疏】 輔氏曰:"天生民,而立之君以司牧之,是君爲民而立也。世衰道微,至戰國之時,爲君者不知其職,而反視其民如草芥,而不之恤也。故孟子發此輕重之論,而并及夫社稷焉,蓋社稷亦爲民而立故也。於是反覆明辨之,其丁寧警切之意,可謂仁矣。"

---

① "乾",原作"溢",據明陳煒刻本《朱子語類》卷六一《孟子十一·盡心下》改。

○孟子曰："聖人，百世之師也，伯夷、柳下惠是也。 故聞伯夷之風者，頑夫廉，懦夫有立志；聞柳下惠之風者，薄夫敦，鄙夫寬，奮乎百世之上句。 百世之下，聞者莫不興起也。 非聖人而能若是乎？ 而況於親炙之者乎？"

興起，感動奮發也。親炙，親近而熏炙之也。餘見前篇。

總論三章之旨 孟子之於二子，其論之詳矣，雖或以爲聖之清，或以爲聖之和，然又嘗病其隘與不恭，且以其道不同於孔子，而不願學也。及其一旦慨然發爲此論，乃以百世之師歸之，而孔子反不與焉。孔子道大德中而無迹，故學之者，没身鑽仰而不足。二子志潔行高而迹著，故慕之者一日感慨而有餘也。然則二子之功，誠不爲小，而孟子之意，其亦可知也已。

○祝氏録

【或問】"孟子，學孔子者也，乃屢稱夷、惠而深嘆仰之，何耶？"曰："夷、惠之行高矣，然偏勝而易能，有迹而易見，且世人之貪懦鄙薄者衆，一聞其風而興起焉，則其爲效也速，而所及者廣。譬如薑桂大黄之劑，雖非中和，然其於去病之功爲捷，而田夫販婦大寒大暑之所便也。若孔子之道，則廣大而中正，渾然而無迹，非深於道者，不能庶幾其萬一。如參苓芝术之爲藥，平居有養性之益，而緩急有伐病之功，未必優於薑桂大黄，非所以施於閭巷之間危惡之候也。孟子屢稱夷、惠，而不及於孔子，其意殆以此耶？"

【張氏注】夷、惠之所以稱聖人者，以其聖於清、聖於和而得名也。清之所被，可使頑廉而懦立；和之所被，可使薄敦而鄙寬。至於百世之下聞風者，莫不有所興起焉，非聖人莫能然也。風化有大小，至於聖，則所被者爲無窮，蓋有不言而信、不約而從者。雖然，夷、惠之聖，聖於清和而已，故其感化之所以爲無窮者，亦獨在於清和也，比於伊尹，則亦有間矣，而況於堯、舜、文王、孔子者乎？聞風者猶若此，則親炙之者可知矣。所謂"興起"者，特一時興起耳，未能使之涵泳成就也，故比夫親炙者，則有間焉。

○孟子曰："仁也者，人也。 合而言之，道也。"

仁者，人之所以爲人之理也。然仁，理也。人，物也。以仁之理，合於人之身而言之，乃所謂道者也。程子曰："《中庸》所謂'率性之謂道'是也。"○

或曰:"外國本'人也'之下,有'義也者宜也,禮也者履也,智也者知也,信也者實也',凡二十字。"今按,如此則理極分明,然未詳其是否也。

【集義】伊川先生曰:"仁,理也。人,物也。以仁合在人身言之,乃是人之道也。"○橫渠先生曰:"仁必人主持,非人執行之者? 又非人何以立人之道? 故仁與人合,即是道也。"

【語錄】曰:"此仁字不是別物,即是這人底道理。"○此是説此仁是人之道理,就人身上體認出來。及就人身上説,合而言之,便是道也。(黃㽦)○又曰:"人之所以得名,以其仁也。言仁而不言人,則不見理之所寓;言人而不言仁,則人不過是一塊血肉耳。必合而言之,方見得道理出來。仁字最難形容,是個柔軟有知覺相酬接之意。此須是自去體認,切問而近思,仁在其中矣。"(輔廣)○"仁者,人也。合而言之,道也。①"只仁與人合而言之,便是道,猶言"公而以人體之便是仁"也。(程端蒙)○尤延之云云,"《孟子》'仁也者人也'章下,高麗本云:'義也者,宜也。禮也者,履也。智也者,知也。信也者,實也。合而言之,道也。'"此説近是。(李儒用)

總論二章之旨 問:"仁與道,如何分別?"曰:"道是統言,仁是一事。如道路之道,千枝百派,皆有一路去。故《中庸》分道、德,曰父子君臣以下,爲天下之達道;智、仁、勇,爲天下之達德。君有君之道,臣有臣之道,德便是個行道底。故爲君主於仁,爲臣主於敬,仁可喚做德,不可喚做道。"(徐㝢)○程子謂"此猶'率性之謂道'也。"如《中庸》"仁者,人也",是對"義者,宜也",意又不同。"人"字是以人身言,人自有生意。②修道以仁,便説"仁者,人也",是切已言之,孟子是統而言之。(陳淳)○祝氏錄

【或問】此章之説。曰:"言人而不及仁,則血氣物欲之私而已。言仁而不即人之身以明之,則又徒爲虛言,而無以見天理流行之實。故必以仁之理合於人之身而言,然後仁之爲道可見。蓋仁則性而已矣,道則父子之親、君臣之分,見於人之身而尤著也。"

【張氏注】仁者,人也。仁謂仁之理,人謂人之身。仁字本自人身上得名,合而言之,則人而仁矣,是乃人之道也。故伊川曰:"仁固是道,道却是總

---

① "也",原破損不清,此據明陳煒刻本《朱子語類》卷六一《孟子十一·盡心下》。
② "人自",明陳煒刻本《朱子語類》卷六一《孟子十一·盡心下》作"仁字"。

名。”蓋人之生，其愛之理具其性，是乃所以爲人之道者。惟其私意日以蔽隔，故其理雖存，而人不能合之，則人道亦幾乎息矣。惟君子以克己爲務，己私既克，無所蔽隔，而天理睟然，則人與仁合，而爲人之道矣。

○孟子曰：“孔子之去魯，曰：‘遲遲吾行也。’去父母國之道也。去齊，接淅而行，去他國之道也。”

重出。

【張氏注】當其可，即是道。蓋事事物物之間，道無往而不有極，無適而不爲中也。孔子之去魯，遲遲其行，是去父母國之道也。去齊，接淅而行，是去他國之道也。雖或遲或速之不同，而其爲道則一。苟執一以爲道，則有所不能貫通，而非道矣。故師冕之見，夫子所以待之者，乃相師之道也。凡一飲食、一起居之間，莫不有其道焉。賢者隨時而循理，在聖人則如影之隨形，道固不離乎聖人也。孔子，魯人也，道不行於家國，去而他之，亦不得已焉耳。故其去父母之邦也，有不忍遽之意焉。至他國，可留則留，不可則去，非吾宗國比也。蓋當去魯之時，則遲遲其行爲道，當去齊之時，則接淅而行爲道。其所以爲道者，乃天之理，而非人之所爲也。雖然，孟子學孔子者也，其去齊也，非爲家國，而有三宿出晝之濡滯，何耶？孟子於宣王，蓋有望焉，故於其去也，亦有眷眷不能以已者。夫其不能以已者，是固道之所存。時異事異，則其道亦異，若使孟子執夫子去他國之義，而於去齊之際，無所動其心，是亦爲舉一而廢百，非聖人之所以爲道者也。

○孟子曰：“君子之戹於陳、蔡之間，無上下之交也。”

君子，孔子也。戹，與厄同。君臣皆惡，無所與交也。

【張氏注】無上下之交者，其君臣皆莫知敬聖人也。孔子在當時，諸國之君雖莫能行其道，然其臣下亦有知敬而願交者矣。如蘧伯玉、葉公之徒是也。至陳、蔡，而無上下之交，則二國之人才，可知矣。聖人盡顯比之道，親己與否，則在其人。無上下之交，至戹於陳，是亦天也。聖人樂天而已，故於是時，子路問：“君子亦有窮乎？”則應之曰：“君子固窮，小人窮斯濫矣。”

【纂疏】輔氏曰：“陳、蔡之厄，聖人之極否也。故孟子特原其事，以爲蓋緣君臣俱惡，無所與交之故。是亦氣數之窮，在聖人則何與焉？”

○貉稽曰：“稽大不理於口。”貉，音陌。

趙氏曰：“貉，姓。稽，名。爲衆口所訕。理，賴也。”今按《漢書》“無俚”，《方言》亦訓賴。

【張氏注】理，治也。

【纂疏】輔氏曰：“理雖訓賴，而曰大不賴於口者，言大爲衆口所訕。不見理於衆口，是無所賴於衆口也。”

孟子曰：“無傷也。　士憎茲多口。

趙氏曰：“爲士者，益多爲衆口所訕。”按，此則“憎”當從土，今本皆從心，蓋傳寫之誤。

【張氏注】增，益也。

《詩》云：‘憂心悄悄，慍于群小。’孔子也。‘肆不殄厥慍，亦不隕厥問。’文王也。”

《詩》，《邶風·柏舟》及《大雅·綿》之篇也。悄悄，憂貌。慍，怒也。本言衛之仁人見怒于群小，孟子以爲孔子之事可以當之。肆，發語辭。隕，墜也。問，聲問也。本言太王事昆夷，雖不能殄絕其慍怒，亦不自墜其聲問之美，孟子以爲文王之事可以當之。○尹氏曰：“言人顧自處如何，盡其在我者而已。”

【語録】問：“《衛·邶·柏舟》之詩，何與孔子？而孟子以此稱孔子，何也？”曰：“此不必疑。如見毀於叔孫，幾害於桓魋，皆慍于群小也。辭則《衛詩》，意似孔子之事，故孟子以此言孔子。至於《綿》詩‘肆不殄厥慍’之語，《注》謂‘文王’，以詩考之，正文王說太王，下文豈得便言文王如此，意其間須有闕文。”

【張氏注】肆，猶言遂也，承上起下之辭。貉稽意以欲爲善士，而不勝於流俗之訕毀，故有此問。孟子告之以無傷也，蓋君子修其在我者，審己而已，浮議豈爲傷乎？常情於衆人，固有置而不問者，至於有欲自修之人，則衆口必萃之。故曰：“士憎茲多口。”然自爲士者觀之，使其訕毀而是，則可以增修己之德；使其非也，吾果何所傷乎？所謂“無傷也”，其言辭氣不迫，而意則盡矣。又言文王、孔子之事，以謂文王、孔子之聖也，而猶不免焉，況於其他哉。孔子亦慍于群小矣，然其所爲慍者，憂其害正道而禍斯民耳，在孔子何有乎？文王亦慍於昆夷矣，而不遽殄絕之，以增修吾德、不墜令問爲先耳。學者存心乎聖人，擴之以公理，則不理於口，何足病哉。雖然，聖人亦有愠乎？喜怒憂患，聖人與衆人同有，而所以喜怒憂患則異矣。知是數者，聖人不能無，又知其所以異，則亦可以窺聖人之心矣。

【纂疏】輔氏曰："尹氏深得此章之旨。孔子、文王之心，亦如是而已矣。"

○孟子曰："賢者以其昭昭，使人昭昭。 今以其昏昏，使人昭昭。"

昭昭，明也。昏昏，暗也。尹氏曰："《大學》之道，在自昭明德，而施於天下國家，其有不順者寡矣。"

【張氏注】賢者自明其德，以其明德，而以明人。成己成物，一道也。不賢者在已之不明，而責人之明，難矣。故賢者之教，人樂從之，以其身先之故也。不然，則無以孚信於人，將憪然而不服，雖欲使之然，其可得哉？

【纂疏】輔氏曰："以己昭昭，使人昭昭者，求之己也。以己昏昏，使人昭昭者，求之人也。尹氏引《大學》之説當矣，能明明德，則施於天下國家，其有不順者寡矣。若不自明其德，則如面牆，一物無所見，一步不可移，雖至近如妻子，亦且不順之矣，①況他人乎？"

○孟子謂高子曰："山徑之蹊間句，介然用之而成路句。 爲間不用，則茅塞之矣。 今茅塞子之心矣。"介，音戛。

徑，小路也。蹊，人行處也。介然，倏然之頃也。用，由也。路，大路也。爲間，少頃也。茅塞，茅草生而塞之也。言理義之心，不可少有間斷也。

【張氏注】此章言學者初聞善道，其心不無欣慕而開明，猶山徑之有蹊間，介然也。由是而體認擴充，朝夕於斯，則德進而業廣矣，猶用之而成路矣。苟惟若有若亡，而不用其力，則内爲氣習所蔽，外爲物欲所誘，向之開明者，幾何不復窒塞邪？是不用而茅塞之，故曰："今茅塞子之心矣。"然則山徑之蹊間，在夫用與不用，士之於學，亦係於思與不思而已。思則通，不思則窒矣。

【纂疏】輔氏曰："理義之心，人所固有。雖易發，而亦易窒。日用之間，才有所感，其端固未嘗不發見也。此正猶山中之小徑，人能由之，則倏然之

---

① "矣"，原作"物"，據元刻本《四書纂疏》改。

間,遂可以成路。亦如人於善端發處,體察而力行之,則亦可以成德,若或少頃之間,不能由之,則茅草生而塞之矣。亦如善端雖發,若或不能體察而力充之,則内爲氣習所蔽,外爲物欲所誘,而遂室之矣。孟子言此,蓋以見學者於理義之心,不可少有間斷也。”

○高子曰:“禹之聲,尚文王之聲。”

尚,加尚也。豐氏曰:“言禹之樂,過於文王之樂。”

孟子曰:“何以言之?”曰:“以追蠡。”追,音堆。蠡,音禮。

豐氏曰:“追,鍾紐也。《周禮》所謂旋蟲是也。蠡者,齧木蟲也。言禹時鍾在者,鍾紐如蟲齧而欲絶,蓋用之者多,而文王之鍾不然,是以知禹之樂過於文王之樂也。”

【張氏注】尚,貴尚也。追,鍾紐也。蠡,欲絶之貌。摩齧之深也。

【纂疏】趙氏曰:“按《考工記》‘鍾縣謂之旋,旋蟲謂之幹’,蓋懸鍾之紐也,其形如環,環則有盤旋之義。縣鍾則假物以爲之附著,鍾偃於此,若盤旋然。於旋之上,爲蟲形以飾之。自漢以來,鍾旋之上,以銅篆作蹲熊及盤龍,獸名‘辟邪’,皆旋蟲之類也。”

曰:“是奚足哉? 城門之軌,兩馬之力與?”與,平聲。

豐氏曰:“奚足,言此何足以知之也。軌,車轍迹也。兩馬,一車所駕也。城中之涂容九軌,車可散行,故其轍迹淺。城門惟容一車,車皆由之,故其轍迹深。蓋日久車多所致,非一車兩馬之力能使之然也。言禹在文王前千餘年,故鍾久而紐絶,文王之鍾則未久而紐全,不可以此而議優劣也。”○此章文義本不可曉,舊説相承如此,而豐氏差明白,故今存之,亦未知其是否也。

【集義】尹氏曰:“城門之軌,豈兩馬之力哉? 歲久而用之多也。高子以追蠡言之,失矣。”

【張氏注】觀高子之問,則抑可見其茅塞之心矣,故記者列於前章之後。

○齊饑。 陳臻曰:“國人皆以夫子將復爲發棠,殆不可復。”復,扶又反。

先時齊國嘗饑,孟子勸王發棠邑之倉以振貧窮。至此又饑,陳臻問言齊人望孟子復勸王發棠,而又自言恐其不可也。

【集義】范氏曰:"孟子在賓師之位,方以仁義說齊王,幸而聽其言,故發棠邑之粟。然而不行王政,孟子言終不合。及再饑,孟子遂不復言,度其不可言也。"

孟子曰:"是爲馮婦也。晉人有馮婦者,善搏虎,卒爲善士。則之野,有衆逐虎,虎負嵎,莫之敢攖,望見馮婦,趨而迎之。馮婦攘臂下車,衆皆悦之,其爲士者笑之。"

手執曰搏。卒爲善士,後能改行爲善也。之,適也。負,依也。山曲曰嵎。攖,觸也。笑之,笑其不知止也。疑此時齊王已不能用孟子,而孟子亦將去矣,故其言如此。

【張氏注】君子之動,惟其時而已。前日之飢,勸之使發棠,時乎可言也。今日之饑而不之勸,時乎不可言也。苟徒慕夫言發棠之爲美,而不度其時之可否,則爲徇乎血氣,而不中理義之節,非君子之道矣。故陳臻以復發棠爲問,而以馮婦應之。馮婦始以搏虎聞,其後爲善士矣。乘車而之野,見虎負嵎,衆莫敢攖,狃夫前日之搏,而忘夫今日之不可搏也,於是攘臂下車焉。是爲氣習所動,而不能勝矣。故衆雖悦之,而爲士者則笑之,以其非所宜施也。發棠之事,言於前日,時也。若於其不當言而必欲言之,是蔽於事爲而昧乎時義,與馮婦之攘臂下車,何異哉?世固有勇於爲善事者,不察夫義理之當然與否,而必爲之,蓋亦足以悦於流俗,然發不中節,有害於君子之道,是皆馮婦之類耳。學者其無惑於衆之悦而有動哉,審諸己而已矣。

【纂疏】輔氏曰:"齊人之所望於孟子者,利也。而孟子之所以自守者,義也。夫告君以發粟振民,是亦美事,固君子所樂爲者。但是時齊王已不能用孟子,而孟子亦將去矣,故其義不當復有所言耳。君子之所爲,與時變化,不主故常,唯義理如何耳,顧豈徇其常所爲者,以取人之屢快哉。"

○孟子曰:"口之於味也,目之於色也,耳之於聲也,鼻之於臭也,四肢之於安佚也,性也。有命焉,君子不謂性也。

程子曰:"五者之欲,性也。然有分,不能皆如其願,則是命也。不可謂我性之所有,而求必得之也。”愚按,不能皆如其願,不止爲貧賤,蓋雖富貴之極,亦有品節限制,則是亦有命也。

【語録】曰:“此‘性’字,指氣質而言。此‘命’字,却合理與氣而言。”○又云:“五者之欲,這雖説道性,其實這已不是性之本原,惟性中有此理,故口必於味,耳必於聲,目必於色,鼻必於臭,四肢必於安佚,自然發出如此。若本無此理,口自不欲味,耳自不欲聲,目自不欲色,鼻自不欲臭,而四肢自不欲安佚。”(葉賀孫)○五者之欲,固是人性,然有命分,既不可謂我性之所有,而必求得之,又不可謂我分可以得,而必極其欲。如貧賤不能如願,此固分也,富貴之極可以無所不爲,然亦有限制裁節,又當安之於理。如紂之酒池肉林,却是富貴之極,而不知限節之意,若以其分言之,固無不可爲,但道理却恁地不得。今人只説得一邊,不知合而言之,未嘗不同也。

【纂疏】輔氏曰:“程子不謂性之説,固已盡之。其曰‘不可謂我性之所有,而求必得之’,便是解‘不謂性’一句也。”○又曰:“若謂貧賤,故五者不能如其所願,則只説得一邊。如武帝之千門萬户,却是不知限節。”

仁之於父子也, 義之於君臣也, 禮之於賓主也, 智之於賢者也, 聖人之於天道也, 命也。 有性焉, 君子不謂命也。”

程子曰:“仁、義、禮、智、天道,在人則賦於命者,所禀有厚薄清濁。然而性善可學而盡,故不謂之命也。”張子曰:“晏嬰智矣,而不知仲尼,是非命耶?”愚按,所禀者厚而清,則其仁之於父子也至,義之於君臣也盡,禮之於賓主也恭,智之於賢否也哲,聖人之於天道也無不吻合,而純亦不已焉。薄而濁,則反是。是皆所謂命也。或曰“者”當作“否”,“人”衍字,更詳之。○愚聞之師曰:“此二條者,皆性之所有而命於天者也。然世之人,以前五者爲性,雖有不得,而必欲求之;以後五者爲命,一有不至,則不復致力。故孟子各就其重處言之,以伸此而抑彼也。張子所謂養則付命於天,道則責成於己,其言約而盡矣。”

【集義】横渠先生曰:“性也,命也,皆天所與我,莫非定分,惟求諸己、付諸天,爲有異耳。勉而可至者,吾將求諸己;欲而不得者,吾將付諸天而已。”○尹氏曰:“性者,言其有命。命者,言其有性。蓋以人之所欲者,君子不專以言性;人之當爲者,君子不專以言命。君子所能,衆人所病,究言其理,有教存焉。”

【語録】曰：“‘命也，有性焉’，此命字，專指氣而言。此性字，却指理而言。如舜遇瞽瞍，固是所遇氣數。然舜推盡事親之道，期於底豫，此所謂盡性。大凡清濁厚薄之禀，皆命也。一以所禀言之，一以所值言之，所造之有淺有深，所感之有應有不應，皆厚薄清濁之分不同。且如聖人之於天道，如堯舜則是性之，湯武則是反之，禹則入聖域而不優，此是合下所禀有清濁，而所造有淺深不同。文王之囚羑里，夫子之不得位，此是合下所禀有厚薄，而所遇有應有不應。但其命雖如此，又有性焉，故當盡性。”○又曰：“以厚薄言命，則是天之降才，爲有殊矣。”曰：“孟子言降才且如此説，若命則誠有兩般，由禀受有厚薄也。又不可謂禀受爲非命也，大抵天命流行，物各有得，不謂之命，不可也。命如人有貧富貴賤，豈不是有厚薄？”○命有兩般，有以氣言者，厚薄清濁之不同也，如所謂“道之將行廢，命也”“君子不謂命”是也。有以理言者，天道流行，付與在人，則爲仁義禮智之性，如所謂“五十而知天命”“天命之謂性”是也。二者皆天所付與，故皆曰命。○橫渠云：“晏嬰之智，而不知仲尼，是非命歟？”然此命字恐作兩般看。若作所禀之命，則是嬰禀得智之淺者；若作命分之命，則是嬰偶然蔽於此，遂不知夫子。此當作兩般看。○曰：“清而厚，則仁之於父子也至，若瞽瞍之於舜，則薄於仁矣。義之於君臣也盡，若桀、紂之於逄、干，則薄於義。禮薄而至於賓主之失其歡，智薄而至於賢者之不能盡知，其極至於聖人之於天道有性之、反之之不同，是皆所謂命也。”

總論二節之旨 曰：“口之於味五者，此固性之所欲，然在人則有所付之分，在理則有不易之則，皆命也，是以不謂之性，付命於天。仁之於父子五者，在我則有厚薄之禀，在彼則有遇不遇之殊，是皆命也，然有性焉，是以君子不謂之命，而責成於己。須如此看，意思方圓，無欠闕處。”○趙氏録

○口之於味，目之於色，耳之於聲，鼻之於臭，四肢之於安佚，固是性，然亦便是合下賦予之命。仁之於父子，義之於君臣，禮之於賓主，智之於賢者，聖人之於天道，固是命，然亦便是各得其所受之理，便是性。孟子恐人只見得一邊，故就其所主而言。舜、禹相授受，只説“人心惟危，道心惟微”，論來只有一箇心，那得有兩樣？只就他所主而言，那箇便唤做人心？那個便唤做道心？人心如口之於味，目之於色，耳之於聲，鼻之於臭，四肢之於安佚，若以爲性所當然，一向惟意所欲，却不可，蓋有命存焉，須着安於定

分，不敢少過强得。道心如仁之於父子，義之於君臣，禮之於賓主，智之於賢者，聖人之於天道，若以爲命已前定，任其如何，更不盡心，却不可，蓋有性存焉，須着盡此心，以求合乎理始得。○上云“性也”，是氣禀之性。“有命焉”，是斷制人心，欲其不敢過也。下云“命也”，蓋其所受氣禀，亦有厚薄之不齊。“有性焉”，是充滿道心，欲其無不及也。（葉賀孫）○曰：“此章只要遏人欲，長天理。前一節人以爲性我所有，須要必得。後一節人以爲命則在天，多委之而不備。所以孟子到人說性處，却曰有命；人說命處，却曰有性。”○祝氏録

【或問】所謂性命者，何不同？曰：“性者，人之所受乎天者，其體則不過仁義禮智之理而已，其發則雖食色意欲之私，亦無不本於是也；命則因夫氣之厚薄而賦於人之名也，不惟智愚賢否之所繫，雖貧富貴賤之所值，亦無不由於是也。故君子於食色意欲之私，則不謂之性，而安於貧富貴賤之有命；於智愚賢否之殊，則不謂之命，而勉於仁義禮智之有性也。或説以五者之命，皆爲所值之不同，如舜之於瞽瞍，則仁或不得於父子；文王之於紂，則義或不得於君臣；孔子之於陽貨，則禮或不得於賓主；子貢不能聞一知十，則智或不得於賢者；孔子不得堯舜之位，則聖人或不得於天道。此皆命也，然君子當勉其在己者，而不歸之命。其義亦通。”

【張氏注】口之於味，目之於色，耳之於聲，鼻之於臭，四肢之於安佚，人之所同。然有是形，則有是性，謂之性可也。然而是皆有定分而不可以越，此非人之所得爲，實天所制也，故曰有命焉。若徒以此爲性，而不知命之所存，則縱欲而莫知所止，反賊夫天性之理矣，故君子不謂性。所以遏人欲之流，而保其天性者也。父子之有仁，君臣之有義，賓主之有禮，此其出於自然者。以賢者之知異於衆人，而天道備於聖人之身，亦由其禀質之異也，故謂之命可也。然人均有是性，仁義禮智之體，無不完具於一性之内，天道初亦無所虧欠也，故充夫父子之仁，而可極於仁之至；充夫君臣之義，而可至於義之盡；充夫賓主之禮，而禮無所不備；以至於賢者之知、聖人之天道，皆可學而及焉。蓋人皆可以爲聖人，而不爲聖人者，是其充之未至，不能盡其性耳，故曰有性焉。若徒以此爲命，而不知其性之所有，則委之自然而莫之進德，反隳其命之正矣，故君子不謂命。所以有天理之公，而立其正命者也。一則不謂性，而性之理所以明；一則不謂命，而命之理所

以著。性命之理,互相發明,其義蓋精微矣。

【纂疏】潛室陳氏曰:"世人以上五者爲性,則見血氣,而不見道理。以下五者爲命,則見氣數,而不見道理。孟子於常人説性處,却以命言,則人之所嗜欲,雖所同有,却有品節限制,不可必得;於常人説命處,却以性言,則人之於義理,其氣稟雖有清濁不齊,須是着力自做工夫,不可一委之天。大要上是人心,人皆知循其在人,而君子則斷之以天;下是道心,人皆知委其在天,而君子亦斷之以人。此君子言知命盡性之學,所以異乎常人之言也歟?"

○浩生不害問曰:"樂正子,何人也?"孟子曰:"善人也,信人也。"

趙氏曰:"浩生,姓。不害,名。齊人也。"

"何謂善?　何謂信?"

不害問也。

曰:"可欲之謂善,

天下之理,其善者必可欲,其惡者必可惡,其爲人也,可欲而不可惡,則可謂善人矣。

【語録】曰:"有可欲之善,然後有諸己而充實將去。若無可欲者,則充實箇甚物? 譬如必先討得真實藥材,然後修製,以至爲圓爲散。若是藥材不真,須百般羅碾,畢竟不是。"○蔡氏録　○曰:"'可欲'見説這人可愛也。"○又曰:"只是渾全一箇好人,都可愛可欲,更無些憎嫌處。"○又曰:"人之所同愛,而目爲好人者,謂之善人。"○趙氏録

【或問】此一節。曰:"善者,人之所欲;惡者,人之所惡。其爲人也,處心造事,行己接物,凡其所爲,一皆可欲而不可惡,則是可謂善人矣。"

【纂疏】輔氏曰:"先儒多以'可欲'爲己之欲,如《書》所謂'敬修其可願'之意,獨《集注》不然。可欲是别人以爲可欲,蓋若以爲己之欲,則説得太輕,且人之欲有善惡不同故也。"

有諸己之謂信,

凡所謂善,皆實有之。如惡惡臭,如好好色,是則可謂信人矣。○張子曰:"志仁無惡之謂善,誠善於身之謂信。"

【或問】此一節。曰："善人者,或其天資之美,或其知及而勉慕焉,未必其真以爲然,而果能不失也。必其用力之久,一旦脱然有以真知其善之在己,而不得不然,決定真實,而無一毫虚僞之意,然後可以謂之信人矣。"

【纂疏】輔氏曰："善固多端,故《集注》言'凡所謂善'以該之。①'如惡惡臭,如好好色',則表裏誠實,無一毫勉强假托之意也。"

充實之謂美,

力行其善,至於充滿而積實,則美在其中,而無待於外矣。

【語録】曰："無待於外,都是裏面流出來。"

【或問】此一節。曰："信,足以自信於心而已,未必其行之充足飽滿,而無蔽於身也。②然既信之,則其行必力,其守必固,如是而不可已焉,則其所以之善充足飽滿於其身,③雖其隱微曲折之間,亦皆清和淳懿而無不善之雜,是則所謂美人者也。④"

【纂疏】輔氏曰："有諸己,則已是知至、意誠之事,然又須見於履踐方得,故云'力行其善'。至於充滿其量,蓄積成實,然後美在其中,而無所待於外矣。"

充實而有光輝之謂大,

和順積中,而英華發外。美在其中,而暢於四支,發於事業,則德業至盛而不可加矣。

【或問】此一節。曰："美,足至盛於其內而已,而未必行能發見於外也。⑤又如是而不可已焉,則其善充是內者,彌滿布護,洋溢四出,而不可禦。其在躬也,則睟面盎背,而施於四體;其在事也,則德盛仁熟,而天下文明。是則所謂大人者也。"

【纂疏】輔氏曰："大則形見於外矣,故《集注》以'德業至盛不可加'言之。"

大而化之之謂聖,

大而能化,使其大者,泯然無復可見之迹,則不思不勉、從容中道,而非人

---

① "該",原漫漶不清,此據元刻本《四書纂疏》。
② "蔽",清吕氏刻本《四書或問》作"歉"。
③ "以",清吕氏刻本《四書或問》作"有"。
④ "人",原脱,據清吕氏刻本《四書或問》補。
⑤ "行",清吕氏刻本《四書或問》作"其"。

力之所能爲矣。張子曰："大可爲也,化不可爲也,在熟之而已矣。"

【語録】伊川曰:"大而化之,只是理與心一。"横渠云:"大成性之謂聖。"又
先生云:"化其大之迹之謂聖。"三者恐是一意。先生曰:"然。"(萬人傑)

【或問】此一節。曰:"大而不化,則其所謂大者,未必離乎方體形迹之
間。①必其德之盛者,日以益盛;仁之熟者,日以益熟。則向之所謂大者,
且將春融凍解,混然無迹,而與天地合德,日月合明,四時合序,鬼神合其
吉凶矣,是則所謂聖人者也。"

【纂疏】輔氏曰:"大則猶可以目見而指言,至於化則無迹,不可以目見,不
可以言傳,無待於思惟,無假於勉强,從容自然,與道爲一,而非人之智力
所能及矣。"

聖而不可知之之謂神。

程子曰:"聖不可知,謂聖之至妙,人所不能測,非聖人之上,又有一等神
人也。"

總論六節之旨 程子曰:"乾,聖人之分也,可欲之謂善屬焉。坤,賢人之
分也,有諸己之信屬焉。一箇是自然,一箇是做工夫,積習而至。"又曰:
"善、信、美、大、聖、神,是六等人,可欲之謂善,是説資稟好,可欲是別人以
爲可欲。有諸己之謂信,是説學。"(李閎祖)〇善人只是箇資稟好底人,孔
子所謂"不踐迹,亦不入於室"者是也,是個都無惡底人,亦不知得如何是
善,只是自是個好人而已。有諸己之謂信,便是都知得了,實是如此做,此
是就心上説,心裏都理會得。充實之謂美,是就行上説,事事都行得盡,充
滿積實,美在其中,而無待於外。又曰:"善是渾全底好人,無可惡之惡,有
可欲之善。有諸己之謂信,是真箇有此善,若不有諸己,則若存若亡,如此
則不可謂之信。自此而下,雖一節深如一節,却易理會。充實謂積累之,
光輝謂發見於外,化則化其大之之迹之謂,聖而不可知處便是神也。所以
明道言:'仲尼無迹,顔子微有迹,孟子其迹著。'或問顔子之微有迹處,答
云:'如願無伐善、無施勞,皆是。若孔子有迹,只是人捉摸不着。'"(金去
僞)〇祝氏録 〇此六位爲六等人耳。今所謂善者,乃指其理,而非目其
人之言,與後五位文意不同。又舊説"信"爲自信之信,今按此六位,皆他

---

① "必",清吕氏刻本《四書或問》作"能"。

人指而名之之辭，然則亦不得爲自信之信矣。（《答張敬夫》）○蔡氏録

【或問】此一節。曰："至於聖，則造道入德之功至矣、盡矣，不可以有加矣。是其盛德至善之極，無聲無臭之妙，必有非耳目所能制、心思所能測者，是則所謂神者，而非聖人之上復有神人也。夫自可欲而至於大，則思勉之所及也。至於聖且神焉，則雖非思勉之所及，然非思勉之而不已焉，則亦未有至焉者也。"

樂正子，二之中，四之下也。"

蓋在善信之間，觀其從於子敖，則其有諸己者或未實也。張子曰："顔淵、樂正子皆知好仁矣。樂正子志仁無惡而不致於學，所以但爲善人信人而已；顔子好學不倦，合仁與智，具體聖人，獨未至聖人之止耳。"○程子曰："士之所難者，在有諸己而已。能有諸己，則居之安，資之深，而美且大可以馴致矣。徒知可欲之善，而若存若亡而已，則能不受變於俗者，鮮矣。"尹氏曰："自可欲之善，至於聖而不可知之神，上下一理。廣充而至於神，則不可得而名矣。"

【語録】曰："'樂正子，二之中'，是知好善，而未能有諸己，故有從子敖之失。"

【或問】樂正子以善名矣，而以餔歠，從子敖，先館舍後長者，何也？曰："言在二者之中，則有餘於善，而不足於信矣。"

【張氏注】此凡六等，"二之中"，謂善與信之中也。"四之下"者，美之下也。"可欲"者，動之端也。蓋人具天地之性，仁義禮智之所存，其發見則爲惻隱、羞惡、辭遜、是非，所謂可欲也。以其淵源純粹，故謂之善，蓋於此無惡之可萌也。至於爲不善者，是則知誘物化，動於血氣，有以使之而失其正，非其所可欲者矣。故信者，信此而已。美者，美此而已。大則充此而有輝光也，化則爲聖，而其不可知則神也。至於聖與神，其體亦不外此而已。人雖本有是善，而爲氣習所蔽，莫之能有。惟其有之久，而後能實有之。夫有之如他人之物，有諸己而後爲己物也。自是而不已焉，則進乎充實之地。充實者，充盛篤實也。美者，美在其中，成章之謂也。美之所積者厚，則光輝之所發者，充塞而不可揜，故謂之大。然猶有大之可名也，至於大而化，則大不足以名之。程子謂："未化者，如操尺度量物，用之尚不免於有差。至於化，則己即是尺度，尺度即己。"蓋成乎天者也。若夫所

謂神,則是聖人之妙,人不可得而測者,不疾而速、不行而至是也。非聖之
外復有所謂神,神即聖人不可知者也。雖然,可欲之善,聖神之事備焉。
人生而靜,皆具此體也,惟夫有以斫喪之故,必貴乎學以復其初。學而後
能有,由是而進,則所謂美且大,可以馴致至於化而聖,然後爲全盡純於此
者歟。若夫生知之聖,則初無喪失,即其體而無不至焉,故程子曰:“乾,聖
人之事也,可欲之善屬焉。坤,學者之事也,有諸己之信屬焉。”此章言進
學之序甚明,在學者當以聖人爲標的,循其序以進,有常而不息,終吾身焉
可也。若有要成之意,臆度而躐等,則非學之道矣。稱樂正子,而曰善人、
信人者,蓋能存所謂善,而進於有諸己者也。

【講義】學之所造有淺深,則德之所至有高下。聖賢推明其序,使學者循
而進焉,其望於斯世亦至矣。由善而信,由信而美,以至於大,爲聖爲神。
夫聖神者,豈常人之所敢望哉? 孟子當戰國之際,其告人者不曰堯舜,則
曰湯武,豈固强人以其所不能哉? 蓋人性皆善,聖神者,亦全吾性之所固
有爾,學者豈以不能爲患哉? 患不爲也。雖然,聖神固可學也,而乃始之
以“可欲之謂善”,何哉? 此孟子指其至易曉者,而示人以入道之門也。蓋
學者入道之初,將以決其所趨向,不必它求也,求之於可欲不可欲之間而
已。今有人焉,孝悌忠信、樂善不倦,不惟吾之所欲,而人亦爲可欲也;不
仁不智、無禮無義,不惟人以爲可惡,而吾亦自知其可惡也。學者反而思
之,凡吾言行之間,果可欲乎? 果可惡乎? 從其所可欲,捨其所可惡,斯可
以爲善人矣。由是而進焉,雖聖神可爲也。孟子教人,何其炳而易知、簡
而易行也哉。又曰:“無爲其所不爲,無欲其所不欲,如斯而已矣。”亦此意
也。勉之以人之所難能,而曉之以人之所易知,聖賢之望於學者如此,而
學者顧不思焉,其亦可嘆也哉。

【纂疏】輔氏曰:“意者樂正子雖能明善,而亦工夫未到,於善未誠。使此
誠有諸己,則於從子敖之事,當如惡惡臭,而自不嚮邇也。”○又曰:“張子
并顔子言之,以見學之不可已如此。”○又曰:“程子又發明學者只要有諸
己,有諸己,則住不得,自然趲將去,故美且大可以循致。不然徒知其善,
而若存若亡,則爲流俗所變,而終必亡之矣。”○又曰:“尹氏‘上下一理’之
説,尤得其要,惟其不可得而名,故謂之神也。”

○孟子曰："逃墨必歸於楊，逃楊必歸於儒。 歸，斯受之而已矣。

墨氏務外而不情，楊氏太簡而近實，故其反正之漸，大略如此。"歸，斯受之"者，閔其陷溺之久，而取其悔悟之新也。

【纂疏】輔氏曰："兼愛，固仁之事，若泛然而無差等，則反至於徇外。爲我，固義之事，若徒知有己，而不知有人，則遂至於太簡。徇外，則不能若其情，故有所强，有所强，故不情。太簡，則略於外，故猶近實，近實，則反正爲易矣。自其外而觀之，則兼愛若勝於爲我。自其心而觀之，則兼愛之失爲甚，而爲我之失猶近也。"

今之與楊墨辯者，如追放豚，既入其苙，又從而招之。"

放豚，放逸之豕豚也。苙，闌也。招，胃也，羈其足也。言彼既來歸，而又追咎其既往之失也。○此章見聖賢之於異端，距之甚嚴，而於其來歸，待之甚恕。距之嚴，故人知彼說之爲邪；待之恕，故人知此道之可反。仁之至，義之盡也。

【語錄】曰："楊墨皆是邪說，無大輕重。但墨氏之說尤出於矯僞，不近人情而難行，故孟子之言如此，非以楊氏爲可取也。"

【張氏注】兼愛者，棄本而外馳者也。兼愛而行之有弊，則必思所以逃，逃而反諸其身，而從夫爲我。爲我則有狹隘私勝之患，行之有弊，則必思所以逃，而求所以擴之者，而歸於儒矣。墨之比楊，猶奢之比儉。自爲者固非，然猶愈於兼愛之泛也。泛者，尤難反耳。聖賢心量之弘，猶天地也，"歸，斯受之"，不亦弘乎？蓋與人爲善之公也，人孰不可以爲善哉？如逐放豚，入其欄苙，又從而繫之者，惟恐其復逸也。聖賢之待人，其歸也受之而已，固不保其往也。畔與不畔，蓋在彼也，若恐其叛去，而必欲堅之，則是私意之所加，而非天之理矣。故夫歸而不受，則是逆詐、億不信，而拒乎物矣；受而必欲其不去，則是有固有必，而滯於物矣。有一於此，皆非聖賢之心，故辯異端之失，以待來者而不拒焉，此聖賢之心，乃天地之心也。

【纂疏】輔氏曰："《集注》發明聖賢待異端之道，以拒之甚嚴爲義之盡，以待之甚恕爲仁之至，其亦異乎楊墨之所謂仁義者乎？"

○孟子曰：“有布縷之征，粟米之征，力役之征。 君子用其一，緩其二。 用其二而民有殍，用其三而父子離。”

征賦之法，歲有常數。然布縷取之於夏，粟米取之於秋，力役取之於冬，當各以時。若并取之，則民力有所不堪矣。今兩税三限之法，亦此意也。尹氏曰：“言民爲邦本，取之無度，則其國危矣。”

【張氏注】先王之所以征者，什一之法，助而不税耳。然有布縷之征，爲其有宅而不毛者，使之出里布也；有粟米之征，爲其有田而不耕者，使之出屋粟也；有力役之征，爲其無職事者，使之出夫家之征也。若農之服田，所出不過助穀耳。是古者未嘗不用其一而緩其二也。至戰國之際，既廢什一之法，而是三者又疑於並征，而民始困窮矣。故用其二而民有殍，用其三而父子離。取之既極，仰事俯育不能給也，凶年飢歲不能支也，而必至此極也，是豈爲民父母之道哉？嗟乎！後世取民之制，謂莫善於唐，而租庸調之法，亦三者並征矣。又況於自更兩税之後，無名之征日以滋蔓，而山澤所出，又皆竭取，農民困苦，稔歲猶有不足之事，一不幸而遭值水旱，則浮殍滿道，①父子不相保，甚至於殘人理而相食者有矣。子兆民者，使之至此，可不動心乎？有王者出，必於一身躬行王道，以達於天下，節以制度，而無不足之患，然後苛征可得而弛，民生可得而阜矣。

【纂疏】輔氏曰：“此乃孟子言之以警夫取民無度者。今兩税三限之法，其意亦如此。而有司乃有預借之名，重催之弊，其不仁甚矣。”○問：“布縷、粟米、力役之征，《周禮》皆取之，而孟子言用其一而緩其二，朱子乃有夏秋之辨。夫秋夏之説，始出於唐，不知何所據而云？”潛室陳氏曰：“緩非廢其征，但不作一時併征之耳。《月令》孟夏蠶畢而獻繭税，孟秋農乃登穀，始收穀。布縷征之夏，粟米征之秋，乃古法。若唐分兩税，非止布縷粟米之征，乃是取大曆十四年應干賦斂之數，併而爲兩税，名同實異，失孟子之意矣。”

○孟子曰：“諸侯之寶三：土地、人民、政事。 寶珠玉者，殃必及身。”

尹氏曰：“言實得其寶者安，實失其寶者危。”

---

① “浮”，通志堂本《孟子説》作“流”。

【張氏注】土地,吾受之於先君者也。人民,吾所恃以爲國者也。政事,吾所以治也。以之爲寶,則必敬之而不敢慢,重之而不敢輕,愛惜護持,而惟恐其有所玷失也。常存是心,兢兢業業,欲不行焉,而國家可寶矣。夫是三者之所以爲寶者,以理義所在故也。若寶珠玉,則是貴於物而已。貴於物,則息於物。息於物,則逐物而不知止矣。於是崇欲而棄道,於其所當寶者,皆忽然忘之矣。然則不亦殆乎? 故曰:“殃必及身。”西旅獻獒,而太保有玩物喪志之戒,必曰:“不寶遠物,則遠人格。所寶惟賢,則邇人安。”蓋懼夫一爲物所移,則喪其所當寶者也。子罕辭玉而曰:“子以玉爲寶,我以不貪爲寶。若以與我,皆喪寶也,不若人有其寶。”亦可謂知所擇也。

○盆成括仕於齊。 孟子曰:“死矣,盆成括!” 盆成括見殺。 門人問曰:“夫子何以知其將見殺?”曰:“其爲人也小有才,未聞君子之大道也,則足以殺其軀而已矣。”

盆成,姓。括,名也。恃才妄作,所以取禍。徐氏曰:“君子道其常而已。括有死之道焉,設使幸而獲免,孟子之言猶信也。”

【語録】《語録》曰:“恃才妄作,謂不循理了,硬要胡做。”

【張氏注】才,如辯給敏捷之類。小有才而未聞大道,則必求所以用其才,謂聰明智力之可以有爲,而不知理義之顧。若是者,極其才而不知所止,不至於顛覆則不已。故盆成括仕於戰國之時,孟子知其必見殺也。蓋不聞道,則爲才所役;聞道,則有以爲用矣。所謂道者,非他也,理義之存乎人心者也。於此有聞,則其進退語默之際,皆有所據,而才有所不敢恃矣。故夫人之有才,本不足以爲人害,惟其無所本,而徒用其才,於是而才始足以病己,甚至於有取死之道,又不若魯鈍無才之爲愈也。夫小有才而未聞道者,身且不能保,而爲國者乃信而用之,亡國敗家,其何日之有?

【纂疏】輔氏曰:“才出於氣而有限,故曰小;道本於性而無方,故曰大。況曰小才,則又才之小者也。夫道者,義理之總名也。不顧義理,而惟才是逞,則行險僥倖,無所不至,不至於顛覆不已也。”○又曰:“孟子之言,但述其理之當然耳,不以是爲奇中也。學者不達,而以是爲奇,則必以料事爲明,而駸駸然入於逆詐億不信矣。”

○孟子之滕，館於上宮。有業屨於牖上，館人求之弗得。

館，舍也。上宮，別宮名。業屨，織之有次業而未成者。蓋館人所作，置之牖上而失之也。

或問之曰："若是乎從者之廋也？"曰："子以是爲竊屨來與？"曰："殆非也。夫子之設科也，往者不追，來者不距，苟以是心至，斯受之而已矣。"從、爲，並去聲。①與，平聲。夫子，如字，舊讀爲扶余者非。

或問之者，問於孟子也。廋，匿也。言子之從者，乃匿人之物如此乎？孟子答之，而或人自悟其失，因言此從者固不爲竊屨而來，但夫子設置科條以待學者，苟以向道之心而來，②則受之耳，雖夫子亦不能保其往也。門人取其言有合於聖賢之指，故記之。

【張氏注】讀此章可見孟子於世俗酬酢，無不曲盡其理也。疑從者之廋屨，其人亦難告語矣，孟子應之辭氣不迫，不曰從者之必不然，但問之曰："子以是爲竊屨來與？"謂子以爲彼來從我者，爲竊屨而來歟？此雖甚愚人，亦知其不然也。故曰："殆非也。"則告云夫子之設科，其往者固不追，而來者亦不拒也，"以是心至"，則受之矣，固不能保其往。其含洪光大，無固無必，所以酬酢之者，可謂無不盡矣。夫往者不追，來者不拒，此"顯比，王用三驅，失前禽"之意，至公無私者也。以是心至，則受之矣，人皆可以爲善固爾。或以爲此不已泛乎？蓋以是心至，而後受之，則固不泛也。"以是心"，謂有信之之心者，不然於孺悲辭以疾，而於滕更亦有所不答矣。

【纂疏】輔氏曰："先儒多讀夫子作扶予，以爲孟子自説。朱子獨以爲夫子，而作問者自悟其失而言者。蓋不獨以'殆非也'下無'曰'字而知其然，若以爲孟子之言，則不惟露筋骨，已非所以待學者，將使學者不自重。惟以爲問者之言，則可取。愚嘗謂近世好議論者，往往以學者之失，而議先生長者，是其識量又不逮於當時織屨而矣。苟以是心至，斯受之者，與人爲善之公心也，至於孺悲之欲見則辭以疾，滕更之在門則不見答，是又義者所當然也，然教亦固在於中矣。"

---

① "並"，原脱，據宋當塗郡齋本《四書集注》補。

② "向"上，原衍"之"字，據宋當塗郡齋本《四書集注》刪。

○孟子曰："人皆有所不忍，達之於其所忍，仁也。 人皆有所不爲，達之於其所爲，義也。

　　惻隱羞惡之心，人皆有之，故莫不有所不忍、不爲，此仁義之端也。然以氣質之偏，物欲之蔽，則於他事或有不能者，但推所能，達之於所不能，則無非仁義矣。

　　【纂疏】輔氏曰："此一節言凡人皆有所不忍，有所不爲。夫不忍者，惻隱之事也；不爲者，羞惡之事也。是皆本於性，發於情，而統於心，人之所固有者也。但爲氣稟所拘，物欲所蔽，則心失其正，而不能統夫性與情，故有所當發而不發，亦有所不當發而反發，遂至於其所不忍者或有時而忍，於其所不爲者或有時而爲，而性亦從而梏亡之矣。今教之以推所不忍以達於所忍，推所不爲以達於所爲，如是則心得其職，情得其正，而性之所以爲仁義者得矣。"○西山真氏曰："有所不忍、有所不爲者，此心之正也。能即是心而推之，雖所忍者亦不忍，即仁也；雖所爲者亦不爲，即義也。"

人能充無欲害人之心，而仁不可勝用也。 人能充無穿踰之心，而義不可勝用也。 勝，平聲。

　　充，滿也。穿，穿穴。踰，踰牆。皆爲盜之事也。能推所不忍，以達於所忍，則能滿其無欲害人之心，而無不仁矣。能推其所不爲，以達於所爲，則能滿其無穿踰之心，而無不義矣。

　　【纂疏】輔氏曰："此一節因前說而教人以充滿其本心之量。'無欲害人之心'，即是'所不忍'也。'無穿踰之心'，即是'所不爲'也。是心也，其量甚大，其用有常人能推所不忍，以達於其所忍，然後能充滿其無欲害人之心量；推所不爲以達於其所爲，然後能充滿其無穿踰之心量。能充滿其心量，則其用有常，而仁義不可勝用矣。"

人能充無受爾汝之實，無所往而不爲義也。

　　此申說上文充無穿踰之心之意也。蓋爾汝，人所輕賤之稱，人雖或有所貪昧隱忍而甘受之者，然其中心必有慚忿而不肯受之之實。人能即此而推之，使其充滿，無所虧缺，則無適而非義矣。

　　【語録】曰："看來'實'字對'名'字說，不欲人以爾汝之稱加諸我，是惡爾汝之名也。然反之於身，而去其無可爾汝之行，是能充其無受爾汝之實

也。若我身有未是處，則雖惡人以爾汝相稱，亦自有所愧矣。"○祝氏録

【纂疏】輔氏曰："此一節事愈微而理愈密。夫人不受爾汝之稱，其事雖微，然皆是其羞惡之實心。存養之不加，體察之不至，則不受之心雖有得於此，而或遂失於彼，則亦不能充滿其實心之量，而義有時而不行矣。唯能推所不受，而達之於所受，不以事之微而不察，不以迹之粗而姑自恕，亦必推所不受以達於所受，而無所滲漏，然後能充滿其無受爾汝實心之量，無所適而不爲義也。"

士未可以言而言，是以言餂之也；可以言而不言，是以不言餂之也。　是皆穿踰之類也。" 餂，音忝。

餂，探取之也。今人以舌取物曰餂，即此意也。便佞隱默，皆有意探取於人，是亦穿踰之類。然其事隱微，人所忽易，[1]故特舉以見例，明必推無穿踰之心，以達於此而悉去之，然後爲能充其無穿踰之心也。

【集義】吕氏曰："達者，舉此心加諸彼。充者，充己性之所有。惻隱之心，仁之端也，不能充之，則不能仁民而愛物，故擴而充之，此惻隱無欲害人之心，則仁不可勝用，言仁有餘也；羞惡之心，義之端也，不能充之，雖不爲穿踰小盗，萬鍾之禄則不辨禮義而受，故擴而充之，此羞惡不爲穿踰之心，則義不可勝用。"

【語録】餂是鈎致之意。如本不必説，自家却强説幾句，要去動人，要去悦人，是以言餂之也。如合當與他説却不説，須故爲要難，要使他來問我，是以不言餂之也。又問："政使當言而言，苟有悦人之意，是亦穿踰之類否？"曰："固是。"（沈僩）○不直心而私意如此，便是穿踰之類。又云："裏面是如此，[2]外面却不如此。外面恁地，裏面却不恁地。"（吕燾）

總論一章之旨　問："此章先言仁義，而後專言義者，何也？"曰："仁只是一路，只是個不忍之心，苟能充此心便了。義却頭項多。"又問："人能充無穿窬之心，是就至粗處説。未可以言而言，與可以言而不言，是説入至細處否？"曰："然。能充無受爾汝之實處，工夫却甚大了，到這田地時，工夫大段周密了，所以説無所往而不爲義也。使行己有一毫未盡，便不能無受爾

---

① "忽易"，宋當塗郡齋本《四書集注》作"易忽"。
② "如"上，原衍"如"字，據明陳煒刻本《朱子語類》卷六一《孟子十一・盡心下》删。

汝之實矣。達者推之,是展開去充填滿,須填塞教滿也。"(沈僴)○祝氏録

【張氏注】人皆有所不忍,皆有所不爲,此其秉彝之不可殄滅者也。然有所不忍矣,而於他則忍之;有所不爲矣,而於他則爲之。此豈有異心哉?爲私欲所蔽而生道息故也。若以其所不忍,而達之於其所忍,豈非仁之方乎? 以所不爲,而達之於其所爲,豈非義之方乎? 自無欲害人之心而充之,則其愛無所不被,仁有不可勝用矣。自無穿踰之心而充之,則其宜無所不得,義有不可勝用矣。蓋其理本具於性,貴於充之而已。"達"謂達於用,"充"謂充其所有者也。又推而言之,謂"人能充無受爾汝之實,無所往而不爲義。"蓋爾汝者,人之所不受,其所以不受之實,由有所愧恥故也。能充其所愧恥者,則何往而非義乎? 又推而言之,謂"於未可言而言,是欲以言取之也;於其可以言而不言,是欲以不言取之也。"以言取之者,其猶以詔爲悦者乎? 以不言取之者,其猶以默爲容者乎? 以是爲穿踰之類者,以若有取之之心故耳。①凡有他而動,若是之類,皆穿踰之心也。此章始言仁義,而末獨言義,何也? 蓋仁、義,體用相須者也,人之不仁,以非義害之也,不爲非義而後仁可得而存。故反復再三,推而言之,使人知所用力也。

【纂疏】輔氏曰:"此一節,事之微而理之密,又有甚於前者。故以士言之,夫不爲穿踰、無受爾汝,在士則有所不足道。然一語一默之微,發於計較安排,而有意探取於人,則是亦穿踰之類。故《集注》亦以爲'其事隱微,人所忽易,故特舉以見例'。必推無穿踰之心,而達之於此類至纖至悉處,亦不容有不盡,方始能充其無穿踰之心也。其義亦精矣。"

○孟子曰:"言近而指遠者,善言也;守約而施博者,善道也。 君子之言也,不下帶而道存焉。

古人視不下於帶,則帶之上,乃目前常見至近之處也。舉目前之近事,而至理存焉,所以爲言近而指遠也。

【纂疏】輔氏曰:"言近而指遠,故測之而益深,窮之而益遠,是君子教人之事。"

---

① "若",通志堂本《孟子説》作"其"。

君子之守，脩其身而天下平。

此所謂守約而施博也。

【纂疏】輔氏曰：“守約而施博，故推之而無不準，動之而無不化，是君子治天下之事。”

人病舍其田而芸人之田，所求於人者重，而所以自任者輕。” 舍，音捨。

此言不約守而務博施之病。

【或問】此章之説。曰：“不知道者，務爲高遠之言，則固荒唐而無餘味。然欲近，則又鄙淺而無深遠之趣也。不知約之可守，則固汎濫而不仁矣，然欲其約，則又狹隘而無廣博之功也。然則所謂善言、善道者，非有道之君子，其孰能知之乎？”

【張氏注】所謂“指遠”者，固存乎“近”。所謂“施博”者，固存乎“約”也。“不下帶而道存”，“言近而指遠”也。蓋其所言，只其身中事在目前者耳，而至理初不外是也。脩身而天下平，守約而施博也。脩身則本立，由是而家齊、國治、天下平，皆其所推耳。“舍其田而芸人之田”者，不治其身而以治人之譬也。不務其在己者，而責諸人，其自任亦輕矣，蓋不知一身爲天下之本故也。夫諸子百家之言，非無高遠者矣，然究其意，則意短而有弊，不得於近故也。世之爲治者，非無功業之可喜矣，然使人無所玩味而感化，不知其約故也。

○孟子曰：“堯舜，性者也。　湯武，反之也。

性者，得全於天，無所污壞，不假脩爲，聖之至也。反之者，脩爲以復其性，而至於聖人也。程子曰：“性之、反之，古未有此語，蓋自孟子發之。”吕氏曰：“無意而安行，性也。① 有意利行，而至於無意，復性者也。堯舜不失其性，湯武善反其性，及其成功，則一也。”

【集義】明道先生曰：“堯與舜，更無優劣，及至湯武便別。孟子言性之、反之，自古無人如此説，只是孟子分別出來，便知得堯舜是生而知之，湯武是學而能之。文王之德則似堯舜，禹之德則似湯武，要之，皆是聖人。”

---

① “性也”，宋當塗郡齋本《四書集注》作“性者也”。

【語録】吕氏注"無意而安行,性也","性"下合添"之者"二字。（沈僴）〇"湯武反之",其反之雖同,然細看來武王終是疏略,成湯却孜孜向進,如其伐桀,所以稱桀之罪,只平説過,又放桀之後,惟有慚德。武王數紂,至於極其過惡,於此可見矣。（萬人傑）〇**祝氏録**

【纂疏】《集注》"性者"以下,言生而知之者也。氣禀清明,故其所得之天理無所污壞,既無所污壞,則自然不假脩爲,此乃聖人之極致也。〇又曰:"'反之'者以下,言學而知之者也。其初氣禀不能無所偏,故其所得之天理,亦不能無遮蔽處,必賴人力脩爲克治,去其偏而復其全,及其全也,則亦與聖人無異矣。"〇又曰:"前説是明生知、學知,合下有此不同。吕氏則又自其生知學知之後,有意無意、安行利行處説耳。復性,則是反之者也。堯舜不失其性,則是生而知之者;湯武善反其性,則是學而知之者。初雖不同,及其至於聖,則無不同矣,故曰:'及其成功,一也。'"

動容周旋中禮者,盛德之至也。 哭死而哀,非爲生者也。 經德不回,非以干禄也。 言語必信,非以正行也。 中、爲、行,並去聲。

細微曲折,無不中禮,乃其盛德之至。自然而中,而非有意於中也。經,常也。回,曲也。三者亦皆自然而然,非有意而爲之也,皆聖人之事,性之之德也。

【語録】問:"信言語以正行,莫無害否?"曰:"言語在所當信,若有意以此而正行,便是有爲而然也。"（吕燾）

【纂疏】輔氏曰:"若有意於中,則必有勉强持守之意。力懈意弛,則必有所不中者矣。觀《鄉黨》所載孔子之事,則可以當之矣。"〇曰:"三者又特舉聖人之庸行,人所易曉者以例其餘。聖人之動無不時也,豈有意而爲之者哉?故《集注》斷以爲'皆聖人之事,性之之德也。'"

君子行法,以俟命而已矣。"

法者,天理之當然者也。君子行之,而吉凶禍福有所不計,蓋雖未至於自然,而已非有所爲而爲矣。此反之之事,董子所謂"正其義不謀其利,明其道不計其功",正此意也。〇程子曰:"動容周旋中禮者,盛德之至。行法以俟命者,'朝聞道,夕死可矣'之意也。"吕氏曰:"法由此立,命由此出,聖人也。行法以俟命,君子也。聖人性之,君子所以復其性也。"

【語録】聖人是人與法爲一,己與天爲一。學者是人未與法爲一,己未與天爲一,故須行法,以俟命也。（楊道夫）〇**祝氏録**

【或問】此章之説。曰："程子至矣，其論堯、舜、禹、湯、文、武一條尤有功。其所謂'動容周旋中禮，盛德之至'者，兼夫'經德不回'以下，而言聖人之事也；'行法俟命，朝聞夕死'者，以言近學之方也。此其等級明矣。'行法以俟命'者，則是理也，三代以降，惟董子嘗言之。而諸葛忠武侯言於其君有曰：'臣鞠躬盡力，死而後已，至於成敗利鈍，非臣之明所能逆覩也。'程子語其門人有曰：'今容貌必端，言語必正，非欲獨善其身以求知於人，但天理當然，亦曰循之而已矣。'此三言者，所指雖殊，要皆行法俟命之意，外此則亦寂寥而無聞矣。斯道之傳不傳，考之於此，其亦可見也夫。"

【張氏注】前言"堯舜，性之也"，今言"性者也"，語意密矣。"反之"者，復之者也，自明而誠，復其天性之本然者也。"動容周旋皆中禮，盛德之至"，蓋生知之事也。"哭死而哀"以下，蓋學知之事，所謂"反之"者也。夫動容周旋皆中禮，是純於天理，無毫釐絲髮之不盡，德之至盛者也。若使其勉而中，其能皆中乎？"哭死而哀，非爲生者。經德不回，非以干禄。言語必信，非以正行"，亦曰循乎天理之所當然而已，若有所爲而然，則失其理矣。雖然，哭死而爲生者，經德而以干禄，此爲私意固也。"言語必信，非以正行"，亦與此二者同科，何耶？蓋其爲有爲則同也。言語本當信，若以正行之故而爲之，則是有事焉而正之者也，有害於天理矣。"君子行法以俟命而已"，哭死而哀而非爲生，經德不回而非以干禄，言語必信而非以正行，所謂行法也，行法於身而聽天之命，富貴、貧賤、夷狄、患難，無往而不自得焉。所貴乎學者，進於此而已。

【纂疏】輔氏曰："法者，凡古聖賢之所制者，皆是也。蓋莫非天理之當然，如爲君而仁，爲臣而敬，爲子而孝，爲父而慈，皆是也。君子行之，而吉凶禍福有所不計，是則所謂俟命者也，雖未至於聖人，自然而不爲惡也，但知所謂行吾之法以俟天之命而已。此反之之事，正與董子之論合也。"○又曰："聞道，故能行法。行吾之法，則雖夕死可矣。"

○孟子曰："說大人，則藐之，勿視其巍巍然。　説，音税。藐，音眇。

趙氏曰："大人，當時尊貴者也。"藐，輕之也。巍巍，富貴高顯之貌。藐焉而不畏之，則志意舒展，言語得盡也。

【語録】曰："大人固當畏，而所謂藐者，乃是藐其堂高數仞之類耳。這爲世上有人把大人許多崇高富貴當事，有言不敢出口，故孟子云爾。”○問：“説大人則藐之，蓋主於説而言，如曰見大人則藐之，則失之矣？”曰：“得之。”（《答潘謙之》）○蔡氏録

【或問】 或問：“孔子畏大人，而孟子藐之，何也？”曰：“程子以爲記録之誤，或然，而未可必也。孟子之藐大人者，不視其巍巍然者而已矣。故雖不肯枉尺而直尋，而齊人之所敬王，莫孟子如也。特以當世之士，以道徇人，内無所守，故特發此以立其志，使其意氣舒展，無所攝懼，而得以盡其所言耳。若夫君子以禮存心，固將無所不用其敬，豈特於大人而反藐之哉？”

【纂疏】 輔氏曰：“若不藐視之，則是爲其巍巍者所動矣。志氣一有所攝怯，則必不能展盡底藴，剛强者有懷或不敢盡，柔弱者則必至於變其所欲言，而反徇之矣。”

堂高數仞，榱題數尺，我得志，弗爲也。 食前方丈，侍妾數百人，我得志，弗爲也。 般樂飲酒，驅騁田獵，後車千乘，我得志，弗爲也。 在彼者，皆我所不爲也；在我者，皆古之制也。 吾何畏彼哉？” 榱，楚危反。般，音盤。樂，音洛。乘，去聲。

榱，桷也。題，頭也。食前方丈，饌食列於前者，方一丈也。此皆其所謂巍巍然者，我雖得志，有所不爲，而所守者皆古聖賢之法，則彼之巍巍者，何足道哉！○楊氏曰：“孟子此章，以己之長，方人之短，猶有此等氣象，在孔子則無此矣。”

【張氏注】 大人，當世尊貴者之稱。藐，當讀作眇。《左氏傳》曰：“以是藐諸孤。”藐之云者，小之也。小之者，小其所挾者也，故曰：“勿視其巍巍然。”蓋視其巍巍然，則動於中。動於中，則慕夫在彼之勢，而詘其在我之義矣。夫所以視其巍巍然，果何爲乎？爲其堂高數仞、榱題數尺乎？爲其食前方丈、侍妾數百人乎？爲其般樂飲酒、驅騁田獵、後車千乘乎？是三端者，君子得志則弗爲。蓋君子所存者理義，而欲不存焉，然則何慕於彼哉？在彼者無所慕，而在我者皆古之制，則亦何畏於彼也？藐之者，非輕之也，見外誘之不足慕耳，如是而後在己之義可得而申。①使在我者不知古制之守，則爲其巍巍者所動矣，故程子曰：“内重則可以見外之輕，得深

---

① “後”，原作“係”，據通志堂本《孟子説》改。

則可以見誘之小。"嗟乎！後世爲士者，惟不知古制之爲務，故未得志則有所慕，既得志則行其所慕，逐欲而不已，以爲天下之害。士必寡欲，而後能守古制。守古制，而後知所自重。知自重，而後不爲勢所詘。使其言聽而道行，則小民斯受其福矣。

【纂疏】輔氏曰："'在我者，皆古之制'，以理爲守也。在彼之所恃者，不過區區之物欲耳，何足道哉？"○又曰："孟子有泰山巖巖然之氣象，便是指此等處言也。若聖人，則大而化之，泯然不見其大之迹，故不至如此。然非聖人覺此而不爲也，德盛仁熟，大而化之，則自然不至有此等氣象矣。"

○孟子曰："養心莫善於寡欲。 其爲人也寡欲，雖有不存焉者，寡矣；其爲人也多欲，雖有存焉者，寡矣。"

欲，如口鼻耳目四支之欲，雖人之所不能無，然多而不節，未有不失其本心者，學者所當深戒也。程子曰："所欲不必沉溺，只有所向便是欲。"

【集義】明道先生曰："孟子言養心莫善於寡欲，欲寡則心自誠。荀子言養心莫善於誠，既誠矣，又何養？此已不識誠，又不知所以養。"

【語録】孟子只是言天理人欲相爲消長分數。其爲人也寡欲，則人欲分數少，故雖有不存焉者，寡矣。不存者寡，則天理分數多也。其爲人也多欲，則人欲分數多，故雖有存焉者，寡矣。存焉者寡，則是天理分數少也。（程端蒙）○"多"字對"寡"字説，纔要多些子，便是欲。（沈僩）○若眼前事事貪要時，這心便一齊走出了。未便説到邪僻不好底物事，只是眼前底事，纔多欲，便將本心都紛雜了。○周子言寡欲以至於無，蓋恐人以寡欲爲便得了，故言不止於寡而已，必至於無然後可。然無底工夫，則由於能寡欲到無欲，非聖人不能也。○蔡氏録

【或問】周子之言，不止於寡，而存者奈何？曰："語其所至，則固然矣，然未有不由寡欲而能至於無者也。語其所至而不由其序，則無自而進；語由其序而不要其至，則或恐其安於小成也。是以周子之説，於此爲有相發之功焉。"

【張氏注】"養心莫善於寡欲"，此言寡欲爲養心之要也。然人固有天資寡欲者、多欲者，其爲人寡欲，則不存焉者寡；多欲，則存焉者寡。以是知養心莫善於寡欲也。"存"者，謂其心之不外也。蓋心有所向則爲欲，多欲則百慮紛紜，其心外馳，尚何所存乎？寡欲則思慮澹，血氣平，其心虛以寧，

而不存者寡矣。雖然，天資寡欲之人，其不存焉者固寡，然不知存其存，則亦莫之能充也。若學者以寡欲爲要，則當存養擴充，由寡欲以至於無欲，則其清明高遠者，爲無窮矣。

【講義】孟子嘗言求放心矣，又言存其心矣。"操之則存，舍之則亡"，心之存亡，決於操舍，而又曰"莫善於寡欲"，何也？操存固學者之先務，然人惟一心，而攻之者衆，聲色臭味交乎外，榮辱利害動乎内，隨感而應，無有窮已，則清明純一之體，又安能保其常存而不放哉？出門如賓，承事如祭，夫子之告仲弓操存之謂也。非禮勿視、非禮勿聽、非禮勿言、非禮勿動，夫子之告顏淵寡欲之謂也。二子之問仁則同，而夫子告之異者，豈其所到固有淺深歟？高城深池，重門擊柝，固足以自守矣。内奸外宄，投隙伺便，一有少懈而乘之者至矣。良將勁卒，堅甲利兵，掃除妖氛而乾清坤夷矣。此孟子發明操存之説，而又以爲莫善於寡欲也。雖然，寡欲固善矣，然非真知夫天理人欲之分，則何以施其克治之功哉？故格物致知，又所以爲寡欲之要，此又學者之所當察也。

【集疏】吕侍講曰："天下之難持者，莫如心。天下之易染者，莫如欲。"○覺軒蔡氏曰："此章孟子教學者存心之要法，周子推之曰'養心不止於寡而存耳'。蓋寡焉以至於無，則誠立明通，此是周子發聖賢此心體用之妙。然學者若真能寡欲，存其本心，久而不失，則亦誠立而實體安固，明通而實用流行，不可以不勉也。"

【纂疏】輔氏曰："口鼻耳目四支之欲，即前面'不謂性'章所言。要之，人之欲亦不過此五事，但有淺深耳。此即所謂人心也，人雖不能無，然須是以道心爲主，有以宰制節約之方得。不然，即轉而相之，①則氣勢周張浩大，而反勝夫道心，此學者所當深戒。"○又曰："程子又極其微細言之，學者須是於欲有所向處克治，若待其周張，則用力又難矣。"

○曾晳嗜羊棗，而曾子不忍食羊棗。

羊棗，實小黑而圓，又謂之羊矢棗。曾子以父嗜之，父没之後，食必思親，故不忍食也。

---

① "相"，元刻本《四書纂疏》作"他"。

【語録】曰："只是北邊小棗,如羊矢大者。"

公孫丑問曰："膾炙與羊棗孰美?"孟子曰："膾炙哉。"公孫丑曰："然則曾子何爲食膾炙而不食羊棗?"曰："膾炙所同也,羊棗所獨也。 諱名不諱姓,姓所同也,名所獨也。"

肉聶而切之爲膾。炙,炙肉也。

【張氏注】曾子不忍食羊棗之意,愛親之篤,①不死其親者也。親之所嗜,見之而不忍食焉。推是一端,則凡其日用之間,所以感發於其親者多矣。常人於其親日遠而日忘矣,惟君子則不然,親雖日遠,而其心不可泯也。故雖事事物物之間,親心之所存者,吾亦存之而未嘗忘,而況於其言行乎?此之謂不死於其親。或曰:"屈到嗜芰,於其終也,命家老'我死,必薦芰',而屈建命去之,然則非邪?"蓋於親之所嗜而不忍食,此其愛親之心也,至於祭祀,則有常物,事神之禮,不可以紊。屈建不敢以私意事其親,而祭之以禮,未爲失也。然使建也而能體曾子不忍食羊棗之意,則其不薦也,義固當然,然其精微曲折之間,必更有以處者。讀其命去之之辭,則傷於太勁,而於親愛,亦未免爲有害也。

○萬章問曰:"孔子在陳曰'盍歸乎來! 吾黨之士狂簡,進取,不忘其初。'孔子在陳,何思魯之狂士?"

盍,何不也。狂簡,謂志大而略於事。進取,謂求望高遠。不忘其初,謂不能改其舊也。此語與《論語》小異。

【纂疏】輔氏曰:"此語雖與《論語》異,然以曾晳言志之事觀之,則此語尤切。異乎三子之撰,則志大而略於事可知。直欲躐乎聖人之樂處,則期望高遠可知。終不肯做下學工夫,後至於臨人之喪而歌,不能改其舊可知。然《論語》'狂簡'二字,又却該括得下兩句,'進取'即是志大,'不忘其初'即是略於事也。"

孟子曰:"孔子'不得中道而與之,必也狂獧乎! 狂者進取,獧者有所不爲也。'孔子豈不欲中道哉? 不可必得,故思其次也。"獧,音絹。

───────

① "親",通志堂本《孟子説》作"敬"。

"不得中道"至"有所不爲",據《論語》,亦孔子之言,然則孔子字下當有"曰"字。《論語》道作行,獧作狷。有所不爲者,知恥自好,不爲不善之人也。"孔子豈不欲中道"以下,孟子言也。

【集疏】覺軒蔡氏曰:"按《論語·公冶長》篇:'子在陳曰:歸與!歸與!吾黨之小子狂簡,斐然成章,不知所以裁之。'"

"敢問何如斯可謂狂矣?"

萬章問。

曰:"如琴張、曾皙、牧皮者,孔子之所謂狂矣。"

琴張,名牢,字子張。子桑户死,琴張臨其喪而歌,事見《莊子》,雖未必盡然,要必有近似者。曾皙,見前篇。季武子死,曾皙倚其門而歌,事見《檀弓》,又言志異乎三子者之撰,事見《論語》。牧皮,未詳。

【纂疏】輔氏曰:"琴張,止有《莊子》所載一事,故朱子以爲其他言行雖未必盡然,必有近似者。若曾皙二事,則盡備狂者之態。至於牧皮,則固無所考,而不可知矣。"

"何以謂之狂也?"

萬章問。

曰:"其志嘐嘐然,曰'古之人,古之人'。夷考其行,而不掩焉者也。" 嘐,火交反。行,去聲。

嘐嘐,志大言大也。重言"古之人",見其動輒稱之,不一稱而已也。夷,平也。掩,覆也。言平考其行,則不能覆其言也。程子曰:"曾皙言志,而夫子與之。蓋與聖人之志同,便是堯舜氣象也,特行有不掩焉耳,此所謂狂也。"

【集義】明道先生曰:"過猶不及。如琴張、曾皙之狂,皆過也,然而行不掩焉,是無實也。"

【張氏注】嘐嘐,遠大之志。

【纂疏】輔氏曰:"曾皙之志,固不止於如此。然其不屑之於事爲,而直欲徑探乎聖人之樂處,則與所謂'嘐嘐然,曰"古之人,古之人"'之意,亦不相遠。而其行有不能掩其言者,則又自有不可誣者也。故《集注》取程子之説以釋之,'夫子與之'者,是與其志大言大也,'便是堯舜氣象'者,是亦所謂‘古之人，古之人’之類也。”

狂者又不可得，欲得不屑不潔之士而與之，是獧也，是又其次也。

此因上文所引，遂解所以思得獧者之意。狂，有志者也。獧，有守者也。有志者能進於道，有守者不失其身。屑，潔也。

【語録】“不屑”一段，見《告子》下篇。○狂者，知之過。狷者，行之過。（沈僩）○祝氏録

【纂疏】輔氏曰：“狂者，是合下氣質高明，便自有所見者。獧者，是合下氣質貞固，便自有所守者。狂者則於知上所得分數多，獧者則於行上所得分數多。聖門學者，必皆中與和合德，知與行並進，然後爲貴，所謂中道者是也。此等人既不可得，故不得已而與夫狂獧也。然必先知而後能行，故獧又爲狂之次。”○又曰：“其所志大，則是其所知之大也，故可與進於道。守之固則行之力，故不至於失其序。”○又曰：“‘不屑不潔’，即前所謂‘知恥自好，而不爲不善之人也’。”

孔子曰：‘過我門而不入我室，我不憾焉者，其惟鄉原乎！　鄉原，德之賊也。’”曰：“何如斯可謂之鄉原矣？”

鄉人非有識者。① 原，與愿同。《荀子》“原愨”，字皆讀作愿，謂謹愿之人也。故鄉里所謂愿人，謂之鄉原。孔子以其似德而非德，故以爲德之賊。過門不入而不恨之，以其不見親就爲幸，深惡而痛絶之也。萬章又引孔子之言而問也。

【纂疏】輔氏曰：“先儒皆以原爲善，不惟無所據，又善字所包廣，既曰‘善人’，則不應遂以爲德之賊。故《集注》引《荀子》爲證，以原爲愿，且曰鄉人無知，其所謂愿人，謂之鄉原。愿字固淺狹，又鄉人以爲愿，則亦未爲真愿者也。孔子以其似德而非德，而遂斥以爲德之賊，深惡而痛絶之，是亦聖人性情之正也。”

曰：“‘何以是嘐嘐也？　言不顧行，行不顧言，則曰：古之人，古之人。　行何爲踽踽涼涼？　生斯世也，爲斯世也，善斯可矣。’閹然媚於世也，是鄉原也。”行，去聲。踽，其禹反。閹，音奄。

踽踽。獨行不進之貌。涼涼，薄也，不見親厚於人也。鄉原譏狂者曰：“何

---

① “人”，原作“原”，據宋當塗郡齋本《四書集注》改。

用如此嘐嘐然,行不掩其言,而徒每事必稱古人耶?"又譏狷者曰:"何必如此踽踽凉凉,無所親厚哉? 人既生於此世,則當但爲此世之人,使當世之人皆以爲善則可矣。"此鄉原之志也。閹,如奄人之奄,閉藏之意也。媚,求悦於人也。孟子言此深自閉藏,以求親媚於世,是鄉原之行也。

【語録】曰:"鄉原務爲謹愿,不欲忤俗以取容,專務徇俗,欲使人無所非刺。既不肯做狂,又不肯做狷,一心只要得人説好,更不理會自己所見所得,與夫理之是非。彼狂者嘐嘐然,以古人爲志,雖行之未至,而所知亦甚遠矣。狷者便只是有志力行,不爲不善。二者皆能不顧流俗污世之是非,雖是不得中道,却都自是爲己,不爲他人。彼鄉原便反非笑之曰:'何以是嘐嘐也? 言不顧行,行不顧言,則言:古之人,古之人。'此是鄉原笑狂者也。'行何爲踽踽凉凉,生斯世也,爲斯世也,善斯可矣',此是鄉原笑狷者也。彼其實所向,則是'閹然媚於世'而已。孔子以他心一向外馳,更不反己,故以爲德之賊。"○又曰:"'生斯世也,爲斯世也,善斯可矣',此是鄉原本情。"○鄉原者,爲他做得好,使人皆稱之,而不知其有無窮之禍。如五代馮道者,此真鄉原也。(潘時舉)○**蔡氏録**　○問:"老子可謂鄉原否?"曰:"老子不似鄉原。鄉原却尚在倫理中行,那老子却是出倫理外,他自處得雖甚卑,不好聲、不好色,又不要官做,然其心却是出於倫理之外,其説煞害事。如鄉原,便却只是箇無見識底好人,未害倫理在。"(黃義剛)○問:"色取仁而行違,比鄉原如何?"曰:"色取仁而行違,是大拍頭揮人。鄉原是不做聲,不做氣,做罪過底人。"(黃義剛)○**祝氏録**

【張氏注】踽踽,猶區區。凉凉,猶棲棲。閹然,順媚之狀。

【纂疏】輔氏曰:"'閹然媚於世',此是鄉原之隱情慝志。"

萬章曰:"一鄉皆稱原人焉,無所往而不爲原人,孔子以爲德之賊,何哉?"

原,亦謹厚之稱,而孔子以爲德之賊,故萬章疑之。

曰:"非之無舉也,刺之無刺也,同乎流俗,合乎污世,居之似忠信,行之似廉潔,衆皆悦之,自以爲是,而不可與入堯舜之道,故曰德之賊也。

呂侍講曰:"言此等之人,欲非之則無可舉,欲刺之則無可刺也。"流俗者,風俗頹靡,如水之下流,衆莫不然也。污,濁也。非忠信而似忠信,非廉潔而似廉潔。

【纂疏】輔氏曰:"鄉原既欲人以爲謹愿,故欲非之則無可舉,欲刺之則無可刺。同乎流俗而不敢自異,合乎污世而不能自拔,雖或勉爲忠信廉潔,而其心則實不然,不過欲徇俗諧世而已。惟其如是,故衆皆悦之。自以爲是,則又迷而不知反。故不可與入堯舜大中至正真實之道也。"

孔子曰:'惡似而非者:惡莠,恐其亂苗也;惡佞,恐其亂義也;惡利口,恐其亂信也;惡鄭聲,恐其亂樂也;惡紫,恐其亂朱也;惡鄉原,恐其亂德也。' 惡,去聲。莠,音有。

孟子又引孔子之言以明之。莠,似苗之草也。佞,才智之稱,其言似義而非義也。利口,多言而不實者也。鄭聲,淫樂也。樂,正樂也。紫,間色。朱,正色也。鄉原不狂不獧,人皆以爲善,有似乎中道而實非也,故恐其亂德。

【纂疏】輔氏曰:"據《論語》所載,亦與此不同。雖有詳略,然其惡是而非之意,則一也。"○又曰:"佞者有口才,能辯説,故以爲才智之稱。惟其能言,則其説多似義而實則有不然者,故以爲害義。"○又曰:"巧言之人,徒尚口而初無誠實者,故以爲害信。"○又曰:"鄉原既譏狂者,故不狂。又譏獧者,故不獧。衆皆悦之,故人皆以爲善,而不可與入堯舜之道。故'有似乎中道而實非',此聖人所以恐其亂德而深惡之也。"

君子反經而已矣。 經正,則庶民興。 庶民興,斯無邪慝矣。"

反,復也。經,常也,萬世不易之常道也。興,興起於善也。邪慝,如鄉原之屬是也。世衰道微,大經不正,故人人得爲異説以濟其私,而邪慝並起,不可勝正,君子於此,亦復其常道而已。常道既復,則民興於善,而是非明白,無所回互,雖有邪慝,不足以惑之矣。○尹氏曰:"君子取夫狂狷者,蓋以狂者志大而可與進道,狷者有所不爲而可與有爲也。所惡於鄉原,而欲痛絶之者,爲其似是而非,惑人之深也。絶之之術無他焉,亦曰反經而已矣。"

【語録】問反經之説。曰:"經,便是大經。君臣、父子、夫婦、兄弟、朋友五者,若便集義,且先復此大經。天下事未有出此五者,其間却煞有曲折,如《大學》,亦先指此五者爲言,使大綱既正,則其他節目,皆可舉。若不先此大綱,則其他細碎功夫,如何做?"(萬人傑)○問:"經正還只是躬行,不及政事?"曰:"這箇不通分做兩件説。如堯舜,雖是端拱無爲,只政事便從這裏做出,那曾恁地便了。"(葉賀孫)○祝氏録　○又曰:"孟子論鄉原亂德之害,而卒以君子反經爲説,此所謂上策莫如自治者。况異端邪説日增月益,其出無窮,近年尤甚,蓋有不可勝排者,惟吾學既明,則彼自滅熄耳,此學者所當勉而不可以外求者也。"

【張氏注】聖人取狂狷而惡鄉原,狂獧雖於道未中,然學乎聖門者也。鄉原自謂得乎中庸,然似是而非者也。學者雖未中乎道,然學乎聖門,則可以裁約而使趨於中也。若夫自謂得乎中庸,則難以告語;似是而非,則易以惑人。此所以惡乎鄉原也。道以中爲貴,然中道而立爲難,故非極高明,則不能以道中庸。孔子固欲中道者,而爲之惟其難得,故思夫狂獧之士。狂者,所以進於高遠;獧者,所守執之堅介。故曰:"狂者進取,獧者有所不爲。"狂者之志大矣,"嘐嘐然,曰:'古之人,古之人'",以古之聖賢爲慕者,以其知足以及之也。①至於考其所行,則有不能掩其言者,以其言之高,行有所未能踐故耳。琴張,或以爲子張,或曰非也。牧皮之事無所考。惟曾晳"咏而歸"之語,載於《魯論》甚詳,玩味此一段,則晳也於道體,蓋有以自得之矣,然未免謂之狂者,未若顔淵、仲弓工夫之深潛縝密,故未能擇乎中庸而不失也。若獧者,則又狂者之次,"不屑不潔"者,言不輕爲不潔,是有所不爲也,而其知有未至,故其所爲,不能以中節,又次於狂者也。若《中庸》所謂"知者過之",其狂者歟?"賢者過之",其獧者歟?至於鄉原,則所謂"小人之中庸"也。孔子謂"過我門而不入我室,而我不憾者",言其難與責,以其自謂得乎中庸,似是而非,故以爲德之賊。"何以是嘐嘐也?言不顧行,行不顧言",此鄉原譏夫狂者之辭也,謂狂者何爲若是嘐嘐,而言行之不相顧乎?"則曰'古之人,古之人'。行何爲踽踽凉凉?"此鄉原譏夫獧者之辭也,謂古人操行,何必拘拘之若是乎?鄉原既不爲狂者,又不爲獧者,則是謂己之爲已得其中,②以爲生乎斯世,而爲斯世之事,人以爲善,斯可矣。故閹然順於當世,使當世悦之,以是爲中庸,故曰鄉原也。萬

---

① "及",原作"極",據通志堂本《孟子説》改。
② "是",原漫漶不清,此據通志堂本《孟子説》。

章疑其既稱一鄉之善人，則無往而不爲善人。孟子言其所謂善者，非吾之所謂善也，如下所云，可謂極鄉原之情狀矣："非之無舉，刺之無刺"者，言其善自矯飾也；"同乎流俗，合乎污世"，流俗而能同之，污世而能合之，則其人無所執守可知矣；"居之似忠信，行之似廉潔"，曰似則非其真矣；"衆皆悦之"，則異乎所謂"鄉人之善者好之"矣；"自以爲是"，則是自以爲得夫中庸矣。惟其自以爲是，此其所以卒爲鄉原而不可反歟？堯舜之道，大中至正，天理之存乎人心者也，此所謂善也。若鄉原之所謂善，則出於一己之私，竊中庸之善而已。異端之於正道，如黑之與白，本不足以賊德，其如道之不明，世俗之見易以惑溺，故以爲德之賊也。正猶莠之亂苗，佞之亂義，利口之亂信，鄭聲之亂雅樂，紫之亂朱，以夫不明者惑之故耳。經者，天下之常理中之見於庸者也。君臣、父子、兄弟、朋友、夫婦，教而序之，而其倫有序；仁義禮智，推而達之，而其道不窮。所謂經也。惟人背而去之，莫知所止，故君子反經以爲民極。經正，則人興於善，而邪慝自不能作，此中庸之所以爲至也。帝王之所以治，孔子之所以教，不越於反經而已矣。

【纂疏】北溪陳氏曰："經是日用常行道理。"○輔氏曰："《集注》反經之説，實辨異端、息邪説之大權也。"

○孟子曰："由堯、舜至於湯，五百有餘歲，若禹、皋陶，則見而知之。若湯，則聞而知之。

趙氏曰："五百歲而聖人出，天道之常。然亦有遲速，不能正五百年，故言有餘也。"尹氏曰："知，謂知其道也。"

【纂疏】輔氏曰："天道固有常矣，然亦不能截然整齊，須有先後遲速。"

由湯至於文王，五百有餘歲，若伊尹、萊朱則見而知之，若文王則聞而知之。

趙氏曰："萊朱，湯賢臣，或曰即仲虺也，爲湯左相。"

由文王至於孔子，五百有餘歲，若太公望、散宜生，則見而知之。若孔子，則聞而知之。　散，素亶反。

散，氏。宜生，名。文王賢臣也。子貢曰："文武之道，未墜於地，在人。賢者識其大者，不賢者識其小者，莫不有文武之道焉。夫子焉不學？"此所謂聞而知之也。

由孔子而來至於今，百有餘歲，去聖人之世，若此其未遠也；近聖人之居，若此其甚也。 然而無有乎爾，則亦無有乎爾。”

林氏曰：“孟子言孔子至今時未遠，鄒魯相去又近，然而已無有見而知之者矣，則五百餘歲之後，又豈復有聞而知之者乎？”愚按，此言雖若不敢自謂已得其傳，而憂後世遂失其傳，然乃所以自見其有不得辭者，而又以見夫天理民彝不可泯滅，百世之下必將有神會而心得之者耳。故於篇終，歷序群聖之統，而終之以此，所以明其傳之有在，而又以俟後聖於無窮也。其指深哉！○有宋元豐八年，河南程顥伯淳卒，潞公文彥博題其墓曰“明道先生”。而其弟頤正叔序之曰：“周公沒，聖人之道不行。孟軻死，聖人之學不傳。道不行，百世無善治；學不傳，千載無真儒。無善治，士猶得以明夫善治之道，以淑諸人，以傳諸後。無真儒，則天下貿貿焉莫知所之，人欲肆而天理滅矣。先生生乎千四百年之後，得不傳之學於遺經，以興起斯文爲己任，辨異端，闢邪説，使聖人之道煥然復明於世，蓋自孟子之後，一人而已。然學者於道不知所向，則孰知斯人之爲功？不知所至，則孰知斯名之稱情也哉？”

【集義】横渠先生曰：“舍我其誰，與‘無有乎爾’同意。”○范氏曰：“‘則亦無有乎爾’，非實無也。”

【語録】問：“然而無有乎爾，則亦無有乎爾。”先生曰：“惟三山林少穎向某説得最好，‘若禹、皋陶，則見而知之，湯則聞而知之’，蓋曰若非前面見而知得，後之人如何聞而知之也？孟子去孔子之世如此其未遠，近聖人之居如此其甚，然而已無有見而知之者，則五百歲之後，又豈復有聞而知之者乎？”（金去僞）○祝氏録

【或問】此章之説。曰：“范氏所謂七篇大意者，得之矣。但禹、皋陶之徒，本皆名世之士。伊尹、太公，又湯、文之師，非必見其君而後知之也。至於湯、文、孔子，又或生知之聖，亦非必聞前聖之道而後得之也。此而曰見而知之、聞而知之者，蓋以同時言之，則斯道之統，臣當以君爲主；以異世言之，則斯道之傳，後聖當以前聖爲師。學者不以辭害意焉，可也。至於章末二句，則孟子之致意深矣，觀其所謂‘然而無有乎爾’，則雖若託於不居，而其自任之實可見。觀其所謂‘則亦無有乎爾’，則雖若嘆其將絶，而所以

啓夫萬世無窮之傳者，又未嘗不在於斯也。學者誠能深考其言而自得之，則古人雖遠，而其志意之所存者，蓋無以異乎日相與言，而授受於一堂之上也。故愚於此，竊以程子繫之焉。後之君子，其必將慨然有感於斯者夫。”

　　覺軒蔡氏曰：“洎有宋慶元六年，①朱子熹仲晦卒。門人黃幹撰行狀，有曰：‘竊聞道之正統待人而後傳。自周以來，任傳道之責、得統之正者，不過數人，而能使斯道章章較著者，一二人而止耳。由孔子而後，曾子、子思繼其微，至孟子而始著。由孟子而後，周、程、張子繼其絕，至朱子而始著。蓋千有餘年間，孔孟之徒所以推明是道者，既已煨燼殘闕，離析穿鑿，而微言幾絕矣。周、程、張子崛起於斯文湮塞之餘，人心蠱壞之後，扶持植立厥功偉，然未及百年，蹎駁尤甚。朱子出，而自周以來聖賢相傳之道，一旦豁然，如大明中天，昭晰呈露，則撫其言行，又可略歟？’”

【張氏注】此章言道之所傳。堯、舜、禹、湯、文、武、孔子，皆舉其聖之盛者。“見而知之”者，見聖人而知其道者也。“聞而知之”者，聞聖人而知其道者也。堯舜則並言，文武則獨稱文王者，文武皆聖人，而文則生知者，故曰“舉其盛”也。自堯舜至于孔子，各五百歲而一大聖人出，元氣之會，天運人事，蓋相參也。道不爲今古而有加損，聖人先得我心之所同然者耳。苟得其所同然，則雖越宇宙，與親見之何以異哉？孟子以謂由孔子之後至于今，語其世則百有餘歲爲未遠，語其居則鄒之去魯爲甚近，而未有繼孔子而出者，終之曰“則亦無有乎爾”，非謂遂無也，疑之之辭也。孟子於孔子，實聞而知之者，然其爲言如此，不敢居其傳，且待學者與來世之意深矣。門人載此章於篇終，厥有旨哉。嗟乎！自孟子而後，千有餘歲間，學士失其本宗，未有能究大道而明其傳者，其天道邪？抑人事邪？至伊洛君子出，其於孔孟之傳，實聞而知之。然自伊洛以來至于今未百載，當時見而知之者，固不爲無人，其風采議論，猶接於耳目也。然而今之學者，豈無有乎爾哉？然則可不勉之哉！

【纂疏】輔氏曰：“孟子‘雖不敢自謂已得其傳，而憂後世遂失其傳，然乃所

---

①　“洎”，原作“有”，據通志堂本《孟子集疏》改。

以自見其有不得辭者,而又以見夫天理民彝不可泯滅,百世而下,必將有神會而心得之者。'使萬世之下,學者即夫在己之不可泯滅者,以求夫聖賢之言,則道統可得而傳,其仁天下後世深且遠矣。"〇又曰:"《集注》係以程子之説者,見程子果得其傳於遺經,而孟子之説至是而遂驗也。①"

---

① "説至是而",原破損不清,此據元刻本《四書纂疏》。

圖書在版編目(CIP)數據

孟子集成/(元)吳真子撰;辛智慧,劉端校點.
--上海:上海古籍出版社,2023.11
(漢籍合璧精華編)
ISBN 978-7-5732-0944-3

Ⅰ.①孟⋯ Ⅱ.①吳⋯ ②辛⋯ ③劉⋯ Ⅲ.①《孟子》
-研究 Ⅳ.①B222.55

中國國家版本館 CIP 數據核字(2023)第 207669 號

漢籍合璧精華編

孟子集成

（全二册）

［元］吳真子 撰

辛智慧 劉 端 校點

上海古籍出版社出版發行

（上海市閔行區號景路 159 弄 1-5 號 A 座 5F　郵政編碼 201101）

(1) 網址：www.guji.com.cn

(2) E-mail：guji1@guji.com.cn

(3) 易文網網址：www.ewen.co

上海中華印刷有限公司印刷

開本 710×1000　1/16　印張 39　插頁 7　字數 618,000

2023 年 11 月第 1 版　2023 年 11 月第 1 次印刷

ISBN 978-7-5732-0944-3

B·1358　定價：228.00 元

如有質量問題,請與承印公司聯繫